Europe

The Struggle for Supremacy 1453 to the Present

欧洲

1453年以来的争霸之途

[英] 布伦丹·西姆斯（Brendan Simms）◎著
孟维瞻◎译

中信出版集团 · CHINACITICPRESS · 北京

图书在版编目（CIP）数据

欧洲：1453年以来的争霸之途 /（英）西姆斯著；
孟维瞻译. —北京：中信出版社，2016.1（2021. 6重印）
书名原文：Europe：The Struggle for Supremacy,
1453 to the Present
ISBN 978–7–5086–5713–4

I. ①欧… II. ①西… ②孟… III. ①欧洲–历史
IV. ①K500

中国版本图书馆CIP数据核字（2015）第284643号

欧洲：1453年以来的争霸之途

著　　者：[英]布伦丹 · 西姆斯
译　　者：孟维瞻
策划推广：中信出版社（China CITIC Press）
出版发行：中信出版集团股份有限公司
（北京市朝阳区惠新东街甲4号富盛大厦2座　邮编　100029）
（CITIC Publishing Group）
承 印 者：北京通州皇家印刷厂

开　　本：787mm×1092mm　1/16　　印　张：30.75　　字　数：624千字
版　　次：2016年1月第1版　　印　次：2021年6月第6次印刷
京权图字：01–2013–7630
书　　号：ISBN 978–7–5086–5713–4 / K · 505
定　　价：88.00元

Europe

The Struggle for Supremacy 1453 to the Present

目录

诡诈的天平，

为上帝耶和华所憎恶。

公平的砝码，

为他所喜悦。

——《圣经·旧约·箴言篇II：I》

你或是发号施令的王者，

或是俯首称臣的败将，

赢或输，

刀俎还是鱼肉必居其一。

——约翰·沃尔夫冈·冯·歌德

序 言

一个国家在这个世界上的地位，取决于它能获得多大程度的独立性。因此，国家为了自我保存，必须竭力组织国内的一切资源。这是国家的最高法则。

——利奥波德 · 冯 · 兰克（Leopold von Ranke）

《政治对话录》（*A dialogue on politics*，1836 年）

当我们审视欧洲的历史时，如果视野仅仅局限于这个地区，则无法真正了解它。

——威廉 · 尤尔特 · 格莱斯顿（William Ewart Gladstone），英国前首相

民主国家一般不会思考自己的战略问题，除非当它被迫进行自卫的时候。

——哈尔福德 · 麦金德爵士（Sir Halford Mackinder）

我们经常被告知，过去与现在的国家完全不同。在本书所谈及的 550 余年的历史中，国家过去的行为方式的确与现在不同。对于西方的读者来说，宗教战争、奴隶制、纳粹，甚至共产主义，所有这些在今天看来都十分陌生。同样，如果我们的祖先看到当今西方社会在普选、种族平等和妇女解放等问题上达成的共识，也一定会困惑不已。更有可能的是，很多我们今天认为理所当然的事情，在后人看来同样会莫名其妙。然而，也有一些事情是从未改变的，或者改变得很少、很慢。通过本书你会发现，欧洲人面临的首要安全问题，已经受到了几个世纪的关注。很多事情都是从 15 世纪中叶至今的欧

洲政治家和世界领袖们（一定程度上这两者不同）所一直关注的大事，讲各种语言的国家都是如此。这些问题包括包围、缓冲、制衡、“失败国家”和“先发制人”这些词汇的概念，帝国的美梦和对安全的诉求，德国作为联结欧洲各部分的中心，自由与权威之间的平衡，协商过程与效率之间的张力，国内外政策之间的联系，国家理性和意识形态之间的较量，民众的傲慢与国家焦虑的并存，以及文明的冲突与各文明之间包容性的增长，等等。简言之，本书是对历史的还原。

即便如此，回顾历史一定不是一件轻松的事。在欧洲的故事中，总是包含着很多与未来世界相关的可能性。因此，我们不仅应该关注当代国际体系和国内秩序的形成过程与发展路径，而且应该同样关注那些历史没有选择的道路，或者可能会引导世界走向其他方向的道路。我们还是应该给予那些失败者其应得的尊重，尽管这并非易事。毕竟，查理五世、路易十四、拿破仑，甚至希特勒的垮台都并非必然。宗教宽容、奴隶制和奴隶贸易的废除，以及西方民主在欧洲的传播，这一切的到来并非上天注定。当然，这些也不是随机产生的结果。就像我们将要看到的，大国的兴衰、自由的发展以及西方世界的胜利，彼此是密不可分的。上述现象是否会持续下去，很大程度上取决于大西洋两岸的欧洲人下一步会怎么做。当我们书写自己的故事时，历史绝非一本简单的手册，而应该作为我们的一本指南——以揭示这些问题与过去有怎样的联系。正因为如此，本书的最后一章并没有以预言的方式来结尾，而是提出一系列问题。否则，这本书就算不上是一部历史作品了，而只能算是预言。

引　言

1450 年的欧洲

自中世纪以来，西欧和中欧就一直共享着一种认同感。居住在这片土地上的人几乎都是天主教徒，他们尊罗马教皇为精神权威，受教育的阶层都学习罗马法和拉丁文。欧洲人还团结起来共同抵抗伊斯兰世界的入侵——当时的伊斯兰教势力虽然已经开始撤离伊比利亚半岛，却正在沿着欧洲的东南翼快速蔓延。多数欧洲国家有着非常相似的社会与政治结构。在社会的最底层，农民阶级不仅必须向封建主缴纳赋税以获得保护，还要向教会缴纳什一税以获得精神指引。许多自治的城市通常由行业精英和地方行政官共同管理。位于金字塔顶端的是贵族、高级神职人员，有时还包括一些自由城市的行政官，他们会与国王达成安全协议。他们承诺为国王提供一些军事服务与咨询，以换取国王对他们领土的保护和承认。这种封建契约关系是通过代议机构来进行协调的。当时，欧洲各国都有这种代议机构，其中包括英格兰、爱尔兰、苏格兰的议会，低地国家的总议会，法兰西的三级会议，西班牙古国卡斯提尔（Castile）的议会，匈牙利、波兰和瑞典的国会，以及德意志神圣罗马帝国的议会。简言之，在多数国家，国王手中并没有绝对的权力。

因此，不同于邻近的奥斯曼帝国或者更远的亚洲国家，欧洲的政治文化以激烈的公共或半公共的辩论为特征——辩论涉及赋税征收的数量、由谁征收、归谁支配以及为何目的（几乎总是为了军事目的）。尽管当时的欧洲人并非现代意义上的公民，但是他们中的大多数人相信，政府的成立与运作应该得到人们的同意，否则其合法性应受到质疑。人们认为，维护自己的权利不受国王的侵犯总是首要任务。尽管当时的欧洲人并非生活在民主政体之下，但精英阶层却有强烈的“自由”意识。到了整个中世纪的后期，这些人对于政治自由的呼声越来越高。越是社会的底层，对这种理想的呼声就越高，但他们很难凭借自己的能力实现这一理想。争取自由的斗争起初是在国内进行的，但有时一国的人民也必须借助邻国君主的帮助才能推翻本国的暴君。为此，欧洲人并没有明显的主权意识：很多人认为，一国对另一国的暴君的干涉不仅是合法的，而且是符合人民需要的，甚至是思想健全的君主义不容辞的责任。

把当时主要的欧洲国家看作现代意义上的“强国”或者“国家”，是不恰当的。不过，由于君主们为了扩张或者至少是为了生存，要不断地进行军事动员。“国家建设”的过程，自中世纪的鼎盛时期就已经开始。另外，英格兰、法兰西、卡斯提尔、波兰和勃艮第等国家，对于自己的特殊性、力量和重要性，都有明确的意识。至少，从英格兰人和法兰西人的情况看，此时谈到民族意识并非为时过早的事——通过政治参与、共同的语言以及战争（主要是国际战争），民族意识已经在两国人民心中发展起来。与此同时，欧洲人还意识到一种共同身份，那就是“基督教国家”——这几乎成了欧洲的同义词，这种表达方式在历次针对穆斯林世界的十字军东征中经常被使用。由于马可·波罗和其他探险家的旅行，欧洲人知道了中国和东方世界的存在，但他们对西半球仍基本上处于无知的状态。当时，欧洲人不仅没有“欧洲中心论”的意识，相反，大多数欧洲人仍然认为整个世界以耶路撒冷和圣城伯利恒为中心，而他们位于世界的边缘。正是这个原因，无论是为了寻找通往东方的海上航线，还是为了从后方偷袭伊斯兰世界，早期的航海探险都是沿非洲西海岸进行的。例如，葡萄牙王子、“航海家亨利”（Henry the Navigator）就希望从侧翼包围伊斯兰世界，可能的话甚至打算联合传说中位于非洲或亚洲（没有人确切知道到底在哪儿）的“祭司王约翰”（Prester John）共同对付穆斯林。1415 年，葡萄牙占领了今天的摩洛哥的休达（Ceuta）。可以说，欧洲此时的扩张是以自卫的方式进行的。

当时，欧洲大陆还处于严重的四分五裂状态，在整个中世纪，欧洲各国都充斥着内部斗争与冲突：国王和教皇之间、各大国的君主之间、城邦国家和小国国王之间、各贵族之间、敌对的城市之间，以及农民与地主之间。天主教的统一性遭到了来自英格兰的罗拉德教派（Lollards）、波西米亚的胡斯教派（Hussites）、法兰西南部的阿尔比教派（Albigensians）以及其他各种教派的挑战，在教会内部也有很多人抗议整个中世纪日益严重的教权滥用现象。与中世纪早期相比，15 世纪中叶的欧洲可能还算处于一个相对平静的时期，但仍是一个暴力频发与分裂的时代。意大利的城邦，特别是威尼斯和米兰，总是想要置对方于死地；与此同时，阿拉贡的阿方索（Aragon of Alfonso）国王正企图控制整个伊比利亚半岛；基督徒和摩尔人在西班牙相互对抗，而穆斯林仍然控制着格拉纳达（Granada）；匈牙利正在酝酿对奥斯曼土耳其的十字军东征。此外，勃艮第公国的腓力三世也在摩拳擦掌，正犹豫着是该继续十字军东征还是在家门口打一仗；而奥斯曼土耳其人正加紧攻打位于博斯普鲁斯海峡的拜占庭帝国，后者信仰东正教；英法之间的百年战争此时也正愈演愈烈，震撼着整个欧洲大陆。

在这一切纷争的中心，就是德意志神圣罗马帝国。神圣罗马帝国的领土从西部的布拉班特（Brabant）和荷兰，一直延伸到东部的西里西亚（Silesia），从北部的荷尔斯泰因（Holstein）一直延伸到南部的锡耶纳（Siena）以及东南部的的里雅斯特（Trieste），包含了现在的德国、奥地利、瑞士、捷克和荷兰的全部，以及比利时、法国东部、意大利北部和波兰西部的大部分地区。神圣罗马帝国的皇帝是从七大选帝侯中选举产生的，包括三大教会诸侯（美因茨大主教、科隆大主教、特里尔大主教）和四大世俗诸侯（波希米亚国王、莱茵兰–普法尔茨伯爵、萨克森–维滕堡公爵和勃兰登堡藩侯）。神圣罗马帝国皇帝的统治方式是与德意志帝国议会中的各种世俗和教会领袖（包含选帝侯、国王、伯爵、骑士以及城邦的代表）进行协商。德意志人可不是驯服的绵羊，国王会与皇帝做斗争，农民会与地主做斗争，人民通过地方法庭或者帝国法庭不断地与权威做斗争。神圣罗马帝国成了欧洲政治的支点，生活在神圣罗马帝国之内的人民，远多于欧洲其他任何国家。其中，低地国家、莱茵兰、德意志南部以及意大利北部的城市都是欧洲最为富饶、充满生机、技术先进的地区。神圣罗马帝国（至少是其中最有实力的几个王国）在英法之间起到了平衡的作用。自从 1435 年勃艮第公爵腓力三世宣布脱离与英国的同盟关系之后，英国的征战大业就一蹶不振。勃艮第公爵是法国王室的成员，领土横跨德法边境。尤为重要的是，由于神圣罗马帝国可以追溯到查理曼帝国，而查理大帝就是历史上第一位神圣罗马帝国皇帝，因此这个皇位不仅对德意志的诸侯具有致命的吸引力，对邻国的国王也是一样，特别是对法兰西的诸侯。对于西欧各国的国王来说，谁能成为神圣罗马帝国的皇帝，谁就可以宣称自己是罗马帝国的继承者，并且具有普世的权威。

尽管神圣罗马帝国具有无可争议的重要地位以及值得骄傲的遗产，然而到了 15 世纪中叶，帝国已经陷入严重的危机之中。1438 年，奥地利哈布斯堡家族为了成功当选皇帝，做出了一些“选举承诺”，这种妥协让步使得帝国的权力受到削弱。地方上的封建主彼此有矛盾，土匪越来越猖獗，商业发展受制于大量敲诈勒索罪行。此外，帝国的教会也陷入重重危机，又因教权的滥用而变得更加混乱。尤其是，帝国还要努力保证集体防卫。与英国议会不同，德意志帝国议会未能就帝国的税收问题形成一个常规的机制，因此难以支撑帝国与胡斯教派、土耳其人以及越来越危险的法国人所进行的战争。与此同时，帝国还面临着一场痛苦的身份危机：它渴望能够代表整个基督教国家，它包含很多不同民族的人，如说法语、荷兰语、意大利语和捷克语等各种不同语言的人，但其大多数臣民却认为自己是德意志人，或至少是会说双语的德意志人。虽然之前他们很少提及“德意志”，但是 1450 年前后，越来越多的人开始在神圣罗马帝国前面加上“德意志”这个前缀。

这本书将展示神圣罗马帝国及其继承国在欧洲权力均势中的中心地位，并考察由此发展出来的全球体系，其中各个大国都有不同的战略考量。如果神圣罗马帝国及其继承者成为和平力量，那么这里就是具有决定意义的力量杠杆；而如果它为邪恶势力所利用，这里就是致命的威胁。这里发生的事，对英格兰来说很重要，因为低地国家成了保护英格兰的屏障，其他大国难以进攻英格兰的南部海岸，同时这也维护了欧洲的均势；对于西班牙而言，神圣罗马帝国维持了西班牙帝国的存在，也是西班牙的主要兵源所在地；对西班牙和荷兰来说，这里是其重要的战略腹地，对于后来的奥地利也同样如此；对法国人而言，它既是缓冲地带又是诱人的扩张目标；对普鲁士而言，这里是其东征西扩的最终跳板；对于20世纪初的美国而言，这里也很重要，因为德意志第二帝国的皇帝曾企图使用诡计占领墨西哥，这对美国造成了威胁；而对于美国和苏联而言，神圣罗马帝国又是它们争夺的对象，两大国都会坚决阻止这里落入对方的手中。

对于任何想要代表欧洲的人来说，神圣罗马帝国及其继承者是其政治合法性的源泉所在。几百年来，很多重要人物积极谋求获得神圣罗马帝国的权力，想要继承查理大帝的遗产。亨利八世和土耳其的苏莱曼大帝（Suleiman the Magnificent）都想要夺取它，查理五世曾经拥有过它。法国国王中，从弗朗索瓦一世到路易十六，都在谋求夺取帝国的皇冠，拿破仑也非常严肃地考虑过要成为这里的主人。而希特勒的野心就再明显不过了，他建立了德意志第三帝国，并企图永远征服这片土地。此外，尽管现在的欧洲联盟与当年的神圣罗马帝国所包含的内容已经完全不同，但欧洲联盟确实发源于这片土地，而且秉承了同样的精神。简言之，在过去的550年里，全欧洲的统治权都决定于神圣罗马帝国及其继承国，这已经成了欧洲领导人们的坚定信念，甚至他们中没有帝国野心的人也这样认为。从伊丽莎白一世、克伦威尔、马尔伯勒公爵（Duke of Marlborough）、阿尔弗雷德·冯·提尔皮茨（Alfred von Tirpitz）、俾斯麦到“一战”中同盟国的高级指挥官，一直到后来的富兰克林·罗斯福、斯大林、戈尔巴乔夫，无不深谙这一点。柏林墙倒塌后，强烈反对北约东扩的俄罗斯人对此也心知肚明。当今那些害怕德国纳粹卷土重来而努力将欧洲联盟维系在一起的精英们，也一定深谙其道——无论是谁，无论花费再多的时间，只要控制了欧洲的中心，就控制了整个欧洲；无论是谁，控制了整个欧洲，就将主宰整个世界。

因此，各国争夺对德意志的控制推动了欧洲内部变化的进程，这一点并不让人感到意外。英国人推翻了查理一世的统治，因为他未能保护人民自由地信仰新教。法国人与路易十六决裂，因为他试图勾结奥地利王室。俄国人对沙皇感到绝望，因为他没能认真处理好与德意志第二帝国的关系。德意志也是欧洲最重要的意识形态变革的发源地，宗教改革、马克思主义、纳粹主义都发源于此，并且对全球地缘政治格局产生了决定性的影响。对安全以及控制权的追求，也促使欧洲各国不断向外扩张，从哥伦布第一次航行，到19世纪列强“瓜分”非洲，无不证实了这一点，而其他地区的去殖民化的过程则显得相当缓慢。诚然，这一切并非全部由德意志人推动，但问题也远非表面这样。

17、18 世纪，英国的航海家为了维持大英帝国的实力，努力阻止新大陆的金银流向英国的对手手中。英国首相威廉 · 皮特（William Pitt）发表了关于“利用德意志打败美国”的讲话。19 世纪末，法国人谋求扩张自己的帝国，以抗衡德意志帝国。此外，英国人发表《贝尔福宣言》（Balfour Declaration），企图在全世界范围解放犹太人，使之与德国皇帝威廉二世相对抗，这最终导致了“二战”后以色列的建国。

第一章

帝国：1453~1648 年

最终，德意志人民一致同意，授予我管理帝国的权力。我认为，上帝也对此满意，并要求我这样做……西班牙的统治权，一并包括巴利阿里群岛（Balearics）、撒丁岛（Sardinia）、西西里王国、意大利、德意志以及法国的大部，还有另外一个世界，我愿意称之为黄金的产地——西印度群岛……所有这些都难以存在或者保存下去，除非我将西班牙与德意志联结起来，在西班牙国王的头衔前面加上恺撒的名字。

——查理五世，1520 年

瑞典统治者要密切关注德意志的局势才能保全自己，因为德意志拥有温和的气候、稠密的人口以及好战的人民。而且太阳底下再也找不到一个更具优势的国家能比德意志更适于在欧洲建立统一的君主政体和绝对的统治……现在，如果有哪个君主在这片土地上掌握了，那么所有的邻国都不得不向其臣服。

——约翰 · 阿德勒 · 萨尔维马斯（Johan Adler Salvius），瑞典外交官

1646 年写于威斯特伐利亚

1453年掀开了现代欧洲地缘政治的新纪元。这一年，东方的拜占庭帝国陷落；随后不久，英法百年战争结束，英格兰人被赶出了法国。这两件大事对整个欧洲，特别是对位于德意志心脏地带的德意志神圣罗马帝国（现代人一般简称其为“帝国”）产生了深刻的影响。法国在取得英法战争的胜利之后，很快就对德意志的西部侧翼施压，并企图控制或者至少干预德意志帝国的内政。而在更远的东边，奥斯曼土耳其帝国重新发起了对东南欧和中欧的入侵。土耳其人冷酷而残忍，他们曾两次攻打到了维也纳城门之下。而应对这些威胁的艰巨任务，就落到了哈布斯堡王朝的肩上。当时的哈布斯堡王朝正处于巅峰时代，查理五世不仅控制了中欧、南欧和西北欧的很多地区，而且还统治了美洲新大陆的广阔地带。对于哈布斯堡家族来说，保住神圣罗马帝国的皇位，对于维持这一巨大权力非常关键。保住了这个皇位，就可以名正言顺地宣布对欧洲大陆的领导权，也就可以掌握在德意志的话语权。另一方面，在哈布斯堡家族的对手们看来，查理五世以及他在西班牙与奥地利的继任者们都有巨大的野心，这个家族企图在欧洲建立起一个“世界帝国”（Universal Monarchy），这是一个阴险的计划。在接下来的200年里，欧洲地缘政治的舞台基本上就演变成了两股势力的较量：一面是哈布斯堡王朝在尽力维护其帝国统治，一面是它的对手在坚决抵制哈布斯堡家族对神圣罗马帝国皇位的控制。

君士坦丁堡陷落，以及百年战争中英格兰被法国打败，使得欧洲各个国家内部都发生了深刻的变化。面对这样的国际形势的挑战，在接下来的两个世纪中，两种不同的政府组织形式开始产生。一种是英格兰和荷兰共和国这样的协商民主制度，这种制度为政府预留了足够的弹性空间以应对各种挑战，并且能够维持欧洲的均势；另一种是君主制度，既包括像奥斯曼帝国和俄国这样的专制独裁制度，也包括像法国和西班牙那样的混合制的政权组织形式。对于后者来说，具有代议性质的机构依然在国家政权中扮演着非常重要的角色，但是国王的权力明显居于优势。与此同时，不论从地理上还是政治上都处于中心地位的神圣罗马帝国，正在努力建立自己的宪政结构，以缓解国内的紧张局势，同时防止自己遭受外国的侵略。

第一个挑战来自奥斯曼土耳其帝国。1453年的夏天，在土耳其人的持续围攻下，信奉东正教的拜占庭帝国的首都君士坦丁堡陷落。紧随其后的是一场血腥的屠杀，成千上万的百姓被强暴和杀害，古老的教堂也被捣毁。而在基督教信徒看来，更为糟糕的是，穆罕默德二世自称是“罗马帝国合法的继承人”，他不仅把首都迁到了君士坦丁堡——先知穆罕默德所认为的世界中心，而且保留了这座城市的名字，并继承了这座城市所具有的一切欧洲和拜占庭帝国时代的传统。看来，奥斯曼土耳其人重新发动新一轮的扩张似乎只是个时间问题。他们的目标就是占领整个地中海地区，或者是深入巴尔干半岛，进而挺进欧洲腹地。这样就可以实现其占领罗马帝国并通过控制欧洲来控制整个世界的野心，从而去完成他们的普世使命——推行伊斯兰教教义。正是由于这个原因，君士坦丁堡的陷落引发了整个基督教世界的恐慌，甚至波及遥远的丹麦和挪威。身兼丹麦国王和挪威国王的克里斯蒂安一世认为：“庞大的土耳其帝国正是《圣经 · 启示录》里所描述的来自海洋的野兽。”

16 世纪初，在苏莱曼大帝的领导下，土耳其开始了扩张。他的目标就是要成为全世界的君主。后来，其后代在君士坦丁堡大清真寺的大门上面镌刻铭文，宣称 “在全知的真主的帮助下，他的军队战无不胜，征服东方和西方，成为世界帝国的统治者”。苏莱曼大帝联合西班牙的摩尔人以及北非的其他民族，利用他们对欧洲国家的不满，在地中海地区发起了突袭。很快，苏莱曼大帝把阿尔及利亚变成了奥斯曼帝国的属国，从“医院骑士团”①（Knight Hospitaller）手中夺取了希腊罗兹岛（Rhodes）的军事要塞，控制了黑海沿岸的大部分地区。随后，这位苏丹就开始进军欧洲中部地区。1521 年，苏莱曼大帝攻陷了贝尔格莱德的堡垒，5 年后，他在莫哈奇战役中击溃匈牙利军队。至此，包括肥沃的多瑙河流域在内的东南欧大部分土地，都落入了奥斯曼土耳其人的手中。那些曾经宣称自己是“上帝的盾牌和堡垒”的匈牙利贵族，最后也不能幸免。自诩为“王中之王”的苏莱曼大帝，擢升他的贴身侍卫长约翰 · 佐波尧（John Zapolya）为匈牙利国王。希腊历史学家西奥多 · 斯潘多尼斯（Theodore Spandounes）警告说，苏莱曼大帝就像“一条张开血盆大口等待吞噬基督教国家的恶龙”，他“正酝酿着庞大的力量准备从陆路和海路发起针对基督教国家的战争”。1529 年，哈布斯堡家族费尽举国之力，才抵挡住了土耳其人的“维也纳之围”。

① “医院骑士团”为隶属于罗马天主教会的军事力量。——编者注

16世纪50年代末，苏莱曼大帝的继任者们继续向外扩张。1565年，土耳其军队抵达了马耳他的战略要地，差一点儿就将其攻陷了。到了1570年的夏天，土耳其军队登陆塞浦路斯，一年之后占领该岛。在16世纪50年代末和60年代初，正当土耳其人向欧洲进军的同时，海盗和摩里斯科人（Morisco）也不断对西班牙的东海岸进行袭击，他们的骑兵还经常深入内陆地区侵扰。与此同时，土耳其军队进一步逼近匈牙利，继而威胁神圣罗马帝国。整个16世纪五六十年代，奥斯曼帝国和欧洲之间战争不断。经过一段长时间的休战之后，到了90年代，战争又重新开始。直到1606年《吉托瓦托洛克和约》（Peace of Zsitva）签署后，奥斯曼帝国对于欧洲中部的威胁才开始减弱，至少暂时是如此。

奥斯曼土耳其帝国把哈布斯堡家族当作自己建立"世界帝国"的绊脚石，不过哈布斯堡家族也很快形成了自己的野心和抱负。事实上，哈布斯堡家族之所以能宣称自己对基督教世界的领导权，部分是基于西方国家联合抵抗土耳其人的需要。1519年，查理五世当选为神圣罗马帝国的皇帝，这决定了接下来的30年间整个欧洲的地缘政治态势。查理五世不仅统治了西班牙、那不勒斯、低地国家、奥地利和波西米亚，还在美洲新大陆扩张帝国殖民势力。一位西班牙主教因此宣称查理五世为"上帝授予的'罗马人民的国王'[①]和世界的君主"。查理五世建立"世界帝国"的远大目标，似乎使得建立一个统一的天主教帝国成为可能。直到三十年战争之后，查理五世才被迫放弃了主宰欧洲的野心。在这场战争中，查理五世与土耳其、法国和德意志新教诸国作战，但没有取得预期战果。

然而，在短短几十年之后，查理五世的儿子西班牙国王腓力二世显示出了与其父完全一样的强悍力量。腓力二世在勒班陀（Lepanto）海战中击败了土耳其人，控制了葡萄牙及其海外殖民帝国，开拓了菲律宾这一新殖民地，从新大陆大量输入金银，甚至还在一段时期成为英格兰的王婿，被胜利冲昏头脑的腓力二世开始越来越多地公开谈论他对欧洲以及世界的雄心。一块纪念与葡萄牙联盟的奖牌后面铭刻着这样的文字："这个世界还不够"（Non sufficit orbis）。西班牙的一座凯旋门上刻着文字，说腓力二世乃"世界之主"，也是"东西方万民之主"。跟他的父亲一样，腓力二世最终还是失败了。

① 罗马人民的国王，用于称呼已经当选但尚未接受教皇加冕的神圣罗马帝国皇帝。——编者注

一方面，他疲于镇压低地国家荷兰的反叛；另一方面，他的西班牙无敌舰队远征英格兰失败，这被证明是一场灾难性的消耗战。然而，此时哈布斯堡家族统治欧洲的野心尚未终结。17世纪上半叶，在欧洲的三十年战争中，法国、瑞典、德意志新教诸国以及英格兰联合起来，最终挫败了奥地利—西班牙哈布斯堡家族的军队称霸欧洲大陆的企图。

神圣罗马帝国处于这场战争的核心位置。德意志其实非常虚弱——虽然不至于像真空一样不存在，但几乎每次欧洲的主要冲突，德意志都无法置身事外。神圣罗马帝国内部存在着严重分裂，皇帝、诸侯、城邦以及教会之间矛盾重重——也就是说，德意志人对于外人肆意践踏其领土的行为毫无办法。这一区域（大约是现代的德国、意大利北部以及低地国家）极为重要，是欧洲的战略中心。所有重要国家的利益都经常在此地交错。

对于奥斯曼土耳其人来说，神圣罗马帝国是他们进军中欧的主要目标。只有在那里才能给予他们的主要敌人——得到德意志诸侯支持的哈布斯堡王朝致命一击。此外，也只有通过占领德意志，苏莱曼大帝才能证明奥斯曼土耳其人才是罗马帝国的合法继承者。而且神圣罗马帝国也是苏莱曼大帝"蛙跳式"外交政策的焦点所在——利用德意志诸侯的不满来对付查理五世。当荷兰人反对神圣罗马帝国时，他甚至派间谍前往佛兰德地区协助荷兰人。他写道："既然你们已经把剑挥向天主教徒，而且你们的双手已经沾染他们的鲜血，那么奥斯曼帝国将不遗余力地给予你们同情与关切。"

神圣罗马帝国在哈布斯堡王朝的大战略中也居核心地位。查理五世利用其权势，不仅对其对手法国形成包围态势，而且为收复勃艮第地区提供了跳板。然而，他的强硬态度使得德意志的诸侯与其越来越疏远。1521年4月，诸侯们听到查理五世谈到"现在到处都是各种主啊王啊，这并非我所愿，应该遵循神圣罗马帝国的传统——真正的主只有一个"时，他们都吓得心惊胆战。之后，查理五世强行提名其弟斐迪南（Ferdinand）作为帝国皇位继承人的决定，激起了强烈的反对。1531年，在黑森（Hesse）和萨克森（Saxony）地区的领导下，新教诸侯组建了施马尔卡尔登同盟（Schmalkaldic League）以反抗查理五世。于是，查理五世将地中海地区暂时搁置一边，开始密切关注德意志地区。至16世纪40年代初，查理五世击败法国，并逼迫其在

1544年签订的《克雷皮和约》(Peace of Crépy)中放弃米兰和低地国家，这也导致这些地区从德意志分离出去。1546年，查理五世又将德意志、米兰、萨伏依以及低地国家甚至那不勒斯组成一个在他领导下的共同防御联盟，以对抗法国和奥斯曼土耳其帝国。一年以后，也就是1547年4月，查理五世在米尔贝格(Mühlberg)战役中以压倒性的优势挫败了德意志的反对势力。然而，这一切在帝国内部以及欧洲所激起的强烈反抗使得查理不得不做出让步，他把帝国的遗产分给哈布斯堡家族的不同继承人：西班牙交给了儿子，奥地利交给了弟弟。在这场对付德意志新教诸侯的战争中，查理五世赢得了战争，却输掉了政治。

查理五世在西班牙的继承人——腓力二世和腓力三世仍然深度参与神圣罗马帝国事务。一方面是因为腓力二世对荷兰的战争是在神圣罗马帝国的政治框架下展开的，另一方面是因为腓力二世驻扎在佛兰德的军队补给线——“西班牙之路”正好跨越帝国的边境。这条战略补给线一路从西班牙经由意大利北部，穿越阿尔卑斯山的关隘，绕过神圣罗马帝国西部边缘，最后抵达低地国家。路线的大部分穿越了由哈布斯堡王朝在地中海地区、伦巴第以及勃艮第直接或间接控制的领土。但是，该线路在德意志西部的最后一段是最易受到攻击的薄弱环节。此外，西班牙只有保持住对莱茵河与默兹河(Meuse)交汇处的控制，才能守住佛兰德。西班牙首相奥利瓦雷斯公爵加斯帕尔·德·古斯曼(Gaspar de Guzmán)担心，一旦这些地方失守，西班牙的佛兰德将被“锁在笼子里”。因此，德意志是岌岌可危的西班牙地缘政治大厦的关键环节，任何一部分出问题都将导致一发不可收的多米诺骨牌效应。17世纪时西班牙对低地国家和德意志超过半个多世纪的军事远征活动，正是这一优先战略的体现。

相反，对法国来说，掌握帝国的有利位置，对于解除哈布斯堡王朝的包围态势至关重要。当时的法国北面是低地国家，东北是勃艮第公国，东南是米兰，南面是西班牙。法国有两大战略，彼此可以补充，相互配合。

第一个战略是对神圣罗马帝国直接进行军事干涉。例如，1494年8月，法国国王查理八世率领军队翻越阿尔卑斯山，公然宣布对那不勒斯的企图，希望在那里建立并领导一支全欧洲的十字军以对抗土耳其。其真正目的是攫取基督教世界的领导权，以及恐吓教皇，要求教皇拒绝给神圣罗马帝国皇帝马克西米利安一世加冕，并打破法国的包围圈。当时，波旁王朝与马克西米利安一世是死对头。50多年后，亨利二世武装干涉德意志，这就是著名的“向莱茵河进军”，法国一路收复了梅茨（Metz）、图尔（Toul）和凡尔登。在三十年战争中，法国首相红衣主教黎塞留（Cardinal Richelieu）武装干预德意志，以控制哈布斯堡王朝，并建立法国通往神圣罗马帝国的门户。在那场战争快要结束时，法国人终于占据了德意志南部城镇布赖萨赫（Breisach），切断了“西班牙之路”补给线。正像法国大使对黎塞留的继任者红衣主教马扎然（Cardinal Mazarin）所说的：“各大国围绕德意志问题进行的危险较量，即使我们的父辈看了，也会胆战心惊。”

第二个战略就是同德意志的新教诸侯结成同盟，以对抗神圣罗马帝国皇帝。例如，法国国王弗朗索瓦一世就是施马尔卡尔登同盟最早、最狂热的支持者。同样，亨利二世也认为法国的安全取决于能否捍卫德意志人的“自由”，这里其实是指神圣罗马帝国皇帝治下的德意志诸侯的独立自由。1552年1月，亨利二世在其签署的《香波城堡条约》（Treaty of Chambord）中承诺，将“防止诸侯失去传统的权利和自由，防止德意志人堕落，防止他们陷入残酷的、永久的奴役之中”。同盟将亨利二世宣传为“德意志及其被困诸侯的复仇者”。1609年，亨利四世担心哈布斯堡王朝吞并德意志西北部的领土克里维斯，从而使其成为西班牙包围法国的又一环。于是，他宣布将全力支持“古老的同盟，并防止神圣罗马帝国皇帝以牺牲别国为代价进行领土扩张”。削弱哈布斯堡王朝对德意志诸侯的控制，也是红衣主教黎塞留的大战略的核心。黎塞留在1629年写道，西班牙企图“推翻德意志各共和国的法律，从而使自己成为德意志的主人，并将其变为彻底的君主专制政体”。与亨利二世和亨利四世一样，他也坚信捍卫“德意志的自由”，就是捍卫法国的利益，他努力确保诸侯以及代表大会的权利不被信奉绝对专制主义的德意志皇帝所剥夺。1645年5月，红衣主教去世后，法国外交大臣德布里安伯爵亨利-奥古斯特·德·洛梅尼（Henri-Auguste de Loménie）写道：“削弱奥地利皇室过度膨胀的权力，确立各诸侯国的自由权利，是战争的主要目的。”德意志的自由和法国的安全联系非常紧密，二者不可分割。

16世纪末，荷兰摆脱了西班牙的统治，自此之后，德意志对于荷兰的安全来说也变得相当关键。新生的尼德兰联省共和国的首要任务，就是守住荷兰这一“后花园”——一块西靠北海的土地。对于这个新生的共和国来说，其北部、南部和西部都有良好的地势条件，易守难攻，而它与神圣罗马帝国接壤的东部边境则显得非常薄弱。所以荷兰人的策略就是，将边防哨所尽可能地推进到对面的德意志，这样做的目的，用1587年尼德兰国会的说法就是“拒战火于国门之外”。因此，从一开始，共和国的安保策略就是，在神圣罗马帝国推行前沿防御战略。此外，领导荷兰反抗哈布斯堡统治的领袖——奥兰治亲王威廉，也是神圣罗马帝国内部的一个诸侯，荷兰赞美诗描述说他身上流着“德意志的血”，流亡在德意志的荷兰人几乎是在英格兰的两倍。1567年，威廉逃到德意志，并在那里召集了他的大部分部队，发起了他最重要的进攻。他最亲密的盟友普法尔茨伯爵约翰二世 · 卡齐米日（John Casimir）据守着德意志西部的战略要地。17世纪初，哈布斯堡家族觊觎附近的克里维斯地区，这又一次给荷兰人敲响了警钟。于是，他们积极地参与了反对神圣罗马帝国皇帝的军事行动。简言之，荷兰人的命运与神圣罗马帝国的前途紧密相连。

对于英格兰来说，神圣罗马帝国也有非常重要的战略意义。16世纪40年代，英王亨利八世加入战争，参与遏制查理五世的扩张，当时他寻求“与德意志诸侯和权贵们建立某种联盟或伙伴关系”。他与第四任妻子克里维斯的安妮（Anne of Cleves）的短暂而悲剧的婚姻最初就是拜施马尔卡尔登同盟的利益所赐。后来，德意志开始高度重视低地国家的对外防御工事。该地区被伊丽莎白一世的顾问威廉 · 塞西尔（William Cecil）称为“英格兰的战略缓冲区”，对英格兰来说具有非常重要的军事防御意义。1572年，伊丽莎白一世将普法尔茨许给约翰二世 · 卡齐米日，条件就是后者拒绝在布拉班特为西班牙军队提供补给。就是在这样的背景下，伊丽莎白在16世纪80年代中期最终对尼德兰地区进行了军事干预，目的就是防止这一战略要地落入西班牙之手。17世纪初，英格兰因为恐惧哈布斯堡家族在德意志西北部的渗透活动而再次采取行动，大批英格兰士兵被派到克里维斯地区。简言之，英格兰人的大战略越来越取决于这样一个前提假设，即其国家能否获得安全，取决于低地国家和神圣罗马帝国的皇位能否被友好的力量所控制。

瑞典也变得越来越关注德意志的动态。三十年战争刚开始时，国王古斯塔夫二世 · 阿道夫（King Gustav Adolf）和瑞典议会密切关注着哈布斯堡家族的一举一动，警惕性逐渐提高。1627年12月，国王警告议会，如果再不采取措施，神圣罗马帝国的势力“将很快侵入我们的国境”。议会于是同意了国王的建议——“为了把握战场的主动权，同时把战争的责任置于敌人一方，先发制人才是上策”。此外，波罗的海沿岸的德意志港口是发动进攻的战略要地，只有占领那些地方，才能真正确保本国安全无虞。正如总理大臣阿克塞尔·奥克森谢尔纳（Axel Oxenstierna）后来所说的：“如果神圣罗马帝国皇帝占领了斯特拉松德（Stralsund），那么整个海岸线都将落入其手，瑞典将永无宁日。”所以在1630年，古斯塔夫二世·阿道夫在波美拉尼亚（Pomeranian）海岸的乌泽多姆岛（Usedom）建立桥头堡。根据其顾问约翰·阿德勒·萨尔维乌斯（Johan Adler Salvius）起草的宣言，他们的使命就是通过“捍卫德意志的自由”来防止天主教国家在整个基督教世界建立统一的君主专政。不久，在1631年9月，瑞典国王在布赖腾费尔德（Breitenfeld）战役中重挫神圣罗马帝国军队，瑞典军队深入德意志南部，甚至威胁到斐迪南一世最亲密的盟友的首府——慕尼黑。很多人都猜测，瑞典国王企图抢夺神圣罗马帝国的皇位，萨克森的选帝侯约翰·格奥尔格（Johan Georg）甚至指责瑞典总理大臣奥克森谢尔纳企图成为“德意志之主和大独裁者”。

神圣罗马帝国之所以具有如此深远的战略意义，还有另一个原因。人们认为它潜藏的资源如此之大，以至于足以在奥地利哈布斯堡王朝和法国瓦卢瓦王朝（Valois）之间、基督徒和穆斯林之间起到举足轻重的作用。17世纪初，神圣罗马帝国人口已经达到1 500万，而当时的西班牙只有800万。只有法国人口比它多一些，大约在1 600万~2 000万。单纯从数量来讲，德意志拥有非常丰富的人力资源储备；从质量来讲，德意志雇佣兵特别是重型骑兵的作战技术广受赞誉。荷兰奥兰治亲王威廉一世抗击西班牙时所集结的军队中，德意志军人是支柱力量。事实上，到了1600年，很多西班牙人认为，荷兰人已经更加依赖于其德意志盟友，而非英格兰人。西班牙其实也严重依赖于神圣罗马帝国的军事力量。自16世纪末到17世纪中叶，西班牙在佛兰德的步兵团，有3/4的兵力来源于神圣罗马帝国。神圣罗马帝国，至少其西部非常富饶——那里的科隆、法兰克福和其他城市中有着非常活跃的商业团体。帝国拥有如此庞大的人口以及军事和经济潜力，无怪乎三十年战争临近结束时，瑞典外交官会警告说：“如果有哪个君主在这片土地上掌握了权柄，那么所有的邻国都不得不向其臣服。”

在意识形态上，神圣罗马帝国对欧洲也有深远的重要性，而且事实上其影响已经超越了基督教国家。神圣罗马帝国皇帝高于其他一切欧洲国家的君主，至少理论上是这样。正因为如此，一些极具野心的欧洲君主，如哈布斯堡王朝的查理五世、法国的弗朗索瓦一世、英格兰的亨利八世，都曾公开谋求帝国的皇位。其他人，例如法国的亨利二世，不过做得比较含蓄罢了。甚至，奥斯曼帝国的统治者，如穆罕默德二世和苏莱曼大帝，也宣称要继承古罗马帝国的遗产，更明显的证据是，他们将欧洲看作世界的中心。最为重要的是，只有神圣罗马帝国皇帝才有权调动神圣罗马帝国以及德意志帝国议会的资源。因此，欧洲各国要么执着于让自己获得帝国的皇位，要么想办法阻止其落入他人手中。

尽管苏莱曼大帝是一名穆斯林，但他却做过一番努力，试图能合法利用德意志帝国的遗产。他竭力强调他的一神论的理念，并效仿“罗马人民的国王”查理的加冕礼，在自己肖像上画上了皇冠和权杖等西方式的象征符号。在16世纪二三十年代，一个来自威尼斯的顾问协助苏莱曼大帝，在匈牙利以及被其占领的奥地利的部分地区组织了一场西方式的帝国展览，给当地人留下了深刻的印象。某种程度上，苏莱曼的尊号“大帝”并非穆斯林用语，而是欧洲的用语。很多德意志的诸侯认为，土耳其人比哈布斯堡王朝更能捍卫“德意志的自由”。

对哈布斯堡王朝而言，神圣罗马帝国的皇位是将其领土控制在一起的至关重要的工具。在15世纪末、16世纪初的意大利战争中，马克西米利安一世就利用这一身份调动德意志的军队对抗法国。他的继承人查理五世同样认识到皇位的价值所在，尤其担心法国人觊觎皇位，因为历史上首位神圣罗马帝国皇帝——查理大帝就是法兰克人。他在选举之前说道：“这是一项如此伟大而崇高的荣誉，世间其他所有头衔在它面前都黯淡无光。”相反，如果帝国的皇位落入法国人之手，就将招致厄运，这会使勃艮第的土地处于德意志和法国的险恶夹缝中，而且帝国的皇位还会让对手在资源和人力上获得决定性的优势。正如哈布斯堡的首相梅库里诺 · 加蒂纳拉（Mercurino Gattinara）所说：“一旦掉以轻心，就会将帝国拱手让给法国人，而法国人绝不会拒绝这样一个觊觎已久的大好机遇。如果让法国人得逞，查理五世不仅会保不住奥地利和匈牙利的土地，还将失去伊比利亚半岛。”正是出于这个原因，查理五世在1519年的神圣罗马帝国选举中，动用了庞大的资源——主要是对德意志诸侯的贿赂，才最终保住了神圣罗马帝国皇帝的头衔。

此后，查理五世对于基督教世界的统治权就是以德意志神圣罗马帝国的皇位为基础的，他还希望以此建立起在他统治之下的和平统一的欧洲。1519年，加蒂纳拉曾对查理五世说："上帝，伟大的造物主，已经恩赐你至高无上的高贵，使你位于基督教世界中的所有君主和诸侯之上，让你成为罗马帝国分裂以来最伟大的皇帝和君主，你的祖先中只有查理大帝曾经达到过这样的巅峰。上帝赐予你王权，让你引导世界重新回归到统一。"查理和他的大臣们在为其政策辩护时，一次又一次地"把西班牙王国的利益放到与神圣罗马帝国利益同等的地位"。但是，查理五世最终还是没能说服或者强迫诸侯继续选举他的儿子腓力为"罗马人民的国王"，腓力也就不能成为他的指定继承人。不过，腓力还是成功保住了西班牙国王的头衔，而神圣罗马帝国的皇位依然属于奥地利哈布斯堡家族。尽管如此，西班牙哈布斯堡家族和神圣罗马帝国皇帝依然紧密合作。不管怎样，德意志帝国的皇位是哈布斯堡王朝在欧洲统治的重要组成部分。

这一事实迫使法国也把获取帝国皇位作为当务之急。15世纪末，法国国王查理八世非常担心神圣罗马帝国皇帝马克西米利安一世染指德意志各邦的资源。同时，查理八世自己也想谋取神圣罗马帝国的皇位。查理八世还铸造了货币，上面印有清晰的铭文，"卡洛斯的最高统治者——查理皇帝"，以此召告自己的抱负。在20年之后的1519年选举中，法国国王弗朗索瓦一世在帝国皇位的角逐中败给了查理五世。弗朗索瓦一世认为自己是查理大帝的真正继承人，因此他宣称自己只不过是要夺回本该属于他的头衔。对法国来说，要摆脱持续被围困的状态，否认哈布斯堡家族对帝国皇位的合法继承权至关重要。弗朗索瓦一世解释道："驱使我夺取神圣罗马帝国皇位的原因，就是阻止所谓的哈布斯堡的国王也这样做，如果对方成功了，他为了扩张其领土和王国，毫无疑问会把我赶出意大利。"此外，弗朗索瓦一世深知，拥有神圣罗马帝国的皇位，就能以此来领导整个基督教世界，因此他故意强调"我的目的在于更有效地开展对土耳其的战争"。大约100年之后，黎塞留的老师约瑟夫神父（Père Joseph）写道，战争最重要的目的，就是"阻止西班牙人将他们的帝国交给奥地利王室，以防止哈布斯堡王朝实现统治整个基督教世界的野心"。

同样，英格兰也非常渴望获得神圣罗马帝国的皇位。1519年，英国国王亨利八世与查理五世、弗朗索瓦一世同时角逐皇位，他的参选反映了英格兰在法国重建大英帝国的野心，以及试图将权力扩展到欧洲的野心。他深刻地意识到法国人的传统观点——英格兰隶属于教皇，而法国却不隶属于任何人。如果亨利想要获得法国的皇位，那么神圣罗马帝国的背景就非常关键，因为如果他能在德意志拥有强有力的外交地位，那么就可以从东侧威胁法国人。换句话说，只有经过德意志才能重回法国。一旦获得神圣罗马帝国的皇位，他所支持的沃尔西（Wolsey）①成为罗马教皇的机会就会大大增加，因此英王最初对马丁·路德的宗教改革持强烈的谴责态度。德意志内部也有一些支持英格兰君主的势力，尤为重要的是，神圣罗马帝国皇帝马克西米利安一世本人对亨利八世表示支持，他当时非常不想让法国人得逞，而他对哈布斯堡家族的候选人能否胜出又不是很有信心。然而，亨利八世竞选失利了。但是猜想一下，假如他成功获得帝国的皇位，又会发生什么呢？这将非常有趣。假如他不仅是英格兰的亨利八世，还是德意志的亨利八世，并且如果他的继承人能继续保住这些头衔，历史将被完全改写。英格兰式的政府制度将扩展到整个欧洲大陆：在亨利的统治下，加来（Calais）甚至是佛兰德的图尔奈（Tournai），都将派出代表参加威斯敏斯特的议会。这样，神圣罗马帝国将变成一个迥然不同的英式帝国，或许欧洲也将变成一个更加英式的欧洲。

从15世纪中叶开始到17世纪中叶，席卷欧洲的各种宗教潮流和政治运动的确铸造了欧洲的地缘政治形态，但非根本性的改变。1517年，德意志僧侣马丁·路德在维滕贝格教堂的门上张贴了《九十五条论纲》（Ninety-Five Theses），抨击罗马天主教会的腐败和错误。这次“改革”并非只是对神学思想的反叛，还是对神圣罗马帝国长期的内乱与外患做出的反应。路德、乌尔里希·冯·胡滕（Ulrich von Hutten）、安德烈亚斯·奥西安德（Andreas Osiander）和其他的改革家都高度关注奥斯曼土耳其的入侵行为，他们组织了几次活动，号召人们努力抵抗异教徒的入侵。他们试图通过思想精神的改革来实现德意志民族的复兴，他们倡导人们忏悔和祷告，以求净化那些已经使得帝国在东西方的夹击面前虚弱不堪的“芜杂”。路德的言论不仅激起了上层受教育阶层的共鸣，而且得到了农村地区居民的响应，特别是居住在南部和西部的农民，他们把宗教改

① 托马斯·沃尔西（1475—1530），亨利七世和亨利八世时期的英格兰政治家，亨利八世时任枢机主教。——编者注

革看作将自己从地主手中解放出来的机会，以及实现帝国革新并在欧洲重建德意志民族尊严的机遇。因此，几年之后的“农民战争”其实并非局限于当地的扎克雷（Jacquerie）起义，更是一种农民要求参与新的德意志帝国的普遍呼声。另一方面，很多德意志诸侯则把新教教义看作抵抗外部侵扰的盾牌，同时也是一种用来强化对内统治、摆脱神圣罗马帝国皇帝的控制以及没收教会财产来改善自身财政状况的政治工具。

这一政治背景对于16世纪30年代的英格兰宗教改革也具有深远意义。对于英格兰的稳定来说，男性继承人并非那么关键——因为女性在英格兰同样拥有合法的继承权，但对于亨利八世所谋求的法国和神圣罗马帝国的统治权来说，男性继承人却非常重要，因为根据《萨利克继承法》（Salic Law），女性是没有神圣罗马帝国皇位继承资格的。在教皇拒绝他的离婚并迎娶安妮·博林（Anne Boleyn）的申请后，亨利八世与罗马教廷决裂。之后，亨利八世剥夺了教会的土地，这不仅使他在国内的统治得到支持，还为他提供了急需的战争经费。他强制修道院僧人还俗、洗劫修道院、剥夺教会财产，以此在南部海岸修建大规模的防御工事，以抵挡来自法国和哈布斯堡王朝等天主教国家的威胁。这就是英格兰宗教改革与其国家安全之间紧密联系的缩影。

宗教改革推动了一种“信仰文化”的诞生，也由此引起了公众对欧洲各国国内以及国际宗教、外交和公共利益的关注。中欧、北欧和西北欧的人们，经常沉浸在宣传宗教改革思想的各种训诫、赞美诗、宣传册和廉价的木版画中。在随后的几十年间，德意志各地区的统治者接受了各种各样的新教教义，主要包括德意志北部和东部、低地国家、英格兰和苏格兰、斯堪的纳维亚半岛上的所有国家以及波兰、匈牙利和波西米亚的许多地区。新的裂痕形成了，这种裂痕不仅存在于一国内部——很有可能被邻国利用，而且存在于国家之间。除了既存的对抗土耳其人的基督教联盟，以及对抗暴君独裁统治的共和国联盟，现在又多了个对抗天主教的新教联盟，当然所有这些对抗关系都是双向的。

没有哪个地方比德意志更能深切体会这种分裂和对抗，因为宗教改革使其整个帝国一分为二。天主教会、路德教派、加尔文教派三足鼎立。16世纪90年代，加尔文教徒中的激进分子聚集在普法尔茨选帝侯周围，坚决维护“德意志的自由”不受皇帝侵害，并要求在神圣罗马帝国中获得平等的地位。他们向国外的教友——英格兰和低地国家的国际加尔文教派（Calvinist International）寻求支援，联合起来在具有战略意义的德意志地区共同竭力捍卫他们的事业。因此，荷兰人、英格兰人和信仰新教的德意志诸侯认为，他们的命运紧紧捆绑在一起。例如，伊丽莎白的首席顾问大臣威廉 · 西塞尔就提倡“与所有信仰新教的诸侯结成防御同盟，特别是与德意志帝国中信仰新教的诸侯结盟”。只要帝国不落入敌手，换句话说，只要荷兰人不断反抗神圣罗马帝国皇帝，那么英格兰自身的安全就可以得到保证。到 17 世纪初，加尔文教继续发动攻势，他们不断地干扰德意志帝国议会的运作，甚至在普法尔茨选帝侯的支持下建立起“福音派新教联盟”（Evangelical Union）。作为回应，1609 年巴伐利亚公爵建立了“天主教联盟”，由西班牙国王腓力三世提供其活动经费。同年，加尔文教派最终退出德意志议会，导致了一场宪制危机。

此时，最关键的问题是神圣罗马帝国的皇位将花落谁家，这已经不只是战略和对抗的问题，还是宗教问题。哈布斯堡家族成员、施蒂里亚公爵斐迪南（Ferdinand of Styria）最有可能当选神圣罗马帝国皇帝，但他却是所有新教徒的梦魇。斐迪南虚荣自负，而且从小一直接受耶稣会的教育。对于信奉路德教和加尔文教的诸侯来说，斐迪南对他们构成了直接威胁。于是，他们之中的一些激进分子努力支持新教人士成为皇帝，以此来先发制人。然而，新教徒的这一策略不仅会损害奥地利哈布斯堡王室和德意志天主教徒的利益，而且会威胁西班牙的地位。1613 年 9 月，西班牙国王的高级顾问唐 · 巴尔塔萨 · 德 · 苏尼加（Don Baltasar de Zúñiga）警告说：“一旦新教皇帝的力量与荷兰等地的异教徒势力结合起来，我们将失去佛兰德那些顺从我们的诸侯，米兰大公国以及意大利的其他部分也会一起失掉。”1618 年，西班牙外交官、奥地利哈布斯堡家族的全权公使奥内特伯爵伊尼戈 · 贝莱斯 · 德 · 格瓦拉（Inigo Velez de Guevara）也警告说：“毫无疑问，如果我们丢掉了德意志，那么我们也会失去整个哈布斯堡王权赖以生存的根基——佛兰德和意大利。”

1618 年 5 月，事态发展到极为紧要的关头，波西米亚贵族选举新教徒普法尔茨选帝侯腓特烈五世为国王，并希望他能夺取帝国的皇位。然而，1619 年 3 月，施蒂里亚公爵斐迪南当选为皇帝，即斐迪南二世。他在 1620 年的白山战役中击败波西米亚贵族后，迅速巩固了对哈布斯堡王朝的支配地位，西班牙军队则直接控制了普法尔茨地区。腓特烈五世被迫放弃他的普法尔茨选帝侯头衔，取而代之的是斐迪南二世最信任的人——德意志天主教联盟的领袖、巴伐利亚公爵马克西米利安一世，哈布斯堡王朝对神圣罗马帝国皇位的控制权因此得到了进一步强化。在德意志内部，现在的力量对比明显有利于天主教，导致原来的欧洲均势有被打破的危险。正如1621年2月荷兰议会中有人说到的：普法尔茨的最终陷落将会见证“真正的宗教信仰被连根拔起，德意志的普世自由被践踏，更为严重的后果是，帝国的皇位将被西班牙王室据为己有”。

另一方面，尽管宗教经常加剧既存的地缘政治分裂，却永远无法超越政治。例如，信仰天主教的法国对哈布斯堡王朝的仇恨显然超越了其他一切考虑，尽管后者同样信仰天主教。弗朗索瓦一世毫不犹豫地选择和土耳其人结盟，一起对抗查理五世。弗朗索瓦说：“我不否认，我非常渴望土耳其人变得强大，并时刻准备征战。我当然并不是为了土耳其人好，毕竟他们是异教徒，我们是基督徒。我只是希望他们能够削弱神圣罗马帝国皇帝的力量，耗尽他的财力，以确保其他国家能与这个强大的对手相抗衡。”弗朗索瓦的继任者同样毫不掩饰地利用德意志的新教诸侯来削弱哈布斯堡王室的力量。同样，在三十年战争中，法国首相、红衣主教黎塞留支持新教诸侯和瑞典军队，以对哈布斯堡王朝进行军事打击，尽管法国人与奥地利人都信仰天主教。而苏莱曼大帝则号召其在西班牙的穆斯林支持者们配合路德教派在低地国家和神圣罗马帝国的行动。

欧洲各国的冲突，尤其是神圣罗马帝国的统治权之争，深刻地影响了各国内政。它在各国甚至全欧洲催生了一个公共领域。关于大战略的辩论成为各国公共政治辩论的主题，我们举两个例子就足以证明。15世纪中叶，英格兰在与法国的战争中失利，愤怒的英格兰人非常想要搞清楚哪里出了问题以及谁应该为此负责。根据广为流传的书面手稿记载，由此而导致的辩论远远超出议会的范围。对萨福克公爵威廉·德·拉·波尔（William de la Pole）的弹劾纷至沓来，时任英格兰皇家枢密顾问官以及英王亨利六世的首席顾问的威廉，被指控背叛了英格兰人在法国的伟大事业，最终被处死。在肯特郡，一场农民起义不断向伦敦蔓延，农民不仅抱怨在当地所受的疾苦，还声讨国王，认为其“一定是听信了谗言，不然为什么他的土地丢失了，商业停摆了，老百姓的生活被毁了，海洋没了，曾经占领的法国也没了”。约克家族的支持者指控英格兰王室的失职导致了在法国的败落。他们质疑英格兰在加来的基地没有及时做出反应，并指责在兰开斯特的驻军被法国人收买了。因此，从15世纪末到16世纪初的大部分时间，英格兰人的政治辩论都集中于如何重新获得海峡对岸的遗失的土地。然而，随着时间的推移，英格兰人在公共领域的注意力逐渐转向低地国家和神圣罗马帝国。荷兰人反抗西班牙的统治，信仰新教的德意志诸侯被公认为对抗哈布斯堡王朝天主教统治的堡垒。17 世纪初，很多英格兰人谴责英国政府与马德里达成的和解，认为这是向暴政的妥协，是对荷兰同胞和广大欧洲大陆新教教徒的背叛。不久之后，对德意志新教徒的遭遇、与西班牙王室的联姻以及斯图亚特王朝的失利的种种愤怒，充斥于英格兰人的政治辩论中。

15 世纪 50 年代的德意志，政治讨论很大程度上是由出版商约翰内斯 · 古腾堡（Johannes Gutenberg）发明的西方铅活字印刷术所激起的。文艺复兴中，人文主义思潮的高涨推动了公共领域中原生态民族主义的产生。最初人们关心神圣罗马帝国整体的衰落，进而开始关注德意志在欧洲的声誉。德意志人认为自己是古罗马帝国的继承人，尽管帝国中有很多不同民族，但他们认为自己居于主导地位。他们清楚地意识到，帝国中包含了大量的斯拉夫人（Slav）和罗曼人（Romance）。尽管帝国西边被勃艮第人和法国人所包围，东南边遭受匈牙利人和土耳其人的侵扰，但由于德意志人的爱国主义和民族主义精神，帝国始终能够屹立不倒。当然，这也表现在德意志人民越来越多地参与到神圣罗马帝国的事务中，约翰内斯 · 爱沃提内斯（Johannes Avertinus）这样的人文主义者也不断发出呼吁，他们认为国家应尽更大的努力对抗法国及其他侵略者，以捍卫"德意志的自由"。他们坚决要求整治德意志教会的腐败问题，并谴责地方官的违法作乱，因为这不仅会危害社会，还为外敌干预提供了合适的借口。简言之，古老的神圣罗马帝国内部仍然富有顽强的生命力。

外交政策也决定了整个欧洲的宫廷政治，有时候甚至可以导致整个王朝的兴衰。虽然各国情况不尽相同，截至 17 世纪初，神圣罗马帝国的形势仍是各国共同关心的首要问题。三十年战争期间，欧洲大陆各国在德意志的战略成败对各国内部政治的变化产生了重要影响。1618 年，西班牙首相、莱尔马公爵弗朗西斯科 · 戈麦斯 · 德 · 桑多瓦尔（Francisco Gomez de Sandoval）在马德里失势，原因是他无法在整个欧洲——特别是在神圣罗马帝国中——捍卫西班牙的利益。他的继任者苏尼加却凭借在这方面的才能得势，直至 1622 年去世时仍深受推崇。接替者奥利瓦雷斯（Olivares）则因为西班牙的大战略（特别是西班牙在神圣罗马帝国的战略）耗费了巨额财产而饱受诟病。同样在巴黎，法国首相吕伊纳（Luynes）公爵夏尔·德·阿尔贝（Charles d'Albert）因为其德意志战略的失败而在宫廷失去立足之地。他的继任者维厄维尔（Vieuville）公爵夏尔（Charles）也遭遇了同样的命运。然而，红衣主教黎塞留却因为在神圣罗马帝国问题上的成功外交而势力大增，得以长期担任首相。

而在英格兰国内，外交事务引发了最为猛烈的国内巨变。三十年战争刚开始时，随着奥地利—西班牙帝国的力量席卷德意志，英格兰议会和广大民众反抗王权的怒火也爆发了。对于斯图亚特王朝的反对派来说，波西米亚的暴力冲突并非仅仅发生在一个他们一无所知的遥远国度。正如约翰·戴维斯爵士（Sir John Davies）1620年在下议院所说："普法尔茨着火了，新教国家着火了，所有其他国家都着火了……这将威胁到低地国家、尼德兰联省共和国和所有新教徒的利益。"国王在议会的反对者认为，"在整个欧洲大陆中，出现了一个势力强大而又无处不在的集团……其目标在于破坏所有基督教国家的新教教会"，而"他们遇到的反抗却微乎其微"。到1642年，斯图亚特王朝的国王与反对派开始了一场痛苦的内战。最终，1646年国王被推翻，并于1649年被处死，君主专制的斯图亚特王朝被"护国主"奥利弗·克伦威尔的统治所取代。英格兰议会声明中明确表示英格兰将对普法尔茨和欧洲新教提供支持，简言之，英格兰人推翻查理一世的这场"大反叛"（Great Rebellion），归根到底是源于英格兰新教徒对斯图亚特王朝外交政策的抗议。外交政策的失利最终导致了国内共识的崩溃。在之前的20多年间，英格兰人没能为欧洲新教事业挺身而战，而英格兰最终在1642年走向了内战。

欧洲各国为了能在战争中始终保持战斗力，要么谋求加强国内建设，要么加入更强大的联盟以寻求保护。查理五世意识到，协调好与意大利、德意志以及勃艮第的关系，以对付法国人和新教诸侯，并不那么容易；除此之外，在另一边，协调好奥地利、匈牙利和地中海国家之间的关系，以对抗土耳其人，也相当困难。因此，查理五世将中欧地区的防卫以及神圣罗马帝国的大部分管理事务交给他的弟弟斐迪南分担。1522年，查理五世任命弟弟斐迪南为奥地利的统治者以及自己在德意志的全权代理人。9年后，他强迫德意志诸侯选举他弟弟为"罗马人民的国王"，即斐迪南一世，这是他的指定继承人，这一举动对东南欧国家的发展具有深远的影响。斐迪南从匈牙利人的废墟中成功拯救了波西米亚和西里西亚，巩固了自己的东北侧翼。1530年在林兹（Linz），他对由贵族代表组成的议会说："匈牙利王国必须掌控在奥地利大公或者其他的德意志诸侯手中，否则将无法抵挡土耳其人的进攻。"几经犹豫后，克罗地亚和匈牙利加入了哈布斯堡王朝。在这两个例子中，最后达成的协议其实都是有条件的，即斐迪南承诺保护他们不受土耳其人的侵略。

荷兰人在联合防御上做得更为成功。奥兰治亲王威廉一世曾警告过荷兰人，"特殊主义"（Particularism）不利于他们从西班牙的统治中获得独立。16世纪末，荷兰人迅速克服了特殊主义。1572年，荷兰人民推选威廉为"执政"和最高统帅，并赋予他征收赋税的权力，以抵抗西班牙国王腓力二世的进攻，还发布公告实行宗教宽容政策以防止内战爆发。三年后，也就是1575年10月，西兰岛（Zealand）加入荷兰，并发表联合声明称："我们应该摆脱西班牙国王的统治，并寻求国外的帮助。"1579年，荷兰、西兰岛、乌得勒支（Utrecht）的大部分以及格罗宁根（Groningen）缔结了"乌得勒支同盟"，达成了一项非常复杂的关于赋税、信用和战争筹款的一揽子协议。所有这些举措使得尼德兰地区的人民成为可能是欧洲税负最为沉重的人民。这样苛刻的税收政策之所以能持续，完全是因为民众已决心要把自己的命运和安全掌握在自己手中。荷兰人现在自己掌握了自己的安保政策，他们开始为捍卫自己的权利进行不懈的斗争。正是在如此强大的斗争中，诞生了尼德兰联省共和国，荷兰人设法发起战争，而战争也造就了荷兰这个民族。

英格兰人希望在国际政治舞台上发挥更大的影响力，因此他们对国内中心地区与边缘地区之间的矛盾有了一些比较激进的看法。都铎王朝担心，一旦苏格兰和爱尔兰由敌对势力所控制，英格兰的"后门"就将大开，或者至少导致被包围的态势。伊丽莎白一世的早期干预和长老教会制的胜利，在很大程度上解决了英格兰北部边境问题，至少暂时如此。而爱尔兰的问题却棘手得多，那里的人民大部分信仰天主教，当地人对英格兰人的仇恨其实超越了宗教分歧。必须阻止西班牙在那里的渗透活动，还要粉碎盖尔人的叛乱威胁，所以必须找到一个长久的解决方案。正如伊丽莎白一世的首相西塞尔在1560年所警告的："神圣罗马帝国最近不断扩大其势力范围，他们的实力已大增，而英格兰却还是老样子，一点儿新鲜血液都没有，这样的形势尤为危急。"因此，西塞尔建议："将英格兰与苏格兰联合起来，同时兼并爱尔兰，以增加国家的实力，这值得好好考虑。"伊丽莎白一世去世后，一个偶然事件导致了苏格兰和英格兰合二为一：1603年詹姆斯一世同时成为英格兰与苏格兰的国王。几年后，他启动了阿尔斯特种植园殖民计划，没收当地信仰天主教的爱尔兰人的土地，分给定居在那里的英格兰和苏格兰新教教徒。这样，詹姆斯就基本解决了英格兰西翼的安全问题，并确保了英格兰、爱尔兰和苏格兰三者在欧洲大舞台上行动一致。

而在欧洲的北部和东部，一个类似的整合过程也正在进行。条顿骑士团及其在波罗的海的领土的衰落，激起了一股分裂主义浪潮，肆虐着想要吞噬整个地区。1558年，沙皇伊凡四世强占了利沃尼亚（Livonia）东北部的纳尔瓦（Narva）。16世纪60年代初，俄国人还攫取了波兰王国（Polish Commonwealth）北部的部分领土。差不多同时期，瑞典人吞并了现在爱沙尼亚北部的领土。被哈布斯堡王朝、崛起的瑞典、俄国以及奥斯曼土耳其帝国等大国包围的弱小国家们纷纷合并在一起，以求在危机四伏的险境中自保。1561年，条顿骑士团加入立陶宛大公国，8年之后，他们又一起与波兰王国形成卢布林联合（Union of Lublin）。新建立的庞大的波兰-立陶宛联邦的领土从波罗的海几乎延伸到黑海。1592年，波兰国王齐格蒙特三世·瓦萨（Sigismund Vasa）当选瑞典国王后，两个君主制国家暂时合为一体，联邦的规模变得更为庞大。这个联邦让人们看到了抵挡俄国人和奥斯曼土耳其人的些许希望。

国家形成与整合过程中的核心问题是少数族裔问题，其中大多都有宗教信仰。16世纪一直到17世纪初，欧洲各国政府都绞尽脑汁思考该如何同化这群人——是镇压他们还是简单地把他们驱逐出境。同样地，以下两个实例足以帮助我们了解这段历史。西班牙的例子代表了其中一个极端。当地穆斯林少数族裔摩里斯科人与奥斯曼土耳其人勾结，迫使腓力二世在1567年颁布了一项非常严厉的法令。法令要求摩里斯科人三年之内必须学会西班牙语，三年之后，无论是在公共场合还是私底下使用阿拉伯语都将被视为犯罪。摩里斯科人被禁止使用自己的特殊姓氏，也不能穿原来的服饰。腓力二世甚至取缔了穆斯林的公共浴室，这是他们接受洗礼仪式之前要去的场所。当摩里斯科人想要拿他们贡献的巨额税收作为抗议的筹码时，国王的代表告诉他们，"相比财政收入，国王更看重的是宗教信仰"。1568年，摩里斯科人迅速起义，给腓力二世造成了严重的军事威胁，于是腓力二世不得不调动意大利的军队前来粉碎了叛乱。接着，腓力二世以叛国罪逮捕了所有摩里斯科人，不论他们是否真的参与了叛乱。大约 8 万人带着镣铐被流放到西班牙国内的其他地区，大约 1 万人仍然留在格拉纳达。与此同时，那些被流放的人则导致了让国家持续头疼的治安问题。1609 年，腓力二世的继任者腓力三世将总数达 30 万的摩里斯科人全部驱逐到北非，从而一劳永逸地解决了这一难题。在安达鲁斯持续了数百年的伊斯兰文明至此结束。

其他情况下，各国政府一般更倾向于推行宗教宽容政策。要么是因为各国政府真的认为供人们忏悔的各个不同的神是共存的，要么是因为他们认为宗教宽容政策可以加强国内团结以御外侮，或者仅仅是因为需要镇压的教派力量太过强大。所以神圣罗马帝国皇帝斐迪南一世倾向于容忍新教，以便更好地动员其领土内的一切力量对抗奥斯曼土耳其帝国。其子马克西米利安二世则尝试推行更为有条不紊的宗教宽容政策。1571 年，他发布诏令，准许奥地利的路德派贵族在他们自己的土地上自由信仰宗教。事实上，马克西米利安二世希望在奥地利甚至在整个神圣罗马帝国内部废除宗教专制政策，他认为这是联合德意志诸侯共同对抗土耳其人的唯一机会。简言之，外部威胁导致了哈布斯堡王朝内部两派对于宗教宽容的迥异态度。

到底是君主专制还是代议制更有利于一国在欧洲之战中胜出？围绕着这个问题，欧洲被划分为两派。佛罗伦萨的政治学家尼科洛·马基雅维利（Niccolò Machiavelli）在他的两本书《君主论》（*The Prince*）和《论李维罗马史》（*Discourses*）中重点讨论了这个问题。这些书最早试图对欧洲地缘政治的新变化进行系统研究，提出一些概念，并指出这些变化对欧洲各国国内政治架构的影响。在《论李维罗马史》（第一册）的序言中，马基雅维利这样描述：不同的群体聚集在一起，形成了国家，目的是“更方便和易于自卫”。他强调，这种状态的达成，离不开强大的权力做保障。事实上，马基雅维利告诫说：“如今的诸侯和当代的共和国，必须要拥有自己的军队来进攻和防卫，否则统治者应该感到耻辱。”马基雅维利建立理想共和国的目的倒不是出于公民美德本身，而是因为认为共和国有利于国家的最优战略决策以及进行有效动员。在这里，制胜的关键并不只是简单地集聚资源。马基雅维利警告说：“金钱并非战争的最主要资源，这与人们通常的看法不同。”

佛罗伦萨人认为，国内良好的体制结构是强有力的外交政策的基础。在《论李维罗马史》（第六册）中，马基雅维利谈道："国家有必要建立一种宪制制度，使国家在情况允许时能够扩大它的领土，并能保住其既得利益。"这里的关键是，让民众有政治参与和政治辩论的权利，这是比庞大而有效的税收基础更为重要的事情。马基雅维利还写道："相比于一个诸侯，普罗大众的智慧更深厚，也更持久。事实上，平民似乎被无形的力量牵引着，能够事先分辨出善与恶。"人民应该有追究国家统治者重大事务责任的权利，因而共和国政体在国际政治舞台上更具竞争力。他还说："只有当一个城邦真正拥有自由的时候，它才能够增加其财政收入和扩大其领土。"所以早在16世纪初，马基雅维利就从国内政治和地缘政治的视角，向我们清晰地阐述了掌握欧洲权力的系列问题，他的论述既适于独裁政体也适于共和国政体。

英格兰的案例很好地证明了马基雅维利思想的正确性。在与法国的战争失败后，英格兰人得出结论，认为通过议会为国王提供正确的建议是非常关键的。税收应及时征缴——换言之，英格兰作为一个整体应担负起收复法国领土的责任，但是反过来，国王应听取议会和经验丰富的顾问们的意见。英王亨利八世之所以能够承担起在苏格兰、爱尔兰，特别是欧洲战场上的巨额军费，就在于他能够和议会亲密合作。如果国王在某些问题上妥协，那么议会就批准其在过去、现在以及未来所需要的所有军费开支。30多年间，领主和平民甘愿缴纳大量赋税，因此战争压力和王权膨胀之间并没有必然的联系。总体上，议会认同国王的大战略：包括恢复国王在法国的权力，或者至少掌握海峡对岸沿海一带的控制权，还有就是确保敌人无法从爱尔兰和苏格兰袭击英格兰的后方。同样，伊丽莎白一世在欧洲的稳固地位，很大程度上也得益于其与议会间的协调。相反，在斯图亚特王朝时期，威斯敏斯特内部的分裂以及议会和国王间的矛盾最终葬送了英国之前的外交政策成果。

然而，大多数的历史经验似乎证明，强大的王权是一个国家的战略得以成功的前提。例如，在法国，对外战争的胜利被视作王权的重新壮大。改革家们的演说倾向于强调建立一个具有强大征税能力的中央政府。诚然，把英格兰人赶出国门是国王和三级会议通力合作的结果，但是需要强调的是，仅仅有广泛的磋商是不够的，最终还是要靠王权来执行各项政策。1439年，法国议会（即三级会议）丧失了其对地方领主征税——这是一项直接的土地税——的审批同意权。1451 年法国中部的地方三级会议也丧失了这一特权。三级会议不仅同意为国王军队的开支埋单，还同意国王自行确定征税的税率。法国国王进行的各种所谓“协商”，本质上是王权和贵族间的互动，并不是对其权力的真正约束。最重要的是，税收的征缴和军队的开支已经完全不需要经过三级会议的同意。如果说在英格兰，议会的地位与其国家实力越来越成正比的话，那么法国人则建立了完全相反的政治文化——尽管法国在欧洲的地位是与王权的强大有密切联系的，但三级会议的地位却日益下降。

然而，很多议会制国家似乎饱受内乱和外患的困扰。即使是伟大的查理五世也不得不面对各种议会：卡斯提尔议会、尼德兰的三级会议以及其他各君主国的小规模代表会议。如果是为了保护西班牙人利益而采取的行动，比如包围纳瓦拉（Navarre）、镇压巴巴里（Barbary）海盗、打击地中海地区的土耳其人等，西班牙议会是很乐意为其埋单的。不过，他们对欧洲中部的战争却并不热心。1527 年远征匈牙利的军费提案被驳回，而 1535 年袭击突尼斯的军费提案则通过了。1538 年，西班牙议会拒绝了对法国的战争军费开支后，议会不仅没有对新的军费提案进行投票，反而直接劝说国王查理五世与法国讲和。西班牙议会之所以负担如此沉重，原因之一就是阿拉贡、加泰罗尼亚和瓦伦西亚地区的代表大会非常不合作，导致从这些地区征收上来的税收少得可怜。唯一能弥补这一差额的地区，就是富裕而又拥有高效税收制度的低地国家，但这一地区的人民同样对西班牙国王的外交政策非常不满。1524 年 2 月，尼德兰总督帕尔玛公爵夫人玛格丽特向查理五世汇报说：“低地国家人民抱怨最厉害的就是，他们总是要负担各种名目的战争开支，却没有哪个战争是为他们而战。”16 世纪四五十年代，到了对法战争的最后阶段，尼德兰的三级会议勉强同意缴纳军费。无论是在西班牙还是在奥地利，类似的问题一直困扰着哈布斯堡王朝后来的统治者们。

在东欧，强大的代议制机构，似乎明显导致了国家表面上的虚弱。当瑞典贵族反叛波兰—立陶宛—瑞典联邦的国王齐格蒙特三世 · 瓦萨时，波兰议会拒绝给国王提供足够的军力镇压叛乱。1599 年，齐格蒙特三世被瑞典议会罢黜，瑞典与波兰的联盟也就此瓦解。在俄国，内战之后不久，即 1598~1610 年，俄国很快就遭到波兰的入侵，这些经历都使得俄国走向了更加严厉的独裁统治。1613 年，罗曼诺夫王朝掌权，终结了俄国长达15年的大动乱（1598~1613年）。对于俄国的精英而言，过去20年的经验教训似乎显而易见：太多的自由只能招致祸患和民族的软弱；“自由”和“任意”这些词即意味着骚乱和动荡。正因为如此，俄国社会的发展围绕着如下的原则进行：对内为政府提供服务，对外捍卫其国家主权。诚然，很多俄国人也认为，他们的政治参与权，绝不应局限于“面包和黄油”这样的基本经济安全和社会公平事务。然而，俄国人并没有西方社会那种正式的代议制机构，诸如国家议会、三级会议、德意志帝国议会或英格兰式的议会。俄国贵族的代表大会叫作“国家杜马”，其名称来源于俄语单词“思考”或者“考虑”，但是国家杜马并没有任何税收控制权。罗曼诺夫王朝的统治，几乎完全是独裁式的，唯一能对其产生约束的估计就只有俄国广袤无边的土地了。而且，只要新王朝能够使得国家更为强盛，或者至少保证国家安全，那人民就基本可以高枕无忧了。

类似的状况在勃兰登堡–普鲁士公国也有发生。马克勃兰登堡（Mark Brandenburg）的三级会议确实对诸侯的行为起着制约作用，他们拒绝支持勃兰登堡选帝侯约翰·西吉斯蒙德（John Sigismund）在克里维斯地区的野心。此外，三级会议还具有批准税收和盟约的权力，这着实是个让选帝侯头疼的大问题。在他看来，三级会议没能履行保卫国家安全的义务，面对17世纪初的挑战，“三级会议成功地把自己的脑袋埋在了马克的沙子里”。如果普鲁士想要在欧洲舞台或者哪怕是在德意志的舞台上成为一个有分量的角色，那么这个问题就一定要解决。在17世纪接下来的时间里，约翰·西吉斯蒙德的继任者乔治·威廉（George William）强烈地意识到王权被团团包围的困境，他无法保护自己分散的领土，甚至无法说服三级会议为国家防御做点儿贡献。1626年7月，他遗憾地说道：“我的土地被这样浪费，而我自己也被这般无视和取笑，这让我痛苦不堪。全世界都在嘲笑我的懦弱和无能吧！”

然而，对共同的政治参与最为不满的，当属神圣罗马帝国自身了。帝国抗击土耳其人的努力宣告失败，抵抗法国人的不断渗透也宣告失败。例如，1454年，神圣罗马帝国皇帝、哈布斯堡家族的腓特烈三世在法兰克福召开帝国会议，讨论对土耳其人发动十字军东征一事，但无果而终。德意志诸侯谴责匈牙利密使“连自己的王国都保不住，还企图把德意志卷入他们的灾难里”。1480年夏天，土耳其人重新发起进攻，进军奥地利的格拉茨（Graz），腓特烈三世发出战争动员，却被德意志帝国议会讥笑为“关于土耳其人的冗长讲话”。同样，腓特烈三世的儿子、继任皇帝马克西米利安一世也被迫把勃艮第割让给法国。总之，神圣罗马帝国在应对边境危机上没能保持住一贯的强势。

出于对外部势力控制的不满，德意志改革家曾数次尝试在神圣罗马帝国进行革新。为此，他们积极提高自身在帝国机构特别是议会中的政治参与程度，不过这些尝试都失败了。1489 年，在美因茨大主教贝特霍尔德 · 冯 · 亨内贝格（Berthold won Henneberg）的领导下，改革派在法兰克福议会聚集。几年之内，贝特霍尔德就为皇帝建立起了一个集财产、收入和人头税为一体的一揽子税收方案。作为回报，他被授权负责维护德意志领土内的公共秩序，并进行帝国法庭的改革。要想对外强大，德意志就必须保证国内的和平。皇帝在军事事务上被迫接受议会中的帝国委员会的建议。换言之，正如 15 世纪中叶的英格兰，德意志帝国议会开始在帝国的大战略中谋求参与权。下一步就是整顿德意志的军事秩序。1500 年在奥格斯堡议会会议上，帝国被划分为十大区，各区各自承担维护区域内部公共秩序的责任，并担负起对外抗击敌人的职责。这不仅仅是德意志集体安全体系的萌芽，而且是民族团结一致对外的潜在工具。

16 世纪初，帝国委员会反对马克西米利安一世增加在意大利的军力。看上去似乎帝国委员会要坚定地维护自己的立场，他们成立了选帝侯联盟，决定在形势必要的时候在皇帝缺席的情况下召开帝国议会，并向前推进改革。德意志似乎在寻求实现以议会为基础的民族大团结。在现实中，各方都有意阻碍对方，制造障碍，造成停滞。议会在限制皇帝权力方面被证明非常有效，但他们却无力也不愿建立起一个真正的替代性制度。帝国委员会的试验不久就结束了。无论是来自法国人的，还是土耳其人的，又或者是匈牙利人的威胁，甚至是这些全部加起来，都没有足够强大到使德意志的议会放弃他们的自由而屈服于强大的皇权。另一方面，到了 16 世纪初，德意志已经不再是以前的那个德意志了，它已经积累了足够的民族国家特质，正在有力地迎击前方的暴风雨。

神圣罗马帝国仍然感到，自己难以应付苏莱曼大帝统治之下的强大的奥斯曼帝国。1521 年匈牙利国王路易二世向沃尔姆斯（Worms）议会请求支援，1522 年克罗地亚贵族在纽伦堡求救，但帝国议会对一遍一遍的求救呼声基本无视。奥地利大公斐迪南号召德意志人支援“勇敢的基督徒克罗地亚民族，因为那里是保护奥地利内地的堡垒和阵地”，结果也是徒劳。对于议会里的诸侯、自由城市和神职人员来说，危险看上去还很遥远，冷眼看着克罗地亚人和匈牙利人抵抗土耳其人而自己“搭便车”，似乎是更为舒适的逃避责任的选择。大量宣传册性质的作品都认为，土耳其人并不会立即对他们的自由构成威胁，相反，这些作品却暗示了，这不过是哈布斯堡王朝在利用奥斯曼帝国的幽灵，以实现其在国内建立集权统治的野心。莫哈奇（Mohacs）之战中，匈牙利的战败确实统一了国内的声音，却短暂而不明显。整个16世纪三四十年代，神圣罗马帝国几次出兵匈牙利，战果喜忧参半。最后，帝国议会对土耳其人的威胁再也没有足够的兴趣，也就没有继续自行出兵。德意志又一次错过了在外部威胁压力下统一全国的机会。

16世纪末，德意志最高军事指挥官拉扎勒斯·冯·施文迪（Lazarus von Schwendi）寻求摆脱德意志军事疲弱状况的方法。面对新教徒和天主教徒不断引入外部势力来壮大自身力量的情况，施文迪担心这种宗教和政治上的分歧将在“可怜的祖国”内部点燃“不信任和分裂的大火”。1569年，他警告道，西班牙人的干预将导致内战，并最终造成“德意志的全面分裂与毁灭以及德意志人福祉的全面下降”。基于此，施文迪要求德意志动员其全部潜力，以捍卫帝国的完整统一。事实上，施文迪认为，如果能够阻止外国继续无节制地从德意志招募雇佣兵，就可以防止德意志继续堕落，同时还可以阻止外部势力入侵德意志，并且德意志帝国能够对“所有外国君主”发号施令，最终在欧洲建立“德意志治下的和平”。他警告说，如果不作为，德意志将像拜占庭帝国一样遗憾地衰落。在1570年施派尔（Speyer）议会的改革建议中，他提出建立一支永久的德意志帝国军队，负责德意志境内的公共安全，并受神圣罗马帝国皇帝指挥。施文迪同时希望，对新教徒的宽容政策能够凝聚德意志人的意志，以共同对抗土耳其人。但是，有一些诸侯仍然无法信任神圣罗马帝国皇帝，其程度甚至远超对奥斯曼军队的恐惧，他们拒绝尝试联合天主教徒与新教徒共同御敌。因此，德意志在军事上仍是个侏儒。

统治权之争也驱动了欧洲的对外扩张。在15世纪末、16世纪初，西班牙的斐迪南二世、伊莎贝尔一世夫妇，以及葡萄牙的君主们开始向地中海南岸扩张，其军队深入北非讨伐摩尔人，并在那里占领了一些领土。目的就是捣毁奥斯曼帝国在那里建立的军事基地，防止其攻击伊比利亚半岛南翼。早期的航海探险活动背后也有同样的意图。从15世纪80年代中期开始，克里斯托弗·哥伦布极力说服葡萄牙和西班牙王室，开辟通往印度的大西洋航路。诚然，对于哥伦布和其他探险家及赞助人而言，对冒险、个人财富以及荣誉的渴望是他们的动力。然而，探险的终极目的却是对奥斯曼帝国发起突袭，进而收复耶路撒冷，这一终极任务被哥伦布描述为“千年之伟业”。对海外新疆土的开拓，不仅可以开辟对奥斯曼帝国的新战线，还能为圣地巴勒斯坦的复兴提供必要的资源。

1492 年，哥伦布带着西班牙斐迪南二世、伊莎贝尔一世夫妇签署的国书出发。他随身带着一名阿拉伯语翻译（一个改信基督教的犹太人），并承诺“这次航行的全部所得，都将用于征服耶路撒冷的伟大事业”。然而，哥伦布并没有到达亚洲并找到共同对抗穆斯林的同盟，也没有获得东方世界的财富。他最后在加勒比海沿岸登陆，之后西班牙的殖民地迅速建立起来。当时他们误以为那里的原住民是“印度人”（即“印第安人”），这个称呼一直沿用到 20 世纪末才得以更正。简言之，欧洲人发现美洲大陆，其实是他们与伊斯兰世界争夺统治权的结果。同样地，随后进行的殖民活动，则是受西方列强之间的竞争所驱动。与此同时，葡萄牙人沿着非洲西海岸探索新航路。为协调这两个伊比利亚半岛国家之间的殖民关系，1494 年 6 月，由教皇进行仲裁，两国签署了瓜分新大陆的《托尔德西里亚斯条约》（Treaty of Tordesillas）。条约规定，以大西洋的佛得角群岛以西 370 里格①处为两国势力范围的分界线（“教皇子午线”），以西归西班牙，以东归葡萄牙。1497~1498 年，葡萄牙航海家瓦斯科 · 达 · 伽马（Vasco da Gama）绕过好望角，沿着非洲东海岸航行，发现了一条通往印度的更近的航线。1502 年，哥伦布开始了他第 4 次探寻印度的航行，他这样做也是希望可以与达 · 伽马正式相遇。之后的几年间，葡萄牙侵略者不断骚扰波斯湾和红海的穆斯林船只，造成了非常严重的经济混乱。原本的包围奥斯曼帝国的计划，现在已经变得非常不现实了。

西班牙海外殖民帝国的建立也是欧洲形势所需，最初是为了利用新大陆的资源和威望来扭转欧洲大陆的局势。1519 年，埃尔南 · 科尔特斯（Hernán Cortés）为西班牙王室征服了墨西哥并攫取了它的白银。诗人卢多维科 · 阿廖斯托（Ludovico Ariosto）评价说，这使得哈布斯堡王朝成为“日不落帝国”。新大陆在权力均衡中扮演着越来越

① 里格，陆地及海洋的古老测量单位，1 里格相当于 4.8 千米。——编者注

重要的角色，但是完全听命于欧洲的安排。相对来说，西班牙海外殖民帝国的建立仅占用了查理五世非常少的时间，它的主要功能是为查理五世在欧洲的野心提供资源支持：从西印度群岛源源不断运来的金银，通常占到西班牙财政总收入的1/5。这些钱并不直接用作对抗法国人、土耳其人和德意志诸侯的军费支出，而是抵押给奥格斯堡的大银行家富格尔（Fugger）家族，以便皇帝能向其借更多的钱。例如，每年从秘鲁运来的将近200万埃斯库多①中，最大的单笔支出流向德意志，其次是低地国家。查理五世在其领土上的巡游情况，也清楚地显示出各地在他心中的战略地位：他出游意大利7次、法国4次、英格兰和非洲各两次，仅在西班牙就有6次长期停留，去佛兰德和德意志的次数则不少于19次，却从未踏足美利坚。他的皇帝身份源于对古罗马帝国的继承，而非在全球范围的土地扩张。简言之，是神圣罗马帝国而非新兴的西班牙美洲殖民帝国，为查理五世的野心提供了彰显的舞台，他真正关注的并非大西洋彼岸。

英格兰女王伊丽莎白一世针对西班牙发动海上袭击，不断蚕食其殖民地。殖民地的平衡与否，被认为是整体权力平衡的一部分。英格兰航海家、探险家沃尔特·罗利爵士（Sir Walter Raleigh）认为："谁控制了海洋，谁就控制了贸易；谁控制了世界贸易，谁就控制了世界财富，最后也就控制了世界。"作为新的西班牙国王，腓力二世拥有的声望以及雄厚财力，是其在欧洲舞台上的重要砝码。因而，理查德·哈克卢特（Richard Hakluyt）在他著名的《论西部种植》（*Discourse of Western Planting*，1584）中提到："查理五世凭借如此巨大的财富，从法王那里获得了那不勒斯王国、米兰大公国及其在意大利、伦巴第、皮埃蒙特和萨伏依的其他领土。"伊丽莎白赞助了弗朗西斯·德雷克（Francis Drake）1577~1580年的航行，此举不仅是英格兰迈出建立自己海外殖民帝国的第一步，而且包含了阻止金银大量流向佛兰德的目的，因为那里的军队是支持腓力二世的。同样，随着三十年战争的爆发，美洲大陆的金银不仅支援了西班牙在欧洲的行动，而且支持了神圣罗马帝国皇帝对付德意志新教徒的行动——这其实是英格兰传统战略理论的一部分。1624年，本杰明·鲁戴尔德爵士（Sir Benjamin Rudyerd）告诉下议院："西班牙本身人口少，天然商品匮乏，西印度群岛的矿藏刺激了其国王谋

① 埃斯库多（escudo），葡萄牙货币单位。——译者注

求统一王权的勃勃野心。”有人则认为，没有比“在西班牙沿海毁坏其船只，干扰其返航路线”更能援助战火纷飞的普法尔茨地区了。英格兰建立海外殖民帝国，有利于保证其在欧洲大陆的堡垒的安全，最终也有利于英格兰王国本土的安全，这种联系将在英格兰接下来大约150年间的战略话语中明显地体现出来。

新大陆的殖民化很大程度上也是欧洲冲突的延伸。17世纪20年代离开英格兰并最终抵达马萨诸塞湾的清教徒们，并没有从此对遥远的旧世界置若罔闻。先是对英格兰感到失望，接着又对与之接触越来越多的荷兰共和国感到失望，清教徒们于是把美洲看作他们准备与“基督的敌人”——欧洲的哈布斯堡王朝作战的跳板。他们为英格兰的改革祈祷，为“德意志教堂的悲惨状况”祈祷，也为那里新教事业取得的胜利祈祷。1621年，马萨诸塞湾殖民地总督约翰·温斯罗普（John Winthrop）说“波西米亚的状况非常糟糕”，当时是他去马萨诸塞湾的头几年。殖民地居民密切关注来自欧洲大陆的消息，特别是来自日内瓦、法兰克福、莱顿、海德堡、斯特拉斯堡以及英格兰的消息。他们为普法尔茨的形势感到震颤，也为瑞典国王古斯塔夫·阿道夫取得的胜利欢呼。他们中的一些人，例如温斯罗普的儿子斯蒂芬，甚至跋山涉水回到欧洲去支持英格兰内战中的议会派，不过他们所能提供的实质帮助非常有限。相反，正如约翰·温斯罗普所说，清教徒更应该成为“山巅上一座闪闪发光的城，好让人们的眼光都聚焦到我们身上”。这里所热烈庆祝的，不是殖民者与旧世界的疏离，恰好相反，是他们基督教成员的身份及由此产生的义务。对于欧洲的救赎来说，他们所提供的示范效应与他们的实质帮助一样有意义。美洲大陆的移民、英格兰的议会斗争以及欧洲新教徒的事业，三者紧密联系，成为一个更为宏大的命运共同体。

欧洲两项最重要的安排都围绕着神圣罗马帝国的未来，这足以体现德意志的中心地位。1555年9月，查理五世与德意志的新教诸侯达成《奥格斯堡和约》（Treaty of Augsburg），他被迫将庞大的哈布斯堡王朝分为西班牙和奥地利两个部分。查理五世按各领地获得的时间顺序，倒着依次宣布放弃各领地。1555年，他将西班牙王位让与儿子腓力二世。不久之后，他最终放下了最重要的头衔——神圣罗马帝国皇位。两年后，查理五世的弟弟斐迪南被选举为神圣罗马帝国的皇帝，即斐迪南一世，西班牙哈布斯堡王朝从神圣罗马帝国中分离出来。从此，一直到拿破仑时代，再没有人能统治欧洲如此庞大的领土，奥地利与西班牙永远被分开了。《奥格斯堡和约》提出了“教随国定”的原则，承认各诸侯有权自由决定其臣民的信仰。《和约》还规定，1552年前新教诸侯占有的天主教会土地和没收的天主教会财产不再归还，并确认了路德教派与天主教之间的平等关系，尽管加尔文教派并不在此列，但这已经足以恢复德意志以及大部分中欧地区的和平，至少暂时如此。

同样，1648年签订的《威斯特伐利亚和约》（Treaty of Westphalia）也是一项围绕德意志的协议安排。该《和约》结束了三十年战争，这是一场席卷法国、西班牙、瑞典、神圣罗马帝国和其他很多诸侯国的全欧洲的战争。和约迟迟不能达成，原因是交战各方都无法以体面的方式接受和平，它们总是担心对手不够“诚实”。西班牙极力想要维护它与奥地利王室的统一，从而与维也纳保持战略合作，这使得它不愿意仅仅解决德意志问题，尤其是因为这会让法国人获得德意志帝国西部的领土。神圣罗马帝国皇帝希望与瑞典和法国达成和解，使它们远离德意志内政，从而最大限度地保持自己在帝国的权威。法国则试图铲除西班牙对德意志的影响，希望进而打破长久以来哈布斯堡王朝针对法国的包围圈，也希望使诸侯与外国结盟的自主权利合法化，来削弱皇帝的力量。如果可能的话，法国更希望通过阻止哈布斯堡家族连任帝国皇位，将其势力连根拔起。对于德意志自身而言，谈判之所以一直被搁置，是因为神圣罗马帝国皇帝拒绝允许帝国（在他看来这是他的臣属）的三级会议参加和法国人的谈判。从17世纪初到40年代中期，德意志长期分裂，各诸侯已经达成共识，即努力一致面对外部干预，以恢复德意志帝国的完整统一。例如，巴伐利亚天主教选帝侯痛心疾首地表示：“这么多国王和君主赞成帝国的分裂，那么分裂也就成为必然结果。”

最终，哈布斯堡王朝军事形势的不断恶化迫使神圣罗马帝国在一些关键点上做出让步，特别是在德意志诸侯的外交自主权这一点上。法国人也做了妥协，他们没能通过禁止哈布斯堡家族连任神圣罗马帝国皇帝的法令。1648年，《明斯特和约》（Treaty of Münster）和《奥斯纳布吕克条约》（Treaty of Osnabrück）的签订，终于结束了这场持续30年的德意志战争，这两个和约一起被称为《威斯特伐利亚和约》。然而，法国和西班牙之间的冲突却仍在继续。后世的国际法学家和国际关系理论家都将这一和约看作现代民族国家“主权”以及“不干涉他国内政”概念的起源。但事实上，和约的全部目的就在于防止德意志诸侯不受限制地行使主权，以致破坏帝国的宗教和平以及整个欧洲的均衡。和约同时也是为了确保德意志不被任何国家单独控制，防止有人试图在整个基督教世界建立统一的王权，不论是德意志人还是非德意志人。简言之，神圣罗马帝国应该足够强大，能够防止德意志四分五裂并阻挡外国势力入侵，同时又不至于过分强大以致威胁到欧洲的秩序。

这一艰难的目标是通过一系列地缘政治的、宪法的、意识形态的以及宗教的措施的配合来达成的。在领土条款上，《威斯特伐利亚和约》所带来的，或者所认可的变化，改变了欧洲的国际体系。西班牙最终承认了尼德兰联省共和国的独立，但依然保留了佛兰德和瓦隆尼亚（Wallonia）两个地区，西属尼德兰的范围缩小了。瑞典获取了西波美拉尼亚——从而可以保护其南部海岸线不受侵袭，还得到了不来梅和维尔登两个主教区，同时在德意志帝国议会中占据三个席位。普法尔茨被一分为二：上普法尔茨仍然属于信仰天主教的巴伐利亚，巴伐利亚公爵继续保有他的选帝侯席位；而横跨“西班牙之路”的下普法尔茨连同它原有的选帝侯席位，一起归到“新教徒”查理 · 路德维格（Protestant Charles Ludwig）的名下。现在，选帝侯从 7 位增加到了 8 位。皇帝做出的主要让步是，和约首次明确规定准许德意志各诸侯国拥有外交自主权，但不得威胁皇帝和帝国的地位，也不能破坏和约规定的与公共安全相关的条款。而法国人希望把哈布斯堡家族赶下帝国皇位的愿望则落空了。另一方面，奥地利—西班牙王室谋求欧洲统一的野心，不管是真的还是人们幻想的，都得到了遏制。查理五世的幽灵逐渐淡出。

和约规定，罗马天主教、路德教和加尔文教三大主流教派合法共存。在新的神圣罗马帝国中，宗教事务以及各种涉及实质问题的事务，都必须在议会里由天主教和新教代表共同协商解决，不能直接遵从简单的多数决定原则。在各诸侯国的领土内部，统治者必须尊重臣民享有的某些特定权利，其中包括自由改信其他宗教的权利；如果统治者自己改信其他宗教，不能强加给臣民。1624 年被称为宗教宽容政策推行的基准年，在这一年享受到宗教宽容政策的少数派不仅可以在未来继续保有此项权利，而且其担任公共职务的权利不得被剥夺。和约中也有与地缘政治和意识形态相关的条款。瑞典和法国都以保卫“德意志的自由”为理由参战，并认为“德意志的自由”对于防止哈布斯堡王朝凌驾于神圣罗马帝国之上很关键，同时和约也有利于保护瑞典和法国的自由和安全。

瑞典外交官约翰·阿德勒·萨尔维乌斯总结了这一联系：对于瑞典的国家安全来说，“波罗的海就像是一条护城河，波美拉尼亚和梅克伦堡（Mecklenburg）则是缓冲带，而神圣罗马帝国的其他属国就好比是外部工事”。他进一步解释，瑞典的目标就是“恢复德意志的自由……并以此来维护整个欧洲的均衡”。因而，那个时代的人可以看到国内自由、权力平衡以及外部干预之间的直接联系，也正是出于这个原因，法国和瑞典坚持认为它们是德意志各诸侯国的自由的“守卫者”。简言之，《威斯特伐利亚和约》完全承认了外部干预的合法性：和约解决了德意志内部的宗教平衡问题，并在国际框架下达成了对德意志事务的安排，实际上则是为外国提供了干预神圣罗马帝国内部事务的杠杆，这在17世纪末至整个18世纪非常明显。

德意志饱受内战的创伤，外国军队——主要是西班牙、丹麦、瑞典和法国在这里打仗，使德意志蒙受屈辱。诚然，其他国家也有损失，但没有一个国家像中欧这样损失惨重，德意志人的命运则格外悲惨。当然，战争的创伤并未波及所有地区，有的地区被严重破坏，有的则毫发未伤。然而，神圣罗马帝国的人口骤降，从原来的2 100万下降到1 300万多一点儿，人口损失是空前的。从人们的讲述和复述中可见，神圣罗马帝国在欧洲的中心位置不复存在，这几乎成了集体性的死亡判决。到17世纪40年代末，诸侯、市民和农民都不得不面对噩梦般的景象：到处都是被破坏的风景、被毁坏的庄稼、人口凋敝的村庄以及被投了毒的水井。然而，对于这一切，人们从中得出的教训却是复杂矛盾的。每个人都同意应该保留帝国，只有这样才能保护德意志不受外国控制，同时保证德意志不被其内部的某一个国家所控制，但是他们所能达成的共识也仅限于此了。当德意志各邦国面对外部的威胁时，它们是应该对强大的邻国让步以避免冲突，还是应该寻求国内的和谐一致并建立必要的军事力量以抵挡外敌？威胁“德意志的自由”的，到底是德意志人自己，还是那些名为保护、实为干涉的外部势力？

到了1648年，这场持续了200年的欧洲王权之争陷入了僵局。没有哪股势力有能力主宰神圣罗马帝国进而主宰整个欧洲大陆：查理五世、弗朗索瓦一世、亨利八世、苏莱曼大帝、腓力二世和腓力三世，以及黎塞留和马扎然，他们都失败了；荷兰人和英格兰人看到了新教人士担任神圣罗马帝国皇帝的可能性，至少是把哈布斯堡家族从神圣罗马帝国的皇位上拉下来的可能性。然而，结果却是几家欢喜几家愁。自从 15 世纪中叶被狼狈地赶出法国后，英格兰在亨利八世和伊丽莎白一世的统治下，开始强势回归欧洲政坛；经过詹姆士一世和查理一世长久的退缩之后，英格兰又在克伦威尔的带领下重振雄风。而法国人则从元气大伤的国内宗教战争中走出来，成为欧洲大陆的主要强国。与之形成鲜明对比的是，西班牙在中欧和低地国家的势力则从全盛走向衰落。奥地利的哈布斯堡王朝承担了抗击土耳其人的“德意志使命”，不过这一点却并不能使他们在欧洲获得至高的地位。在欧洲的外围，瑞典人异军突起，成为欧洲整体力量平衡中的关键一环。与此同时，奥斯曼帝国向中欧的进军一度停滞，当然它随时可能卷土重来。大国间的竞争也进一步延伸至欧洲以外：哥伦布本来试图开辟新航路，以迂回的方式打击伊斯兰力量，但这最终导致了美洲、亚洲新殖民帝国的崛起，欧洲外部的力量开始制约或者平衡原来的欧洲。

随着各国加紧强化军事力量，以上所描述的一切驱动了一场遍及欧洲的国内变革。在英格兰和尼德兰联省共和国，这一过程激发了政治参与的高涨。然而，在法国、西班牙和很多其他国家，情况却正好相反。相比之下，位于欧洲体系中心的神圣罗马帝国，则零星地做了些努力，试图增强自身军事力量，但效果并不佳。部分是因为德意志人彼此间不信任，部分是因为邻国有意确保神圣罗马帝国皇帝不会利用德意志的资源来对抗它们，内部因素和外部因素很难分清。因此，《威斯特伐利亚和约》确立了一个政治框架，即确保神圣罗马帝国皇帝的政治野心不会损害欧洲的国际体系。同时，“德意志的自由”在帝国议会和各邦国中得以保存。然而，欧洲的王权之争进一步产生的压力，是会让德意志变成英格兰和荷兰那样的议会政体，还是变成法国或西班牙那样的君主政体，抑或是重新陷入过去 200 多年来所经受的内忧外患之中呢？此时，还没有最终结论。

第二章

继承：1649~1755年

帝国（德意志）是主干，也是欧洲的中心……德意志是其他欧洲国家扔来掷去的一颗球……德意志是欧洲大国争夺欧洲统治权的战场。

——戈特弗里德·威廉·莱布尼茨（Gottfried Wilhelm Leibniz），1670年

神圣罗马帝国皇帝对各诸侯国国王权威的侵犯，使得神圣罗马帝国成为君主制国家变得可能，神圣罗马帝国皇帝将自己看作德意志帝国的绝对统治者，欧洲各国之间的均势也将因此而遭到破坏，这是一件多么可怕的事情。

——法国外交部首席专员，1729年

《威斯特伐利亚和约》的签订为欧洲主要大国间带来了短暂的和平，但神圣罗马帝国及其皇位继承权始终是欧洲各国争端的焦点。宗教信仰的差异仍然是各国间的主要分歧。在帝国内部，甚至整个欧洲，宗教问题曾屡次引发冲突。在各种冲突中，最核心的问题是政治权力问题，以及各王朝的权力继承问题，这些问题非常复杂。从根本上讲，绝大多数的政治问题都与德意志密切相关。在此后的数百年中，欧洲人一直为以下几个问题争论不休：西班牙遗留在德意志帝国的权力真空应该如何来填补，如何解决西班牙的王位继承问题，在瑞典的力量迅速下降后，各国应该如何瓜分瑞典在德意志帝国和波罗的海的领土，等等。更确切地说，他们是因为一系列颇具争议的王朝继承问题而纠缠和争斗不休，例如德意志的一些具有重要战略意义的小公国的继承问题，神圣罗马帝国皇位的继承问题，英格兰、苏格兰、爱尔兰、西班牙以及波兰的王位继承问题，以及整个奥地利哈布斯堡王室的继承问题。每一次争端，都会在神圣罗马帝国的领土上引发旷日持久的、惨烈的战争。

1648年后，德意志宪法——《帝国宪法》在《威斯特伐利亚和约》的基础上制定完成。这部宪法不仅是对既定事实的承认，也是维持欧洲各国力量均势的支柱。帝国议会确立了双重干涉机制。对于违反《威斯特伐利亚和约》条款的诸侯，德意志帝国议会拥有介入与干涉的权威。这样做是为了防止德意志各邦国之间的互相争斗给外部势力以可乘之机，避免局部性的骚乱波及整个德意志乃至整个欧洲大陆。因此，德意志的各个诸侯国实际上并不拥有主权，尽管它们可以管理自己的内部事务，但主权仍然受到严格的限制。因此，在之后的几百年间，帝国议会经常对各国进行“干涉”，即对那些危及宗教和谐、滥用权力或者用其他各种方式破坏帝国稳定的诸侯进行威胁和干涉；在某些情况下，这些诸侯的权力会被暂时甚至永久剥夺。与此同时，德意志《帝国宪法》也得到瑞典和法国这两个国家的“担保”，它们分别负责保护新教徒和天主教徒的利益，确保德意志不受哈布斯堡家族的控制。如此一来，任何一个国家都不可能单独控制德意志帝国，不可能主导整个欧洲国际体系，整个欧洲似乎可以共享太平了。

在过去的30年中，德意志一直是欧洲的交通要塞。现在，德意志人决定尽最大努力减少外国对德意志的影响。他们一致认为，如果各诸侯团结起来，以帝国议会为中心，建立一个更加统一的帝国政府，那么上述愿望就有可能实现。从理论上讲，只有帝国统一起来，德意志皇帝与各诸侯才有可能真正享有帝国的主权。为了保卫领土的安全，德意志帝国需要建立一支军队，以攘外安内。如何建立一个统一的国家，以及如何解决《威斯特伐利亚和约》的遗留问题，是下一届德意志帝国议会的主要任务。17 世纪 50 年代，帝国议会在雷根斯堡（Regensburg）召开。1654 年，“罗马人民的国王”斐迪南逝世。德意志各选帝侯在几经犹豫后，决定推选哈布斯堡家族的利奥波德继任，而由年轻的法国国王路易十四所支持的候选人则没有当选。虽然一些法国外交官和亲波旁王朝的德意志诸侯此前也为其在一些非正式的场合为其做过推荐，但此人仍未得到选帝侯们的支持。1658 年，也就是利奥波德一世继任皇帝的同一年，许多德意志诸侯国在法国的支持下组成了“莱茵联盟”，以抵制神圣罗马帝国皇帝对它们的控制，保证自身的安全。在法国公使的怂恿下，莱茵联盟提出，它们可以承认利奥波德为皇帝，但其权力必须得到限制。

德意志的西部和东北边境的冲突正在持续升温，因此，维护德意志内部的和平稳定就成为当务之急。三十年战争结束后，法西战争又打了 10 年的时间。从低地国家到位于勃艮第公国的弗朗什–孔泰（Franche-Comté），这里几乎所有的地区都在战争中变得动荡不安。英国的干涉使得动荡更加严重。英国“护国主”克伦威尔改变了外交方针，不再以征服爱尔兰和苏格兰作为唯一目标。现在，他的首要目标是在欧洲大陆推动新教的发展，打击天主教的势力，这也是英国议会长期以来的要求。然而事与愿违，尽管荷兰人与英国人同样信奉新教，但荷兰拒绝放弃自己的殖民与商业利益，拒绝与英国合作。1651 年，英国曾经颁布针对荷兰的《航海条例》（Navigation Act），规定凡从欧洲运往英国的货物，必须由英国船只运送。后来，英国试图拉拢荷兰，以建立一个反对哈布斯堡王朝的联盟，因此它表示可以废除《航海条例》。然而，荷兰依然拒绝与英国合作。最终，在 1653~1654 年，克伦威尔以武力打败了荷兰。之后，英国又自称代表瓦勒度派（Vaudois）新教徒的利益，对萨伏依公国进行了一次成功的外交与军事干涉，理由是这些新教徒长期受到信仰天主教的萨伏依公爵的压迫。之后，克伦威尔终于向西班牙发起了全面的进攻，他一直把西班牙看作 “基督的敌人”，要挫败其建立“世界帝国”的野心。

1655 年，克伦威尔出兵讨伐西班牙，并远征加勒比海地区，占领了牙买加。这一“西半球计划”背后的战略目的，并不是要在海外开拓出一个新的大英帝国，而是要夺取西班牙的殖民地资源，为英国霸权提供支持。正如曾经在西印度担任种植园主的托马斯·盖奇（Thomas Gage）所说："奥地利王室（神圣罗马帝国的主要力量和支柱）的繁荣和力量，有赖于美洲的银矿；如果奥地利（通常指哈布斯堡王朝）失去了这一切，那么神圣罗马帝国皇帝就将很快失去他的三重皇冠。"然而，这场战争冲击最大的对象还是欧洲自身。1657年，克伦威尔与法国结盟。在他的坚持下，红衣教主马扎然同意放松对胡格诺教徒的限制。一年后，英法联军在沙丘（Dunes）战役中大败西班牙。1659年，西班牙向英国和法国妥协，并签订《比利牛斯和约》(Peace of the Pyrenees)。《比利牛斯和约》规定："那条自古将高卢和西班牙分隔开来的山脉，从今以后将成为两个王国之间的分界线。"此外，英国以此吞并了敦刻尔克，将其作为自己称霸欧洲的桥头堡。1658年，克伦威尔去世，此时的英国人已经对内部的倾轧和对外战争感到厌倦。很快，斯图亚特王朝复辟，查理二世即位。自此，英国的这场短暂而又具有决定性意义的扩张运动暂时告一段落，低地国家又恢复了往日的平静。

此时，神圣罗马帝国内部的诸侯国，开始了对斯堪的纳维亚和波罗的海的控制权的争夺，勃兰登堡-普鲁士公国正处在这场混战的前沿地带。在《威斯特伐利亚和约》中，勃兰登堡选帝侯兼普鲁士公爵腓特烈·威廉（Friedrich Wilhelm）通过吞并波美拉尼亚的大部分土地，保护了自己的北翼，此外还获得了马德堡、哈尔伯施塔特、卡明和明登等地区，巩固了其在德意志北部的地位。这个公国甚至比德意志新教势力的源头——萨克森公国还要大。即便如此，勃兰登堡也曾深陷地缘政治的冲突，当时的勃兰登堡军队根本无力阻止交战各方肆意横穿和掠夺自己的领土。此外，在《威斯特伐利亚和约》中，作为勃兰登堡主要对手的瑞典，在西波美拉尼亚地区获得了一个据点，随时可以进攻勃兰登堡公国。更糟的是，瑞典在与波兰的战争中进展顺利，这意味着勃兰登堡即将陷入被两面包围的危险之中。1660年5月，《奥利瓦条约》(Treaty of Oliva）签订，战争宣告结束——这一次，大选帝侯终于能松一口气了。然而，勃兰登堡终有一天要和瑞典一决雌雄，这是不争的事实。后来，大选帝侯在自己的"政治遗嘱"中发出警告：我们渴望和平，但能做到未雨绸缪才是更好的选择。他写道："有一件事是可以肯定的，如果你只是隔岸观火，认为战争离你的国家还很遥远，那么悲剧终将会在你的土地上上演。"

德意志内部战争的结束和欧洲各国之间持续不断的冲突，对欧洲各国国内政治产生了深远的影响。17世纪30年代，法国人停止内斗，这很大程度上是由于法国和西班牙展开了夺取神圣罗马帝国控制权的战争。然而，德意志内部的冲突，引发了法国国内新一轮的动乱。黎塞留的积极外交政策在法国精英阶层中一直颇受争议。1642年黎塞留去世后，他的继任者——红衣主教马扎然继续沿用这一政策。法国人指责黎塞留和马扎然二人，说他们为了挑起战争和筹集战争经费，而冷酷无情地对传统特权阶级进行压制，而事实也的确如此。很多人相信，二人长期掌权，将会使欧洲各国间的冲突永无休止。当马扎然计划与西班牙开战并征服低地国家时，很多法国人都不同意。尽管此时德意志内部的均势已经有了保障，但法国人脆弱的共识还是瓦解了。1648年，《威斯特伐利亚和约》签订后不久，巴黎高等法院（parlements）[①]的法官与大批贵族发起了一场叛乱，即"投石党运动"。这一运动针对的不仅是国王的外交政策，更针对马扎然的税收集中政策。政府为筹集对西班牙的战争军费而加重人们的负担，导致马扎然受到人们的一致谴责。除此以外，人们还指责他未能保卫法国的边境，"将战争作为自己暴政和强盗行为的借口"，疏远盟友以及丢失那些"依据条约应属于法国的土地"。直到1653年，法国国王的军队才完全控制局面。国王被迫认识到，法国不仅应该用外部威胁来维系国家内部的团结，也应该巩固内部团结以牵制外部势力，二者具有同等重要的意义。

然而，对于欧洲东部的国家来说，战争的影响和作用就大不相同了。波兰－立陶宛联邦的国王软弱无力，无法面对来自外部世界的压力。1652年，该国确立了自由否决权，波兰王国无力阻止这项制度。根据该制度，议会中任何一名波兰贵族投出的否决票都可以导致议会——又称色姆（Sejm）——瘫痪。波兰贵族人数众多，其中10%的人口都有投票权，这一比例比包括英国在内的任何一个欧洲国家都要高。同荷兰和英国的议会一样，该制度的出台将会大大提高波兰人参与国家权力的积极性。然而，事实上，波兰不过是一个松散的联合体，大约由50多个半主权的邦国组成，每个邦国由贵族领导，它们能够独立地组建自己的军事力量。由于议会中仅仅一张否决票就能阻止一项决议的通过，因此事实上议会根本无法处理任何实际问题，这导致国家陷入无政府状态。

---

① 巴黎高等法院，法国大革命前的最高法院。——编者注

假如议会能够整合全体波兰人的利益，并且动员必要的资源，那么波兰这个人口众多、领土从波罗的海延伸至黑海的联合王国的巨大潜力，就会实际发挥出来。即使这无法实现，还可以让某一个强大的公国来领导整个联邦，或许这也可以打破这一制度上的僵局，这个强有力的领导者可以对法国或者普鲁士实施强硬政策。无论采取上述哪种方式，波兰的实力都会有所增强。唯有如此，波兰才可以傲视诸如瑞典和普鲁士这样的邻邦。

如同勃兰登堡大选帝侯一样，俄国沙皇也诞生于 17 世纪的动乱年代。历代沙皇决心创造一个内部稳定的国家，以保护和扩张领土。1649 年，沙皇颁布新的《法律大全》，确认了农奴制度和新的社会经济秩序，规定农奴在田地干活、贵族负责管理国家事务。阿法纳西 · 奥尔金–纳晓金（Afanasy Ordin-Nashchokin）是俄国的第一位首相，他是一位富有远见卓识的政治家。他领导制订了一项系统的国内发展计划，其中包括简化和废止部分税收项目，以及建立商业远航队。计划的目的是建立一个现代的“德意志式”的官僚制国家，这有利于抵御外敌的入侵，同时也有利于实现罗曼诺夫家族的扩张野心。不过，在俄国发展的过程中，代议机构发挥了重要的作用。当然，俄国杜马（由家世显赫的贵族组成的议会）的成员是由沙皇自己来任命的，他们在国内外事务问题上向沙皇提供建议，并且可以在军队、司法部门、外交使团及行政机构中任职。然而事实上，只有缙绅会议或称国民代表会议才是真正意义上的代议机构——能够参与投票的不仅有贵族，还有牧师、商人、市民，甚至部分农民。在整个 17 世纪，缙绅会议在整个国家的内政外交中发挥了十分重要的作用，包括 1613 年新任沙皇的选举，以及在对波兰战争中的征税和募兵，等等。此外，1649 年，缙绅会议还讨论并通过了《法律大全》，确立了农奴制。17 世纪 50 年代，缙绅会议曾两度召开，讨论是否应将乌克兰的哥萨克人纳入沙皇保护范围等相关事宜。但后来随着沙皇权力的稳定，缙绅会议开始退居二线。不同于 17 世纪的英国和法国，俄国的君主政体和代议机构并不是互相敌对的，而是共同致力于实现国家的强大。

然而，最根本性的转变发生在勃兰登堡–普鲁士公国。勃兰登堡选帝侯兼普鲁士公爵腓特烈 · 威廉认为，从地理位置上看，普鲁士位于波兰、瑞典和神圣罗马帝国之间，只有建立一套完善的、严格的制度，才能有效保卫国家的安全。他认为：“联盟固然是很好的选择，但自力更生至为关键，更有利于保卫国家的安全。”大选帝侯的这番话，深深影响了他与德意志议会之间的关系。在他看来，议会都是保守而狭隘的，它惧怕君主的专制政策，并且拒绝抵制哈布斯堡王朝谋求建立“世界帝国”的野心。此外，1649年大选帝侯计划与瑞典开战，议会直接拒绝为其提供经费。在议会中，部分代表所持的外交主张与大选帝侯有所不同；东普鲁士地区的代表更加倾向于效仿邻国波兰，实施比较自由的政策。在大选帝侯眼中，这些代表里没有一个人表现出哪怕一丁点儿的责任心。他的一名下属曾说：“这些人对自己国家的存亡漠不关心。”事实上，要想维护国家的安全，就必须剥夺各公国的独立性。

1653年5月，来自瑞典的威胁与日俱增，德意志各邦国派代表开会。它们要求德意志帝国议会增加财政预算，以支持帝国的共同防御。此时，大选帝侯要求建立一个国家财政体系，以贯彻其“武装防御”的政策，并捍卫自己的“地位”。迫于巨大压力，各邦国最终承认，大选帝侯的要求是“必要的”，并同意交出批准税收的权力。尽管如此，诸侯仍然凌驾于农民阶层之上，他们拥有广泛的封建权利，并在军队及行政机关享有特权，不过他们参与协商的权力却大打折扣。这样，凡是那些“关乎生死的重要之事”（如外交政策和战争），大选帝侯就可以直接决策，不必受到诸侯们的掣肘。两年后，为了更加有效地进行战争动员，大选帝侯建立了军需总部。在不到20年的时间里，他的士兵的人数增加了10倍之多。尽管西部的一些偏远地区仍然拒绝承认大选帝侯的权力，但普鲁士专制主义的势头有增无减。瑞典也是如此，战争的压力最终促使政治精英们同意恢复君主的至高无上的权力，同时议会的权力被削弱。这是一次彻底的国内改革，目的是增加国家的财政与军事资源，以保卫国家、抵御外国势力。

1661年，红衣主教马扎然去世，法国国王路易十四开始亲政。他一心想要获得个人的荣耀，也想为整个法国赢得荣耀。他这样做既是为了荣誉本身，也是为了巩固君主制度在法国的地位。此时，他没有忘记投石党运动的教训。从某种程度上讲，当时的人及后代人并没有意识到，路易十四政策的目标依然是寻求国家的安全，因为法国君主制国家的基本战略环境并没有发生变化：哈布斯堡王朝依旧在北、东、南三面包围着法国；庞大的西班牙军队则仍存在于低地国家的南部、弗朗什-孔泰、伦巴第以及比利牛斯山以南地区。为了应对目前的困境，路易十四试图将西班牙人驱赶到远离法国北部边界的区域，并且推动法国向东稳步扩张至勃艮第、阿尔萨斯（Alsace）和洛林，争夺意大利北部地区。此外，他还打算联合德意志的新教诸侯，进行“蛙跳式”外交，以应对来自神圣罗马帝国、瑞典和奥斯曼帝国的威胁。他还想让法国参与波兰王位的竞争，如此一来，他就可以从两边包围奥地利的哈布斯堡王朝，并借此在奥地利和俄国之间斡旋。路易十四不仅仅想联合其他法语地区，还想重新征服法国曾经统治的所有地区，这是他的“历史”诉求。

然而最重要的一点是，路易十四试图染指神圣罗马帝国内政。他“奥古斯都式”的形象，似乎让人们回想起了古罗马时代。出于意识形态和战略利益方面的考量，他的大战略的关注重点是神圣罗马帝国。17 世纪 50 年代末，路易十四成为德意志神圣罗马帝国皇位候选人的愿望落空。即便如此，他仍然坚持不懈。他认为，即使自己不能成功，也希望自己的儿子、法国王储能有此机会。此外，路易十四还决心保卫法国东部和北部的边界，以免其受到西班牙及其在神圣罗马帝国的盟友的袭击。1664 年，路易十四誓称“要比以前更积极地参与德意志事务”。

只有进行一场彻底的国内变革，路易十四的雄心壮志才能变为现实。1666 年，年富力强的卢瓦侯爵（Marquis de Louvois）被任命为陆军大臣。三年后，他着手实施首轮军事改革，其中包括建立战争委员会、任命军需官以及实现武器标准化等。他使用了一系列软硬兼施的办法，有效地迫使法国贵族入伍服役。这样，法国王室的军队就被改造成了一台可怕的战争机器——在国内，王室军队完全垄断了武力；在整个欧洲，他们更是令人闻风丧胆。从此，贵族的地位受到大大削弱，和投石党运动时期无法相比。不仅如此，面对日趋专制的国王，他们还必须表现得俯首帖耳。为了增加法国的人口，壮大国王的财政和军事力量，1666 年，政府开始大力鼓励生育。与此同时，让-巴蒂斯特 · 科尔贝（Jean-Baptiste Colbert）担任财政大臣，对皇室财政进行了整顿，实施强制性的税收政策，刺激制造业和商业的发展。后来他成为海军大臣，推动海外“新法兰西”殖民地的建立，特别是在加拿大。这样做的目的是为了维护法国的声誉和资源，以应付欧洲的冲突，打击国王的敌人。事实上，科尔贝的经济政策使得法国面临的冲突变得更多了。尽管如此，路易十四并未能够在法国获得绝对权力。国王的权威依然受到各种地方势力以及利益团体的限制，法国的人口和财政潜力尚未被完全开发。

路易十四的伟大的强权抱负不仅强有力地塑造了法国社会，同时他本人更深刻地认识到，自己在欧洲的地位亦是巩固国内君主制稳定的关键因素。即使在偏远的地区，例如朗格多克（Languedoc），他也坚持捍卫法国的天主教，抵御新教徒的渗透与入侵。此外，挫败哈布斯堡王朝的“险恶计划”也是路易十四维护自身合法性的要务。地方上的精英们歌颂“太阳王”的万丈光芒，并期待那些胆敢公然挑衅国王的人受到“公正的审判”。路易十四时期的一个评论家感叹道：“每当国王赢得一场战役、占领一座城池或者征服一个行省，法国人民就会盛装打扮、点燃篝火，每一个人都兴高采烈，把自己同国王的丰功伟绩联系在一起；这种场面在精神上弥补了路易十四的军事失利，慰藉了他所有的苦楚。”当然，这种局面极可能造成潜在的适得其反的效果，因为在欧洲舞台上的挫败感会严重危及法国的王权。

此时，法国即将对神圣罗马帝国发动一场外交和军事突袭。1665 年 9 月，西班牙国王腓力四世去世。由于腓力四世的女儿嫁给了路易十四，路易十四根据布拉班特“继承法”要求继承哈布斯堡家族在低地国家的领土。这里说的“继承法”是一种古老的地方习俗，即规定女儿在私法上享有继承权，但这种习俗从未运用于国际政治事务中。路易十四的要求被西班牙拒绝后，他于 1667 年 5 月发动了对西班牙的战争，史称遗产继承战争（War of Devolution）。法国最终大败西班牙军队，吞并了位于西班牙北部边境上的一些具有重要战略意义的地区。此时，英国可以协助法国保护其南北两翼，5 年前深陷财政危机的英国国王查理二世将敦刻尔克地区卖给了路易十四。此外，查理二世的王妃是葡萄牙布拉干萨王朝的凯瑟琳公主，因此这位英国国王对葡萄牙人争取独立的运动给予了军事支持。英、法、葡三国的配合，使得西班牙的力量被削弱，其军队被迫撤回到比利牛斯山以南地区。荷兰人没有参与这场争夺，一方面是由于荷兰正在与英国作战，而更主要的则是因为大议长约翰·德·维特（Johann de Witt）希望缓和与路易十四的关系，避免与其发生正面冲突。然而后来形势变得清晰起来，路易十四针对低地国家采取的行动，实际上只是他大举进犯德意志的前奏。正如法国驻美因茨的公使所说：“只有建立起一道从莱茵河延伸至科隆的屏障，法国的安全才能够得到保证。”此时的路易十四，又开始对德意志神圣罗马帝国的皇位感兴趣。他宣称：即日起，此前法国和巴伐利亚以及勃兰登堡等盟国签订的条约，根据惯例要增加以下条款——一旦帝国的皇位空缺，这些国家应拥护路易十四成为候选人。

面对这种情况，当时的奥地利哈布斯堡王朝根本无能为力。自1660年起，奥斯曼土耳其将搁置已久的进攻匈牙利计划重新提上了日程。1663年4月，在法国的秘密支持下，奥斯曼帝国向奥地利哈布斯堡王朝宣战。最终，此次战役以奥斯曼军队在圣哥达的惨败宣告结束。然而，法国代表奥斯曼帝国的利益对此事进行了外交干涉，因此，尽管奥地利获得了胜利，但并没有占领多少领土。自此，奥地利再次陷入了东西两线作战的境地之中，在外交与军事上疲于应付。

法土联军逐渐威胁到德意志帝国的完整性，但这也推动了德意志宪制结构的发展。1662年2月，新一届帝国议会召开，议会讨论了如何应对奥斯曼帝国的侵犯。在1663年1月的一次会议中，神圣罗马帝国皇帝利奥波德一世坚持认为，他无法单独肩负战争的重担。他号召代表们通过“共同的讨论以及建立强大的联盟”来“保卫我们所深爱的德意志民族的领土安全”。此后不久，德意志帝国议会开始讨论如何应对来自路易十四的威胁，特别是他入侵西属尼德兰之后产生的问题。这一时期，帝国议会都是在雷根斯堡召开的——当时这座城市是德意志帝国的法定首都，也是帝国的交流中心。在这里，帝国议会对各类议案进行讨论并做出决议，尽管这些决议很少能被真正落实。这里成为世界第二大宣传册、报纸以及其他政治媒体的发行平台，规模仅次于伦敦。在此后的20年中，帝国议会始终坚称，自己拥有对外宣战的权利。此外，议会还探讨了如何才能最好地调动帝国的庞大资源以应对外敌。英国也是如此——在各种国际事件的巨大压力下，议会被授予了更多的权力。然而，帝国议会是否有能力运用其新的权威为德意志各邦国提供保护，以及议会下设各部门之间存在的分歧是否会继续阻碍议会的协调行动，仍需拭目以待。

与此同时，看到路易十四的侵略步伐不断推进，其他欧洲国家也越发不安。1668年，德意志帝国的“担保国”英国开始发挥自己的作用，试图与荷兰共和国和瑞典组建一个三国同盟，来牵制路易十四。然而为时已晚，这一同盟很快便土崩瓦解了。同年，在法国的资助和英国军队的支持下，葡萄牙从西班牙独立，进一步削弱了西班牙的力量。17世纪60年代末，查理二世已完全受制于路易十四，双方于1670年6月签订了

《多佛秘密条约》(Secret Treaty of Dover)。该条约规定，查理二世同意支持法国攻打荷兰，以此作为路易十四向英国提供军事支援并帮助英国恢复天主教以及君主权力的回报。此时，路易十四又把目光转向了尼德兰联省共和国——在他眼中，这是法国征服整个西北欧的障碍。1670 年 4 月，他吞并了洛林地区，就此切断了勃艮第公国（弗朗什-孔泰）和西属尼德兰之间的联系。西班牙军队全线溃败，1672 年 2 月，西班牙—荷兰联盟已经难以为继，这预示了欧洲未来局势的变化。两个月后，路易十四开始行动：法国军队穿过西属尼德兰，进入尼德兰联省共和国，并一路驱散了抵抗的军队。在自西向东进攻荷兰时，法国军队傲慢地强行通过了法国盟国普鲁士所属的克利夫斯地区。路易十四来势汹汹，势不可当。

然而，法国国王似乎做得太过火了，局势很快变得不利于他。抱着破釜沉舟的想法，荷兰议会任命了一位才华出众的指挥官——奥兰治亲王威廉（William of Orange）为执政，他一生致力于抵抗法国。面对飞扬跋扈的神圣罗马帝国皇帝，德意志的诸侯们力图维护“德意志的自由”；而威廉上任后的首要目标便是捍卫欧洲的“自由”，以阻止路易十四打破欧洲权力平衡的企图。二者的含义是一样的。而一直倡导对法国采取绥靖政策的德 · 维特兄弟，则遭到支持奥兰治亲王的暴民的杀害。荷兰共和国有可能即将被法国征服，这不仅刺激了维也纳和柏林的国王们，更震撼了神圣罗马帝国皇帝。1674 年 5 月，德意志帝国议会宣布展开针对路易十四的“帝国战争”——法国首次被称作“德意志帝国的敌人”。同年 6 月，普鲁士加入对抗法国的行列。路易十四试图反击反法联盟，他支持瑞典，以向大选帝侯的北翼施压。此外，1674 年西西里岛爆发了反对西班牙统治的墨西拿起义（Messina revolt），路易十四支持该起义，使其坚持了 4 年。同年，英国开始攻打荷兰。其间，年轻的约翰 · 丘吉尔（John Churchill），即后来的马尔伯勒公爵，被派往德意志支援路易十四，对付反法联盟。1674 年 8 月，荷兰人单方面媾和，同英国签订和约以确保自身的独立。1675 年，大选帝侯在费尔贝林（Fehrbellin）一战中大败路易十四的盟国瑞典，瑞典被迫求和。17 世纪 70 年代末，西班牙在低地国家的军事力量开始瓦解。1678 年，法荷签订《奈梅亨和约》(Treaty of Nijmegen)，战争宣告结束。西班牙被迫进一步向路易十四割让领土：圣奥梅尔（Saint-Omer）、康布雷（Cambrai）和沙勒罗伊（Charleroi）以北地区，以及弗朗什-孔泰的全部地区，都交给了法国。然而，路易十四仍然坚信，低地国家以及德意志会对法国的安全构成威胁。

此时发生的一切，对中西欧大多数国家的内政产生了强烈的冲击。17 世纪六七十年代，世界各国爆发了一场激烈辩论，即如何才能最好地应对法国日益增长的力量。成千上万的小册子、讲话稿漫天纷飞——这种情景不仅出现在英国和荷兰这种政治公共领域较为活跃的地区，甚至还出现在了德意志帝国。当时，很多评论文章以月刊或者年度评论的形式发表，各种关于帝国内政外交的辩论不仅数量增加，质量也大幅提高。不过，并非所有人都想阻止路易十四的扩张，例如，英国的托利党人中就有不少认为，在贸易和意识形态领域，荷兰是比法国更大的威胁。此时，许多荷兰人仍旧认同德 · 维特兄弟的对法绥靖政策，这些人并不是因为同情法国，而是出于谨慎考虑。同样，德意志人也并不都主张反击路易十四——出于某种原因，他们认为路易十四有助于防止某个诸侯称霸整个德意志。尽管如此，多数欧洲人，无论是天主教徒还是新教徒，也无论是王公贵族还是议会成员，最终还是达成了基本的共识：法王路易十四想要效法查理五世，成为一个“世界帝国”的统治者。新教徒对路易十四最为恐惧，他们将其看作欧洲天主教的代言人，认为其试图颠覆欧洲宗教改革。

德意志是博弈中的关键。路易十四想要控制德意志帝国，进而获得德意志的资源和声望。与此同时，很多德意志人担心路易十四想要谋求德意志神圣罗马帝国的皇位，甚至计划暗杀皇帝。英国的辉格党人认为，英国应该保卫低地国家与德意志帝国的安全，这样才能捍卫欧洲的均势与英国的自由，而且，早在 17 世纪 20 年代，一些英国议员就曾持有这样的观点。因此，1675 年 4 月，托马斯 · 利特尔顿爵士（Sir Thomas Littleton）向议会发出警告：“路易十四将把佛兰德、德意志、弗朗什–孔泰等地区纳入自己的帝国版图，这一扩张行为是极其危险的。”而与此同时，辉格党正在对查理二世的外交政策进行无情的抨击。这种情形愈演愈烈，在 1677~1678 年议会开会时达到高潮。与此同时，他们还试图以查理二世行事失误为由来约束国王的特权。

此时，德意志神圣罗马帝国的形势变得更加明朗了。在遗产继承战争期间，德意志帝国议会并没有介入战争，没有对西属尼德兰进行支援。对于洛林公爵在 1670 年的支援请求，帝国议会也没有理会。但是，法国出兵攻打尼德兰联省共和国的举动，深深地震动了自满的德意志人。17 世纪 70 年代，路易十四对普法尔茨的大肆掠夺，以及他平时对德意志的恶劣态度，引起了德意志人对法国的反感和厌恶，并让他们产生了强烈的民族羞耻感。德意志的报刊和小册子谴责路易十四为“信奉基督教的土耳其人”“撒旦的长子”和彻头彻尾的反基督者。还有很多德意志人指责法国人的堕落，说他们轻佻而且性变态，像奴隶一样屈服在其国王的暴虐之下。事实上，德意志人对路易十四的敌意，并不仅仅是基于简单的民族主义或者排外情绪，更多的是由于路易十四的专制主义做派和宗教限制政策。保卫“德意志的自由”是德意志民族的传统观念，而路易十四破坏了这个观念，因此诸侯们在各种场合（包括各邦国国内和帝国议会）对法国的行为进行指责。在很大程度上，反法战争也是一场意识形态领域的战争。许多德意志人、荷兰人和英国的辉格党人都认为，路易十四是“政治与宗教共存”这一原则的致命威胁，这个原则是欧洲各国人苦心经营了几个世纪才建立起来的，其间进行了反复的试验。德意志人想要保卫的不仅仅是德意志的土地，还有德意志的自由。

17世纪末德意志面临的战略威胁促使人们共同呼吁对帝国的军事制度进行改革。1667年，塞缪尔·冯·普芬多夫（Samuel von Pufendorf）在一本著名的匿名宣传册中呼吁实现德意志的“内部统一”，并谴责《威斯特伐利亚和约》在某种程度上给了“陌生人（外国势力）根据自己的特殊意志来塑造德意志的机会”。当时大多数人都同意他的观点。而颇具争议性的是他提出的“将15世纪末的思想变为现实——设立帝国委员会，以在外交事务上为皇帝出谋划策”的建议。虽然有人认为，各邦国在帝国议会中的代表的比例，应与该国对帝国国防事务的贡献相符，但大多数人对建立帝国常备军还是保持一定的警惕性。正如普芬多夫警告人们的那样，设立常备军会导致国家的“军事专制”。因此，虽然此时的德意志人希望结束冲突和威胁，但他们还并没有想好要以何种方式结束这一切。

渐渐地，欧洲的战争已不仅仅停留在欧洲大陆范围内，还延伸到了对贸易和海外殖民地资源的争夺。风靡一时的“重商主义”经济思想认为，贸易是一种零和博弈。科尔贝就曾指出：“如果一个国家想要改善本国的贸易、商业远洋或者制造业现状，只能通过夺取另一个国家的贸易、航运业或者产业资源来实现。”后来居上的国家总是试图“赶超”那些已经获得巨大成功的国家。因此，当时欧洲各国大战略的核心是，尽可能多地占领海外殖民地，获取更大的国际贸易份额，削弱敌国的实力。对于欧洲各国来说，这并非最终目的，却是实现更为远大的目标的重要方式。例如，西班牙人在三十年战争后失去了对中欧和西北欧的统治权，因此他们更加努力地保护其海外殖民地和贸易资源，以希望恢复其在低地国家和德意志的地位。

路易十四的对外扩张改善了法国的边境安全状况。在签订《奈梅亨和约》后，路易十四手下的总工程师塞巴斯蒂安 · 德 · 沃邦（Sébastien de Vauban）加固了法国东北部的新边界。然而路易十四的目的不仅是要确保自身不受攻击，还要效仿黎塞留，在其邻国建立"口岸"，以此牵制邻国，使其与法国保持一致。虽然路易十四已经获得了意大利北部的皮内罗洛（Pinerolo）要塞地区，并在 1681 年吞并了卡萨莱（Casale）附近的地区，有效包围了萨伏依，但他仍对神圣罗马帝国忧心忡忡。由于西班牙的软弱无力，佛兰德对法国的威胁已经很小了；英国的查理二世和 1685 年即位的詹姆斯二世也与法国交好，而且英国国内政局一直不稳。因此，此时法国最主要的威胁还是东边的奥地利，当时奥地利有荷兰和普鲁士的支持。奥地利和普鲁士都是德意志帝国中的强邦，1670 年，二者曾经出手保护了荷兰，现在三国一致对付法国。因此，1680 年开始，路易十四建立了"统一法庭"（Chambers of Reunion），其功能是伪造各种历史文书和契约，为法国的东扩提供合法性依据，这样法国可以进一步吞并德意志的土地。1681 年 10 月，法国军队占领莱茵河畔的斯特拉斯堡。然而，他的每一步扩张都会进一步增加法国的北部和东部的脆弱性，因此他必须掠夺更多的土地才能弥补这一问题。同时，"统一法庭"的职权范围也在进一步扩大。预感到大难临头的西班牙在 1683 年 12 月先发制人进攻法国，却以失败告终。路易十四并没有停止他扩张的脚步，1684 年他占领了卢森堡。他的所作所为彻底将法国置于德意志的对立面。1684 年 6 月，卢瓦侯爵发表讲话："从现在起，德意志人就是我们真正的敌人。"

路易十四之所以能够为所欲为，从西边进攻神圣罗马帝国，是因为此时的奥地利人又一次受到法国"蛙跳式"外交政策的影响而分心。1683 年年初，土耳其军队继续北进，与他们同行的还有一大批被流放的匈牙利基督徒。同年 6 月，土耳其兵临维也纳城下。神圣罗马帝国皇帝利奥波德一世感到大事不妙，慌忙逃离维也纳，他的行为为当地人所不齿。不过，教皇英诺森十一世（Pope Innocent XI）收留了这位狼狈逃亡的皇帝。在教皇看来，这场战争的本质是文明的冲突，因此应该为奥地利提供帮助。尽管教皇自己并没有多少军队，但天主教廷有很多外交和财政资源，可以支持基督教国家对土耳其的讨伐。此前，教皇也曾试图采取“蛙跳式”外交：1683年，他曾经派使节来到萨非王朝（即波斯），想劝说国王从东面进攻土耳其；此外，他还想劝说阿比西尼亚人进攻土耳其的属地埃及——显然，关于祭司王约翰的故事还在流传。不过，这两项计划都没有实施。教皇还进行了其他的努力。他协调波兰和俄国签署了一份协议，允许双方集结军队以对付奥斯曼帝国。波兰认为，奥斯曼帝国严重威胁了波兰在黑海地区的省份，因此波兰-立陶宛联邦国王扬·索别斯基（Jan Sobieski）很快同意向南进攻，打击奥斯曼帝国。除此之外，教皇还协调奥地利和波兰签订了一份协议。1683年9月11日，索别斯基到达维也纳，与神圣罗马帝国军队一同进攻奥斯曼的军队。自此，土耳其军队的号角声再也没能在德意志的土地上响起。17世纪末，欧洲的形势变得明朗起来——各国的基督教徒联合起来，共同抵抗异教徒的入侵，十字军东征结束后欧洲人又一次团结在了一起。当时，德意志皇帝已经失去了号召力，各国矛盾重重，而土耳其人的入侵使得欧洲人再一次团结起来。

此时，土耳其人依然可能对德意志构成威胁，神圣罗马帝国皇帝依然在集中本国资源以对付土耳其人。1684年8月，利奥波德一世与路易十四签署了协议，以换取对匈牙利和巴尔干半岛的自由控制权。17世纪八九十年代，为避免德意志的基督徒分裂而导致战争，教皇决定对神圣罗马帝国皇帝给予大量的财政支持，以继续击退土耳其人的入侵。此时，匈牙利和克罗地亚的贵族可以自由决定本国是否成为哈布斯堡王朝领土的一部分。之后，德意志全民族团结起来，发动一系列战役讨伐奥斯曼帝国，最终将其永远驱逐出匈牙利。1685年，汉诺威、巴伐利亚、莱茵、士瓦本（Swabia）和科隆共派遣近三万人参战。这是德意志民族有史以来最为团结的一次军事行动。在接下来的15年里，尽管有时奥斯曼军队会反扑，但其总体军力每况愈下：斯拉沃尼亚（Slavonia）的穆斯林被德意志联军残忍驱逐，布达被攻占，接着特兰西瓦尼亚（Transylvania）也被攻占。此时，奥地利军队已经向南深入到了贝尔格莱德。1684年，利奥波德甚至向沙皇派遣密使，邀请他参战。俄国人如期加入了反对土耳其的神圣同盟，并于1687年进入克里米亚。然而，奥地利人的兴奋并没有持续多长时间。

与此同时，德意志帝国遭到法国的进一步蚕食。同过去一样，双方针对普法尔茨和莱茵河谷地区的争夺又一次进入白热化阶段。1685 年，路易十四借妻妹伊丽莎白 · 夏洛特（Elizabeth Charlotte）的名义，要求获得普法尔茨的部分地区。而此时，夏洛特的哥哥查理死后，其继承权争议还没有得到解决。在大部分德意志人看来，路易十四提出的这一要求，将会对德意志的安全造成致命的威胁。最终，利奥波德在权衡利弊后，决定拒绝接受法国的要求，这等于使自己面临两线作战的风险。除此之外，1685 年 8 月，勃兰登堡大选帝侯结束了同荷兰缔结的反法联盟。此前，在东方战场上，普鲁士人曾受到惨痛的教训，他们本来有可能在战场上击败瑞典，却眼睁睁看着瑞典人在法国的资助下重新高调地坐在谈判桌旁。因此，大选帝侯认为，如果普鲁士想要保卫波美拉尼亚地区，就必须在欧洲事务中扮演重要角色，或者至少要参与牵制法国的行动。路易十四善于拉拢其他国家，他将这种能力发挥到极致，无人能及。但从长远来看，他因此所承受的痛苦也是最多的，他很难维持对自己有利的联盟。1686 年 7 月，为了阻止法国继续扩张，瑞典、西班牙、荷兰共和国、神圣罗马帝国皇帝、勃兰登堡–普鲁士以及德意志其他邦国最终联合起来，组成奥格斯堡同盟（League of Augsburg），即后人所说的“大同盟”（Grand Alliance）。

路易十四决定尽早派兵德意志纵身挺进，以防止奥地利把部署在匈牙利的军队抽调到西线。卢瓦侯爵告诉沃邦：“国王刚刚收到了土耳其军队战败的消息，因此国王会认为有必要进一步向前推进防御工事，这有利于法国最终获得战争的胜利。” 1688 年 6 月，法国的盟友科隆选帝侯去世，路易十四不顾德意志人的反对，强行任命了一位新的、与法国交好的继任者。1688 年 9 月末，路易十四派遣军队进入普法尔茨，再一次对该地区进行破坏，而他在德意志和欧洲也因此更加声名狼藉。路易十四手下一位经验丰富的指挥官杜拉斯公爵（Duke of Duras）哀叹道：“摧毁沃尔姆斯和施派尔这样著名的城市，会让当地人感到极其痛苦；我不得不向国王指出，这场破坏将给他的声誉以及他在全世界的荣耀带来极其恶劣的影响。”同月，勃兰登堡–普鲁士、不伦瑞克（Brunswick）、黑森和符腾堡（Württemberg）都承诺出兵支援奥兰治亲王威廉。此后不久，神圣罗马帝国向路易十四宣战。1689 年 5 月，荷兰与利奥波德达成一致，决定联手对付法国，迫使法国退回到三十年战争结束时的国界之内。不仅如此，荷兰还承诺，支持利奥波德对西班牙王位继承权的主张，并支持其子约瑟夫继承神圣罗马帝国皇位。

1690年1月，约瑟夫如期当选为“罗马人民的国王”，并被授权调动整个德意志的资源来牵制法国。1690年7月，西班牙加入反对法国的战争。同年10月，萨伏依也加入了战争。这是一场新的争夺对德意志和欧洲控制权的战争。

路易十四的野心和欲望极度膨胀，也导致法国内部政治出现了新的变动。即使到了17世纪80年代初，荷兰各省仍没有太在意法国的威胁，威廉很难劝说所有人一致对付法国。例如，当路易十四进攻西班牙在低地国家的要塞时，格罗宁根和弗里斯兰（Friesland）两省的议会却认为危险还很远，因此它们将自己的军队召回，甚至破坏荷兰执政调集军队的努力。而到了17世纪80年代末，即便是那些疑心最重的寡头政客也已明白必须反抗路易十四。因此，随着法国威胁的上升，荷兰执政与各省之间的僵局与分歧基本上是解决了。然而英国的情况却恰好相反，国王与贵族并不团结。英国人看到德意志的土地逐渐被法国蚕食，特别是辉格党人眼中“德意志新教堡垒”斯特拉斯堡的沦陷，使得很多人认为这种趋势将会影响到英国的自由。因此，越来越多的英国人反对国王的外交政策，达到了自17世纪60年代后的新高潮。甚至，一部分托利党人也改变了看法：以前他们反对荷兰甚于反对法国，非常热衷于发展海军与扩大殖民地，不愿意在欧洲大陆打昂贵的战争；而现在，他们为“德意志门户”的失守而哀叹。

对于外交政策的方向，以及如何才能更好地保护国家利益，英国人存在分歧。有的人认为国王的作用很重要，有的人则表示反对。很多托利党人支持打击路易十四，但他们又认为，应该加强国王的权力，以领导英国人对抗法国。查理二世也在尽力尝试消弭国内的分歧。例如，1680年10月的议会（人们都认为这届议会将会极其混乱）一开始，查理二世就指出：“国家内部的分歧可能会让英国的形象在国际社会中大打折扣。”与托利党不同，辉格党人非常关注清教徒在国内的地位。根据一位评论人士的说法：“这些清教徒寻求的，不仅是迫使国王解除与法国的同盟关系，还要让国王承诺，以后如再发生战争，需提前告知他们战争的意图是什么。不过，当时宣战权等事务还是取决于国王的个人意志，依然是国王的特权。”1685年，詹姆斯二世即位。然而，他公开支持天主教的做法被人认为是在向路易十四献媚。同年11月，他将议会解散，引发一片批评之声，议员和民众都对此持反对意见。詹姆斯二世及其御用文人认为，目前最要紧的就是恢复英国在欧洲的地位。但他认为，实现这一目标的最好方式是强化君主专制和官僚统治。当时，国王想集中精力对付荷兰，辉格党人则认为法国才是主要威胁，而且应该扩大议会制政府的权力。17 世纪 80 年代末，形势发展到了紧要关头。1688 年 6 月，詹姆斯二世的儿子出生，这个儿子信仰天主教。詹姆斯二世与第一任妻子有两个女儿——玛丽和安妮，不过她们都信仰新教；根据继承法，这个信仰天主教的儿子应比两个女儿有优先继承权。

然而，当时荷兰面临的最直接威胁还是路易十四对普法尔茨的入侵。由于战争迫在眉睫，奥兰治亲王威廉最终决定于 1688 年 11 月进攻英国。因为荷兰人相信，只有恢复英国的立宪制政府，才能使英国人加入抵抗路易十四的队伍，共同维护欧洲的自由。威廉认为自己是国际军队的首领；他在英国有一些支持者，如伯内特主教（Bishop Burnet）号召英国同胞不要畏首畏尾，要关心欧洲大陆政局，捍卫自己的自由和宗教。他将英国人比作信奉新教的以色列人，是“照亮外邦人的光”。同样，正是不断恶化的欧洲政局让辉格党的贵族们确信，他们唯一能做的就是让奥兰治亲王威廉成为英国的“拯救者”，除此以外别无选择。辉格党人之所以抛弃詹姆斯二世，主要原因还是欧洲政局的变化，当时离詹姆斯二世信仰天主教的儿子继承王位的时间还差得很远。1688 年，英国发生光荣革命，詹姆斯二世被迫逃跑，威廉从荷兰入主英国，被拥戴为新国王，即威廉三世。这场革命是当时国际体系的产物，其目的是恢复英国在欧洲的地位。路易十四最终没能阻止威廉的行动，因为直至最后关头，他还认为威廉的目标不是自己而是德意志。

1688~1697 年，法国与众多中西欧国家之间爆发了九年战争。从本质上讲，这是一场欧洲的战争，其主要战场是佛兰德、莱茵兰–普法尔茨和意大利北部。战争期间，英国、荷兰以及其他帝国，纷纷将各类资源不断地输送到这些地区。低地国家尤其成了必争之地，西班牙甚至把自己大多数的资源都投入这里。此外，与这场大战伴随的还有一系列地区冲突，比如 1689~1691 年在苏格兰和爱尔兰之间进行的英国王位继承战争，以及土耳其战争等，所有的这些战争都是联系在一起的。路易十四支持詹姆斯二世反对英国议会；威廉三世则紧追詹姆斯二世至爱尔兰，并在博因河（Boyne）和奥格里姆（Aughrim）大败詹姆斯二世的军队。此后，威廉向一位德意志的盟友致歉，表示自己“不得不到爱尔兰”这个可能使他“与文明世界相隔绝”的地方去；他还说，一旦击溃詹姆斯二世及其党羽，他就将返回低地国家和德意志，“一致对付共同的敌人”。路易十四还煽动土耳其人向德意志施加压力。但荷兰和英国通过外交手段暂时稳住了土耳其，延缓了其军事行动，以使利奥波德一世能有更多的精力处理德意志事务。1692年，利奥波德一世任命乔治 · 路易为汉诺威选帝侯，这壮大了哈布斯堡王朝的力量，并且有利于继续对法国和土耳其采取军事行动。这也再一次证明，德意志帝国的内部结构与欧洲的整体局势之间有着紧密的联系。

九年战争进一步刺激了欧洲公共领域的发展。在英国、荷兰共和国和北美殖民地的议会，公共领域的发展最为蓬勃。在这些国家，政府要想参与某项军事行动，必须先说服广大政治参与者，以便使军费提案通过，为战争准备人力和财力资源。此时，伦敦出现了一家独立报社，满足了公众对欧洲大陆新闻不断增加的好奇心。在德意志，尽管公众意见对国家政治和军事的影响力并不强，但有文化的人也非常希望了解与自己的生活相关的事件。德意志作家卡斯帕 · 施皮勒（Kaspar Spieler）在1695年对当时的社会现状进行了讽刺：“他们急匆匆地奔向邮局和报刊亭，迫切地想要知道法国国王、神圣罗马帝国皇帝、罗马教皇或者君士坦丁堡的苏丹正在做些什么……实际上，这些事与他们自己联系不大，就好比他们想要知道月亮上到底住的是人还是神一样。”

九年战争引发了新一轮的、长期的政治经济发展，包括资源开采、军事动员和官僚系统的整合。在这一过程中，英国和荷兰共和国异军突起，成为海上强国。16世纪末，荷兰开辟海上航道，并发展了超强的财政和军事组织能力，击败了拥有更多资源的腓力二世。17世纪90年代，英国人吸收了荷兰人的部分理念，建立了欧洲最为强大和“现代化”的国家。1694年，新的英格兰银行成立，承担政府债务的管理工作，同时，结构复杂的股票和金融市场也成立了。此外，东印度公司也成立了，这是一家半国有的机构。正是因为英国人有成熟的议会制政府，并在反对国内外暴政的问题上有广泛的政治共识，他们才能够有如此多的创举。1694年，威廉三世签署了议会通过的《三年法案》（Triennial Act），规定每三年必须召开一届议会。此外，审查制度的废除则使得人们拥有在议会内外谈论政治和贸易问题的自由。在整个17世纪90年代，英国政治的主要议题一直都是如何打好仗：辉格党支持威廉三世对欧洲大陆进行直接的军事干预，托利党则更倾向于发展海洋战略，扩大殖民地范围。但在如下问题上，两党几乎没有分歧：他们都认为“应该阻止路易十四的侵略行动”，都认为“自由的人民需要一个强大、富强的国家来保护他们”。17 世纪 90 年代，下议院宣布：“国家要为战争做必要的准备，但不能做有可能破坏宪政的事情。”最终，威廉三世和他的议会筹集到了大量的军费，以对抗路易十四，其中有至少 1/3 的钱是通过长期贷款的方式（而不是财政收入）筹集到的。从此，英国成为欧洲最为自由的一片土地，也是欧洲最强大的国家。

与英国不同，欧洲大陆的多数国家都选择了专制主义的道路，以提高政治和经济效率。例如，瑞典国王查理十一世实施了“收回”政策，即从贵族手中收回王室的土地——如此一来，国王的财政力量得到了大幅加强。另外，他还建立了一种新的土地所有制，将军事和财政统一起来，该制度将公民的土地所有权与税收及兵役联系起来。该制度实施了数十年的时间，到 17 世纪末，瑞典军队占总人口的比例，以及军费支出占国家总资产的比例，为全欧洲最高。在哈布斯堡王朝，利奥波德一世努力对国家机构进行改革——他这么做一方面是出于与法国及土耳其交战的需要，另一方面则是因为他在匈牙利新获得的领土给他带来了改革的契机。可是，与英国的境况大不相同的是，利奥波德的债权人于 1680 年拒绝继续为他提供贷款，除非他答应对国内腐败的财政管理制度进行整顿。利奥波德没有和各邦国合作推进改革；从 1681 年开始，他试图单方面推行一个新的金融体系。8 年后，利奥波德的顾问建议先将匈牙利作为改革的样板，在那里建立常备军、提高征税的额度，并安排移民来开发这片新的土地。德意志的一些中小邦国，也积极参加帝国的建设，以增强帝国的防御力量。然而，各国的国内改革并不是简单而直接的，人们的愿望与现实之间往往存在着巨大差距。许多欧洲人（甚至包括德意志人在内）都在不断试图逃避国家的登记、管制、培训、税收和兵役等政策。从中世纪起，匈牙利的贵族就享有这样一项特权：当他们受到不公正待遇（或自认为受到了不公正待遇）时，可以公然反对王权。然而，利奥波德不仅没能成功剥夺他们的这项权利，还被迫同意匈牙利继续运行自己独立且低效的财政政策。同样，查理十一世的政策也引来了芬兰和波罗的海地区贵族的公开反对。波罗的海地区的贵族在帕特库尔（Johan Patkul）伯爵的领导下，与波兰等国家建立了紧密的联系，甚至邀请这些国家来一同分割瑞典，以恢复自己的传统自由权利。

在英属北美殖民地，有的人支持集权，有的人支持采取代议制，双方争议尤为激烈。托利党人及英王任命的总督认为，应该把眼光放得长远一点，应该利用美洲来制约路易十四的力量。他们认为，尽管英国在美洲拥有大片土地，但都管理混乱，效率远远不及法属加拿大。法国人在那里有高效的军事管理制度，尽管他们人口少，但多数男性都在服兵役。而英属新英格兰则“分裂严重，各地区各自为政，政府只关心自己的利益，漠视公众的利益”。这些人认为，只有建立集权制的殖民政府，才能有效调动当地的所有资源，增强英国在欧洲的实力，以抵御法国的进攻，并维护英国在印度的利益不受法国侵犯。与托利党不同，多数辉格党移民在宗教和政治问题上显得非常激进。他们认为，路易十四是“基督教的敌人”，他控制了德意志的教堂，“一直在蹂躏欧洲，是一个无比暴虐和狡诈的君主”。1686年，清教牧师科顿·马瑟（Cotton Mather）在布道中告诉人们：“风水轮流转，现在机会属于美利坚人民。”当时总督呼吁新英格兰的人民做好军事准备，但辉格党人却拒绝支持，他们指责这些计划是在秘密地剥夺人们的自由。辉格党人拒绝所有的集权式的改革计划，尤其是征兵制度，他们主张建立一个松散的联邦，将各新教殖民地联合起来。

在经历了将近10年的战争、动员和纵横捭阖之后，法国和“大同盟”双方都没能取得完全胜利。其间，路易十四在意大利、德意志和海上取得了巨大胜利。詹姆斯二世曾在爱尔兰登陆，试图恢复王位，但在1691年被打败。当时，为了对付法国，英国几乎把全部兵力都部署在了德意志、大西洋和地中海海域，威廉三世也始终没能给法国致命一击。而此时的奥地利人正艰难地进行着东西两线作战。1690年，土耳其重新占领贝尔格莱德。在得到德意志各邦的大力支持后，哈布斯堡王朝很快再次对土耳其发起进攻，但是德意志人依然忙于两线作战，无法集中精力对付法国。此时双方的战斗陷入了僵局。1694年，法国军队入侵加泰罗尼亚，并于三年后占领巴塞罗那。尽管如此，路易十四也已经是强弩之末了。尽管萨伏依公国的国王维克托·阿玛迪厄斯（Victor Amadeus）并不是任何一方的可靠盟友，但他是战局的风向标。1696年，萨伏依公国倒戈，与法国结盟。同时，英国人和荷兰人的财政已经耗尽。战争双方都在为自己寻找出路，以期结束战争。

1697 年 9 月，双方签订《里斯维克和约》（Treaty of Ryswick），战争宣告结束。路易十四竭尽全力，保住了斯特拉斯堡。虽然德意志各国诸侯和民众对此非常不满，但他们也没办法。巴登侯爵（Margrave of Baden）抱怨道："如果德意志不收回斯特拉斯堡及其防御工事，那么德意志的自由就无法得到保障。"但在其他方面，路易十四却没有占到多少便宜。在英格兰和苏格兰的支持下，荷兰军队在西属尼德兰的要塞驻军，阻挡了法国通往低地国家的战略要地。对于德意志来说，在神圣罗马帝国多数公国的支持下，奥地利哈布斯堡王朝仍然占据主导地位，依然是整个欧洲国际关系体系的支柱。为表彰乔治·路易在对抗法国和土耳其军队时所做的卓越贡献，神圣罗马帝国皇帝任命他为选帝侯。此外，路易十四表示承认威廉三世和玛丽二世为英国国王。《里斯维克和约》规定加勒比海地区的圣多明戈（Saint-Domingue）属于法国，并规定法国拥有对新法兰西（即加拿大）和阿卡迪亚（Acadia）的控制权。不过，和约并没有过多涉及欧洲以外的领土划分问题，这说明各国主要关注的还是欧洲的力量均势。《里斯维克和约》的签订，正式确认了过去 30 年欧洲新形成的地缘政治格局——哈布斯堡王朝已经不再是欧洲各国的威胁，而路易十四谋求建立"世界帝国"的野心则成为各国最为担忧的问题。

北欧和东欧的国际关系新秩序也初步形成。1696 年 6 月，扬·索别斯基去世，波兰复兴的努力也结束了。谁来继承王位，事关重大。同年，沙皇彼得一世微服出巡——他希望能够获得西欧较为发达的国家的第一手资料，以便回国后更好地推进俄国的现代化进程。此时，沙皇俄国刚刚摆脱与世隔绝的状态，向奥地利、丹麦和荷兰共和国派遣了外交代表，不久又向英国和普鲁士派遣了大使。一个月后，瑞典国王查理十一世去世，查理十二世继承王位但尚且年幼。与此同时，奥地利军队大败土耳其，1699 年，各国与土耳其签订《卡尔洛夫奇条约》（Treaty of Karlowitz）。奥斯曼帝国被迫将大片土地割让给奥地利，包括匈牙利、斯拉沃尼亚、特兰西瓦尼亚的全部，以及克罗地亚的部分地区；波兰获得了波多利亚（Podolia）、卡梅尼采（Kamenice）和乌克兰的部分地区；而俄国则得到了亚速海周边地区。

然而，就在欧洲迎来 18 世纪的曙光之前，发生了两件让人始料不及的事情，中西欧、东北欧的两大国际关系体系几乎同时卷入了重大的危机之中。此时，西班牙国王查理二世（即卡洛斯二世）生命垂危，他愚蠢又无后，谁会接替他成为西班牙国王呢？欧洲各大国都在密切关注这一问题。路易十四试图让自己的孙子安茹公爵腓力（Philip of Anjou）来继承西班牙王位。如果这成为事实，那么将会出现一个庞大的波旁帝国——包括法国、西班牙、西西里、那不勒斯、西班牙海外殖民地以及西属尼德兰，这个帝国将比查理五世时期的神圣罗马帝国还要强大和恐怖。利奥波德一世也有自己的打算，他企图让次子查理大公继承西班牙王位。这将导致哈布斯堡王朝的两大分支重新统一起来，其他欧洲国家同样非常担忧。解决这一困境的唯一方式，就是对西班牙的土地进行分割。但在1699~1700年，许多方案都因为这样或那样的原因而没能实现，各方无法妥协。1700年11月查理二世逝世时，各国依然没能达成一致。查理二世在遗嘱中明确表示：西班牙的领土不得分割，西班牙王位由法国王太子的次子安茹公爵继承；如果他拒绝，则由奥地利的查理大公继承。

这给路易十四和奥地利哈布斯堡王朝带来了前所未有的压力，因为这场斗争的胜者将获得西班牙的一切。1701年2月，在法国军队和顾问的护送下，安茹公爵在马德里继承王位，即腓力五世。但路易十四却并不打算把腓力排除在法国的王位继承人之外，也许将来腓力还可以成为法国国王。路易十四扬扬得意地说道："这样比利牛斯山这一障碍就不复存在了。"同月，路易十四派军队进入西属尼德兰，将荷兰驻军驱逐。此时，对于法国的对手来说，最具有战略意义的地方并非西班牙的殖民地，也不是西班牙本身，而是低地国家和意大利北部的交通要道。如果法国的对手能够控制这些地方，同时哈布斯堡王朝能够控制比利牛斯山以南，那么就可以形成对法国的包围。相反，如果路易十四控制了这些地方，那么英国、奥地利哈布斯堡王朝将永无宁日。现在，法国军队占领了西属尼德兰，荷兰和英国两个国家自然会采取措施，以阻止法国的扩张。1701年9月初，英国、荷兰以及德意志帝国组成了新的大同盟以遏制路易十四。此后不久，詹姆斯二世在流亡途中去世，路易十四宣布承认其子詹姆斯三世为英国国王。1702年5月，法国正式对英国宣战。

西班牙王位继承战争是18世纪欧洲的第一场战争，各大国争夺低地国家、德意志和意大利北部的控制权。在奥地利，利奥波德一世长子约瑟夫是主战派的代表，他决心彻底消除法国对神圣罗马帝国的影响。他们还强烈希望将法国人赶出米兰——在利奥波德一世眼中，米兰是神圣罗马帝国的一部分，这一点“毋庸置疑”。而对于路易十四来说，米兰则是他进攻奥地利的行动中心。哈布斯堡王朝认为，最关键的还是要保证其能够继承西班牙王位。奥地利以爱国主义为旗帜，领导德意志各邦国对法国进行讨伐。1700 年年底，为了感谢勃兰登堡选帝侯腓特烈三世在对抗法国的战争中所做出的贡献，神圣罗马帝国皇帝授予他“普鲁士‘里面的’国王”[①]的称号；1701 年，腓特烈三世加冕为国王，称腓特烈一世。1702 年 10 月，神圣罗马帝国皇帝正式向法国宣战，巴登-巴登边区伯爵路德维希 · 威廉（Ludwig Wilhelm）担任神圣罗马帝国联军在莱茵地区的最高统帅，向法国发起猛烈进攻。大多数德意志邦国（如巴登公爵、汉诺威选帝侯）都也加入了反法联盟，只有两个诸侯是支持法国的：科隆选帝侯约瑟夫 · 克莱门斯（Joseph Clemens）和他的哥哥——巴伐利亚选帝侯马克西米利安二世 · 埃曼努埃尔（Maximilian II Emanuel）。

神圣罗马帝国是这场战争的主战场，相对的，意大利、西班牙及海外殖民地是战争的次要战场。英国皇家海军军舰向法国护航队发起进攻，按照英国海军部的说法，这样做是为了“切断法国军队赖以生存的资金和金属板的供给”。1703 年，英国皇家海军认为有必要对西班牙属地哈瓦那发动突袭，这样有助于“重创波旁家族，以配合哈布斯堡王朝的行动”。1704 年，路易十四试图调集自己的主力军队和驻守在巴伐利亚的分遣队袭击维也纳，给德意志致命一击。英国驻柏林公使发出警告：“可怜的德意志，现在似乎离毁灭不远了”。然而，同年 8 月，法国—巴伐利亚联军在德意志南部地区遭到英荷联军的重创，这就是布伦海姆（Blenheim）之战，当时英荷联军的统帅正是马尔伯勒公爵。同年，一支英国舰队占领了直布罗陀海峡，有效地封锁了地中海海域。1705 年，利奥波德一世去世，约瑟夫一世继位，他被视作“德意志事业”的积极倡导者。1706 年，奥地利—萨伏依军队将法国军队从意大利北部地区驱逐。查理大公仍然控制着他在西班牙获得的领土，而加泰罗尼亚和其他地区反对腓力五世的起义也对他起到了帮助作用。最为重要的是，在德意志和佛兰德，英国、荷兰和神圣罗马帝国的联军还在对路易

① 普鲁士“里面的”国王不是“勃兰登堡国王”，也不是“普鲁士‘之’国王”，因为：第一，神圣罗马帝国内除了一般由皇帝兼任的罗马人民的国王和波希米亚国王以外不能有别的国王；第二，普鲁士仍有一部分是波兰领土。——译者注

十四进行持续的打击。1706年，路易十四在拉米伊（Ramillies）战役中战败，而他在德意志的两个最重要的盟友——巴伐利亚选帝侯和科隆选帝侯，则被神圣罗马帝国皇帝赶出了德意志。路易十四控制神圣罗马帝国的希望越来越渺茫了。

当中欧、西欧和南欧正因西班牙王位继承问题而争论不休时，北欧和东欧也因波兰和瑞典王位的继承问题而不得安宁。邻国对这两个国家的潜在实力十分担忧，当然它们也发现了这两个国家的弱点。波兰内部的分裂导致了外部力量的介入，也使得波兰成为大国瓜分的对象。在扬·索别斯基统治时期，波兰表现出了巨大的潜力，在17世纪末，它的领土迅速扩张，并削弱了奥斯曼帝国的势力。如果波兰能够成功进行改革，那么俄国和普鲁士将会面临一个更加强大的对手，现在波兰处于混乱之中，但普鲁士和俄国是不会允许波兰落入敌国手里的。因此，1697年，彼得一世以对波开战威胁波兰贵族，要求他们选举来自法国的孔蒂亲王（Prince Conti）担任波兰国王。但最终，萨克森选帝侯腓特烈·奥古斯特（Friedrich August）击败孔蒂亲王成功当选国王，即奥古斯特二世。这是因为，奥古斯特向波兰贵族大量行贿，同时，波兰人也相信，奥古斯特最有希望带领波兰人从奥斯曼手中夺回卡缅涅茨—波多利斯基（Kamenetz-Podolsk）要塞。奥古斯特也确实不负众望，很快收复了该要塞。正如普鲁士"里面的"国王腓特烈一世所说，现在俄普两国的战略是，阻止萨克森人在波兰共和国建立专制统治。尤其是因为对于普鲁士来说，波兰—萨克森联盟是一个针对自己的包围圈，普鲁士将被迫两面受敌。换句话说，波兰的"自由"对于俄普两国来说是至关重要的。

然而，真正将这片土地推进动乱深渊的是发生在瑞典的一个意外事件。瑞典国王查理十二世年轻而缺乏经验，邻国没有把他放在眼里：丹麦人打算利用查理十二世重建自己的波罗的海帝国，俄国人想要收回诺夫哥罗德（Novgorod），而新当选的波兰国王则意欲将波兰的疆域扩大到波罗的海的利沃尼亚。1699年9月，丹麦和波兰就瑞典问题签署了一份条约，两个月后俄国也加入。这一联盟的设计者是利沃尼亚的贵族约翰·帕特库利伯爵（Count Johan Patkul），他一直试图让自己和臣民摆脱瑞典国王的统治，因此选择了背叛瑞典。1700年8月，丹麦、波兰和俄国向瑞典国王查理十二世开战。然而，他们没想到的是，这位新当选的瑞典国王竟是一位军事天才。1700年11月，查理十二世御驾亲征，在纳尔瓦战役中打败了俄国军队，这给了彼得一世的大国梦以沉重一击。

甚至12个月后俄国驻维也纳的公使依然有种强烈的耻辱感，他说："奥地利人曾嘲笑我们……我们一定要争取再打一场胜仗，哪怕是一场小小的胜利，以便能让沙皇名扬欧洲。"在接下来的4年里，查理十二世横扫波兰和波罗的海国家，但也为后来他遭遇的一系列惨败埋下了伏笔。

最初，西班牙王位继承战争和北方大战是两场相互独立的战争。然而，1706年，这一情况似乎发生了变化。查理十二世的胜利在瑞典引发了一场热烈的军事辩论。有人认为，瑞典的头号敌人是俄国，因此瑞典的首要任务是保卫波罗的海的安全，这是瑞典的第一道防线。查理十二世的顾问尼尔斯·利勒罗斯（Nils Lillieroth）就持这一观点。如果这一地区失守，那么彼得一世必然会对瑞典的属地芬兰造成威胁，甚至最终威胁到瑞典本土。因此，预防性措施是必要的，甚至瑞典有必要占领普斯科夫（Pskow）附近的俄国土地，以扩大缓冲区。不过，查理十二世自己有不同的看法，他认为波兰—萨克森联盟才是瑞典的主要对手。他希望让自己欣赏的斯坦尼斯瓦夫·莱什琴斯基（Stanislas Leszczyński）成为波兰国王。为实现这一目的，他必须给现任波兰国王奥古斯特二世以致命的一击，因此，1706年9月他下令直接进攻萨克森。查理十二世认为，根据《威斯特伐利亚和约》，他代表西里西亚新教徒的利益，因此他有权让自己的军队在德意志的领土上肆意穿行。早在古斯塔夫二世·阿道夫时期，瑞典就将德意志作为自己的外交政策重心，这一点在查理十二世时期又一次体现出来。

1706年秋，查理十二世横扫中欧国家，反法大同盟陷入恐慌。1706年8月，马尔伯勒公爵在给荷兰首相的信中写道："我希望瑞典国王不是冲着匈牙利来的，如果事情果真如此，我们将会深陷困境。"马尔伯勒公爵认为，查理十二世将会破坏神圣罗马帝国的稳定，削弱其对法作战的力量。德意志北部的一些邦国（如普鲁士和汉诺威）把军队派到了西边，现在它们担心自己的后方遭遇袭击。查理十二世的猛烈进攻很快就使得萨克森人投降：1706年10月，双方在萨克森签订《阿尔特兰施塔特条约》（Treaty of Altransädt），奥古斯特二世彻底投降，并放弃了波兰的王位。马尔伯勒公爵警告人们，现在他们最担心的是，瑞典国王可能会"寻找借口进一步入侵德意志帝国"，这是他们"唯一需要担心和避免的"。为此，1707年，马尔伯勒公爵与查理十二世在阿尔特兰施塔特会面，并成功说服瑞典调转枪口，向东进攻俄国，而神圣罗马帝国皇帝则在西里西亚的新教徒问题上做出了妥协。至此，德意志各公国及反法联盟国家都长舒了一口气。

北方大战和西班牙王位继承战争都不仅仅是军事和外交舞曲，而是殊死的搏斗。这两场战争的结果都事关生死——对于在战场上冒着枪林弹雨的战士们来说如此，对于那些处在水深火热的战争中的平民百姓亦是如此。整个欧洲，无论是政府、反叛者还是民众，都陷入了生存的挣扎之中。法国人担心自己在北边、南边、东边和东南边被哈布斯堡王朝包围。路易十四对17世纪50年代的投石党运动记忆犹新，他不愿意让历史重演，更不愿回到16世纪末宗教战争的混乱时期。德意志的爱国人士试图夺回阿尔萨斯，至少防止法国进一步占领德意志的西部土地。很多中小型公国（如萨伏依）也参加了战争，它们不愿意自己被降级，甚至试图跻身一流公国的行列。对于荷兰人和英国人来说，西班牙王位继承权问题是欧洲权力平衡的核心，只有维护均势，他们的自由、财产和生命权才能得到保障。一旦路易十四获得西班牙王位的继承权，那么他就将成为绝对的欧洲霸主；一旦他控制西属尼德兰，那么就将对英国与荷兰的安全造成直接威胁。1701年6月，英国的政治哲学家约翰·洛克（John Locke）论述了意识形态与地缘政治之间的关联："我是多么热爱和平，我认为真理（即新教和代议制政府）与和平是相伴而生的，但如果没有了自由，和平也将不复存在；如果欧洲均势遭到破坏，和平也难以获得保证。"

为了在恶劣环境下保持竞争力，欧洲各国试图通过行政、军事甚至宪政改革来提升本国的凝聚力。例如，哈布斯堡王朝对奥地利、波西米亚以及匈牙利旧的行政体制进行了精简——该体系冗杂且易于产生摩擦。约瑟夫一世设立了多个小型机构，代替了僵化的枢密院会议，每一个小型机构都负责特定的地理范围。他还大幅削减了枢密院的人数，以减少决策过程中的困难，同时可以改善国家的财政收入状况。试想，如果没有这些改革，奥地利人很难在战争中表现得如此出色，很难在多个战区进行快速部署。路易十四也是如此，为了应对大同盟的威胁，他再次增加了国民的税赋。在九年战争期间以及1701年西班牙王位继承战争爆发的时候，路易十四开始征收人头税——这是法国政府第一次向所有臣民直接征税。与传统的租税不同，每一个臣民，不论等级、地位，都要向国王缴纳人头税。几年后，路易十四又开始向臣民征收另一项直接税——什一税。

这些新的税种加起来，占到整个国家税收的1/4。贵族们也是要缴纳这些税的，但与他们的总收入相比，这些税只是九牛一毛。如果他们能缴纳更多的税，那么法国的军事和外交实力将会大幅提升。不过，与哈布斯堡王朝一样，路易十四也必须十分谨慎，避免征税过重，避免与农民、公职人员、享有免税权的贵族以及其他的既得利益团体对立起来，因为整个国家最终还是要依靠这些人的力量。事实上，路易十四的权力不仅远远未达到“绝对化”的程度，在国内资源分配问题上，国王与贵族之间不得不相互妥协，这样也有利于法国在海外获得更大的荣誉。在北欧和东欧，北方大战的压力也对各国国内政治产生了深远的影响。1699年，沙皇彼得一世解散了“射击军”（该禁卫军由火枪手组成，其权力过度膨胀但军事能力落后），只组建了一支常备军部队。几年后，彼得沙皇设立了中央指挥部，并于1718年建立了一所军事学校。

战略压力也促使某些欧洲国家进行了深刻的宪政改革。1701年，英国国会通过了《王位继承法》（Act of Settlement），该法案确定安妮女王的继承人为詹姆斯一世的孙女——汉诺威选帝侯的索菲亚公主以及她的子嗣（必须为新教徒），并明确地将斯图亚特王朝的后裔排除在王位继承人之外（无论是天主教徒还是新教徒）。这一法案的意义在于保障1688年光荣革命的成果不受斯图亚特王室的后代及其法国支持者的破坏。然而，苏格兰的爱丁堡议会非常不满威斯敏斯特议会没有事先询问其意见就通过该法案，并很快出台了自行制定的法案，该法案只规定苏格兰国王必须是新教徒，没有规定具体什么人有权继承王位。这就为斯图亚特王室复辟提供了可能，因为如果他们放弃了天主教信仰，仍然可以担任苏格兰国王。这很有可能会导致英格兰与苏格兰分裂，甚至会导致法国联合苏格兰包围英格兰。一般来说，要想对抗法国，英格兰必须与苏格兰通力合作。如果双方分别制定自己的贸易和殖民政策，那么就会大大削弱英国抵抗法国的能力。不过，英格兰与苏格兰的辉格党精英达成了一致意见：无论英格兰与苏格兰存在怎样的分歧，都要争取团结，因为遏制路易十四才是第一要务。因此，1707年，英格兰国会和苏格兰国会分别通过法案，即《联合法案》（Act of Union）。法案规定：苏格兰在威斯敏斯特议会中获得比以前更多的席位，并保留自己的法律和教育体制，但要放弃自己的独立外交和安全政策。联合王国成立的目的就是要更好地对付法国，正是这场战争促成了联合王国的诞生，双方联合一致，阻止路易十四建立天主教“世界帝国”的企图。贿赂、恐吓或者赤裸裸的商业利益，都不能使联合王国有如此稳固的团结。

在西班牙，战争同样导致了巨大的宪政变革。最初，冲突似乎能提高人们参与政治的热情。1705年10月，反法同盟军队占领巴塞罗那后，很多贵族对政府的做法表示不满，甚至引发了叛乱。同年11月，这些贵族要求政府在战争问题上征求他们的意见。然而，腓力五世却认为，西班牙之所以在战争中表现不力，并不是因为国王与贵族们缺乏商讨，而是因为西班牙各个地区的不团结与相互猜忌。当时西班牙由很多王国构成，采取共主联邦制。1707年，腓力五世推动将卡斯提尔、阿拉贡两个王国合并，将阿拉贡、瓦伦西亚和加泰罗尼亚统一起来。这样，在西班牙内部，只有纳瓦拉和巴斯克（Basque）两个省还保留着自治权，西班牙的其他地区已经基本上完成了一体化。之前查理五世、腓力二世和首相奥利瓦雷斯（Olivares）也想这样做，但都没有成功。因此，西班牙王位继承战争推动了西班牙的现代化进程。但与英国不同的是，西班牙的一体化进程并不是通过议会实现的，相反是以牺牲代议机构的方式来实现的。在法国，战争的压力并没有扫清长期以来阻碍宪政改革的因素。1706年，反法联盟取得了一系列胜利，法国元帅旺多姆（Vendôme）对战局非常担忧，因此建议路易十四重新召开三级会议，以重新获得民众的支持（事实上从1614年起，三级会议就很少召开了）。然而，路易十四却拒绝了他的这一建议，他害怕一旦向民众让步，民众就会提出更多的要求。此时，法国民众的政治参与在很大程度上受到最高法院的法律功能的制约，它有权通过或驳回新的税收法令。

奥斯曼帝国在17世纪80年代遭到灾难性的战略失败，这引发了其国内政治戏剧性的后果。1686年，布达落入神圣罗马帝国之手，引发了巨大震撼，并波及君士坦丁堡。土耳其新军发动叛乱，推翻了穆罕默德四世的统治；而他的兄弟苏莱曼二世则取而代之成为苏丹；土耳其首相（又称大维齐尔）也被处死。从这一意义上来讲，由于外交政策的判断失误，穆罕默德四世和詹姆斯二世遭遇了同样的命运。在西班牙王位继承战争期间，奥斯曼帝国一直保持中立。对于土耳其人来说，在维也纳和森塔（Zenta）遭遇惨败的情景依然历历在目。在他们眼中，《卡尔洛夫奇条约》并不是自己与基督教欧洲和平共处的开始，而仅仅是一份休战协定，是奥斯曼帝国再次进攻前的喘息。他们以先知穆罕默德与麦加人签订的“胡达比亚（hudabiya）协定”为启发，为自己的行为找到了一个神学上的正当理由。然而，这在国内却是一个很有争议的政策；苏莱曼二世的继承人苏丹王穆斯塔法二世（Mustafa II）迁都埃迪尔内（Edirne）绝非偶然，他是为了尽可能地摆脱《卡尔洛夫奇条约》中的某些条款带给自己的困扰。1703 年，君士坦丁堡的新军发动暴乱，从某种程度上来说，叛乱的爆发是因为当地人对政府的一些做法——例如延迟发放津贴——十分不满。不过，最主要的原因是，土耳其人对奥斯曼帝国国际地位的下降有很大不满。人们指责穆斯塔法二世慵懒腐败，不过人们最憎恨的是他向别国割让了大部分土地。之后，穆斯塔法二世被废黜，其弟艾哈迈德三世（Ahmed III）继任苏丹。

1707 年，查理十二世撤出萨克森地区，这样中西欧的很多国家似乎可以避免同时遭遇两场战争的境地。1704 年之后，反法大同盟希望能够乘胜追击，并最终使法国妥协。尽管反法联盟在德意志、佛兰德和波河流域（Po Valley）打败了路易十四，但联盟依然很难进攻法国本土以迫使其屈服。约瑟夫一世试图说服各诸侯，共同努力收复阿尔萨斯和洛林，并建立“帝国堡垒”，防止法国进一步扩张。但多数诸侯没有支持这个想法。约瑟夫一世宣称，自己在意大利的战争是为了“帝国利益”，而非个人利益，但很多诸侯却对他表示怀疑。早在 1500 年左右，类似的问题就曾困扰过马克西米利安一世及其他神圣罗马帝国皇帝。即使是之前曾对法国态度强硬的英国人和荷兰人，这次也没能与约瑟夫一世达成多少共识——他们当中甚至有人提出与路易十四和解。因此，战争陷入了僵局。1707 年，查理大公在西班牙的阿尔曼萨（Almansa）遭遇惨败，引发了英国议会的一场激烈的争论。一年后，反法联盟在佛兰德的奥德纳尔德（Oudenaarde）获得了一场来之不易的胜利。此时，双方都开始认真考虑是否应该和解。

此时，德意志内部也出现了新的威胁，这使得哈布斯堡王朝颇为担忧。之前，勃兰登堡大选帝侯配合神圣罗马帝国皇帝对法国发动战争，因此获得了国王的称号。但是，仅仅几年之后，维也纳方面就开始对其感到担忧。因为没过多久，普鲁士国王腓特烈一世的野心就显露无遗：1702 年，他试图取代威廉家族，兼任荷兰共和国的执政，不过这一企图没有成功。一年后，普鲁士人试图将德意志南部地区的安斯巴赫（Ansbach）和拜罗伊特（Bayreuth）据为己有，却遭到了奥地利控制的宫廷会议的阻挠。当时，普鲁士统治者还是小心翼翼、谨慎行事的。1705年5月，腓特烈一世在其第一份政治遗嘱中嘱咐其继承人：如果对外开战，务必“非常小心”，因为新成立的普鲁士王国周边都是一些“实力强大”的国家，而且绝大多数“充满嫉妒和敌意”。不过，维也纳方面并没有被普鲁士的假象所欺骗。约瑟夫一世的首相在1706年说道：“尽管法国实力非常强大，但法国对我们的威胁，比不上普鲁士的威胁……路易十四只是会侵略他的邻国，而一旦普鲁士背叛我们，那么他们将直接插入我们的心脏。”因此，此时与路易十四议和，不失为正确的选择。

1709年5月，战争双方开始谈判。1710年冬天，谈判在荷兰海牙等地继续进行。在谈判中，双方所讨论的中心问题并不是西班牙，而是德意志。为了释放某些善意，路易十四从伊比利亚半岛撤回了大部分军队，但他不同意反法联盟废黜腓力五世的要求。他表示，不排除以后可以劝说自己的孙子将西班牙的王位让给查理大公。对于领土要求，路易十四坚决拒绝做出让步。反法联盟要求路易十四从佛兰德的蒙斯（Mons）和那慕尔（Namur）两地撤离，拆除在莱茵河西岸所建立的所有要塞，并且将莱茵河畔的布赖萨赫交还给德意志帝国，同时将法国的盟友科隆选帝侯和巴伐利亚选帝侯流放。路易十四坚决拒绝，因为答应这些条件就等于彻底破坏了自己和前辈的所有努力，导致法国在德意志的利益全部丧失。法国正是通过上述“门户”来对德意志施加影响的，一旦放弃这些地区，那么其他国家就可以从东边和北边进攻法国。因此，路易十四必须拒绝反法联盟提出的上述条件，战争不得不继续进行。

争夺领土和修建防御工事是制约路易十四的一种方式，但这并不能改变法国政权的性质，后者或许有更重要的意义。反法联盟中的一些领导者开始认为，保卫英国和荷兰自由的最佳方式也许就在于促进欧洲人的自由，特别是促进法国人的自由。1706年，为了获得佛兰德的布拉班特的民众的支持，马尔伯勒公爵向他们保证，他将说服维也纳方面尊重民众享有的传统宪法权利。同年，一支有组织的英国两栖远征队向法国的吉耶纳（Guyenne）进发，并携带了反法联盟的一份声明，声明表示：反法联盟支持促进法国人的自由，将支持法国恢复《南特敕令》（Edict of Nantes），保证宗教宽容，并恢复召开已逐渐被废弃的三级会议。1709年6月，马尔伯勒公爵这样写道：如果可以的话，“大同盟将要求法国重新恢复三级会议，以共同管理国家，我相信如此一来，基督教国家获得和平、免遭侵略的可能性就更大了”。此时，反法联盟各国所考虑的并不是要把英国式的议会制度强加给法国，而是要恢复法国人所享有的传统自由，使法国人摆脱其国王的压迫。反法联盟希望，如果法国人民有了更多的权利，那么他们就可以通过宪法和财政制度来制约波旁王朝的扩张。

马尔伯勒公爵还引出了欧洲历史上最著名的悖论之一。他和很多人都认为，在某一个时期，如果宪法自由是英国强大的基础，那么一旦英国支持其他国家的自由（即使与英国式的自由不完全相同），就会增加自己的盟友，而不会壮大自己的对手。然而，事实上，“扩大法国民众的政治参与就可以使法国变得和平”这种假设是站不住脚的，反而可能会让法国民众更加支持路易十四的扩张政策。1709 年 6 月，路易十四拒绝了反法联盟提出的要求，他通过各地的行政长官和主教，向民众解释了为什么法国还要继续进行战争。他说：“战争让众多忠诚的子民遭受不幸，我愿承担这一切罪责。但我确信，我的子民们会拒绝接受他们提出的违背公平正义的要求，也会拒绝接受损害法国人荣耀的一切条件。”法国国内所有教区的神职人员都向民众宣读了路易十四的这封信，人们纷纷对路易十四的战争政策表示支持。

由于和平谈判暂时停滞，战争重新开始。1709 年 8 月，法国挫败了反法联盟攻占巴塞尔的企图。一个月后，双方在马尔普拉凯（Malplaquet）展开残酷而血腥的拉锯战。由于战争造成的损失越来越大，伤亡越来越多，英国民众和议会越来越质疑继续进行战争的必要性。1709 年 11 月，托利党的亨利 · 萨谢弗雷尔（Henry Sacheverell）在威斯敏斯特的圣保罗大教堂进行布道，言辞激烈地反对政府，并很快引发了一场暴乱。之所以会有这么多人反对政府，是因为不少人不满意政府的外交政策。暴徒高喊着“支持萨谢弗雷尔、支持和平”的口号，袭击异议者所在的教堂，并试图扰乱英格兰银行。紧接着，前线也传来了坏消息。1710 年，英国派往西班牙的远征军在布里韦加（Brihuega）被击溃，而奥地利的援军则在比利亚维西奥萨（Villa Viciosa）遭遇惨败。一年后，法国军队进一步向伊比利亚半岛深处进发。安妮女王对辉格党政府的欧洲大陆战争政策非常不信任，因此宣布罢免了所有大臣的职务，责成托利党人组建一个新内阁。新内阁的战争政策不再以欧洲大陆为重点，而是以海洋和殖民地为重点。此后不久，辉格党在大选中彻底失败，其根本原因在于公众对他们的大战略已经失去了信心。

1711年4月中旬，约瑟夫一世皇帝猝然离世，身后无子。6个月后，他的弟弟查理大公继承皇位，即查理六世。查理六世本来正在率领反法联盟军队在西班牙作战，以夺取西班牙王位，现在他急忙撤出伊比利亚半岛，以保证自己顺利继承神圣罗马帝国皇位。此时，查理六世有可能会重建当年查理五世的辉煌。英国的政策显得举棋不定。博林布鲁克子爵亨利·圣约翰（Henry St. John）认为："如果查理六世同时成为神圣罗马帝国和西班牙的主宰，那么战争的体系就从根本上发生了改变。"不过，辉格党仍然认为法国的力量过于强大，法国才是英国的敌人，只有哈布斯堡王朝集团强大起来，才能平衡法国的力量。但是这一观点越来越站不住脚，英国国内越来越多的人反对继续与欧洲大陆国家作战。国会上议院要求重新任命将军，1711年12月，马尔伯勒公爵被罢免职务。当时英国在佛兰德的人力和物力已经几乎耗竭，资源被转移到了北美战场，但1711年英国远征队在与魁北克作战时还是遭遇惨败。1712年年初，英国基本停止了在欧洲的军事行动。此时，其他交战国也都精疲力竭。对于荷兰人来说，法国的力量终于得到了遏制，因此也想结束战争。只有查理六世还想继续进行战争，他希望同时兼任西班牙国王。最终，1713年4月，英、荷与法国签订《乌德勒支和约》（Treaty of Utrecht）；1714年3月，哈布斯堡王朝与法国签订《拉什塔特和约》（Treaty of Rastatt）。战争基本结束，但和平断断续续遭到破坏。

欧洲其他大国试图通过《乌德勒支和约》来遏制法国。德意志帝国收回了重镇凯尔（Kehl），将法国军队挡在了莱茵河的另一边。具有重要战略地位的西属尼德兰重新由奥地利控制，这样法国的活动受到了直接的限制。1714年，英国安妮女王逝世，汉诺威选帝侯乔治·路德维格继任，成为新的英国国王，即乔治一世。此前，英国和荷兰明确承诺，要共同保卫要塞，以防止法国的进攻。"恐法"的英国新国王同意与荷兰合作，兑现英国之前的承诺。乔治一世能担任英国国王非常偶然，荷兰给他帮过不少忙。此时英国和汉诺威是由同一个君主来统治，这样就等于说英国已经成为一个强大的欧洲大陆国家，因此它有责任保卫德意志北部的安全。因此，英国的宪政自由就与欧洲各国的均势有着密切的联系。路易十四失去了很多位于意大利的领土，现在只剩下了伦巴第。萨伏依公国依然保持独立地位，成为路易十四的领土与神圣罗马帝国领土之间的缓冲地。

萨伏依公国失去了伦巴第，为此感到失望，但根据《乌得勒支和约》它又获得了西西里作为补偿（后来和约又做了修改，将撒丁岛交给萨伏依公国）。英国利用直布罗陀海峡对出入地中海的航道进行了严格控制，严重削弱了法国在地中海西部海域的优势地位。此外，英国还占领了更具战略意义的梅诺岛，这里不但能阻断法军的资源供给，还能够监视法国海军驻扎在土伦（Toulon）的舰队的动向。哈布斯堡王朝及其盟国决定正式承认腓力五世为西班牙国王，并抛弃曾经支持自己的加泰罗尼亚盟国，但它要求腓力五世必须放弃法国王位的继承权，西班牙和法国以后不得合并。

在签订《乌得勒支和约》的过程中，英国非常关注贸易和海外领地的问题。这是因为，二者不仅仅有经济价值，而且有重要的战略价值。英国获得了整个纽芬兰和新斯科舍（Nova Scotia），并得到了这两个地区的渔场——后来成为英国海军的训练场地。另外，英国还得到了觊觎已久的阿西恩托（Asiento），垄断了南美地区的贸易，尤其是奴隶买卖市场。后来，这些业务交由英国南海公司（South Sea Company）负责，该公司由托利党于1711年创立，托利党试图以此与辉格党控制的英格兰银行及东印度公司相抗衡。该公司不仅为利益相关者创造个人利益，还为政府借款筹措资金，以支持政府采取积极的外交政策。自此，奴隶贸易和欧洲的权力均势二者之间产生了直接关联。西属尼德兰交由奥地利而非荷兰控制，但荷兰获得了一些专属贸易特权；为了维持阿姆斯特丹在地缘上的优势地位，荷兰人依然对斯凯尔特河（River Scheldt）实施禁航，因此，荷兰人在经济方面获得的成功，在很大程度上是通过高压的外交政策来实现的，这些经济收益为荷兰人派兵驻守要塞提供了帮助。同样，英国外交大臣博林布鲁克子爵亨利 · 圣约翰也在寻求与法国签署贸易条约的机会，但他这样做并不是为了获得金钱上的收益或者从波旁王朝获得什么“帮助”，而是因为他认为英国只有在开放的经济竞争环境中才能发挥自己的优势。这样一来，对荷兰和英国来说，欧洲的贸易发展与战略均势二者是密切相关的。

1700~1701年，路易十四曾经有美好的愿望，但后来他接连遭遇失败，愿望难以实现。他虽然攻占了魁北克，但依然无法参加西班牙的殖民贸易，无法以此获取暴利。他还被迫将英国的“王位觊觎者”詹姆斯 · 爱德华 · 斯图亚特（James Francis Edward Stuart）从巴黎郊区的圣日耳曼流放到洛林。敦刻尔克的要塞曾是法国向英国发动进攻的重要基地，法国的私掠者也屡次在这里对英荷船队进行袭击，但这里很快就要被拆除了。路易十四还曾希望巴伐利亚选帝侯能用自己家族的世袭财产，来向他换取更为富庶的西属尼德兰，然而这一愿望也破灭了。不过，尽管如此，此时的法国已经摆脱了被其他强国包围的局面，200 年的战略目标终于实现了。从此，比利牛斯山另一侧的国家成为法国的友好邻邦，路易十四心满意足。西班牙将尼德兰交给奥地利，这样西班牙就不可能从南北两侧同时对法国施压。目前德意志尚未统一，因此法国东部国界尚未确定，那里依然有一片真空地带。查理六世也感到有些失望，他曾经想用偏僻的西属尼德兰换取更具有战略意义的巴伐利亚，但没有成功；他获得了一些新的土地，但海上强国却利用其优势对这些地区进行经济限制；此外，他仍将自己视作合法的西班牙国王。尽管如此，哈布斯堡王朝的实力还是今非昔比，它得到了西班牙本土以外的绝大部分领土——包括尼德兰、那不勒斯、西西里岛和意大利北部的很多岛屿。

很快，人们就明白了《乌得勒支和约》只能解决过去遗留的问题，而无法解决未来的问题。1715 年 9 月，路易十四去世，其曾孙路易十五即位。至此，法国不再实行扩张政策，因此,《乌得勒支和约》遏制法国的这一主要初衷就显得多余了。路易十五亲政之前，摄政大臣没有对外执行强硬的政策，这种和平政策延续了 20 年左右，法国只是被动地对欧洲国际体系的变化做出反应。英国的“王位觊觎者”詹姆斯三世已经失去了法国的支持，他被驱逐到了阿维尼翁（Avignon），后来又被赶到了“阿尔卑斯山南边”的罗马。此时，欧洲国际关系体系的真正推动力来自较为边缘的地方。此刻，北方大战依然没有结束，波罗的海沿岸、东欧和德意志北部都处于战争状态。1709 年，彼得一世在乌克兰的波尔塔瓦（Poltava）战役中出人意料但又决定性地打败了查理十二世：这标志着一个新的大国在东欧的崛起，其对于整个欧洲大陆的平衡起着根本性的作用。同年，德意志的哲学家莱布尼兹写道：“从此，整个欧洲都将把目光投向沙皇，他将在欧洲事务中起到重要作用……很多人说，沙皇将成为欧洲大陆的一股可怕力量，俄国人就好比是来自北方的‘土耳其人’。”

沙皇的主要目标是要将瑞典军队从德意志北部地区赶出去，在那里站稳脚跟，并在德意志帝国议会中获得选举权和发言权。这意味着古斯塔夫二世 · 阿道夫的遗产将被最终摧毁，瑞典将遭受致命一击。1711 年，彼得一世在施特拉尔松德（Stralsund）的波美拉尼亚港口包围瑞典驻军，他的儿子迎娶了不伦瑞克–沃尔芬布特尔（Brunswick-Wolfenbüttel）公爵的女儿。一年后，瑞典军队入侵梅克伦堡公国，冲突进一步波及德意志北部海岸，俄国军队在那里对瑞典军队进行反击。1715年5月，奥地利枢密院会议发出警告，称“这场战争将很快使整个德意志帝国陷入水深火热之中”。

1716年4月，彼得一世与梅克伦堡公国的卡尔·利奥波德（Karl Leopold）结盟，并将自己的一个侄女嫁给了他。俄国通过联姻方式，将自己的联盟网络覆盖到整个波罗的海沿岸。一年后，彼得一世与中国清朝签订条约，就西伯利亚的边界问题达成一致，这样就可以集中精力对付瑞典。为了能够适时向瑞典发动进攻，俄国调集大量军队驻扎哥本哈根，另外一部分军队则驻扎在波美拉尼亚和梅克伦堡。此刻，俄国军队有能力横扫整个波罗的海沿岸，彻底击败瑞典并颠覆德意志，这样整个欧洲的均势就被打破了。在这种情况下，很多国家都密切关注战局的变化，包括瑞典的老朋友法国、波罗的海地区贸易霸主荷兰、把波罗的海当作重要海军补给品来源的英国，当然还有神圣罗马帝国以及包括汉诺威（汉诺威选帝侯自1714年成为英国国王）在内的所有德意志公国。

沙皇俄国的野心不仅威胁到众多德意志公国的安全，也会破坏它们的“自由”。卡尔·利奥波德公爵希望从沙皇那里得到支持，目的是对梅克伦堡公国内部的一些贵族进行残酷镇压。这些贵族不满利奥波德公爵的残暴行径，1719年，德意志帝国议会决定对卡尔·利奥波德公爵进行讨伐，并由汉诺威公国来领导这一军事行动。神圣罗马帝国皇帝发布公告，称卡尔·利奥波德公爵企图通过极其恶劣的手段剥夺其公国的人民“长久以来享有的特权、自由和权利”，目的就在于迫使他们成为“专制的奴隶”。很快，在瓦尔德米赫伦战役中，利奥波德的军队和他的俄国援军被打败。9年后，神圣罗马帝国又一次进行了干预。利奥波德被指控破坏地方法庭、颁布“血腥的法令”。神圣罗马帝国皇帝颁布法令，指控利奥波德公爵对大量臣民进行生理虐待，其中还附有一张公爵对地方官严刑拷打的图片。人们纷纷谴责利奥波德的“专制统治”，担心他的残忍行为会引起整个德意志帝国的骚乱。帝国法令警告说，利奥波德的暴行“也许会使神圣罗马帝国的一部分甚至全部卷入危险的混乱之中”。特别要提的一点是，这场冲突为沙皇提供了一个浑水摸鱼的机会。尽管各国在意识形态方面仍存在分歧，并经常因此引发战争，但此时意识形态已经不是各国的深层战略动机。地缘政治和国内政治的影响可能更为明显。很多国家认为，只有管理有序、政治安定的邻邦才是好的邻邦。

面对众多欧洲国家的联合抵御，彼得一世不得不从北德意志撤军，并表示愿意议和。1721 年，各方签订了《尼斯塔德条约》(Treaty of Nystad)，北方大战结束。对于瑞典来说，该条约是一个巨大的灾难——瑞典失去了在波罗的海东海岸的全部防线，包括利夫兰、爱沙尼亚以及芬兰省的卡累利阿（ Karelia)。在德意志，瑞典将不来梅和韦尔登割让给了汉诺威公国，但仍控制着西波美拉尼亚。换言之，其他国家不太可能从南边进攻瑞典，并且从理论上讲，它仍然能够对德意志的事务施加一定影响。但事实上，瑞典的大国之路已经终结，它失去了对德意志大部分地区的影响力。

北方大战也对波兰的地位造成了致命的破坏，尽管一开始并不显著。波兰贵族施拉赫塔（ Szlachta ）既是一个好战的天主教徒，也是一个共和制度的支持者，他决定不惜一切代价避免对外战争。与英国和瑞典的议会不同，波兰议会并不是民众捍卫国家利益的工具，而是用来制约萨克森国王野心的平台，因此波兰议会不会支持发动任何对外军事行动。由于议会拒绝在维护国家安全方面发挥作用，因此捍卫波兰独立的希望就在于能否出现一个强有力的国王。此时，国王奥古斯特二世希望让自己所属的韦廷(Wettin ）家族长期控制波兰的王位，将选举制改为世袭制。他的目的，第一是要削弱贵族的力量（传统上贵族拥有选举波兰国王的权利），第二是打击外来力量的干预（很久以来外部力量经常利用波兰宪法来干预国王的选举）。因此，俄国和普鲁士必然会想办法阻止奥古斯特二世。1720 年 2 月，彼得一世与普鲁士结盟，双方均表示要捍卫波兰宪法，反对奥古斯特二世将选举制改为世袭制。一个月后，奥古斯特二世不得不表示屈服，并告知奥地利、英国和瑞典，他放弃了改革计划，愿意接受俄国的监督。这样，俄国人可以用各种办法来颠覆波兰–立陶宛联邦，他们支持波兰的宗教异见者，并且拉拢波兰的某些公国来反对另一些公国，以制造联邦内部的矛盾。在波兰人心中，不仅应保护少数人的权利和小的公国的权利，还应该保卫国家不受欺负。

《乌得勒支和约》也没能解决大国在地中海地区的争夺，意大利问题依然非常棘手。战后，西班牙的国力有所增强，一是因为卡斯提尔和阿拉贡合并，国家实现了一体化，二是因为1707~1715 年腓力五世在其法国顾问的帮助下进行了政府改革。尽管西班牙失去了尼德兰，但也因此减轻了防务负担，并且西班牙的舰队与陆军依然非常强大，实力不减当年。在首相阿尔韦罗尼（Giulio Alberoni）枢机主教的怂恿下，腓力五世的第二任妻子伊丽莎白·法尔内塞（Elizabeth Farnese）打算利用西班牙的现有优势，来尽可能多地夺回西班牙在意大利的土地，以便让自己的儿子将来继承那里的统治权。此外，腓力五世宣称自己依然有权继承法国的王位，这显然是在企图破坏《乌德勒支和约》。面对这一情况，此前在波罗的海和德意志问题上已经合作过的英法两国走得更近了，1716 年两国正式结盟。不过，这却没能使腓力五世打消之前的念头——1717 年 7 月，他夺回了曾经属于西班牙的撒丁岛，并于一年后入侵西西里岛，赶走了奥地利的卫戍部队。毋庸置疑，他的下一个目标就是那不勒斯。腓力五世的侵略行为对整个哈布斯堡王朝在意大利半岛的地位产生了威胁，一旦西班牙称霸地中海，那么其他国家将遭受重大损失。1718 年 10 月，在英国正式宣战前夕，英国皇家海军先发制人，在西西里岛的帕塞罗角（Cape Passaro）附近突袭并全歼西班牙舰队。这不仅仅是为了保护那不勒斯，也是为了消除西班牙海军的威胁。

此后不久，英国、荷兰、法国和奥地利组成四国同盟，共同遏制腓力五世。1719 年 1 月，英法同时与西班牙开战，数月后法国进攻西班牙北部地区。英国皇家海军袭击了加利西亚（Galicia），并将所有西班牙船只都赶出了西地中海地区。为了报复，1719 年 4 月，腓力五世支持“詹姆斯二世党人”在苏格兰的造反行为。然而不久他就难以支撑了，被迫将阿尔韦罗尼枢机主教免职，囚禁自己的妻子，并向四国同盟妥协。签订和约时，西班牙意识到，自己已经失去了在地中海地区的所有领土。在这场冲突中，只有萨伏依和奥地利是受益方——二者相互交换了撒丁岛和西西里岛的所有权，这样双方都获得了更易于控制的领土。因此，从某种程度上说，《乌得勒支和约》对维护战后秩序还是有一定作用的。

然而问题在于：对于维护欧洲均势来说，奥地利哈布斯堡王朝是比法国更大的威胁。1699 年，哈布斯堡王朝获得了特兰西瓦尼亚以及匈牙利的剩余领土，1714 年又获得了奥属尼德兰、米兰和那不勒斯；《帕萨罗维茨条约》（Treaty of Passarowitz）的签订结束了 1716~1718 年的奥土战争，奥地利哈布斯堡王朝获得贝尔格莱德、巴纳特（Banat）和瓦拉几亚（Wallachia）的部分地区。此时，奥地利甚至计划放弃难以保护的撒丁岛，以换取西西里岛，目的是保护那不勒斯，以便进一步增强自己在地中海地区的实力。1720 年是哈布斯堡王朝扩张的顶峰时期，很多人认为，此时想建立“世界帝国”的不是法国，而是奥地利。查理六世是好战分子，引发了人们的恐慌。他依然没有忘记西班牙王位的继承权，毫不掩饰自己的野心，甚至想重建查理五世时期的辉煌。西班牙王位继承战争时期，各方担忧的是法国，现在担忧的则是奥地利。查理六世还强化对德意志事务的影响，并在一系列激烈的宗教冲突中站在天主教一边。

对于乔治一世和英国政府来说，奥地利的野心不仅危害到汉诺威的土地和德意志的新教，还对整个欧洲平衡的基础——德意志帝国的安全构成了威胁。英国国务大臣查理 · 汤森（Charles Townsend）担心，由于奥地利人认为自己“能力远超其他人”，因此希望“不受任何国家干预，按照自己的意志来左右这个世界”。此时，法国的摄政王关心的是如何消除奥地利在尼德兰的势力对法国构成的威胁，并试图解决各种飞地问题，免得使欧洲各国的边境变得复杂。总之，法国人决定削减哈布斯堡王朝在德意志拥有的资源。18 世纪初，法国外交家们曾不断警告人们：德意志有数量庞大的“天然士兵”。法国外交大臣对“神圣罗马帝国皇帝权力的膨胀”深感焦虑。1718 年 3 月，他强调“保护德意志各邦国的权利和自由，是防止法国在德意志建立专制主义的唯一办法”。1719 年，英国和汉诺威对普法尔茨进行干涉，法国表示支持。法国表示支持普法尔茨的新教徒的权利，支持他们反对天主教的政府，而最终目的是反对神圣罗马帝国皇帝。

1725 年，法国和英国对于哈布斯堡王朝建立“世界帝国”的担忧达到了顶点，这次危机源于法国王室的婚姻问题。路易十五希望尽早确立王嗣，以巩固法国国王的权力。他打消了迎娶年仅 7 岁的西班牙公主的念头，转而决定迎娶已经下台的波兰国王斯坦尼斯瓦夫 · 莱什琴斯基的女儿玛丽亚 · 莱什琴斯卡（Maria Leszczyńska）。腓力五世及王后伊丽莎白认为，路易十五的行为对他们是一种公开侮辱，因此试图与自己曾经恨之入骨的奥地利哈布斯堡王朝拉近关系。5 月，奥地利和西班牙结盟，这对欧洲的整体均势构成了直接的威胁。查理六世保证，不会阻碍西班牙收回直布罗陀海峡和梅诺卡岛，由于妻子伊丽莎白的关系，他还同意腓力五世的长子唐 · 卡洛斯（Don Carlos）拥有意大利的某些公国。就其本身而言，西班牙还授予了刚建立的奥地利奥斯坦德公司（Ostend Company）以贸易特权——几年前，该公司曾试图进入殖民地的市场，以赚取大钱。如果这些还不够糟糕的话，我们还可以谈论一下查理六世的长女玛丽娅 · 特蕾莎（Maria Theresa）与一位西班牙诸侯的联姻经历，当然这最后并未成功。

如果奥地利和西班牙结盟，那么英国和法国就将要面对一个庞大的集团，其势力从英吉利海峡的佛兰德一直延伸到意大利的最南端，从西里西亚延伸到比利牛斯山和直布罗陀海峡。汤森发出警告："如果奥地利的某些土地也成为西班牙广阔领土的一部分，一个崭新的国家将会对欧洲其他国家构成新的威胁，这个庞大帝国将会比查理五世时期的西班牙更加可怕"。更糟糕的是，奥地利夺取德意志的野心将得到西班牙新世界公司（Spanish New World）提供的黄金资助，甚至还有奥斯坦德公司的资助——这一问题更让法国和英国担心。现在英国和法国产生了共鸣，它们都担心德意志被一个强大的帝国所"控制"，害怕出现一个"绝对"权力。一位法国外交家抱怨道：现在的情况比1648年之前还要糟糕。因此，1725年9月，英国和法国签订《汉诺威条约》（Treaty of Hanover），组成防御同盟，以制约奥地利和西班牙。

由于此时法国和英国都在努力对付奥地利和西班牙，俄国企图趁机再次全面控制波罗的海。1725~1726年，俄国首相奥斯特曼伯爵（Count Ostermann）在备忘录中说：这些计划的核心是要与奥地利结盟，"神圣罗马帝国不仅能帮俄国对抗瑞典、土耳其和波兰，还能打消其他国家进攻俄国的念头"。1726年8月初，俄国女沙皇叶卡捷琳娜一世最终撕掉伪装，加入了《维也纳条约》（Treaty of Vienna）。为了防止波兰的兼并，俄国军队率先占领了库尔兰（Courland），防止其被波兰吞并。对于英国和法国来说，俄国的计划不仅威胁到了具有重要战略意义的波罗的海（那里是两国海军供给的重要来源），还可能让彼得一世当年企图占领德意志北部以至整个德意志的计划死灰复燃。两国试图威胁要进攻俄国西部边境，但效果不佳，没有对俄国起到威慑作用。英国皇家海军派遣了一支舰队来到波罗的海地区，并说服瑞典加入了汉诺威同盟。与此同时，英法两国驻君士坦丁堡的外交官试图拉拢土耳其政府，从南面进攻俄国。按照汤森的说法，这一计划是为了"让女沙皇将注意力集中在亚洲这一边，这样她就不太可能继续给欧洲各国找麻烦了"——这一说法完美地阐释了欧洲均势的各个方面之间的关联。

1725~1727年，从波罗的海地区到黑海，从英吉利海峡到伊比里亚半岛，整个欧洲都陷入了僵局之中。西班牙试图包围直布罗陀海峡，尽管它感到力不从心。不过，整个欧洲的战略重点还是德意志帝国，其中包括佛兰德，查理六世已经威胁到了汉诺威，更确切地说，他可以在佛兰德调集资源，以此作为基地直接对法国和英国进行威胁。这也就是英国海军一直要集中精力攻击西班牙的银色舰队的原因：这不仅仅是残酷的劫掠，更是一种战略，目的是阻止神圣罗马帝国皇帝获得财富，削弱其在中欧的权力地位。这也是英法联军在德意志集结大量军队的原因，这里是遏制查理六世的最有利的位置。

这些事件不仅仅是大国之间的纠纷，更是一场影响深远的意识形态冲突。当时很多人认为，这场对抗中有两大力量：代议制国家与绝对主义国家。英国与荷兰议会觉得自己受到了西班牙—奥地利轴心的威胁，而西奥两国在国内奉行绝对主义和专制主义，压制本国代议机构的发展。用现在的话来说，欧洲分成了两大阵营——一边是“自由”国家，另一边则是“专制”国家。英国和荷兰的时事评论者早就开始使用这两个词了，而从17世纪末开始，这两个词在中欧国家的公共领域中出现得更为频繁。从18世纪初到中叶，德意志帝国中读报者的数量，从25万增长到了50万。有些批评性文章之所以出现，就是因为人们越来越不愿接受“秘密政治”，而是要求政务透明。在讽刺诗、布道词、期刊和“政治谈话”中，人们要求德意志的统治者们（特别是皇帝）承担更多的责任，特别是要承担外交政策上的责任，这是“帝国”爱国主义的重要体现。这说明，德意志人对于国家的关心，已不仅仅限于德意志本国的政治，还包括对整个欧洲的均势问题的关注——这正是他们每一个人的安全所系。正如《和平信使》（*Friedens-Courier*）一书作者所说的那样，没有人能够对这个世界发生的事情漠不关心，“即使他自己不想去读书读报，至少也会时不时问问他的邻居，外面世界究竟发生了什么”。尽管这些出版物中有很大一部分是由国家创办的，但这并不表示德意志人“对于政治漠不关心”，恰恰相反，他们对于其他国家的事情非常感兴趣。

最终，欧洲没有爆发大规模战争。无论是西班牙还是奥地利，都无力在德意志和意大利长期维持与英法同盟的对抗。叶卡捷琳娜一世并不希望在波罗的海海域遭遇英国皇家海军，而奥斯曼土耳其则拒绝攻打俄国。唯一一场交火发生在直布罗陀海峡外的公海上，交战双方是英国和西班牙。最终这场战争还是通过外交和威慑得以避免。

哈布斯堡集团固然很强大，可以威胁其他国家，但它本身又是十分脆弱的。很明显的是，查理六世不太可能有男性子嗣了——这不仅会导致王位继承权的争议，还为邻国在他死后干预其国家提供了可能。为了避免这一情况的发生，查理六世在1713年4月的“国事诏书”中规定了这样一条原则：哈布斯堡王朝的土地必须完整地进行传承，王位的第一继承人应该是查理六世的子女，而后才是他的长兄——已经病亡的约瑟夫一世的子女。这样，自1717年5月起，查理六世的长女玛丽娅·特蕾莎应该成为继承人。不过，查理六世心里却并不安稳，因为他明白，虽然约瑟夫一世的两个女婿——巴伐利亚选帝侯和萨克森选帝侯——已经以自己妻子的名义宣布放弃一切应得的权利，但一旦时机出现，他们很可能会试图夺回这些权利。因此，为了确保皇位的顺利继承，他设立了代议机构。1722年年中，他还说服了匈牙利人与他合作。作为回报，他承认匈牙利人享有某些特权。之后，查理六世试图与其他强国缓和关系，以避免死后出现麻烦。1725年奥地利与西班牙签订条约，1726年与俄国签订条约，1731年与英国签订条约，1732年与德意志签订条约。与此同时，查理六世常常被迫做出让步。例如，为了回报巴伐利亚在1716年奥土战争中向奥地利提供军事支援，查理六世同意将约瑟夫一世的一个女儿嫁给巴伐利亚人。尽管查理六世试图避免自己死后出现麻烦，但效果并不佳，其他欧洲强国已经看到了哈布斯堡王朝的弱点，企图为自己谋利。

对于法国来说，更是如此。1715年路易十四去世后，法国在很长一段时间内都处于相对消极的状态。18世纪30年代，法国试图重新在欧洲舞台上发挥作用。1729年，一个王子出生并被立为王嗣，这使法国人认为自己的国家非常稳定，他们变得更加积极起来。而另一方面，由于英法同盟对法国的帮助越来越小，法国人开始感到失望，同时英法在贸易政策以及对德政策上分歧也越来越大。法国已经开始在敦刻尔克周围对港口设施进行秘密重建，并大量投资海军建设。法国的经济增速惊人，其殖民地的扩张也异常迅速，其中在美洲最为明显。但法国对外政策中主要关注的还是奥地利不断增长的实力。正如一名法国外交部官员在1729年所说的：“奥地利实力的增强将迫使德意志帝国变成一个君主专制国家，神圣罗马帝国皇帝将拥有对全体德意志人的绝对权力，并且将会打破欧洲的均势。”

欧洲其他国家本来并未意识到法国权力的增长。荷兰共和国内部存在问题，并且贸易能力下降，因此无法与其他国家协调应对法国。奥地利希望制约法国在德意志和意大利北部的势力，而佛兰德成了奥地利的软肋，它担心一旦开战，自己的防务压力将大大增加。低地国家对英国有重要的战略意义，但现在这里却无法对英国起到战略缓冲的作用。同时，尽管法国在政治上是“不自由”的国家，但其经济发展迅速。英国感到震惊，因此不得不决定与查理六世握手言和，恢复以前支持哈布斯堡王朝与法国抗衡的政策。1731年，英国加入《维也纳条约》，与奥地利结盟，表示支持查理六世颁布的“国事诏书”。得到英国的支持后，查理六世认为，现在它有能力要求德意志议会批准其“国事诏书”。1731年，各选帝侯进行投票，结果以六票同意、三票反对通过了“诏书”。

英国的政策并没有有效遏制法国，反而让其更加坚持要打败奥地利。1733年，法国与西班牙波旁王朝缔结《家族盟约》(Family Compact)。这标志着法国将要与西班牙合作，与英国争夺海上霸权，不过其最主要的目的还是要在欧洲建立一个共同阵线，以奥地利的王位继承权为借口来打压哈布斯堡王朝。不过，此时最要紧的是要阻止查理六世控制整个德意志。在此之前，法国要做的是解决波兰的王位继承权问题。自1733年2月初波兰国王兼萨克森选帝侯奥古斯特二世去世后，波兰王位继承权成为欧洲的头等大事。法国推举斯坦尼斯瓦夫·莱什琴斯基再次成为波兰国王，他曾在北方战争期间短暂担任国王，并且他的女儿已经嫁给了路易十五。斯坦尼斯瓦夫备受瞩目，如果是自由选举，波兰贵族一定会拥护此人为国王。但事实上，波兰–立陶宛联邦的贵族们根本无法左右自己的未来。1733年，整个欧洲的地缘政治体系深陷危机。在俄国人看来，一旦波兰出现一位改革派的国王，那么混乱的波兰将变得富有生机和活力，这并不符合俄国的利益。对于奥地利来说，一旦法国人实现其计划，那么奥地利将夹在法国与波兰中间，斯坦尼斯瓦夫将与其女婿路易十五联合起来对付自己。当法国人试图说服土耳其首相支持斯坦尼斯瓦夫时，奥地利更加感到担心了。因此，奥地利和俄国希望依然让萨克森选帝侯来兼任波兰国王，以维持现状，挫败法国的计划。这件事关乎哈布斯堡王朝未来的命运，以及它在德意志帝国中的地位。

因此，波兰王位继承战争基本上并不在波兰本土进行这一点不足为奇。1733年9月，波兰议会选举斯坦尼斯瓦夫为波兰国王。不久战争开始，一边是奥地利与俄国，另一边是法国与西班牙。但是，法国帮不上斯坦尼斯瓦夫什么忙，他在波兰的统治很快就被推翻了。战争主要是在波兰的西边进行。由于法国曾经与荷兰签订条约，因此战争期间奥属尼德兰保持中立，没有与法国发生战争。而哈布斯堡王朝的其他所有属地均遭到了攻击：战争刚一开始，洛林就被法国顺利拿下；1733 年 10 月，意大利北部遭到了法国—撒丁联军的进攻；1734 年 2 月，那不勒斯遭到西班牙军队的入侵；而德意志本身也遭到了法国的进攻，尽管 1734 年 4 月德意志各邦已经成功说服皇帝向法国宣战。面对嚣张的法国人，神圣罗马帝国皇帝陷入了困境。尽管英国曾加入《维也纳条约》，但此时它断然拒绝向奥地利提供任何帮助。最后，还是俄国人出手救了奥地利，使其没有输得更惨。俄国士兵行军 1 000 多公里，于 1735 年 8 月抵达普法尔茨。1735 年 10 月，查理六世被迫议和。和约规定，那不勒斯和西西里岛交给波旁王朝的唐 · 卡洛斯来统治，但那不勒斯及西西里国王不得继承西班牙王位。法国同意由萨克森选帝侯来兼任波兰国王；作为交换，斯坦尼斯瓦夫被封为洛林公爵——这也就意味着，在他去世后，洛林将直接成为法国的领土。因此，波兰王位继承战争以法国的胜利而告终。

18 世纪初出现了持续的全球性动乱，这促使欧洲各国继续巩固国内的团结，并汲取更多的资源，以提高自身的军事实力。例如，1715 年，哈布斯堡家族劝说匈牙利人建立一支永久性的常备军。一年后，奥地利枢密院成立财政事务部，以提高奥地利的财政协调水平。此后不久，有人向皇帝提出了一项革命性的建议——应该进行适度的裁军，以减轻国家的财政负担。不过当时没有人听取这个建议。哈布斯堡王朝并没能将各个省份统一起来，也没有将各省的代议机构统一起来，因此无法建立起共同防御体系。根本不存在“哈布斯堡王朝的利益”，只存在各个省自己的利益。奥地利的很多属地都只顾自己的利益与安全，而不为奥地利的整体防务做出贡献。只有波西米亚为奥地利的整体防御做出了一些实质性的贡献。与奥地利稍有不同，在波旁王朝统治下的法国，贵族失去了免税权，国王直接向贵族征税，并且取消了贵族的很多特权。但国王并没有做得太过分，以免破坏脆弱的国内共识。1733 年，法国政府再次收取什一税，为波兰王位继承战争募集资金。但迫于贵族和教士们的压力，国王在战争结束后立即取消了这项税赋，因此，之后法国政府的收入大大减少，这种情况在整个 18 世纪曾反复出现。长期受到国王压制的最高法院，声称自己有权批准新的税收项目。在 18 世纪的多数时间，尽管奥地利和法国实力强大，但内部矛盾重重，国家的管理遇到了各种困难。

俄国也希望通过国内改革进一步增强自己的实力，但彼得一世并没有将西欧和中欧的政治规范（如协商和“自由”）带到俄国。俄国看到了波兰的混乱，因此吸取了教训，决定放弃让俄国走向自由化的尝试。彼得一世所理解的“西方化”，并非是要学习西方的政治理念，而是要“建立一个现代化的专制国家，以实现经济增长，并有效开发资源”。事实上，俄国社会与政府关注的是如何增强国家的军事动员能力。这样，贵族们的特权与他们对国家的义务就产生了直接关联。1722 年，政府制定了一套“等级表”，清楚地确定了贵族的各等级，以及军队和行政官僚的各等级，并且规定了二者之间的对应关系。作为回报，政府允许贵族以任何方式剥削农奴。用今天的话说，18 世纪初的俄国尽管不自由，但它是由精英阶层来领导的。从经济上看，沙皇的政策是失败的。尽管俄国仍然是欧洲最为富有的国家，但它人口基数大，因此，和其他国家相比，俄国的人均财富依然很低，经济发展状况也很落后。尽管如此，沙皇在政治和军事方面的改革还是很成功的。俄国的常备军数量庞大，有十多万人，因此这为俄国日后争夺欧洲霸权奠定了基础。由于人口数量庞大，俄国军队在任何时候都能及时获得人员补给。

与其他欧洲大国不同，普鲁士的影响力已经远远超出了其“最初”水平。17 世纪，普鲁士国王同意贵族采取农奴制，但作为交换，贵族一般不参与制定税收政策和外交政策。此后，贵族多次提出，要求在税收政策的制定上有更大的发言权，但腓特烈·威廉一世并不同意。他警告贵族，表示会采取一切手段来“稳定国家的主权”。在此后的 20 年中，他实施了多项政府改革措施，以提高政府效率，并于 1722 年建立最高行政机构——最高总管理处。在接下来的 10 年里，腓特烈·威廉一世建立了新的行政区划制度，将农奴编入特定的建制和区域。在这种制度下，一个真正的“军事—土地综合体”诞生了，贵族成为国家公务员和军官，而农奴则负责耕种以及充当普通士兵。他还建立了一个国家粮仓体系，旨在为军队提供补给，同时防备饥荒的出现。这样，民众的福利就与其战争义务密切相关。这一高效的体制确保了国家有充足的兵员，也帮助腓特烈·威廉一世减少了对雇佣兵的依赖：军队中 2/3 的士兵是普鲁士本国人，以现在的标准来看，这也是一个很高的比例。不过，即使是在普鲁士，也有一些无所事事的懒人，因为在普鲁士的人口中，有很大一部分（主要是城镇人）由于某种原因是可以免服兵役的。到这个时候，普鲁士的潜力依然尚未展示出来。

多数国家的改革都是基于这样一种假设：专制主义是最好的指导思想，不仅最有利于管理国内事务，也最有助于保卫国家的安全与利益。这种思想认为，议会制和社团制都会导致国家的腐败与混乱，并且无法有效保卫国家的安全。基于这个理念，从18世纪30年代中期开始，波兰的“改革派”试图限制议会的权力，呼吁建立一个集权制的政府，以抵御外部强权的进攻。相反，一些“爱国者”却主张，只有恢复贵族民主制（即所谓的“黄金自由”）才能防止外部国家控制波兰。在瑞典，为了减少外部干涉，国王在1723年试图将选举制改为世袭制，但没能成功。荷兰共和国也出现了类似的问题，与路易十四的战争使得荷兰元气大伤，因此陷入了长期的衰落。1716~1717年，荷兰共和国大议长西蒙·凡·斯林格兰特（Simon van Slingelandt）在国家议会上号召对荷兰政府以及决策机制进行改革。他特别强调，中央政府有权立法并通过税收政策，无须再由各省议会进行批准。然而斯林格兰特没有成功，一方面是因为，各省认为法国已经不再是荷兰的威胁，因此各省不愿放弃自主权；另一方面是因为，各省对半世袭的执政制度非常反感，它们将中央集权制看作执政制度的复辟。此时的荷兰共和国已经衰落，它无法成为大国争霸的缓冲国，也无法维护欧洲的均势，这对欧洲整体有很大影响。

英国也是如此，议会制度开始受到越来越多的批评。很多大臣或其代言人认为，频繁的议会选举会给“阴谋集团和外国势力以可乘之机”，认为国家的联盟政策要表现出灵活性，不要与某个国家绑在一起。因此，1716年年中，政府推动国会通过了《七年法案》（Septennial Act），将大选的时间由之前的每三年一次延长至每七年一次。此外，还有一些大臣认为应该采取常备军制度，即使在和平时期也应如此，以“镇压国内暴乱、抵御外国入侵，以更有效地应对欧洲局势的变化”。相反，托利党和辉格党的一些人则针对上述观点表达了比较激进的批评，他们要求政府在指定外交政策时要对议会负责，政府要向议会提供相关文件，政府缔结的条约要由议会批准，政府对外国的援助也要由议会来确认。一位议员认为，常备军违背了自由的原则，并且政府不应该以外部威胁为借口来强化专制统治。他还说，很多国家“为了制约邻国的野心和维护力量均衡”而“使其人民失去了自由”。

当时欧洲人有一种普遍看法：如果一个国家的王权受到了约束，那么该国对外维护自身利益的能力就一定会被削弱。表面上看，英国也有很多人支持这种看法。不过，事实上英国与欧洲大陆国家有所不同，英国的政治体系有两个优势：其一，英国人参与政治的门槛非常高，因此英国成了欧洲最有信誉的国家，尽管其人口总数并不多，但它有强大的财政资源调动能力，并且经济上有很大潜力。其二，英国议会和公共领域较为发达，英国人可以以此来表达自己的利益诉求并完善相关制度，政府可以更好地了解民意，同时制定更为灵活的政策。因此，与欧洲大陆国家不同，英国人自由的提高反而有利于增强国家的实力；而有的欧洲大陆国家，却因民众自由的提高而导致了国家的悲惨结局，如波兰–立陶宛联邦。

同样，奥斯曼土耳其也是因为受到了外部威胁才提高了内部的凝聚力。土耳其新军的一位高级领导人抱怨道，奥斯曼人在经济和技术方面都在倒退——“我们缺少经费和火炮，决策缓慢，军队战斗力很差，又不服从管理”。不幸的是，与欧洲其他国家（无论是议会制国家还是专制主义国家）相比，奥斯曼帝国的结构与传统都是完全不同的，因此军队很难进行改革。鉴于此，土耳其统治者开始逐渐将权力下放到地方。然而，这种挑战性的改革并没能促进奥斯曼帝国公共领域的出现：土耳其的统治者们在制定外交政策时，都是小范围进行秘密讨论，拒绝与臣民进行商议。土耳其拒绝效仿欧洲国家（至少是西欧国家），没有加强中央集权，也没有进行世俗化改革，没有扩大民众的政治参与。17 世纪末和 18 世纪初，奥斯曼军队战败，引发了民众对于道德和精神复兴的强烈渴望。很多穆斯林认为，自己之所以落后于西方国家，之所以如此软弱，并非是由于技术或政治上的落后，而是因为奥斯曼帝国的统治者对伊斯兰教缺乏虔诚的信仰。更重要的是，他们指责奥斯曼帝国的统治者是出现在伊斯兰世界中心的“异端”——他们认为，这样的解释才更加符合伊斯兰教义。正因为如此，18 世纪阿拉伯的著名伊斯兰学者穆罕默德 · 伊本 · 阿卜杜勒 · 瓦哈卜（Muhammad ibn Abdul Wahhab）呼吁伊斯兰世界进行改革，恢复先知穆罕默德时期伊斯兰教的“正道”，同时整肃社会风尚，净化人们的心灵。18 世纪末，他与一位酋长穆罕默德 · 伊本 · 沙特（Muhammad ibn Saud）结成宗教、军事联盟，号召阿拉伯半岛的民众反抗奥斯曼帝国的异端统治。换言之，土耳其进攻维也纳的失败，导致了阿拉伯世界掀起了一场宗教极端主义运动。

内部改革和外部扩张都可以增强国家的实力。通过海外扩张来掠夺资源显然可以获得大量收益，但此时收益正在逐渐减少。西班牙是典型例子，它长期投入大量资金，用于在中、南美洲地区的军事扩张。而此时其他欧洲大国逐渐不再采取直接扩张的方式，而是设法获得间接收益。例如，英国和法国就认为，和平时期发展殖民地贸易和渔业是训练海军战斗力的重要方式。更广泛地说，所有的大国都将海外贸易（更广泛地说是商业）看作国家实力的重要组成部分之一。在法国首相弗勒里主教（Cardinal Fleury）的授意下，法国的政治理论家、外交家圣皮埃尔神父（Abbé de Saint-Pierre）提出："如果我们的商业繁荣，那么我们的军事实力就会强大；如果商业萎缩，那么士兵的人数就会减少，因为我们根本没有足够的资金来供养他们。"在英国，从 17 世纪末开始，这类观点就已经非常流行了。当然，并不是每个人都对此深信不疑，尤其是在北欧和东欧，不少民众对发展殖民公司缺乏兴趣。因此，腓特烈·威廉一世将普鲁士在西非的殖民地——大腓特烈堡[1]位于现加纳境内）卖给了荷兰人，他认为这个地方没什么意义。

奥地利在波兰王位继承战中损失惨重，但其所蒙受的屈辱还远不止于此。俄国同意对奥地利提供军事支持，并且同意奥地利的"国事诏书"，但俄国人出价很高，奥地利不得不做出大幅让步。俄国希望奥地利能够支持自己向南扩张，挤压奥斯曼帝国的空间，至少是对其行为睁一只眼闭一只眼，不要进行干涉。俄国的战争计划是：获得对黑海北岸的全部控制权，兼并克里米亚半岛，并占领摩尔达维亚（Moldavia）及瓦拉几亚。不过，这才是俄国大战略的第一步。俄国取得的最大成功，就是向南扩张，并最终占领了君士坦丁堡。1736 年，上述三年计划的制订者——陆军元帅布尔哈尔德·米尼赫（Field Marshal Münnich）说："我们的女沙皇安娜一世将在希腊最为古老的圣索菲亚大教堂加冕兼任希腊女王，并将为全世界带来和平……无论沙皇是在法兰克福加冕，还是在伊斯坦布尔加冕，她都是俄国的沙皇，没有人会质疑。"换句话说，俄国向南扩张，在很大程度上是为了使帝国获得更多的合法性，以告诉世人，沙皇的头衔不仅仅是神圣罗马帝国皇帝赐予的。

可是，局势并没有奥地利人和俄国人想象的那么顺利。1736 年 4 月，俄国进攻土耳其，一年之后哈布斯堡王朝开始支持俄国的军事行动。然而，奥斯曼帝国并没有被摧

① 大腓特烈堡，普鲁士王国的殖民地"勃兰登堡黄金海岸"的首府，存在于 1682~1717 年。——编者注

毁，而是对奥地利和俄国进行了强有力的反击。俄奥联军被迫撤退，奥斯曼帝国重新占领了1717~1718年被哈布斯堡王朝占领的土地，并在一定程度上重新建立了17世纪末土耳其曾建立的从亚速海到贝尔格莱德的重要战略防线。这是近十年来奥地利人第二次蒙受奇耻大辱。哈布斯堡王朝的弱点，在于其属地的零散分布，以及哈布斯堡政府过于烦琐的行政和决策制度——这常常会引发政府的瘫痪。1735年英国驻维也纳的一名公使提到："即便是遇到鸡毛蒜皮的小事情，奥地利政府在解决之前也会先制定一份备忘录，而制定备忘录时肯定需要先召开一场会议；如果有一个小镇着火了，那么也一定会先开一场会议，以商议是否应该将火扑灭以及如何扑灭的问题。"换句话说，君主制国家的决策效率很低，尽管这些国家的统治者憎恶代议制，但后者具有更高的决策能力。事实上，在18世纪，欧洲大陆各国的官僚化越来越强，导致决策的有效性越来越差；相反，英国的代议制政府却显得很有弹性，能够制定非常明确的目标，具有高效的执行能力。

与此同时，英国的政治体系在非理性情绪的支配下显得非常脆弱。18世纪30年代，英国与西班牙在海外领土与海洋利益问题上不断产生摩擦，这导致了不少英国人对西班牙的仇视与敌意。1731年，英国一艘商船的船长詹金斯（Jenkins）称，他在加勒比海的西班牙海域遭到西班牙当局的人员登船搜掠，而且还将他的一只耳朵割下。这一事件导致英西两国紧张情绪的升级。议会内外有很多批评者，要求扩大民众的政治参与，他们认为法院和政府不仅"腐败"，而且无能。在野党辉格党的议员威廉·普尔特尼（William Pulteney）强调，议会是"国王陛下的委员会"，要为国王服务，议会有权力对国家的外交行为进行检查与监督。由于民众要求政府对西班牙开战，并用小册子进行宣传，同时议会中也有很多人反对与西班牙妥协，英国内阁试图与西班牙妥协的计划最终流产。1739年11月，英国首相对西班牙宣战，史称"詹金斯的耳朵战争"（War of Jenkins' Ear）。英国人希望重现著名探险家、航海家弗朗西斯·德拉克爵士（Sir Francis Drake）当年的风采，抢夺西班牙的船只，占领其殖民地。当时不少人非常乐观，正如一位社会名流所说，这场战争"能够帮助那些被西班牙奴役的人，我们要让他们摆脱束缚"。也有人对战争表示质疑，他们认为西班牙很快就会反扑。英国首相罗伯特·沃波尔（Robert Walpole）发出警告："西班牙人正在收缩，但他们很快就会卷土重来。”事实与沃波尔预测的一致：尽管英国迅速取得了几场胜利，并且占领了贝约港（Portobello）[①]，但很快英国军队就在哥伦比亚的要塞城市——卡塔赫纳（Cartagena）伤亡惨重。

英国盲目扩充海军、抢占殖民地，导致它在欧洲的地位被极大地削弱，并且政府在国内的声誉也受到了损害。法国又开始在欧洲大陆动作频繁，它与瑞典签订了财政互助条约，甚至还和遭受重创的哈布斯堡王朝重修旧好。1738 年 12 月，法国与西班牙王室宣布联姻计划，这些对英国来说都不是好消息。此外，普鲁士已经威胁到了汉诺威的安全，与汉诺威同出一脉的英国王室陷入了恐慌。现在已经没有人能够从侧翼威胁法国，因此法国可以集中精力调动所有资源来对付英国，削弱英国的海上力量，因此英国意识到了危险。英国一位政治家霍勒斯 · 沃波尔（Horace Walpole）发出了警告：“我们必须通过陆地战争来转移法国的注意力，否则我们就会面临法国的威胁，我们无力与之对抗。如果不及时采取行动，恐怕明年春天或夏天时，不列颠群岛就会沦为战场了。”至此，我们可以明显地看出，英国的海洋安全要依赖于欧洲大陆的均势。

到 18 世纪 30 年代末，德意志的未来发展仍然是英国、法国和整个中欧国家所关注的重要问题。1738~1739 年，法国首相弗勒里主教和其他大臣多次强调，保持德意志帝国的现状是维系法国安全的关键。英国一直试图保持哈布斯堡帝国的完整，而弗勒里则希望自己能够影响奥地利王位的继承，使其出现一个对法国有利的国王。为确保哈布斯堡王朝以后不会再对法国的东翼构成威胁，弗勒里设法让奥地利国王不再兼任神圣罗马帝国皇帝——这样一来，奥地利就无法再利用德意志的资源来对付波旁王朝了。这项计划非常紧迫，因为法国担心，如果玛丽娅 · 特蕾莎的丈夫弗朗茨 · 斯蒂芬（Francis Stephen）登基，他将利用自己的地位从法国手中夺回洛林，并复辟洛林公国。因此，在 1740 年 10 月查理六世去世后，法国人支持特蕾莎担任奥地利国王，其他人只能接受事实，承认查理六世的“国事诏书”。不过，真正重要的问题并不在于奥地利王位，而在于谁将继任神圣罗马帝国皇帝。到 18 世纪 40 年代末，可以清楚地看出，各国对于德

① 贝约港，即今天的波多贝罗。——译者注

意志控制权的争夺进入了一个崭新而具有戏剧性的阶段。

人们并没有预见到，一个人物的出现打破了局势的平衡，这就是普鲁士国王腓特烈二世。1740 年，腓特烈 · 威廉一世逝世后，年轻的腓特烈二世继承了王位。很多人认为，这位年轻的国王是在其父亲的残酷教育下长大的，因此一定会非常文弱。但事实上，腓特烈二世已经立志，要干出自己的一番事业，他不想虚度一生，而是要成为欧洲历史上一位伟大的政治家和指挥官。他希望在外交上取得辉煌的成就，让民众更紧密地团结起来拥护他的领导，开辟一个崭新的时代。早在 1713 年，腓特烈 · 威廉一世曾经下令取缔柏林的所有报纸，因为他认为媒体会不利于自己的统治。之后很长一段时间内，普鲁士只允许极少数的几家报纸发行。其中比较著名的是 1722 年创办的《柏林特权日报》(*Berliner Privilegierte Zeitung*)——正如它的名字那样，这份报纸享有特权，是普鲁士政府特许发行的，垄断了几乎整个国家的报业。腓特烈二世上台后，采取了不同于其父亲的政策，开始鼓励公共领域的发展。尽管国家对报纸管控得依然很严厉，但柏林已经有几家非常著名的报纸开始广泛发行了。最重要的是，腓特烈二世希望在整个德意志帝国干出一番大的事业来，以获得德意志人的广泛支持，当然他也试图强化普鲁士自身的安全。

腓特烈二世的首要任务，是改善普鲁士的最薄弱环节——领土的“碎片化”问题。后来他在自己的著作《我们时代的历史》(*History of my own times*) 中提到：“普鲁士领土的形状不规则，有很多省是狭长的、分散的、碎片状的，从东部的库尔兰一直延伸到西部的布拉班特。因此，普鲁士的邻国很多。如果不能消除领土的分散状态，那么普鲁士将无法展现自己的实力，而且会暴露在众多敌人面前。”腓特烈二世很清楚，如果他像前几任选帝侯和国王一样，仅仅关注神圣罗马帝国内部的问题，那么普鲁士的地位只能缓慢提升。从这个意义上看，奥地利王位继承问题，既是普鲁士的威胁，又是它的机遇。西里西亚是哈布斯堡王朝下属的一个省，资源富饶且人口稠密。这个省毗邻勃兰登堡的核心区域，对于这座城市的归属问题，普鲁士一直是持不明确的立场。此外，萨克森选帝侯兼波兰国王也曾经想继承奥地利的王位，他失败后试图要求奥地利将西里西亚转交给他，作为对自己的补偿。这对于普鲁士来说是真正的威胁，因为这将导致普鲁士陷入重重包围之中。腓特烈二世必须不惜一切代价，阻止波兰国王的计划。1740 年 11

月初，腓特烈二世发出警告："如果萨克森和巴伐利亚率先发起进攻，我们将难以阻止萨克森夺取西里西亚。"

因此，1740 年 12 月，腓特烈二世决定先发制人。他没有宣布开战，就直接进攻西里西亚，并迅速占领了该省的大部分土地。腓特烈二世非常有智慧，把握住了开战的时机。奥地利的旧友英国在与西班牙争夺殖民地时损失惨重。而奥地利的另一个盟友沙皇俄国，则在 1740 年 11 月女沙皇安娜一世去世后，陷入了王位继承的争端之中。此时，查理六世逝世后，神圣罗马帝国皇位空虚，有两位候选人正在争夺，一位是哈布斯堡家族的弗朗茨 · 斯蒂芬（即特蕾莎的丈夫），另一位是法国支持的巴伐利亚选帝侯——查理 · 阿尔贝特（Charles Albert）。这些情况在很大程度上为腓特烈二世的军事行动提供了便利。他对西里西亚的入侵释放了强大的破坏性力量，这是 10 年来德意志帝国内部乃至欧洲内部各种矛盾的一次大爆发。

尽管法国、萨克森、巴伐利亚、西班牙以及其他国家都曾经郑重表示，要遵守"国事诏书"，但此时它们却纷纷反悔。它们看到奥地利的特蕾莎没有抵抗能力，因此一拥而上，试图从她那里获得好处。西班牙占领了意大利的一些土地，这些土地原本属于奥地利。1741 年 5 月，西班牙承诺，支持查理 · 阿尔贝特竞选神圣罗马帝国皇帝，但要求阿尔贝特承认西班牙对这些新土地的所有权。同年 6 月，法国与腓特烈二世缔结防御联盟。法国承认，下西里西亚省和布雷斯劳（Breslau）归腓特烈二世所有；作为回报，腓特烈二世同意，在神圣罗马帝国皇帝选举中，投票支持法国推出的候选人查理 · 阿尔贝特。9 月，萨克森进攻奥地利，企图夺取西里西亚。12 月，查理 · 阿尔贝特宣称自己为波西米亚国王。之后，西班牙军队在意大利北部袭击了哈布斯堡王朝的军队。1742 年 1 月，选帝侯选举查理 · 阿尔贝特为神圣罗马帝国皇帝，即查理七世。这是数百年来，哈布斯堡家族第一次丢掉了德意志民族神圣罗马帝国皇帝的皇冠。

这场冲突被称为"奥地利王位继承战争"。但这种说法其实并不准确，这场战争应该被称作"神圣罗马帝国皇位继承战争"，因为这次战争牵涉的不仅仅是奥地利王位，还包括德意志神圣罗马帝国的皇位。正如南部地区事务国务大臣纽卡斯尔公爵（Duke of Newcastle）所说，英国担心查理 · 阿尔贝特继承皇位，会"最终导致整个神圣罗马帝国落入法国之手"。这不仅会破坏欧洲的均势，还会使低地国家失去其"屏障"作用，威胁英国与荷兰共和国的安全。因此，1742年，英国军队进驻德意志和低地国家；1743年，荷兰军队也加入。与此同时，英国皇家海军进入地中海海域，对西班牙海军进行阻截；1742年8月，一支英军编队出现在那不勒斯，而这里正是唐·卡洛斯的地盘。唐·卡洛斯不得不从意大利北部地区撤军，否则他的首都就很可能被占领。自己的领土纷纷丢失，特蕾莎并没有无动于衷。尽管她的军队曾数次被腓特烈二世打败，但她并未气馁，而是调集了大批人马；1742年1月，意大利北部的皮德蒙特（Piedmont）加入奥地利阵营。一年后，一支盎格鲁—德意志联军在德廷根（Dettingen）大败法国军队，很快，巴伐利亚军队也不得不全部撤退。哈布斯堡王朝经受住了这次考验。

1743年10月，法国与西班牙签订《第二次家族盟约》(Second Family Compact)，希望借此进一步对英国和奥地利施压。之后，西班牙王子唐·腓力（Don Philip）第二次结婚，娶了法国人，因此获得了米兰、帕尔马（Parma）和皮亚琴察（Piacenza）等地区。这样法西两国的合作就更加密切了，它们联合起来反对英国的海外行动，西班牙还收复了梅诺卡岛和直布罗陀海峡。1744年春，路易十五公开向英国和奥地利宣战。不久，法国军队进入奥属尼德兰地区，直接遭遇英奥联军以及荷兰边界卫戍部队。1744年8月，西班牙及那不勒斯军队瓦解了奥地利入侵意大利南部的图谋。1745年，法国支持"王位觊觎者"詹姆斯三世的儿子——查理·爱德华·斯图亚特（Charles Edward Stuart）入侵英国并夺取王位，希望能够借此机会打败英国，如达不到这一目标，至少也要转移英国对欧洲主战区的注意力。可是这非常困难。同年，英国皇家海军和北美殖民地的民兵发动联合行动，占领了法国的要塞——加拿大海岸上的路易斯堡（Louisburg）。但在1745年5月的丰特努瓦（Fontenoy）战役中，法国打败了驻扎在低地国家的英奥联军，征服了佛兰德；在这次战役中，詹姆斯二世党人中的一些人组成了"爱尔兰旅"(Irish Brigade)，他们配合法国的军事行动，发挥了重要作用。

面对如此混乱的局面，腓特烈二世表现得非常明智。在莫尔维茨（Mollwitz）战役中，普鲁士大败奥地利军队，但腓特烈二世同意让英国做中间人，与奥地利进行和谈。1741年10月，普奥两国达成克莱因—施内尔多夫（Klein-Schnellendorf）休战协定。1742年7月，腓特烈二世又与特蕾莎签订《柏林和约》(Peace of Berlin)，规定下西里西亚省归腓特烈二世所有。他说："作为一个国王，要有能力适时停止战争；如果强行获取别人的东西，最终还是会失去；如果一个人贪得无厌，那么他最终会失去获得它们的满足感。”他继续说道：“目前的主要任务，就是要适应欧洲形势的变化，耐心地看看我们从战争中获得了什么。中庸和平静能够帮助我们实现这一目标。我希望我们的民族能够变得高贵，我们的国家能够强大，并维护这一地位。”然而，奥地利军队很快发起反击，这迫使腓特烈二世不得不重新加入战争。1744 年 5 月，巴伐利亚、普法尔茨和黑森–卡塞尔（Hesse-Kassel）被奥地利围困，腓特烈二世与这三个公国组成法兰克福同盟，共同对抗奥地利。同年 8 月，腓特烈二世进攻波西米亚，以建立普鲁士与奥地利之间的缓冲地带。

1740~1744 年，哈布斯堡王室面临着多重困境，它在低地国家、德意志和意大利的领土均面临着威胁。奥地利无法同时应对所有困难，因此必须决定首先解决哪个问题。考尼茨伯爵文策尔 · 安东（Wenzel Anton）是当时奥地利著名的战略思想家，后来担任过驻萨伏依公使，他认为德意志的问题才是奥地利的当务之急。1744 年 1 月，他建议奥地利军队不必再继续追击意大利的反叛者，而是要“关注德意志的各种问题”。他认为，此时奥地利的主要威胁是普鲁士，因此奥地利的目标应该是收复西里西亚，或者是用边疆地区的领土来换取巴伐利亚。从某种程度上来说，考尼茨对德意志的重视是从技术角度考量的，或者说是从近乎“代数学”的角度进行分析的。从地理上看，与意大利和佛兰德比较，德意志是最靠近奥地利的，其潜在资源也是最为丰富的。当然，他也有意识形态方面的考量。德意志民族正在变得越来越团结，奥地利必须宣称自己在德意志内部的正统与合法地位。因此，奥地利不仅要应对来自德意志内部（即普鲁士）的威胁，还要迎接外部（即法国）的挑战。奥地利制作了不少宣传册，呼吁德意志人从法国手中收回阿尔萨斯，呼吁德意志的爱国人士团结起来，共同应对宿敌的威胁。奥地利女王的丈夫——洛林公爵弗朗茨 · 斯蒂芬被描述成德意志的英雄，人们希望他能从法国手中收回洛林。

1744 年 11 月，普鲁士军队被赶出波西米亚。两个月后，也就是 1745 年年初，身兼神圣罗马帝国皇帝的巴伐利亚选帝侯查理七世意外去世，弗朗茨 · 斯蒂芬当选为神圣罗马帝国皇帝，即弗朗茨一世。这样，哈布斯堡王朝重新获得了神圣罗马帝国的皇冠。同月，特蕾莎与英国、萨克森以及荷兰签订《华沙条约》（Treaty of Warsaw），共同对抗普鲁士。然而，她并没能取得胜利，在索尔（Soor）战役和霍亨弗里德堡（Hohenfriedberg）战役中，她被腓特烈二世亲自击败。1745 年，奥地利被迫与普鲁士签订《德累斯顿和约》（Treaty of Dresden），再次确认西里西亚归普鲁士所有。哈布斯堡王朝对中欧地区的过分关注，导致其忽视了自己长期以来肩负的责任——保卫低地国家的“要塞”。英国—汉诺威军队以及一小部分涣散的荷兰军队，试图阻挡法国的进军，但他们失败了。1746 年 2 月，布鲁塞尔沦陷，法国军队马上就要横扫荷兰共和国。自从路易十四时代结束之后，荷兰和英国从来没有面临过如此严峻的威胁。

这一切对于欧洲各国的国内政治都产生了深远的影响。法国在 18 世纪 40 年代取得的一系列胜利，巩固了其君主制政体，并增强了社会凝聚力。法国人一致认为，英国是自己的威胁，哈布斯堡的“专制主义”则是更大的威胁，这样法国人的凝聚力就更强了。在丰特努瓦战役中，法军大败英奥联军，法国人欢欣鼓舞。正如拿破仑后来所说的，这场胜利“使得法国的君主制延续了 40 年”。战争结束后，阿尔让松侯爵（Marquis d’Argenson）在给哲学家伏尔泰的信中说：“只要维持法国的霸权，法国人就能获得幸福，因为现在法国有能力维护欧洲的公平。”当然，这句话的言外之意就是，如果法国无法维持目前的霸权地位，那么法国人的生活将陷入不幸。

相反，在欧洲的其他国家，战争引发了一系列的改革运动。为了确保匈牙利信守承诺，并在战争中承担义务，特蕾莎不得不再次向匈牙利贵族做出让步。不过，她还是尽可能地对各公国的权力进行限制，尝试建立集中式的管理体系、增加税收、扩大兵源，并且广泛地调动资源，以收复西里西亚。尽管首相豪格维茨伯爵（Count Haugwitz）没能达到女王的预期，但他还是成功筹集到了空前巨额的资金，组建了规模空前庞大的军队。女王还试图为自己寻找替罪羊，她指责波西米亚的贵族、犹太人背叛了奥地利，与普鲁士勾结。1744 年，她以此为借口驱逐了生活在布拉格的犹太人，称这些人是内奸。女王的行为引发了欧洲多国的犹太人的抗议活动，整个欧洲的商人和犹太人不断进行抗议和请愿，规模空前。他们抗议的目标不仅是女王本人，还包括那些对奥地利具有影响力的国家，如英国。汉堡的犹太人宣称：“这一事件关系到分散居住在世界各地的整个犹太人群体。犹太人就是一群羔羊，如果一只羊遭受到了打击，那么整个羊群都会感同身受。”事实上，女王的盟友英国确实介入了此事。英国国务大臣哈灵顿勋爵（Lord Harrington）对奥地利女王的使节说："贵国驱逐犹太人的行为，将会损害我们两国的真正利益，不利于我们共同对抗法国。"一开始，面对犹太人的请愿，女王充耳不闻，但她很快改变了态度，并最终允许这些犹太人重返家园。这是欧洲国家历史上第一次为保护非基督教团体而进行的人道主义干涉，尽管并没有完全成功。

这场战争也对英国产生了重要的影响。18 世纪 30 年代，公众和议会的对立导致首相沃波尔开始奉行绥靖政策。英国与西班牙争夺海外殖民地的失利，导致沃波尔面临危机。最严重的问题是，他没能维护好欧洲各国之间的均势。1741 年 2 月，议会就沃波尔内阁进行信任投票，一些反对他的议员指责："在他任职期间，欧洲的均势遭到了破坏；法国波旁王朝势力扩张，而奥地利哈布斯堡王朝则受到了削弱，损害了英国的利益。"此后的两年中，沃波尔一直饱受批评，很多人不仅要求罢免他的首相职务，还要求将其弹劾、逮捕甚至判刑。法国推举的查理 · 阿尔贝特成为神圣罗马帝国皇帝后，沃波尔的地位更加受到动摇。1742 年 3 月，沃波尔辞职。有一小部分人要求对他进行质询并且追究法律责任，但他逃过了这些劫难。他的继任者卡特里特勋爵（Lord Carteret）同样在德意志问题上陷入困境：一是因为他给在英国服役的汉诺威士兵提供的拨款存在争议，二是因为他没能成功遏制腓特烈二世的扩张。

在荷兰共和国，这场战争的影响更富有戏剧性。1702 年威廉三世逝世后，荷兰进入了"无执政时代"，国家由各省的摄政者与议会来统治。各省不愿意交出自治权，即使是在面临外交与政治压力的时候，它们也不愿放弃自己的权利。不过，由于法国继续向南侵犯，各省摄政者又希望恢复执政制度，以便重新与英国建立联盟关系，共同抵御法国。荷兰的一些宣传者则提醒民众，不要忘记 1672 年的教训（当时德 · 维特兄弟由于未能遏制法国而被愤怒的荷兰民众活活打死）。1747 年 4 月中旬，人们不得不公开讨论这一问题，此时一支法国军队已经进入了佛兰德，企图占领整个荷兰共和国。荷兰人很清楚法国要做什么，一位拥护荷兰联邦制的高级官员对法国大使说："你们在毁灭我们，你们想要成为荷兰的执政。"很快，英国的一支海军舰队在西兰岛发动政变，荷兰民众给予了热情支持。各种反对法国的组织在荷兰街头欢呼雀跃，整个国家充满着激情与偏执。威廉四世则顺理成章地成为荷兰执政，他也是奥兰治家族的首位世袭执政，其权力得到了进一步巩固。然而，无论是英国的努力，还是执政一职的重新设立，都没能阻止法国入侵尼德兰的脚步。1747 年 5 月，荷兰要塞城市马斯特里赫特（Maastricht）沦陷，似乎整个共和国就要被法国占领了。

最终，东方崛起的大国决定了德意志和低地国家的命运。腓特烈二世对特蕾莎的进攻，以及后来他组建的反奥联盟，触犯了俄国的利益，俄国对此坚决反对。但当时俄国皇位空缺，政府无法正常运转，又与瑞典战事不断，因此俄国首相认为，此时不得不对普鲁士采取绥靖政策。1740 年 12 月，俄国与普鲁士签订条约。1741 年 12 月，伊丽莎白一世 · 彼得罗芙娜（Tsarina Elizabeth）成为俄国女沙皇。她即位后的首要任务，就是巩固沙俄帝国北部地区的防御工事。1742 年 3 月，俄国人公开要求芬兰断绝与瑞典的同盟关系。尽管芬兰没有接受俄国的要求，但俄国成功地建立了一座保卫圣彼得堡的要塞。1743 年 8 月，瑞典被迫与俄国签订《奥布和约》(Treaty of Abo)，又名《图尔库和约》(Treaty of Turku)。一年后，俄国女沙皇获得了瑞典的王位继承权，并在斯德哥尔摩附近驻军，以防丹麦人介入。这样，俄国终于可以腾出手来，将注意力转向德意志了。1746 年，女沙皇与奥地利结盟，并签订秘密条约，一旦打败普鲁士就将对其领土进行分割。1747 年，奥地利与俄国签订军事协定，之后俄国派遣大批军队进驻德意志。

俄国女沙皇伊丽莎白一世 · 彼得罗芙娜的介入，对于整个欧洲的局势具有决定性的作用。腓特烈二世担心特蕾莎与伊丽莎白一世关系更近，因此，1745 年年底，他决定与特蕾莎议和。尽管此时腓特烈二世在军事上仍占据上风，但他认为尽早议和可以避免招惹俄国。俄国军队非常强大，可以轻而易举地征服德意志。英国外交官桑威奇勋爵（Lord Sandwich）认为，俄国军队是“欧洲最强大的部队”，法国也非常关注俄国的一举一动。此时，法国海军陷入了困境，英国皇家海军不断抢夺法国的商船，并且偷袭法国的海外领地；法国领土也出现了严重困难，企业破产、资源短缺、通货膨胀不断发生，糖、咖啡和鳕鱼供不应求。1747 年末，斯坦维尔侯爵（Marquis de Stainville）哀叹道，法国的“贸易额缩水了一亿法郎”。1746 年，法意联军被驱逐出意大利。尽管法国在尼德兰取得了军事上的胜利，但法国人并不怎么高兴。此时，欧洲其他国家都非常警惕法国。对于法国来说，一旦俄国与奥地利联手，那么这支强大的军队就可以从东边直接进攻法国，这样法国即使占领了整个低地国家，也无法抵挡得住俄国的进攻。因此，虽然法国在军事上取得了重要的胜利，但是它非常担心俄国，因此还是决定与荷兰、奥地利等国议和，尽管它极不情愿。10 年来，俄国军队又一次兵不血刃就成了中欧和西欧各国的仲裁人。

1748 年，各方签订《亚琛和约》(Treaty of Aix-la-Chapelle)，奥地利王位继承战争结束。法国从低地国家撤军，以重新获得路易斯堡。这再一次证明，英国一直是将欧洲作为其大战略的重心。特蕾莎试图巩固丈夫的权力，并尽最大努力保证奥地利国土的完整。然而，结果并不如她所愿，她没能成功收回西里西亚。普鲁士依然控制着西里西亚，腓特烈二世将其看作自己的外交成就。奥地利被迫割让一部分意大利领地给西班牙和撒丁尼亚，但依然控制着意大利的北部。法国觉得自己在《亚琛和约》中吃了亏，民众批评政府接受了“愚蠢的和平”。很多人不断抨击法国的外交政策，不过批评的都是一些小问题，如政府没能有效支援忠于斯图亚特王朝的“王位觊觎者”以对付英国—汉诺威联军等。尽管法国失利了，但它下定决心，在下一轮与英国的较量中一定要尽最大努力获得胜利。

1648 年《威斯特伐利亚和约》签订以来的 100 多年间，欧洲地缘政治中最核心的问题，就是德意志神圣罗马帝国的皇位继承问题，德意志是欧洲所有大国关注的焦点。对于英国和荷兰来说，最重要的就是要不断巩固低地国家的防御工事，以抵御法国的进攻，同时必须阻止法国控制神圣罗马帝国的皇位。对于奥地利来说，德意志是哈布斯堡王朝维护其合法性与权力的主要来源。对于法国来说，它要防止德意志成为敌国从东面进攻自己的跳板，也要防止德意志邦国与其他反法力量（尤其是哈布斯堡王朝）联合起来。而两个刚刚崛起的大国——俄国和普鲁士则将神圣罗马帝国看作展示自己实力的主战场。各强国在海外相互争夺殖民地，抢夺资源，以此作为与欧洲其他强国争夺影响力的砝码。德意志则处于欧洲国际关系体系的中心，尽管各邦国之间的宗教分歧已经越来越小，但各大国对德意志的争夺却越来越激烈。神圣罗马帝国的各个邦国及其“保护国”之间建立了各种复杂的关系，强国迫使弱国服从自己，各国以各种文明的行为准则来处理彼此的矛盾。尽管德意志各邦国一直试图团结起来，用一个声音说话，但始终没有成功。在欧洲的舞台上，德意志各邦国依然显得非常被动，无法发挥主动的作用。

到 18 世纪中叶，谁是赢家，谁是输家，已经非常清晰。1683 年，土耳其在维也纳的城墙下被奥地利打得大败，从此它再也没有恢复元气；波尔塔瓦战败后，瑞典人一蹶不振；荷兰国力则不断下降，尽管速度缓慢，但趋势已经无法逆转。虽然在此后很长一段时间里，上述三个国家仍然举足轻重，但它们已经算不上一流大国，无法参与对中欧控制权的争夺。波兰的地位也江河日下，其他国家认为波兰已经是弱国，而非强国。尽管奥地利哈布斯堡王朝失去了一些土地，但国家整体上是完整的，实力尚存。神圣罗马帝国皇帝下决心，要向侵略者们复仇，夺回失去的土地。在这场争夺中，最大的获益者是刚刚崛起的普鲁士，它获得了西里西亚。俄国的力量也在上升，它似乎正在向西扩展力量，势不可挡。与之相反，尽管法国已经从西班牙王位继承战争的失利中恢复过来，但它并没能从哈布斯堡王朝手中夺得神圣罗马帝国的皇冠。英国煞费苦心地构建了一个安全体系，以保卫其南部沿海的安全，同时维护整个欧洲大陆的均势，但随着荷兰的衰落，英国的安全体系也受到了威胁。简而言之，欧洲国际关系体系的两个核心问题尚未解决：第一，英国和法国之间的冲突仍在持续，这可以说是第二次百年战争，并且波及整个欧洲大陆，不过双方争夺的中心是德意志；第二，普鲁士霍亨索伦王朝与奥地利哈布斯堡王朝的争夺战愈演愈烈。这两大冲突最终将合并，演变成一场更激烈的冲突，从而对整个欧洲国际关系体系产生革命性的影响。

第三章

革命：1756~1813年

几个世纪以来，我们一直保持着原来的模样：我们受政治体制的困扰，我们是邻国的猎物，是它们嘲笑的对象；在世界历史长河中，我们是杰出的民族，却互不团结；我们因分裂而变得虚弱；尽管我们强大，却相互伤害，无力拯救自己；我们对名誉无动于衷，对法律漠不关心……我们是一个伟大的民族，却受人轻视，我们本应该生活得十分幸福，实际上却十分悲惨。

——弗里德里希·卡尔·冯·莫泽（Friedrich Carl von Moser）

德意志神圣罗马帝国枢密院委员，1766年

德意志历史是一部皇帝、诸侯与邦国之间的战争史；同时，也是诸侯之间的战争史、邦国之间的战争史；是强大的一方无法无天，弱小的一方屡受压迫的历史；是外国人对他们进行侵犯与密谋的历史；是人力、财力被强制剥削的历史；是外国人对他们强制征用或直接杀戮、隔离的历史；是愚钝、困惑和可悲的历史。

——詹姆斯·麦迪逊（James Madison）、亚历山大·汉密尔顿（Alexander amilton）

《联邦党人文集》（第19篇），1787年

我们可以看到，该条约的废除（奥地利与法国1756年签订的条约）对欧洲和法国来说都是外交事务的一次革命，巴士底监狱的毁灭为我们国家带来了重生。太棒了！太棒了！国民议会和公众旁听席传来了热烈的掌声。

——皮埃尔·韦尼奥（Pierre Vergniaud）在法国国民议会上的演讲，1792年

18 世纪 50 年代中期，欧洲发生了一场天翻地覆的“外交革命”，法国波旁王朝和奥地利哈布斯堡王朝长期以来互为死敌，但此时它们却成了朋友，并且联合俄国一同对抗普鲁士和英国。这导致了 1756~1763 年的七年战争。战争结果是，普鲁士确立了大国地位，英国巩固了殖民霸权，俄国的领土扩张势不可挡。在接下来的几十年中，中东欧的政治格局发生了重要变化。普鲁士在德意志占据主导地位，它在两个战场上对波旁王朝构成了致命威胁。到 18 世纪后半期，欧洲几个大国或者位于神圣罗马帝国内部，或者与神圣罗马帝国有密切的关系：法国是《威斯特伐利亚和约》的保证国；奥地利和普鲁士成为神圣罗马帝国中最大的两个国家；英国开始了汉诺威王朝时期，并与汉诺威公国结盟，这样它就成了低地国家的保护国，而且有责任保证德意志的秩序。除了这些表面现象，七年战争还为 18 世纪最后 25 年发生的两件大事奠定了基础。就在这时，北美 13 个殖民地决定联合起来，自己掌握自己的命运，摆脱英国的束缚，向宗主国宣战。英国不关心自己在欧洲的地位，尤其不关心自己在德意志的利益，而是将主要精力用于北美，这直接导致了北美民众的反抗以及美利坚合众国的诞生。也正是在七年战争期间，法国国内进行了一场全国性的激烈辩论，很多人质疑波旁王朝的战略以及国内政治制度，人们希望提升法国的国际地位。这场长时间的辩论，最终在 1789 年法国大革命时达到高潮。这两件大事导致了新的地缘政治格局、宪政和意识形态的诞生，新秩序横跨整个欧洲和大西洋，而欧洲中东部依然处于旧秩序统治之下，新旧秩序的断层线由此而生。欧洲各国出现了新旧两种组织结构，每个国家都希望自己的政治制度能有更强的竞争力。在欧洲，帝国与共和国两种政体相互对抗；在大西洋两岸，旧的帝国与新的合众国相互对抗。不过，各方争夺的焦点依然是德意志和低地国家，因为谁控制了那一片土地，谁就能主导整个欧洲，甚至是整个世界。

此时的法国当时处在一个十字路口，它已经执行了数百年反对哈布斯堡王朝的政策。不过，现在它的主要敌人已经不再是奥地利，而是英国。此时的英国已经占据了广大的殖民地，有巨大的优势。1750 年 12 月，法国派往加拿大的总督发出警告：“英国人可以从美洲获得大量的资源，但其他国家却无法得到，因此英国实力大增，在欧洲占据了巨大的优势，特别是有利于它控制德意志和佛兰德。”此外，法国也越来越担心普鲁士国王腓特烈二世。1751 年 1 月，法国政府的一位德意志问题专家发出警告：“英国正在积极发展与普鲁士的关系，它们可能会结盟，这将给神圣罗马帝国带来致命的威胁，同时也会损害法国在德意志的利益。”他还说道：“德意志帝国宪法是法国能够在德意志发挥主导作用的基础，同时也是莱茵河畔各君主国得以存在的基础；保持德意志的分裂状态，可以使各邦国有着彼此不同的利益，保证没有任何一个国家可以控制整个神圣罗马帝国。”同时，法国也有很多人逐渐担心俄国实力的迅速增长，因为近期俄国曾两次干涉法国在德意志的行动，使得法国遭受了重大损失。此时，奥地利已经不是法国的敌人，因为法国的盟友——瑞典、波兰和奥斯曼帝国，可以起到制约奥地利的作用。而俄国成了法国的心腹之患，正如德布罗意伯爵（Count de Broglie）后来所指出的，法国人想要将俄国“推回到广阔的沙漠中去，使它无法再参与中欧事务，地位降级”。

在此期间，哈布斯堡王朝与俄国正在讨论应该如何对付腓特烈二世。1749 年 3 月，奥地利驻亚琛首席谈判代表考尼茨伯爵在备忘录中首次指出：过去奥地利一直与英国结盟，并且与法国互为宿敌，但如今我们不能再这样下去了，有必要调整政策。考尼茨伯爵向奥地利政府提出建议：我们应该与宿敌法国结盟，至少与其缓和关系，以共同对付腓特烈二世，因为现在普鲁士才是奥地利的最大威胁。俄国一直把普鲁士看作一个二流国家，但由于普鲁士单方面占领了西里西亚，俄国非常恼火，因为普鲁士打破了神圣罗马帝国内部的结构平衡。俄国将腓特烈二世视为俄国在北方所面临的威胁，因为 1747 年 5 月普鲁士国王与瑞典组成了防御性联盟，共同对付俄国。同时，瑞典正在与土耳其进行协商，以建立针对俄国的包围圈。俄国感到了威胁，必须着手应对。1753 年 4 月，俄国决定尽可能地通过外交手段来遏制普鲁士，必要时准备采取军事行动。

英国也在进行重大的战略调整。18 世纪 40 年代末的历史说明，英国原有的欧洲大陆政策已经难以维系，必须对其进行修正。此时的荷兰已经非常虚弱，无法再成为保卫低地国家的堡垒。18 世纪三四十年代，哈布斯堡王朝遭遇重创，丧失了大量领土，它也无法成为保卫低地国家的堡垒。这样，英国防范法国进攻的屏障就变得不安全了。而这时，英国认为法国成了自己的威胁，因为法国正在北美快速扩展势力，威胁到了英国的海上力量，也动摇了英国在欧洲的地位。英国在北美建立的 13 个殖民地，是英国税收的重要来源，也给英国提供了训练有素的水手和海军补给。1750 年，纽卡斯尔公爵警告："如果我们在和平时期失去了在美洲的领土，无法对其进行有效控制，那么法国将很有可能随时与我们开战。"面对新形势，英国朝野开始进行辩论。在公共领域，不少时政评论人士和议员认为，英国应该以发展海上力量为战略重心，贯彻"蓝水"政策，保卫在北美的殖民地，避免在欧洲大陆承担过重的义务。不过，辉格党政府相信，遏制法国的关键依然在于利用神圣罗马帝国的牵制作用。奥地利王位继承战争的一个重要教训是，英国必须保证由哈布斯堡家族来统治神圣罗马帝国，否则将导致致命后果。为此，英国努力说服德意志各选帝侯选举奥地利女王玛丽娅·特蕾莎的儿子约瑟夫为"罗马人民的国王"，以保证她的丈夫弗朗茨一世去世后，她的儿子约瑟夫能够自动继承神圣罗马帝国的皇位。在 18 世纪 50 年代初，这项计划是英国的主要外交任务。英国试图在战略上掌握主动权。

欧洲的紧张局势，对大西洋另一岸的美洲也有很大影响。英国在北美的移民越来越意识到他们的共同身份与利益安全问题，他们与英国政府相配合，与法国争夺殖民地。他们将北美战场看作英法两国在欧洲争霸的一个分战场。波士顿人威廉·道格拉斯（William Douglass）将法国看作"令所有欧洲人讨厌的麻烦制造者"。他认为，如果法国人的势力不能得到遏制，那么他们将很快来骚扰美洲，利用山川等自然天险把美洲弄得与欧洲一样支离破碎。因此，英国在北美的移民要求英国政府向北美增兵，以打击法国，消除波旁王朝对英国移民的威胁，尤其是要摧毁法国人在魁北克的据点，以打破法国对英国移民的包围。1751 年，本杰明·富兰克林在《关于人口增长的观察》（*Observations Concerning the Increase of Mankind*）一文中指出："他们应该在美洲的西部建立新的殖民地，这样可以缓解东部沿海地区的人口压力，为新的移民提供急需的生活空间。"因此，富兰克林认为："只要一个人在西部发现一块土地没有主人，那么这块地就属于他了；或者只要他把当地的原住民驱赶走，这块地也就属于他了。"

然而，这很难成为现实，因为英国移民没有什么武器装备，根本没有能力对付法国人和印第安人。他们没有一个共同的奋斗目标。富兰克林痛惜道："如今，我们就像亚麻布没有织好时的丝线一样，因为没有连接起来，所以没有力量；而一旦联合起来，我们就会变得强大，甚至所向披靡。"这段话写于 1754 年，当时英国政府在纽约殖民地的奥尔巴尼（Albany）召集各殖民地的代表开会，讨论加强各殖民地之间的合作，以共同防范法国人和印第安人。英国政府的代表认为，大家不应该再单独地、自发地对付印第安人，而是应该聚集资源、齐心协力共同应对威胁。但这次会议并没有成功，出席会议的各殖民地代表均反对这种倡议。宾夕法尼亚殖民地之前吃过很多亏，无法单独应对威胁，但其代表也一样反对该倡议。马萨诸塞殖民地的总督认为："各殖民地的代表们不同意英国政府在奥尔巴尼会议上提出的倡议，因为他们认为各殖民地的自由与特权会被侵犯。"

在 18 世纪 50 年代初，英国与普鲁士之间的关系日趋紧密。在 1752 年签订的《阿兰胡埃斯条约》(Treaty of Aranjuez)中，法国、西班牙和奥地利同意缓和关系，停止争夺意大利的土地，这样三国可以集中精力共同对付英国和普鲁士。英国试图让神圣罗马帝国的各选帝侯选举奥地利女王特蕾莎的儿子约瑟夫为"罗马人民的国王"，以便日后继承神圣罗马帝国皇位，但这项计划失败了，主要是因为奥地利人并不想疏远法国。1755 年，英国派往北美的远征军指挥官爱德华 · 布拉多克(Edward Braddock)少将在莫农加希拉镇(Monongahela)的一次战斗中遭到了法国支持的印第安人的袭击，伤重身亡。1756 年 5 月，荷兰宣布中立，这对欧洲旧的国际关系秩序是一次冲击。在南边，萨克森人打算支持奥地利，共同对付普鲁士。由于萨克森一直与波兰保持着非常密切的关系，因此萨克森人把普鲁士看作横在他们与波兰王国之间的楔子，一直想将其除掉。1756 年 5 月，奥地利与法国最终实现了和解，双方签订了《凡尔赛条约》。之前哈布斯堡王朝与波旁王朝(即之前统治法国的瓦卢瓦王朝)之间的敌对关系已经持续了 200 多年，而现在两国却成了盟友。这的确是一场外交革命，它从根本上改变了神圣罗马帝国内部的权力平衡。对于腓特烈二世来说，似乎出现了一个噩梦般的场景：普鲁士被迫把西里西亚还给奥地利，把波美拉尼亚还给瑞典，把马德堡割让给萨克森(可能性更大)，把东普鲁士割让给波兰(作为对波兰将其东部领土割让给俄国的补偿)或者是直接割让给俄国，考尼茨伯爵很期待普鲁士"全盘皆输"。

为防止噩梦成真，腓特烈二世最好的应对方式就是将国内政策与外交政策统一起来。他写道："我看到，一些小的邦国正在努力发展工业实力，将国内事务处理得井井有条，这样他们就能够在与大国的对抗中保全自己。"腓特烈二世的父亲腓特烈 · 威廉一世已经建立了新的行政区划制度，规定贵族担任军官，农奴担任士兵，这样普鲁士的兵源就得到了充分保障。作为回报，国王认为他有责任保护贵族，因为“贵族是军队中最闪耀的部分，也是维护其王冠的中坚力量”。他建立了一个高效的行政制度，以从民众那里获得更多的资源。腓特烈二世执政期间，普鲁士的税收额度增长了三倍。在1745~1756年的和平时期，普鲁士税收的83%都用于国防事务。腓特烈二世还调和与宗教异议人士之间的关系：他向天主教徒伸出了橄榄枝，特别是向那些生活在西里西亚的天主教徒，因为这一地区有重大的战略意义。不过，对于腓特烈二世来说，最重要的地方还是德意志。他必须阻止哈布斯堡王室利用神圣罗马帝国皇帝的权力来调动整个帝国的力量反对普鲁士。他这样写道：“从斐迪南一世起，奥地利王室就不断尝试在德意志建立绝对的专制权力。为防止奥地利的计划得逞，就必须保证德意志的自由，即保证神圣罗马帝国皇帝与各邦国之间的权力平衡。”腓特烈二世还认为，只有保证德意志神圣罗马帝国内部各种力量之间的均势，才能保证整个欧洲的均势。一旦哈布斯堡王朝颠覆了这种均势，那么他们最终会控制整个欧洲，进而蚕食掉普鲁士。但此时，普鲁士国王在德意志内部并没有可靠的盟友，其他国家也并不支持普鲁士。只有英国是例外，因为英普两国在1756年签订了《威斯敏斯特协定》，规定英国保护普鲁士不受到俄国等国家的入侵，同时普鲁士协助英国保护汉诺威。同时，普鲁士的政策使得奥地利将其视为威胁，奥地利试图利用整个神圣罗马帝国的资源来反对普鲁士。

1755~1756年，欧洲和美洲大陆上即将爆发一场战争。这种情况下，英国和普鲁士都试图先发制人，以取得有利时机。英国采取空前残忍的措施，来防范反对派威胁国内安全。在苏格兰高地，英国政府对小土地所有者展开了“清除”行动，鼓励或者强迫他们移民到海外。英国政府希望通过这种方式可以获得更多的廉价土地，但政府的主要目的是镇压詹姆斯二世党，防止法国与这些人联合起来对付英国。在北美，英国采取了类似的措施。新斯科舍的那些讲法语的、信仰天主教的阿卡迪亚人，长期以来一直是英国政府的眼中钉。1755年，这个棘手问题得到了处理。英国政府将大部分阿卡迪亚人（大概7 000人）驱逐到了其他13个殖民地（主要是马萨诸塞、弗吉尼亚、马里兰以及路易斯安那），并将其分散安置。这样，他们就不会对英国政府构成太大威胁了。上述两个事件中，英国政府为了缓解其战略困境，不惜采取类似于“种族清洗”的方式。

腓特烈二世也采取了极端措施来打击反对者。外交革命之后，他逐渐开始担心萨克森。因为萨克森距离普鲁士非常近，就好像“一把指向勃兰登堡心脏的利刃”，随时有可能会威胁普鲁士的安全。腓特烈二世安插在萨克森外交部的眼线告诉他，一旦时机成熟，萨克森选帝侯就会撕掉他的面具，联合特蕾莎、路易十五和沙皇一起进攻普鲁士。之前，俄国想立即进攻普鲁士，但奥地利要求俄国再等一年。为防止遭遇不测，腓特烈二世决定尽快行动。1756 年 8 月，他进攻萨克森，很快就占领了整个公国。之后，他做的第一件事，就是彻底搜查位于萨克森首府德累斯顿的档案馆，试图找到萨克森阴谋瓜分普鲁士的文件，这样就可以证明普鲁士军事行动的正当性。同年，普鲁士高调将这些文件公布。腓特烈二世想让所有的德意志人知道：“萨克森正在阴谋进攻普鲁士，而普鲁士只是在进行自卫”。同时，他试图阻止德意志帝国议会通过不利于普鲁士的决议，这样他可以继续占领萨克森。然而，1757 年 1 月，德意志帝国议会还是通过了对普鲁士宣战的决议，并组建了一支讨伐普鲁士的军队，尽管速度非常慢。很快，法国决定联合奥地利一同进攻普鲁士。

这就是七年战争。一开始，战局非常不利于英国和普鲁士。1756 年夏天，法国军队占领了梅诺卡岛，英舰受损较大，英国放弃了援救梅诺卡岛的行动，岛上守军因孤立无援而投降。为了彻底羞辱英国，1756 年年末，法国军队大规模入侵英国，英国被迫使用了汉诺威雇佣兵，保卫英国的南部海岸。到了 1757 年，形势才稍微有所好转，但英国在北美正在遭受更严重的困境。当时，英国派坎伯兰公爵（Duke of Cumberland）率领一支远征军去保守汉诺威，但这支军队与法军交战之后，立即被打败，并签订了投降书。普鲁士也面临着很大的困难，此时普、奥军队在波西米亚陷入胶着状态，1757 年 6 月普鲁士在科林（Kolin）战役中被奥地利打得惨败。在西部战场，1757 年 5 月，法国与奥地利签订《第二次凡尔赛条约》，并且法国忠实地履行了义务，向德意志派遣了一支 10 万人组成的部队，以协助奥地利打击腓特烈二世。法国还承诺给奥地利提供经济援助，直到奥地利收复西里西亚。在东部战场，俄国军队夺取了梅梅尔（Memel）。1757 年 8 月下旬，俄军在大耶格尔斯多夫（Grossjägerndorf）战役中一举将普鲁士军队击溃。在北部战场，瑞典在 4 个月后向波美拉尼亚进军。这样，腓特烈二世完全被包围了。不过，他凭借着自己的军事才能，取得了 1757 年 11 月的罗斯巴赫（Rossbach）战役的胜利，击溃了法国—神圣罗马帝国联军。奥地利率领的德意志帝国军队成了世人的笑柄，其指挥官无奈地说道，他自己宁可战死，都不愿意再带领这支军队作战。不久，腓特烈二世在洛伊滕（Leuthen）战役中，再次轻松打败奥地利。几乎在同一时间，英国宣布结束与法国之间的停战状态，组建了一支数量庞大的军队，其中包括英国士兵以及来自汉诺威和德意志的雇佣兵，共同保卫德意志的北部。1758 年年初，斐迪南 · 冯 · 不伦瑞克打得法国军队狼狈而逃。

这场战争对欧洲各国的国内政治有着重大影响。英国在 1756~1757 年的失利，引发了一场道德上和政治上的恐慌。在一本著名的小册子里，约翰 · 布朗（John Brown）主教认为，英国之所以在欧洲遭受屈辱，是因为它“非常无能、骄奢和自私”。救赎的道路只有一条，那就是彻底的道德重生，即建立一支真正的国民义勇军，重新发扬英国人的男子气概。后来，民众的军事热情转变成了参政意识。威廉 · 威廉斯（William Williams）在 1757 年布道时说道：“每一个臣民，每一个男人，都是一个战士。” 1757 年英国通过的《国民军法案》就反映了这种精神。人们也越来越意识到，国家应该提高士兵的医疗福利水平，他们正在国外打仗，正在遭受疾病的折磨，其中很多人战死在德意志，尸体“腐烂成片”。在法国，伏尔泰描述道，法国在罗斯巴赫战役中遭受的耻辱，已经超过了“百年战争”。人们指责士兵“骄奢淫逸”，“像女子一样懦弱”，甚至认为整个国家都已经“腐化堕落”。

不过，战争对各国造成的最直接的影响，在于上层政治和国家的大战略。对于法国来说，罗斯巴赫战役是继 1704 年布伦海姆战役之后的最大一次惨败，法国人对这场灾难感到震惊。首相贝尼斯主教（Cardinal de Bernis）遭到了全国人的指责，从此他再也没有挽回自己的声誉。他后来写道：“当时法国军队训练不足，不遵守命令，而且没有战斗力，各级军官没有战斗力，全国人都意志消沉。”一年不到，贝尼斯就下台了。在英国，军事失利使得当时的内阁倒台，议会选举威廉 · 皮特（老皮特）为首相，组成新内阁。同时，战争也加剧了两大政党——辉格党和托利党的分裂：辉格党主张继续在欧洲进行军事和外交活动，而托利党想要丢掉“在欧洲大陆上的战略累赘”，集中精力与法国争夺海外殖民地，利用海上力量打败法国。老皮特设法调和两派的分歧，兼顾欧洲和海外。他在“德意志”和海外进行大量的投资，但将主要精力放在了欧洲，一方面，他希望阻止法国在欧洲获得更多的资源；另一方面，他努力发挥英国在海外的优势。1759年对于英国来说是“胜利之年”，事实证明，老皮特的战略是正确的。法国最重要的糖料来源地——瓜德罗普岛在7月被英军占领；8月初，英、普联军在威斯特伐利亚的明登（Minden）又重挫法国；同月，一支法国舰队在葡萄牙南部的拉各斯湾（Bay of Lagos）被英军歼灭；9月中旬，英军占领了魁北克。老皮特认为：“如果英国不利用德意志的战事来牵制法国，那么法国就会将更多的军事力量投放到北美，这样英国在北美的压力就会大大增加……可以说，是德意志拯救了英国在北美的地盘。”换句话说，英国在神圣罗马帝国境内的军事行动保卫了英国的海外殖民帝国。

相比之下，法国从未确立过这样一种全局战略。从1756年开始，法国全国民众就大战略问题进行了一场争论，一直持续了30年，并且主导着法国的政治。民众争论的核心问题，就是法国当初是否应该与奥地利结盟。不少人认为，法国与奥地利结盟，严重违背了法国的外交传统，法国王宫里面有一些人依然坚决把奥地利看作主要敌人。有一位著名诗人指责法国政府背弃了与瑞典、土耳其和波兰长期以来的盟友关系。不少在职的外交官认为，法国联合俄国、奥地利来制约普鲁士的做法很难取得效果；并且，法国允许俄国介入神圣罗马帝国的事务是非常危险的做法。很多人在道德上感到恐惧，因此自然会表达出上述看法，不少人认为路易十五的情妇蓬皮杜夫人（Madame de Pompadour）应负主要责任，与奥地利结盟牺牲了法国的利益。法国在罗斯巴赫战役遭遇的惨败似乎证明这些批评都是有道理的。不少人原本并不反对与奥地利结盟，但随着战争的失利，他们越来越坚定地反对这一政策。在巴黎，到处可以见到抨击法国政府外交政策的小册子。

法国新任首相舒瓦瑟尔公爵（Duc de Choiseul）减少了法国在德意志的承诺，以便在西班牙的帮助下集中精力在海外与英国争夺殖民地。然而，这项新的战略没能起到扭转乾坤的作用。1760年蒙特利尔失守，1762年西班牙参战并配合法国作战，结果西班牙的殖民地反而大片失守。英国远征军迅速占领了马尼拉和哈瓦那。不过，腓特烈二世则差一点儿彻底失败，他多次败在了奥地利的“手上”，奥地利甚至在1760年10月轻而易举地占领了柏林。俄国则给了普鲁士最致命的一击。在1758年的曹恩道夫（Zorndorf）战役中，俄军把腓特烈二世的军队打得动弹不得；在1759年的库勒斯道夫

（Kunersdorf）战役中，俄国令腓特烈二世遭遇到了史上最惨烈的失败。当时，腓特烈二世只能期待“奇迹”出现了。果然，1762 年 2 月，奇迹真的出现了——女沙皇伊丽莎白一世 · 彼得罗芙娜去世了。继位的是在普鲁士出生的彼得三世，他在 5 月抛弃了奥法联盟，甚至在 6 月和腓特烈二世签订了联盟条约，站在了普鲁士一边。

但是，腓特烈二世并没有完全扭转局势。俄国国内很多贵族对来自德意志的彼得三世不满，最终他的妻子叶卡捷琳娜于 7 月发动政变，将其废黜并杀害，她自立为沙皇，这就是叶卡捷琳娜二世。她撤销了和普鲁士签订的联盟条约，但也并不想再与普鲁士继续交战。此时的英国也已经相当疲惫，不愿意再打下去了，它看到法国正在向德意志挺进，担心普鲁士无法抵御法国的进攻，因此决定放弃欧洲大陆战场，优先保护自己殖民地的安全。英国新国王乔治三世及其大臣、议会、臣民都对“德意志战争”感到厌倦，因此 1762 年 5 月，英国决定抛弃腓特烈二世。面对这种局面和这样一致的意见，腓特烈二世尽管感到愤怒，但也无可奈何，最终同意停战。在 1763 年，英法两国签订《巴黎和约》（Treaty of Paris），结束了争夺殖民地的战争；普鲁士、奥地利、萨克森签订《胡贝尔图斯堡和约》（Treaty of Hubertusburg），结束了德意志战争。普鲁士依然占领着西里西亚，也没有“补偿”奥地利的损失。法国被迫将整个加拿大割让给英国，并从整个印度撤出，只保留 5 个据点；英国获得了密西西比河以东原属法国的地区，还在印度、加勒比海和西非获得了新的土地；西班牙重新获得了哈瓦那和马尼拉，但要将佛罗里达让给英国；法国将路易斯安那让给了西班牙，作为对西班牙参战并支持法国的酬谢，当时的路易斯安那要比现在美国的路易斯安那州大得多。这样，全球的战略形势发生了决定性的转变，英国在神圣罗马帝国所推行的政策获得了成功，成为世界霸主。欧洲当时是全球国际关系体系的中心，现在欧洲的战略形势也发生了重大变化，俄国、普鲁士的力量在不断上升，而奥地利和法国则日渐衰落。

在法国和奥地利这两个战败国，人们纷纷要求追究政府相关人士的责任。法国首相舒瓦瑟尔公爵认为，法国之所以战败，是因为当初法国在欧洲大陆和海外同时作战，导致法国无法应对。他认为，法国当初不应该大规模地卷入在欧洲大陆的战争，而应该利用其盟国奥地利的力量来牵制英国，这样法国就不必在德意志战场上投入巨大的精力，并且可以集中精力发展海上力量，与英国争夺殖民地。但是，也有人持不同观点，这些人认为，法国在1756年之后的所有战略都是错误的。在他们看来，奥地利依然是法国最主要的敌人，法国根本不应与英国为敌。他们还强调，1763年之后，法国与哈布斯堡王朝保持联盟关系的做法是错误的，这说明法国国王根本没有从七年战争中吸取教训。他们批评法国国王对奥地利疏于防范，这会导致法国在中、东欧力量的缩减，尤其是在德意志的力量的缩减。不少法国外交官也担心，法国国王的错误战略会导致俄国进一步向西挺进，甚至畅通无阻地征服西欧国家。有一位法国官员指出，俄国人有巨大的野心，“他们试图在波兰制造混乱，趁机将其征服，同时他们想要在德意志扩大影响力，最终进军到莱茵河畔……俄国人将会率领一群由亚洲人组成的军队，将意大利、西班牙和法国全部占领，他们会在我们的土地上进行大屠杀，会把农奴制扩展到我们的国家，甚至会把我们的人民迁移到西伯利亚去做苦役”。他强调，法国必须保证德意志的安全，德意志是抵挡俄国专制统治的长城。法国资深外交官、德意志问题专家路易斯-加布里埃尔·比亚-南希（Louis-Gabriel du Buat-Nancy）警告，法国应该在普鲁士和奥地利之间保持平衡，不应偏袒任何一方，只有这样，才能防止任何一方吞并另一方，毕竟一个统一的德意志将会颠覆现有的欧洲国际关系体系。简言之，法国国内越来越多的精英人士认为，前任政府没能维护法国的国家利益，特别是在神圣罗马帝国的利益。

法国很多批评人士已经察觉到，法国在罗斯巴赫战役中的失败并非仅仅因为某一项政策，而是因为法国整个社会体系和政治体系出了问题。自中世纪以来，王室成员的权力以及贵族的特权，都是以军功为基础的，这也是一项基本的封建契约原则。法国在七年战争中的失败，对军队和贵族来说都是重大的打击。人们意识到，才能比特权更加重要。这样，国王和贵族的合法性逐渐丧失，而这一定会引起国内政治的变化。为增强法国的国力，民众开始了一场激烈的辩论：究竟哪一种社会组织形式能让法国在欧洲国际体系中最具竞争力？多数人认为，目前的政治体制有很多弊端，世袭贵族无才无能，卖官鬻爵现象严重，政府效率低下。首相舒瓦瑟尔公爵和大多数军事改革家都倾向于采用普鲁士或者俄国的模式，人们可以发挥自己的才能，凭借对国家的贡献而得到应有的奖励。还有不少人更喜欢英国的商业性贵族模式。当然也有一些人认为，应该将两种体制的优点结合起来。有一小部分人，比如让-雅克·卢梭，支持建立一支公民军队。法国在战争中的失利促使更多人要求更大程度地参与政治。阿贝·马布利（Abbé Mably）认为，国家应该根据一个人拥有多少土地来对他征税，但是国王则依然坚持征收人头税，并且试图将对贵族征收的人头税增加一倍。贵族为此非常不满，导致了自17世纪后半期以来贵族对国王的第一次抗议。他们在抗议书中写道："国家"不应该只向贵族征税，也应该增加对平民的征税。所有这些批评声音给当时的法国政府带来了机遇，也带来了威胁。如果法国再取得一次胜利，那么这个国家或许能够团结起来，但如果它再一次遭遇失败，国家就会垮掉。

西班牙在七年战争中遭遇惨败，1763年后它持续受到来自英国的威胁，这引发了一场彻底的国内改革。这场改革对西班牙在欧洲大国中的地位具有非常重要的意义，因为西班牙本土的安全取决于它在美洲的殖民帝国。西班牙在美洲统治着900万人，这和西班牙本土的人口数量差不多，那里还埋藏着至关重要的金银财富。为此，1763年，西班牙政府成立了一个秘密委员会，以保卫西属印度群岛的安全。据报道，当时西班牙需要更多的人来参与美洲的管理，需要招募更多的士兵，需要建立更多的防御工程。究竟需要多少人，只有政府内部人士才知道。1765年，政府招募了大量人员，将他们派往新西班牙（即墨西哥南部和中美洲）工作，在接下来的10年里招募了一些人去秘鲁和新格拉纳达（New Granada）工作。新的官员工作效率高，很快取代了旧的官员，不过他们人脉关系少，一开始工作时很不适应当地情况。西班牙政府还在加勒比的殖民地使用大量的奴隶，强迫他们在大种植园劳动。古巴是奴隶最集中的地区，西班牙想以此来提高糖料作物的产量。到了18世纪末，从非洲运过来的黑人奴隶源源不断。因此，奴隶制对于维持西班牙在欧洲的地位有着重要意义。

哈布斯堡王朝也是七年战争中的战败者，因此在整个18世纪60年代，统治阶层在不断地对此进行反省。其中主要有两派意见：一派以首相考尼茨为代表，他认为应该对普鲁士进行战争报复；另一派以特蕾莎女王的儿子约瑟夫为代表，他认为在必要的情况下奥地利可以与腓特烈二世和解，因为他认为俄国才是奥地利最主要的威胁。约瑟夫与母亲共同处理政务，1764年他当选为"罗马人民的国王"，并于次年继承父亲弗朗茨一世的皇位，即约瑟夫二世。如何吸取战争失败的教训，以及如何进行国内改革，这两位领导人也有不同的意见。约瑟夫二世要求立即增加军队开支，并扩大军队规模，因此这需要进行一场彻底的社会经济改革。考尼茨则持不同意见，他希望从长计议，认为应该保持经济的增长，使国家有更高的税收收入，最终壮大国家的政治和军事实力。不过，对于两人来说，国内政治都不是他们的首要考虑，他们都将外交政策看作主要任务，而国内改革只是服务于外交事务的。1770 年 3 月，政府进行了一项大规模的调查，包括人口、资源、畜力和其他财富，政府希望能够对国情有更清楚的了解，为未来的战争动员做准备。

这场战争也激发了德意志人对神圣罗马帝国未来的前途进行热烈的讨论。有一些人因为看到腓特烈二世在罗斯巴赫战役中打败了法国而备受鼓舞，将他看作德意志民族的救世主，认为只有腓特烈二世才能粉碎路易十五进一步“分裂”德意志的企图。不过也有一些德意志人并不喜欢腓特烈二世，因为他曾经进攻过萨克森，因此不同的人对他持不同的看法。不过，德意志人在两个问题上持一致的看法。第一，德意志人非常热爱神圣罗马帝国，并且对其感到自豪。人们认为，各诸侯国都是自私的、贪婪的，而帝国则代表着正义与法制，帝国是他们的唯一希望。帝国可以保护德意志的每一个农民，甚至是最穷困的人，保证人们不会成为其他国家的奴隶，否则他们就要被英国人掠夺到苏格兰高地，或者被法国人掠夺到阿卡迪亚。尽管帝国法庭已经变得僵化，但它毕竟代表着正义，人们希望正义可以慢慢普及到帝国的每一个地方。人们的共同信仰并没有使帝国议会焕发生机，但经历了三十年战争带来的创伤后，人们认为应该保留议会的存在。第二，1756~1763 年，外国的军队可以肆无忌惮地践踏帝国的土地，这让很多德意志人体会到，他们的政府是多么脆弱。1765 年，弗里德里希 · 卡尔 · 冯 · 莫泽出版了一本名叫《关于德意志国民精神》的小册子，他对这种感受进行了描述。他说，德意志人需要的是一个可以缓解国内紧张局势和阻止国外侵略的政府，“如果德意志人团结起来，就没有人敢侵略我们”。然而，改革的热情很快就逐渐淡化。心灰意冷的莫泽在 1768 年评论说：“在帝国战争和帝国军队中，暴露出来的缺点如此严重、众多并且多样，因此只要德意志帝国的宪政体制不发生改变，它就无法阻止其他国家再发动一场针对我们的战争。”

在遥远的东方，俄国正在仔细思考如何提升它在国际体系中的地位。就军事而言，俄国在七年战争中表现得非常出色。不过，俄国的统治者也痛苦地意识到，要想长久维持俄国在欧洲的竞争力，就必须进行一场深刻的国内改革。1767年，女沙皇叶卡捷琳娜二世在对政府下达的《圣谕》的第一行中就写道："俄国是一个欧洲国家。"在第一段中她写道，俄国"通过引进欧洲的传统风俗"，已经成为一个强大的欧洲国家。不过，当时叶卡捷琳娜二世并不想学习欧洲其他国家的代议制，而是学习君主专制制度。在《圣谕》的第二段中，她解释道，这是因为"俄国幅员辽阔，君主必须具有绝对的权力，才能进行高效的决策"。她继续写道："君主制政体的最终目标，是为了所有臣民的幸福以及整个国家和政府的荣耀，君主可以领导国家扩张领土，带领人民取得战争的胜利。有了这种荣耀，君主制统治下的臣民才可能有自由的意识，这或许会给臣民甚至是自由本身带来幸福。"换句话说，尽管俄国人并不是很自由，但他们的国家可以成为欧洲大国，俄国人可以从这种荣耀中得到补偿。

普鲁士和英国是七年战争中的两个战胜国。战争结束后，两个国家依然有种不安全感，不过它们对自己的国内政治制度感到骄傲。1763年之后，腓特烈二世首要考虑的问题，就是如何应对来自俄国的威胁。俄国就像"一座雪山"，一旦它发生雪崩，就会立刻吞没普鲁士。1764年普鲁士与俄国的短暂联盟曾经使腓特烈二世稍稍放松，但很快卡捷琳娜二世就宣布废除盟约。1768年，腓特烈二世在政治遗嘱中写道：没有一支强大的军队，国家就不能保全自己，因为"我们正在被比我们更强大的敌人所包围，我们必须时刻提防"。普鲁士国王并不认为国家需要进行一场社会改革，也不认为应该扩大民众的政治参与。相反，他相信，只有保证君主的绝对权力，国家才能渡过难关。战争结束后，腓特烈二世也曾经想要废除农奴制，但它认为"军事—土地综合体"制度是成功的，因此没有必要进行大规模的社会改革。之前，哈布斯堡王朝在西里西亚有两个骑兵团，但奥地利政府很难为其提供财政支持；现在，普鲁士占领了西里西亚，它有一个高效的政府，因此对这一地区的管理要好一些。1763年，普鲁士军队的人数为15万，到1777年底扩张到了接近19万。到1786年腓特烈二世去世时，军队人数接近20万。在这一期间，腓特烈二世一直对邻国非常恐惧。他曾经对一个高级外交官说："你制服的徽章上，应该是一只猴子，而不是一只黑鹰，普鲁士现在不得不像一只聪明的猴子一样，模仿其他大国。"

对于英国来说，七年战争的结束有着直接的政治和战略意义。首相老皮特受到了公共舆论强烈抨击，因为在普鲁士需要帮助的时候，他没有及时向“宽宏大量”的腓特烈二世提供支持。1763 年 4 月上旬，他为此辞职。与此同时，英国人看到自己的国家赢得了战争的胜利，因此全国人民都感到非常骄傲和自满。不少人认为，胜利的原因是英国商业的发达和道德的优越。这种狂妄也在英国外交政策上有所体现，英国经常向法国和西班牙展示自己强大的海军力量。例如，在 1763 年，一支海军舰队被派到开曼群岛和特克斯群岛去威吓法国，后来又被派到洪都拉斯湾去威吓西班牙。这些措施都很奏效，并且英国人都感到高兴，不过这也损害了英国的国际声誉，使得其他国家认为英国非常傲慢。尤其重要的是，英国关注海军的发展，而对欧洲事务不感兴趣，它很少出席欧洲外交和军事活动。英国对神圣罗马帝国事务的漠不关心，使得它被孤立起来，久而久之这一点就变得很危险。此外，英国人很快发现，七年战争的胜利并没有永久性地清除波旁王朝的幽灵。英国在北美的殖民地并没有成为一个大型商业中心或交易站，而仅仅是一个庞大的领土帝国。这个帝国的边界更加脆弱，更加难以保卫，使英国面临更多的危险。在西边，西班牙经常想蚕食英国殖民地的领土，在密西西比河谷，印第安人部落经常骚扰英国的殖民地。北边是法国人的聚居地——魁北克，那里人口众多，英国无法将他们赶走，而且他们随时可能威胁英国殖民地的安全。1763~1764 年爆发了庞蒂亚克战争（Pontiac’s War），即渥太华的印第安人部族联盟反对五大湖区的英国人的战争。这再一次暴露了英国殖民地的防御工事的缺陷。

英国政府迅速做出决策，加强在北美殖民地的防御力量，以取得更稳定的立足。首先，1763 年 10 月，政府发布公告，停止向阿巴拉契亚山以西的地区继续移民。这项措施目的在于安抚住那里的印第安人，缓和法国和西班牙对英国扩大殖民地的恐惧，同时缩短英国殖民地的周长，以减轻防御压力。其次，英国政府计划将在海外的军事力量扩大一倍，其中 2/3 的军队被部署在北美，大部分驻守在西边的边界，另外 1/3 部署在加勒比海附近。七年战争后，英国政府对本岛民众欠下累累债务，已无力支付海外驻军的经费，负担只能由殖民地的人民来承担。英国首相乔治 · 格伦维尔（George Grenville）谈道：“保护和服从是相互的……政府为了保护殖民地的移民，现在已经负债累累，因此现在政府呼吁殖民地的民众为公共支出贡献自己的一点儿力量。”为此，格伦维尔颁布了英国历史上第一个《糖蜜法案》（Sugar Act），之后又颁布了《印花税法》

（Stamp Act），提高北美和西印度群岛移民的税赋。这两个法案的目的在于，为驻守在俄亥俄河和密西西比河边界的军队提供更多的财务支持。很快，爱尔兰及印度也实施了类似的措施，英国在印度的殖民活动主要是通过东印度公司进行的。

七年战争也对一些弱国的内政外交产生了影响，这些国家也在不断地努力，希望能提升在欧洲的竞争力。例如，波兰-立陶宛联邦试图减轻对外国的依赖，重新增强自己的独立性。1717 年，俄国只允许波兰保留 2.4 万人的军队，但波兰人力资源的潜力非常巨大。在 18 世纪五六十年代，一个大资本家就有能力供养大量的军队，其中最有实力的是迈克尔 · 拉齐维乌（Michael Radziwill），他能供养一万名士兵。但由于外国的干涉，以及国内的长期分裂与混乱，波兰-立陶宛联邦无法拥有力量更强的军队。波兰一直实行"自由否决权"，贵族可以在议会开会时否决国王的各种重要决议。1763 年，时任俄国首相说："波兰正不断地陷入混乱，只要波兰保留着目前的宪政制度，它就会软弱不堪，欧洲强国不值得在它上面浪费心思。"欧洲各国军队肆意穿越波兰的土地，波兰人已经习以为常，因此将自己的国家称为"欧洲的旅店"。1764 年 11 月，斯坦尼斯瓦夫二世 · 奥古斯特 · 波尼亚托夫斯基（Stanislas August Poniatowski）被选举为波兰国王，他试图改变现状。他成立了统一的外交部门，以防止大资本家各自为政，还增加了军队数量，确定全国通用的固定税率以增加税收。最重要的是，斯坦尼斯瓦夫二世试图废除贵族享有的"自由否决权"，削减议会的权力。

无论是战争的赢家还是输家，都最关心一个话题——哪一种政府和社会组织形式是最具竞争力的？各国国内纷纷展开辩论，以希望在未来的国际竞争中获得成功。而根据历史记录，在 1740~1763 年间，各国关于这个问题的辩论则很少。有人认为，商业化的代议制国家是最具有优势的，英国就是一个典型的例子。因为在七年战争期间，英国通过税收和信贷支持在欧洲大陆和海外的两线作战，展现出了非常强大的财政与军事能力。更重要的是，英国允许民众就外交政策进行辩论，因此国家可以吸收各种好的建议，民众也团结起来，为共同的事业而奋斗。不过，其他的代议制国家则没有表现出英国那样的优势，瑞典和波兰都在逐渐走下坡路。君主专制国家也展现出了类似的情形，有的很成功，有的则很失败。荷兰恢复执政制度后，在外交上依然表现不佳，国家江河日下，很难重现 17 世纪末的雄风。法国国王的权力不断增加，但在罗斯巴赫战役中被打得惨败，并且丢失了在海外的大片领地。普鲁士则与荷兰、法国大不相同，在腓特烈二世的坚强领导下，普鲁士实现了高度的军国主义化，克服了一切困难。在1752年和1768年的两次秘密政治遗嘱中，腓特烈二世强调了个人集权统治的优越性。他声称，绝对的君主权力有利于迅速解决各种危机，而各种代议制或协商制政体只能使国家变得毫无效率。这就是七年战争的终极悖论：英国和普鲁士是战争的两个战胜国，但它们一个是典型的代议制，另一个是典型的绝对君主制，因此很难说哪一种政体更加优越。

七年战争导致欧洲各国的国内政治出现了变化，同时各国的殖民政策也发生了变化，国际体系因此出现了一系列新的危机。起初，在英属北美13个殖民地中，民众与政府爆发了矛盾；后来英国和法国为了争夺殖民地也爆发了矛盾。1755年，英国指挥官布拉多克在莫农加希拉镇遭到法国支持的印第安人的袭击，这次战役堪比欧洲的罗斯巴赫会战。当时，年轻的乔治·华盛顿就是布拉多克的下属，他目睹了布拉多克战死，对此记忆深刻。1763年，英国政府规定了英国在北美殖民地的最西界限，这导致很多英国移民非常不满，因为他们希望得到俄亥俄山谷作为七年战争的胜利成果。他们认为，任何人或政府都不应该对殖民地的范围做出限制。不少民众到各殖民地的议会进行游说，明确表示他们不仅希望扩大领土，而且希望使国家变得强大。他们希望把英国在美洲大陆上的殖民地统一起来，从大西洋到墨西哥湾，形成一个统一的整体。因此，殖民地的扩张，已经成为北美独立战争的前奏，事实上这也正是这场革命爆发的原因。

英国和西班牙试图对殖民政策进行改革，但很快就面临困难。格伦维尔1765年颁布了《印花税法》，以扩大税收，解决英国在北美的军费问题。不过，这引发了殖民地民众的激烈抗议，最后政府不得不废除该税法。1767年颁布的《汤森法案》（Townsend Duties）也是有着同样的初衷，但最后同样不得不废除。生活在北美殖民地的英国移民希望扩大自己的领土，因此他们不得不依赖于英国的军队，并接受英国政府更多的管理，尽管他们很不情愿。不过，要让他们自己花钱来支付英国政府军队的开支，这是他们非常不愿意的，他们希望打破英国政府规定的殖民地边界，向西边继续移民。这样，殖民地的民众和英国政府在战略、宪政问题上的分歧越来越大。英国政府本希望通过改革殖民政策，维护其殖民帝国的稳定，但现在反而导致了殖民地民众对自己的不满。

与英国类似，西班牙也希望加强其在殖民地的军事力量，并试图让生活在殖民地的移民支持政府的强国计划，不过这同样遭遇了持久的阻力，甚至导致1765年发生在基多（Quito）和普韦布洛（Pueblo）的反抗事件。

大约同一时间，斯坦尼斯瓦夫二世的改革也得罪了波兰国内外的既得利益者。1766年10月，在普鲁士和俄国的干预下，波兰被迫放弃了实施固定税率的计划。这导致国家无法建立独立的税收体系，因而波兰国王无法为国防筹集必要的资金。叶卡捷琳娜二世还试图挑拨离间国内各派力量，鼓动一部分人造反。波兰有一半人口（大约500万）是天主教徒，其他400万隶属于东仪天主教会，即完全承认罗马教廷地位的东方公教会。在剩余的人中，有50万是俄罗斯东正教徒，另外50万是新教徒，他们被其他波兰人看作 “异教徒”。1767年，在俄国的支持下，新教和东正教徒要求获得宗教权利。1768年，在俄国的胁迫下，斯坦尼斯瓦夫二世同意签署一项永久性的条约，同意保护东正教徒和新教徒的权利。不过，这件事也强化了俄国对波兰的控制权，占人口多数的天主教显然不满意。因此一部分波兰爱国者组成联盟进行反抗，他们宣布斯坦尼斯瓦夫二世为俄国的傀儡，内战爆发。这样，俄国人以保护东正教徒为借口，出兵干预波兰内政。奥斯曼土耳其担心波兰完全被俄国控制，因为那样将给其北部边界带来威胁，因此，土耳其人决定先进攻俄国。哥萨克骑兵在追捕波兰人的时候，擅自进入了土耳其领土，土耳其便以此为借口对俄国宣战。

不过，叶卡捷琳娜二世很快就打败了土耳其人。1770年7月，土耳其舰队在切什梅（Chesme）海战中被俄国舰队彻底打败，俄军占领了摩尔达维亚和比萨拉比亚（Bessarabia），并打算向瓦拉几亚进军。所有这些都引发了普鲁士和奥地利的恐慌，两国担心，一旦叶卡捷琳娜二世彻底打败土耳其，她就将获得巨大的收益，使得俄国力量大大增强，严重破坏欧洲的均势。那样的话，哈布斯堡王朝不仅东面将会受到俄国的威胁，南面也同样会受到威胁。腓特烈二世担心，如果俄国打败了土耳其，那么它将会更加轻易地控制波兰，那样，它下一步就会干涉神圣罗马帝国内部的事务。两国认为，除了战争之外，解决波兰问题的唯一方法就是将波兰的土地平均瓜分。1772年8月，俄、普、奥三国宣布将波兰的绝大部分领土瓜分：波兰东部的一大块土地归俄国所有，奥地利获得了相对繁荣的加利西亚省，腓特烈获得了面积很小，但是具有重要战略价值的西普鲁士（这块地方连接着普鲁士本土与其飞地——东普鲁士）。这是一种赤裸裸的掠夺行为，奥地利女王特蕾莎知道这样做缺乏道义上的理由，但现实非常残酷，她也只能如此，否则她将得不到波兰的任何利益。她出卖了自己的良心，但她得到了自己应该得到的东西，或者正如腓特烈二世所说："她哭了，但她达到目的了。"

两年后，叶卡捷琳娜二世强迫土耳其签订了《库楚克-凯纳吉和约》（Treaty of Kutchuk Kainarji）。尽管俄国只获得了黑海周围的土地，但它打通了黑海出海口。更为重要的是，俄国在欧洲的影响力获得了提升。土耳其被迫承认克里木汗国"独立"，但这个新国家事实上只是俄国的傀儡，很快就并入了俄国版图。沙皇还迫使土耳其承认，她是巴尔干半岛上基督教权利的保护人，正如俄国长期"保护"波兰的东正教徒那样。差不多一年之后，即1775年5月，奥地利攫取了布科维纳（Bukovina），拓展了其东部边界。

所有这些事件，不仅对东欧、斯堪的纳维亚半岛和巴尔干半岛有重要意义，也对整个欧洲格局有重要意义。以前，欧洲国家试图阻止俄国参与中欧事务，但现在这种努力失败了。爱尔兰作家、英国议会议员埃德蒙·伯克（Edmund Burke）曾写道："俄国势不可挡而又野心极大，而波兰是德意志和北方各国对抗俄国的天然屏障。如今波兰被瓜分，这是对德意志秩序的完全破坏，也是对北欧秩序的破坏，波兰现在可能成为俄国进入德意志的跳板。"也许俄国人将会有更多的行动，各国对神圣罗马帝国的争夺已经进入了一个新的阶段。

这些国际危机对西欧各国的国内政治所产生的影响是戏剧性的。法国统治者意识到，要想维护政权的稳定，就要有更稳定的财政基础。这是上述国际危机对法国造成的最直接影响。法国政府不得不提高税率，但高等法院表示反对，要求国王颁布的财政法令必须得到高等法院的批准，否则将被视为无效。同时，高等法院还强硬地提高了法国向国际金融市场借款的门槛。然而，法国在七年战争中遭遇了重大损失，1763年之后，海军的发展也需要大量的成本，因此必须扩大税收、增加借款。因此，政府与高等法院的冲突不可调和，愈演愈烈。1768年，布列塔尼爆发了一场全面的对抗，当地的法院指责省长非法提高税率。巴黎高等法院和其他地区的法院，都对布列塔尼的地方法院表示支持，对抗因此陷入僵局。一年后，法国财政审计总长提醒国王"陛下的财政已经濒临崩溃了”，但路易十五却无能为力。1771 年 1 月，国王的宠臣莫普（Maupeou）试图剥夺高等法院的权力，但他遭到了强烈的反对。

18 世纪 60 年代末到 70 年代的国际动荡，强化了部分欧洲人的干涉主义情节。在 70 年代，至少三名德意志伯爵因“滥用权力”被送进了监狱。在英国，杰出的作家和议会议员，如詹姆斯 · 博斯韦尔（James Boswell）和伯克，都支持科西嘉岛和波兰人民的“自由”事业。1768 年，法国将科西嘉岛的独立运动领袖巴斯夸 · 帕欧里（Pasquale Paoli）驱逐出岛，之后法国占领了科西嘉岛。当然，很多人支持其他国家人民的自由事业，支持对破坏其他国家自由的行为进行干涉，是出于某种个人利益。的确，一个大国要保护某一个小国人民的权利，首先这个大国的人要有某种情感，同情和支持这个小国的自由事业，同时这也必须符合大国的战略利益，两个条件缺一不可。例如，之所以有很多英国人同情科西嘉人争取“自由”的事业，是因为英国人认为那样做有利于遏制法国，有利于维护英国自己的利益。事实上，有些国家宣称要保卫其他国家的权利，但实际上这个国家自己也经常侵犯其他国家人民的利益。最典型的例子就是法国宣称要保卫德意志宪法，以及俄国宣称要保卫波兰的“自由”，实际上法国和俄国都有自己真正的意图。很多时候，一个欧洲大国会宣称支持另一个小国人民的“自由”，而有的时候这个大国又会侵犯别的小国，试图让其永远依赖于自己。在当时的历史情形下，这种矛盾的政策都是可以理解的。

当然，英国人并不只是关心其他国家民众的权益，他们更关心英国属地的人道状况。圣文森岛（St Vincent）上的加勒比人就是一个很典型的例子。这个岛原本属于法国，后来英国将其吞并，用于为巴巴多斯岛（Barbados）提供食物。英国有些人声称，圣文森岛上的加勒比人与马提尼克岛（Martinique）上的法国人进行勾结。因此圣文森岛上的种植园主对英国政府施加压力，要求将这些加勒比人全部消灭，但后来政府没有那样做，因为不少人认为这是不道德的。后来政府又考虑将其放逐，但又觉得难以实施。最后，政府决定将这些人全部赶到岛上的一小块保留地中。为此，加勒比人坚决反抗，导致了 1772 年军队与加勒比人之间的大规模冲突。军队的暴行导致了议会中很多议员表示不满，他们要求对此事进行调查，对违反人道主义的官员进行惩罚。议员巴洛 · 特雷西柯西克（Barlow Trescothick）对战争进行了谴责，反对军队伤害“无辜的和并无恶意的人们”。同一年，曼斯菲尔德勋爵（Lord Mansfield）判决奴隶制在英国为非法，不过该判决对英国的殖民地没有约束力，而且依然有很多英国商船在大西洋两岸从事贩奴活动。不久之后，议会开始对圣文森岛事件进行调查，以保护加勒比人的权益。这是一种真实的、公认的人道主义精神，其他国家也对英国表示认可。

在大西洋彼岸的北美，越来越多的人对英国的外交政策表示批评。生活在北美的英国移民也为科西嘉岛人民争取“自由”事业的失败而感到惋惜，同时他们也对科西嘉领袖帕欧里所取得的胜利敬佩不已。此时，生活在北美的英国移民希望越过英国政府规定的最西边界，继续扩展殖民地。但英国政府对此表示反对，引发了北美民众的不满。此外，由于经费不足，英国政府逐渐拆除了阿巴拉契亚山脉以西的、用来抵御印第安人骚扰的堡垒，而且那些土地本不属于英国所有，而是属于西班牙和法国。英国在北美的移民也对此表示不满。英国政府原本希望，东印度公司能够担负起英国在全世界范围内的防御费用，但东印度公司在1772年破产了，英国政府一下子没了军费来源，事情进入了紧急关头。1773年5月，首相诺斯勋爵（Lord North）打算出台《茶叶法》（Tea Act）来挽救东印度公司，但这项政策非常不受人欢迎。几乎在同一时间，英国政府放弃了在北美（今天的西弗吉尼亚和东肯塔基）建立新殖民地的计划，英国已经筹备此项计划很久，并将其命名为“万达利亚”（Vandalia），以纪念当时英国国王乔治三世的王后夏洛特（来自德意志）的祖先。1774年5月，英国从南美洲的马尔维纳斯群岛撤离，目的是节省一些经费，同时也可以缓和与西班牙之间的关系。因此，北美殖民地的一些评论人士认为，此时大英帝国已经开始倒塌。的确，正是因为殖民地的人民先感受到了大英帝国的衰落，他们才会起来造反，而不是因为殖民地人民造反导致了这个帝国的衰落。

1774年的《魁北克法案》是压倒英国在北美殖民帝国的最后一根稻草。法案承认，法裔加拿大人有信仰天主教的自由和权利。尽管法案得到了生活在魁北克的法裔的支持，但生活在13个殖民地的英裔则普遍表示反对，他们认为自己的新教信仰会受到威胁。不过，他们最反对的是该法案规定英国移民禁止再向政府规定的殖民地最西边界以外进行扩张。同时法案还规定，俄亥俄和密西西比之间的所有土地都要并入魁北克。这是1763年之后英国政府与北美扩张主义者之间最大的分歧。很多英国移民担心，该法案将导致13个殖民地被专制主义政府所包围，最终导致他们被纳入法国的统治之下。因此，1775年，北美的英国移民与英国政府之间的矛盾激化，他们不同意政府规定的宪政安排，也不同意政府的外交战略与方向。约翰·亚当斯是美国开国之父中的一员，他曾经回忆道："北美人民独立与革命的最重要原因，也是我曾经信奉的首要原则，就是要保卫我们自己不受法国侵犯。"

北美人民自发建立了武装组织，并很快与英国政府的军队在莱克星顿发生了交火。那里响起的枪声"被全世界听见"，这不仅仅因为这次事件预示着"自由"黎明的到来，而且因为它还对国际体系带来了某种影响。其中，它对欧洲均势造成的影响是最重要的。英国政府一致认为，如果英国失去了北美，那么它将无法应对来自法国和西班牙的威胁，它们在大西洋对岸也建立了庞大的殖民帝国。而其他欧洲强国认为，一旦英国镇压了北美人民的反抗，那么英国的力量将再次上升，其他国家无法与之匹敌。波旁家族统治的两个国家——法国和西班牙也非常为难，它们都想利用北美人民来牵制英国，但谁都不愿意首先与北美的反抗者公开结盟，因为那样做将会开辟一个危险的先例，毕竟英国是合法的宪政国家。西班牙尤其不敢这样做，因为此时西班牙在南美的庞大殖民帝国也摇摇欲坠，那里的民众同样正在反对西班牙的统治。不过，法国和西班牙还是希望能把握住这个机会，以杀杀英国的威风。1775年年底，法国外交大臣韦尔热纳伯爵（Count de Vergennes）曾说道："一旦北美的反抗者获胜，英国的力量就会下降，我们的力量将会相应上升。"

北美人民认为，要想成功实现自由与独立，就必须将这场冲突国际化，以得到其他国家的帮助。正如本杰明·富兰克林所说："我们必须要说服欧洲，美国的事业是全人类都在为之奋斗的事业，我们保卫自己的自由，就是在保卫欧洲的自由。"这里的"自由"，指欧洲各国的宪政"自由"，即各国之间的均势。1776年3月，北美人民组织了一个秘密委员会，负责外事工作，以获得外部的支持，并委托富兰克林出使法国。同时，他们也派遣使节来到维也纳，防止英国利用德意志雇佣兵来对付北美人民。实际上，英国在北美的军队中，至少有1/3的人是来自神圣罗马帝国各个邦国的雇佣兵。北美人民清楚地知道，一旦欧洲的自由受到了破坏，那么他们自己的安全也将会受到威胁，路易十四和路易十五时期的历史就是教训。这种逻辑是根深蒂固的。只要北美人民还认为他们自己是英国国王的忠实臣民，那么他们就不可能与欧洲其他国家公开结盟。托马斯·潘恩（Thomas Paine）撰写了铿锵有力并广为流传的小册子《常识》（*Common Sense*），他说："只有我们获得独立，才能保证自己从外国人那里得到必要的支持，进而保卫革命的成果。"

发展外交是保护革命、捍卫独立的方式之一。不过，很多北美人民已经对自己的安全与使命有了更广泛的理解。从一开始，他们就相信，他们自己以及他们建立的国家是例外的，他们的经验是可输出的。潘恩说："北美人民已经开始进行抵抗，不仅仅是为了他们自己，也是为了全世界；他们关心的不仅仅是自己能获得什么利益，他们的事业在很大程度上也是全人类的事业。"他说，"美国人希望以自己的经验为基础，改变整个世界的面貌：在帝国时代，美国代表了人民的自决权；君主制时代，美国代表了共和主义；在传统的绝对主义国家林立的时代，美国代表了宪政精神"。他还说："思想会比军队更厉害，会穿越最坚固的堡垒，思想会比外交有更强大的力量。"他预测，"不管是莱茵河、英吉利海峡，还是大西洋，都不能阻止思想的进步；它将永远走在世界的地平线上，并最终征服世界"。潘恩相信，随着各国采取自由贸易政策，并且减少武器的使用，自由的传播最终将会缔造全世界的和平。不过，尽管潘恩是一个国际主义者，但他并不是干涉主义者。他坚决反对所有的国际战争，他认为国际战争只是某些人的阴谋，他们想征服和欺骗其他国家的人民。然而，很多美国人并不完全同意他的看法，他们认为，要想保卫自己的自由，就必须积极地、由近及远地向全世界传播自由的思想。只要美国人坚持这种信仰，那么美国就一定会根据自己的经验来逐渐地改变这个世界。

1776年7月4日，《美国独立宣言》正式公布，但这并没有使美国成为一个单一制国家。宣言明确表示，13个殖民地是一个"自由独立的合众国"，这里"国家"（states）一词使用的是复数形式。然而，为了准备对英国的战争，美国必须尽快采取单一制国家的某些特征。1777年11月，在一场漫长而激烈的辩论后，大陆会议于19日通过了《邦联条例》（Articles of Confederation），授予全国政府处理货币、税收和信贷事务的权力。各州都不再独立发行货币，并且同意将自己的税收所得及土地价值中的一部分上缴给大陆会议。《邦联条例》尽管增进了整个合众国的凝聚力，但解决得并不完美。各州自愿向大陆会议上缴自己的税收，但它们经常会拖欠上缴。此时，大陆会议唯一的惩罚措施就是对拖欠税款的州进行“公开谴责”。因此，尽管美国人赢得了独立战争，但他们建立的只是一个“邦联”，实际上既不是单一制国家，也不是合众国。

此时，神圣罗马帝国皇帝约瑟夫二世和他的首相考尼茨决定，要改写神圣罗马帝国的地缘政治版图。1777 年下半年，约瑟夫二世开始付诸实践。正好，巴伐利亚选帝侯没有人能够继承爵位，应该由其近亲普法尔茨选帝侯卡尔 · 特奥多尔（Karl Theodor）继承。不过，特奥多尔对巴伐利亚继承权兴趣不大。约瑟夫二世则派遣外交官，说服特奥多尔将巴伐利亚给予奥地利，奥地利则把奥属尼德兰的部分领土给普法尔茨作为补偿。这样，约瑟夫二世就可以放弃远离奥地利的尼德兰，换取离自己较近的巴伐利亚。不过，约瑟夫二世的突然行动立刻引发了腓特烈二世的强烈不满，他担心这将改变德意志神圣罗马帝国内部的均势。腓特烈二世的目标是保持神圣罗马帝国的现状，以防止奥地利利用神圣罗马帝国的皇权来做出对普鲁士不利的事情。事实上，腓特烈二世越来越把自己看作神圣罗马帝国皇帝的“反对者”，他试图团结德意志的中小国家，捍卫德意志的领土现状。由于此时奥地利哈布斯堡王朝和法国波旁王朝依然是盟友，因此发生在美洲和德意志两地的冲突，很有可能会将法国和西班牙卷入，这有可能会演变成类似于七年战争那样的大规模冲突。

1778 年，巴伐利亚王位继承战争爆发，法国陷入了两难境地。1778 年 2 月，路易十六声称，根据条约的规定，他要对奥地利的安全提供保障，“我们必须保证法国在德意志的声誉，之前我们的声誉已经受到了严重损害，维护《威斯特伐利亚和约》是法国王室的最重要任务”。但是，路易十六在权衡利弊后，并没有贸然出兵。这是因为，此时法国有机会在北美给英国以致命一击，一旦法国干预德意志事务，就会导致分心，无法集中精力对付英国。最终，法国决定不介入中欧事务，准备任由其自然发展。正在这个时候，北美人民的大陆军于 1777 年在萨拉托加（Saratoga）打败了英国政府军队。法国受到鼓舞，认为有机可乘，因此于 1778 年对英国宣战，1779 年西班牙也加入战争。英国本土侥幸逃脱了法西联军的入侵。一年后，荷兰海军在与英国的较量中失利，因此荷兰也决定加入反英同盟。大约同一时间，沙皇叶卡捷琳娜二世为在战争时期能够与交战国进行正常贸易，宣布成立“武装中立同盟”（League of Armed Neutrality），以使中立国船只可以自由地在交战国港口及其沿岸航行。用英国一位海军军官的话说，此时英国几乎是“在与全世界开战……其他国家组成的联合力量将会把我们的国家瓜分，我们将任由他们处置”。

面对这些挑战，英国政府进行了空前的战争动员。1778~1780年，皇家海军将守卫本土海岸线的战舰的数量增加了50%，海军人数也增加了50%左右。英国政府试图动员爱尔兰人参军，那里有庞大的人口资源，尽管那里的天主教徒占人口的多数。同时，爱尔兰的新教徒反对天主教徒加入政府的军队，不过英国政府进行了劝导。1778年，政府首次出台实质性的措施，以安抚天主教徒，第二年又制定了保护“异端”教徒的法案。不过，很多英国人仍然担心，英国的代议制不如欧洲其他国家的君主制更有优势。过去50年的历史证明，波兰、瑞典以及荷兰的“自由”政体都逐渐没落；而中东欧的那些独裁专制国家似乎越来越占据优势，因为这些国家的社会结构简单，有利于军事动员和对外扩张。正如1778年3月中旬英国的一位大臣所指出的：“欧洲内陆的那些军事大国已经积聚了无数财富，也将其臣民塑造成了一支支强大的军队，未来它们将占据主导地位。”

尽管英国在财政和军事上展现出了惊人的潜力，但这并没有扭转其在北美的颓势，也没能在最急迫的时候有效保卫其海上霸权。英国在欧洲奉行孤立政策，这最终严重地损害了自己的利益。这一次，法国波旁王朝没有卷入欧洲大陆的战争，因此在大西洋战场的力量超过了英国，英国辉格党所担心的事情还是发生了。法国不仅暂时获得了对北美附近海域的制海权，还成功进入北美大陆，为华盛顿提供支援。1781年，法美联军在约克镇包围了英军的主力，英军被迫投降。诺斯勋爵领导的内阁不久就垮台了，新内阁决定与法、美议和。

1783年，美英两国签署《巴黎和约》，美国独立战争结束，这标志着国际政治体系发生了重大的变革。英国丧失了大片殖民地——部分被法国、西班牙获得，同时被迫承认北美13个殖民地获得独立。英国保留了直布罗陀，但被迫把佛罗里达和梅诺卡岛交给西班牙，法国再次获得路易斯安那。法国外交大臣韦尔热纳伯爵感慨地说，法国的这次胜利“洗刷了1763年失败的耻辱”。更重要的是，西半球出现了一个崭新的强国。当时一些富有远见的人就预言，美国将很快取代英国，成为世界上最强大的国家。例如，英国政治家霍勒斯 · 沃波尔听完《美国独立宣言》后说：“英国只是一个岛国，它将很快衰落，只能为它过去的勇敢感到骄傲，这将是可笑的。尽管过去英国人发誓，要把自己的首都建得与巴黎一样大，但以后英国人将不得不遵守美国的法律，或许伦敦将听从纽约或者费城的安排。”一位法国人曾经预言，北美 13 个殖民地将会成为“世界上最强大的帝国”；而一名英国驻巴黎的外交官感到难以置信，他反唇相讥道：“是的，先生，而且他们都将说英语，每个人都是。”

美国独立战争对欧洲政治的影响非常具有戏剧性。在法国，人们重新对传统的君主专制制度表示支持。一位评论人士说：“法国取得胜利了……你们自己在家里、在公共场所、在咖啡店里，甚至是在酒店里，都可以想象法国将英国打败的情景，英国的海军完全被吞没。你们不断地喝着酒、享受着复仇的快感。”但是，这种快感很快就消逝了。法国在战争中付出了巨大的经济成本，法国大部分军费是通过贷款获得，而不是通过征收而获得。要想保证军费，就必须增加政府的透明度。国际金融市场、法国国内金融市场，都要求法国政府提高透明度，民众也有这样的要求。1781 年 2 月，法国财政总监雅克 · 内克尔（Jacques Necker）出版了其著名的《财政报告》(*Compte Rendu*)，当年就卖出了 10 万份。他本来是想促进民众与政府之间的协商，进而提高政府的信誉，但事与愿违，民众对政府的信心反而下降了。1783 年秋天，法国政府财政濒临破产。

法国不仅面临着金融困境，还面临着战略困境。法国因忙于与英国作战，所以没有介入巴伐利亚王位继承战争，但这为俄国干预神圣罗马帝国事务打开了大门。18 世纪 70 年代初，叶卡捷琳娜二世扩大了俄国在德意志的影响力，她安排了她的儿子（继承人）与两位德意志公主的婚姻。1773 年，她的儿子娶了黑森–达姆施塔特（Hesse-Darmstadt）的一位公主，后来这位公主早逝，他又娶了符腾堡的一位公主。此外，俄国向德意志帝国议会以及部分小的邦国派遣了更多的外交官。尽管德意志人都已经公认叶卡捷琳娜是俄国的沙皇，但她并不满足，她要求在德意志有更大的发言权，甚至是决定权。1779 年 10 月，她说：“俄国长久以来都渴望获得一项特权，即成为德意志帝国宪法的担保者。这是因为，正是这个特权使得法国在欧洲有着非同一般的政治影响力。”她努力调停奥地利和普鲁士之间的战争，使得双方签订了《特申条约》(Treat of

Teschen)，结束了巴伐利亚王位继承战争，约瑟夫二世被迫让步。其中，真正重要的条款是：叶卡捷琳娜二世成为神圣罗马帝国的担保人。一位英国外交官说道：“现在，我们必须把俄国看作德意志的仲裁者。” 1778 年 12 月，在德意志帝国议会上，法国代表抱怨道，法国对德意志政治长达 150 年的主导权正在被俄国所代替。正如韦尔热纳在 1779 年评论的那样：“这个问题非常重要，大体来说，德意志有能力伤害法国。德意志是欧洲面积最大、人口最多的国家……如果不能从宪法上对这个国家进行限制，那么其权力将无法受到制约，它将超过我们，成为我们的威胁……因此，我们要想保卫自己的安全，要想保持自己的优势，就必须维持德意志的分裂，维持其现有的宪法，防止其团结起来。”一旦神圣罗马帝国被某一个敌国所控制，法国就将陷入危险。

英国在战争中失利，美国宣布独立，人们都在争论英国失败的原因。很多人认为，英国要想东山再起，就必须进行一场根本性的国内政治改革；另一些人认为没有必要这么做，只需在精神上和道德上进行反省就已经足够。还有一些人提出，政府应该扩大公民权，这对于动员全国力量，为共同目标而奋斗是必要的。不少人认为，可以通过“经济改革”使国家的金融秩序恢复稳定。几乎所有的人都认为，应该彻底改变英国的大战略。民众认为，英国可以在美洲重建其殖民帝国，并且会比之前的面积更大。英国之所以有这个实力，是因为在整个美洲，依然有很多人支持英国，其中很多人是刚刚获得自由的黑奴。1788 年，英国首次有人移民到澳大利亚，在那里建立了殖民地。在非洲、亚洲和美洲，特别是加拿大，新的殖民地很快建成，老的殖民地也发展迅速。不过，英国最重要的任务是重建其盟友关系，特别是在中欧。保守党不得不放弃其“蓝水”(blue water)战略，因为英国不得不再次关注欧洲事务，无法集中精力发展海洋力量。1783 年 12 月，经验丰富的外交官、议员詹姆斯 · 哈里斯(James Harris)评论道：“凡是关注我们国家利益的人，都希望重新建立与其他国家的联盟关系，这样我们才能恢复在欧洲大陆的影响力。”英国不应再让自己孤立于欧洲事务之外。

18 世纪 80 年代中期，约瑟夫二世进行了一系列国内改革，以加强哈布斯堡王朝的权力。除了匈牙利及其世袭领地之外，奥地利政府废除了其他所有地方的通行费，政府还提高了对部分行会的限制。约瑟夫二世试图逐渐打破天主教等级制度。1781 年，他发布《宽容令》(Toleration Edict)，放宽了对犹太教徒和新教徒的限制，其目的是动员宗教“异端”人士为国家的利益服务，同时也可以防止其他强国(尤其是普鲁士和俄国) 获得战略优势。约瑟夫二世试图改革宗教仪式，限制各级主教的权力，限制主教同教皇的联系，同时关闭了大量的修道院。他的目的是强化自己的权威，减少天主教会对政治的干预，使得宗教更加适合人民的需要。他努力削弱各地代议机构的权力，尤其是在匈牙利和奥属尼德兰，以此加强自己的权力。到 18 世纪 80 年代中期，约瑟夫已经做好准备，来解决最大的难题——农奴制。他认为，这需要调整君主、贵族和农奴三者之间的关系，解决彼此之间的矛盾。

约瑟夫二世试图通过上述改革，使得奥地利成为国际舞台上一个更强大的国家，但这又导致其付出了巨大的代价。国内那些权势人物（如神职人员和匈牙利的贵族）不满瑟夫二世的改革，他们不仅试图煽动国内的叛乱，还有可能会投靠敌国。约瑟夫二世禁止教皇干预奥地利事务，同时限制主教的权力，这等于颠覆了神圣罗马帝国的等级制度，一些既得利益者因此非常愤怒。他的强硬政策使得很多德意志诸侯认为，他不仅不会维护德意志的宪政秩序，还有可能会破坏其他邦国的主权。约瑟夫二世决心巩固和扩大奥地利的领土，他认为在必要的时候可以破坏德意志帝国的宪法，因此他的政策备受争议。1784 年 11 月，他试图再次用奥属尼德兰换取巴伐利亚。很多人对此表示担忧，认为哈布斯堡王朝试图再次控制整个德意志，建立“世界帝国”，颠覆整个欧洲的均势。约瑟夫二世公然蔑视神圣罗马帝国的传统，导致很多诸侯——如腓特烈二世、美因茨选帝侯公开反对他。1785 年，部分诸侯国结盟，共同应对奥地利的威胁。这说明，当神圣罗马帝国内部出现威胁时，各邦国依然能够进行外交协调，以应对威胁。约瑟夫二世又一次被迫让步，他的外交政策代价巨大，且遭遇了失败，导致国内民众普遍对其不满。

这时的俄国统治者显得很明智，叶卡捷琳娜二世并没有趁机扩大在德意志内部的影响力，而是试图与奥地利结盟，以向南部扩大领土。因此，俄国并不打算在中欧扩大势力范围，而是试图在巴尔干半岛和黑海扩展利益，以巩固自己“第三罗马”的形象。1774 年，俄国与土耳其签订了《库楚克－凯纳吉和约》，规定俄国有责任保护土耳其境内的东正教徒，在必要的时候可以干涉土耳其内政。叶卡捷琳娜二世尽最大努力来使用这项特权。此外，根据该条约，克里木汗国脱离土耳其的统治而“独立”。很快，这个汗国就出现了两股力量，有的人支持俄国，有的人支持土耳其，双方爆发内战。1776年11月，叶卡捷琳娜二世派军队干涉内战，并于1783年彻底得到了克里米亚。事实上，她还有一个更大的计划，即“希腊计划”，包括攻占君士坦丁堡、恢复东正教在小亚细亚半岛上的地位，以及强化俄国作为“第三罗马”的形象。本着这样的精神，1779年，叶卡捷琳娜二世将自己新出生的孙子命名为“康斯坦丁”（Constantine），与“君士坦丁堡”（Constantinople）同音。同时，俄国在塞瓦斯托波尔（Sebastopol）的军事基地建立了一座拱门，上面雕刻着一句话：“这里是通往拜占庭之路”。

奥斯曼帝国感受到了危险，因此，它在1787年决定先向俄国发起进攻。但是，土耳其军队战斗力非常差，俄国很快进行反击，并进入土耳其领土，一直向南进攻。奥地利、普鲁士这两大中欧强国迅速对此做出反应。如果奥地利不采取行动，那么奥斯曼帝国就将被俄国吞并，至少其欧洲领土将会被俄国吞并，这将导致俄国从东边包围哈布斯堡帝国。因此，1787年年底，约瑟夫二世加入战争。表面上，他站在了俄国一边，但实际上是为了防止俄国将土耳其全部吞并。普鲁士则对奥地利非常警惕。1786年腓特烈二世去世，其侄子继承王位，即腓特烈·威廉二世。他认为，一旦奥地利、俄国联合起来将奥斯曼帝国打败，那么普鲁士将会陷入不利境地。此时，普鲁士的西边正在受到威胁，荷兰共和国爆发了“爱国党”（Patriot Party）领导的起义，他们反对荷兰执政威廉五世。由于“爱国党”背后有法国的支持，而法国又是奥地利的盟友，因此奥地利有可能在东西两面对普鲁士构成威胁。很快，“爱国党”推翻了威廉五世，并抓走了威廉五世的妻子——同时也是腓特烈·威廉二世的妹妹，因此普鲁士国王决定对“爱国党”采取行动。1787年，他率兵入侵荷兰，恢复了奥兰治王朝，威廉五世复辟。一年后，普鲁士与荷兰、英国结盟。这样，普鲁士的西边暂时安全了，因此腓特烈·威廉二世开始与波兰、瑞典和奥斯曼帝国进行谈判。1788年1月，普鲁士首相透露了一项“宏伟计划”，即试图让波兰、瑞典和奥斯曼帝国各自得到一部分土地，以制约奥地利和俄国的势力。普鲁士支持奥地利在巴尔干半岛进行有限的扩张，但奥地利必须放弃加利西亚，将其交给波兰。作为对普鲁士的回报，波兰将但泽（Danzig）和托恩（Thorn）割让给普鲁士。约瑟夫二世对此非常生气，他宣称“宁愿发动战争毁灭这一切，也不会允许普鲁士国王获得一个小村落，更休想实现什么‘宏伟计划’”。那年夏天，瑞典进攻俄国，试图帮助奥斯曼帝国，缓解其压力。一场范围更大的欧洲战争似乎快要发生了。

美利坚合众国是欧洲移民在遥远的大西洋彼岸建立的第一个独立的国家。美国人一直在关注着欧洲的局势。亚历山大·汉密尔顿评论道：“一片乌云已经在欧洲上空飘浮了很长时间，如果它变成一场暴风雨，谁能保证这场雨一点点都不会落在我们美国人的头上？”他还说：“无论我们保持中立还是克制，都无法保证自己的安全；很多时候，和平与战争不是我们自己能决定的；即使我们变得温顺，也无法保证别人对我们温顺；即使我们没有野心，也不一定能让别人对我们没有野心。”美国独立战争后，英国撤走了驻守在这里的海军。而美国自己的海军非常弱小，因此美国商船不断遭受北非巴巴里海盗的攻击。此时，美国无法保护自己的利益免受小小的海盗的侵害。这并不仅仅关乎美国的“荣誉”：美国人对商业的积极追求，不断给予这个年轻的共和国力量，使其在与英国和法国的竞争中能够生存下来。换句话说，如果美国的商业受到阻碍，那么它将失去竞争力。1785 年 3 月，托马斯·杰斐逊和约翰·亚当斯接到了的黎波里驻英国大使发来的通知：“无论任何国家，凡是拒绝承认《古兰经》权威的人，都是罪人；我们有权利和义务对这些人发动战争，并且要抓到这些人，让这些人成为我们的奴隶。”美国试图与有着强大海军力量的巴巴里海盗讨价还价，但后者越来越得寸进尺。换句话说，此时美国无法保卫其海上安全，因此不得不受到伊斯兰世界的欺负。

此时，英、法、西在北美建立的殖民地还紧紧地包围着美国，对美国的安全构成不小的威胁。1784 年，西班牙关闭了密西西比河的航道，并且在南边的佛罗里达对美国形成威胁，同时在得克萨斯加强防御工事。这引发了美国人的愤怒。1786 年，有人在镇民大会和法院会议上散发公开信，并且流传很广：“以色列人的后代成了埃及人的奴隶，我们是不是也要成为西班牙人的奴隶？”此外，美国外交国务秘书（后来改称国务卿）约翰·杰伊（John Jay）想知道，法国是不是“已经完全放弃占领整个美洲大陆的企图了”。美国担心欧洲人在美国西边建立新的殖民地，因此美国政府发起了西进运动，鼓励人们在新的土地上探险和定居。不过，对美国威胁最大的是英国。此时，英国已经牢牢控制了加拿大，并且重新获得了在美国独立战争期间曾丢掉的制海权。美国人强烈怀疑，英国不仅在煽动印第安人部落反抗美国政府，还在对马萨诸塞州的谢司起义（Shays' Rebellion）提供支持。1787 年 12 月中旬，汉密尔顿说道："英国、西班牙以及我们周围的印第安人部落……从缅因到佐治亚，快要把美国包围起来了。"当初正是因为美国人不满自己的安全受到威胁，而英国又无法提供保护，所以美国人选择独立。而现在，事实上这个问题依然没有解决。

更重要的是，独立战争时期的宪政安排已经完全不适合解决 18 世纪 80 年代末美国所面临的挑战。事实上，美国并没有统一的行政领导人，国会没有权力规定税收政策，美国与其他国家签订的条约必须得到所有州的批准之后才能生效。独立战争时期美国欠下的债务大部分由各个州来分摊，而每一个州又没有能力偿还债务，因此其信用面临破产。美国没有统一的军队，因为各州不能就军队的供养问题达成一致的意见，而且很多美国人担心，军队可能会导致民众的自由被破坏。的确，这时的美国像是一盘散沙，联邦政府软弱无力，以至于很多美国人担心，这个联邦将无法维持，国家将被分成很多部分，甚至导致内乱。美国的最主要的威胁来自西边，美国人对此尤为担心。汉密尔顿已经预见到："在美国西边的那片广阔土地上，未来将会爆发领土争端，威胁美国的安全。"此外，美国现在还没有能力在西部边境建立可靠的防线，因此其他国家可能会趁机占领真空地带，威胁美国的安全。甚至，居住在阿巴拉契亚山脉和密西西比河之间的移民，可能会申请加入大英帝国或者西班牙，甚至自己建立一个独立的国家。那样的话，美国就会面临更大的威胁，这是美国人最担忧的。因此，现在的美国人面临抉择：要么团结起来，建立一个更强大的政府，协调全体美国人保卫自己的国家，并进行领土扩张；要么美国爆发内战，最终成为其他国家扩张其势力的牺牲品。

因此，1787 年，美国 13 个州的代表齐聚费城，以修改《邦联条例》、制定宪法。但是在会议上，产生了两派意见——"联邦党"和"反联邦党"，双方激烈辩论。"联邦党"占据上风，他们以汉密尔顿、杰伊和詹姆斯 · 麦迪逊为代表，三人曾经合著《联邦党人文集》（*Federalist Papers*），因此被称为"联邦党人"。三人认为，外交政策是美国面临的最关键任务。1787 年 11 月，汉密尔顿曾写道："保护自己免受来自外部的危险，这一原则是对国家政策的最有力的指导。"麦迪逊和汉密尔顿认为，德意志帝国的"封建体系"已经不适合时代的需要，这个帝国"软弱无力，不能管理自己内部的成员，无法保障自己不受外部威胁，并且内部矛盾不断激化”。他们评论道：“德意志帝国的各个邦国彼此相互嫉妒、分歧不断，有的过于骄傲和自负，为了主权问题而矛盾重重，德意志帝国议会效率低下。我们不能成为第二个德意志帝国，必须时刻做好战争的准备，不能因为烦琐的讨论而耽误了时间，否则敌人早就在战场上打败我们了。”二人认为：“即使德意志帝国克服各种困难，可以实现统一，它的邻国也不会允许这样一场革命发生，因为一个统一的德意志将会拥有强大的力量。”他们还指出：“美国也不能效仿波兰，因为波兰的每一个邦国都有自治权和自卫权，因此整个联邦是一盘散沙，不得不听任其强大邻国的摆布，最终它 1/3 的人口和领土被其‘仁慈的’邻国夺走了。”“联邦党人”认为，英国是唯一一个可以效仿的例子。1707 年，英格兰与苏格兰合并，组成一个统一的国家，以“共同抗击敌人”。杰伊引用了安妮女王 1706 年写给苏格兰议会的信，并且认为现在的联合王国是一个“完美的联盟”，完全适合美利坚合众国效仿。

1787~1788 年，美国宪法在费城获得通过。这部宪法是美国人对英国、德意志、波兰以及自己民族的历史经验所做的总结。就像英格兰和苏格兰那样，美国宪法的序言称，我们决心“要成为一个更加完美的联邦”。根据宪法规定，美国国会做出的所有决定无须各州一致同意，只需多数决定即可，没有任何一个州拥有否决权。宪法还确立了总统制，这是一个强有力的行政体系，总统有权制定外交政策和缔结条约，不过条约要在得到国会两院的批准后才能生效。国会由参议院、众议院构成，前者由各州平等分配议席，后者由各州按照人口比例分配议席。为了吸取波兰的历史经验教训，在南卡罗来纳农场主、州议会议员皮尔斯 · 巴特勒（Pierce Butler）建议下，美国确立了“选举人团”或“总统选举团”制度，以减少国内党争，同时避免外国势力的贿选行为。同时，各州在战争中所欠下的债务都由联邦政府来承担，以恢复政府的“公共信用”。宪法承认了奴隶制的存在，但南北双方达成妥协，将奴隶的实际人口乘以 3/5，作为税收分配与美国众议院成员分配的“代表性用途”；此外，宪法允许将奴隶制扩展到美国新获得的土地之上。不过，各州同意，将在 20 年内废除奴隶贸易，北方各州普遍希望整个奴隶制能够逐渐被废除。同年，国会制定了《西北法令》（Northwest Ordinance），规定合众国的领土扩张要以接收新的州加入合众国的方式来进行，并且新州的地位要与已经加入合众国的州完全平等，而不是扩大某一个原有的州的面积。同时，《西北法令》也规定，北美五大湖南边、俄亥俄河北边的土地，应该为自由州，而非蓄奴州。很快，国会又通过了《西南法令》（Southwest Ordinance），允许在西边、南边新加入合众国的州实行奴隶制。1788年，美国宪法正式生效。与欧洲国家一样，美国通过宪法重塑了内部的政治，以使自己在国际体系中更具竞争力。

美国没有模仿普鲁士和俄国的军事制度。这两个国家按军功来奖赏战士，形成一个强大的“军功贵族”阶层，通过这种制度来保卫国家的安全。尽管美国面临战略困境，但并没有学习这两个国家。的确，有一些爱国人士建议，可以按照官兵在独立战争中的表现来论功行赏，以建立一个贵族阶层，世袭其爵位，目的是强化人们参与保卫国家的积极性。“辛辛那提协会”（Society of the Cincinnati）就是一个典型的例子。这是一个军官“联谊协会”，组织者建立基金，为退伍老兵提供抚恤，以使人们不会忘记“他们曾经为美国人的自由与权利所做的努力与牺牲”，以此来“巩固美利坚合众国的团结，捍卫国家的荣誉”，同时“对功勋卓著的军官及其家属表达敬意”。不过，尽管伟大的建国之父们（尤其是华盛顿）曾经欣然接受邀请，表示愿意加入该协会，但协会依然受到了不少人的质疑。很多人认为，这将导致在美洲大陆培养出来一个新的贵族阶层，这是违背合众国宪法的。最后，美国没有采用军功制度，而是建立常备军制度，同时辅之以民兵制度。民兵制度容易培养出强壮的战士，也得到了民众的支持。美国宪法修正案的第二条规定：“纪律严明的民兵对于保障国家的安全是必要的，人民持有和携带武器的权利不可侵犯。”时间会告诉我们，欧洲大陆和美国的这两种战争动员方式，究竟哪个会更加有效。

一场类似的激烈辩论也在中东欧展开。奥斯曼帝国在1787~1788年的俄土战争中被打败，割让了大片领土。波兰人感到非常担心，他们担心自己也会步其后尘。当时的国王斯坦尼斯瓦夫二世是一位改革家，他决心让国家壮大起来，以免在俄国的压力下不战而败。1788年10月，他召集了一个四年议会。与以往的议会不同，这届议会没有在6个星期后闭会，而是决定要制定一部新的宪法，强化中央集权，使波兰联邦变得更加强大。斯坦尼斯瓦夫二世制定了改革议程，处理国内的各种问题，包括军队和金融改革。同时，他决心废除糟糕的自由否决制，以使国家政令统一。他希望通过这些改革，防止波兰再次分裂，否则这个联邦在18世纪末就要不复存在了。同时，他也准备与俄、普等国家结盟。1789 年 5 月，斯坦尼斯瓦夫二世与叶卡捷琳娜二世见面，并告诉她，波兰改革之后可以有强大的军事力量，并配合俄国进攻土耳其，双方可以分享从土耳其获得的土地。他要求获得比萨拉比亚、摩尔多维亚的一部分，以及一个黑海港口，以补偿 1772 年波兰失去的土地。但这项提议遭到了叶卡捷琳娜二世的拒绝，不过她勉强同意撤走部署在波兰边界的军队。20 多年来，波兰似乎第一次重新变成了欧洲舞台上的一个独立国家。

德意志人担心自己的帝国像波兰那样被其他的国家所瓜分，同时各个诸侯也担心自己成为奥地利或者普鲁士的傀儡，因此它也希望改革帝国的制度。1760~1780 年，各个邦国矛盾重重，天主教徒与新教徒纷争不断，导致德意志议会几乎陷于瘫痪。但在必要的时候，各诸侯依然能够彼此协调，共同应对外敌。1787 年 7 月，神圣罗马帝国副首相（同时被认为是首相接班人）卡尔 · 冯 · 达尔贝格（Karlvon von Dalberg）主教发起了一场改革，旨在恢复帝国的凝聚力，实现共同目标。他指出："德意志帝国宪法已经变得脆弱，导致整个帝国被它的邻国所鄙视。"他声称，解决办法是，在尊重帝国"永久宪法"的前提下，再制定一个永久性的选举办法。具体来说，就是通过议会产生一个强有力的行政机构，负责日常政策的制定。同时，还有一些人呼吁，民众应该更广泛地参与帝国的政治事务。1787 年，哈布斯堡王朝的一个传道者克里斯托夫 · 路德维希 · 普法伊费尔（Christoph Ludwig Pfeiffer）曾指出，帝国选举不应该只是 9 个选帝侯的事情，应该由帝国议会中所有邦国的代表来决定。不过，这些提议并没有得到广泛响应。与美国不同，德意志帝国的各个邦国并不愿意牺牲自己的特殊利益。要想保卫国家的安全，就必须集中帝国的权力，但这又会破坏各个邦国的"自由"。直到这个时候，这个矛盾依然没有解决。

18 世纪 80 年代末，欧洲国际体系的变化对法国的影响是最明显的，导致了法国政治出现了惊人的变化。1786 年 8 月，法国财政总监承认，法国政府已经陷于破产。1787 年 2 月，路易十六被迫召开贵族会议，试图增加对特权等级的税收，但遭到了贵族的抵制，三个月后会议解散，财政改革没有取得任何实质性进展。结果，当 1787 年 9 月普鲁士入侵荷兰时，法国由于没有经费而无法进行干预，这对于法国来说是非常丢脸的事。法国的盟友、神圣罗马帝国皇帝约瑟夫二世说道："法国已经倒塌了，我怀疑它还能否再站起来。”外交政策的失败，使得法国人对自己的国家彻底失去了耐心，最终导致旧政权的合法性面临巨大危机。人们认为，国王和王后都应该对外交政策的失败负责任。法国人反对与奥地利保持同盟关系，因此对奥地利公主、法国王后玛丽·安托瓦内特（Marie Antoinette）非常反感。不少人认为，这位王后将奥地利的“专制主义”带到了法国，而且操纵大权、败坏政治、放纵挥霍，造成了恶劣影响。事实上，这些指责并非完全没有依据：她的哥哥约瑟夫二世曾试图瓜分奥斯曼帝国，奥斯曼帝国是法国的盟友，而她却为自己的哥哥辩护，没有维护法国的利益。普通民众也对玛丽·安托瓦内特非常反感，底层百姓认为她粗俗、下流、令人厌恶。不过，最令人无法容忍的一点是，她奢侈无度，导致了国家的破产，同时她还败坏了政治风气。王室的失败政策使得国家付出了惨重的代价。当时，批评人士问一位大臣：“现在政府还能运行得下去吗？如果得不到民众的同意，政府还能有钱可花吗？”这句话的言外之意非常清楚：法兰西要想维持其大国地位，就必须增加税收，但只有扩大政治参与，民众才有可能支持政府的税收政策。

此时，路易十六和他的大臣们越来越陷入窘境。包括法国在内的各国民众和金融市场都已经对波旁王朝的大战略失去了信心，不愿意将钱借给这个政府。这意味着，法国将难以通过借债的方式来缓解财政压力，除非贷款人能够获得非常高的利息。这导致法国的外交和军事影响力迅速下降。1789年3月，外交大臣发出警告，如果法国再不解决国内危机，如果它依然无法恢复其力量，那么整个国家的外交事务将一事无成。而外交的不利境地，使得政权更加丧失合法性，因此出现了一个恶性循环。一些大臣想出了不少应急之策，如强制增加税收，并向巴黎高等法院施加压力，但这些愚蠢的做法使得旧政权面临更多的危机。如果此时法国打一场胜仗，帮助荷兰恢复自由，或许有助于法国摆脱这种恶性循环。有的人强烈指出，这样做有助于避免法国走向歧途，或许可以挽救国家。然而，这无法成为现实，因为法国政府“在镇压本国人民时，总是显得非常积极；而在抗击外敌时，总是变得极其软弱”。换句话说，法国政府拒绝通过战争的方式来保卫自己在欧洲的战略利益，它只能与自己的人民相对抗。

1788年8月中旬，路易十六被迫同意召开三级会议。从1614年开始，法国已经有将近200年时间没有召开三级会议了。民众起草了请愿书，要求进行政治改革。本来，民众并不想推翻君主制。当时很多人依然认为，君主制政体最有利于维护法国国内的平静，最有利于抗击外部侵略。民众也并非特别反对贵族制度，而是认为这种制度能够更好地为国家的利益服务。1789年5月，三级会议终于召开。此时，民众已经对国王和大臣感到失望，因此希望以三级会议为契机，推动国家的改革。三级会议的参加者有教士（第一等级）、贵族（第二等级）和市民（第三等级）三个等级的代表。传统上，三个等级不分代表多少，每个等级各有一票表决权。但此时，投票规则发生了变化，每一个代表均有投票权。这样，由于第三等级的代表数量较多，因此他们把握了主动权。国王拒绝了第三等级的要求，因此6月中旬，第三等级的代表自行宣布成立国民议会（National Assembly），并宣称要制定一部新的法国宪法。7月14日，巴黎市民攻占了巴士底狱。而不少农民则感到巨大的恐慌，他们担心奥地利的入侵以及贵族的镇压，因此他们攻打贵族的庄园，并烧毁地契。但此时，改革者们并不想摧毁君主制本身，而是想维护其存在。一位律师曾经这样说过："君主制符合客观与主观的需要，我们的目标和原则并不是要削弱它，而是要使其更加完善、更加强大。"路易十六如果能执行强有力的外交政策，他依然有可能成为一个强大的君主。

法国大革命爆发于1789年，并持续到18世纪的最后10年。这次革命有很多原因，其主要原因是，法国人决心要让自己的社会变得更加完善，以在欧洲舞台上重建大国地位。如何对待贵族，成为这次革命的核心议题。之前，改革者认为贵族会支持自己，但事与愿违。因此，到了1789年，改革者决定不再说服贵族支持自己。8月初，国民议会发表声明，废除贵族享有的封建特权，新的社会秩序应该以才能和贡献为基础，而不是以出身和血统为基础。8月底，《人权和公民权宣言》颁布。11月，第一等级的特权也被废除，国民议会颁布法令将教会的财产国有化，并将教会的土地变卖，利润以"指券"（assignats）①的形式充公。1790年2月中旬，国民议会宣布，法国教会脱离罗马教皇统治而归国家管理。6月，贵族的特权最终被正式废除。之后，国民议会规定政教分离，教会不得凌驾于政府之上，并且要求教士宣誓忠于国家。国民议会规定法语为全国通行语言，并对一些少数族群（如布列塔尼人、佛兰芒人、巴斯克人、加泰

① 指券是1789~1796年间法国大革命时期发行的可作货币流通的有价证券。发行指券是资产阶级掠夺国有资产、进行商业投机和掠夺下层群众的工具。——编者注

罗尼亚人和日耳曼人）不断施加压力，要求他们使用法语作为沟通语言，同时在西部和南部一些方言较重的地区推广标准的法语。正如天主教神父、改革者埃马纽埃尔-约瑟夫·西哀士（Emmanuel-Joseph Sieyès）所说，这些措施的目的是“将法国变成一个单一的整体，消除各族群的差异，使之成为一个民族”。

最初，其他欧洲大国没有意识到法国大革命带来的“危险”，甚至不少国家的统治者对法国民众持同情态度。很多英国人认为，法国民众是受到了英国辉格党光荣革命的鼓舞，因此他们坚信法国人最终一定会获得自由。普鲁士首相认为，法国将出现一个开明的政府，神圣罗马帝国皇帝约瑟夫二世也对此表示欢迎。当时，任何一个国家都不想干预法国大革命，没有计划使用武力恢复法国君主的绝对权威。1789年7月底，奥地利首相考尼茨明确表示：“毫无疑问，我们不能以任何方式进行干涉。”当时的德意志显得比较安静，没有怎么受到法国革命的影响，只是在德意志西部出现了一些反政府活动，后来列日王子主教区也发生了反对奥地利统治的活动，不过很快均被镇压。在哈布斯堡王朝，约瑟夫二世的改革则引发了一场真正的革命。1789年年底，他废除农奴制的计划在匈牙利这个极其保守的地方激起了巨大的反对声浪。同一年，约瑟夫二世试图废除奥属尼德兰的代议机构，但遭到了武力反抗。奥地利各地的暴乱都显示出了离心倾向。神圣罗马帝国皇帝希望加强中央集权，以提高奥地利在欧洲的地位，但很多人拒绝服从中央政府，只尊重地方精英的权威。

1790年，埃德蒙·伯克的《法国革命论》（*Reflections on the Revolution in France*）一书出版。伯克认为，这场革命是对传统、宗教、财产和“骑士精神”的攻击，是“建立在感情、习惯和道德舆论基础之上的”。不过当时很少有人同意伯克的观点。在这本书的开头，伯克说道：“法国、整个欧洲甚至欧洲以外的地方，似乎都已经处于危急之中，法国革命是迄今为止世界上最令人感到震惊的事件。”《法国革命论》不仅是文学和政治上的一座里程碑，也在出版业造成了轰动。这本书卖了1.7万~1.9万册，读过这本书的人则更多，与这本书相关的小册子有100多种。在接下来的几年里，伯克对雅各宾派进行口诛笔伐。他谴责说，这些信奉“武装教义”（armed doctrine）的人试图建立一个“世界帝国”，其危险程度已经不亚于当年曾经称霸欧洲的路易十四。他最为担心的是，法国的革命将会对“中欧”造成影响，由于德意志的各个邦国“彼此联系紧密”，因此“神圣罗马帝国可能会一下子遭到毁灭性的打击”。因此，伯克引经据典，认为欧洲其他国家必须保卫自己的安全，防止遭受法国革命的冲击。他支持欧洲国家对法国进行干涉，明确反对“不干涉主权国家内部事务”这个“国际法中的错误原则”。

其他国家对法国的危机很少表示关注，主要原因是它们正在集中精力处理其他地区发生的事件。很多国家的统治者认为，法国大革命会彻底摧毁法国在国际体系中的所有影响力。巴士底狱被攻占后，英国外交大臣利兹公爵（Duke of Leeds）评论道：“目前的形势对于法国来说是致命的，法国内部的混乱一定会导致其国力的衰落，因此这是对英国非常有利的时机。”普鲁士人也对法国旧政权的垮台感到高兴，因为普鲁士的宿敌奥地利现在已经失去了法国波旁王朝这个盟友。1789 年 8 月，巴士底狱被攻占一个月之后，普鲁士国王就决定利用这个有利时机，在年底对奥地利发动进攻，除非约瑟夫二世在巴尔干问题上做出让步。几个月过后，他宣布派兵进入位于奥属尼德兰的列日王子主教区，镇压了那里的反政府革命。他并非要帮助奥地利恢复统治，而是要占领该地区，削弱奥地利。1790 年 1 月，法国正陷入混乱，普鲁士则与奥斯曼帝国结盟，以从两面包围奥地利。一场欧洲大战似乎马上就要爆发。

与此同时，英国人正在就奴隶制的存废问题进行辩论。1787 年 5 月底，一部分议员、医生、神职人员在伦敦成立了“废除奴隶贸易促进委员会”。该委员会的成员忠诚于宗教精神与人道主义，他们强烈呼吁废除整个奴隶制，尤其是要求取缔横跨大西洋的“三角贸易”。1791 年 4 月中旬，威廉 · 威尔伯福斯（William Wilberforce）提出的要求废除奴隶贸易的议案没有获得通过，但是这个问题更加受到人们的关注。当然，奴隶并不仅仅是西方人慈善行为的被动接受者。1791 年 8 月，法国在加勒比的殖民地圣多明各爆发了一场大规模的种植园奴隶起义。黑人奴隶抗议法国新政府，因为法国大革命后成立的新政府继续实行奴隶制，没有将《人权宣言》中规定的权利推广到有色人种。这些黑人奴隶大多来自非洲，起义军的领袖将自己看作非洲部落的首领，而不是所有人民的代表。他们模仿非洲的王国建立自己的政权，但同样坚持实行奴隶制。同白人殖民者一样，黑人起义领袖也将另外一些黑人俘虏贩卖到西班牙和英国。对于欧洲国家，特别是英国和西班牙来说，这次起义是一个让人头疼的问题，因为这两个国家每年要从加勒比和美洲的种植园中获得大量的税收，这是欧洲国家维持其国力的基础之一。它们担心圣多明各和海地的黑人奴隶起义会产生示范效应，导致南美洲也发生类似的事件。因此，奴隶制的存在对于维系欧洲各国的力量均衡有重要作用。

法国大革命原本并没有引起欧洲其他国家注意，但革命导致了两个重要的地缘政治变化，欧洲国际关系因此发生了巨大改变。第一个变化发生在神圣罗马帝国内部。1790年2月下旬，约瑟夫二世去世，其弟利奥波德二世继承神圣罗马帝国皇帝之位。他发现他哥哥的激进改革措施已经引发了国内危机，因此他决定调整政策。同时，他决定修复与北部邻国之间的关系。1790年7月，他决定放弃约瑟夫二世时期对土耳其的战争政策，同时缓和与普鲁士的关系。两国达成《赖兴巴赫协定》（Convention of Reichenbach），决定抛弃前嫌。由于一时难以在巴尔干获得新的领土，利奥波德二世同意放弃对土耳其的军事行动；同时普鲁士答应，以后将继续支持哈布斯堡家族人士担任神圣罗马帝国皇帝。协定的内容并没有产生什么大的影响，但奥地利和普鲁士这两大宿敌能走到一起本身就是一个地缘政治上的地震。德意志其他邦国感到极其不安，它们担心神圣罗马帝国将被哈布斯堡、霍亨索伦这两大家族瓜分。最重要的是，普、奥两国决定合作对付法国，而当时法国是一个非常虚弱的国家。普鲁士开始制订计划，准备吞并尤利希（Jülich），并要求法国补偿普鲁士的损失（因为法国占领了阿尔萨斯）。

另一个地缘政治上的变化，是法国大战略的巨大变化。法国革命者认为，奥地利再一次成为法国的主要敌人，英国已经不是主要敌人。法国再一次将其大战略的重心转向东方，而不是英吉利海峡和大西洋。此时，波旁王朝试图利用德意志帝国宪法的缺陷，逐步蚕食其领土，以扩大法国的疆界，并巩固自己的边防。法国人认为，必须保卫自己的“天然边界”——比利牛斯山、阿尔卑斯山和莱茵河，这对于地缘政治具有重要意义。1790年3月上旬，一位资深作家对法国“宪法之友”社团说：“莱茵河是法国的天然边界，法国必须尽最大努力保卫自己边界的极限。”这意味着，神圣罗马帝国的西部地区，特别是莱茵兰和普法尔茨，将成为法国与普、奥两国交战的最前线。法国新的领导人强调，应该将革命推广到整个欧洲，这样才有利于欧洲的团结与法国的安全。在某种程度上，革命价值观的输出对于法国非常重要。这反映了一种根深蒂固的信仰，在一个由旧体制主导的欧洲，法国不会获得安全，大革命的成果无法得到保障。1791年7月，有人曾给巴黎外交委员会写信：“只有当这个世界上不再有暴君的时候，我们才不需要担心战争。”

上述因素共同影响了法国革命者对神圣罗马帝国的政策。用意识形态术语来说，德意志的一切事物——各式各样的小型邦国以及反动教会对土地的分割都与新秩序格格不入，都是法国革命者所鄙视的。德意志的一些贵族和阿尔萨斯的主教曾经向帝国议会和皇帝请愿，抗议自己的封建特权和教权被废除，法国革命者对这些贵族表示嘲讽和嗤之以鼻。更糟糕的是，法国旧政权的流亡者在德意志西部的军营中安身（尤其是在靠近科布伦茨的地方），他们寻找机会，试图反攻倒算、复辟旧政权。如果他们与德意志的一两个大国联合起来共同对付法国，那么法国新政权将面临生死攸关的威胁。1791 年 8 月，那个时刻似乎到来了，奥地利和普鲁士在萨克森发表“皮尔尼茨宣言”，表示了对法国局势的担忧。皮埃尔 · 勒布伦（Pierre LeBrun）曾经是一名激进的记者，后来担任了法国外交部部长。他认为：“皮尔尼茨宣言意味着专制暴君正在联合起来共同对付自由的国家。” 1792 年 2 月，托马斯 · 潘恩在给友人的信中说道：“我希望这场战争能够消灭德意志的那些暴君们，进而实现整个德意志的自由。只有当整个欧洲成为革命者的世界时，法国才有可能得到和平与安全。”潘恩早年曾经反对任何国家对外输出自由，但现在他已经改变了看法。

外部压力也对法国国内政治的发展产生了深刻的影响。革命者原本并不想推翻国王，相反，他们让国王继续掌管外交事务。然而，1790 年夏天，英国和西班牙为争夺太平洋东北沿岸的殖民地发生了冲突，这就是努特卡湾危机（Nootka Sound crisis）。5 月，法国新任外交大臣蒙莫兰伯爵（Count de Montmorin）告诉国民议会，国王将遵守与西班牙的家族盟约，因此将站在西班牙一边对英国宣战。这引起了不少革命者的愤怒，原因有很多，或许是因为很多人认为在没有得到国民议会授权的情况下，国王没有权力这样做；或许是因为，有人认为法国不应该再履行过去签订的条约，不应该再为其他专制国家做出牺牲；或许是因为有人担心国王会利用这次战争来恢复旧的专制统治。多数人都认为，一个共和制的法国，更有利于维护法国的和平；当法国周围的国家都成为共和国时，法国的和平更有保障。只有少数人认为“专制主义和自由主义的泛滥都不是好事情”。因此，5 月底，国民会议通过法令，澄清了行政机构和立法机构之间的关系：国王依然有权任免大臣、外交官和军官，但宣战权将不再由国王所有，而是由国民议会所有。同时，国民议会强调法国不能对其他国家发动征服战争，也不能侵犯其他国家的自由；违反这些法令的大臣将会受到起诉。此外，革命者要求法国实行透明的外交政策，废除秘密外交，罢免旧体制中那些不合格的外交官。这样，一个新的地缘政治行为体出现了，它挑战了欧洲国际体系合法性的基础。

1791 年 11 月初，国民议会颁布法令，所有政治流亡者必须上缴其财产，否则将予以没收。路易十六否决了这一法令。之后，国民议会决定对政治流亡者先行采取行动，并要求路易十六告诉德意志帝国西部的诸侯们，不得再继续收留法国的政治流亡者，必须将其驱逐。如果德意志的诸侯们拒绝这么做，那么法国将自己执行该行动，也就是说将对德意志帝国的这些邦国发起进攻。路易十六表示支持这项法令，因为他将这次战争看作恢复自己权力的机会。如果战争能打赢，那么他可以将人们团结到自己身边；如果战争失败，那么他可以趁机将革命势力消灭。而背地里，他又勾结其他大国，希望它们能帮助自己恢复权威。王后和布勒特伊男爵（Baron de Breteuil）也鼓励他这么做，并与奥地利进行秘密联络。1792 年 1 月底，法国向奥地利发出了最后的通牒。3 月初，夏尔–弗朗索瓦·迪穆里埃（Charles-Francois Dumouriez）担任法国外交部部长，他是一名意志坚强的革命者。4 月中旬，法国对奥地利宣战。法国宣战的借口是“神圣罗马帝国皇帝试图对法国内政进行干预”，尤其是“他宣称要支持德意志的诸侯获得法国的土地”，法国人认为这是对“法国主权”的直接侮辱。6 月 13 日，普鲁士加入战争，第一次反法联盟形成。1792 年 7 月底，反法联军指挥官不伦瑞克公爵发表宣言，表示“阿尔萨斯和洛林应该归德意志的诸侯所有”，并且德意志应该“团结一致保卫自己的帝国”，同时“反法联军应该努力恢复法国的秩序，结束法国的混乱状态”。显然，这两个目标是相互联系的，只有打败了法国，才能从法国手里获得领土。至此，法国大革命战争终于爆发。

在法国人看来，这既是一场意识形态之争，也是一场战略之争，很多法国人认为二者是无法分开的。法国在对奥地利的宣战书中称自己只是在抵抗侵略，而不是在侵略他国。同时，法国人强调“不会破坏其他任何民族的自由”。1792 年 11 月中旬，由普选产生的国民公会颁布《对外国人民友好和援助法案》，保证“将对那些希望获得自由的民族给以支持，并提供帮助”。国民公会不仅拥有立法权，还有行政权，它命令法国军队给外国人民送去帮助，并“保护那些已经获得自由或者希望获得自由的民族”。此时，法国必须首先解决比利时问题，因为这里已经成为普奥联军距离法国最近的补给站。如果法国不解决这个问题，那么它就不可能实现其“天然疆界”的愿望。同时，比利时的革命者要求得到法国的帮助。1792 年 3 月~1793 年 4 月，夏尔 · 弗朗索瓦 · 迪穆里埃和皮埃尔 · 勒布伦相继担任法国外交部部长，他们认为，要想解决问题，必须将哈布斯堡王朝的势力从奥属尼德兰驱逐，并且在那里建立一个对法国友好的、由雅各宾派控制的共和国。皮埃尔–约瑟夫 · 康邦（Pierre-Joseph Cambon）认为：“如果奥属尼德兰的人无法自己完成革命，那么我们有必要帮助他们，我们应该暂时接管那里的权力，以最好地维护那里的人们的利益。”

俄国一直置身事外，至少到目前为止是这样。1791 年之后，叶卡捷琳娜二世并不想协助维护德意志的秩序。当时这位女沙皇正在集中处理自己家门口的问题，没有精力参与德意志事务。后来，她之所以支持普、奥干涉法国，并为其提供道德支持，是因为她想趁波兰虚弱的时候，联合普、奥两国对波兰进行瓜分。当时情况比较紧迫，她不得不对波兰下手，因为，1791 年 5 月，波兰已经制定了一部新宪法，目的在于使得波兰联邦强大起来，以在险恶的国际环境中延续其生命。叶卡捷琳娜二世认为，波兰的改革是受到了法国大革命的影响。但事实并非如此，波兰的改革与法国大革命的精神正好相反，波兰《五三宪法》规定萨克森可永久世袭、兼任波兰国王。同时，新宪法不顾贵族的反对，废除了贵族的“自由否决权”，加强了国王的集权，试图提高军队的战斗力。叶卡捷琳娜二世正是因为担心波兰会变得强大起来，才反对波兰的新宪法。因此，1793 年 1 月，叶卡捷琳娜二世说服腓特烈 · 威廉二世放弃斯坦尼斯瓦夫，两国再次共同瓜分波兰。普鲁士获得了波兰西部的大部分土地，俄国获得了东部的大部分土地，并且两国强迫波兰废除新宪法，恢复贵族的“自由否决权”以及他们选举国王的权力。1793 年 9 月，在波兰的最后一次议会中，全体议员以“沉默”的方式进行抗议，但还是被迫批准了将自己分割开来的决定。一年后，波兰人在塔德乌什 · 柯斯丘什科（Tadeusz Kosciuszko）的领导下揭竿而起，试图捍卫自己的独立，但最后以失败告终。1795 年，俄、普、奥三国代表再次签订瓜分条约，将波兰的国土全部瓜分。内部凝聚力不强，使得波兰最终亡国，这是一个惨痛的教训，其他国家或许已经从中有所借鉴。

与波兰相邻的德意志，对于波兰的命运深感震惊。一方面，大多数德意志人认为，波兰是一个迷信的、堕落的、懒惰的、倒退的、残忍的、固执的民族，波兰被瓜分是应该的；只有将波兰瓜分后，其内部的各教派、各少数族群才能得到更好的待遇。另一方面，德意志与波兰有很多相似之处，二者都是联邦，内部分裂严重，外面被强国所包围。一位宣传家警告人们："如果德意志帝国不进行及时的改革，那么波兰的命运或许会在德意志重演。"主张德意志帝国改革的约翰·雅各布·莫泽（Johan Jacob Moser）也警告人们："当波兰完全被瓜分时，下一个就轮到我们了。"

同时，1792年9月中旬，不伦瑞克公爵领导下的奥普联军在瓦尔密（Valmy）与法军遭遇。仅仅用了几个月，法军重挫奥普联军，将其赶出法国境内，迫使其退到奥属尼德兰和德意志西部。11月底，法军占领萨伏依。之后，法军试图进入低地国家，但这损害了英国的安全，导致英法两国关系紧张。1793年2月，法国国民公会向英国和荷兰共和国宣战，一个月后法国与西班牙发生了冲突。所有这些使得法国政治变得更加激进，同时战争使得不少民众出现了妄想症。1792年4月底，法国攻打比利时失利，不少人认为是因为路易十六在暗中破坏法国的军事行动，人们怀疑国王组建了一个神秘的"奥地利委员会"（Austrian Committee），与奥地利相互勾结。5月底，国民公会规定，所有的教士必须宣誓不得违反1791年颁布的新宪法，拒绝宣誓的教士一律被流放。9月，革命政府对通敌者、叛国者进行了大规模的处决，整个国家笼罩在恐怖气氛中。很快，不少人怀疑路易十六与外国势力相勾结。8月初，国民公会宣布废除君主制，并且以叛国罪判处路易十六死刑。1793年1月底，国王最终被送上断头台。之后，旧政权的统治者纷纷被审判、处决，同时法国发动了大规模的对外战争。4月，法国在战争中一度受挫，因此成立了"公共安全委员会"，以配合战争。9月，土伦的要塞落入英国手中，法国人认为这是叛国者与外国相勾结的结果，因此开始大规模处决叛国者。

此时，法国已经被敌国包围了，革命者不得不对社会进行改革，以应对外部的挑战。2月底，国民公会颁布法令，征用30万士兵，几个月后革命军队成立。国民公会宣布将教会的土地没收，以这些财产为基础，政府发行指券作为唯一的法定货币。此外政府还强制要求富人提供贷款，以维持军队的开支。1793年8月底，在法国国防部长拉扎尔·卡诺（Lazare Carnot）的建议下，国民公会宣布"所有的法国人都应该为国家服务，每一个人要随时做好应征入伍的准备”。卡诺动员全民参军，因此被称为“胜利的组织者”。不过，并不是所有的法国人都愿意这样做。很多人不愿意参军，布列塔尼的保皇党发动了反革命叛乱，旺代（Vendée）地区的农民也反对共和国政府；此外，法国南部也有一些人造反，他们多年来一直不服从巴黎中央政府的权威。很快，这些反革命团体开始与英国合作，18 世纪 90 年代，英国多次派遣军队试图在法国西南沿岸登陆，但每次都以失败告终。在镇压叛乱的过程中，法国共和国政府使用了极其暴力的方式。1793 年 10 月，国民公会对西部的军队发出命令：“自由的战士们，你们必须剿灭旺代的土匪。”军队镇压旺代叛乱时，手段非常残忍，他们对叛军进行大规模的屠杀，甚至将其直接烧死、淹死。在这个省，有 10 多万人被杀死，其中大多数是平民，约 1/5 的住宅被摧毁。国民公会之所以下令残酷镇压旺代叛乱，是因为革命者认为，反叛者一直在与外部势力相勾结，同时革命者也认为，只有将所有的“反革命分子”全部杀掉，一个美好的乌托邦才能出现。

法国大革命使得整个国家的内部力量全部释放出来，法国国力迅速强大，超越了欧洲其他所有国家。当时很多观察人士认为，法国建立了一套完美的国内组织模式，可以有效地进行对外军事行动，这种模式不仅优于专制主义国家，而且其协商性财政–军事体制的效率已经超过了英国。例如，托马斯 · 潘恩预测，英国的君主–议会混合制，已经不适合时代需要，最终将会摧毁这个伟大的国家，而欧洲大陆的那些君主国家，也都被一群寄生虫式的贵族所拖垮。他认为，美国和法国的这种现代共和制才是适合时代需要的，它能够“动员整个国家的力量来进行战争”。在接下来的三年时间里，法国军队占领了低地国家、德意志西部和意大利北部。法国这样做的动机不仅仅是要建立“天然疆界”，更是希望消灭各国的反动政府。法国革命者认为，只有通过这种方式才能终结战争，此时他们并不想让法国成为欧洲的霸主。1792 年 12 月中旬，国民公会发表声明：“法兰西人民宣布，任何不承认或者拒绝接受自由、平等原则的人，以及任何希望保留、复辟国王权力和封建特权的人，都将被视为法兰西人民的敌人。”国民公会表示，法国将会一直战斗到底，直到其他所有国家的人接受平等原则且建立一个“自由并且对法国友好的政府”。从国民议会到立法议会，从国民公会到后来的督政府，法国大革命时期的历届政府，其首要目标并非是要获得在欧洲的绝对权力，而是要确立欧洲的永久和平，以实现法国的绝对安全。

然而，革命者们很快发现，法国的每一次扩张并没有使国家变得更安全，而是变得更不安全。比利时被占领后，很多法国人认为应该趁势进军荷兰，目的是防止其加入反法联盟。正如国防部部长迪穆里埃所说，法国试图“防止荷兰加入一个强大的、可以摧毁我们的联盟”，同时“没有荷兰，我们在比利时就会站不住脚”。1793年2月，法军第一次试图进攻荷兰，但没有成功；1794年年底，法军成功了；到1795年1月中旬，阿姆斯特丹被占领。4个月后，法国与荷兰的雅各宾派共同建立了“巴达维亚共和国”（Batavian Republic）。在意大利，从1796年开始，杰出的年轻将军拿破仑·波拿巴带领法国军队迅速推进，从北向南一直攻打到意大利半岛的“脚后跟”，并且在意大利建立了一系列新的政权：1796年建立了奇斯帕达纳共和国（Cispadane Republic），1797年建立了奇萨尔皮尼共和国（Cisalpine）和利古里亚共和国（Ligurian），1798年建立了罗马共和国，1799年建立了帕尔瑟诺佩共和国（Parthenopean Republic）。1798年3月，法国占领瑞士，建立了“赫尔维蒂共和国”（Helvetic Republic）。从这些行动中我们可以看出，此时的法国不仅处于恐惧之中，而且贪婪无度。

不过，此时法国最关心的地缘政治问题还是德意志。从1791年春天起，法国外交官就准备改造神圣罗马帝国，他们准备废除神圣罗马帝国皇帝，把小的邦国合并，建立大的邦国，这样可以建立缓冲地，以保护法国边境的安全。法国之所以要进行这样的地缘政治安排，是因为法国人心中有一个根深蒂固的意识形态理念。1795年，法国一位革命者说：“神圣罗马帝国是一个由大大小小的专制君主国组成的庞大怪物……我们必须将革命推广到那里，消灭这个庞大怪物，法兰西共和国将不懈奋斗，最终摧毁这个帝国。”督政府时期，一名顾问也说过：“一个皇帝领导着众多的邦国，这个怪物是我们法国的敌人。”法国人深感不安。法国要想建立“天然疆界”，就必须将神圣罗马帝国在法国内部的飞地——如蒙贝利亚尔——全部清除，同时将莱茵河左岸的土地全部兼并。法国还和神圣罗马帝国内部的雅各宾派合作，尝试在各地建立共和国，美因茨共和国便是其中一个短命的共和国。很多德意志知识分子和公务员对法国的行为表示支持，认为法国人是来解放自己的。他们认为德意志是一个旧式的封建社会，而法国则代表了“理性”与效率。不久，法国的革命者发现，上述做法并没有得到民众的普遍支持，因为它缺乏合法性，并且导致了外交事务的低效。新建立的那些共和国尽管是法国的盟友，但对法国没有什么帮助；相反，为了支撑这些共和国，法国不得不耗费巨大精力。因此，法国决定停止建立新的共和国，搁置在德意志南部建立共和国的计划。

在莱茵河东岸，德意志的诸侯们看到这一切，觉得越来越恐惧。之前，德意志的中小国家担心整个帝国会向波兰那样，被普、奥两个大国瓜分。但现在，他们最担心的是自己被法国吞并。而中小邦国没有什么力量，它们要想对付某一个大国，就必须与其他大国合作，这使得它们陷入困境。符腾堡的腓特烈公爵（Duke Frederick）等人公开表示，他们绝不会让自己的领土成为大国的“玩具”。可是，他们的砝码又非常少，不得不受制于大国。1795 年，巴伐利亚驻维也纳公使说：“神圣罗马帝国未来的命运，完全取决于俄国、英国和法国。”到 18 世纪 90 年代末，德意志的诸侯们已经清楚地知道，没有哪个大国再会为他们火中取栗了。因此，诸侯们不得不就德意志帝国宪法的改革问题进行最后一次大规模的辩论。1790 年，勒内 · 卡尔 · 冯 · 森根堡（Renatus Karl von Senckenberg）曾经说，只有神圣罗马帝国组建共同阵线，一致对外，欧洲才不会有任何国家敢欺负他们。不少人同意他的看法。奥地利首相甚至说，全体德意志人应该来一场“全民战争”，即德语中的“全民防御”。1794 年 9 月底，德意志中小邦国的领导人在威斯巴登（Wilhelmsbad）召开会议，最后一次尝试进行联合防御，以保卫帝国的安全。但是，他们的努力受到了维也纳方面的阻碍。奥地利担心，哈布斯堡王朝在神圣罗马帝国的权力可能会受到削弱，同时担心普鲁士可能会趁机独大。

德意志的多数邦国希望与法国媾和。1794 年年末，帝国议会认为，国王应该以《威斯特伐利亚和约》为基础与法国媾和。换句话说，神圣罗马帝国准备承认革命后的法国作为帝国的担保国。普鲁士是第一个退出反法联盟的国家。1795 年 4 月，法国热月党政府与普鲁士签订《巴塞尔和约》(Treaty of Basel)，普鲁士承认莱茵河左岸归属法国，并承诺不再参加反法联盟，而是严格保持中立。作为回报，法国承诺将维护德意志北部的中立，并且允许普鲁士对那里占据主导地位。两国就势力范围的分界线达成协议，普鲁士不对分界线以西的邦国的安全负责。两国还签订秘密协议，允许法国最终吞并莱茵河左岸的全部地区。此时，只有奥地利下定决心要与法国战斗到底。但奥地利面临着困难，因为神圣罗马帝国其他邦国越来越不愿承担对抗法国的责任。奥地利担心，如果战争长期持续，那么自己在神圣罗马帝国的地位肯定会受到削弱。奥地利统治者在德意志南部采取高压政策，激起了当地民众和统治者的联合反抗。利奥波德二世早逝后，弗朗茨二世继任帝国皇帝。1795~1796年，弗朗茨二世试图利用其在意大利的属地，从后方进攻法国，以缓解法国对德意志的压力，但结果却事与愿违。很多人纷纷指责弗朗茨二世为了其在意大利的利益而牺牲了德意志的安全，再次犯了300多年前其先祖马克西米利安一世曾经犯过的错误。

更糟糕的是，弗朗茨二世远逊于其对手——法国派往意大利的新任将领拿破仑·波拿巴。拿破仑指责巴黎的热月党人表现糟糕，认为它已经不适合领导国家。1797年9月，他将自己的战绩转化为政治资本，联合盟友发动"雾月政变"。督政府被推翻，拿破仑宣布建立"执政府"。一开始，拿破仑似乎并没有打算制定一个大战略蓝图，他对自己的或别人提出的计划都持怀疑态度。后来曾长期辅佐他、担任外交部长的夏尔·莫里斯·德·塔列朗–佩里戈尔（Charles-Maurice de Talleyrand-Périgord）回忆说："拿破仑从来不制订什么计划，他从来都是根据刚刚发生的事情来决定下一步该怎么做。"拿破仑的字典里面经常出现的是"光荣"和"命运"这两个词。但二者本身并没有构成大战略，因为事情总是处于变化和冲突之中。不过，我们还是可以从他的政策中发现某些规律。首先，拿破仑试图控制整个欧洲，将其统一起来，并使之为法国的利益服务。要实现这个目标，就必须先控制德意志的资源，获得神圣罗马帝国的遗产，使之为法国的利益服务。这种做法意味着法国必须进行长期的对外扩张，不仅要与奥地利和普鲁士为敌，还要与俄国和英国这两个更加强大的国家为敌，它们是欧洲秩序的最终裁决者。要想对付俄国，不仅要先征服德意志，还要控制波兰、巴尔干半岛和地中海。要想对付英国，削弱其权力基础，法国只有两个选择：或者进攻英国本土：或者夺取英国的海外殖民帝国（这是英国权力的来源）。后来，拿破仑被流放到圣赫勒拿岛时曾经回忆道，他当时的目标就是"重建波兰王国，使之成为反对俄国野蛮人的屏障；将奥地利分割，在意大利建立法国的附庸国，让匈牙利独立；粉碎普鲁士；在英国和爱尔兰建立独立的共和国；控制埃及，并将土耳其的势力赶出欧洲，解放巴尔干半岛上的国家"。

面对法国的压力，哈布斯堡王朝不得不与法国媾和。1797年10月，双方签订《坎波福米奥条约》(Treaty of Campo Formio)。这标志着欧洲地缘政治发生了根本性变化：奥地利将奥属尼德兰（比利时）割让给法国，换取距离自己较近的威尼西亚，威尼西亚不再是独立的国家。此外，奥地利放弃对德意志西部的宗主权，不再统治低地国家。不过，这一条约还有更深刻的影响。1797 年 11 月，神圣罗马帝国议会在拉施塔特召开，由于《坎波福米奥条约》规定莱茵河左岸归法国所有，因此议会讨论如何对这一地区的诸侯们给予补偿。这样，法国就完全成为神圣罗马帝国领土分配的仲裁者。在波旁王朝时期，法国对德意志的政策是，维持帝国内部的复杂结构，以使其相互制约；但拿破仑的政策是合并一些小的邦国，建立面积比较大的共和国，使之成为法国的附庸。不过，同一年，拿破仑在一次讲话中将神圣罗马帝国称为"一个长期被无数人侵犯过的老妓女"，这预示了神圣罗马帝国下一步的命运。因此,《坎波福米奥条约》实际上只是一个停战协定，一年后法国再次发动了争夺德意志的战争。与之前法国的革命者相比，法国的新统治者拿破仑的外交政策更具颠覆性，他完全改变了欧洲国际体系。他之所以能掌权，就是因为他出色的军事才能。他承诺将会比之前的督政府干得更出色，下一步将会与旧的欧洲决战。正是他的外交战略，使得他有能力"完成"法国国内的革命。君主制的崩溃使得法国释放出了巨大的能量，大大提升了法国对外作战的能力。

1798~1799 年，拿破仑继续在多个方向发动进攻。他派出外交官，负责德意志领土的分割与重组，很多国家被无情地消灭。1798 年 1 月，法国占领瑞士，以扩大法国的领土，同时保障阿尔卑斯山山口的安全。1798 年夏天和秋天，爱尔兰发生了反对英国的起义，法国向爱尔兰派出军队，以打击英国，不过此次战略行动最后以失败告终。大约同一时间，拿破仑踏上埃及的土地，并与奥斯曼帝国开战；第二年他又入侵巴勒斯坦。拿破仑并非想要向东扩展领土，而是意图通过这次军事行动来打击英国在印度的力量，以削弱英国对欧洲事务的影响力。拿破仑对其外交部部长塔列朗 (Talleyrand) 说："要想真正摧毁英国，我们就要先夺取埃及。"同时，法国军队向意大利半岛南部推进，在 1799 年占领了那不勒斯。在加勒比海和大洋深处，法国不断对英国的船只进行骚扰。加勒比是英国的主要糖料生产地，英国及其盟友以此获得了大量的经费，因此法国试图切断其糖料供给。拿破仑还试图夺回原本属于法国的海外殖民地。所有这些军事行动在战术上是进攻性的，但在战略上依然是防御性的。不过，实际上这里所说的防御性和进攻性战略没有什么区别：法国要想获得绝对安全，就必须让其所有邻国（无论远还是近）陷入绝对的不安全。

拿破仑上述一系列新的进攻行动，使得欧洲其他大国立即做出反应。法国进攻瑞士和奥斯曼帝国后，奥地利外交大臣图古特（Thugut）感到深深的忧虑，但他最担心的还是德意志的安全。1798 年 7 月，他写道："如果法国继续控制瑞士，士瓦本就会爆发革命，之后遍及整个德意志……一旦德意志被毁灭，那么整个欧洲就将发生剧变。"他担心，一旦德意志不复存在，那么欧洲其他国家也将被法国占领。俄国也持同样的观点。1796 年，叶卡捷琳娜二世逝世，保罗一世继任新沙皇。他不仅在意识形态上对法国大革命更加敌视，而且对拿破仑进军地中海和黎凡特的行动深深担忧。最重要的是，保罗一世想要恢复德意志各邦国之间的均势，这是叶卡捷琳娜二世晚年所忽视的。有一位巴伐利亚外交官曾说，过去俄国一直很被动，如今"它作为主角积极投入保卫神圣罗马帝国的战争中"。因此， 1798~1799 年，在英国的资助下，奥俄联军对法国驻扎在德意志南部和意大利北部的军队发起进攻。同时，英俄联军在荷兰登陆。第二次反法联盟正式组建。

面对新一轮的国际冲突，英国寻求规避其战略软肋，并使内部凝聚力最大化。1798 年爱尔兰发生叛乱，法国趁机向爱尔兰派遣远征军，这再一次证明了英国的西侧始终面临着巨大的危险，敌人可以通过广阔的海洋对英国构成威胁。1800 年，威廉 · 皮特（小皮特）内阁提出《联合法案》（Act of Union），意图将英国和爱尔兰的议会合并。不少人认为，政府应该放松对天主教的管理，这样可以缓解英国与爱尔兰绝大多数人之间的矛盾，并有助于天主教徒参军，共同对抗法国的侵略。英国驻爱尔兰的一位官员说："如果英国不能让它与爱尔兰的联盟变得更加紧密，那么欧洲其他国家将会控制爱尔兰，尤其是法国。"不过，政府最后没有这样做，因为英国国王乔治三世以宗教为理由对其进行了阻止。

而此时，站在风暴中心的德意志依然处于分裂状态。德意志的政治共同体——神圣罗马帝国并没有变得团结起来，它缺乏凝聚力，无法将敌人拒之门外。19 世纪初，一位宣传家希望"德意志人能够建立一个统一的国家，这样我们自己才可以最终在德意志的土地上站稳脚跟，享有我们自己的资源"，只有如此，"德意志才不会成为外国军队争夺的牺牲品，我们的人民才可以摆脱暴君的专制统治”。此时，仍然有人希望德意志的某一个大国能够肩负起历史使命，实现统一德意志的大业。例如，德意志哲学家约翰·戈特弗里德·赫尔德（Johann Gottfried Herder）希望普鲁士成为“领导德意志统一的中心力量……它保护德意志的领土不被掠夺，使民族免受外国的压迫”。然而，此时的普鲁士还没有这样的能力。从1795年起，普鲁士不得不放弃对德意志人民的承诺，逐渐收缩其力量，退守到德意志北部和东部的狭小地带。这说明，在1800年左右，德意志依然没有展现出其全部潜力。德意志有2/3的人（1 600万人）没有生活在普鲁士或奥地利，他们的安全依然得不到保障。

拿破仑对国际秩序的挑战也影响了大西洋的另一岸。18世纪的最后10年，美国一直警惕地观察着欧洲发生的变化。由于英国对法国采取海上封锁政策，美国的一些船只也受到英国皇家海军的劫掠，这导致了美国对英国日渐不满。1794年，约翰·杰伊代表美国，与英国签署了通商与航海条约，达成妥协。此外，法国的野心也直接给美国带来了危险。法国试图购买佛罗里达，1800年10月又与西班牙签订了《圣伊尔德丰索密约》（Treaty of San Ildefonso），准备将原属西班牙的路易斯安那全部占领。这导致美国政府非常恐慌。同时，美、法两国海军不断发生冲突，双方“不宣而战”，战斗从1797年一直延续到1800年。这些事件说明，法国大革命造成的国际影响已经成为美国国内政治所要讨论的中心议题。后来担任美国总统的詹姆斯·门罗（James Monroe）曾说：“如何处理与欧洲的关系是当时我们国家国内政治的主要分歧。”在经过一番激烈的辩论后，1794年签订的《杰伊条约》（Jay Treaty）只在参议院通过，没有在众议院通过，该条约和其他国际事务问题成为1796年美国总统大选的主要议题。

正在此时，第二次反法联盟破裂了。尽管英国不断地劝说普鲁士加入联盟，但普鲁士还是拒绝了。俄、奥两国发生了严重分歧，无法在德意志和意大利两地相互配合。英、俄两国则就地中海问题矛盾不断，甚至爆发冲突，其中核心问题集中于有着重要战略意义的马耳他岛。英国皇家海军对待中立船只的政策，也与俄国产生了分歧。为了对抗英国的海洋单边政策，沙皇发起了第二次“武装中立同盟”，普鲁士、丹麦、瑞典纷纷加入，这使得英、俄两国关系进一步恶化。法国大革命爆发近10年之后，拿破仑已经控制了欧洲的绝大部分土地，他以此为基础与英国对抗。在法国取得马伦哥会战的胜利之前，法国预备队曾经对奥地利发表公告：“奥地利的官兵都受到了英国人的欺骗，英国人希望法国和奥地利之间战争不断，就是因为他们企图以此推高糖料和咖啡的价格，以牟取暴利。”在圣彼得堡，也有一些人劝沙皇不要与法国作对。大臣费奥多尔·罗斯托普钦（Fedor Rostopchin）劝沙皇从中欧撤军，不必与法国争夺优势。他认为，俄国应该集中精力对付英国，并与奥地利、法国一起瓜分奥斯曼帝国。1801年年初，保罗一世甚至准备派大批哥萨克骑兵去进攻英属印度。但他与法国结盟的计划遭到了很多人的强烈反对。几个月后，有人发动宫廷政变，将其刺杀，导致上述计划搁浅。1801年2月，奥地利已经支撑不住，被迫与拿破仑签订《吕内维尔和约》（Treaty of Lunéville）。1802年3月底，英国也与法国签订了《亚眠和约》（Treaty of Amiens），暂时休战。

这两个条约给了拿破仑重建法国海外殖民帝国的机会，他想以此获得巨大的资源，以保证法国在欧洲的霸权，同时防止英国趁机获得这些领地，以及联合其他国家再次与法国作对。这项计划的核心就是占领西班牙在美洲的领土，并且重新占领富饶的海地。然而，拿破仑建立一个“新法兰西”的计划，几乎不可能成功。法军在海地遭遇了疾病，并且遭到当地人的顽强抵抗，最终没能重新占领海地。拿破仑获得路易斯安那的计划也没有实现。美国政府决心通过外交手段以及必要的军事行动，来防止法国的势力再次出现在自己的西边和南边。美国总统杰斐逊提醒法国谈判代表：“如果法国占领路易斯安那，那么大西洋两岸将会爆发一场大的冲突。”由于美国坚决反对，拿破仑不得不让步，决定将整片领土以巨额卖给美国：或者按8 000万美元的总价来出售，或者按每英亩4美分的价格出售。他用这笔钱来发展军事力量，准备与英国进行下一轮的较量。巴林银行提供融资，协助美国政府从法国手中购买路易斯安那，这样，拿破仑获得了大笔军费，英国的资本家们采取投机策略，试图讨好拿破仑，获得好处。这笔生意的战略意义非常重大。拿破仑永远放弃了在西半球建立殖民地的想法。美国则将自己的领土面积扩大了一倍，扩大的部分就是未来的阿肯色州、密苏里州、南达科他州、北达科他州、明尼苏达州、内布拉斯加州、蒙大拿州、艾奥瓦州、堪萨斯州、怀俄明州和俄克拉荷马州。

欧洲帝国是拿破仑的战略重心。拿破仑通过《吕内维尔和约》与《亚眠和约》完全控制了西欧和南欧。法国早就占领了比利时，并建立了傀儡国——巴伐利亚共和国。这样，英国长期以来用以保护自己免受法国入侵的“防护带”就被拆毁了。此外，拿破仑还完全控制了意大利，将皮埃蒙特直接并入法国，又在意大利半岛上其他地方建立了一系列傀儡共和国。伊比利亚半岛也被拿破仑收入囊中。从1796年开始，西班牙成为法国的盟国，而当时葡萄牙是英国的盟国，因此为了对抗英国，拿破仑要求西班牙进攻葡萄牙。不过，中欧问题依然是最重要的问题：当时神圣罗马帝国虽然已经摇摇欲坠，但依然存在；尽管奥地利和普鲁士已经受到重挫，但它们并未向法国屈服。俄国新任沙皇亚历山大一世试图阻止法国对中欧的进一步蚕食，而英国依然希望通过外交的方式组建一个新的反法联盟。欧洲几乎每一个大国在中欧都有重要的利益，或许在这里它们可能会最后一决雌雄。弗里德里希 · 根茨（Friedrich von Gentz）是一位坚定的反对拿破仑的宣传者，他说：“德意志是欧洲的中心焦点，如果德意志的存在不能得到保证，那么越来越多的欧洲国家将失去自身的独立。”

1803年，帝国议会通过重要决议，决定将神圣罗马帝国邦国的数量减少。显然，对德意志的政治结构形成致命一击的并不是法国。德意志的大、中邦国试图瓜分和吞并小邦的领土。尽管奥地利和普鲁士被法国打得一塌糊涂，但在法国大革命战争的前10年，这两个国家依然获利非常多。它们与法国做了交易，将离自己较远的领土割让给法国，换取离自己较近的、面积较大的领土。不过，相对而言，中等国家的获益是最多的。法国因为占领了莱茵河左岸的土地而承诺对这些国家进行“补偿”，巴登、符腾堡、巴伐利亚吞并了离自己较近的小邦，其领土总面积比之前大大增加。这三个邦国将法国看作恩主，因此对拿破仑的忠诚已经超过了对神圣罗马帝国的忠诚。同时，很多德意志人将拿破仑看作真正的皇帝。拿破仑本人也希望实现这个愿望，因此1804年5月，他自称法兰西帝国皇帝。1804年12月，罗马教皇用查理大帝的皇冠为拿破仑加冕，法兰西第一帝国建立。拿破仑举行全面投票，以此来证明自己称帝的合法性。直到今天，法国的硬币上还刻有“法兰西共和国——拿破仑皇帝”的字样。为回应法国的行为，奥地利哈布斯堡王室也宣布自己为“奥地利皇帝”。因此，这时的中欧有四大帝国在相互争斗——法兰西帝国、沙俄帝国、奥地利帝国和神圣罗马帝国。

所有的欧洲国家都在关注着这场战争的结果。1803年，拿破仑和英国之间重新爆发战争。表面上看，战争的原因是双方想争夺马耳他，但实际上是因为英国担心法国试图满足其在欧洲更大的野心。小皮特内阁已经放弃了将法国从比利时驱逐出去的计划，但他仍然希望能劝说法国人撤出荷兰。尤其是，英国决心阻止拿破仑获得德意志北部，其目的或许在于保卫荷兰东侧的安全，或许是想保护英国在汉诺威的遗产，但最主要的原因是英国想维护神圣罗马帝国的完整，这是整个欧洲均势的基础。类似地，1801年9月，沙皇亚历山大一世重申，神圣罗马帝国的“独立和安全”是整个欧洲“未来的安全”的核心。因此，他希望与法国联合起来，共同控制德意志，在此基础上，1802年6月，帝国议会同意了俄国的计划。沙皇的顾问亚历山大·库拉金（Alexander Borisovich Kurakin）称，俄法两国达成的协定，将使得沙皇成为“德意志的保卫者和维护世界和平的天使”。但是，法国没有同意俄国的计划，而是重新向德意志发动进攻，并于1803年底占领汉诺威，一年后又在德意志北部抓走了英国外交官乔治·朗博尔德（George Rumbold）。很多迹象表明，法国准备继续破坏神圣罗马帝国领土的完整，因此亚历山大一世不得不搁置之前的计划。当时图古特已经不再担任奥地利外交大臣，但他依然是一位敏锐的观察者，他将1804~1805年的拿破仑描述为“新查理曼大帝”，称拿破仑已经在神圣罗马帝国和“欧洲最重要的国家”搜刮了不少财富，“这意味着他统治世界的能力绰绰有余”。

1804~1805年，俄、奥、英组建第三次反法联盟，一致对付拿破仑。反法联盟讨论的问题不仅包括建立能有效抵御法国的地缘政治屏障，还包括制定必要的国内政策，以配合对外军事行动。亚历山大一世宣称，支持各民族的自觉权，要帮助其他国家从法国的束缚中解放出来。1804年9月，他表示：“这个原则以人类的神圣权利为基础”。更具体地说，沙皇计划联合皮埃蒙特—撒丁王国、荷兰和瑞士，共同包围拿破仑；德意志除了奥地利和普鲁士以外的地方，应该被合并成一个稳固的联邦，以延缓整个神圣罗马帝国的存在。4个月后，小皮特提出了一份与俄国相似的“欧洲重建计划”，但这项计划并没有什么意识形态内涵。他认为，应该将热那亚并入皮埃蒙特，以增强后者实力，进而将法国在意大利北部的势力清除出去。不过，英国最关注的是位于欧洲大陆西北部的屏障。英国希望重建荷兰，建立一系列新的要塞，从巴塞尔一直绵延到科布伦茨（Koblenz）；同时，英国认为，应该让普鲁士扩大面积，兼并之前的奥属尼德兰、卢森堡以及德意志西部的部分土地。英国表示愿意与俄国合作，共同保卫欧洲的领土划分不被改变。

普鲁士是改变战局的关键。如果英、俄能够说服或者胁迫普鲁士加入第三次反法联盟，那么拿破仑在德意志的地位将会受到冲击。因此，1805~1806年，法国和反法联盟都纷纷派出特使来到波茨坦，双方争相拉拢普鲁士国王腓特烈 · 威廉三世。普鲁士国内有两派意见，豪格维茨男爵（Baron Haugwitz）是亲法派，他主张普鲁士保持中立；卡尔 · 奥古斯特 · 冯 · 哈登贝格男爵（Baron Karl Hardenberg）和卡尔 · 冯 · 施泰因男爵（Baron Karl Stein）是亲俄派，主张普鲁士加入反法联盟。这使得腓特烈 · 威廉三世非常为难。1805年10月，他下定决心，准备加入反法联盟。然而，很快奥地利在乌尔姆（Ulm）战役中被法国打败，12月俄奥联军在奥斯特里茨（Austerlitz）战役中又被打败。沙皇被迫下令俄军向东撤退，奥地利没有办法，只能向法国求和，双方签订《普莱斯堡和约》（Treaty of Pressburg）。不久后，普鲁士被迫与法国签订《申布伦和约》（Treaty of Schönbrunn），与此同时，拿破仑吞并了汉诺威。

拿破仑已经将哈布斯堡王朝赶出了德意志，现在他试图接收神圣罗马帝国。在神圣罗马帝国内部，也有一些重要人物支持拿破仑成为帝国的主人。1804年曾经参加过拿破仑加冕仪式的神圣罗马帝国首相达尔贝格，恳请拿破仑将德意志从无政府状态中拯救出来，并恢复帝国的宪法体制。他希望拿破仑能够成为历史上第二个查理曼大帝，将意大利、法兰西、德意志统一起来，“实现罗马帝国的再次复兴”。1806年2月，拿破仑写信给教皇庇护七世，称自己就是查理曼大帝，他不仅是法国的国王，也是伦巴第的国王。他授意政府发表公告，要求自己的亲属担任欧洲其他各个国家的国王，凡不符合这个条件的王朝一律不予承认。1806年5月，达尔贝格任命拿破仑的叔叔红衣主教约瑟夫 · 菲希（Cardinal Fesch）担任神圣罗马帝国副首相，即未来的首相。三个月后，他帮助拿破仑制订了一份正式计划，准备将帝国变成一个在拿破仑保护下的联邦。几个月后，普鲁士意识到，拿破仑将对帝国造成巨大威胁，因此突然决定再次与法国开战。然而，在1806年10月的耶拿（Jena）战役中，普鲁士再次战败。在亚历山大一世的调停下，普鲁士没有亡国，但其大片领土被剥夺。

现在，拿破仑已经无可争辩地成为德意志帝国的主人，因此也是欧洲的主人。普鲁士被迫交出了它在德意志北部的领土，以及之前在瓜分波兰时获得的大部分利益。奥地利将威尼西亚、伊斯特里亚（Istria）和达尔马提亚（Dalmatia）割让给新成立的意大利王国，并且将提洛尔（Tyrol）割让给巴伐利亚王国。1805~1806年间，巴伐利亚王国和德意志的其他几个中等邦国都是拿破仑的附庸国。外交大臣塔列朗建议拿破仑不要过分削弱奥地利，这样可以阻止俄国的势力进入德意志及中欧，但拿破仑没有听取他的建议。拿破仑的计划是将整个德意志置于自己的直接领导下，以此来对抗沙皇。最终，由于与拿破仑发生了分歧，塔列朗被迫辞职，他越来越相信，拿破仑的野心将会导致出现一个强大的、反对法国的联盟。拿破仑帮助波兰复国，并成立了华沙大公国（Grand Duchy of Warsaw）。此外，拿破仑还在德意志的西部和北部建立了一系列国家，符腾堡、巴伐利亚和萨克森都被升格为王国，巴登成为大公国。然而，让很多德意志人失望的是，拿破仑并没有给自己戴上神圣罗马帝国的皇冠。相反的是，他亲手消灭了这个庞大的怪物。他成立了莱茵联邦，除了奥地利和普鲁士之外的所有德意志邦国全部纷纷加入。一个月后，他命令哈布斯堡王朝上交德意志神圣罗马帝国的皇冠，弗朗茨二世被迫同意。不过，8月初，弗朗茨二世单方面宣布将神圣罗马帝国解散，他这样做的目的是，防止拿破仑窃取皇位。这样，存在近800年之久的德意志政治联邦——神圣罗马帝国宣告灭亡。德意志邦国的数量缩减到40个左右。此前，法国一直是德意志帝国宪法的担保者，现在则成了终结者，德意志开始了新一轮的领土整合。

这场地缘政治地震引发了欧洲国际体系的巨大变动。1807年6月，以俄国为首的第4次反法联盟在弗里德兰战役中被法国打败，被迫与拿破仑签订《提尔西特和约》（Treaty of Tilsit）。俄国保证，放弃对德意志的任何企图，并宣布易北河和涅曼河之间的区域为缓冲区，使法国处于俄国炮弹的射程之外。一年后，法、俄两国皇帝在爱尔福特（Erfurt）的图林根小镇会晤，双方重新肯定了在德意志问题上的一致意见。奥地利资深外交家梅特涅伯爵（Count Metternich）痛苦地发现，拿破仑试图让德意志和波兰成为其盟友，而奥地利则成了这个“三明治”中的一块肉。1807年7月，他写道：“现在我们已经被莱茵联邦包围了，如果我们想要与法国开战，就必须从东西两边同时发动进攻，但那样十分困难。”普鲁士也基本上面临着同样的困境，从1807年起，它就一直被夹在华沙大公国和威斯特伐利亚王国之间。面对这些残酷的事实，奥、普这两个大国暂时没有选择，它们只能乞求与法国和解。简而言之，拿破仑已经拥有了整个德意志，通过莱茵联邦，他可以获得整个德意志的资源。数十万巴伐利亚人、符腾堡人和其他新兵都宣誓效忠于法国，德意志为拿破仑提供了大量的人力和自然资源，服务于拿破仑未来的军事行动。然而，神圣罗马帝国的衰落还是对德意志民众的政治灵魂产生了巨大的影响。1806 年，纽伦堡的一位书商约翰 · 菲利普 · 帕尔姆（Johann Philipp Palm）出版了一本小册子，名为《德意志在最耻辱的时候》（*Germany In Her Deepest Humiliation*）。书中讨论了大多数德意志人如何看待神圣罗马帝国的命运。后来，拿破仑将帕尔姆处决，但这增加了民众对他的愤恨。1808 年，地理学家奥古斯特 · 佐伊（August Zeune）痛苦地说，拿破仑对待德意志人“就像对待动物一样，（德意志人）被交换、被出卖、被割让、被践踏……像对待球一样，被一个人传给另一个人”。

拿破仑的征服为他在欧洲取得了伟大的成就，甚至已经超越了路易十四和查理五世，但他无法保证自己的安全。现在他不得不去征服更多的地方，而且在自己帝国的内部也不得不加强军事化统治。此外，俄国和英国尚未向拿破仑屈服。拿破仑准备先对付英国，因此他对俄国采取了温和的政策，愿意承认东欧为沙皇的势力范围。1805 年 10 月，在特拉法尔加海战中，法国舰队遭遇惨败，这使得法国暂时无法通过海战使英国屈服。1806 年 11 月，拿破仑颁布《柏林敕令》（Berlin Decree），宣布实行“大陆封锁”政策，目的是将英国与欧洲大陆隔离开，最终摧毁英国的经济。英国针锋相对，1807 年 1 月颁布枢密令，用走私的方式来打破封锁。英国以走私贸易（包括伪装的中立国贸易）作为破坏封锁的有力手段，不过英国与南、北美洲的贸易还是损失惨重。1807 年 10 月，拿破仑逼迫西班牙允许法国军队穿过其领土进攻葡萄牙，以使英国失去它在欧洲大陆的最后一个盟友。这项战略标志着拿破仑放弃了从海上进攻英国的计划，转而与英国争夺殖民地，迫使其屈服。1808 年 3 月，西班牙发生了宫廷政变，有人试图将法国扶植的傀儡首相曼努埃尔 · 戈多伊（Manuel de Godoy）赶下台。拿破仑以此为借口，对西班牙发动全面入侵。

欧洲的战争依然正在持续，这对拿破仑的国内政策有很大影响，对法国的附属国也有很大影响。18 世纪 90 年代，法国革命者试图建立一个高效的政府，以及一个平等的社会，这样可以使国家重新强大起来，恢复其在欧洲舞台上的地位。不过，拿破仑则试图创造一个新的贵族阶层，他认为这是维持法国军事优势地位的关键。因此，他决定在自己的帝国内部再次进行分封，并且鼓励他的盟国也这样做。1802 年 5 月，拿破仑创立了“军团勋章”，以奖励那些忠诚的军人，以及在政府辛勤工作的人。他还试图修复与天主教会之间的关系，双方达成协定：他为神职人员提供薪水，但同时要对教会进行严格控制。曾经在巴黎圣母院为拿破仑举行加冕礼的教皇庇护七世向拿破仑发出祝福，支持他的雄心壮志。不过，1808 年 3 月，他又对贵族制度进行了改革，使之更加完善：一个人为民众做出的贡献越多，其地位就越高，并且贵族的头衔可以由父亲传给儿子。不过，与其他的封建社会不同，拿破仑努力防止血统取代功绩。他规定，如果贵族的下一代不能为国家提供相应的服务，那么他就会失去贵族的头衔。拿破仑占领了意大利、低地国家和德意志的大片土地，为新贵族阶层提供了大量的封地。

在法国所控制的附庸国，拿破仑也要求它们进行类似的改革，他的主要目的是尽可能地调动资源，动员军事力量，为新的对外扩张提供支持。事实上，在 18 世纪，欧洲很多国家的统治者都进行过类似的改革。这些改革的内容包括：废除国内关税壁垒，以刺激经济发展，从税收中获得更多收益；削弱贵族的势力，加强中央政府的直接控制；废除行会制度，进行财政改革，以缓解国家债务；实行宗教宽容政策，使得国内不同地区的民众相互融合，同时没收教会的部分财产，推进世俗化。拿破仑在法国及其附庸国采用征兵制，以满足他不断扩充军队的需要。上述改革政策，“整合”了整个欧洲，使其形成一个统一的体系。当然，法国在这个体系中明显占据主导地位，这个体系是不平等的，内部并不团结。例如，1810 年 8 月，拿破仑颁布《特里亚农敕令》(Trianon Decrees)，规定法国商船享有与英国交换某些商品的权利，并且法国可以将这些商品转卖给其他国家，而其他国家则没有与英国做贸易的权利。他辩解称：“只要是对法国有好处的事情，就会对大家都有好处。”他还说：“现在欧洲各国差别很大，因此必须要有一个实力超强的大国来主导其他各国，目前法国是最合适的国家，它有足够的权威，能够促使各国彼此和谐共处。”

不可避免的是，法国过于自负的政策引发了欧洲其他国家民众的不满。在拿破仑直接占领或者有效控制的区域爆发了大规模的反抗运动。18 世纪 90 年代末，法国军队的暴行导致意大利南部的农民揭竿而起；在 19 世纪的前 10 年中，西班牙人以及奥地利的提洛尔人也相继起义，反抗法国的压迫。起义此起彼伏，但动机并不相同。那不勒斯人、西班牙人和提洛尔人的反抗运动主要是由地方性因素导致的，他们不满法国破坏宗教的行为，无法忍受法国的税收政策，也不愿意充当拿破仑战争的炮灰。在德意志，一些反抗运动的性质很难判断，起义者既是爱国者，又是强盗。罗伯斯庇尔（Robespierre）曾经说过，欧洲其他国家不会欢迎法国“全副武装的传教士”。他的话是对的——法国强行输出“理性”“博爱”“平等”和“自由”，但其他国家的民众并不接受，他们已经饱受法国的压迫。拿破仑的外交部部长塔列朗曾提醒过他：“我坚信，一个国家通过武力强迫其他国家接受‘自由’的做法注定会失败，其他国家只可能会憎恨这种‘自由’。”

面对拿破仑的霸权，其他欧洲独立国家也不得不开始艰难的改革。在普鲁士，军事—农业复合体曾经在腓特烈大帝时期发挥过很大的作用，但普鲁士在耶拿会战中的惨败彻底暴露了这种制度的弊端。哈登贝格男爵和施泰因男爵发起了一场彻底的改革。1807 年 9 月，哈登贝格在他的《里加备忘录》（Riga Memorandum）中指出：“普鲁士王国的地缘位置决定了它必须集中力量，合理地组织政府，并系统地协调国内事务的各个方面，否则我们就有可能成为强大邻国的猎物。”所以，1807~1813 年，普鲁士国王取消了冗余的顾问，确立了大臣的“责任制”，以提高决策效率；任人唯贤，完善官僚体系；废除行会制度，以促进经济的发展；解放农奴，建立自由的市场，废除旧的行政区划，确立法国式的征兵制度；放松对犹太人的限制。之前，普鲁士曾经屡次被法国打败，不少人据此认为，应该保留贵族的特权，保持军队相对于社会的独立性，这样才能提高战斗力。不过现在不少人改变了看法，他们认为应该建立一个“真正的”军事化国家，使得国家变得坚不可摧。也有人呼吁扩大民众的政治参与，建立全国性的“代议机构”，以动员全民，与拿破仑做最后的斗争。

拿破仑的扩张也使得英国国内出现了激烈的辩论，精英们就改革问题发表不同的看法。1801 年，国王拒绝放松对爱尔兰天主教的压制政策，小皮特内阁辞职。但 1805~1807 年，这一问题再次被提上日程。1808 年，塞尔科克伯爵（Earl of Selkirk）在一本小册子里写道：“我们周围的国家都发生了非常巨大的变化，因此我们的对内、对外政策都必须适应新的形势。”现在，英国在欧洲大陆一个盟友都没有了，法国的人口数量又远远超过英国，英国要想不被法国消灭，唯一的办法就是“发挥空前的能力，依靠自己的力量，动用内部资源”。或许，提高税收和征募新兵是一个办法，但更重要的是，必须释放英国社会隐藏的潜能，才能壮大国家的力量。一位激进的辉格党议员曾经说：“为避免我们的土地被外国征服，我们必须取消国内的压迫性政策，必须要提高军事力量，必须进行改革。”约翰·卡特赖特（John Cartwright）一直主张进行选举改革。1809年，他说：“英国只有两个选择——或者在乔治三世的领导下进行议会改革，或者被拿破仑一世所征服。”不过，此时的英国政府仍然拒绝进行选举制度改革。尽管有的大臣试图再次改革宗教政策，缓解对天主教徒的压迫政策，但议会在1807年还是否决了相关的议案。

第三次反法联盟的失败也引发了英国国内关于国家大战略方向的激烈争论。过去，英国一直主张干涉欧洲大陆的政治，但现在英国已经没有那种能力了。查尔斯·詹姆斯·福克斯（Charles James Fox）一直是小皮特的政治对手。1806~1807年，福克斯加入“贤能内阁”（The Ministry of All the Talents），并担任外交大臣。他主张与拿破仑讲和，以集中精力进行海外殖民地扩张。这个“全球”战略的不可或缺的一环，就是废除国际奴隶交易，英国议会在1807年通过了相关法律。同一年，美国也效仿英国。美国各州曾经在1787年制定宪法时达成协议，准备在20年之后废除奴隶贸易，并且禁止所有悬挂美国国旗的商船进行奴隶买卖活动。这标志着一个新的、颠覆性的国际秩序出现了，英国皇家海军利用其强大的力量，在公海地区对贩奴者进行追捕和打击。波特兰公爵（Lord Portland）在担任英国首相后，重新将战略中心放在欧洲。英国派军队到斯特拉松德，试图为普鲁士和俄国提供帮助。拿破仑与沙皇签订《提尔西特和约》后，法国可以调动整个欧洲大陆的力量来反对英国，但英国并没有绝望。1807年9月，法国即将占领丹麦，为防止丹麦舰队落入法国手中，英国决定先发制人，摧毁了丹麦的舰船，不过这也导致哥本哈根不少平民死亡。一年后，英国派军队到伊比利亚半岛，支持葡萄牙和西班牙，共同抵抗拿破仑。在广袤的欧洲大陆上，尤其是在德意志，英国派出了间谍，资助那些反对拿破仑的媒体，并且向当地的游击队提供武器。

法国在伊比利亚半岛陷入困境，奥地利哈布斯堡王朝趁机行动起来，准备最后一次进攻拿破仑。18世纪末的战争使得奥地利政府面临严重的财政赤字，同时奥地利失去了在低地国家、意大利北部和德意志的资本市场。为缓解困境，政府采取分级所得税制。为解决决策过程中的混乱问题，1801 年成立了国务院，协调各位大臣的决策。1805 年的战争结束后，哈布斯堡王朝建立了一支后备军，宗旨是为全民提供服务。最重要的是，奥地利利用德意志不断高涨的民族主义来反对法国。然而，匈牙利人拒绝配合奥地利政府，他们试图利用法国人来迫使奥地利做出让步。在 1807~1808 年的普雷斯堡议会上，匈牙利代表拒绝支持扩大税收，也拒绝扩大兵役。奥地利政府被迫软化立场，放弃了在匈牙利招募士兵加入后备军的计划，因此，奥地利后备军的范围仅仅覆盖德意志人和斯拉夫人为主的省份。在约瑟夫二世时期，奥地利的官僚机构曾经备受人们指责。奥地利要想对抗拿破仑，就必须进行国内改革，但这又极有可能导致国内爆发革命。1809 年，奥地利决定再一次对拿破仑宣战，不过这个决策非常仓促。尽管奥地利在阿斯佩恩—艾斯林（Aspern-Essling）战役中取得了重要胜利，但奥地利严重误判了形势。奥地利以为自己会得到俄、普两国的支持，但当时俄国正忙于处理波罗的海、黑海和巴尔干事务，因此按兵不动；普鲁士因为担心得罪拿破仑而拒绝对奥地利提供帮助。1809 年 7 月，拿破仑在瓦格拉姆战役中勉强打败了奥地利，双方都伤亡惨重。双方签订条约，奥地利丧失了大片领土，几乎成为一个内陆国家。拿破仑占领了南欧的一些领土，直接控制莱茵联邦，并与波兰大公国结盟。这样奥地利完全被包围了，几乎变成了法国的卫星国。梅特涅对奥地利皇帝说："现在奥地利只能服从于法国，这样我们在国际体系中才能获得安全，也许有一天俄国人会来帮助我们。"之后，奥地利皇帝被迫将女儿玛丽 · 路易丝（Marie Louise）嫁给拿破仑，对于奥地利来说，这是一次耻辱。

对于拿破仑，下一步的关键是控制德意志，将俄国永远挡在欧洲大门之外。这是 18 世纪法国历任战略家都没有实现的目标。拿破仑相信，不能作茧自缚，不能将自己一直关在经济和军事堡垒里面，必须继续扩张。拿破仑试图通过"大陆封锁"体系来实现整个欧洲的经济融合，但这项计划失败了。因为这个体系并非建立在互惠的基础之上，而是完全体现了法国人的自私。此时，整个欧洲大陆的经济都陷入低迷，市场趋于萎缩。法国之前的一些富裕省份，如阿尔萨斯，问题尤其严重。大陆封锁政策存在很多漏洞，英国在欧洲大陆沿岸进行走私活动，法国海军无法进行有效监督。1810 年，拿破仑占领了汉堡、不来梅、吕贝克等德意志北部沿海地区，以填补封锁大陆政策中的漏洞。其中，奥尔登堡（Oldenburg）也被法国占领，而那里的统治者与沙皇的关系非常密切。拿破仑帮助波兰复国，使其成为反对沙皇的缓冲区，这使得沙皇非常不满。奥地利被迫将加利西亚割让给华沙大公国，波兰军队的数量也大幅增加。然而，不久之后拿破仑下定决心：必须通过武力来摧毁俄国。这就是拿破仑要面临的安全两难：每次他征服新的领土后，都感到不安全，因此需要征服更多的领土。这导致了一种破坏性的恶性循环，最终只能导致他的失败。

法国的势力已经抵达俄国的西部边界，因此俄国统治者就大战略问题进行了激烈的辩论。一些人认为，必须先发制人，对拿破仑进行打击，这是阻止危险的唯一办法。但亚历山大一世对此非常反对，他不愿意激怒拿破仑，所以他禁止在涅曼河右岸建造防御堡垒和炮台。最后，德意志问题使得沙皇下定决心，要与拿破仑对抗到底。1812 年 4 月，亚历山大一世要求拿破仑从普鲁士、瑞典的波美拉尼亚撤军，削减在但泽的驻军，同时要求法国应对奥尔登堡公爵做出补偿，并放弃占领。同月，俄国与瑞典结盟，打算共同袭击德意志北部海岸；瑞典得到了挪威，作为俄国兼并芬兰（原属瑞典）的补偿。这样，法国和俄国之间的战争已经在所难免。

拿破仑在欧洲的主导地位也对美国造成了一定的影响。鉴于法国在欧洲大陆的力量不断上升，英国决定扩大海外殖民地和发展海军，以弥补自己的劣势。1807 年英国远征布宜诺斯艾利斯，以及 1808 年颁布枢密令，都严重地损害了美国的贸易利益。同时，英国强制征召了不少美国海员加入英国皇家海军；在 1811 年的泛印度大起义中，英国参与了镇压。上述事件都使得美国人提高了警惕。不过，这些事情可能还不足以让两国关系破裂，令双方不可调和的是后来的领土问题。拿破仑战争使得西班牙在美洲的力量摇摇欲坠，美国决心防止其他任何大国来填补拉美的真空。因此，1811 年初，麦迪逊总统要求国会同意占领西班牙的前殖民地，尤其是西佛罗里达。从 18 世纪中叶开始，西部领土问题一直困扰着英国和美国，这也是美国内政和外交中的重要问题。1806 年，美国前副总统亚伦 · 伯尔（Aaron Burr）被指控犯有叛国罪，理由是他密谋将路易斯安那从联邦分离出去，建立一个英国支持的独立国家。尽管后来伯尔被判无罪，但这件事加剧了美英两国的矛盾。此时，美国国内有两种对立的声音，一部分人主张对英国采取小心谨慎的政策，另一部分人支持用战争的方式扩展领土，这部分人被称为“鹰派”。英国在加拿大有大片的殖民地，美国人对此非常忧虑。并且此时，美国人担心自己的西边、西南边、加勒比地区以及整个拉丁美洲都遭到英国的渗透。英国皇家海军的傲慢行为激怒了美国，美国试图打破英国的包围圈。1812年6月，美国对英国宣战，想要一劳永逸地解决西半球的主导权问题。

同月，拿破仑率领多国组成的联军，越过涅曼河，进入俄国境内。他想与俄国决战，以便最终控制中欧。这支60万人的大军里，只有一半是法国人，其他的士兵来自荷兰、意大利、波兰，以及威斯特伐利亚王国、巴伐利亚王国、萨克森王国和莱茵联邦。当然，法国本身的疆界也是在不断变化的，此时的莱茵河左岸、德意志西部也算法国的领土。在拿破仑的要求下，普鲁士和奥地利也出兵协助，它们分别拱卫着拿破仑大军的南北两翼。事实上，如果没有对德意志的控制，拿破仑对俄国的进攻是不可能的。一开始，法军进展很顺利，到了初冬，沙皇的军队在博罗季诺战役中遭遇惨败，莫斯科被占领。法军长驱直入，俄国无法阻挡，导致了俄国国内的动荡。如果俄军进一步败退，很有可能会发生针对亚历山大一世的宫廷政变。然而，几个月后，俄国的严寒迫使拿破仑撤退。到1812年年末，拿破仑这支筋疲力尽的军队已经被彻底赶出了俄国领土。

如今，所有德意志人都不得不做出一个决定。法军正在被俄军紧紧追赶，双方随时可能会穿越波兰，来到中欧。威灵顿公爵率领英、西、葡三国组成的联军，在西班牙打败了法国军队，这使得拿破仑再次遭受重创。不过，此时法国人还都支持拿破仑，并不愿意将之抛弃。早在1798年，他就在埃及的战场上绝处逢生，后来在无数次战争中他都成功地扭转乾坤。诗人歌德曾经写道：“如果你愿意，摇一摇你的枷锁，这个人对你而言实在是太强大了。”此时，如果德意志犯一个小错误，它就可能会毁灭。梅特涅警告道：“无论是奥地利，还是欧洲仲裁者（即俄国），其首要考虑的是如何不让自己遭受毁灭。”俄军正在向西追赶法军，普鲁士位于俄军的必经之路上，因此普鲁士面临抉择。在1812年末、1813年初，腓特烈·威廉三世一直在犹豫，他面临着两个选择，或者遵守对拿破仑的承诺，或者加入反法联盟。他的优柔寡断使得一些官员非常着急。有人试图发动宫廷政变，从霍亨索伦家族中另择一个人担任国王，以做出果断决策。1812

年，负责守卫波罗的海的普鲁士将军约克·冯·瓦滕堡（York von Wartenburg），在没有得到普鲁士国王同意的情况下，就擅自与俄军签订《陶罗根协定》（Convention of Tauroggen），要求普鲁士军队保持中立，不会阻拦俄军追击法军。最后，东普鲁士的容克地主们聚集在一起，在没有得到国王授权的情况下，宣布全民皆兵，共同打击法军。看到这个形势，腓特烈·威廉三世不得不同意对法国宣战。可以说，普鲁士的外交政策是由全民共同决定的，而不仅仅是由国王自己决定的。

俄国内部也有两种意见，有人主张进入德意志内部，将法国势力驱逐出去，有人则对此表示反对。普鲁士的改革派施泰因男爵流亡到俄国后，为沙皇服务。他强烈呼吁亚历山大一世重建中欧秩序，将拿破仑赶出德意志。而很多俄国官员和贵族建议沙皇保持克制，他们担心俄国会陷入中欧的泥潭，毕竟中欧远离俄国，不会影响到俄国的安全。最后，亚历山大一世决心一劳永逸地消灭拿破仑。在18世纪，俄国就希望成为德意志的仲裁者，现在实现这一使命的时刻已经到来。1813年2月，腓特烈·威廉三世终于下定决心加入反法联盟，2月底，普、俄两国签订《卡利施条约》（Treaty of Kalisch），结为同盟。俄国支持普鲁士恢复其在1806年时的疆界，使普鲁士重新成为大国。1813年3月，亚历山大一世告诉俄国驻柏林大使，俄国的目的是要让普鲁士成为“俄国的先锋”，使自己免受来自西方国家的进攻。1813年3月底，腓特烈·威廉三世签署《卡利施条约》，他与亚历山大一世共同承诺，将努力使德意志成为一个统一的国家。普鲁士成立了以施泰因男爵为首的中央行政委员会，并得到了俄国的支持。该委员会的成员来自德意志各个地区，目的在于整合德意志西部、南部的各个邦国。腓特烈·威廉三世在《致我的臣民》（*An Mein Volk*）一文中，以响亮的声音，呼吁他所有的臣民起来反抗，将法国军队赶出去。1813年5月，瑞典军队在德意志北部登陆。1813年6月，英、俄、普签订《赖兴巴赫条约》，英国承诺增加对俄、普两国的援助。

此时，奥地利仍然在犹豫。梅特涅担心，如果联军迅速、彻底打败拿破仑，那么德意志内部的均势将会被永远打破。如果法国霸权被俄国霸权取代，那么奥地利依然会面临危险，梅特涅也不愿意让普鲁士从中捞取大量好处。因此，他试图与莱茵联盟的国家发展关系。正好，当法国被俄国打败后，莱茵联盟试图寻找一个新的靠山，奥地利正是最佳选择。在1812年10月~1813年11月期间，巴伐利亚、巴登和符腾堡宣布脱离拿破仑的控制，它们希望自己的领土能获得保障。梅特涅向它们承诺，将会组建一个普、奥之外的“第三德意志”。梅特涅也曾经试图拉拢法国，依然想让法国成为平衡沙皇野心的强大力量。不过，梅特涅并没有成功。1813 年 6 月底，拿破仑与梅特涅在德累斯顿会晤。拿破仑不仅坚决拒绝了梅特涅的建议，还强硬地宣称，他要消灭数百万敌军，重建昔日的辉煌。最终，1813 年 9 月初，奥地利与俄、普两国签订《特普利兹条约》（Treaty of Teplitz），加入反法联盟。三国承诺，将“解散莱茵联邦，使位于奥地利和普鲁士之间的各个邦国获得完全的独立”。同时，三国还表示将再次瓜分波兰。解放德意志的最后一战即将开始。

此时，反对拿破仑的力量已经非常强大，包括了俄国、奥地利、普鲁士以及整个德意志，这是前所未有的。其中，普鲁士人口中，服兵役的比例已经超过 10%，超过了其他几个国家，当然也因为逃兵而损失了一小部分人。德意志的一些爱国学生和工人还自发组建了“自由军团”。尽管他们人数较少，而且不是正规军，却发挥着重要作用，唤起了德意志的民族精神。这时，唯一对拿破仑保持忠诚的就是萨克森。由于普鲁士一直想吞并萨克森，因此萨克森只能站在拿破仑一边。拿破仑一直顽强战斗，在德累斯顿和包岑（Bautzen）获得胜利。但这已经无法挽救其失败的命运。1813 年 10 月中旬，双方在莱比锡进行最后的决战，这是欧洲各国实现民族解放的战争。战争的一方是法国人、波兰人、意大利人和一部分德意志人；另一方是普鲁士人、俄国人、一部分德意志人以及哈布斯堡王朝统治下的各族人。最终，经过三天的激烈交战，拿破仑被彻底打败，这场争夺中欧霸权的战争终于结束了。如今，拿破仑的彻底失败已经指日可待，欧洲新秩序即将出现。

在 18 世纪后半期，欧洲的地缘政治表现为三场革命。前两场大革命发生在美国和法国，都是源于对旧体制的反叛。而且，英国限制在北美的殖民地扩张，拒绝向西扩展领土，是导致美国独立战争的更重要的原因。法国波旁王朝在中欧的外交收缩，是导致法国大革命爆发的更重要的原因。革命后的美国和法国都进行了内部整合，以提高在国际体系中的地位。美国制定了宪法，法国则经历了大革命的洗礼和拿破仑的战争。不过，美国和法国之间并没有爆发战争。一方面，美国将英国（而非法国）视为最大威胁；另一方面，法国优先关注的是对欧洲大陆（特别是德意志）的控制权。这就导致了第三场革命，也是一场地缘政治巨变：革命后的法国在拿破仑的带领下，摧毁了整个神圣罗马帝国内部的均势，最终也摧毁了神圣罗马帝国本身，颠覆了整个欧洲的均势。法国不断地吞并、分割其他国家，拿破仑在法国和他占领的地方强制推行改革，同时欧洲其他国家为了战胜拿破仑也不得不进行改革。这些最终改变了欧洲大陆（特别是德意志）的面貌。与此同时，当法国和西班牙的势力从美洲退出后，美国努力防止英国填补这一地区的真空，因此美国确立了对美洲大陆的霸权。此外，美国一直在关注欧洲的局势变化，它依然认为欧洲会在地缘政治和意识形态上对自己构成威胁。未来，美国与欧洲大陆君主专制国家之间的对抗，将是不可避免的。

在上述三场连续发生的革命中，最大的输家就是德意志的那些小邦，它们在新的领土重组的过程中被吞没。普鲁士和奥地利存活了下来，领土也扩大了不少，但它们已经痛苦地意识到自己的国家非常脆弱，处境非常不利。英国在北美遭受了严重损失，但在拿破仑战争结束后，它已经重新确立了在欧洲的优势地位，并且有力地驾驭着欧洲的均势。法国国力逐渐下降，在强大的反法联盟面前，拿破仑帝国最终崩溃。七年战争之后，国际关系发生了巨大的变化，其中最大的受益者就是英属北美殖民地的人们。他们脱离了英国殖民帝国，建立了一个崭新的国家，并且组成了一个强大的合众国。与此同时，沙皇俄国迅速崛起，势力深入奥斯曼帝国和中欧，最重要的是，它成为德意志的仲裁者。不过，目前的美国和俄国依然十分脆弱，它们毫不掩饰自己的扩张欲望，因此一定会与其他大国发生利益冲突。此外，俄国国内盛行农奴制，美国也保留着黑人奴隶制，这是两国的独特之处。这样，两国国内都缺乏凝聚力，无法动员所有的力量，难以实现其扩张野心。因此，欧洲各国的官方与公众普遍将美国和俄国视为自己的威胁，这不仅仅是战略利益上的威胁，也是意识形态上的威胁。在下一个阶段，国际关系和地缘政治的主题将会是“解放”：从国家权力的束缚中解放出来，从独裁统治中解放出来，从农奴制和黑人奴隶制中解放出来。

第四章

解放：1814~1866年

决定祖国（德国）命运的色子，没有依循光明的力量下落。我们只能凭借勇敢和忠诚的态度，通过传播对一切外国事物的真切的憎恨，从内部建立起我们的祖国。经历无数的暴风骤雨，我们终将越来越团结。

——恩斯特·莫里茨·阿恩特（Ernst Moritz Arndt），1814年

我们时代中最伟大的使命是什么？……是解放。不仅要解放爱尔兰人、希腊人、法兰克福的犹太人、西印度群岛的黑人以及其他同样遭受压迫的民族，还要解放整个世界，尤其是欧洲。时机已经成熟，是时候将欧洲从权贵阶级铁一般的强硬控制中解放出来了。

——海因里希·海涅（Heinrich Heine）

德意志邦联（The Germanic Confederation）是一个多方意志的产物，并非仅仅是一个由成员国自愿联合而形成的联合体。如果其成员国想要修改邦联的规定，它们必须先与邦联之外的其他国家协商。德意志邦联是一个拥有不同特点和类型的邦国的联合体，它是1815年在维也纳签订的一系列欧洲条约的产物。这些条约创立了对欧洲的总体安排，而德意志邦联正是其中的一部分。

——帕默斯顿勋爵（Lord Palmerston），1850年12月3日

维也纳会议所签订的一系列条约，结束了法国大革命和拿破仑战争，也结束了英美之间的争斗，并且改变了欧洲的地缘政治。在欧洲，根据这些条约，旧有的神圣罗马帝国得以重建，意大利北部和低地国家的国际秩序得到重新确立，目的是遏制法国。俄国通过这些条约，保留住了它扩张后所得的领土。奥地利和普鲁士也得到了大量领土，并因此重振雄风：前者在南方和东南方获得了大量土地，后者则在西边获得了大量土地。欧洲地缘政治出现了巨大的变化，并对未来50年的历史产生了深远影响。而作为这一体系的支点，德意志所受到的影响，要比欧洲其他地区更为显著。在北美，美国将英国赶出了西部，但它对中美洲和加勒比地区的主张仍然遭到了其他主要大国的反对。不仅如此，这些条约中与各国国内政策相关的条款，对大西洋两岸的国家都产生了全面的地缘政治影响。条约写入了解放犹太人、禁止国际贩奴贸易以及鼓励实行宪政制度等条款，因此国内的冲突取代了国际的冲突，并且使得美国同绝大部分欧洲国家，特别是德国，彻底分道扬镳。曾经作为地缘政治经典主题的“缓冲区”“包围”和“扩张”等词汇，现在被“民族国家”“政治”“宗教”和“奴隶解放”等词汇所代替。在这个过程即将完成的时候，美国人和德国人都正在大踏步地前进，以寻求国家的统一，他们希望在强国林立、弱肉强食的世界中存活下来，尽管这要花费巨大的代价。

1813年10月，拿破仑在莱比锡战役中失败，丧失了对德意志的控制，他在欧洲的地位迅速一落千丈。莱茵联邦宣布倒戈，不再支持拿破仑，因而反法同盟的军队迅速壮大。此时，反法同盟的国家向西推进，准备进军法国。与此同时，威灵顿公爵从西班牙穿越比利牛斯山，一路向北挺进。虽然法国人在自己的国土上，对反法同盟的军队进行了英勇反抗，但他们还是很快覆灭了。1814年3月中旬，拿破仑无奈地签署了《枫丹白露条约》（Treaty of Fontainebleau），宣布退位，尽管保留皇帝名号，但他要立即前往地中海上的厄尔巴岛（island of Elba）居住。波旁王朝复辟了，路易十八成为法国国王。法国与其他国家签订《巴黎和约》，和约对法国做出了宽大的处理，允许法国保留其1792年之前的领土，萨伏依仍然归法国所有。1814年9月，各战胜国派代表前往维也纳，寻求建立稳定的战后秩序。然而，不久之后，拿破仑竟然避开守卫的监视，从厄尔巴岛逃回了法国。他得到了法国军队的热情拥护，并宣布重新成为皇帝，史称“百日王朝”。法国人早已厌倦了波旁王朝，他们热烈地欢迎拿破仑的回归，希望夺回法国在过去20年间曾经拥有的霸权。欧洲其他强国感到震惊，英国的大部分精锐部队都驻扎在美国，因此被打得措手不及。尽管拿破仑一开始取得了战争的胜利，但在1815年6月的滑铁卢战役中，他最终被反法联军打败。反法联军由很多国家的士兵组成，其中以德意志人为多。拿破仑再次被流放，这一次他被流放到了大西洋的圣赫勒拿岛（St. Helena），以后再也没有回到法国。

与此同时，英国与美国争夺五大湖的战争，也达到了高潮。美国国会中的“好战鹰派”希望把加拿大从英国的统治下迅速“解放”出来，但这个希望很快破灭了。英国打败了拿破仑，因此它可以从欧洲战场上抽调出更多的军队，来到大西洋彼岸对付美国。两国随即在海上和陆上展开了漫长的竞赛。战争使得合众国内部产生了巨大的裂痕：共和党人占多数的南部和西部，基本都支持麦迪逊总统的决定；但是由联邦党人控制的新英格兰地区则坚决反对。北方的几个州，要么拒绝向加拿大派遣民兵，要么在战争刚爆发时就撤回了军队。马萨诸塞州参议院强烈谴责联邦政府在缺乏足够理由的情况下发动战争，并认为“从某种程度上，联邦政府发动这场战争，其真正动机在于征服和野心”，并宣称“这次军事行动的目的，并非是要保卫我们的海岸与土地，没有任何一个道德高尚且信仰虔诚的人会赞同发动这次战争”。现在，联邦内部意见对立，似乎就要分裂。不过，美国在后期取得了一系列的胜利，尽管来得太晚，但使得英国被迫向美国求和。由于当时还没有电报，通信手段非常落后，所以在和约签署之后的数天，美军还在新奥尔良与英军作战，并大败英军，这是美国最后的也是最辉煌的胜利。由于美军打败了英军，美国的国内矛盾勉强有所缓和，避免了矛盾的激化。

此时，维也纳会议正上演着精彩好戏。会议的首要议题就是通过重组领土来防止法国以后再次进行扩张。英国外交大臣卡斯尔雷子爵（Viscount Castlereagh）认为：“要想维持法国的秩序，我们应该团结起来，共同努力……普鲁士、奥地利和俄国必须保持其强大的实力。”在巴黎建立一个温和的政权，也有利于压制法国的冒险主义。不过，还有另一个问题几乎同样紧迫，即如何对付俄国力量的膨胀。当时，俄国的影响力已经扩展到了中欧和西欧，使得所有的国家都大为震惊。1815年9月初，沙皇检阅了他部署在巴黎近郊的香巴尼（Champagne）平原上的15万军队和540门大炮。这是一次规模宏大的阅兵，这说明沙皇已经成为欧洲的仲裁人。场面非常震撼，参加阅兵的其他国家的领导人或军官——普鲁士国王、奥地利皇帝、威灵顿公爵——都对此印象深刻。

而在维也纳会议上，真正的核心问题其实是“德国问题”。1814年2月，盟国承诺，将建立一个中欧框架，“德意志各主权邦国将组成一个邦联，维系彼此的联系，并且以此保证整个德意志的独立”。8个月后，卡斯尔雷宣称，德意志应该成为俄国与法国之间的纽带，并调节两国之间的关系。他认为，德意志可以用于遏制俄、法两国的势力，同时又不让这两个国家感受到威胁。英国下定决心，要阻止俄国填补中欧的权力真空。卡斯尔雷在外交上的老上级查尔斯·斯图尔特（Charles Stewart）警告道：“尽管波兰已经复国，但大部分地区却归了俄国，这会导致俄国的边界线向西大大推进……甚至已经进入德意志的心脏地带。”与此同时，奥地利首相急切地想要阻止普鲁士获得在整个德意志的霸权以及获得过多的领土，尤其是要防止其获得萨克森。萨克森曾经是拿破仑的盟国，现在也成了战败国，这里是普、奥两个大国之间的重要缓冲区。最后，在1815年末，各大国签署了条约，条约的特征是：各大国争相拉拢英国、遏制法国，同时俄国受到了排挤。

根据《维也纳会议最后议定书》（Final Act of the Congress of Vienna），法国必须归还其在1789~1792年之间获得的所有土地，并支付巨额赔款。波兰依然由俄国、奥地利和普鲁士三国瓜分；在沙皇所占有的那一部分土地上，建立一个王国，拥有自己的军队和议会。沙皇在过去几十年中所获得的绝大多数领土，依然允许保留，如从土耳其夺取的比萨拉比亚，以及从瑞典夺取的芬兰。瑞典则获得了西边的部分土地，以作为补偿。1814年1月，丹麦和瑞典曾经签订和约，瑞典在斯堪的纳维亚占据优势地位，它从丹麦的手中夺取了挪威，丹麦因此损失了40%的人口和85%的土地。皮埃蒙特—撒丁王国（Piedmont-Sardinia）从法国手中收回了萨伏依，还得到了其他一些领土，因为欧洲其他国家想以此阻止法国对意大利的领土企图。奥地利获得了伦巴第和威尼西亚，还获得了古代的威尼西亚共和国在达尔马提亚（Dalmatia）的沿海地区，以及哈布斯堡家族的支系在亚平宁半岛所拥有的部分土地，如托斯卡纳（Tuscany）、摩德纳（Modena）和帕尔马（Parma）。这样，奥地利增强了其在亚平宁半岛上的战略纵深。各国保证瑞士成为永久中立国。

然而，最深刻的变化，发生在前神圣罗马帝国的土地上。奥地利将比利时割让给荷兰，形成了荷兰联合王国（Kingdom of the United Netherlands），这里被看作防范法国向低地国家扩张的防波堤；奥地利还永远放弃了西部被称为“前奥地利”（Anterior Austria）的地区。普鲁士希望获得相邻的土地，让国土连成一片，但这个希望基本破灭了；普鲁士只能勉强获得萨克森北部的土地，而不是得到整个萨克森王国。然而，普鲁士还是获得了一份大礼，即莱茵兰和威斯特伐利亚。正如同卡斯尔雷所指出的，这样做的意图非常明确，就是“让普鲁士与法国进行更多的军事接触，以便有效抵制法国获取低地国家和莱茵河左岸领土的野心”。普鲁士政府克服了重重困难，才成功抵制了英国针对比利时南部大片土地提出的要求。18世纪90年代以前，德意志政治的一大特色就是存在着众多诸侯国。到维也纳会议的时候，大多数诸侯国都没有保留下来，但巴伐利亚、符腾堡、巴登、汉诺威和其他一些公国，则在拿破仑战败后逃过了一劫，并且领土还有所扩大。英国虽然没有在欧洲大陆获得大量土地，但它还是保住了最新获得的一些殖民地，包括锡兰和开普殖民地（Cape Colony）；此外它还获得了很多基地，如马耳他；并且英国与汉诺威王国组成了“共主邦联”。英国表现得很克制，但它是有意这样做的。1814年4月中旬，卡斯尔雷说：“我们的声誉，比其他任何东西都要珍贵，这代表了我们在这个大陆上的力量、权力和信心。”他最大限度地坚持这个立场，促成了1815年俄、普、奥、英四国同盟的成立。《四国同盟条约》的第6条规定，各方承诺定期举行会晤，以保持欧洲各国均势状态，处理其他各国共同关切的紧迫问题。上述这些安排被统称为“维也纳体系”。

卡斯尔雷决心与欧洲强国合作，而不是支配其他国家，这对奴隶制问题产生了影响。英国的废奴主义者对维也纳会议进行抨击，对沙皇和普鲁士国王进行指责，并要求禁止奴隶贸易。托马斯·克拉克森（Thomas Clarkson）建议，英国可以把“德意志的小片儿土地”割让给法国，作为结束奴隶贸易的补偿，但是这个建议并没有被法国采纳。英国的废奴主义者认为，《维也纳会议最后议定书》并没有立即结束所有的国际贩奴贸易；他们还表示，只要法国在其殖民地上进行奴隶贸易，英国就有权吞并这块土地，但这没有反映在《维也纳会议最后议定书》中。辉格党的格伦维尔勋爵大声疾呼：“我们应该主导这场谈判，在这个问题上，大英帝国应该发挥其最大的权力，它的意见就应该是最后的决定。”绝大多数欧洲强国（包括很多反对奴隶制的国家）都担心，英国这样做只是想掩盖其海上力量的扩张，想在战争结束之后继续寻求扩大制海权。法国尤其认为，被迫结束贩奴贸易，是无法容忍的耻辱。沙皇提出了一个折中的解决办法，建议成立海上联盟以镇压贩奴贸易。卡斯尔雷担心，如果对法国的波旁王朝施加太多的压力，就可能会损害法国民众对复辟王朝的支持，因此英国没有太强求法国。最终，各国达成一致意见，认为贩奴贸易“违反人性原则和普遍道德”，是必须废除的。当时，这只是一个雄伟的设想，但后来这对国际关系产生了重要影响，并且已经明确显露出来。

维也纳体系不仅规定了欧洲各国之间的新边界，而且对各国的国内结构做了规定。英国和欧洲东部的几大强国都反对共和主义，它们支持“君主制原则”。英国更偏爱君主立宪制，欧洲东部的强国则坚持认为，臣民应该与君主“合作”，以维持绝对主义政治体系。俄国扶植“波兰会议王国”（Congress Poland）为傀儡国，但又允许其拥有自己的议会和宪法；德意志南部和西部的许多诸侯，如巴伐利亚和符腾堡，被继续保留或被授予了宪法；1814~1815 年，普鲁士针对颁布宪法进行了广泛讨论。在法国，反法同盟复辟了波旁王朝，但国王的权威受到权利宪章和议会（由极少数人选举产生的）的制约，这样做的目的在于防止法国民众的军事冒险主义绑架政府。同时，法国议会的立法，要先受到其他国家政府的审查，以保证这些国家利益的安全。甚至，其他国家要求路易十八每次在议会致辞之前，首先接受对其讲话稿的审查。盟国还在法国派驻军队，以监视拿破仑的余党，确保法国全额支付战争赔款，并对荷兰提供支持，防止法国修改维也纳体系的安排。反法同盟的总体意图是，各国恢复正统君主，并扶植其发展壮大，以抵挡各国下层革命，既使其能够有效地抵抗外部的入侵，又保证其不会威胁邻国。

新秩序的核心是建立德意志邦联，以取代已经灭亡的神圣罗马帝国。建立德意志邦联的目的在于维护欧洲平衡，一方面要使其强大到能够遏制法国和俄国的野心，另一方面又要保证德意志不会过分强大，防止其自身具有霸权野心。《德意志邦联法案》（German Federal Act）是具有宪法性质的文件，其序言呼吁建立一个“强大和持久的联盟，维护德意志的独立，保证欧洲的和平与平衡”。德意志邦联是一个维护德意志整体利益的共同体，法案明确禁止由于战略原因而牺牲任何一个邦国。其中，第 11 条要求成员国在遭受入侵时要互相帮助，禁止任何一国与侵略者单独媾和，任何一国与其他国家签订协议时不能威胁邦联的统一。为此，邦联的国防由各成员国共同负责，包括普鲁士、奥地利、“第三德意志”（即除普鲁士、奥地利之外的德意志各中小邦国），以及西部的一系列“堡垒”——美因兹、兰道（Landau）、卢森堡，后来拉施塔特（Rastatt）和乌尔姆也参加了防务。邦联的议会设立在法兰克福，实际上由奥地利控制，议会负责整个邦联的政治协调。同时，邦联负责维持德意志内部的政治平衡，包括成员国之间的平衡，以及各成员国内部的政治平衡。这些安排都至关重要，有利于防止外部力量的介入，以及外国利用德意志各邦国之间的矛盾而坐收渔利。德意志邦联的所有安排，由《维也纳会议最后议定书》的所有签约国来保证；事实上，德意志邦联的宪法，也被写入了《维也纳会议最后议定书》，它可以看作新的《威斯特伐利亚和约》。

这些安排可以算得上是一场欧洲的地缘政治革命。18 世纪时俄国已经开始向西推进，现在它依然势不可挡：俄国的傀儡国——“波兰会议王国”已经使得普鲁士和哈布斯堡王朝感到恐惧。丹麦被摧毁，已经不再是波罗的海和斯堪的纳维亚半岛的强国，它的注意力不得不再次转向南方。但是，最大的变化发生在德意志。在过去的 100 年中，普鲁士主要是向东发展，它因此逐渐成为强国；而现在它成为抵御法国的屏障，其战略意义主要在西边。几个世纪以来，奥地利一直在西欧拥有巨大的势力范围，它一直影响着莱茵兰、勃艮第和低地国家的政治；而现在它在巴尔干、东欧以及意大利获得了大片领土。大国的行为方式，也发生了根本性的转变。在反抗拿破仑侵略战争的最后阶段，各国懂得了合作与克制的重要性，这种文化持续渗透到了 1815 年以后的外交中。与此同时，对于各国的内部问题——其中主要包括废除奴隶制、保障宗教信仰自由、反对政治压迫、打击激进的颠覆破坏活动——各大国取得了广泛共识，这是史无前例的，对国际关系有着深远的影响。在维也纳会议之后的 50 年中，我们将看到，这些安排的确缓解了各国之间的矛盾。会议刚刚结束时，各国都理解共识的重要性，这对于维护欧洲的稳定至关重要，同时也有利于促进欧洲的政治与社会变革。然而，随着时间的流逝，各国又纷纷忘记了这一点。

与此同时，1814 年 12 月，英美两国签订《根特条约》（Treaty of Ghent），正式结束了战争，这同样具有革命性的意义。这场战争是美国独立以后第一次与一个欧洲大国的战争，美国在战争中存活了下来。双方都同意废除奴隶贸易，尽管事实上奴隶制度本身依然得以存在。英国归还了五大湖周围的争议领土，并承诺遣返那些从美国白人手中逃脱的奴隶们。英国没有兑现第二项承诺，而是向美国支付一大笔补偿金。现在可以清楚地看出，大英帝国和年轻的美利坚合众国以后还将继续展开较量。两国仍将在北美地区争夺影响力，此时美国和加拿大的边界线还没有最后确定。但两国争夺的主要战场，将是中南美洲和加勒比地区。在维也纳会议上，欧洲各国都承诺，要废除奴隶贸易；而美国的决心则越来越坚定，反对欧洲国家干涉西半球的任何事务。因此，欧洲国家与美国的矛盾越来越白热化。欧洲主张废除奴隶贸易，却不断进行领土扩张；美国依然保护奴隶贸易，却反对欧洲在西半球的扩张。双方的矛盾越来越明显，不止一次导致彼此的冲突，最终将会导致战争。

拿破仑已经被永远软禁在南大西洋的海岛上，欧洲很多国家试图享受战后的“和平红利”。在英国，政府不再执行“财政—军事化国家”的政策，转而成为一个“自由放任式国家”。军队从 60 万减少到 10 万，其中大部分驻扎在海外。这的确是基于财政考虑，但同时也反映出了英国在政治和文化上的变化。1816 年，年轻的辉格党人约翰 · 罗素勋爵（Lord John Russell）发表演讲，反对增加陆军的军事开支，理由是“这会导致英国从一个海军国家变为陆军国家，成为一个名副其实的大陆国家，而无法继续拥有众多的海岛”。普鲁士和奥地利政府开始裁减军队人数，降低公共开支，以解决在拿破仑战争中所欠下的债务。哈布斯堡王朝想办法通过非正式的途径来筹集经费，尽量避免召集匈牙利议会。普鲁士国王没有兑现颁布宪法的承诺，也没有建立代议制机构。不过，普鲁士政府同意，在询问人民意见之前，不会增加税收或者贷款，这实际上是放弃了所有的大国野心。因此，1820 年普鲁士制定了《国家债务法》，规定不会在代议制会议召开之前就增加税收或者贷款。1823 年，作为权宜之计，腓特烈 · 威廉三世设置了一个由贵族控制的地方会议体系。这只是咨询性的机构，没有财政权力，一开始，人们对这些机构没什么兴趣，极少有代表参加这样的会议。到目前为止，东部君主国的社会和政治秩序稳定，但这样的局面要想保持，前提是欧洲国际关系的发展不会对本来就很脆弱的国内秩序造成负面影响。

在大西洋的另一头，美国密切关注着欧洲的发展情况。维也纳会议上各国宣称支持“君主制原则”，年轻的美利坚合众国将这个原则看作意识形态威胁。此时，有两个非常严重的地缘政治问题需要美国立即采取行动。美国与英国作战时，巴巴里海盗问题重新出现，威胁美国的商贸安全。因此，1815 年，美国派出一支舰队，惩罚阿尔及尔的奥玛尔 · 帕夏（Omar Pasha），摧毁其舰队并占领其港口。在更靠近美国国土的地方，西班牙皇家舰队对佛罗里达的控制力减弱，使得这一半岛上出现了权力真空。此时，美国必须对佛罗里达采取必要的措施。尽管这块土地本身价值不大，但美国不能允许它“落入海洋强敌的手中”，特别是落入英国手中，否则会导致英国从南北方向形成对美国的包围。因此在 1819 年，美国从西班牙手中购买了佛罗里达。1820 年，由于缅因州的成立，美国的北方边界得到了巩固。所有这些事情都要求美国政府做出巨大的努力，以提高军事实力，抵御欧洲的干涉，同时美国应该抓紧一切机会进行领土扩张。1816 年，国会通过一份法案，决定扩大海军力量，以弥补 1812 年战争中暴露出来的明显问题。安德鲁 · 杰克逊（Andrew Jackson）经常被神化为作风强硬的个人主义者，此时他也坚决支持海军扩建，认为其非常必要。1817 年 3 月，他批评国会“过度节省开支”，指责国会丧失关于“国家安全和国家在海外的角色”的远见。他大声疾呼：“如果每一个人都手握一把枪，那么即使全欧洲都联合起来，也伤不到我们。”后来，杰克逊成为总统后，欧洲是他所关注的核心问题：在总统一年一度的国情咨文中，有三分之一到一半的内容都是与外交事务相关的。

1814~1815 年维也纳会议上做出的安排很快就受到了挑战。法国国力迅速恢复：尽管规模较小，但法国还是重新组建了军队。1818 年，法国清偿了所有的赔款，各国将占领军撤走，并通过投票方式确定实行“有选择性的征兵制”。此时，法国的战略意图基本是防御性的。当年夏天，国防委员会召开会议，商讨法国东部边境面临的威胁，结论是：只有进行大规模的扩充军备，并且建设更牢固的要塞，才能够保证安全，抵御德意志邦联的威胁。实际上，在 1870 年普鲁士进攻法国之前，德意志始终是法国决策者的心头大患，是战略讨论时的主要议题。类似地，在 1815 年以后的 50 年间，大英帝国首要的战略关切依然是欧洲：欧洲关乎英伦诸岛的安危，尤其是要保卫伦敦和英国南部沿海地区免受法国的入侵。东边和南边也有一些国家使得英国非常担忧。1815 年以后，沙皇亚历山大一世显示出了极大的克制，但是俄国国力的增加还是让邻国感到不安。尤其让英国担心的是，俄国将其大部分的军队（超过2/3）部署在波兰与俄国的边界线上，甚至在波兰境内。在意大利，皮埃蒙特–萨伏依王国扩大了其领土，但它却感到脆弱和不安，因此要想办法保护自己。在萨伏依外交家约瑟夫·德·迈斯特（Joseph de Maistre）看来，达到这个目的的最好办法就是让国王在表面上“支持”亚平宁半岛上的革命民族主义潮流，以此来“扼杀”革命，“事实上国王应该成为意大利的领袖”。现在，皮埃蒙特已经有了自己的新的地缘政治理念，它建立在这样的假定之上：要想建立领土缓冲区，以保障王朝的安全，就必须支持意大利民族的统一事业，并使国王成为这项事业的领导者。

1815年以后，在大西洋两岸的国家，民众不断批评政府，并形成了革命运动，这挑战了欧洲的稳定。在法国议会和民众中，复仇主义的声浪开始出现，这是对欧洲的最严重的潜在威胁。1817年波旁王朝制定了宪法章程，而在议会选举出来的代表中，有近40%的人都是“百日王朝”时期的拿破仑支持者，甚至许多保皇党也强烈地认为法国应该成为欧洲的仲裁者。他们不遗余力地抨击波旁政府，指责其纵容外国势力干涉法国的内政。这些人反对1815年的《巴黎条约》，认为这是不平等条约，导致法国被敌国包围。政府的沉默使得民众失望，人们看不到法国的伟大希望。尤其是，批评者要求收回莱茵兰和萨伏依，这两块天然疆界既可以作为缓冲区，又可以作为一道泄洪闸，一旦发生战争，法国的军队可以如洪水般淹没意大利和德国。但是，波旁王朝对民众采取压制和限制措施，全国只有10万人拥有公民选举权，导致民众难以改变政府的作为，并且政府反对用冒险主义的对外政策来挽救民心。然而，由于民众对政府的压力越来越大，完全有可能导致法国采取更为强硬的对外政策。

在莱茵河的另一岸，民众也对现状不满。在德意志的民众中，民族主义和自由主义思想兴起，他们对维也纳会议的安排表示不满。很多批评者认为，德意志应该成为一个统一的民族国家，这将推动自由主义改革，有利于国家强大起来，抵御外国的侵略。很多人对邦联制度不满，因为各诸侯国之间只是一种松散的关系，不利于自由主义改革和国家的富强。尽管法国战败，但德意志民众一直非常恐惧法国。著名的德意志民族主义者约瑟夫·格雷斯（Joseph Görres）警告：“在波旁王朝这朵百合花上，还有拿破仑的蜜蜂和马蜂正在寻找花蜜。”而此时，由于民众对邦联制度不满，他们非常敌视那些德国统一的阻碍者。自由民族主义者领导各种示威运动，一开始只是由几百名学生参加的“决斗兄弟会”，到后来则是大规模的群众集会。1817年，为纪念宗教改革领袖马丁·路德的宗教改革系列文章发表300周年，学生们组织了“瓦尔特堡（Wartburgfest）集会”。1819年，曾经长期在俄国沙皇宫廷担任职务的德国保守派剧作家奥古斯特·冯·科策布，被一名激进的学生当作民族敌人而谋杀，使得整个运动发展到高潮。奥地利首相梅特涅担心德意志的革命立即爆发，同时他试图避免其他国家的干涉，因此他说服普鲁士政府执行“卡尔斯巴德决议”（Karlsbad Decrees），以镇压民族统一运动和自由主义运动。所有人都在猜测，一旦德意志的自由民族主义力量冲破这些枷锁，或者当某些国家出于自身目的而利用这股力量时，会发生什么事情。

阿尔卑斯山以南，意大利的自由民族主义者也将矛头对准了维也纳体系。在法国大革命和拿破仑时期，欧洲发生了社会与政治剧变，意大利也爆发了“复兴运动”，其特征是爱国主义与民族主义。意大利出现了一些非法的秘密团体，如烧炭党人（Carbonari），他们抨击奥地利对意大利的控制，也批评意大利各邦国对奥地利的屈服以及对本国民众的镇压。最重要的是，批评者不满意意大利长期保持分裂状态，他们对现状感到失望，要求实现国家统一。一定程度上，这反映了意大利人“共同身份感”的增强，同时也反映出这样一个信仰：世界各国的领土面积和规模正在增大，要想在一个弱肉强食、掠夺成性的世界中求得生存，意大利人就必须紧密地团结在一起。

同样，在俄国，人们越来越对现存秩序不满，尤其是对沙皇的外交政策不满。无数秘密、半秘密的组织如雨后春笋一般出现，并且很多退役军官加入这些组织，使得其规模迅速扩大。一些公共场所的扩展，方便了人们对这些问题的讨论，因此这种不满的声音更加强大了：19世纪的前25年，俄国出现了120份新的杂志，并且每年的增长速率都在加快。波兰是争论的焦点，一些俄国自由民族主义者——特别是1817年成立的“南部社团”（Southern Society）和“十二月党人”（Decembrists）——认为波兰是一个潜在的盟友，而其他人则对波兰有很深的疑心。1815年5月，亚历山大一世同意波兰王国成立，并且表示以后将帮助这个新的国家“发展壮大”，这时俄国人认为，沙皇似乎要放弃1772年所获得的领土。还有很多人批评，沙皇没有充分地保护东正教，没有代表奥斯曼帝国的东正教教徒的利益。

在此背景下，大西洋两岸的国家都爆发了一系列革命，导致了严重危机。1819 年，沙皇的亲信、前俄国军官亚历山大 · 伊普西兰蒂（Alexander Ypsilanti）领导了一场反对奥斯曼帝国的起义。他是一位希腊的爱国者，其目标是推翻奥斯曼帝国在多瑙河附近省份——摩尔达维亚和瓦拉几亚——的统治。到 1821 年，战斗蔓延到伯罗奔尼撒以及希腊。1822 年 1 月，希腊国家会议选举了一位总统，并宣布成立希腊共和国，通过宪法。土耳其决定以极端残暴的方式镇压起义，君士坦丁堡的东正教主教格里高利五世（Gregorius V）被土耳其政府当众绞死。1822 年，土耳其人屠杀或流放了希俄斯岛（Chios）上所有的人。与此同时，美洲爆发独立运动，西班牙在美洲的统治岌岌可危。绝大多数西班牙人对美洲的独立运动表示恐惧，自由主义者也是如此。西班牙人想利用其庞大的殖民帝国，来恢复西班牙在欧洲的地位，至少殖民地有利于防止西班牙再次遭受侵略。因此，1820 年 1 月和 2 月，西班牙国王斐迪南七世组织了一支庞大的军队，准备收复阿根廷的布宜诺斯艾利斯。然而，正当国王将军队集结在加的斯（Cadiz），并准备将其运送到南美时，一些自由主义的军官宣布起义，要求政府恢复 1812 年宪法，最后演变成了全国的内战。几个月以后，1820 年 7 月，意大利南部的“烧炭党”与一些自由主义军官联合起来，共同发动起义，反对两西西里王国（那不勒斯和西西里）国王斐迪南一世。国王被迫根据西班牙 1812 年宪法颁布两西西里王国的新宪法。很快，葡萄牙也发生了类似事件。到 1821 年春天，革命的精神向北蔓延。3 月初，皮埃蒙特的部分军官发动起义，要求国王维克多 · 伊曼纽尔一世（Victor Emmanuel I）颁布新宪法，并要求意大利脱离哈布斯堡王朝的控制。

当各国发生革命的时候，整个欧洲的自由主义、人道主义精神也开始出现并迅速发展。这在英国最为突出，英国人坚决反对奴隶贸易。但在 1817 年，废奴运动遭遇了严重挫折，在“路易斯判决”（Le Louis judgment）中，英国法院认定，如果某个可疑的运奴船属于其他国家，在没有得到该国允许的情况下，英国皇家海军没有权力阻止或搜查该运奴船。英国法院认为：“英国不能通过践踏其他国家的独立来推进非洲的解放，我们的确应该建立一个伟大的原则，但我们不能为此而牺牲其他早已确立的伟大原则。”所以，英国政府认为，废除奴隶贸易的前提是先与其他国家达成外交共识，英国应避免单方面的行动。然而，即使在这样的共识基本达成之后，由于受到法律规范的限制，英国政府还是难以落实废奴政策。因此，在19世纪初相当长的一段时间中，大西洋上的非法贩奴贸易依然进行得红红火火。为此，废奴主义的活动者以及支持废奴的议员，不断向内阁及各大臣施加压力，要求更强有力地部署海军，打击西非海岸上的贩奴站以及在大西洋两岸穿梭的贩奴船。19世纪20年代初，希腊越来越受到其他国家的关注，希腊人的苦难得到了很多国家人民的同情。英国人、俄国人、美国人以及西欧和中欧的多数国家都支持希腊的解放事业。他们当中有自由主义者，也有浪漫主义者，尽管原因不同，但他们都同情希腊民众。很多民众要求本国政府采取措施，对奥斯曼帝国进行干预，以阻止其暴行。还有一些人自愿来到希腊，为这个民族的解放事业而战，英国诗人拜伦就是其中的一位。

希腊、拉丁美洲、西班牙和意大利出现了一系列危机，如何处理这些危机，各国之间有很大分歧，各国内部也有很大分歧，这种现象持续存在于19世纪20年代初。一方面，在大多数时间，多数欧洲列强都认为，这些起义说明，欧洲各国以及殖民地社会中，存在着深层次的颠覆性倾向，有可能会扰乱现存的秩序和国家体系。梅特涅是最典型的一位人物，他坚决支持建立一个“中央调查委员会”，以侦察全世界的“革命阴谋”。亚历山大一世以前并不把自由主义力量放在眼里，但西班牙和意大利的革命使他深感震惊，因此他与梅特涅达成了共识。这一时期，普鲁士一直对梅特涅唯命是从，因此，对于上述问题，普鲁士支持梅特涅的立场。在巴黎，复辟的波旁王朝同样对革命活动深感不安，担心革命会对法国与西班牙、皮埃蒙特之间的边境地区产生不良影响。英国一般对于干预其他国家的国内政治持谨慎态度，但1821年1月卡斯尔雷宣布“当一个国家的内部出现不安定的因素，并且对另一个国家的安全与基本利益构成严重威胁时，英国政府将坚定地支持任何国家对此进行干涉，以保护各国的合法利益”。他不反对干涉原则本身，但反对某些国家逆潮流而动，反对有的国家以此来实现其不正当的利益。

此时，各列强考虑的是1815年以后的地缘政治利益。每个国家都有自己的算盘，它们试图以革命为契机，实现自己的利益。对法国而言，干预西班牙或意大利，有助于法国趁机摆脱维也纳体系对自己的限制。尽管当时民众不支持政府，但干预政策有助于暂时团结民意。对英国、法国和美国而言，西属美洲革命的爆发有利于它们趁机寻求领土扩张、谋求商业利益。对俄国而言，希腊的起义有利于亚历山大一世在凯瑟琳大帝奠定的基础上，再次向南扩张领土。各国都想扩张，因此一定会产生矛盾，各大国不会甘心将机会留给对手。俄国担心，西班牙被驱除出拉美后，其他列强会在那里建立起垄断地位。亚历山大一世甚至怀疑，拉美的叛乱，其实就是英国人阴谋的一部分，英国想将美洲的所有财富全部据为己有。梅特涅担心俄国势力扩张到多瑙河诸公国，那样会导致奥地利帝国在东南方向陷入更进一步的包围之中。他认为，法国对意大利的渗透，是比革命本身更为严重的威胁。出于同样的原因，对于法国跨过比利牛斯山干预西班牙，梅特涅陷入两难，态度犹豫不决。西班牙波旁王朝复辟之后，亚历山大想主导西班牙的事务，这让其他国家更加惶恐不安。卡斯尔雷警告道："干涉主义的普遍原则，会导致俄国人提出让人无法抗拒的要求，他们可以在德意志邦联的土地上肆意妄为，甚至长驱直入到欧洲最远的角落。"简而言之，尽管从意识形态上看，各国都反对革命，但最让各国担心的是某一个大国获得独冠群雄的战略优势。

1820 年 11 月，俄国、普鲁士和奥地利的代表在特罗保（Troppau）召开会议。各国一致认为："如果某个国家发生革命，导致政府出现变更，并且对其他国家造成威胁，神圣同盟有权通过和平方式恢复该国原来的政府，在必要时可以使用武力。"在这个基础上，1821 年，三国在莱巴赫召开会议，授权奥地利对那不勒斯和皮埃蒙特进行干预。意大利的革命被镇压后，欧洲列强又在维罗纳（Verona）召开会议。表面上看，会议是要讨论在原来爆发革命的地方进行改革，以防止再次发生革命；不过很快各国出现了分歧，代表们争论该如何解决希腊问题和西班牙问题；会场上充满火药味，尤其是因为法国代表想利用这次机会，要求变更莱茵河的边界。这次会议没有达成一致意见。1823 年 4 月，法国对西班牙进行干预，绞杀了西班牙的革命，并且恢复了斐迪南七世的王位。然而，梅特涅其实非常反对法国的单边行动。在维罗纳会议上，各国一直在对干涉问题进行争论，但代表们却回避了与德意志邦联相关的问题。卡斯尔雷认为："德意志邦联的安全与欧洲安全是密不可分的，欧洲是一个整体。"不过，他也坚定地认为："革命带来的威胁是直接的、迅猛的，必要的时候我们应该动用军事手段；如果我们处理不当，俄国人就会有理由干涉德意志的事务。"

然而，干涉原则最强烈的反对者是大西洋彼岸的美国。美国政府和公众都认为，西班牙和希腊（尤其是前者）是抵御欧洲专制主义的意识形态堡垒。法国镇压西班牙的革命后，还试图向大西洋彼岸派出海军，以消灭拉美的革命者，并把法国和西班牙波旁家族的亲王们送到那里，建立一系列保守的君主政体。此时，美国感到了问题的严重性。美国总统约翰·昆西·亚当斯（John Quincy Adams）怀疑，欧洲列强有意对原本属于西班牙的土地进行“重新殖民”，并且将其“完全瓜分”。一个令人震惊的前景展现在眼前：俄国可能会夺取加利福尼亚、秘鲁和智利；法国可能会夺取墨西哥。亚当斯表示：“我们知道法国一直密谋在墨西哥建立一个君主国，并让波旁王朝的一个亲王去那里担任国王。如果英国不能阻止法国占领墨西哥，那么它也会趁机捞一笔好处，它至少会夺取古巴并将其作为自己的战利品。如果古巴被英国占据，墨西哥被法国控制，那么我们将会面临什么样的境地？”换言之，美国将被欧洲大国包围，而这些大国又对美国充满敌意。

1823年12月初，美国总统门罗第7次向国会做年度报告（即国情咨文），此时的美国就正面临着上述国际环境。他说道：“欧洲是全球的1/4，我们与之交往甚深，并且我们源于这个地方；对于欧洲发生的事情，我们一直忧心忡忡，但我们仅仅是旁观者而已。”他警告说：“虽然美国承诺尊重各国现有的殖民地，但如果欧洲国家对新兴的拉丁美洲共和国进行压迫，或者如果欧洲国家在西半球的任何地区扩展其殖民体系，我们都会将其看作对美国的和平与安全的威胁。”他还明确宣布，“今后欧洲任何列强，不得把美洲大陆已经获得独立和自由的国家当作殖民的对象”。换句话说，“门罗主义”并不意味着美国奉行孤立主义政策，也不意味着美国只关注西半球，而是反映了美国人一贯的信仰。他们认为，欧洲发生的任何事情都会对美国的安全造成深远的影响。

19世纪20年代的国际动荡席卷整个欧洲。1825年，干涉意大利所造成的巨大代价迫使哈布斯堡王朝再一次召开匈牙利议会。随即出现僵局：哈布斯堡王朝拒绝了马扎尔人领导人——伊斯特凡·赛切尼（István Széchenyi）——的要求，匈牙利语没能成为官方语言；而奥地利政府则空手而归，没有实现扩大财政预算的目的。在英国，国际局势引发了一场有关改革的讨论，其中拿破仑战争对英国内政的影响最大。1829年英国议会通过《天主教解放法》，规定给予天主教徒以平等的公民权利，支持者十分感激威灵顿公爵。威灵顿在议会中的一次著名演讲中说，如果没有爱尔兰天主教的贡献，自己是无法成功打败拿破仑的。在俄国，战略决策问题导致国内政治出现混乱，困扰着沙皇政权。朝廷中的“战争派”认为，亚历山大一世做的努力远远不够，他没有对希腊的东正教同胞提供帮助。一个由自由民族主义者组成的地下组织——救济同盟（Union for Salvation），也认为沙皇做得不够。1825 年 12 月，亚历山大一世去世，一时间无人继承皇位，导致出现权力真空。由于沙皇没能在巴尔干半岛采取行动，很多自由派军官决定发动起义，准备逮捕整个沙皇家族，并废除农奴制。这就是历史上著名的“十二月党人起义”。尽管起义被镇压，新沙皇尼古拉一世不遗余力地镇压革命，但他以后在制定大战略时，也不得不考虑自由派的声音。

在这样的背景之下，欧洲列强开始仔细考虑如何应对希腊危机。奥斯曼帝国苏丹对希腊持续不断的动乱深感不安，1825 年 2 月，他指派他的埃及总督（即埃及帕夏）穆罕默德 · 阿里（Mehmet Ali）镇压起义。阿里同意出兵，他的条件是要求获得叙利亚。很快，他率领强大的军队挺进希腊，血腥残忍地镇压了起义。俄国有很多个支持希腊人的团体，这些人极力游说沙皇，要求对奥斯曼苏丹进行干预。和民众一样，尼古拉一世也对希腊表示同情。1826 年 4 月，他在圣彼得堡与英国代表会晤，双方同意将共同调停希腊事务，同时保证不在希腊获得任何商业或领土利益。6 个月后，英、法、俄三国代表在阿克曼会晤，他们认为，希腊应该成为土耳其的半自治属国。巴黎和伦敦都希望，一个强大的希腊应该成为有效抵御俄国扩张的堡垒，而非沙皇扩张的代言人。无论如何，英国首相更加关心的是，如何防止俄国干预德意志事务，而不是防止俄国干预巴尔干事务。很多人对希腊人表示人道支持，反对土耳其的残暴行径，这也推动了英、法、俄三国尽快采取措施。英法海军开始进行干涉，并于 1827 年 10 月在纳瓦里诺（Navarino）完全摧毁了土耳其和埃及的联合舰队。年底，苏丹马哈茂德二世（Sultan Mahmud II）决定先发制人，宣布对俄国发动“神圣战争”，试图对反土联盟进行反击。但土耳其很快力量不支，1829 年 9 月，土耳其人签署《阿德里安堡条约》（Treaty of Adrianople），被迫做出妥协。希腊独立，瓦拉几亚和摩尔达维亚获得自治，而俄国只在高加索地区获得了非常小的一块土地。

围绕西班牙、意大利、希腊和拉丁美洲问题产生的争论，暂时转移了各国对欧洲政治中最重大的问题——德国的未来——的关注。19 世纪 20 年代，普鲁士越来越担心法国力量的复兴。而奥地利对此态度冷漠，这使得普鲁士的新外交大臣贝恩斯托夫伯爵（Count Bernstorff）十分丧气，他开始扶植德意志的中小邦国，它们也担心再次遭受法国的侵略。贝恩斯托夫伯爵实施更加强硬的政策，其核心是成立一个关税联盟。该联盟的主要目的是政治性和战略性的，而非商业性的。普鲁士财政大臣弗里德里希·冯·莫茨（Friedrich von Motz）预言，"政治联盟"将会成为"商业联盟的必然结果"。他总结道，这一联盟的最终目标是"建立一个在普鲁士领导和保护下的统一的德意志，它能够真正获得内部自由和外部自由"。这是普鲁士高官第一次清楚地指出，只有德意志实现统一，普鲁士才能获得安全。

在莱茵河彼岸，法国的观察人士也备感焦虑，他们也看到了德意志军事力量的壮大。在议会内部，更多是议会外部，有许多人对国王和大臣进行批评和指责，要求他们尽快修改被法国人恨之入骨的"1815 年条约"。因此，法国国王查理十世认为："一场反对维也纳宫廷的战争，或许有助于结束国内臣民对我的不满，并且我还可以大规模地任意占领其他国家。"不过，法国没有对哈布斯堡王朝下手，而是选择在北非扩展力量，压缩奥斯曼帝国的势力。1830 年 7 月初，法国夺取了阿尔及尔，部分原因是为了将巴巴里海盗一劳永逸地连根除掉，还有部分原因是在南翼扩充力量，以防止国家再次被其他大国占领，但主要原因在于恢复政府在民众中的地位。但这为时已晚。月末，由于人们长期不满复辟波旁王朝的国内政策，并且认为这个政府无能，无法恢复法国在欧洲应有的地位，"七月革命"终于爆发。波旁王朝被推翻，国王被废黜，奥尔良公爵路易-菲利普（Louis-Philippe）被拥戴登上王位，成为"平民国王"。

接下来的两年中，革命者的不满情绪传遍欧洲。这些不满是对法国"七月革命"的呼应，至少是与其同时发生的。1830 年 8 月末，比利时人反抗荷兰联合王国国王威廉四世，并宣布独立；卢森堡也出现反抗运动，反抗者声称自己属于比利时治下，这是对德意志邦联的挑战。三个月后，华沙的波兰人起义，反抗俄国的统治。而德意志的大部分邦国依然相对平静，只是萨克森和不伦瑞克出现了革命。1831 年初，意大利的帕尔马和摩德纳发生了起义。与此同时，欧洲各国民众对选举权改革的呼声越来越高，英国国内的动荡局面持续发酵。1831 年末，由于穆罕默德 · 阿里干预希腊失败，苏丹又拒绝将叙利亚赏予阿里作为补偿，阿里与奥斯曼帝国的关系恶化，最终他与苏丹决裂，并向苏丹开战，试图进攻君士坦丁堡。1832 年 12 月，阿里在科尼亚（Konya）战役中重创土耳其军队。然而此时，沙皇尼古拉并不希望阿里推翻整个土耳其，一旦如此，阿里就有可能与克里米亚的鞑靼人联合起来，从东边发动对俄国的进攻。因此，从大西洋到博斯普鲁斯海峡乃至更远的地方，整个欧洲都陷入了动荡。

这些动荡对于欧洲稳定的影响远远超过了 19 世纪 20 年代。这一次，革命打击了法国自身。对于梅特涅这样顽固的反动分子而言，革命将对整个大陆产生猛烈的影响，而且同样明显的一点是，各地的革命是相互联系的，不可能只是巧合。长期以来，他一直怀疑，有一股阴险的力量在暗地里精心策划着这些暴力行为。1831 年 8 月，梅特涅警告一名俄国外交官："巴黎有一股人在操纵着各国的革命，一旦他们胜利，所有国家的政府都将不复存在。"然而，对于维也纳体系的最大威胁并不是来自意识形态，而是来自地缘政治上的因素。种种迹象显示，法国的新政权将会采取积极的对外政策。1831 年 1 月中旬，让–马克西姆利安 · 拉马克将军（General Lamarque）在议会发表演讲，他宣称："巴黎的大炮将会让滑铁卢的大炮哑然失声！"法国激进分子不断要求在欧洲发动一场先发制人的解放战争，或者至少出动远征军，向比利时、意大利和波兰的人民施以援手。这不仅反映出，自由作为一种理念，本身就有对外传播的需要，更反映出这样一种重要的信仰：只有当全部欧洲实现"自由"时，法国才能保证其革命的安全。法国爆发了示威游行，很多人支持波兰人民。1832 年 1 月，法国派军队抵达意大利中部城市安科纳（Ancona），以密切监视奥地利军队在教皇国（Papal States）的举动。在欧洲其他国家看来，最让人担心的是奥地利要求同比利时合并。甚至，比利时人自己主动提出，要求法国国王路易–菲利普的小儿子内穆尔公爵（Duke of Nemours）担任比利时国王，取代荷兰国王威廉对比利时的统治。尽管此事最后因英国的反对而没有实现，但比利时事实上成为法国的友好国家。

简而言之，1830~1832 年的革命沉重打击了维也纳体系，特别是动摇了德意志和低地国家的现存秩序。法国与比利时建立了友好关系，将摧毁 1815 年建立起的屏障，使得英格兰南部的海岸面临遭受法国进攻的可能，并且使德意志邦联的西部边界也面临着法国的威胁。法国获得了大片的领土，这将会破坏欧洲的均势。这远远要超过沙皇领土扩张给欧洲其他国家带来的威胁。德意志邦联面临的所有内部或外部威胁，都会对国际关系稳定造成致命破坏，也是对英国安全的致命破坏。1832 年 9 月，英国驻奥地利大使称："德意志应该是一个强大的、统一的国家，并且实行君主制和联邦制，这才符合我们的真正利益；这样，它不仅不会侵略别的国家，而且可以抵挡东边的或西边的国家对其他国家的侵略，因此它应该成为欧洲和平的中流砥柱。"然而，此时德意志出现了强大的民族主义运动，要求实现德意志的政治统一。一旦这成为事实，也会破坏欧洲的均势。因此，英国驻德意志邦联大使发出警告："英国要反对德意志人对统一的过分追求。"此时，欧洲各国之间的冲突似乎在所难免。1831 年巴黎一份左翼报纸讽刺道："所有这些看起来很像是一场全面的战争，但是敌对的各国似乎都不在意打一场全面的战争。"

从一开始，梅特涅和尼古拉一世就要求对革命行为进行讨伐；不过其他列强对此很漠然，它们不愿直面这些挑战。它们同意对法国进行遏制，而非直接毁灭法国。它们不希望干预法国的革命，只有当法国越过莱茵河对其他国家发动攻击时，才会将其立即击退。1830 年 12 月，伦敦会议做出了对比利时的前途至关重要安排。会议允许比利时脱离荷兰，但前提条件是比利时必须成为中立国，并且其君主不会引发争议，也就是说法国人不能成为比利时的君主。为了提高奥地利外交的信誉，梅特涅派军队扑灭了意大利革命。同时，德意志邦联组建了一支规模更大的军队，由普鲁士领导，以抵抗法国的威胁。德意志的革命也被迅速镇压。比利时的情况更为复杂：威廉四世拒绝接受失去比利时的现实，8 月初荷兰军队试图收复比利时。法国以此为借口反过来对荷兰进行干涉，并在安特卫普（Antwerp）包围了威廉的军队。法兰西人为此而欢呼，但英、普、奥、俄也正在对此密切关注。直到 1832 年末，荷兰军队才被征服，这确保了刚刚成为中立国的比利时的领土完整。之后，法国军队很快撤退。与此同时，1831 年 9 月，沙皇镇压了波兰人的革命。1833 年 2 月，应苏丹的请求，沙皇向博斯普鲁斯海峡派出军队，阻止了穆罕默德 · 阿里进军的脚步。接下来，1833 年 7 月，俄国与土耳其签订《安吉阿尔–凯斯莱西条约》（Treaty of Unkiar Skelessi），对于沙皇而言这显然是一次胜利。根据条约，发生战争时，俄国的军舰可以使用海峡，而其他国家的海军将不可以从此处通过。

当 1833 年末、1834 年初的战争硝烟散去时，横贯欧洲大陆的地缘政治新轮廓已经清晰可见。其中，奥斯曼帝国成为俄国用来防御其他国家的屏障，君士坦丁堡成为俄国通往地中海的突破口。当时，尽管俄国获得了新的影响力，但它依然保持节制，部分原因在于俄国已经内化了维也纳体系的规则，另一部分原因在于俄国担心招致其他国家对自己的反对，担心出现反对自己的均势联盟。若干年后，当俄军总司令亚历山大 · 缅希科夫（Alexander Menshikov）呼吁进一步向南扩张时，却遭到了外交大臣查理斯 · 德 · 内塞尔罗德（Charles de Nesselrode）的反对，他认为这会导致英法的不满，导致它们在黑海建立海军基地。

自由民族主义带来的挑战受到了制约，但是没有被完全控制住。根据 1830 年《伦敦条约》，希腊正式独立，这标志着奥斯曼帝国已经难以维持在其西部的统治，其稳定进一步受到威胁。约有 3/4 的希腊族人仍居住在希腊本国以外的地方，如马其顿、塞萨利（Thessaly）、小亚细亚、君士坦丁堡以及附近的岛屿。希腊政府希望将所有的希腊族人联合起来，这是一个外交政策的“宏伟设想”。在接下来 90 多年里，上述“宏伟设想”成了希腊国内政治中主要的争论话题。事实上，这是一个原本四分五裂的社会里唯一的共同原则。

一个更为紧迫的问题是意大利民族主义的持续发展。自由民族主义者朱塞佩 · 马志尼（Giuseppe Mazzini）领导了“青年意大利”（Young Italy）运动。1931 年，他在《青年意大利成员总则》中指出，亚平宁半岛需要实现统一，因为“没有统一，就没有真正的力量；目前意大利被强大、统一的国家所包围，它们猜忌意大利，因此意大利需要力量”。“青年意大利”运动反对联邦主义：“如果意大利也像瑞士那样，被削弱成为一个在政治上没有力量的国家，那么意大利必然会受制于邻国的势力。”马志尼认为，自己统一意大利的计划是实现整个欧洲统一的宏伟远景的一部分，这是“意大利为全人类所肩负的伟大使命，我们注定要完成”。他坚信自己会最终取得胜利，因为他相信“欧洲正在经历一系列进步性的转变，这些转变将逐步地、不可逆转地引领欧洲社会向前发展，并形成广泛而统一的整体”。1834 年 4 月，意大利、德国和波兰的部分人士在瑞士伯尔尼成立了“青年欧洲”组织，表达对意大利统一的憧憬。该组织希望凭借自己的理想信念，颠覆现存国际秩序，至少在当时，他们是反对使用阴谋手段的。

最为重要的是，德国地缘政治的变化已经从 1815 年就开始了，而 1830~1832 年的革命加速了这个变化。奥地利过分关注意大利发生的各种事情，而无暇顾及德意志邦联的整体防务，也很少顾及卢森堡的防务。对于中等的德意志邦国来说，它们显然无法保证自己的安全。例如，1819~1830年，巴伐利亚的军队开支每年都减少超过1/3。巴伐利亚首相卡尔·奥古斯都·冯·旺根海姆（Karl August von Wangenheim）甚至认为，自己的国家对德意志邦联的防务贡献最少，反而是一件自豪的事情。德意志邦联的堡垒和要塞处于年久失修的状态。在法兰克福议会上，普鲁士决心承担卢森堡的防务，奥地利则没有承担该责任。普鲁士这么做，并非只是出于对德意志的情感，还在于它越来越确信，普鲁士要想保证自己在欧洲国际体系中的安全，就应该将整个德意志团结起来并为德意志的利益服务。同时，巴登、符腾堡，甚至巴伐利亚等邦国都意识到，只有柏林才能保护它们免受法国入侵。巴伐利亚国王路德维希在1831年写道："我不知道有什么'南德意志''北德意志'，我只知道'德意志'，只有与普鲁士建立坚实的联系，我们才能获得安全。"德意志内部的革命被平息后不久，1833年普鲁士组建了著名的德意志关税同盟（Zollverein），并且德意志的大多数邦国都同意加入。黑森—达姆施塔特首相弗雷尔·冯·蒂尔（Freiherr von Thil）认为，该同盟有重大的政治影响："我不想隐瞒实情，一旦我们通过商业方式同一个大国联系在一起，就必然会与之产生政治情感。"

革命危机同样大大推动了民族主义和自由主义情绪的发展。1832年，"德意志支持言论自由爱国主义协会"成立。它迅速在全国各地吸纳了5 000多名成员，并在同年组织了"汉巴赫节"（Hambach Festival）。这是一场争取民主的起义，有两万多名德国人参加，他们展示了自己的爱国立场。在南德意志各邦议会的内外，民众的自由主义思潮爆发，其中以毗邻法国的各邦（如巴登）最为明显，它们向普鲁士寻求援助，希望获得安全保护。约翰·格奥尔格·维尔特（Johan Georg Wirth）——一名来自巴伐利亚的巴拉汀民主党成员——呼吁组成一个由普鲁士领导的德意志宪政国家联盟。在普鲁士，自由主义者大卫·汉泽曼（David Hansemann）呼吁进行宪政改革，以"在国家内部和其对外关系方面维护和提升国家的实力"，尤其要加大遏制法国的力度。在德意志的民众之中，自由民族主义的力量开始增长。他们认为，德意志的当务之急就是实现国家统一，以抵御法国的威胁。德意志议会议员约瑟夫·楚·扎尔姆–迪克（Joseph zu Salm-

Dyck）亲王对国内政治革命和对外防御之间的联系的解读可谓一语中的。1831 年 1 月，他在给莱茵兰总督的信中写道："只有建立一个统一的国家，才能消除国内各地区之间的差异，防止其造成有害影响，这样国内不同的地区就会逐渐融合，整个民族最终会团结起来。"他还指出 "法国之所以有强大的力量，并对其邻国产生重要影响，是因为它有自由的政体；只有当普鲁士成为'宪政运动'的领导者，它才能获得同样的力量和影响。"

德意志境内事态的发展受到了西面和东面国家的密切关注。普鲁士动员的速度和规模极大地震撼了法国军方。此后，他们将普鲁士而不是俄国视为最大的威胁。法国更加担心的是德意志民族主义的力量。1832 年 7 月，法国外交官阿道夫 · 德 · 布尔克内（Adolphe de Bourqueney）评论道："我们必须坚决维护维也纳体系，必须保证德意志小公国的独立，这是我们对德意志的政策的基础。请放手处理你们的任务，我们不能同意任何一个德意志邦国的消失，不管这个邦国有多小。"从自身立场出发，俄国人将奥地利和普鲁士视为对抗法国革命的大坝或防波堤，认为它们能够阻挡法国的革命狂潮，防止其颠覆俄国，至少在革命狂潮到达波兰或俄国之前降低其破坏力。出于这样的考虑，沙皇向柏林施加压力，要求柏林撤掉那些希望同自由民族主义者合作的大臣。19 世纪 30 年代初，莫茨去世，保守派弗里德里希 · 安茨隆（Friedrich Ancillon）取代贝恩斯托夫成为外交大臣，沙皇得以为所欲为。1833 年，三国代表在慕尼黑城郊会晤，一致同意将继续坚持保守主义原则，以维护中欧和奥斯曼帝国的现状，防止出现破坏稳定的因素。两年后，普鲁士与俄国在波兰境内举行联合军事演习来表现两个国家的团结。"反对革命"的诉求将欧洲列强紧密联系在一起。

在西欧，自由主义和宪政主义力量迅速发展，并开始应对其挑战。英国的外交政策尤其表现出了解放主义式的色彩，还不时显示出弥赛亚情结。这反映了一种强烈的意识，正如外交大臣帕默斯顿勋爵指出的："欧洲的和平和英国自身的安全都仰赖于维护自由，以及保证其他所有国家的独立。"他写道，英国的自由之所以能维持，靠的是其贯穿整个欧洲的防务力量，因此所有的宪政国家都是英国的"天然盟友"。1832 年，帕默斯顿表示："英国人普遍认为，英国应该以友善的方式，通过忠告和建议来对其他国家进行干预，以维护自由以及所有其他国家的独立；凡是不断努力地在追求建立理性政府的人，都可以感受到英国的道德感召力，英国将力图在世界范围内迅速地传播其文明。”换言之，英国将不会“干预”其他国家的内部事务，也不会将自己的价值观强加于不愿接受的人，但是英国保证支持愿意主动追求自由的国家——那些“自发地”为自己与生俱来的自由权利“努力奋斗”的国家。

在全球范围内，主战场是国际奴隶贸易，奴隶制本身也越来越成为关注的焦点。1833年，大英帝国终于在其全境内（包括英国本土及全部海外殖民地）彻底废除奴隶制，受此影响，一年之后法国废奴组织成立。现在，英法两国的民众都反对奴隶贸易，并且掀起了骚动。在这种条件下，政府之间有可能进行联合行动，实施更加有力的反对奴隶贸易的政策，以彻底消灭奴隶贸易。1807年以后，在执行该政策的过程中，英国皇家海军在几乎所有战斗中都取得了胜利。刚刚独立的中、南美洲国家，也很快废除了奴隶制。1820年，西班牙曾经规定进口奴隶是合法的，现在英国强迫西班牙废除该规定。此时西班牙只有一块较大的殖民地——古巴，英国持续对西班牙施压，要求其完全废除在古巴实行的奴隶制度。1835年，伦敦和马德里达成条约，规定对奴隶贸易进行限制。当时，西班牙没有认真遵守这项协议，但这使得国际间做出更多努力来推动奴隶贸易的废除。1838年，英国和其他国家建立了“反奴隶贸易协会”，两年以后各国在伦敦达成了《世界废奴公约》（World Anti-Slavery Convention）。此时，葡萄牙依然有人向巴西运送奴隶以牟取暴利，他们的商船依然游弋在大西洋上。这导致加入《世界废奴公约》的国家与葡萄牙之间的关系越来越紧张。

另一方面，不管是在国内政策中还是对外政策中，奴隶制的问题在美国也引发了越来越大的争议。而就在此时，新兴的棉花经济正在美国南方发展迅速。1820年1月，美国南北双方的政府达成《密苏里妥协案》（Missouri Compromise），规定北纬36度30分线为自由州和蓄奴州的分界线，密苏里作为蓄奴州加入联邦。但是，南北双方依然都不满意，都对《密苏里妥协案》进行攻击。1831年，威廉·劳埃德·加里森（William Lloyd Garrison）创办了《解放者报》（*The Liberator*），要求彻底废除奴隶制。此时，北方各州的民意变得越来越激进，即使他们不直接反对南方的奴隶制，也至少反对将奴隶制扩展到西部刚获得的领土。就南方人而言，他们在看待国内问题和国际问题时都表现得顾虑重重。在更远的西部，法国对墨西哥进行武装干涉，并且一度占领了韦拉克鲁斯

（Veracruz），目的是逼迫墨西哥偿还债款；法国还在加利福尼亚进行了积极的活动，试图攫取利益。显而易见，此时美国西部和南部出现了权力真空，美国必须向这里进行扩张。如果美国不这样做，其他的国家也会这么做。但是，在奴隶制这个问题上，南北双方有重大的分歧。而美国继续进行领土扩张，就会导致南北冲突加剧，难以达成一致意见。尽管西进运动曾经进展迅速，但现在不得不停止了 20 年。

然而，欧洲才是新的地缘政治焦点。1830 年之后，法国基本确立了自由且温和的政治体制，1832 年英国也巩固了自由且温和的政治体制，因此两国在意识形态上非常接近。此时，西班牙和葡萄牙也基本上是自由立宪主义政府。因此英、法、西、葡形成了一个四国同盟。这个同盟与 1833 年俄、普、奥三皇协议针锋相对。英国外交大臣帕默斯顿对此欣喜若狂："我们西方的四国同盟将联合起来，对抗暴君政府组成的三皇同盟。"欧洲大陆现在被分裂成为两大阵营，双方的意识形态迥异。自由主义者曾经对亚历山大一世充满希望，但现在他们对尼古拉一世非常失望，他们将沙俄帝国看作全欧反动力量的堡垒。19 世纪 30 年代末，英国作家罗伯特 · 布雷姆纳（Robert Bremner）曾指出，欧洲各出版社的很多书籍把俄国描绘成"疆域最辽阔、不可抵挡……但又最为强大、最可怕、最顽固的极权国家"，说"它威胁着人类的自由和权利"。

在这场冷战中，最激烈的冲突发生在伊比利亚半岛，这是东西方对抗的主战场。19 世纪 20 年代起，葡萄牙的内战持续不断。西班牙的内战则爆发于 1833 年。斐迪南七世去世，年仅三岁的伊莎贝拉二世即位，然而斐迪南七世的弟弟唐 · 卡洛斯亲王立刻发动叛乱，他宣称自己才是合法的王位继承人。卡洛斯派的支持者，主要是旧贵族和保守分子，东方三国——俄、普、奥——支持卡洛斯夺权，并为他提供军队、资金和外交支持。西班牙的自由主义者则反对卡洛斯，拥护伊莎贝拉二世，在整个 30 年代，他们至少 6 次要求其他国家进行干预。英国和法国决定向西班牙派出海军，并在外交上提供支持，还给军队提供了很多贷款。法国内政部长阿道夫 · 梯也尔（Adolphe Thiers）宣称，西班牙的局势关乎法国的国家利益，法国必须保卫西班牙的自由主义。此外，梯也尔认为，西班牙是法国的邻国，保护西班牙就是保护法国的利益，因此法国有权进行干预。18 世纪 90 年代，伯克就曾认为，法国关乎英国的利益，因此英国有权干预法国的事务，以维护自己的安全。梯也尔与伯克二人的说辞一模一样。对于帕默斯顿而言，

“西方同盟”的首要任务是保护伊比利亚半岛的宪政主义，这是保护英国自由的第一道防线。

19世纪30年代末，西欧的自由国际主义共识开始碎裂。在英法两国，国内越来越多的人开始批评自由国际主义。在法国，议会和公众认为，政府对于整个欧洲大陆的解放事业所做出的努力还不够，他们还认为，政府应该提高法国在国际体系中的地位。法国国王路易–菲利普因为对西班牙采取谨慎的政策而遭受民众的抨击，他还因容忍奥地利军队镇压克拉科夫自由城的动乱而招致批评。在英国，自由主义又被分为两个阵营：一派以帕默斯顿为首，主张政府对经济进行干预；另一派以理查德·科布登（Richard Cobden）为代表，主张自由贸易，反对国家进行干预。在英国，几乎所有的人都认为俄国是最大的威胁，其中自由主义者最为明显。但科布登却是一个例外，他不仅反对政府干预经济，也反对干预其他国家的政治。他努力淡化沙皇的威胁，而且还相信，积极的对外干预会导致国内政治的退步；大规模的常备军、沉重的国家债务、庞大的殖民地，都会给英国带来沉重的负担。科布登坚决主张废除《谷物法》（Corn Laws），他认为《谷物法》的目的是维护贵族在政府、社会和军队中的利益。废除《谷物法》和推动国际自由贸易，是保护国内自由主义以及维护世界和平的利器。

最后，19世纪30年代自由主义的地缘政治是被一系列事件而非各种意见粉碎的。即使是在最好的情况下，在伊比利亚半岛、海外和其他地区，英法两国都是既有合作，也有竞争，两国之间的关系并非总是一帆风顺。到穆罕默德·阿里与奥斯曼帝国之间再次爆发战争的时候，两国关系急转直下。1839年，阿里宣布埃及独立，导致奥斯曼苏丹对埃及大举进攻。法国把阿里看作自由主义和现代化的推动者，它支持埃及向奥斯曼帝国的腹地进军。这出大戏上演至一半时，另一场危机在大马士革爆发。法国驻大马士革领事向阿里提供了证据，导致阿里对大马士革的犹太人进行了一场大屠杀，这则消息于1840年初传到欧洲。英国自由派民众非常厌恶奴隶制，现在又看到犹太人遭到了埃及人的屠杀，因此更加愤怒。著名的废奴主义者如托马斯·福韦尔·巴克斯顿爵士（Sir Thomas Fowell Buxton），以及爱尔兰议会领袖丹尼尔·奥康奈尔（Daniel O’Connell）开始大展身手。更为重要的是，英国政府以及各政党的领导人都非常担心法国在近东的渗透活动。梅特涅也对法国表示担忧，在这一问题上，他确信能从普鲁士那里得到外交支持。俄国人就更不用说了，看到法国人在君士坦丁堡推进现代化，他们深感恐惧。因此，1840 年 7 月中旬，英、奥、俄、普四国同意对奥斯曼帝国提供支持，保护博斯普鲁斯海峡免遭第三方占领。1840 年 9 月，皇家海军被派往黎巴嫩，英国和奥地利陆战队在贝鲁特北部登陆，逼迫穆罕默德 · 阿里放弃叙利亚。帕默斯顿告诉英国领事，要让阿里明确无误地意识到，他在大马士革犯下了“严重的野蛮暴行”，必须进行反思。面对四国的联合阻击，阿里只好释放了犹太人，并撤出叙利亚。在欧洲历史上，列强经常会先惹出祸患，然后再自行解决，这已经不是第一次了。

在法国，“东方危机”导致议会和民众非常愤怒。法国人非常支持穆罕默德 · 阿里，他们把阿里看作现代化的推动者，同时认为他可以阻止俄国的扩张，并且制约英国的“海上暴政”。1839 年，法国人对阿里的支持行动达到高潮。7 月，法国政府轻松地获得了海军预算，以扩充地中海舰队。然而，这一行动的最主要的目的并非是要增加法国在中东的影响力，而在于确保法国在莱茵河边界谈判中获得更多的筹码。在这个背景下，1840 年 7 月，英、奥、俄、普达成关于海峡问题的四国协议，巴黎被排除在外，因此法国人感到愤怒就不足为奇了。媒体、议会和公众对于这样的羞辱十分气愤。法国政治学者托克维尔（Alexis de Tocqueville）警告：“如果一个政府，或者一个王朝劝说自己的民众对这种事情袖手旁观，那么它就不可能避免被推翻的命运。”愤怒的公众要求发动战争并进行选举改革。英、奥在贝鲁特的登陆，导致法国有人试图暗杀国王，以扭转外交上的被动。梯也尔认为自己别无选择，只能加大赌注，要求修改莱茵河的边界线，以“补偿”法国在近东的损失。他做足表面功夫，将莱茵兰的军事地图挂在办公室，威胁进攻奥地利在意大利的属地（那里是奥地利的“软肋”），并大谈欧洲爆发战争的可能性，以平息和牵制国内民众的意见。奥尔良公爵（Duc d'Orléans）宣称：“我宁愿倒在莱茵河或多瑙河的岸边，也不愿倒在圣丹尼街的阴沟里。”换言之，法国政府已别无选择，要么把战争引向德意志，要么与自己的民众开战。

法国的叫嚣传到莱茵河的另一边，导致德意志人做出反应，整个邦联被民族主义的巨浪所淹没。其中，南部和西部的民族主义最为明显，他们不愿意自己的家乡第二次被法国占领。然而，事态的发展再一次暴露了德意志邦联在国防上的致命弱点。离法国较近的符腾堡、巴登、巴伐利亚和其他中小国家只能召集很少的士兵，根本无法应战。

匈牙利议会争吵不休，不能批准奥地利的国防预算；奥地利过多地卷入了意大利的事务，已经债台高筑，也无法应对法国的挑战。这一次，迎接挑战的又是普鲁士。在很短的时间内，普鲁士整顿邦联西部的要塞，使其恢复秩序，还动员了将近20万人。最后，路易－菲利普胆怯了，梯也尔被迫辞职，法国做出让步，战争得以避免。

1839~1840年的中东欧危机，引发了欧洲各国外交和国内政治的一系列变革。这些变革使得德意志其他邦国更倾向于向普鲁士寻求保护，以抵御法国的复仇主义。尽管这些邦国并不愿意在军事上完全从属于柏林，但它们也不得不承认：单靠自己的力量是无法抵挡得住法国的。过去它们很排斥普鲁士，但现在不得不将自己的未来命运交给普鲁士。受莱茵危机的影响，德意志的自由民族主义地缘政治开始兴起，超越了邦国的界限。莱茵自由主义者大卫·汉泽曼曾写道："德意志帝国必须强大而有力，因为我们的邻居十分危险。在东面，横卧着俄国，这是自罗马时代以来最坚定的扩张主义者，它已经对普鲁士的心脏地带（如波兰）形成了威胁，同时也威胁着东普鲁士。西面则横陈着法国，它的内部非常团结，民众好战而且不安分，这种本性是十分危险的，他们要求重新划定莱茵地区的边界线，这种顽固的信念令我们无法接受。因此，普鲁士要开始着手统一德意志，使它不再是'欧洲所有大战的战场'。"这是一份写于1840年的备忘录，后来得到广泛传播。德意志的其他自由主义者（包括南方的自由主义者）也都表达了类似观点，思想既有深度，也有广度。法国的政策效果适得其反，最后伤害了自己的利益。1840年11月，梅特涅曾说："梯也尔只用了很短的时间，就使得德意志变得如此团结；而当年拿破仑用了10年时间来镇压德意志人，才使得德意志人团结起来反对他。"

同德意志之前的几位君主一样，德意志的自由民族主义者也认为，国内政治结构应该反映对外政策的需要。但与之不同的是，他们将其视为建立宪政政府的要求。汉泽曼说，普鲁士由"广泛而分散"的省组成，与之相应，它需要一种"生机勃勃的、普遍的和具有民族性的"爱国主义，才能将其团结在一起；他断言，"只有人们获得自由，普鲁士人的爱国主义才能被创造出来"。因此，德意志自由民族主义者通过一整套内部改革来寻求改善自己的国家在地缘政治上的脆弱性，不再受制于东部和西部的国家。自由主义者罗伯特·普鲁茨（Robert Prutz）认为："若一个民族内部实现了统一，人民获得了解放，那么它将成为一个伟大且强大的国家。”自由主义者尤其希望使得中产阶级发挥其强大力量，他们认为只有民意、大众军事力量和“同质性原则”，才能保证国家的安全，而传统的君主力量已经不够了。在这样的背景下，自由主义者呼吁普鲁士发挥其作用，成为德意志的“民族代表”，最终缔造一个统一的德意志，只有这样才能动员整个民族抵挡外部的侵略。

1839~1840 年的系列事件同样导致巴尔干发生了深刻的地缘政治变化。法国试图染指博斯普鲁斯海峡，被俄国挫败。但 1841 年夏天，英、奥、普、法、俄、奥斯曼帝国签订的《伦敦海峡公约》（London Convention），使得俄国利益大大受损，外交上遭受失败。因为公约明确规定，博斯普鲁斯和达达尼尔两海峡在和平时期禁止任何外国军舰通行，俄国的特权被剥夺。更令人担心的是，奥斯曼帝国内部濒临崩溃。在阿里及其他实力派的影响下，帝国有解体的趋势。1844 年 1 月，沙皇访问伦敦，并提醒英国政府考虑：一旦“发生了不可预见的事情”，导致君士坦丁堡出现权力真空，应该如何进行应对。英国没有加入对奥斯曼帝国的掠夺，而是试图鼓励苏丹进行改革，以防止土耳其内部崩溃，以及免于遭受外部攻击。这项努力的核心是保护少数民族的宗教权利。伦敦表示，它希望奥斯曼帝国进行国内改革，伦敦并不想羞辱或者控制奥斯曼帝国，而是支持它增强实力，以抵抗外部侵略者，降低其内部动荡的危险。帕默斯顿曾对奥斯曼帝国的“坦齐马特”（Tanzimat）运动[①]进行如下评论：“土耳其没有理由成为一个不受人尊重的大国。”西方国家邀请土耳其加入国际社会，并不是要让其臣服于西方。

不过，在大西洋彼岸，西欧自由主义地缘政治对其造成了最为强烈的影响。1839 年，法国政府宣布其有意废除奴隶制，并将在 6 年后完全实现（即允许殖民地有过渡期），因此开始逐渐限制和禁止奴隶制和奴隶贸易。得克萨斯脱离墨西哥后，帕默斯顿一直拒绝承认其独立。直到 1841 年得克萨斯公开声明放弃奴隶制，帕默斯顿才承认其独立。同年 5 月，帕默斯顿表示，英国希望与欧洲其他五国结束漫长的谈判，并尽快签订一项条约。美国奴隶主越来越忧心忡忡地关注着这些发展态势。1843 年 8 月，美国国务卿阿贝尔 · 厄普舒尔（Abel P. Upshur）预测“英格兰决心在整个美洲大陆和各岛

① “坦齐马特”即土耳其语的“改革”，此次改革运动又称“仁政改革”，具有一定资本主义倾向。——编者注

屿上废除奴隶制”。美国南方的战略家们逐步得出结论，为了谋求生存，必须扩大奴隶制的范围。而为了游说国会，提高话语权，奴隶主们必须掌控美国的对外政策工具，并结束20年的相对战略克制，寻求扩张领土。1844年，来自田纳西州的民主党总统候选人詹姆斯·波尔克（James Polk）表示，他将进一步进行领土扩张，以捍卫美国的利益。在竞选辩论中，他提到了与邻国的关系、与其他大国的关系，也提到了欧洲的发展情况。最后，他顺利当选总统。

此时，欧洲社会内部出现了新的跨国意识形态和地缘政治断层线。大马士革事件，以及随之而来的在西欧和中欧爆发出来的反犹情绪，导致1840年之后越来越多的人呼吁建立国际家园。1840年8月，艾萨克·莱泽尔（Isaac Leeser）拉比在费城犹太人大会上说道：“尽管我们无法有一个统一的政府，无法安全地生活，但所有的以色列人都视彼此为手足，不管他们的家在热带还是极地。”生活在英法的很多犹太富豪，为犹太活动者提供财政与道德支持，他们开始锁定目标，将斗争矛头对准那些公开从事反犹政策的政府和组织。因此，摩西·蒙蒂菲奥里（Moses Montefiore）和法国人阿道夫·克雷米厄（Adolphe Crémieux）前往大马士革，要求释放被抓捕的犹太人。俄国的一些犹太人，被政府威胁驱除出定居区，罗斯柴尔德家族决定替这些人主持公道。在国际上，犹太人与每个国家分别较量，特别是与沙俄帝国较量。不过，犹太人的主要斗争焦点，是罗马天主教。当然，犹太人的过激反应反而更刺激了反犹主义的发展，使他们陷入更为不利的境地。1840年，法国天主教报纸《世界报》（*Univers*）大声疾呼：“希伯来人的民族性没有消亡，阿尔萨斯、科隆东部以及梅塞尔的犹太教徒，与罗斯柴尔德和克雷米厄先生之间有着极其密切的宗教联系。”该报纸还谈到：“他们依然非常团结，全世界的犹太人希望联合在一起，像一个人一样行动；在必要的时候，他们希望利用自己所掌控的财富，控制几乎整个欧洲的舆论。”这就是犹太国际主义的悖论，形成了恶性循环：他们试图不让其他民族歧视自己，但恰恰相反，他们的激进做法，使得世界各地的犹太人变得更加偏执，因此导致了更多的迫害。

犹太国际主义遍布世界，而非局限于某些国家。大多数犹太人相信，只有当更多的欧洲人在社会上与政治上实现解放时，他们自己的自由才有可能实现。当时他们还不知道，这种斗争方式会加剧各国的反犹主义；他们也没有意识到，他们保卫自己的权利可能会导致损害其他民族的权利。1840 年，蒙蒂菲奥里前往大马士革之前，他宣称自己要为“全人类的要求”辩护：“我们每一个人都正在遭受迫害、忍受苦难，我们有权获得解放。”蒙蒂菲奥里解释说，他来到大马士革，并非仅仅为了犹太人的团结，而是有更广泛的目的，那就是“向东方国家的政府倡导更为开明的立法原则……尤其要劝说政府废除酷刑，将法律权威放在至高无上的地位，防止权力的武断与专制”。这些“人道主义”努力背后的目的，不是要让东方国家沦为西方的殖民地，而是要让这些国家的人们过上更好的生活，能在国际上生存下来。

19 世纪 40 年代还出现了另一个欧洲跨国地缘政治现象。在 19 世纪上半叶，欧洲发生了巨大的社会和经济变革。英国开始了“工业革命”，很多国家（尤其是西欧国家）紧随其后。工业化、城镇化、铁路大发展、资产阶级的成长、“工人阶级”萌芽的出现——这些现象遍及整个欧洲，每个国家发展程度不同，速度不一。同样，由于生产的异化，工厂里发生了抗议事件，阶级矛盾加剧。在 40 年代初，一位年轻的激进记者卡尔·马克思目睹了这一切。他居住在普鲁士的莱茵兰地区，并在那里著述。莱茵兰是工业化迅速发展的地区，当时德国正在这里修建几条最早的铁路。正是在这样的环境中，他提出并发展了历史唯物主义的观点，即认为历史是一个以社会经济利益为基础的阶级斗争的过程。1844 年，他遇到了志同道合的弗里德里希·恩格斯，两人开始写作《德意志意识形态》一书。在他们看来，目前的资本主义体系中广泛存在着不公正的现象，而解决这一问题的唯一办法就是实现共产主义——这是一种理想状态，现实将逐渐与之接近。只有当欧洲各国的工人们意识到，他们之间的共同点已经超过了工人与压迫者之间的共同点，这时共产主义才能实现。1845 年 9 月末，一部分英国左翼宪章派运动者、德国工人和手工业者，以及欧洲其他国家的革命者在伦敦集会，成立“民主派兄弟协会”（Fraternal Democrats）。尽管马克思和恩格斯没有亲自参加会议，但他们在筹备会议的过程中发挥了重要作用。社会主义国际由此诞生。

19 世纪 40 年代中期以前，国际环境保持相对稳定，但从 1845 年起，所有的不安定因素都开始显现出来。当年 12 月，面对英法向墨西哥渗透的威胁，以及合众国周边地区反对奴隶贸易的运动如火如荼，美国将得克萨斯吞并，并设为蓄奴州。美国这样做的部分原因在于要扩张领土，好先发制人对付欧洲；部分原因在于南方游说集团要求在新领土上推广奴隶制度，以维护自己在国内的地位，抵御北方废奴主义者的威胁。边界紧张很快升级为战争，在这场战争中墨西哥被打败，损失了大片领土。

欧洲各国也发生了动乱，各国关系也变得紧张起来。其发生的背景是，英法两国在殖民地问题上发生了分歧，此外英国还担心蒸汽机船的出现会威胁英国海军的优势地位。在1844~1845年间，部分法国私人武装对英国南部海岸进行了第一波入侵。1845年6月，帕默斯顿在下议院发出警告："英吉利海峡不再是屏障，蒸汽机船可以轻易地通过以前不能通过的地方，海峡几乎变成了一条小河。"1846年，英国女王的妹妹与菲利普国王的王储之间的婚姻被破坏，导致英法友好关系恶化。这场变局惹恼了英国，英国本来希望将女王的妹妹嫁给阿尔伯特亲王（Prince Albert）的堂兄弟。1847年之前，英国还持续遭受法国一些私人武装的进攻威胁，受到极大震动。差不多同一时期，在哈布斯堡王朝境内，加利西亚的一群波兰人发动叛乱，奥地利当局艰难地将其镇压下去，并且进行了血腥屠杀。但德意志的事态是最严重的。8月初，丹麦国王克里斯汀八世（Christian VIII）发表了一封"公开信"，宣称石勒苏益格（Schleswig）与荷尔斯泰因这两个公国是丹麦王国不可分割的一部分。而此时，荷尔斯泰因还是德意志邦联的一个成员。丹麦国王不仅冒犯了德意志邦联，而且冒犯了德意志民族运动，因为德意志人将这两个公国看作统一的德意志国家的一部分。

这些事件同欧洲国家之间的地缘政治对话相互影响。法国军队可能从南部入侵英国，因此英国国内开始讨论备战问题。当时很多英国人认为，从1815年起，英国军备一直准备不足，到19世纪40年代更加严重。为创造性地应对这一挑战，伦敦政府大力执行科布登的自由贸易政策，以实现国际和平。1846年《谷物法》的废除常被视作英国社会变化的重要反映，事实上对外政策也是导致该法废除的重要原因。人们希望，《谷物法》的废除能够摧毁土地主的力量，从而破坏英国军国主义的国内根基；更希望各国之间能够在贸易上有紧密的联系，从而消除战争爆发的可能（这就是我们今天所说的"相互依赖"）。科布登预测，自由贸易将会开创"有史以来最伟大的革命"，摧毁"种族、宗教和语言间的相互敌对"，使得"庞大而全能的帝国……以及规模巨大的陆军与海军"变得多余。在法国，奥尔良王朝无法推翻维也纳会议的安排，也无法修改其安排，因此该王朝的合法性面临着严重的危机。1840 年，社会主义者艾蒂安·卡贝（Étienne Cabet）说道："正是因为政府在处理国际问题上的失信，让我们如此强烈地渴望建立民主政权，这是引发国内剧烈震荡的主要原因。"之后，在执政者、大量和平主义的民众，以及为数更多的民族主义鹰派民众之间，矛盾越来越激化，国家逐渐被撕裂。在 1846 年的竞选中，对外政策问题尤为惹人注目，这使得更多的人被动员过来参加投票，远远超出了有权投票的人数。

在莱茵河的另一边，由于丹麦国王想将石勒苏益格–荷尔斯泰因占为己有，德意志民众感到非常愤怒。而邦联却无法有效应对此事，梅特涅表现得十分漠然。在巴登，激进人士弗里德里希·赫克（Friedrich Hecker）威胁道，如果邦联和各公国们拒绝行动，他将要向这两个公国派出志愿军。此时，所有的目光都聚焦于柏林。海德堡的自由主义历史学家G·G·格维努斯（G. G. Gervinus）说："现在普鲁士必须领导德意志，这需要做三件事，普鲁士必须颁布宪法，这部宪法必须允许新闻自由，并尝试采取强势的对外政策。"一开始，在很长时间里，柏林犹豫不决。之后柏林不得不承认，普鲁士位于东西方之间，其地缘政治非常特殊，因此要想保卫自身安全，就必须动员足够的军事和后勤力量。而要想达到这个目的，就必须让国内民众更加广泛地参与政治。不过，这很难实现，因为普鲁士政府要想征收新税款，或者发放巨额的贷款，就必须得到代议机构的同意，而这又是国王和保守派都极力避免的事情。1845 年秋天之后，法国政府开始建造铁路网络，这威胁到了德意志邦联西部边界的安全。因此，普鲁士面临的问题更加严重了。1846 年 4 月，德意志邦联委员会强调，德意志也应该建立自己的铁路体系。此时，普鲁士必须解决财政问题，这已经不能再耽搁了。

不过，德意志邦联又一次犹豫了。意大利的革命愈演愈烈，奥地利陷入其泥潭，因此无暇顾及修建铁路一事；此外，德意志南部邦国甚至无法就铁轨规格达成一致意见。现在德意志急需拥有自己的铁路体系，如果要实现这个目的，普鲁士必须承担其领导地位。但是，要想修建铁路，就必须扩大财政支出，因此普鲁士不得不对其政治经济进行彻底改革。摆脱财政与政治困境的唯一出路，就是召集全德意志的代表会议，以批准一项非常税，用于铁路建设。因此，1846 年，腓特烈·威廉四世最终克服种种阻力，召集了邦联议会，并准备在第二年召开。1847 年夏天，邦联议会最终得以召开，自由主义者利用这个全国性的讲台来表达自己的不满。5 月，《德意志报》（*Deutsche Zeitung*）创刊，自由民族主义者变得更有信心了，他们更加积极地在这个报纸上发表自己的观点。自由主义者有三个主要要求：要使德国商品在国外市场上占据有竞争力的地位；外交上要结束对俄国的依赖；确立积极的对外政策，德意志各邦国统一行动，以追求政治统一。只有普鲁士政府与国内的民族主义运动联合起来，上述目标才有可能实现。

在议会开幕致辞中，普鲁士副司令路德维格 · 冯 · 希尔（Ludwig von Thile）谈到了这些问题。他说："普鲁士居于特殊的地理位置，因而被称为德意志的卫士，因为它的每一寸土地都构成了德意志的中流砥柱，敌人要先踏过我们的尸体，才能继续渗透进整个德意志。"为此，普鲁士政府认为，应该建立一条铁路，以联结普鲁士的两个部分，这不仅在商业上是必需的，而且在战略上也是至关重要的。绝大部分自由派代表同意这样的分析。一位代表说："如果我们的兄弟不能赶来帮助我们，那么我们将会……被哥萨克人、卡尔梅克人和吉尔吉斯人淹没。"但是，他们怀疑政府是否有决心和毅力来满足民族主义者的要求，他们还决心利用普鲁士在财政上的困境来推动宪政改革。腓特烈 · 威廉四世想修建东部铁路，要求联合议会投票支持他的经费请求。但联合议会表示，国王必须先在普鲁士建立一个常设的代表机构，否则他们将拒绝国王的请求。此外，代表们还强迫威廉同意进行其他各种改革，例如将解放犹太人扩展到普鲁士所有的省份。很快，汉泽曼要求普鲁士采取行动，维护德意志在石勒苏益格–荷尔斯泰因的利益。同时，在德意志中南部，代表会议的代表们相聚在一起，商讨如何才能实现国家统一，以及如何进行社会和宪政改革。

在奥地利，梅特涅也面临着财政与政治困境。1842 年开始的铁路建设项目需要一笔巨额资金，此外他还要设法抑制意大利的革命。此时，拉约什 · 科苏特（Lajos Kossuth）逐渐获得了匈牙利的领导权，他提出激进主张，要求匈牙利独立，因此他拒绝为奥地利提供财政支持。而如果奥地利在其他地区增加税赋，则可能会激发动荡。梅特涅要想实现其目的，就必须做出让步，同意进行宪政改革，而这又是他非常憎恶的。因此，目前唯一可行的办法就是向国际货币市场借款，但是其前提是哈布斯堡王朝必须保证在国内外的信用。这是因为，当维也纳的辛迪加（大财团）同意向政府提供大量贷款时，其条件是公共债券的等级不能下降到票面价值之下。更严重的问题是，反对派赢得了1847年的匈牙利议会选举。因此，19世纪40年代末，奥地利逐渐陷入财政与政治困境，整个国家几乎要窒息。后来法国也面临同样的问题，1787~1788年，法国的旧制度基本上被摧毁，为了存活下去，法国政府不得不对民众做出让步。

很快，中西欧国家发生了两次连锁性危机，问题到了非常严重的地步。1845~1846年，欧洲许多国家粮食歉收，穷困潦倒的手工业者日渐不安。1847年，信贷危机、激增的失业率，以及不断攀升的利率，使得政府面临严重的困境。当时，正好是整个资本主义国家的第一次经济危机。不过，真正给现存秩序带来致命一击的是各国对外政策的失败。1847年的瑞士危机，成了“压死骆驼的最后一根稻草”。当时，瑞士天主教与新教之间的冲突愈演愈烈，信仰天主教的诸州组成了一个“独立联盟”，想脱离伯尔尼政府的领导。最后，信仰自由主义的新教诸州取得了内战的胜利。《维也纳会议最后议定书》规定，各大国是瑞士宪法的担保人。但是，事实上，奥地利与法国各自支持瑞士的两个教派，前者支持保守的天主教徒，后者支持信仰自由主义的新教徒。因此，两国在外交上各自支持其代理人，很有可能会陷入一场意识形态冲突。此时，不仅仅是瑞士面临着危机，德意志以及整个欧洲体系都难以维持其稳定。梅特涅担心，瑞士自由派的胜利会产生连锁反应，导致德意志南部爆发革命。此时，德意志南部各邦的自由派，正在密切注意着瑞士局势的发展，他们发动了一场大规模的请愿运动，支持瑞士的自由派。尤其是瑞士自由派的民兵在内战中表现出色，让德意志人印象深刻，他们希望以此为榜样。但是，梅特涅没有能够影响瑞士的局势，最终天主教诸州失败了，主要原因在于梅特涅缺乏财政资源。

1847年年末，社会、经济、政治、外交危机形成合力，迅速摧毁了法国、奥地利和普鲁士旧制度的合法性，也摧毁了其财政信用。法国首相弗朗索瓦·基佐（Francois Guizot）已走到穷途末路。19世纪40年代中期以来，法国越来越担心普鲁士力量的崛起，也越来越忧虑东部边境的安全。法国对奥地利吞并克拉科夫保持沉默，也没有为意大利民族主义者反对奥地利的斗争提供支持，这些都导致法国政府受到国内民众的严厉抨击。维克多·雨果在议会中赞美拿破仑，谴责法国人仅仅追求物质利益。在整个巴黎，两万多人举办“宴会”（实际上是示威），要求获得更大范围的选举权，要求政府推行更为积极的对外政策，以摧毁1815年的凡尔赛体系，并对意大利、波兰和德意志的民族主义革命者提供支持。在奥地利，梅特涅曾下决心吸取约瑟夫二世的经验教训，但现在他发现自己越来越受困于一个恶性循环："外交与政治冲突引发国内动荡，继而再引发财政紧缩。" 1848 年 3 月初，由于公债猛跌，银行被迫终止业务。政府想办法筹集资产，来使自己摆脱财政困境。因此，正如1789年的法国那样，早在第一批示威者走上巴黎、维也纳和柏林的街头之前，民众对各国政府的财政和外交政策的严厉批评，就已经完全侵蚀掉了现有秩序的力量。正如托克维尔所说："政府不是被推翻的，而是在批评声中倒台的。"

革命首先爆发于旧秩序最为脆弱的地方：巴勒莫（Palermo）。革命很快从西西里传播到欧洲大陆，不久两西西里王国（那不勒斯和西西里）的国王被迫颁布宪法。皮埃蒙特与托斯卡纳的统治者，试图在自己的领地上阻止革命发生，因此他们也决定颁布宪法。不过，这些事件的力量还不算大，还不足以引发欧洲剧变。2 月，巴黎爆发革命，其形式与意大利完全不同。法国国王路易–菲利普被迫出逃，共和国宣告成立，激进分子、社会主义者和温和派组成联盟，这已经对整个维也纳体系构成巨大的挑战。在德意志南部和西部，特别是巴登和普鲁士的莱茵省，现在已经战云密布。法国可能很快就要发动进攻，而这几个地区的当局却无法有效应对，它们不能建立共同防务，导致其合法性受到削弱。在意大利，革命者夺取了威尼斯和米兰的政权，哈布斯堡王朝的军队被迫退却，只能躲到防御要塞之中。当年年末，意大利革命者又占领了罗马。大约同一时间，柏林也被革命者控制了，普鲁士国王被迫同意制定宪法，并表示要努力实现德意志的统一。自由主义者和民族主义者同样席卷了石勒苏益格–荷尔斯泰因、巴登、巴伐利亚等邦国。在哈布斯堡帝国境内，自由主义发动暴乱，迫使梅特涅出逃，他们与维也纳的保守派共同组建了联合政府。此外，自由主义者和民族主义者还控制了匈牙利、布拉格和克拉科夫。

各国的革命在意识形态上已经构成了对维也纳体系的巨大挑战，但是革命颠覆活动带来的潜在地缘政治影响使得英国和俄国——现在只有这两个大国没有爆发革命——深感不安。法国、德意志和意大利的自由民族主义者都制定了新的对外政策，这将对欧洲的保守主义构成威胁，这是永久性的战争宣言。革命者试图组织一次"十字军东征"，以解放波兰和意大利，实现德意志的统一，并且击退沙皇的残暴干涉。巴黎的激进主义者想做的第一件事就是支持意大利的革命者。普鲁士新成立的自由派政府决心向石勒苏益格–荷尔斯泰因派出军队，支援当地的德意志民族主义者抵抗丹麦人。他们还考虑向沙皇开战，以援助波兰人。在意大利，革命者不仅希望建立统一的国家，还希望传播他们的革命思想。马志尼宣称："我追求的终极目标是意大利的统一，全体意大利人将紧密团结于罗马，将自己的思想传播到整个欧洲。"马志尼的革命计划，与皮埃蒙特国王查理 · 阿尔伯特有相似之处。阿尔伯特发誓要"单独"打败奥地利，以此激发意大利人的民族主义情绪。奥地利曾经小心翼翼地在亚平宁半岛上建立起权力平衡，而阿尔伯特发誓要颠覆这种平衡。在哈布斯堡帝国版图内部，各地的民族主义者纷纷揭竿而起，这对欧洲国际关系体系产生了深刻的影响，似乎预示着奥地利这个大国的崩溃。

自由民族主义者的目光其实并不现实，甚至带有乌托邦色彩，但他们在制定战略时依然显示出了敏锐的意识。法国和德国的主要敌人并不是哈布斯堡帝国，而是更加庞大的沙俄帝国，它被看作反动分子的最后帮凶。即使是最乐观的激进分子也并不认为可以摧毁它，而只能是遏制其力量。事实上，此时法国倾向于利用德意志邦联来阻止俄国的干涉。法国外交部长呼吁与德意志建立兄弟关系，重建"自由和独立的"波兰，使其成为东部的缓冲区。出于同样的原因，两国还希望尽可能地维持奥地利的强大。为此，法国新总理阿尔方斯 · 德 · 拉马丁（Alphonse de Lamartine）提出将多瑙河流域的几个公国划给哈布斯堡帝国，作为对其失去意大利的补偿。1848 年 7 月，法国外长朱尔 · 巴斯蒂德（Jules Bastide）解释说，一个扩大的奥地利将会成为"防御俄国的屏障"，可以防止其控制整个东欧。巴黎建议成立一个"多瑙河联邦"，以暂时缓解僵局，既支持东欧的民族主义者，又支持奥地利扩展领土。同样，德意志的自由民族主义者在法兰克福集会，他们支持波兰复国，并成为欧洲的自由主义堡垒，对抗沙皇的残暴干涉。

民众与政府之间在外交政策上的分歧导致革命变得偏激。这在法国尤其明显，法国人很快开始反感拉马丁谨小慎微的政策。1848 年 5 月中旬，法国制宪议会遭到左翼示威者的冲击，他们要求出兵德意志，以震慑普鲁士，同时给波兰人提供帮助。示威者要求，这一行动的军费由富人来承担，政府应该向富人增加征税。不过，左翼人士最后没有达到其目的。不久之后，拿破仑 · 波拿巴的侄子路易–拿破仑 · 波拿巴被选入国民议会，在12月的总统选举中，他以压倒性优势当选总统。法国人举行这次总统选举的目的就是要尽快（尽管不是马上）修改维也纳体系。一年之后，路易·波拿巴本人吹嘘道："我使用拿破仑这个名字，本身就是要实现一项计划。"他还说，"我的目的很明确，就是要修正我们的领土边界"。看到路易·波拿巴成为法国总统后，普鲁士国王腓特烈·威廉四世对德意志议会的议员们说："你们可以看到，法国人正在莱茵河对德意志进行威胁。我希望，当我号召我的臣民拿起武器的时候，我们能够不辜负父辈人的努力，就像1813年时一样光荣地保卫我们的边界。"他甚至要求在西面建立起"铜墙铁壁"，以阻挡法国的进攻。不过，就短期来看，路易·波拿巴并不想进攻德意志。1849年4月，他向罗马派出远征军，以防止奥地利向罗马共和国进攻。他支持流亡的教皇重返罗马，并提供保护。他这样做的部分原因在于平息本国天主教徒的不满，但主要原因在于重新确立法国在亚平宁半岛的权威，并借此使新政权得到公众的广泛支持。

革命还导致了更为激进的地缘政治变化。1848年1月底，为了响应那不勒斯和西西里的革命，共产主义者同盟邀请马克思和恩格斯撰写该组织的纲领。在经过一阵疾风骤雨式的写作之后，1848年2月《共产党宣言》公开出版了。此时巴黎正好爆发革命。在《共产党宣言》中，两位作者这样写道："一个幽灵，共产主义的幽灵，正在欧洲游荡。"[①]两人指出，共产主义之所以的确存在，是因为"所有欧洲国家都已经承认其是一股力量"[②]。他们认为，与其他所有的劳动阶级政党和社会主义政党不同，在共产主义者看来，"全部国家的无产阶级，有着自己的共同利益，并且其利益独立于国家利益"[③]。他们还指出，事实上工人阶级没有国家，这是因为"随着资产阶级的发展，随着贸易自由的实现和世界市场的建立，随着工业生产以及与之相适应的生活条件的趋于一致，各国人民之间的民族分隔和对立日益消失"[④]。在这个相互联系的世界里，被剥削者将有共同的利益，他们与压迫者之间的竞争将成为新的地缘政治。这才是唯一的答案，它将使得国家和民族的冲突不复存在。这是因为，"当人和人之间的剥削不复存在时，国家和国家之间的剥削也会同样结束"[⑤]。

所有这些都对英国和俄国构成了巨大的挑战。自由主义者和社会主义者重建波兰

①②③④⑤ 马克思、恩格斯《共产党宣言》，中共中央马克思、恩格斯、列宁、斯大林著作编译局编译，北京：人民出版社，1997年。——编著注

的计划，威胁到了沙俄帝国的核心利益。1848 年 3 月，俄国外交官彼得 · 冯 · 迈恩多夫（Peter von Meyendorff）警告道："波兰人所理解的波兰，其领土已经达到了维斯瓦河（Vistula）和多瑙河的河口，还达到了第聂伯河沿岸的基辅和斯摩棱斯克。"而且，"一旦波兰占领这些地方，就会像楔子一样嵌入俄国，破坏俄国在政治和地理上的统一，俄国将被迫成为亚洲国家，等于说退到 200 年之前的样子"。因此，阻止波兰的复国，是"每一个俄国人的事业"。英国同样担心意大利的形势，因为意大利是阻止法国力量扩张的屏障，而意大利革命将不利于英国。1848 年 6 月，帕默斯顿曾指出，现在意大利已经不再是英国的"阿亚克斯之盾"，而是"阿喀琉斯之踵"。帕默斯顿已经意识到，哈布斯堡王朝的势力将很快退出亚平宁半岛，因此他和首相罗素开始寻找抵御法国的新办法。

但是，在 1848~1849 年，各方力量角逐的主战场其实是德意志，保守派、自由派、激进分子、社会主义者、共产主义者以及欧洲诸大国，都在这里进行争夺。这里的革命，是要从意识形态和地缘政治上颠覆维也纳体系的整个基础。英国人看到，哈布斯堡王朝正在走下坡路，甚至即将崩溃，英国人对此深表关切。1848 年 4 月底，英国驻慕尼黑大使约翰 · 米尔班克爵士（Sir John Milbanke）警告道："如果奥地利被排挤出德意志邦联，那么普鲁士的实力就会壮大，这将会彻底改变欧洲的权力平衡；这将摧毁构成欧洲国家法律基础的各项条约，大国将完全有正当的理由对其他国家宣战。"

在分歧的另一边，是一种与之相对应的期待感。马克思和恩格斯在《共产党宣言》中写道："共产主义者将他们的主要注意力转向了德意志，因为这里正处在资产阶级革命的前夜。"[①]他们认为，与 17 世纪的英国革命和 18 世纪的法国革命相比，这场革命注定会发生在"文明更加先进的条件下"，同时"无产阶级是更加先进的阶级"[②]。马克思和恩格斯的确相信"德意志资产阶级革命注定是即将到来的无产阶级革命的前奏"[③]。法兰克福的德意志自由派希望建立一个统一的、宪政的德国，以取代以维也纳为核心的松散的邦联集团。但是，他们在一个问题上存在分歧：新的德国由谁来领导？应该成为一个在普鲁士领导下排除哈布斯堡王朝领土的"小德意志"，还是应该成为一个在奥地

①②③　马克思、恩格斯《共产党宣言》，中共中央马克思、恩格斯、列宁、斯大林著作编译局编译，北京：人民出版社，1997 年。——编著注

利领导下涵盖哈布斯堡王朝领土的“大德意志”？

伦敦和圣彼得堡都意识到，一个统一的德国将会对整体的均势产生深远的影响。如果这样一个德国与极富活力的自由民族主义运动相结合，那么将会产生更大的影响。1848 年 4 月，俄国外交大臣内斯尔罗德评价道：“整个国际关系体系一定会发生变化，因为德意志正在兴起一股新的力量，即将出现一个统一的、民主的、野心勃勃的德意志，这将会给我们带来极大困难。”圣彼得堡尤为担心石勒苏益格–荷尔斯泰因的局势，这里影响到俄国在波罗的海的安全。英国和俄国并不反对“德意志统一”这个想法本身，但是它们对于这个新的国家应具备怎样的意识形态色彩存在很大的分歧。早在 1848 年 3 月，帕默斯顿就对 “任何旨在巩固德意志，使其变得更加团结和更具政治活力”以“有效增加欧洲均势的安全”的创议都十分欢迎。1849 年 7 月帕默斯顿表示，一个由普鲁士领导的、温和的、自由的、统一的德意志，“将会成为……欧洲大陆上的一道坚固屏障，它将有助于抑制法国和排挤俄国”。但是，沙皇则希望看到一个在普鲁士或奥地利领导下的强大而保守的德意志，或者由二者共同支配。俄国认为，这样一个保守的国家有助于压制邦联内的革命活动，停止对波兰的干涉，成为一个强大堡垒，阻止法国革命思想的传播。因此，俄国坚决反对德意志统一后形成一个民主国家。

奥地利提出了关于中欧的最为激进的计划。哈布斯堡王朝决心维持其在德意志的地位，并且通过进一步的中央集权使帝国更加具有效率。1848 年年末，奥地利首相施瓦岑贝格亲王（Prince Schwarzenberg）提出一项计划，要创建一个“伟大、团结、强大的”德意志，其包括目前德意志邦联的所有领土，以及哈布斯堡王朝在斯拉夫、匈牙利、波兰和意大利的属地，是一个“有 7 000 万臣民的帝国”。哈布斯堡家族的表面目的，是让德意志能够阻挡其他大国的侵袭，但其他国家则反对这项计划，认为这会威胁欧洲的均势。法国警告说，法国无法容忍德意志邦联大规模地扩张领土，因为那样会极大地增强邦联的军事实力。法国担心，哈布斯堡王朝可能会在东侧对自己进行施压，尤其是利用伦巴第来威胁法国的安全。出于意识形态和地缘政治的原因，英国持有相同的观点。1850 年 11 月中旬，首相罗素警告道：“哈布斯堡家族可能会以邦联的名义来利用德意志的民众，以此对付法国或比利时，这是一个严重的问题，将破坏欧洲的均势。”两国都认为，德意志邦联的领土和宪政秩序，对于欧洲均势和“国际公法”来说是非常重要的，因此不能被单方面改变。俄国人则希望出现一个强大而保守的德意志，但还没准备好通过发动一场欧洲战争来实现这个愿望。在各大国的反对下，奥地利被迫让步，施瓦岑贝格的计划胎死腹中。

1848 年欧洲革命的失败有很多原因。城乡之间，自由派和激进派之间，以及新教和天主教之间，存在各种分歧，破坏了革命的统一。很多时候，统治者给农民很多利益，将其收买，因此农民退化成了庞大的保守力量；在意大利，哈布斯堡王朝也给了农民很多好处，因为这有利于统治者对付庞大的资产阶级和手工业革命者。在经过了革命初期的动荡之后，普鲁士、奥地利、法国和整个欧洲的保守势力集结起来，创办自己的报纸，开展舆论攻势。法兰克福自由主义者支持普鲁士国王统一德意志，并成为德意志的皇帝。但普鲁士国王表示拒绝，他反对接受“贫贱之人”所施舍的皇位，只有当所有的邦国都同意时，他才会将德意志统一起来。在 1847~1848 年的革命中，军队被证明是非常不可靠的。在关键的时刻，军队领袖背叛了革命，使得革命成果付诸东流。普鲁士的普里特维茨将军（General Prittwitz）、法国的卡芬雅克将军（General Cavaignac）以及奥地利驻意大利北部的总司令拉德茨基元帅（Marshal Radetzky），在关键时刻都给革命以致命一击。在中东欧，1848 年似乎是充满希望的一年，“人民的春天”即将到来。但很快，各个国家分歧严重，争得不可开交。

欧洲革命者在战略上的失败是真正具有决定性的因素。1848 年 3 月，法国总理拉马丁照会其他国家，公开放弃任何以武力破坏维也纳体系的意图。他宣称：“法兰西共和国恢复了在欧洲强国中的地位，民众非常高兴，我们愿意接受领土现状，因为这是法国与其他国家关系的基础，而且法国保证不会在其邻国进行秘密的颠覆活动，也不会进行煽动性的宣传。”显而易见，19 世纪 40 年代末频繁出现的“泛自由主义运动”，并没有达到其预期目的。不仅如此，许多法国人都对德意志的统一深感不安，即使是在自由派领导下的统一，法国仍然会不安。《法兰西公报》（*Gazette de France*）在 1848 年警告，统一的德意志将成为一个庞大的怪兽，法国必须注意。法国外交部长巴斯蒂德担心，如果全部 4 500 万德国人都追随“同一个力量中心”，那么法国将前途堪忧。他支持使德意志保持分裂状态，以使各邦国彼此制约。英国和俄国对波罗的海地区的均势非常关切，它们强迫普鲁士与丹麦签订了《马尔默停战协定》（Armistice of Malmo）。普鲁士本来试图从丹麦手中夺取石勒苏益格–荷尔斯泰因，但没有成功。法兰克福联邦议会没有自己的军队，因此被迫批准了这一停战协定，德意志人民蒙受巨大耻辱。波兰人、捷克人和其他一些民族都反对德意志的统一，德意志革命者对此心存畏惧。在意大利，撒丁（皮埃蒙特）国王查理·阿尔伯特两度被奥地利军队击败，被迫让位于自己的儿子维克托·伊曼纽尔（Victor Emmanuel）。由于皮埃蒙特是一个缓冲国，因此它并没有被占领，而是几乎毫发无损地存活了下来。最后，1849年，俄国人武力干涉匈牙利，在布达佩斯复辟了哈布斯堡家族的权力。最终，与自由主义者、社会主义者和共产主义者所宣称的相反，反革命的力量被证明是国际性的，而革命运动并不是国际性的，它依然仅局限于某一个国家或者某一个地区内部。自由派与工人并没有联合起来，而保守派却与反革命分子联合起来，共同镇压革命。

尽管1848年革命失败了，但其还是对地缘政治有重要影响，导致了各国国内政治的巨大变局。1849年11月，路易·波拿巴当选法国总统。他积极地与俄国、普鲁士和奥地利进行谈判，要求法国向莱茵兰地区扩展领土，尽管最后没有成功。之所以这样做，是因为他看到东方三国新获得了一些土地，试图以此平衡三国的力量。路易·波拿巴追求积极的对外政策，同时他也诉诸民粹主义，支持公民获得更广泛的权利。1851年12月初，他发动了一场不流血的政变，完全掌握了政权，1852年2月，他再次赢得了总统选举。当年11月，他宣布举行全民公决，再次恢复了帝制，史称“法兰西第二帝国”，他自称“拿破仑三世”。新宪法赋予国王以近乎绝对的权力，可以垄断立法权。尽管如此，如果没有民众的支持，也是不行的。拿破仑三世宣布“对人民负责”，人民有权利“通过全民公决来表达和申诉自己的意见”。他追求高度积极的对外政策，因为他具有“新波拿巴主义”的雄心，同时也是为了迎合法国民意，修正凡尔赛体系。法国重新树立坚定的意志，坚持要求解决如下问题：莱茵河边界问题、意大利问题，以及恢复法国昔日的“荣光”。

1848~1849年的革命给奥地利带来了创伤，尽管俄国帮助奥地利镇压了革命，但奥地利认为这是一种耻辱。为医治创伤，奥地利试图建立一个“新专制主义”（neo-absolutist）的国家，以推动现代化。1851年政府颁布《西尔维西特赋权法》（Sylvester Patent），试图推动土地改革，农民获得了与其他人平等的权利。尽管土地改革姗姗来迟，但在某种层面上，这些办法是成功的：对外贸易翻番，国家税收增加了 2/3，匈牙利开始发挥出财政力量。然而，对哈布斯堡王室不利的是，中央集权制度使得匈牙利人对政府更加不满，现在他们要比过去多交 4 倍的税，波兰人和意大利人也是如此，斯拉夫人也对改革怨声载道。在奥地利以北的普鲁士，已经选出了新的王国议会。尽管新议会是以有限的三级财产公民权为基础的，但它不失时机地要求尽更大的努力来支持“德意志”的利益和预算控制。德意志南部和西部各邦国的议会也是如此。此外，德意志的许多自由主义者，对 1848~1849 年革命的失败，都进行了长久而深刻的反思，并越来越对路易 · 波拿巴重提法国对莱茵河边界的领土主张感到不安。正如《奥格斯堡汇报》（*Augsburg Allgemeine Zeitung*）在 1850 年 11 月报道的：很多人都担心“我们的土地会再一次成为自负的外国人的角斗场，我们要流血，要为他们的争吵付出代价”，三十年战争时期就是如此，我们遭受了严重损失；17 世纪中叶，各个国家曾为了自己的利益在这里角逐，各种悲剧、大屠杀、分裂和屈辱不断在这里上演。1853 年圣诞节前后，《科隆日报》（*Kolnische Zeitung*）警告道：德意志“不会认为自己同波兰的命运无关”。这些自由主义者开始接受这样一个事实，要想实现德意志统一，就必须与普鲁士政府进行妥协，因为只有普鲁士才能带领德意志走向统一。他们不仅要在奥地利与普鲁士之间做出选择，还要在自由（Freiheit）与统一（Einheit）之间做出选择。

但是，此时的普鲁士保守派和政府，不愿意与民族主义团体过于亲近。一方面，他们害怕被自由主义病毒玷污；另一方面，正如俾斯麦在 1851 年 3 月对议会所说的，议会对预算的控制将无法保证政府对外政策的连贯性。两年后，他向王储递交简报，并说：“普鲁士的伟大不可能通过自由主义和自由思想获得，我们需要的是坚强、果敢而又充满智慧的统治者，来精心发展这个国家的军事和财政资源。”因此，他主张：“每一个普鲁士人所应享有的自由是有限的，必须与公共福利相符，必须与普鲁士在欧洲政治中所从事的事业相符，不能更多。”他明确指出：“即使没有议会制政府，人们也不会失去这种自由。”

19 世纪 50 年代中期，新一轮危机席卷欧洲和全球。面对埃及的进犯和西欧的干涉，奥斯曼帝国的统治者昏庸无能。沙皇对局势深感不安，决定先发制人，以在奥斯曼帝国行将崩溃之际确保自己的利益份额。尼古拉一世曾发表过一段著名的话："我们手中有一个病人，他病入膏肓。如果有一天，他逃脱了我们的手掌心，尤其是在我们做好一切安排之前他逃脱了，那对我们将是巨大的不幸。" 1853 年 2 月，俄国外交大臣缅希科夫发出最后通牒，要求将奥斯曼帝国境内所有东正教臣民交由沙皇俄国来"保护"。5 个月后，俄国军队占领了多瑙河沿岸各公国，迫使苏丹对俄宣战。1853 年 11 月，沙皇要求多瑙河沿岸各公国、塞尔维亚、波斯尼亚和保加利亚独立，并扩大希腊的领土，他还呼吁所有基督教徒起来反抗奥斯曼帝国的统治。当月，俄国海军在黑海的锡诺普（Sinope）摧毁了一支土耳其舰队。法英发出最后通牒，要求俄国撤出摩尔达维亚和瓦拉几亚，但俄国对此置若罔闻。相反，1854 年 3 月，俄国军队跨过多瑙河并向南挺进。

这些事件震动了整个欧洲。真正的问题并非奥斯曼帝国，而是如何维护德意志的现状以及欧洲的整体均势。对于维也纳而言，俄国军队在摩尔达维亚和瓦拉几亚的存在，扩大了对哈布斯堡帝国东部边界的包围圈，当务之急是尽快将俄国人赶出这一地区。法国和英国也持有相同的观点，它们最关注的是中欧的安全，其次是土耳其，再次是印度。1848~1849 年，俄国曾对匈牙利进行武装干涉，后来又对德意志进行外交干预，现在它又占领了多瑙河沿岸各公国。这似乎预示着，沙皇不仅要瓜分奥斯曼帝国，还要主宰整个欧洲。1854 年 2 月，英国议会就战争问题进行大辩论，罗素认为英国应该向俄国宣战："这不仅是要保护土耳其，更是要保护德意志和所有欧洲国家的独立。"同样，外交大臣克拉伦敦勋爵（Lord Clarendon）强调："就其地理位置而言，德意志必须成为对抗俄国入侵的中坚堡垒。"法国对此表示赞同。

英国、法国对俄宣战，并派出数量庞大的远征军进攻俄国南部的克里米亚。很快撒丁王国（皮埃蒙特）也对俄宣战。在接下来的两年间，战局起伏不定。一开始，西方国家战事不顺利，但 1855 年 9 月西方国家占领了塞瓦斯托波尔（Sevastopol），使得沙皇威风扫地。不过，德意志国家参战之后，才真正给沙皇以决定性的打击。普鲁士表面中立，但奥地利说服普鲁士支持其诉求，即保护多瑙河沿岸的奥地利人，同时两国签订防御联盟协议。这意味着德意志的两大国家可能会同时从西边打击俄国。哈布斯堡王朝对俄国发出最后通牒，要求其从摩尔达维亚和瓦拉几亚撤军。在战斗期间，奥地利的一支游击队抢先占领了要塞，导致俄国失去了进攻土耳其的前沿基地，也失去了在陆上经由最短路线对敌实施致命打击的机会。1855 年 3 月，尼古拉一世服毒自杀。同年 12 月，奥地利加入英法阵营，共同向新沙皇亚历山大二世发布最后通牒，要求沙皇结束敌对行为，否则三国将联合进攻俄国。俄国陷于孤立，亚历山大二世被迫求和。1856 年，各国签署《巴黎条约》，这是对沙皇俄国野心的一次毁灭性打击。沙皇不得不放弃了分裂奥斯曼帝国的计划，也失去了对巴尔干基督教徒“圣地”的保护权，俄国舰队被禁止通过博斯普鲁斯海峡，也不得在这里建立兵工厂。《巴黎条约》的序文指出，土耳其的独立和统一是“欧洲和平”的核心，第二条要求土耳其统治者“利用国际公法和欧洲协调来保护自己的权益”。各国邀请奥斯曼帝国成为国际体系的一部分，并给予其平等待遇，因为各国认为它的稳定对于国际和平有至关重要的意义。

克里米亚战争的影响波及全世界。有的美国人担心，英法会利用这次胜利趁机增加对美国和西半球的干涉。如果英法的军队能够跨越海洋，在欧洲的另一端打仗，并将它们的意志强加于俄国，那么它们也完全能够跨过大西洋来干涉美国。因此，在战争期间，很多美国人，不论是南方人还是北方人，都对俄国表示支持。然而，最让美国人担心的还是奴隶制问题。土耳其担心英法对自己发动十字军东征，因此于 1856 年宣布废除奴隶制，以此作为见面礼，彬彬有礼地加入了国际社会。土耳其的决定，使得美国在奴隶制问题上更显孤立。与此同时，在美国国内，奴隶制问题导致不同力量之间矛盾的激化。一直以来，南方人反对在梅森–迪克森线（Mason-Dixon Line）以北的内布拉斯加州的土地上废除奴隶制。密苏里州参议员戴维 · 艾奇逊（David R. Aitchison）曾说：“南方人担心自己会被自由州所包围，这样他们将不断受到废奴主义者的攻击。” 1854 年，国会通过《堪萨斯–内布拉斯加法案》(Kansas-Nebraska Act)，这是南方人的胜利。根据法案规定，蓄奴州的范围向北扩展。法案基本反映了南方白人的利益，《密苏里妥协案》基本作废。同时，奴隶主希望继续在南方扩大利益范围，目的是抵销自由州力量的增长。他们寻求增加蓄奴州在众议院中的席位，以扩大自己的影响，同时想方设法阻止来自英法两国的废奴主义思想在该地区的传播。1854 年秋天，美国制订了一个夺取古巴的秘密计划，即《奥斯坦德宣言》(Ostende Manifesto)。此时，英国正因为克里米亚战争而无暇他顾，美国外交官警告欧洲国家不要强行解放古巴。1856 年，美国总统候选人布坎南提出计划，希望以购买方式获得古巴，在必要时可以诉诸武力。他得到了很多人的支持，并以此赢得选举。三年后，布坎南向国会提出建议，请求为此划拨3 000万美元。此时，美国的外交政策赤裸裸地体现着奴隶主的利益。

不过，克里米亚战争对于中欧的地缘政治影响是最大的。一直以来，沙皇都试图与普鲁士和奥地利保持良好的关系，由于意识形态的原因，沙皇更加偏向后者。然而，在战争中，两国都不支持俄国的立场，因此俄国对二者深感失望和怨恨。普鲁士在战争中不情愿地采取了中立政策，而奥地利则对俄国发出了羞辱性的最后通牒，因此俄国对奥地利更加不满。从此以后，俄国人将奥地利视为其征服巴尔干的最主要障碍。在之后的几十年间，很多俄国人喊出了"越过维也纳直达君士坦丁堡"的口号，圣彼得堡的沙皇也认同这个想法。更重要的是，俄国决心削弱奥地利，想方设法破坏奥地利在德意志邦联中的领导地位。因此，1856年8月底，俄国新任外交大臣亚历山大·戈尔恰科夫（Alexander Gorchakov）公布了一份经过广泛讨论的通告，称沙皇将不再支持其他国家的君主们。其所表达的信息显而易见：一旦奥地利再发生革命，哈布斯堡王朝将无法得到俄国的支持，它只能独自面对挑战。

在俄国，克里米亚战争引发了持续的国内改革。俄国的战败，说明传统的社会形态已经无法应对19世纪中叶西方强国带来的挑战。问题在于，由于农奴身份的限制，帝国庞大人口中的绝大多数都无法被转化为军事力量，只有大约1/10的人能够服兵役。显然，沙皇政权面临着选择：俄国必须改革土地制度，否则在与欧洲其他国家的较量中将很有可能再次战败。因此，1856年3月，亚历山大二世向权贵们发出敕令——农奴制将被废除。这是一个艰难的决策，为了安抚权贵，沙皇对此进行了解释："自上而下"的改革总比农奴们自发地进行"自下而上"的革命要好得多，必须防止革命的发生。1861年2月中旬，沙皇最终签署立法，开始执行决定。但是，沙皇坚决反对任何形式的西方式的政治参与，坚决反对做出任何让步。之后，俄国的社会与经济开始实现现代化，但政治制度依然发展停滞。很多观察人士都对这种不平衡现象进行评论。改革活动家亚历山大·赫尔岑（Alexander Herzen）说过一句著名的话：俄国是"用电报的成吉思汗"。

克里米亚战争同样深深地影响了大英帝国的国内政治。英国曾经战事不顺，在克里米亚半岛上一度受挫，导致了议会和公众的普遍恐慌。1855年1月，英国下议院投票通过了一项动议，要求成立一个调查驻克里米亚英军状况的特别委员会。同时下议院提出了对首相阿伯丁伯爵（Lord Aberdeen）的不信任案，将其赶下台。帕默斯顿取代阿伯丁担任首相，人们相信他能引领战争走向胜利。但是，民众在一个问题上有很大分歧，即如何使英国社会融入欧洲国际关系体系，以及如何最好地使英国与欧洲的需要相一致。塞缪尔·莫利（Samuel Morley）曾经是诺丁汉的一位针织物制造商，后来担任议会议员。1855 年 6 月，他指出，战争的失利说明政府缺乏合法性，缺乏民众的支持；政府应该通过军事和财政改革，使民众对其自身的安全承担更多的责任。还有一些人对之前的保守党政府进行指责，并且批评军队的不专业，认为军队中大量存在的军衔买卖现象，违反了唯才是举的原则。在自由主义者和激进的批评家们看来，这些荒谬的现象说明英国“贵族”统治模式已经落后不堪，国家软弱无力，无法与外敌抗衡。英国必须在国内及殖民地进行新一轮改革，才能应对未来的挑战。在接下来的几年中，英国建立了一个国防委员会，并且对外交部进行了改革，大幅增加军队开支。伦敦还试图改组东印度公司，使其实现现代化，以使印度做好准备，抵抗俄国的进攻。但是，这些改革引发了 1857 年的印度民族大起义，英国费尽力气才将这场大起义镇压下去。

不过，受到克里米亚战争影响最大的是意大利。撒丁王国（皮埃蒙特）加富尔（Cavour）首相积极参加克里米亚战争，因此与英法建立起了友好关系。现在，他希望利用这种友好关系来实现意大利的统一。对加富尔而言，只有实现意大利的国家统一，皮埃蒙特的安全才能得到保证。加富尔的理念不同于社会中激进分子的理念，但二者又是相呼应的，有着共同的目标。威尼斯人丹尼尔·马宁（Daniel Manin）、西西里人朱塞佩·法里纳（Giuseppe la Farina）以及朱塞佩·加里波第（Giuseppe Garibaldi），都是激进分子。其中加里波第最为著名，从 1856 年 7 月起，他成为保卫罗马共和国的中流砥柱。1848~1849 年革命失败以后，这些人进行了彻底的反思。他们希望使意大利成为由多个共和国组成的邦联，当然更希望建立一个统一的共和国。他们认为，皮埃蒙特是意大利最强大的邦国，是带领意大利人摆脱奥地利的控制的唯一希望。加富尔巧妙地利用了这种民族主义情绪。1857 年，他写道：“这些事件的发生，使得皮埃蒙特需要在意大利树立坚定的立场，采取果断的措施；因为上帝有意让皮埃蒙特成为意大利唯一自由而独立的地方，皮埃蒙特必须利用其自由和独立，在全欧洲面前为这个不幸的半岛的统一事业呼告请愿。” 1858 年 7 月，他与拿破仑三世在普隆比埃（Plombières）会晤，商讨如何将哈布斯堡王朝的势力驱逐出意大利，此时局势已变得极为有利。在克里米亚战争中，奥地利曾“背叛”俄国，因此俄国耿耿于怀，对意大利的局势袖手旁观。1859 年 3 月初，法俄签订密约，沙皇表示接受意大利的变局，同意促使德意志邦联保持中立，不干预意大利；作为回报，法国暗示将允许沙皇修改《巴黎条约》中与黑海事务有关的条款。在英国，民众也十分支持意大利，政府也越来越相信，和一个动荡不安的哈布斯堡王朝相比，一个强大的意大利更能有效地牵制法国。事实上，不管是加富尔还是拿破仑三世，都不希望使意大利完全统一。二人在普隆比埃达成一致意见，并签订秘约：皮埃蒙特吞并意大利北部领土，但尼斯和萨伏依必须割让给法国，作为对法国的补偿与报答；此外，罗马和那不勒斯继续保持独立（这对平息法国国内天主教的情绪至关重要）；托斯卡纳和教皇国将被并入中意大利王国（Kingdom of Central Italy）；在此基础上，建立一个意大利邦联（Italian Confederation），将这些邦国联系在一起。

1859 年 4 月，维也纳发出最后通牒，要求皮埃蒙特停止军事备战，否则将首先对其发动进攻。事实证明这是极其严重的错误，奥地利没有通过外交手段来化解战争危机，这破坏了它与欧洲其他国家的友好关系。德意志邦联对奥地利的这一举动尤其反感，因为大部分邦国不愿意与法国发生战争，也不愿意为哈布斯堡王朝在意大利的野心而牺牲自己。一开始，普鲁士严守中立。很快，奥地利在马真塔（Magenta）和索尔费里诺（Solferino）战役中遭受惨败。但是，就在此时，在普鲁士的领导下，德意志邦联开始支持奥地利的立场，因为它们担心奥地利军队会全线崩溃。德意志邦联调动了大量军队，部署在法国东部边界，以对其实施威胁。拿破仑三世开始变得胆怯：由于担心普鲁士的干涉，他在维拉弗兰卡（Villafranca）与奥地利皇帝弗兰西斯 · 约瑟夫达成协议，但这与他在普隆比埃所构想的蓝图相差甚远。奥地利将伦巴第割让给拿破仑三世，之后拿破仑三世又将伦巴第转交给了皮埃蒙特，但是中部意大利各公国都依然保持独立。民族主义者非常愤怒，加富尔愤怒地辞去了首相职务。短短不到 10 年间，“德意志牌”第二次在欧洲游戏中发挥了决定性的作用。

但是要阻止意大利统一的潮流，为时已晚。奥地利的势力开始从意大利撤出，群众运动利用此时的权力真空，夺取了意大利中部的控制权。而后，皮埃蒙特的军队以

“恢复秩序”为借口，趁机占领这些地区。很快，这些地方举行了全民公决，承认皮埃蒙特的占领权。不久，加里波第自发组建了一支国民志愿军，并占领了两西西里王国，推翻了那里的波旁王朝。之后，皮埃蒙特的军队接管两西西里王国。这不仅是为了完成意大利的统一，也是为了确保群众运动不会失控。1860 年 10 月，国王维克托 · 伊曼纽尔二世宣布意大利王国成立。它的领土包括除尼斯、萨伏依（这两块地方已经割让给了法国，作为对其提供军事援助的回报）、罗马（教皇国）以及威尼西亚（这里暂时仍由奥地利控制）以外的整个亚平宁半岛。这是维也纳体系第一次遭到极其严重的破坏。

意大利战争对欧洲各国的国内政治和国际关系产生了巨大影响。对于奥地利而言，这是拿破仑战争以后首次丧失领土。哈布斯堡王朝不得不放弃“新专制主义”，并尝试通过自由化改革来巩固其帝国。对拿破仑三世而言，这是一场胜利，法国恢复了 1815 年失去的部分领土。拿破仑三世曾经认为，按照“民族”边界来重新划分欧洲的版图完全符合法国的利益。事实证明了这个观点的正确。之前，法国国内有很多人希望为国家的“光荣”事业而奋斗，他们曾批评政府，而现在他们哑口无言。在英国，在意大利所发生的一切使得英国人感到很矛盾。一方面，法国吞并萨伏依、奥地利的失败，以及法国的海军野心，使得英国再次感受到法国的威胁，英国再次掀起了“志愿者”运动。而另一方面，意大利的胜利，使得英国人更加坚信自由主义一定会获得胜利。英国人相信，欧洲发生的一系列事件，将不可阻挡地将欧洲推向民族主义和宪政主义，最终整个欧洲将成为英国这样的现代化社会。有人问格莱斯顿，是什么让他从一个保守主义者变成了自由主义者，他的回答干脆利落：“意大利。”

不过，受意大利战争影响最大的其实是德意志。奥地利在马真塔和索尔费里诺遭受惨败，德意志其他邦国不愿意卷入哈布斯堡王朝的战争。因此，奥地利在德意志邦联中的威望进一步下降。不过，意大利战争也增进了德意志的民族情感。德意志人依然同情奥地利，不管怎么说，奥地利仍是团结的德意志民族的一部分。德意志人可以效仿意大利人，实现自己的民族统一。1859 年 8 月中旬，民族主义的自由派成立了“民族联盟”（Nationalverein），其目标是将德意志变成一个国家，并建立一个统一的议会。它要求废除德意志邦联，建立一个中央集权的政府，并将所有政治和军事权力移交给普鲁士，直到实现统一。早在 1848~1849 年，普鲁士民众曾要求霍亨索伦王朝承担起自由宪政主义的“德意志使命”，当时霍亨索伦王朝表示拒绝。现在，很多人再次要求它承担起这一使命。阿道夫·德·布尔克内是一名资深的法国外交官，他警告，拿破仑三世已经开启了中欧的潘多拉魔盒。他在1859年写道：“我们已经玩弄了太多的‘民族主义’的空泛浮夸的字眼，而德意志的民族主义才是真正的民族主义，对此我们必须严肃认真地对待。毫无疑问，我们再次勾起了德国人对法国的厌恶和反感。”

1859年，德意志人的动员行动使拿破仑三世感到震惊。但这也说明，包括普鲁士在内的德意志还远远没有做好军事准备。德意志人的统一信念，使得两个与改革问题相关的辩论贯穿于下一个10年的发展。普鲁士致力于更有效地应对法国的下一次挑战，但不出所料，奥地利领导下的其他德意志邦国反对普鲁士的尝试，因为多数邦国不愿丧失主权。在普鲁士内部，政府现在不得不承认这样一个事实，即财政紧缩严重限制了军队的规模，导致军队人数不能随人口的增长而增加。事实上，在19世纪50年代，只有一半符合参军条件的人被征入伍。军队统帅与摄政王威廉亲王希望引入为时三年的士兵训练期，这样可以扩大正规军的规模；传统的后备军已经难以满足需要。但普鲁士议会中强大的自由派集团对此表示坚决反对。这些人，连同“民族联盟”中的德意志自由民族主义者，都认为没有必要提高备战的级别，目前无须过于提防法国。1860年6月初，该组织的报纸宣称“没有人会再怀疑德意志的莱茵边界正受到法国攻击的威胁”。然而，上述改革措施需要花费巨大的代价，同时，公民民兵将被政府控制，导致很多民众深感不安。与多数人的观点不同，自由主义者认为，修宪会强化普鲁士王国的内部团结，这是抵御外侮所必需的。目前各方的观点不一致，在普鲁士以及整个德意志，改革问题陷入了僵局。

与此同时，普鲁士和德意志地缘政治的核心问题非但没有得到解决，反而变得更加糟糕。霍亨索伦王朝和德意志邦联依然觉得自己被困在欧洲的中心，被夹在沙俄帝国和法国之间。法国在克里米亚战争中获胜，并在意大利战争中获益，因此越来越趾高气扬。1815年开始，普鲁士成了德意志邦联西大门的守卫者，它一直试图将整个德意志团结在自身周围。奥地利坚决反对普鲁士的计划，“第三德意志”也反对通过放弃主权来获得普鲁士的保护。因此，经济一体化并没有带来政治统一，邦联的改革似乎比以往更加困难。对于霍亨索伦王朝而言，保守的王朝统治已无法满足政权合法性的需要。因此，到19世纪50年代末，普鲁士的领导地位面临着一系列问题，各种问题相互联系，但又非常棘手。无论是在国内，还是在整个德意志，抑或是在整个欧洲，普鲁士政府都面临着各种麻烦。

然而，此时的俾斯麦正在思考如何才能将这些不利因素转化为普鲁士的优势。很早就有人指出，普鲁士要想获得安全，就必须成为整个德意志的领导者。1858年，俾斯麦观察到："德意志特殊论、普鲁士特殊论都没有得到恰当的理解。"他认为，只有确保了"安全边界"，普鲁士才能得以生存。有两种方式可以实现"安全边界"，一是领导德意志邦联进行改革，二是直接的领土吞并。1859年，他指出："普鲁士的天然边界，至少应该达到波罗的海、北海、莱茵河、阿尔卑斯山和康斯坦茨湖（Lake of Constance）。"在这个实现"安全边界"的过程中，普鲁士将逐渐成为整个德意志的主导者，"第三德意志"的中小邦国将不再是独立的国家。要想实现这个目标，俾斯麦需要做以下事情：（1）对欧洲现有的领土秩序进行较大规模的调整，并使其他大国感到放心；如果有国家表示反对，普鲁士就想办法鼓励它；（2）排挤奥地利的势力，至少应与其势均力敌；（3）争取得到"第三德意志"的支持，消灭那些拒绝与普鲁士合作的邦国；（4）收编德意志民族运动的人士；（5）说服议会中的自由派，以确保为军事行动提供必要的资金，如果遭到反对就绕开议会。1862年9月末，在俾斯麦出任首席大臣的数月之前，俾斯麦私下宣称："我首先关心的是重组军队，无论是否得到议会的支持，我都会这样做……一旦军队强大到令人生畏的地步，我就会找借口向奥地利宣战，同时解散德意志议会，征服小邦国，并将德意志的民族统一置于普鲁士的领导之下。"当时与其交谈的人，是英国未来的首相本杰明·迪斯雷利（Benjarnin Disraeli）。后来迪斯雷利曾对奥地利大使说："小心那个人，他言出必行。"

普鲁士努力发展壮大，并强化德意志的凝聚力，以在欧洲的不稳定秩序中获得生存。此时，美国国内的矛盾也在1860年总统大选期间发展到了紧急关头。此时，危机爆发的原因并非北方民众要求废除奴隶制；事实上，除了少数最坚定的废奴主义者之外，其他所有人都能容忍奴隶制的存在：多数人更希望逐渐废除奴隶制，以南北双方都能接受的方式实现奴隶的解放，只有这样才能避免合众国的分裂，防止造成无法挽回的损失。但是，南方不断进行挑衅。南方要求扩大蓄奴州的范围，进而推广奴隶制，否则就要宣布脱离合众国。但是，共和党总统候选人亚伯拉罕 · 林肯承诺不会吸收古巴为蓄奴州。林肯赢得总统选举之后，美西之间关于购买古巴的谈判告吹。选举刚刚结束，佐治亚州参议员菲利蒙 · 特雷西（Philemon Tracy）警告林肯："联邦将不可能获得哪怕一英寸的新领土。"更加糟糕的是，此时奴隶制已经在国际上被完全孤立。英国清晰地表明，它坚决反对美国吞并古巴，并对马德里施压，要求颁布解放古巴奴隶的法令。1861 年 2 月中旬，俄国废除农奴制。此时美国已经成了文明世界中唯一保留奴隶制的国家。华盛顿拒绝扩大奴隶制的范围，令南方非常不满，同时世界局势越来越不利于奴隶制，因此南方决定率先发动进攻。1861 年 4 月，南方炮兵部队炮击萨姆特堡（Fort Sumter）的要塞，南北战争正式爆发。南方各州宣布脱离合众国，并成立了一个联盟国，明确表示要与坚持废奴主义的北方划清界限。"联盟国"的宪法要求扩大领土，并扩展奴隶制的范围，新领土必须是蓄奴州。因此，南方对合众国发动战争的原因，与当年北美 13 块殖民地脱离英国统治的原因是相同的，都是为了领土扩张。

英国和法国都认为，美国南北战争似乎是一个天赐良机，可以以此削弱对方。1862 年，拿破仑三世对英国驻巴黎大使说："英国再也找不到比这更有利的机会来打压美国人的骄傲了，也找不到更好的机会建立其在世界上的影响力了。"英国计划干涉美国，但英国打算在"联盟国"挑起战争之前暂时按兵不动。尽管美国南方奉行奴隶制，但英国的很多自由主义者（如格莱斯顿）却依然支持南方。然而，英国民众非常厌恶奴隶制，他们坚决反对英国政府支持美国南方。法国以此为机会，公开干涉墨西哥，拿破仑三世希望扶植哈布斯堡王室的马克西米利安大公为墨西哥国王，成为法国的保护国。法国派出大量军队，护送马克西米利安抵达墨西哥，其中包括几千名来自埃及（当时是法国的盟国）的军人；这再一次证明，欧洲国家不干预中东事务，并不能保证欧洲国家不会利用中东来干涉西半球的事务。这些行动引起了华盛顿的强烈反应。在 1864 年的竞选中，共和党人警告道："美国人民反对任何欧洲国家用武力来推翻或者用诡计来颠覆西半球上的任何一个共和制政府，我们绝不会对此漠不关心。"事实上，"凡是对美国的和平与独立构成威胁的国家，美国人都会始终保持警惕，任何国家想在美国的家门口用武力扶植某个君主制政府以建立据点的诡计，我们都是不会接受的"。可是，当时美国政府正在与南方叛军交战，根本无暇他顾。

南方无法有效地进行军事动员，同时林肯签署了《解放黑人奴隶宣言》，其他国家没有干涉美国南北战争：所有这一切都注定了南方叛军的失败。英国民众并不反对英国政府干预并削弱美国，但却强烈反对英国政府支持奴隶制。英国为南方提供了“阿拉巴马号”巡洋舰，摧毁了合众国的多艘商船，导致英美紧张关系加剧。1863 年秋天，林肯甚至警告：如果英国继续为南方建造军舰，用来打破合众国对南方的封锁，那么合众国将对英国开战。此时，拿破仑三世依旧痴迷于墨西哥，但他的帝国野心在这里四处碰壁，因此无暇顾及美国事务。这样，“联盟国”的叛军只能孤军苦战，由于北方在军队人数以及工业能力上拥有巨大优势，南方逐渐落于下风。1865 年，南方军队总司令罗伯特·李将军在阿波马托克斯（Appomattox）向合众国军队投降。内战结束，美国重新获得统一。

在欧洲，德意志人民更加热情地寻求统一，在这个过程中，普鲁士、英国、法国以及奥地利相互斗智斗勇。俾斯麦制订了一个激进的统一计划；英法奉行自由主义的地缘政治思想，反对普鲁士；而奥地利则是一个在意识形态和地缘政治上都十分保守的强国。这样，谁能争取到俄国，谁就会占据有利地位。凭借着好的运气和判断力，普鲁士首相争取到了俄国的支持。由于俄国在克里米亚战争中失败，波兰人备受鼓舞；意大利统一运动的胜利，也激励了波兰民众；同时，波兰还有希望获得法国的援助。波兰人准备建立一个更加自由的国家，获得西方国家的支持，以此奋起反抗沙皇的残暴统治。此时，圣彼得堡方面感到惊慌，沙皇亚历山大二世担心再次出现一个“克里米亚联盟”。英法两国的公众十分同情波兰人，两国政府也对波兰提供了强有力的口头支持。但是，英法不可能进行军事干涉，因此这只能延长波兰人的痛苦，最后波兰的起义难免会被俄国军队镇压。英国驻圣彼得堡大使沮丧地说：“如果英国政府不打算参战，那就应该直接说出来，不要再让波兰人牺牲生命，不要再让波兰人因缺少援助而越来越痛苦。”此时，奥地利急于平息国内自由主义者、天主教徒和波兰裔民众的怨言，因此决定保持中立。在克里米亚战争中，奥地利就曾冒犯过俄国，现在它又一次得罪了俄国。与英、法、奥不同，这一次俾斯麦坚定地支持沙皇。两国达成协定，普鲁士封锁了与波兰之间的边界。

此时，俾斯麦处于非常有利的位置，他准备利用下一个机会，推动德意志的统一。

1863年3月，丹麦王国宣布将石勒苏益格并入本国。在愤怒的民族主义者的施压下，德意志邦联议会向丹麦宣战。包括居住于普鲁士以外的大部分德意志自由主义者，都坚决支持俾斯麦的政策。换言之，普鲁士传统的战略思想现在已经被整个民族所广泛接受。与1848年不同，这一次俄国袖手旁观；法国也是如此，它还希望利用这次事件造成的动荡，再召开一次“维也纳会议”，以获得更多的利益。1864年春天和夏天，德意志和奥地利军队大败丹麦。石勒苏益格和荷尔斯泰因由维也纳和柏林共管。英国无法干预此事，不得不置身局外并关注着事态的发展。另一方面，在普鲁士的领导下，德意志自由主义者和民族主义者取得了第一次胜利，他们欢欣鼓舞。尽管他们在议会中占据多数，但他们这一次决定配合普鲁士政府的政策，默许政府可以在不得到议会批准的情况下就征收税款以维持军队的运作。俾斯麦一箭双雕，解决了国内政策与外交政策的双重困难。

俾斯麦从外部动摇了维也纳体系的根基，而欧洲秩序的稳定正面临着其内部的威胁。工业化促进了无产阶级大发展，带来了阶级意识的觉醒，并最终导致了国际政治组织的建立。1863年7月，无政府主义者和社会主义者举行集会，支持波兰独立。与其自由主义同人一样，他们视沙俄帝国为欧洲最反动的力量，并因此将任何反对俄国的力量视为进步的因素。德意志民族主义尤其受到欢迎。早在1848年8月，马克思就曾写道：“德意志人有权收复石勒苏益格，因为这代表着文明战胜野蛮，也意味着进步战胜保守。”1864年9月，多个左翼组织相聚在一起，成立了国际工人联合会，史称“第一国际”，它负责领导各国的社会主义革命。因此，一支全新的欧洲力量诞生了，它创造了一系列波澜壮阔的口号，培养了一批杰出的政治家。在接下来的10年中，各国的工人领袖们多次聚在一起召开会议。这股力量创造了新的地缘政治阵线，意味着打破了传统。

不过在当时，决定形势发展方向的并非工人运动，而是各国政府支持下的激进主义运动。1865年，俾斯麦转而对付奥地利，他认为奥地利是普鲁士领土扩张和实现德意志民族抱负的最大障碍。维也纳处境不利，在丹麦战争中，它仅仅与普鲁士保持着微弱的联系，并且匈牙利人非常反对奥地利参加丹麦战争。占匈牙利人口多数的马扎尔人坚决反对奥地利扩大其在德意志邦联中的影响力，尤其是反对奥地利采取军事行动。匈牙利爱国主义领袖弗伦茨 · 迪克在 1861 年警告道："他们的战争不是我们的战争。" 匈牙利长期拒绝为哈布斯堡王朝出力，到了 19 世纪 60 年代中期，这已经成为哈布斯堡王朝的致命弱点。如果匈牙利履行其责任，为哈布斯堡王朝贡献税赋，那么奥地利的财政赤字问题就可以得到缓解。此时，俄国继续对普鲁士持中立态度，与俾斯麦保持友好关系。1865 年 9 月，亚历山大 · 戈尔恰科夫接替内斯尔罗德，出任俄国外交大臣。在与另一个人聊天时，他说道："我们目前同外国的关系，形成于波兰危机时期。" 他继续说道，俄国反对法国革命式的 "国家主义原则"，法国人认为 "德意志是通往波兰的道路"。他强调，俄国一直都很看重德意志的地位，普鲁士与俄国的意识形态比较接近，因此俄国应该支持普鲁士主宰德意志。

在这种背景下，法国的态度具有决定性的意义。过去 10 年中，拿破仑三世是最大的赢家，他计划利用奥地利和普鲁士之间的对立，来维护自己在德意志的利益。然而，在进一步扩大政治参与和积极维护法国国家利益的问题上，他再次面临着巨大的国内压力。他没能保护波兰，导致他在国内丢尽颜面，但是批评者真正担心的是德意志问题。拿破仑三世在整个欧洲范围内推动民族主义，削弱奥地利，但又鼓励普鲁士的发展壮大。很多人认为，他违反了法国外交政策的首要原则：防止在其领土东侧崛起一个强大的德意志。1865 年 4 月，经验丰富的梯也尔在议会发出警告："我之所以反对意大利的统一，最主要的原因就在于，这注定会是德意志统一的蓝本。" 1865 年 8 月，普、奥两国签订《加施泰因条约》(Convention of Gastein)，法国民众与拿破仑三世深感震惊，因为普、奥两国在没有知会法国的情况下，就直接宣布接管了石勒苏益格和荷尔斯泰因。虽然出现了这些不祥预兆，但在不久之后的普奥战争中，拿破仑三世还是没有给奥地利提供帮助。他过于关注墨西哥的局势而无暇他顾。由于美国南方在内战中失败，马克西米利安大公也就越来越面临着窘境。此时的英国，也因为过于关注海外殖民事务而无法顾及欧洲局势。英国财政大臣迪斯雷利解释道："英国不再只是一个欧洲的强国，而是一个庞大的海洋帝国的中心……她更像是一个亚洲强国，而不像是欧洲强国。"

1866 年，俾斯麦对奥地利发动进攻。他拒绝支持维也纳和 "第三德意志" 提出的邦联改革议案。4 月，这位普鲁士首相宣布与意大利结盟，承诺让意大利得到威尼西亚，这样可以从南侧对奥地利发动进攻。他还鼓动匈牙利的分裂主义运动，以削弱奥地利国王弗朗茨·约瑟夫一世在匈牙利的势力。当月，普鲁士军队占领了本应由奥地利负责管理的荷尔斯泰因。奥地利开始进行战争动员，它得到了德意志邦联中几乎所有的中小国家的支持。奥地利之所以决定参战，部分原因是为了转移其民众对国内问题的注意力，但主要还是为了消除普鲁士的挑战，以巩固自己在德意志的地位。让世人震惊的是，普鲁士军队利用新建设的铁路网络在波西米亚迅速完成集结，并在1866年6月的萨多瓦战役中大败奥地利。尽管"第三德意志"的中小国家在与普鲁士交战时取得了一些小范围的胜利，但是它们很快就支持不住了。8月，奥地利同意签订《布拉格条约》(Treaty of Prague)，它被排挤出德意志邦联。两个月后，在《维也纳条约》中，奥地利将威尼西亚割让给法国，之后法国将威尼西亚送给意大利。普鲁士吞并了石勒苏益格-荷尔斯泰因、汉诺威、黑森-卡塞尔和法兰克福。普鲁士成立了其领导下的"北德意志邦联"，强迫22个邦国加入。德意志南部的邦国仍保持独立，但普鲁士强迫它们签署秘密军事协议，这使得它们与普鲁士的联系更加紧密。这是在近代欧洲历史上，德意志的绝大部分第一次被一个单一的权力中心所支配。德意志各邦国争夺主导权的斗争暂时告一段落，即将到来的是欧洲各国争夺霸权的新时代。

在维也纳会议之后的50年间，欧洲的地缘政治仍然与整个世界相联系。列强在埃及、叙利亚和奥斯曼帝国的问题上争斗不休。新的人道主义地缘政治开始出现，其核心内容是废除奴隶制和保护犹太人。很早就有人相信，良好的国内治理与国际体系的稳定是相互联系的。在中美洲和加勒比地区，英法与美国之间的矛盾激化，同时英法之间的矛盾也在增加。而且英法两国差一点儿干涉美国的内战。不过，问题的核心仍在欧洲：在伊比利亚半岛，在意大利，尤其是在德意志。地缘政治利益冲突最为严重的地区，正是德意志邦联。在这里，席卷整个大陆的自由主义和民族主义情感，对整个欧洲的均势都产生了最为深远的影响。最终，这些压力摧毁了中欧的秩序，并为一个全新的地缘政治的形成开辟了道路。德意志不再是一个松散的邦联，不再饱受其他国家的制约，而是成为一个独立的、统一的国家。

这一进程中的失败者，是国际体系中那些最落后的国家。在19世纪60年代初，"美利坚联盟国"已被摧毁，沙皇俄国在克里米亚惨遭失败，奥地利哈布斯堡王朝被排挤出了德意志。相反，英国的国力则变得更加强大，它坚决反对奴隶制，并且使其成为一项国际规范；它维持了奥斯曼帝国的存在，支持意大利和德意志的统一，因此成为欧洲外交的胜利者。法国也取得了一系列成功，其中最让法国满意的是遏制了俄国的势力，并且摧毁了奥地利在意大利的影响力。此时，最为成功的国家应该是林肯领导下的美国，它不仅避免了内部分裂，还阻止了外国的干涉。俾斯麦担任首相的普鲁士，吸收了宪政民族主义者的思想和主张，整个国家的前途一片光明。尽管德意志的统一尚未完成，美国的领土扩张也尚未完成，但两个国家似乎已经走上了通往强国地位的康庄大道，而这是建立在某种形式的代议制政府的基础之上的。对于自由主义者而言，这一切都预示着新时代的曙光的来临。然而，他们并不知道，大众参与将会在未来的岁月中将欧洲地缘政治带入不可预知的方向，最终导致两大联盟体系之间的对决。

第五章

统一：1867~1916 年

普鲁士国王陛下代表北德意志邦联、巴伐利亚国王陛下、符腾堡国王殿下、巴登大公殿下、黑森大公殿下……决定结成永久联盟，保护联邦领土。

——《德意志帝国宪法》，1871 年

先生们，设想一下，这十多年来，战争像达摩克利斯之剑一样悬在我们头上——如果战争爆发，没人能够预见它会持续多久，也不知道它将如何结束。欧洲诸强正在以前所未有的规模扩军备战，各国将在战场上相遇……先生们，这可能会是一场七年战争，也可能会是一场三十年战争；唉，第一个把火柴丢进火药桶的人，将令整个欧洲付之一炬！

——赫尔穆特·冯·（老）毛奇（Helmuth von Moltke），1890 年 5 月

19世纪60年代中期，德意志统一战争和美国南北战争结束，这两大国家完成统一，使得欧洲乃至全球的形势彻底改变。在美国，南北方之间的战争旷日持久，最终以1865年美利坚联盟国的投降而告终。一年后，普鲁士在萨多瓦大败奥地利，双方签订《布拉格条约》，确立了普鲁士对德意志的主导权。战争结束后，美国与德国的政治、军事以及经济实力空前增长，对力量均衡产生了巨大影响。两国都有强大的资源，但二者都没能让世界上其他国家感到放心，甚至这两个国家之间也存在矛盾。与普鲁士一样，统一后的德国依然主要关注其周边形势，力图打破包围圈；而内战之后的美国领导人，也非常关注周边的威胁。两个国家的社会内部都有着深刻的分歧，涉及文化、地区、政治和经济领域，这影响了它们对自身世界地位的认知。同样，老牌强国——英国、法国、奥地利和俄国，现在也面临着内政和外交方面的新威胁。这导致欧洲各国及美国对地缘政治学兴趣的爆发性增长。尤其是德国的崛起，对未来50年的历史形势产生了决定性影响，先是影响到了欧洲各国，后来又影响到了美国。因此，到了20世纪初，也就是本章内容的最后时期，德、美两国的矛盾越来越严重，最后发生了冲突。这两个权力中心开始了相互竞争，究竟哪一方会在欧洲乃至全世界占据上风？这要到20世纪中叶才能有定论。

美国北方在南北战争中取得胜利，这为美国带来了更加积极的外交政策，长期闭关自守的僵局被打破。1868年12月，约翰逊总统告诉国会："我们应进行一项全面的国家政策，即占领附近的土地与岛屿，并将其纳入我们的合众国。"对于居住在北美大陆中西部广大地区的印第安人来说，这些政策是坏消息。在接下来的30年中，随着合众国向西拓展领土以及很多新州的成立，印第安人被逐步剥夺权利，并被边缘化，甚至很多时候被直接杀害。美国的扩张目标还使那些在美洲有着重大利益的欧洲列强感到不安。墨西哥问题尤其紧迫，当时法国正在对墨西哥进行干涉，并扶植了一个傀儡国王。甚至在埃及帕夏的协助下，拿破仑三世还从埃及招募雇佣军，运到墨西哥来作战。法国的做法已经对美国构成了战略及意识形态威胁。法国在美国的后院扶植了一个傀儡国王马克西米利安，是对"门罗宣言"的直接侵犯。1865年9月，美国国务卿威廉·西沃德（William Seward）警告埃及人："随着内战结束，美国国会和总统现在已经团结一致，将会关切美洲大陆上所有自由共和制国家的安全。"美国使者直接警告埃及帕夏伊斯梅尔（Ismail）：“你应其他列强的要求向墨西哥派遣军队；现在美国可能会应其他友好国家的要求向你们埃及派遣军队。”美国支持墨西哥游击队反抗法国，很快法国与埃及军队决定放弃马克西米利安，不久这位傀儡国王被墨西哥共和派逮捕并处决。

华盛顿现在转而对付英国。英国阻碍了美国领土向北扩展，南北战争期间英美两国出现了海洋问题争端。尤为重要的问题是，南北战争期间，英国为南方军队制造的“阿拉巴马号”巡洋舰使得北方军队遭受重大损失，战争结束后美国要求英国对此进行赔偿。1869年1月，美国参议院否决了英美两国政府签订的妥协协定。同年5月，参议院外交关系委员会主席、共和党人查尔斯·萨姆纳（Charles Sumner）甚至要求英国放弃在北美的殖民地。与此同时，在合众国的东南方向，局势有了新的变化。西班牙一直担心美国以废除奴隶制为借口吞并古巴。而1868年，古巴又爆发了反对西班牙殖民统治的起义，这使得局势更为紧张。

在欧洲，推动国际关系体系发生革命性变化的力量，是俾斯麦领导下的普鲁士。普鲁士实际上是北德意志邦联的精神主宰者，这个邦联包括萨克森、上黑森省、梅克伦堡和其他较小的邦国。普鲁士国王威廉一世将北德意志邦联称为“普鲁士展开的臂膀”。北德意志邦联的议会由男性公民直接普选产生——这是俾斯麦意图拉拢资产阶级而做出的让步。不过，由于德国尚未统一，普鲁士与其他邦国签订的各种文件依然有效。德意志关税同盟中，不属于北德意志邦联的成员国（如巴登、符腾堡和巴伐利亚）建立了关税同盟议会，并派驻代表。俾斯麦希望，上述机构与制度可以调动民众对下一阶段的统一计划的支持，同时限制其他邦国的权力。俾斯麦坚信，普鲁士要想获得安全，就应该与德意志西南部的巴登、符腾堡和巴伐利亚建立更为紧密的关系，并建立牢固的堡垒。

然而，南部各邦国都有自己的想法，它们并不想并入统一的德国。尽管关税同盟为这些邦国提供了经济利益，并且它们能与工业发展迅速的普鲁士进行合作，但它们并不想交出宝贵的主权，也不想把自己的臣民交给普鲁士。因此，经济合作不一定会导致政治联盟的形成。在1866年的普奥战争中，所有的中等邦国都站在了奥地利一边。尽管奥地利已经退出了德意志邦联，但这些邦国并没有自动向普鲁士寻求庇护。相反，在1868年3月的关税同盟议会选举中，南部各州都反对与普鲁士建立更紧密的联系。1869年，在巴伐利亚和符腾堡两个邦国的议会选举中，自由民族主义者也表现不佳。

一年之后，著名的自由派作家古斯塔夫·弗赖塔格（Gustav Freitag）悲叹道："南德意志的各州并没有逐渐向我们靠拢；北德意志的立法进程每向前走一步，南方就与我们愈加疏远。之后呢？我们依然会永久分离。"在19世纪60年代后期，北德意志邦联议会中的民族主义者对俾斯麦进行批评，指责其未能尽快承认巴登加入邦联，没有保护巴登免受法国的威胁，因此耽误了德意志进一步走向统一。1869年4月，自由民族主义者卡尔·特文斯滕（Karl Twesten）以预算批准作为要挟，要求政府允许民众更为开放地讨论"外交政策的主要目标"。只有强大的外部威胁才能产生必要的地缘政治动力来完成统一计划，当然也可以巩固俾斯麦在国内的地位。

19世纪60年代中期，美国和普鲁士（德意志）力量的突然爆发，对欧洲各国的大战略和国内政治产生了深远的影响，也对全世界的格局产生了深远影响。当时英国并没有对德意志局势的发展感到忧虑。1866年8月，英国外交大臣斯坦利勋爵（Lord Stanley）表示："这对我们与其说是损失，不如说是获益，普鲁士在两个侵略性的大国——法国和俄国——之间竖起了一道坚固的堡垒。" 19世纪60年代末国际局势的发展使很多英国人相信，英国需要调动新的资源以捍卫其在国际关系中的地位。1866年4月，格莱斯顿指出，美利坚合众国政府在内战中的胜利说明公民权的扩大可以为国家带来很多好处，因此"政府可以有效扩大其权力，国家将会获得更大的动力"。1867年，英国议会通过改革法案，公民权得以扩大。改革法案的通过有其深刻的国内原因，但当时英国议会也强烈地意识到，这对于保持和提高英国的国际地位有重要意义。

与此同时，英国开始探索，通过不断扩大海外殖民地来提高帝国的防卫能力。美国在南北战争之后，开始了新一轮的扩张，对英国在北美的殖民地构成严重威胁。受美国的影响，1865年，英国决定效仿美国，在北美建立另一个联邦。1867年，各英属北美殖民地组成统一的加拿大自治领。

此时，维也纳爆发了一场激烈的辩论，有人主张不在德意志范围内浪费精力而专注于巴尔干；有人则主张，应想办法阻止普鲁士统一德意志，至少应该通过联合法国、德意志南部诸州来延缓德意志的统一。萨多瓦战役之后，奥地利国王弗朗茨·约瑟夫曾发誓："我们应该完全离开德意志邦联，不管这是主动的，还是被迫的。我们曾经与德意志诸邦结盟，但现在应该离开，这对于奥地利来说将会是一件幸事。"与之相反，奥地利新外交大臣弗里德里希·费迪南德·冯·博伊斯特伯爵（Count Friedrich Ferdinand von Beust）认为，奥地利可以与拿破仑三世结盟，以制约普鲁士；即使法国扩大其在德意志邦联中的势力，“我们也不应该退缩，而是应该继续留在德意志”。普鲁士打败奥地利，也对哈布斯堡王朝的国内政治产生了深远影响。宪政改革现在成为当务之急。由于奥地利战败，弗朗茨·约瑟夫不得不答应匈牙利人的部分要求，长期以来，占匈牙利人口多数的马扎尔人一直对奥地利不满，这限制了奥地利执行强有力的外交政策。1867 年，维也纳终于与布达佩斯相“妥协”。匈牙利不仅保留了自己的议会，还在财政、立法方面拥有较大的权力，而且有自己的地方防卫军。在形式上，匈牙利与奥地利的地位是平等的，二者共同组成一个二元君主制国家——奥匈帝国。奥匈帝国的统治者希望，新的宪政结构能够释放能量，使这个帝国在欧洲国际关系体系中更有竞争力。

在圣彼得堡，俄国统治者仍然普遍认为，支持俾斯麦在德意志壮大其力量，是削弱法国的最有效方法。1856 年，《巴黎和约》规定俄国军舰不得出入黑海，俄国人对此非常痛恨，而一旦德意志壮大起来，俄国就有可能修改该规定。不过，政坛中也有人反对这种做法。1865 年，俄国各大城市废除了新闻预审查制度，这极大地促进了公共领域的发展，新闻自由迅速发展。崇尚斯拉夫文化的I·S·阿克萨科夫（I. S. Aksakov）以及莫斯科报业巨头米哈伊尔·卡特科夫（M. N. Katkov）认为，俄国现在主要的敌人是普鲁士，德意志统一事业的发展是对巴尔干地区的致命威胁，甚至会影响到俄国本土。正如俾斯麦团结整个德意志那样，俄国也应该团结所有的斯拉夫人。与英国一样，俄国试图通过在中亚和东亚扩展殖民地来增加其在欧洲的影响力。1864 年 12 月，戈尔恰科夫指出：“美国在美洲扩张，法国在非洲扩张，英国在印度扩张，同样，我们俄国应该效仿它们，我们也应该扩张。”他还说：“俄国不得不这样做，因为这是绝对必要的，而非出于我们的野心，否则我们很难在这个世界上生存。”朝野中很多人反对俄国东扩，他们认为俄国的核心利益是在欧洲，尤其是在巴尔干，向东扩张会分散俄国的精力。1865 年 3 月，卡特科夫抱怨说：“俄国在亚洲的壮大，肯定会削弱其在欧洲的影响力。俄国之所以是一个大国，其根基不是在亚洲，而在于其对西部边疆与黑海的控制权。我们的历史是在欧洲而不是在亚洲。”

1866 年之后普鲁士的崛起明显影响了法国的对外政策和国内政策。拿破仑三世的军队在墨西哥惨败，同时俾斯麦打败了奥地利，将法国撇在一边，使得法国非常尴尬。为获得补偿，拿破仑三世要求获得德意志西部的部分土地，以及卢森堡和比利时。1866年9月，法国外交大臣拉瓦莱特侯爵（Marquis de la Valette）为上述要求进行辩解，他表示："一种不可抗拒的力量……使得人们团结在一起，成为更大的组织中的一员，没有任何人能够保持中立。"为了实现其帝国野心，拿破仑三世不得不在国内做出让步，以支持其更加积极的对外政策。1867年1月中旬，内阁各大臣在议会发言，并接受议员的质询。一年后，政府取消了对新闻的限制，同时议会辩论可以更加开放。反对派利用这个机会进一步攻击政府的无能。在议会中，梯也尔指责拿破仑三世，认为政府的错误政策导致德意志日渐成为一个强国："这个国家年轻、有活力、大胆而且野心勃勃，而且就在法国的东部边界，这导致法国数百年来的战略功亏一篑。"1867年3月，梯也尔怒吼道："绝对不能再犯错误了！" 19世纪60年代即将结束，显然，此时的拿破仑三世必须在外交上获得一些胜利，否则他就会在国内遭受更多的批评。

此时，普鲁士首相俾斯麦通过一系列巧妙的外交活动打破了僵局，从而继续推进德意志的统一。1867年，他暗中支持法国对卢森堡的领土要求，这件事引发了公众的愤怒，但他坚持抵赖。1868年3月，他与沙皇达成一致意见，从而确保俄国能够制衡奥匈帝国的力量。1869年的3~4月，法国企图接管比利时的部分铁路系统，俾斯麦利用国际争议，将矛头指向法国。同年，西班牙王位出现空缺，普鲁士支持霍亨索伦家族的利奥波德亲王成为候选人。这遭到了法国的强烈反对。法国外交大臣格拉蒙公爵（Duc de Gramont）发誓，法国绝对不会允许来自霍亨索伦-锡格马林根家族的利奥波德成为西班牙国王，不会允许他佩戴"查理五世的皇冠"。16世纪，哈布斯堡王朝曾经包围了法国，当时法国面临战略困境，现在法国人绝不允许这种情况再次发生。巴黎和其他地区的法国人感到很愤怒，普鲁士人现在不仅来到了莱茵河的另一边，甚至还要染指比利牛斯山脉的南部。拿破仑三世认为，利奥波德将会把西班牙变成俾斯麦的附庸国。尽管这种可能性不一定存在，但法国依然决定先发制人，向普鲁士发起挑战。法国首相埃米尔·奥利维耶（Emile Ollivier）坦率地承认，法国政府想利用这场危机来转移和解决国内问题。他说："必须表现出坚定和志气，否则我们将无法应付国内的革命和社会主义者。”普鲁士国王威廉一世把与法国大使交谈的内容，从埃姆斯向俾斯麦发出电报。但俾斯麦篡改了“埃姆斯密电”，添加了刺激法国的话，并故意泄露给法国。法国非常愤怒，宣布对普鲁士开战。

拿破仑三世取得胜利的最好机会，是迅速把军队推进到德意志境内，在普鲁士调动资源之前，发挥其野战军的优势。正如俾斯麦所料，法国对德意志的侵略，迫使德意志的民族主义者尤其是南德意志诸邦投入俾斯麦的怀抱。甚至，很多曾经对德意志的统一持怀疑态度的人——或者是反对由普鲁士来领导德意志的人——现在都开始反对法国。俾斯麦现在有了新的使命，他将领导一场全民族的战争，共同对抗德意志的宿敌。7月中旬，弗朗茨·约瑟夫宣布中立，拒绝支持法国，这主要是因为拿破仑三世在关键时刻放弃了他的弟弟、墨西哥国王马克西米利安。南德意志诸邦掀起了一股民族主义的热潮，一开始它们比较犹豫，但很快它们都表示愿意追随普鲁士，共同为德意志而战斗。即使是那些曾经在1866年被普鲁士吞并的邦国（如汉诺威），也加入了对法国的战争。在短短几个月内，法国军队在色当（Sedan）被击败，拿破仑三世成了俘虏。1871年5月，威廉在法国凡尔赛宫镜厅举行加冕典礼，正式宣布德意志帝国的成立，加冕为德意志帝国皇帝威廉一世。

从任何标准看，统一后的德国都是一个巨人。其人口有4 100万，在欧洲仅次于沙俄帝国（7 700万）。而当时法国人口只有3 600万，奥匈帝国也只有约3 600万，英国只有3 100万。相比之下，1850年时的普鲁士人口只有1 600万，但德国统一后，人口迅速增加，而法国则近乎停滞。人口优势有利于德国迅速实现经济的工业化，同时，德国拥有世界上最好的教育体系，以及首屈一指的军队。当时，能与德国的实力相抗衡的国家，只有南北战争之后的美国。1871年2月，美国总统尤利西斯·格兰特（Ulysses Grant）对国会说：“美利坚合众国的制度现在已经被欧洲国家采纳，其原则是培养自由的、自律的人，我们美国人的思想正在欧洲普及开来，影响力越来越大。”有的杂志将俾斯麦称为德国的“国父”，好比美国的“华盛顿”。然而，与美国不同的是，这个强大的新兴实体位于欧洲的心脏部位。现在，中欧已经变成了一个统一的国家，这里已经不再是大国之间的“缓冲地带”；奥地利也被永远地排挤出了德意志。在过去的几百年内，中欧由众多小的邦国组成，即使在最近的7年中，也有将近40个不同的实体，而现在这里成为一个统一的国家。接下来的10年中，这一事实将主导欧洲主要国家的对外政策和国内政治。

法军在色当惨败以及拿破仑三世被俘，摧毁了法兰西第二帝国。现在很多法国人相信，只有在国内进行一场革命才能挽救整个民族。于是，第三共和国宣告成立，莱昂·甘必大（Léon Gambetta）为首的国防政府接管所有权力，并组建了国民自卫军。此时发生的事件，与1792年非常相似。所以很多法国人都相信，民族主义浪潮、自由主义的洪流、激进主义的热情能够将德国人赶出法国。然而，第二年伊始，德国迫使法国新政府签订停战协议，要求法国割让阿尔萨斯和洛林，并支付巨额赔款。在随后的选举中，梯也尔领导的求和派以压倒性优势赢得了选举，波拿巴分子彻底落败。在波尔多，议员们进行了激烈的争论，很快决定接受俾斯麦的要求。1871年3月，议会准备就和平条约进行表决，但这导致了“巴黎公社”起义。“巴黎公社”主要由工人组成，他们反对议和，坚持要求继续战斗。一方面，他们想维护国家荣誉；另一方面，他们认为议和是保皇派的阴谋，说这是复辟帝制的特洛伊木马。两个月之后，“巴黎公社”起义被政府镇压。

这一切都迫使法国人重新开始。1871年之后，法国的主要战略威胁依然是德国。1872年1月，法国著名的文学和文化杂志《两个世界评论》（*Revue des deux mondes*）做出这样的描述：“霍亨索伦家族注定要永远战争，就像拿破仑一样，因为它永远不满足自己的所得……”同样，法国国内政治面临的问题是如何收回阿尔萨斯-洛林，或者至少恢复法国在欧洲国际体系中应有的地位。过去右翼曾经反对关注世界事务，而现在他们放弃了这一立场；左翼中的鸽派现在已经变成了鹰派，他们主张对外奉行强硬政策，并维护民族利益。1872年、1873年和1875年，政府颁布一系列军事法规，将兵役期限增加到5年，这使得法国成为欧洲军事化程度最高的社会（尽管法国的征兵制度依然存在缺陷）。法国成立了强大的行政执行机构，总统由公民直选产生，拥有君主般的权力，而且不必对议会负责。

在东欧和东南欧，法国的战败导致了地缘政治的重大变化。奥匈帝国首相弗里德里希·冯·博伊斯特决定退出德意志，但又与俾斯麦修复了关系。他希望获得俾斯麦的帮助，以对付俄国和镇压国内的革命。由于法国被削弱，已经难以成为反对俄国的力量，因此博伊斯特希望与德国联合起来，建立一个更为统一的“中欧”，重建失去的平衡。他之所以这样做，是因为奥地利已经承认了新的权力政治现实，不想再与俾斯麦为敌，同时也是为了应对俄国对奥匈帝国中的泛斯拉夫主义（尤其是在波希米亚）的支持，再有就是要应对国内的反抗情绪。对俄国来说，法国的战败为其提供了新的机会，它可以重新向南发展势力，从奥斯曼帝国那里获得利益。1870 年 11 月，沙皇单方面宣布废除《巴黎条约》中的黑海条款，准备将军舰部署在黑海，试图再次入侵奥斯曼帝国。然而，局势很快变得清晰，在俄国实现其“历史使命”的道路上还存在着严重障碍。尽管哈布斯堡家族的势力刚刚退出德意志和意大利，但它变得比以往任何时候都更加坚定，决心阻止沙皇在东南方向包围奥匈帝国。1870 年，俄国将军罗斯季斯拉夫·法捷耶夫（Rostislav Fadeyev）在他著名的《论东方问题》（*Opinion on the Eastern Question*）一书中曾经指出：“俄国要想通往君士坦丁堡，必须先经过维也纳。”然而，越来越多的俄国人认为，他们实现抱负的真正障碍其实是德国，德国是泛斯拉夫主义的反对者。1870~1871 年，俄国两大报纸——米哈伊尔·卡特科夫的《莫斯科公报》（*Moscow Gazette*）以及《声音报》（*The Voice*）——发表了大量的反德文章。他们谴责“普鲁士正在支配欧洲”，并声称“一种无法抑制的自然倾向，促使德国走上了征服之路”。但是，当时沙皇的官方外交政策中并没有使用这种说辞。在意识形态上，沙皇依然支持俾斯麦，并且支持德国的统一，因为俄国人非常痛恨克里米亚体系。对于俄国的君臣来说，其主要敌人依然是英国而不是德国。

英国很快认识到了德国统一的时代意义，然而两国之间的共识也随之结束。有人认为，德国吞并阿尔萨斯-洛林，说明它是欧洲平衡的潜在威胁。1870 年 11 月下旬，格莱斯顿警告道：“德国很快就会开始其扩张行动，它的军队将会跨出国界，来到我们这里，每一个国家都应该应对其挑战，就像当年各国在克里米亚阻止俄国的扩张一样。”三年后，英国驻柏林大使奥多·拉塞尔（Odo Russell）提醒道，俾斯麦的目的不仅是为了永远抑制法国，而且是要实现“德国在欧洲和世界的霸权”。然而，大多数英国人认为德国的统一是一件好事，德国对英国的安全不会构成威胁；事实上，拿破仑三世的战败，降低了法国入侵英国南部海岸的危险。许多外交官和评论者的看法并不持悲观态度。例如，资深外交官罗伯特·莫里尔（Robert Morier）认为，欧洲中心出现一个新教国家是一个好事，这个国家具有强大的、潜在的自由主义热情，能够遏制法国和俄国的势力。另外，很多之前对德国持怀疑态度的人，包括罗素，也都逐渐接受了俾斯麦的承诺，他们认为德国是一个“知足”的国家。不过，1870~1871 年的战争之所以重要，其真正原因并不在于这导致了德国的统一，而在于这标志着法国的崩溃。迪斯雷利在一次容易令人误解的讲话中，把这种发展描述为“德国革命”的主要结果。

英国人最敏锐地感觉到，与美国和俄国相比，法国已经处于弱势。俄国撕毁黑海条款，引起了英国人的警惕。因为一旦俄国进入中亚，那么它将很快抵达阿富汗，然后就会染指印度。同样，英国大使洛夫特斯勋爵（Lord Loftus）也认为，法国战败后，新的形势将对英国具有不可估量的重要性……现在英国不会再受到美国的骚扰。1871 年 5 月，英美两国正式签署《华盛顿条约》。同时，英美邀请德国作为仲裁国，并于 1872 年夏天解决了关于“阿拉巴马号”战舰的赔偿问题。在此背景下，德国统一带来了独特的问题。洛夫特斯表示，“尽管法国的野心导致其犯了错误，但它为英国提供了很多服务，比如在美洲、印度和中国。相比之下，德国在这些地区无法为英国提供服务，因此它不能成为英国的盟友”。简而言之，一开始英国并不担心德国会有殖民野心和海军能力，而是担心它没有野心和能力。

法国的崩溃也对英国国内政治产生了深远的影响。首先，德国的统一显然是一个野蛮的过程，这破坏了自由贸易的理念，也使国际法的发展受到了挫折。自由主义价值将会盛行；没有战争，或无须军事捍卫的理念将不再可信。之前很多人认为，自由主义的价值将会使得战争不复存在，国家不需要再通过武力来保卫自己，而随着德国的统一，这种说法变得不可信。英国前首相、保守党人德比勋爵（Lord Derby）无情地指出：“格莱斯顿真的相信科布登的理论，即当人们变得文明时，战争就会越来越少。但是在普法战争中，自由派感到震惊和困惑。”现在，战争的恐慌已经笼罩全国。有一些未来学的作品很畅销，它们预测德国会入侵和征服英国。例如，当时的军官、后来的国会议员G·T·切斯尼所撰写的著名小说《多尔金之战》（*The battle of Dorking*）于 1871 年出版。该书假设，普鲁士对英国发动攻击，并且全歼英国本土缺乏训练的民兵，而当时英国将常备军部署在了海外。此时英国似乎离“欧洲”大陆非常之近。

很多英国人认为，应该扩大政府的权力，好处理新的安全威胁。长久以来，自由派和激进派一直在批评那些贵族，说他们“怯懦”、因循守旧，认为军队改革势在必行。普法战争使得很多保守派相信，应该废除军队中贵族的特权，改变其不合理的传统做法；很多自由主义者也相信，他们要想获得自由，就应依赖于高效的军队。1871 年，格莱斯顿内阁的陆军大臣爱德华 · 卡德韦尔（Edward Cardwell）在强烈的反对声中艰难地促成议会通过了一项军事法案。他的改革终结了最恶劣的积习，即买卖军衔，并促成了 19 世纪末英国军队的更进一步发展。此时，对于格莱斯顿来说，削减军费开支的计划无法进行，他也预料到，取消所得税也是不可能的。1871 年 4 月，财政大臣罗伯特 · 洛（Robert Lowe）提交了一份预算计划，由于陆军需要更多的开支，所得税要增加 1% 的税率。之前，政府想通过使土地遗产税的税率翻番来扩大军事开支，但由于民众强烈反对而不得不作罢，政府只能用提高所得税的办法来代替。后来，格莱斯顿想废除所得税，因此要求陆军和海军削减其开支，但后者拒绝这样做。1874 年 1 月，首相不得不解散议会，重新举行大选。格莱斯顿在大选中失败，被保守党领袖迪斯雷利取代。可以说，这种结果在很大程度上是由普法战争造成的。

与此同时，由于英国在欧洲的力量有限，它试图通过海外扩张来巩固和提升其全球地位。1871 年 7 月，受德国统一的影响，“帝国联邦”（Imperial Federation）的支持者在伦敦举行集会。人们普遍认为，英国应该将自己的殖民地更加紧密地整合起来，以捍卫英国的利益；跨大西洋的电缆的铺设让这种设想第一次具备了技术基础。1872 年，英国允许南非开普省成立自治政府，英国希望该省不仅可以自行承担防卫，还可以作为英国向非洲内部扩张的基地。4 年后，迪斯雷利使得维多利亚女王兼任“印度女王”，英国效仿古老的俄国和新的德意志帝国，建立了双重君主制度。帝国的扩张，也为英国自由主义和人道主义价值观的普世传播提供了一个机会，普鲁士在欧洲的扩张曾经大大破坏了这些价值。例如，历史学家詹姆斯 · 弗劳德（James Anthony Froude）认为，殖民地可以“恢复世界对英国的尊重”。此时，英国扩展其价值观的主要手段是开展运动，以废除奴隶制和取缔在非洲的奴隶贸易。1872 年，大卫 · 利文斯通（David Livingstone）被斯坦利营救，他讲述了黑人所遭遇的各种不幸，使得反奴隶制运动达到了高潮。第二年，议会和媒体进行了大规模的宣传，要求政府干预东非，制裁贩卖奴隶的行为，与敌人做斗争。英国对埃及施加压力，要求其承诺废除奴隶制。

与此同时，在欧洲的心脏地带出现了一个对国际关系体系的严峻挑战。在德国统一时期，国际工人协会（即“第一国际”）迅速发展壮大，同时在北美获得了大约10万工人的支持；在这个方面以及其他方面，美国其实是欧洲国际关系体系的有效部分。1871年，欧仁·鲍狄埃（Eugène Pottier）创作了雄壮的《国际歌》，明确指出各国之间的团结是获得胜利的关键。歌曲号召工人向暴君开展斗争，以实现国家之间的和平。这首歌使得财富所有者感到震惊，并且影响到了欧洲各国的战略家，因为各国保卫其主权的士兵都是从工人阶级那里招募的。一开始，第一国际只是一个松散的组织，包括了马克思、皮埃尔–约瑟夫·蒲鲁东、马志尼和奥古斯特·巴枯宁等很多人的追随者；后来，第一国际被马克思的追随者所主导。在1872年的国际海牙代表大会上，巴枯宁被开除出第一国际。这不是简单的怨恨或宗派主义。巴黎公社的失败使得工人们意识到，只有热情是不够的。如果社会主义者想要通过革命来实现其改造世界的抱负，那么他们必须团结在一起，建立统一的领导。德国的马克思主义组织——社会民主党认为：“只有当全国、全世界的劳动群众的力量紧密联合在一起，工人阶级才能……发挥其所有力量。民主集中制才是工人阶级胜利的关键。”时间会证明，民主集中制的设想，其实几乎与民主无关，其所有内容便是集权。

俾斯麦宣称新德国是一个“知足”的国家，并没有进一步的领土野心。然而，德意志帝国依然受到来自两个方向的威胁：东边是俄国，尽管其统治者一直处于被动地位，但其国家依然在向前发展；西边是法国，这个国家完全不甘心在1870~1871年战争中的惨败。接下来的20年中，“敌国同盟的噩梦”反复萦绕在俾斯麦心头。他担心当年的考尼茨联盟会再次出现，即奥地利联合法、俄孤立普鲁士。更糟糕的是，这种包围还具有意识形态的含义，因此使得德国与其他国家的外交冲突更为严重。俾斯麦是一个坚定的新教保守派，他认为德国周边的国家都是敌人：英国格莱斯顿式的自由主义，法国的保皇党和天主教复仇主义，革命性的泛斯拉夫主义，还有第一国际下属的社会主义者、无政府主义者和各类激进派。整个19世纪70年代，法国复仇主义带有明显的天主教和保皇派色彩，所以俾斯麦一直用怀疑的目光，警惕着德国数百万天主教徒，因为其中很多人都不愿意德意志被普鲁士统一。他认为教皇也是一个危险人物，尽管教皇宣称自己的教义是无误的。在俾斯麦看来，教皇会破坏德国人对国家的忠诚，甚至可能会被阴险之人利用，成为天主教的法国用来压制新教的德国的工具。他将天主教徒与社会民主党、汉诺威的君主以及波兰人联系在一起，认为他们是“帝国的敌人”，是一种潜在的安全风险。

1871 年时，刚刚成立的德意志帝国还没有能力处理这些真实的和想象中的威胁。《德意志帝国宪法》实际上只是建立了一个使各王国、公国一致对外的“德意志合众国”。德意志的统一靠的是德意志皇帝及其任命的帝国宰相的意志。根据宪法，在战时“德意志皇帝有权决定帝国军队的部署、分配和安排”；在和平时期，“军队的编制规模……由德意志帝国议会决定”。帝国议会是国家的立法机构，由全国男性公民直接普选产生。这意味着，帝国国防将成为国内政治辩论的主题。这样一来，外交政策、预算控制以及越来越广泛的政治参与，三者是彼此直接联系的，德国未来很有可能会进一步实现“民主化”。另一方面，统一的德国是一个联邦制国家，地方议会负责征收直接税，承担国防使命的帝国政府只能征收间接税。因此，帝国的财政能力是有限的，它能承担的武装力量规模大大小于德国的人口规模所允许的比例，适合服役的国民中只有少部分被征召入伍。军方高层以及普鲁士的保守派都默许了这种政策，因为这样做有助于政府打压社会主义者——不管他们是真实存在的还是想象出来的。所有这一切都意味着，德意志第二帝国在其近 40 年的历史中并没有充分发挥出自己的财政与经济潜力。

俾斯麦采用双管齐下的战略来应对帝国面临的外部压力。在国内，他启动了一场“文化斗争”。德国的自由主义者大多反对教会干预政治，在他们的支持下，俾斯麦设法打压天主教徒。不少神父被投入监狱，天主教刊物遭到骚扰，恐惧和恫吓的气氛弥漫在议会和公共领域当中。在国外，俾斯麦巧妙地设计了一套“欧洲国际关系体系”，并苦心经营。与英、法、俄不同，俾斯麦对海外殖民扩张不感兴趣。有人曾经回忆俾斯麦的谈话，说：“宰相拒绝以任何方式讨论殖民扩张。”一方面是因为，当时德国没有保护殖民地的手段；另一方面是因为，法国可以通过扩展殖民地来有效减轻普法战争之后的领土损失，而俾斯麦关注的是德国在欧洲的安全，对海外领土不感兴趣。他曾经说过：“我的非洲地图位于欧洲。这里是俄国，这里是法国，我们在中间。这就是我的非洲地图。”德国的这种克制态度，使美国人感到很放心。1871 年 12 月，俾斯麦告诉德国驻华盛顿大使说：“我们没有任何兴趣在美洲的任何地方建立据点，并且我们明确承认……美国在美洲地区拥有绝对的影响力。”俾斯麦认为，德国应该是欧洲战略平衡的砝码，如果欧洲共有三个强国，那么德国就应联合其中一个强国；如果欧洲共有五个强国，那么德国就应联合其中两个强国。这意味着，德国要么与奥匈帝国结盟，要么与俄国结盟，以处理东欧事务。更重要的是，在任何情况下，德国都应该反对英国和法国。因此，1873 年，在俾斯麦的努力下，威廉一世、亚历山大二世和弗朗茨 · 约瑟夫一世结成同盟，史称第一次“三皇同盟”。这样做主要是为了缓解奥俄之间的紧张关系，因为如果二者关系不可调和，那么俾斯麦就不得不在二者之间选边站。同时，这也是在发出一个信号，即欧洲三个保守大国又重新团结起来了，它们将联合保卫“高级的秩序”，应对自由主义、社会主义和无政府主义的威胁。而俾斯麦所有战略的目的，就是要永远孤立法国。德法两国一直是宿敌，矛盾无法调和。1874 年 2 月下旬，他写道：“我相信，当法国出现在欧洲的舞台上，并且能够再次与其他国家结盟时，它对我们的威胁就已经开始了。”

19 世纪 70 年代中期，法国通过了新的陆军法，并且在军事上开支巨大，导致德法矛盾更加尖锐。1875 年 3 月，有位记者在报纸上发表文章，称如果法国不废除新的陆军法，那么德法两国的战争“很快就会爆发”。很多人认为，这位记者是在传达俾斯麦的意图。俾斯麦是想羞辱法国，迫使其放弃军事备战政策，并且让其他欧洲强国认为法国这个盟友不可信赖。俾斯麦的战争叫嚣并非仅仅是装腔作势，也不仅仅是在转移国内的批评，而是威慑政策的一部分。1875 年 5 月下旬，他称“危机已经达到高潮，战争马上就要到来”，“我们不随便攻击别人，但我们已经做好准备，剑拔出鞘”。然而，俾斯麦的策略取得了相反的效果。他并没有成功孤立法国，其他列强反而认为德国成了威胁，它们担心欧洲的平衡被破坏。其中，俄国公开拒绝支持俾斯麦，并表示反对进一步削弱法国的力量。英国首相迪斯雷利也明显偏向巴黎，以希望保持欧洲大陆各国的权力平衡。法国坚持执行其陆军法，俾斯麦被迫退缩。他想要保证德国的绝对安全，至少避免法国在西边进攻德国，但这导致整个欧洲出现了一种不安全感，各国纷纷怀疑德国。

1875年，波斯尼亚—黑塞哥维那地区信仰东正教的斯拉夫农民揭竿而起，反抗穆斯林统治者。一年后，动乱蔓延到保加利亚。土耳其人以极端残暴的方式进行镇压，政府纵容士兵肆意烧毁村庄，数万平民被杀害，令人想起了当年土耳其在希腊的暴行。“保加利亚的恐怖”很快为全世界所知，并在英国引发了一场激烈的辩论。反对党自由党的领袖格莱斯顿高呼“我们应该有共同的人性”，要求政府“尽力与欧洲其他国家联合起来，将土耳其的势力赶出保加利亚，结束其暴行”。巴尔干发生的事件，使得俄国民众的地缘政治意识增强。发生在波斯尼亚、保加利亚的大屠杀，掀起了媒体和公众的爱国狂潮。俄国的农民平时很少关注其他国家，现在他们也变得狂热起来。新闻界以及普通民众都进行了各种宣传，一直要求政府对巴尔干进行军事干预，很多志愿者要求奔赴那里去援助他们的同胞。1877年4月，俄国对土耳其宣战。俄国宣称对奥斯曼帝国没有领土要求，而是要捍卫正义的原则。戈尔恰科夫指出：“土耳其有权享有独立和领土完整，但它不能违背全人类的基本原则，不能破坏基督教欧洲的和平。”1878年1月，沙皇的军队已经兵临君士坦丁堡城下。很快，奥斯曼苏丹被迫求和。1878年3月，俄土签订《圣斯特法诺和约》(Treaty of San Stefano)。由于其他列强的干涉，俄国没能够侵占土耳其的土地，但土耳其在欧洲的领土被剥夺了一大块。根据条约，建立了一个大保加利亚公国，北起多瑙河，南到爱琴海，东起黑海，西至（但不包括）阿尔巴尼亚。巴尔干地区的战略版图已经从根本上发生了改变。

俄土战争使得奥斯曼帝国的领土被大大削减，其他欧洲列强对俄国表示警惕。奥地利担心，俄国接下来将要对付自己。英国同样被俄国的扩张吓坏了。1876年12月，迪斯雷利指出，英国的主要目的不是支持巴尔干基督徒的野心，而是确保俄国不能染指土耳其。如果《圣斯特法诺和约》中的规定成为事实，一个在沙皇保护之下的大保加利亚公国建立，那么俄国将获得进军君士坦丁堡的便利基地。因此，英国向海峡地区派遣了皇家海军的一支中队。此外，对于俾斯麦来说，这个问题不是“土耳其的福利”，也并不意味着土耳其已经对俄国臣服，一旦俄国与奥匈帝国之间违背承诺，那么灾难将不可避免。俾斯麦一直避免在俄、奥两国选边站；而中立政策也无法解决问题，那样会削弱德国的影响力。1877年6月中旬，俾斯麦对外交政策进行了口述，被整理成著名的《基辛根温泉备忘录》(Kissinger Diktat)。他强调，欧洲局势的不稳定发展可能会再次导致“噩梦般的联盟”。德国应该努力防止自己被包围，这是一项长期战略，也是“俾斯麦体系”的核心内容。换句话说，德国的安全与欧洲的整体平衡息息相关。

因此，俾斯麦认为，德国应该成为一个“诚实的掮客”，“不为自己索取领土和安全利益，但要关注欧洲的整体政治局势，使得欧洲所有国家（法国除外）对德国产生信任甚至依赖，防止出现一个针对德国的联盟，防止德国被包围”。这意味着，德国不仅要关注自己的利益，而且要关注盟友的利益，减少各盟友之间的摩擦，防止欧洲局势不稳定，避免法国坐收渔利。1878 年，俾斯麦主持召开柏林会议，对《圣斯特法诺和约》进行了修改。保加利亚依然获得自治权，但领土被大大削减，之前的“大保加利亚”被分为三部分：土耳其收回马其顿；在巴尔干山脉以南建立一个奥斯曼帝国的自治省，称为东鲁米利亚（Eastern Rumelia）；保加利亚公国的领土只限于巴尔干山脉以北地区。此外，奥匈帝国被允许占据并管理波斯尼亚—黑塞哥维那，但不是直接吞并。英国得到了塞浦路斯，因而在地中海东部建立了一个基地，在必要的时候可以保卫海峡的安全。各大国承诺，将努力维持这些安排，防止严重的侵犯人权行为。一方面，各大国想巩固“文明”的行为规范；另一方面，它们是想防止巴尔干周围的国家对这一地区进行干预。新生国家——保加利亚公国、门的内哥罗、塞尔维亚和罗马尼亚——被要求承诺不歧视少数族裔，特别是不能歧视犹太人。正如一名英国外交官所说：“犹太人处于文明世界的保护之中。”以此推论，只有那些拥有良好管理制度的政体，才能够维护欧洲国际体系的稳定与和平。俾斯麦曾经说，巴尔干没有什么价值，还“不值波美拉尼亚士兵的尸骨”。而在柏林会议上，俾斯麦已经成了巴尔干地区人权的保证人。

德国在柏林会议上的调解，塑造了未来 10 年的欧洲各国政治。大保加利亚公国的领土被瓜分，导致俄国公众非常愤怒。泛斯拉夫主义的代表人物伊万 · 阿克萨科夫谴责“柏林会议是针对俄国人民的公开阴谋……俄国派出的代表过于软弱”。一些人抨击沙皇制度本身，认为这种制度非常腐朽，已被证明无法捍卫国家利益。有一些革命者开始宣传口号，“现在世界上只有两个国家仍然没有宪政：俄罗斯帝国以及天朝中国”，使得俄国警察非常紧张。在英国，迪斯雷利没有正确预知和处理保加利亚发生的恐怖屠杀；此后，在非洲和阿富汗，他的政策也出现了失误，出现了人权问题。这导致 19 世纪 70 年代末，他的执政面临着挑战。当时自由党的格莱斯顿正在领导“中洛锡安运动”

（Midlothian campaign），强调“共同人性”和“人类的兄弟情谊”，他批评保守党政府的外交缺乏道德性。格莱斯顿认为，有些英国人屠杀黑人或阿富汗人以获取赤裸裸的殖民利益，保守党政府没有及时进行阻止；此外，政府没有在欧洲和世界大力传播自由主义和宪政主义思想。换句话说，英国的价值观输出并非狂妄自大，而是被看作一种正当的外交政策。1880 年自由党在选举中获胜，这说明此时的英国民众更加欣赏格莱斯顿的理念，对迪斯雷利的国际政策表示不满。

然而，保加利亚和波斯尼亚的动乱的最重要意义，就是影响了俾斯麦的战略思想。很显然，此时俾斯麦必须在维也纳和圣彼得堡之间做出根本性的选择，他不能再耽搁了。俾斯麦倾向于支持奥匈帝国，发展德奥友好关系，这样可以团结中欧力量，共同应对来自东西两侧的攻击。俾斯麦在 1879 年表示：“如果德国和奥地利团结一致，我们就可以对付任何敌人，无论是法国还是俄国。”之所以做出这个决定，很大程度是因为他认识到，与奥地利的合作容易得到国内民众的支持。他甚至认为，“德意志帝国和奥匈帝国有必要建立一种有机联系，我们不应签订那种普通的、公开的条约，而是应该将这种关系写入两国的法律之中，并且两国同时推出新的法律，以确认这种关系”。数十年前，奥地利首相施瓦岑贝格亲王曾经想建立一个有 7 000 万人口的庞大的德意志帝国，但最后没有成功。现在，俾斯麦试图再次这样做。现在俾斯麦已经摒弃了文化战争，以尽量拉拢天主教徒，团结奥地利。1879 年 10 月初，德奥两国签订同盟条约。双方承诺，一旦任何一方遭受俄国的攻击，彼此应互相帮助。这是一项秘密条约，德国并不想过于刺激俄国，以便在必要的时候还可以笼络俄国。不管怎样，俾斯麦认为，他已经在新的“考尼茨联盟”中占据了优势地位。

在德、奥、俄这三个大国中，德国已经与其中一个结盟，因此占据了多数地位。但是，如果把英、法加进来，德国能否在这 5 个国家中占据多数？要做到这一点，俾斯麦必须离间英法两国之间的关系，同时也必须让俄国与英法保持距离。这里，俾斯麦可能会把某一项劣势变为优势。19 世纪 70 年代末，天主教已经不再是德国的威胁（原因是法国对天主教士的选举权进行了一些限制），俾斯麦开始越来越担心社会主义者和无政府主义者，担心他们会颠覆政权。德国出台了一系列针对社会民主党的法律。此外，1880 年，格莱斯顿再次赢得选举，连任首相，他直言不讳地表示要在国际上推广自由主义，这也引起了俾斯麦的担忧。俾斯麦开始了他的政治赌博，他准备夸大欧洲君主制国家面临的威胁，以便于拉拢俄国。1881 年 3 月中旬，沙皇亚历山大二世被暗杀，俄国受到重创。事实上，只有俄国政府认同以下观点：整个欧洲的保守势力要想维持团结，就必须处理好自下而上的威胁；只有各国压制住国内的批评者，才能维持友好的国际关系。俾斯麦也接受了该观点，因此 1881 年 6 月，他促成了德、奥、俄三国签订协定，史称第二次“三皇同盟”。他宣称“现在法俄联合起来对付德国的可能性已经完全不存在了”。不过，当时奥、俄两国之间一直矛盾重重。此外，为了安全起见，1882 年 5 月中旬，俾斯麦又与奥地利和意大利组成了“三国同盟”（Triple Alliance），主要目的是保护哈布斯堡王朝南翼的安全，使奥地利能够集中精力对付俄国。

19 世纪 80 年代，新的国际联盟关系也对欧洲各国的国内政治产生了深远的影响。由于俄奥关系恶化，以及俄德关系质量的下降，沙皇政府越来越关心西部边疆的安全，那里居住着大量的非俄罗斯族人。俄国政府对波兰人进行“俄罗斯化”，对德意志人也是如此。此时，波兰的犹太人尤其倒霉，俄国的农民一直非常排斥犹太人，政府也认为犹太人不可靠，不愿意他们生活在战略上重要的地区。例如，俄国战争大臣宣布，从今以后军队的医务人员中，犹太人不能超过 5%，理由是犹太教徒被认为“缺乏履行其职责的自觉性，并在军队卫生服务中产生不良影响”。可以肯定的是，1881~1882 年发生在基辅、敖德萨（Odessa）和波多利亚（Podolia）的屠杀都是自发发生的，并不是政府出于安全考虑而屠杀犹太人，但是政府没有采取任何行动阻止这些屠杀。内务大臣尼古拉 · 伊格纳季耶夫（Count N. P. Ignatiev）伯爵指责波兰人和犹太人建立了各种“虚无主义的秘密组织”。数十万犹太人被迫逃离俄国控制下的波兰，来到德国和奥匈帝国。在欧洲和美国，人道主义组织和犹太人组织纷纷动员起来表达他们的愤慨：沙俄帝国现在已经成了典型的压迫者，它不仅与中西欧的共和国的理念相冲突，也与美国的理念相冲突。

在这期间，欧洲始终流行着这样一种尖锐的观点：国家的内部结构要服从于保证外部安全的需要。俾斯麦继续声称，德国正面临着危险的地缘政治环境，因此德国必须有强大的执行机构，必须对议会的权力进行明确的限制。在英国，公众和议会意见的“反复无常”，导致政府无法做出连贯的大战略，伦道夫 · 丘吉尔勋爵（Lord Randolph

Churchill）曾对此表示遗憾。上述二人的观点在精英阶层有很大影响力，他们都认为，行政部门或者君主的权力应该高于人民主权。这种观点的假定是：选民一般不热衷于战争，而政府要相对好战。英国改革家约翰·莫利（John Morley）热切地相信，一个由普选产生的议会将会反对政府发动对外战争。然而，越来越多的国内批评者呼吁，议会应该更多地参与对外事务。部分原因是为了使议会行使其监督权力；主要原因是这些人相信，民众有更多的机会参与政治，对于动员全国力量来保卫国家切身利益是必要的。此外，越来越多的人开始关心少数人的权利，他们倡导人道主义，尤其反对奴隶制，并且鼓励国家对外进行干预。总之，大众地缘政治观念的发展，往往导致各国的好战性更加强烈，这对国际关系体系会造成明显的影响。

在整个19世纪后期，欧洲列强始终忙于殖民扩张和殖民地重组，以获得更多的人力、经济资源、领土和威信，用于抗衡其他欧洲国家。在法国，很多人认为殖民扩张是必要的。在整个70年代，包括总理甘必大在内的很多人都认为，法国可以用殖民地来和德国做交易，以收回阿尔萨斯-洛林。还有人认为，拥有强大的殖民地可以抵销与强大邻国之间的差距。内阁部长保罗·伯特（Paul Bert）表示："扩大殖民地可以使国家获得更多的能量，在时机成熟的时候，我们可以收回阿尔萨斯-洛林。" 1881年，法国先于意大利吞并突尼斯，并于1885年远征印度支那半岛，抵达了越南北圻地区。同时，在大英帝国内部，有越来越多的人支持成立一个"帝国联邦"。1885年8月下旬，在著名的墨尔本讲坛上，澳大利亚作家爱德华·莫里斯（Edward Morris）警告说："未来属于大国，目前德国还没有达到其最大的国家版图，它还将继续扩大。"他预测："未来的三大帝国为美国、俄国和德国，如果英国不想被完全消灭，那么它就应该更有效地将各殖民地纳入到其帝国防御体系之中。"这位"政体设计师"建议，澳大利亚的各省应该联合起来，大英帝国的其他殖民地也应该这样做；同时，每一块殖民地都应该与英国建立"联邦"关系。许多人担心，如果大英帝国放松了对各殖民地的控制，那么这将导致北美13个殖民地脱离英国的悲剧重演，进而导致英国在欧洲的地位下降，使得帝国面临危机。

殖民扩张不仅是一种地缘政治，也是一种意识形态工程：这两种动机不可分割地交织在一起，尤其是在非洲。列强现有的殖民地，不断受到周边国家和部落的不稳定性的威胁。列强把曾经在欧洲长期实践过的原则推广到了其他地区。长期担任英国外交大臣和首相的索尔兹伯里勋爵（Lord Salisbury）表示，在欧洲，如果一个国家陷入“永久无政府状态”或者“完全没有防御能力”的时候，那么这个国家的邻国就有义务“派出使节对其进行监护”或者“将其分割”。法国殖民者认为，法国在北非的殖民地很难获得安全保障，除非平定南部边缘的游牧民族，并且控制从地中海到象牙海岸据点之间的全部土地。同样，英国战略家试图在掠夺成性的祖鲁人（Zulus）与同样躁动不安的南非白人（位于好望角省）之间保持中立。尤其重要的是，欧洲列强想要填补非洲内陆的“权力真空”，部分原因是为了保护其现有的殖民地不受周围野蛮人的攻击，部分原因是为了保护其资源，部分原因是为了取得相对于对手的优势地位。扩大殖民地的中心内容，是要取缔东非地区的奴隶贸易。许多欧洲人认为，这不仅是一种道义责任，而且也是建立良好政府和稳定非洲大陆的必要之举。当时，很多阿拉伯的奴隶贩子通过数千只小船，将奴隶从非洲运送到红海和亚丁湾以外的地区，因此英国很难使用海军来取缔奴隶贸易。在这种情况下，如果想帮助非洲人摆脱被奴役的悲惨命运，建立文明的秩序，就必须进行一次大范围的“大陆扩张”，深入非洲深处，粉碎阿拉伯人的掠夺行为，同时阻止某些非洲黑人来协助这些贩子。英国舆论对这种做法表示支持。英国人要帮助非洲黑人做出选择，是让他们继续当阿拉伯人的奴隶，还是让他们接受欧洲国家的管理。

所有这一切，都使得非洲中部成为欧洲地缘政治的支点。法国从西北方向进入非洲，而英国从南部和东北部进入非洲。俾斯麦担心，刚果盆地的有色人种可能会为法国提供大量的兵源，并且法国可能会以此来对付德国，而德国目前还没有机会在非洲建立殖民地。因此，俾斯麦呼吁欧洲列强在柏林召开会议。1884 年 12 月到 1885 年 2 月下旬，柏林会议召开，讨论了非洲的未来安排。会议决定，确保刚果盆地在战争中保持中立。在随后的“抢夺”中，非洲大陆的大部分被列强瓜分。伦敦得到了贝专纳（Bechuanaland）、英属东非和英属索马里。法国得到了贝宁（Benin）、加蓬（Gabon）、马达加斯加，以及西非的很多地区。德国占领了西南非、德属东非、多哥（Togo）和喀麦隆。此外，德国还在太平洋地区获得了一些领土，如新几内亚、马绍尔群岛和所罗门群岛，由此建立了一个新的海外殖民帝国。刚果盆地具有重要的意义，欧洲列强不允许其巨大的潜在资源被某一个大国单独控制。比利时是一个小国，不会侵犯其他国家，因此各国决定由比利时来控制刚果盆地。很多人认为，比利时国王利奥波德二世是一个年轻的、思想自由的君主，他将废除刚果盆地的奴隶贸易，使那里的居民生活焕然一新。俾斯麦不得不再次处理离德国边界很远的地方的事件，以确保德意志帝国的安全。因此，非洲中部发生的这些事件与中欧是有密切联系的。

列强将其生活方式带到殖民地，推动了那里的现代化，然而这却导致了当地人民的坚强反抗。当时，埃及人非常希望在欧洲人面前表现自己，证明自己履行了与欧洲国家签订的条约。因此埃及人也向南扩张，并且取缔了那里的奴隶贸易。苏丹的穆斯林贵族却在文化上和经济上都依赖于奴隶制，他们反对埃及的扩张，反对废除奴隶贸易。1881 年，一位苏丹民族英雄，自称“马赫迪”，领导苏丹人反对埃及的扩张。1883 年，英国退役军官、被封帕夏的希克斯（Hicks Pasha）率领埃及军队镇压起义，但遭到马赫迪军队的伏击，几乎全部被歼灭。两年后，即 1885 年 2 月，经过长期的围攻，叛军最终占领喀土穆（Khartoum），并杀死了埃及驻苏丹总督戈登—— 一位来自英国的传奇将军。马赫迪获得胜利后，宣布发动“圣战”，谴责埃及人是伊斯兰教的叛徒，并恢复奴隶制。之后，他又宣布建立了一个哈里发国家，并担任国家元首。大约在同一时间，第一次英布战争爆发。1881 年，布尔人（南非白人）在马朱巴山（Majuba Hill）击败了英国军队，阻断了英国从开普省向北推进的企图。三年后，威特沃特斯兰德（Witwatersrand）金矿的发现，为布尔人提供了财富，让他们可以从欧洲购买武器。

在西方国家内部，殖民扩张一直饱受争议。有人从人道主义的视角，强烈质疑殖民扩张行为的道德属性。也有人强烈质疑，欧洲的价值观是否能够输出到其他地方，甚至有人认为不应将欧洲的价值观输出到欧洲以外的世界。一位激进的反殖民主义者写道，“我们认为，所有的经验都显示，我们不应过早地将我们独特的文明引入非常落后的部落”，“对于奴隶制，我们只需要阻止有人将奴隶从非洲出口到西欧就已经不错了；至于非洲内部的奴隶贸易，我们管不了那么多，任其发展吧”。另一种反对意见是，欧洲国家在亚洲和非洲耗费了太多精力，导致自己分心，无法应对家门口的安全问题。德国社会民主党无情地抨击殖民主义，认为这是一种昂贵的奢侈品，会导致国家浪费资源，不利于德国与沙皇专制统治的决战。在俄国，泛斯拉夫主义者并不反对俄国向中亚扩张，但前提是政府不能减弱其在巴尔干的“历史使命”。在法国，这种批评声音最为明显。多数法国人认为，国家的当务之急是与德国算账，而不是在海外搞各种没有价值的事情。1885 年，法国在越南东京地区被中国远征军打败，法国政府面临危机，茹费里（Jules Ferry）内阁被迫下台。著名的激进派报纸评论道：“为了印度支那的几座没有价值的矿山，茹费里忽视了德国这个主要敌人，我们的安全、尊严和希望全部受到损害。”

1885 年 9 月，保加利亚一部分民族主义者突然驱逐了奥斯曼帝国的行政长官，宣布东鲁米利亚与保加利亚公国合并。这件事提醒了各列强，欧洲事务才是最重要的。此时，保加利亚的民族运动已经在很大程度上脱离了俄国的控制，因此俄国深感不安。1886 年秋天，沙皇亚历山大三世向保加利亚大公发出威胁，要求他接受一个亲俄的人作为大公继承人。俄国的要求遭到拒绝，之后一部分亲俄军官发动政变，强迫大公退位。这件事导致奥地利强烈不满。1886 年底和 1887 年初，维也纳和圣彼得堡已经到了全面开战的边缘。经过俾斯麦调解，一场大战才得以避免。俾斯麦担心奥俄两国发生冲突，那样德国会被夹在中间，无法做出选择，而且他不愿意自己的新盟友——哈布斯堡王朝——受辱。最后，俾斯麦说服俄国人做出让步。保加利亚议会选举表面上中立的斐迪南一世担任新大公，他来自萨克森–科堡–哥达（Saxe-Coburg-Gotha）家族。俾斯麦一直认为，德国的安全离不开其他地区的稳定；远离中欧的地方如果发生动荡，也会影响德国的安全。他再一次实践了这一原则。

在接下来的两年中，保加利亚危机的余震从根本上改变了欧洲的地缘政治。保加利亚人自己获得了解放，不再是沙皇的傀儡。英国人第一次看到，巴尔干并非仅仅是俄国的傀儡，巴尔干的民族主义可能成为制约圣彼得堡的力量。这使得英国尝试容忍土耳其的专制统治，尽量奉行现实主义的外交政策，对土耳其的暴行视而不见。英国这样做的目的，是把土耳其作为一个屏障，阻止俄国的扩张。1885~1887 年的保加利亚危机，也及时提醒了奥地利，俄国的扩张会不断带来危险。而俄国的民众对俾斯麦宣称的“公正”并不买账。泛斯拉夫主义者大声感叹：俾斯麦宣称自己很“公正”，但实际上是在破坏俄国的利益，俄国在保加利亚的影响已经全面减小，黑海海峡的出海口又被堵塞了，使得俄国难以实现其“历史使命”。从19世纪60年代末开始，俄国人越来越恐惧德国，这种气氛充斥于媒体之中，也充斥于沙皇身边的圈子。在法国，民众也对德国非常反感。1886~1889年，乔治·布朗热将军（General Georges Boulanger）在政坛上很有影响力，他是一个富有魅力的民族沙文主义者。在担任战争部长期间，他承诺将弥合国内的分歧，做好与俾斯麦决战的准备。

在德国，保加利亚危机导致民众和国会对俾斯麦的外交政策进行尖锐的批评。1886年8月，比较有影响力的《柏林日报》（*Berliner Tageblatt*）发表社评，要求政府采取行动反对俄国，并将俄国称作意识形态威胁和战略威胁。还有很多人认为，俾斯麦不能有效应对来自法国的威胁，不能遏制法国力量的壮大。国家自由党是当时的重要政党，其党魁鲁道夫·冯·本尼希森（Rudolf von Bennigsen）呼吁德国与法国再发起一次战争，不仅要保证阿尔萨斯-洛林的安全，更要“保证德意志民族国家的永久安全”。军队中，越来越多的人认为，应该先发制人向法国发起进攻。不过，俾斯麦没有采取过激行动。经过与沙皇的谈判，1887年6月中旬，两国签订了《再保险条约》（Reinsurance Treaty），原则上同意让俄国获得黑海海峡的控制权。不过，这个条约是一个防御性的秘密条约。俾斯麦和沙皇都知道，两国的民众并不同意签订这样一个条约。1888年2月，《德奥同盟》的具体内容被公布，德国民众对其内容困惑不解，产生了争论，因为德国对俄国的承诺与德国对奥匈帝国的承诺是彼此矛盾的。4个月后，事情发展到了顶点，俄奥两国在保加利亚问题上的矛盾升级，差一点儿引发战争，危机一直持续到1889年。德国的驻外使馆、报纸以及议会，纷纷要求俾斯麦“澄清”其真实外交意图。俾斯麦曾经试图在圣彼得堡和维也纳之间保持“等距离”的外交政策，但现在已经难以为继。

正是在这个背景下，1888年，年轻的威廉二世继承帝位。他同意大多数人的意见，认为德国现在不得不在奥地利和俄国之间做出选择。他认为，由于意识形态、国内和军事上的原因，德国应该选择支持维也纳。1889年，德皇迫使俾斯麦宣布《再保险条约》不再续期，这个举动说明俄德之间的关系已经疏远。同年，威廉二世第一次访问奥斯曼帝国，这遭到了俄国的抨击。这次访问，标志着德国在《再保险条约》中对黑海海峡问题的承诺现在已完全无效。1890年3月，俾斯麦辞职。一年后，俄国开始与法国合作，共同建设西伯利亚大铁路。两国海军之间还进行各种交流，各领域的互动增强。最终，1893 年两国建立了全面的防御联盟，1894 年 1 月正式签订军事协定。尽管两国在文化、经济和意识形态利益上存在很多分歧，但两国有共同的安全关切，因此它们可以走到一起。法国和俄国的友好关系引起了英国的警惕。对此，1889 年，英国皇家海军宣布“双强标准”，规定“英国的海军实力应该保持在世界第一位，并且是第二、第三海军强国的实力之和”。法俄同盟像晴天霹雳一样，深深地打击了德国。从 1871 年以来，俾斯麦所最担心的事情——法国和俄国组成军事包围圈来对付德国——最终还是发生了。

面对新的威胁，德国做出了激烈的反应。1891~1892 年，德国参谋总长阿尔弗雷德 · 冯 · 施利芬（Alfred Graf von Schlieffen）制订了“施利芬计划”的初稿。该计划认为，一旦发生战争，德国必须迅速击败法国，以免遭到法俄联军的同时进攻，腹背受敌。除了军事手段以外，德国只能依赖与奥匈帝国的联盟。新宰相莱奥 · 冯 · 卡普里维（Leo von Caprivi）承认，他的才能不及俾斯麦，他不能像俾斯麦那样同时“玩五个玻璃球”，只能“同时在空中保持两个玻璃球”。不过，卡普里维之所以要拉近与奥地利的关系，并不是因为他缺乏才能，也不是因为他别无选择。确切地说，对于如何保障德国的安全，他和俾斯麦有着截然不同的理解，他有自己的“新思维”。俾斯麦是通过维持一个复杂的联盟体系来保证德国的安全，就好像是同时玩弄几个“玻璃球”。新首相认为，这种策略迟早会失效。他试图在中欧建立一个强大的、拥有 1.3 亿人口的德国—奥地利—匈牙利贸易联盟。他设想，这个联盟在经济上能与美国、法国和英国的海外殖民帝国相抗衡，在军事和领土上能与沙皇俄国相抗衡。长期以来，在地缘政治上，德国受困于“中间地带”，而卡普里维则提出了一种空间上的新思维。卡普里维担心，如果一个大国没有足够的殖民地来养活自己，那么一定会有很多人被迫移民出境，导致人口减少——这将是一个重大的战略威胁。他警告说：“我们国家资源有限，因此一定会导致人力、物力的流失。”德国的对外移民使美国获得了很多好处，同时德国的两个潜在对手——英国和加拿大——也获得了好处。此外，19 世纪 90 年代，美国通过了《麦金莱关税法》，强化了贸易保护主义，执行歧视性的贸易政策。鉴于这些情况，卡普里维开始奉行积极的对外贸易政策。1891 年德国与奥匈帝国、意大利、比利时和瑞士缔结条约；1893~1894 年间，他又计划与西班牙、塞尔维亚、罗马尼亚和俄国签订一系列协议。上述政策的主要目的并不是为了实现经济利益，也不是为了追求全球性的商业主导地位，而是要确保德国在欧洲的安全。

法俄和解对各国的国内政治产生了深远影响。德国面临的军事威胁日益增加，德国需要投入更多的精力，通过改革来提高防御能力。德皇推动教育改革，他曾宣称："我正在寻找优秀的战士，培养强有力的人，他们将是未来的知识界领袖，也是服务于祖国的人。"德国需要解决国内的各种矛盾，天主教徒、社会主义者等各种反对派，可能会导致国内局势的紧张。19世纪80年代末和90年代初，德国的军费预算增加了一倍，这必须得到议会的批准，因此政府必须尽可能多地得到各党派、团体的支持。例如，1891年，政府不得不向天主教中央党做出让步，在教育问题上妥协，目的是让陆军法案能够通过。然而，这遭到了新教的反对，使得德皇犹豫不决。在这种情况下，卡普里维宣布辞职，他希望这样做能换取国内的团结，以保证国家的安全。然而一年之后，陆军法案还是被议会否决了，德皇不得不解散议会，重新进行选举。1895年3月，另一场政治危机爆发了。普鲁士陆军大臣和帝国外交国务秘书再次指出，政府应该向天主教中央党做出让步，以便得到他们的支持，保证陆军法案通过，然而又一次遭遇阻力。当年，在德国统一的过程之中，政府曾经反对扩大民众的政治参与；而现在，为了保证国家的安全，政府不得不扩大民众的政治参与，议会的权力越来越大。

在上述转变过程中，德国社会和政界并不仅仅是被动的接受者。相反，天主教徒和社会主义者非常高兴，他们认为国内政治形势的发展基本符合自己的意愿。同时，他们也把俄国看作假想敌，支持政府制定针对俄国的战略——这是德国政策制定的基础。事实上，大多数德国人，无论是资产阶级和民族主义者，还是信仰国际主义的工人阶级，都比精英阶层更加敌视沙皇。一些民众创建了各种军事协会和联合会，体现了反俄思想。1894年，激进的民族主义者成立了泛德联盟（Pan-German League）。当时德国著名的社会学家和经济学家马克斯·韦伯（Max Weber），总结了资产阶级民族主义者的雄心壮志，以及他们在政府压制之下的愤怒之情。1895年，他在弗莱堡大学做了一次著名的讲座。他指出："我们必须意识到，尽管德国已经统一，但他已经步入老年，这只不过是一次返老还童的恶作剧。若德国参与争夺全球权力，一定会付出巨大的代价，因此应该避免这种不合时宜的行为。"

俄法两国组成了反对德国的联盟，这也影响到了两国各自的内政。1892 年，在圣彼得堡，谢尔盖 · 维特（Sergei Witte）被任命为财政大臣。他相信，俄国要想恢复其国际地位，就必须进行经济和社会转型。他认为，贸易保护主义是经济发展的关键，他拒绝与先进的国家进行自由贸易，避免俄国在经济上受制于人。1894 年，俄国大幅增加国防开支，用以防范德国。1893 年，俄国对西部边境地区安全的忧虑在一定程度上加深了俄国人的反犹主义情绪，其中以基希纳乌（Kishinev）最为明显。不过，这并没有演变成新一轮的大规模反犹浪潮。然而，在法国，国内各族群之间的共识却遭到了严重破坏。法俄关系的改善，导致法国人与国内小型犹太社区之间的关系恶化。1886 年，反犹主义作家爱德华 · 德吕蒙（Edouard Drumont）写了一本小册子，名叫《犹太人的法国》（*La France Juive*）。德吕蒙要求法国政府对付和压制犹太人，称犹太人是德国派往法国的奸细。他宣称，法国要想收回阿尔萨斯–洛林，就要先净化国内环境，清除犹太人。很快，他的想法不仅得到了右派的广泛认可，而且得到了很多激进分子和社会主义者的支持。1894 年秋天和冬天，事件达到了顶点，有一位名叫阿尔弗雷德 · 德雷福斯（Alfred Dreyfus）的上尉，被指控在一封信中向德国出卖了有关新式武器的最高秘密。德雷福斯出生于阿尔萨斯，并且是一个犹太人，因此他本人被认为是德国的间谍。军事法庭在证据不足的情况下，认为他犯有间谍罪，判处其终身监禁，并且流放到一个岛上。然而，后来人们发现，真正的间谍并不是德雷福斯，而是另有其人。1898 年1 月，作家埃米勒 · 左拉（Emile Zola）发表了致总统的公开信《我控拆》（J'accuse），认为德雷福斯是无辜的，要求为他平反。左拉认为，保守派中的阴谋者对德雷福斯栽赃陷害，并且破坏司法公正。

面对整个欧洲反犹太主义的发展，犹太人开始反击。在地方，他们组建了自卫团体或政党，例如俄国和波兰两国的犹太人在 1897 年成立了总工会。犹太教徒还试图通过施加金融和外交压力，达到某些政治目的。早在 19 世纪 90 年代初，罗斯柴尔德家族、俾斯麦的心腹格尔森 · 布莱施罗德（Gerson Bleichroeder）以及其他犹太银行家拒绝为俄国提供贷款，以此抗议 1881 年屠杀犹太人事件、1886 年基辅驱逐犹太人事件、1891 年莫斯科和圣彼得堡驱逐犹太人事件，以及俄国的其他歧视性政策。然而，还有一些犹太人则开始选择更激进的手段，来反抗愈演愈烈的国际反犹主义。1896 年，奥地利犹太人西奥多·赫茨尔（Theodor Herzl）出版了《犹太国》（*Der Judenstaat*）一书。他提出，犹太人应该建立一个自治国家。在这场新的运动中，必须有意识地使犹太人获得各种锻炼，发展智力、强健体魄，把胆小的“咖啡馆犹太人”变成麦克斯·诺尔道（Max Nordau）所说的“肌肉犹太人”。这本书标志着国际犹太运动取得了新突破。然而，犹太人越是团结在一起捍卫自己的权利，就越会有更多的反犹主义者相信，犹太人正在制造一场国际阴谋。1903年，在沙皇秘密警察的怂恿下，有人在俄国出版了一本反犹太主义的书，名为《锡安长老会纪要》，描述了所谓“犹太复国主义者征服世界”阴谋的具体计划。因此，犹太人面临着“安全两难”。

犹太复国主义（Zionist）又称“锡安主义”，1897年该组织在巴塞尔举行了第一次代表大会。这是一个世俗组织，其特征与取向有非常鲜明的德国气质。世界犹太复国主义组织的主席赫茨尔是俾斯麦的狂热崇拜者，德语被确定为工作语言，柏林很快成为该组织的执行机构的所在地。犹太复国主义者认为，想实现复国不能仅仅依靠自己，而是应该借助某一个大国的力量。赫茨尔希望，这个大国是德意志帝国——他认为在19世纪末，德国是欧洲最进步的国家。赫茨尔写道：“犹太人的性格，只能在这个伟大的、强大的、道德的德国的保护下，才能变得更为健康，因为德国有高效的管理模式和严格的组织制度。犹太复国主义使得犹太人更加热爱德国，不论如何，这里是我们的灵魂归宿。”德国的犹太复国主义者摩西·卡尔瓦里（Moses Calvary）写道：“幸亏有德国，我们才能再次成为犹太人。”他总结道：“德国养育了我们，赋予我们生命力，这就是鲜活的证据：政治犹太复国主义，是欧洲送给犹太教的礼物。”

从19世纪90年代中期开始，欧洲各大国将关注点转向国际舞台，他们设法获得或者保卫在全世界的威望和资源，以维持自己在欧洲的地位。中国拥有丰富的资源，欧洲列强迫使病入膏肓的清朝政府做出让步，以获得巨大的商业利益。在非洲，马赫迪大起义被镇压之后，苏丹及其周围国家软弱不堪，出现了权力真空，因此这里就成了列强争夺的主战场。19世纪90年代中期，英国和法国的远征军从各个方向入侵该地区。1896年，意大利进攻阿比西尼亚（即今天的埃塞俄比亚），希望迅速扩张领土。非洲南部的紧张局势也在加剧，因为塞西尔·罗得斯（Cecil Rhodes）从葡萄牙手里夺取了一块殖民地，并将其改名为罗得西亚（即今天的津巴布韦）。然而，事情很快就变得清晰起来，列强无法完全按照自己的意愿行事。意大利入侵阿比西尼亚之后，在阿杜瓦（Adowa）战役中遭到惨败，被迫放弃入侵计划。1895~1896 年，罗得斯一手制造了“詹姆逊袭击事件”，企图推翻布尔人对非洲南部的控制权，但最后彻底失败。更重要的是，在远东地区，欧洲国家的野心与日本的野心发生了冲突。1895 年，日本在甲午战争中获得胜利，但很快欧洲国家向日本施压，要求将辽东半岛归还给中国，日本被迫让步。显然，远东各国的命运并不是由远东的国家自己决定，而是由欧洲列强决定，亚洲国家希望能“师夷长技以制夷”。

在世界的另一头，美国也在摩拳擦掌。此时，美国的西进运动已经基本完成，领土已经基本扩张到太平洋沿岸，因此美国开始重新将注意力转向国外。19 世纪 90 年代初，阿尔弗雷德·马汉（Alfred Thayer Mahan）的著作《海权对历史的影响》（*The Influence of Sea-power upon History*）出版，让美国重新认识了全球海军力量平衡的重要性。此时，近在咫尺的古巴，再次进入美国的视野。1895 年，古巴爆发了反对西班牙统治的全面起义。很快，西班牙殖民者进行了大规模的镇压，导致 10 万人死于饥荒、疾病和战争，同时西班牙将很多古巴居民抓进了集中营，进行残酷迫害。美国民众对此深感震惊。1895 年 12 月，美国民众发起了声势浩大的请愿活动，要求共和党主导的国会通过决议，以支持古巴恢复自由。国会两院以压倒性多数通过决议，呼吁美国政府承认古巴独立。但此时，民主党的总统史蒂芬·克利夫兰（Stephen Cleveland）却犹豫不决。

古巴问题不仅具有意识形态意义、人道主义意义，更具有战略意义。很多美国人相信，美国应该保卫其他国家的“自由”，这对于防止“专制”国家对美国的威胁具有至关重要的作用。合众国的南翼存在着不稳定的因素，外部国家可能会趁机介入，这对美国来说是一个威胁。也就是说，美国人想要把自己的价值观推广到其他国家，或者至少想要保护其侧翼的安全。然而，美国必须面对这样的事实：美国的海军实力不仅远弱于英国，而且难以与西班牙匹敌，甚至连智利都不如。美国的陆军也并不强大，仅能够对付印第安人的部落。没有疑问，美国当时已经是一个经济巨人，到 1890 年其制造业产出位居世界第一，但在军事方面仍然是一个侏儒。所有这些都对美国的国内政治产生了影响。只有当来自各个国家的移民成功地实现融合，并放弃他们对自己原来的国家的忠诚之后，美国才有可能在海外实现其壮举。更广泛地说，要想使美国成为世界大国，就必须建设一支更强大的军队和一个更强大的政府。这意味着，美国必须拥有强大的教育、完善的基础设施，并且政府应该增加税收，在这个基础上美国才能挖掘自己的全部潜力，实现其全球使命。在 1896 年 11 月的总统选举中，共和党的威廉 · 麦金莱（William McKinley）赢得了选举，他提出对内要进行改革，对外要进行海军扩张，并推行更加积极的外交政策。

与此同时，德意志帝国试图冲出法国和俄国的包围圈。德国战略的关键，是拉拢英国。当时英国是欧洲唯一的尚未结盟的大国，如果德国能够确保与英国结盟，那么它就是五强中的三强之一，这样可以大大减小法国在其西部边境的军事压力。不过，此时英国依然在经营其海外殖民地，试图尽量避免卷入欧洲大陆各国之间的纷争。当英国取消与德国的贸易条约时，威廉二世愤恨地说道："假如当初我们有一支强大的、有威望的舰队，英国就不会废止条约。"德皇开始相信，只有当德国也拥有海军，并建立自己在"全球"的影响力的时候，英国才会真正将德国当作其合作伙伴。此外，德国的战略家，以及很多民众开始认同"世界帝国学派"，即建立一个"世界帝国"的理念。他们认为，任何国家一旦成为一个全球帝国，就会拥有巨大的地缘经济实力，足以粉碎弱小的中欧国家集团。著名学者古斯塔夫 · 施穆勒（Gustav Schmoller）警告说："现在全世界有三个巨大的帝国，他们有领土野心，并且建立了强大的海军和陆军，扩大贸易和出口额。这些国家不断地进行征服和扩张，将会压制甚至摧毁其他所有的小国。大国在经济上封锁小国，让小国无法生存，最终扼杀小国。"因此，1896 年 1 月中旬，威廉二世宣称："德意志帝国已经成为一个世界帝国。"一年后，他任命阿尔弗雷德 · 冯 · 提尔皮茨（Alfred von Tirpitz）主持新的海军扩建计划。1898 年，第一部海军法案出台。

德国大战略从欧洲转向"全球"，也反映了这样一种观念，即很多德国人认为，欧洲以外已经出现了新的权力中心，这使得德意志帝国的安全受到了影响。威廉二世担心，奉行"门罗主义"的美国会阻止他的全球计划。1895 年，他提出了一个新理念，准备建立一个由德、法、俄组成的"大陆联盟"，以遏制英、美这两个盎格鲁–撒克逊国家。1896 年 9 月，威廉二世在布雷斯劳（Breslau）与沙皇会晤，他提出建议，整个欧洲大陆应该团结起来，与日益强大的美国相抗衡。同年，德兰士瓦共和国（布尔人）粉碎了英国人制造的詹姆森袭击事件，威廉二世听到这个消息后非常高兴，给德兰士瓦共和国总统保罗·克鲁格（Paul Kruger）发送贺电。此后，德国开始对非洲南部有更浓厚的兴趣。1897 年 11 月，德国占领了中国山东的胶州湾。一年后，德皇第二次高调公开访问奥斯曼帝国，并在巴勒斯坦停留。不久，德国一家公司受命承建通往巴格达及波斯湾的铁路，这就是“柏林—巴格达”铁路。不过，德国在全球搞的这些行动，其真正意图是要让英国感到恐慌，进而不得不与德国结盟，共同反对法国和俄国。从本质上讲，德国的“世界政策”并非是要谋求对世界的主导权，而是更好地与欧洲其他国家争夺霸权。

法俄和解已经使英国警惕，而德国的这些举动使得英国更加惊恐。沙俄对中亚和远东的入侵、法国对苏丹的渗透、布尔人对南非的统治，以及美国在美洲的扩张，都已经给大英帝国造成了威胁。而威廉二世发出的“克鲁格电报”（Kruger Telegram）也激怒了英国官方和民间舆论。一名英国外交官认为，这份电报表明“德国政府决心在非洲东南部确立自己的势力范围”。1897 年，德国海军元帅蒂尔皮茨公布了其海军计划，导致英德关系进一步紧张。在 1898 年 8 月的英德秘密协定中，柏林同意不再支持布尔人，来换取占领葡萄牙在非洲的殖民地，但后来德国又破坏了该协定。因此，欧洲其他国家的“厌德症”越来越明显。在维多利亚女王登基 60 周年的庆典中，辉煌之下隐藏着英国人深深的不安。诗人拉迪亚德·吉卜林（Rudyard Kipling）在他著名的诗歌中将这种不安描绘得淋漓尽致。

> 我们声名远扬的海军消失了；
> 战火沉没在沙丘和海岬：
> 看，我们昨日的所有绚丽
> 都已经成为历史！
> 请各国分给我们一点儿辉煌吧，
> 免得我们忘记——免得我们忘记！

英国人已经坚持了近 10 年的“双强标准”——即英国海军必须超过世界上其他任

何两个国家海军力量之和——如今已不再适用。英国需要与其他国家结盟，以应对未来的挑战。它或者在新的世界中寻找盟友，或者从早已疏远的传统欧洲国家中寻找。

1898~1903 年，一系列危机爆发，全球局势骤然紧张，导致国际体系发生巨大转变。古巴最先爆发危机，西班牙对古巴的镇压使得那里的人道主义状况不断恶化，越来越多的美国人要求对古巴局势进行干预。美国政府担心古巴落入其他强国手中，因此最终决定采取行动。美国总统威廉 · 麦金莱告诉批评者："不能说这些事情都发生在别的国家，属于别的国家，而与我们无关。"相反，他认为："古巴在我们的家门口，我们有义务进行干预。" 1898 年 4 月底，美国总统决定先发制人，根据国会通过的决议，他对西班牙宣战，并单方面承认古巴独立。6 个月后，麦金莱指出，这是一场"人道主义战争"，是"把握机遇、扩展自由边界"的有利时机。西班牙的陆军和海军很快被打败。一个更为棘手的问题是，美国应该如何处理西班牙在美洲的殖民地。共和党领袖亨利 · 卡伯特 · 洛奇（Henry Cabot Lodge）警告说："现在门罗主义无法适用于海地和圣多明各，因此我们无法防止其他国家介入这两个地区的事务。一旦我们对古巴置之不理，那么古巴也会成为这样的地区。"

与此同时，英国和法国在中非争夺统治权的旷日持久的斗争也达到了顶点。由于意大利在阿杜瓦战役中的惨败、埃及帝国的崩溃以及苏丹马赫迪起义的失败，英法两国开始迅速填补那里的权力真空。1898 年初，法国探险家、军官让–巴蒂斯特 · 马尔尚（Jean-Baptiste Marchand）到达法绍达（Fashoda）；两周后，他遇到了在恩图曼（Omdurman）击溃马赫迪军队的英国将军赫伯特 · 基钦纳（Herbert Kitchener），两支军队险些发生冲突。自从马赫迪占领喀土穆之后，英法两国就"谁将接管埃及"这个问题不断发生冲突，似乎要点燃欧洲的全面战火。这种情况下，法国不得不在以下两种情况中做出选择：发动战争扩大其殖民地以制衡德国；或者通过减少殖民据点缓和与英国的关系，进而制衡德国。二者的目标是一样的。最后，法国决定对英国让步，它以最高市价卖掉了它在中非的殖民地。法国用同样的方法处理了世界其他地区的部分殖民地，也是为了缓和与英国的关系。这样，英法两国有可能达成协约，这是法国在欧洲的安全基础。

英国的注意力现在转移到了非洲南部，自从"詹姆森袭击"的阴谋失败之后，英国与德兰士瓦共和国、奥兰治自由邦之间的紧张关系不断升级。英国并非看重南非的矿产财富，以及传说中的黄金和钻石。英国真正看重的是，南非具有非常重要的地缘政治地位，因为它是德班（Durban）海军基地的重要腹地，保卫着英国直达印度的航线。英国不能让它落入其他列强之手，尤其是德国，后者本来就已经占领了今天的坦桑尼亚（位于南非东北方向）和纳米比亚（位于南非西北方向）。德兰士瓦共和国总统克鲁格清楚，这里很有可能会被英国吞并，因此他决定先下手。1899 年 10 月，他对开普省发起了闪电式的袭击，第二次英布战争爆发。英国处于劣势，调动了殖民地的力量才勉强进行反击。此后，关键的问题是，其他国家是否会支持布尔人，对南非进行干预，并趁机削弱大英帝国，就像美国独立战争时期法国和西班牙所做的那样。在欧洲很多国家，支持布尔人的呼声越来越高，尤其是在法国、德国和爱尔兰。1900 年，巴黎和圣彼得堡出台了一项联合军事计划，根据该计划，法国打算突袭英国，而俄国打算入侵阿富汗，削弱英国在那里的势力。甚至还有人谈到，应该将大英帝国的殖民地瓜分——西班牙占领直布罗陀，法国在非洲获取利益，而俄国在中亚扩展地盘。然而，就像萨拉托加战役一样，战局总是变化不定的。1902 年 5 月，英国打败了布尔人。

非洲的形势对于欧洲和全球的平衡非常重要，然而与列强在远东的争夺相比，非洲其实算不了什么。美国国务卿约翰 · 海伊（John Hay）认为："世界的风暴中心已经转移到了中国，谁了解了那个帝国……谁就握有开启未来 5 个世纪世界政治大门的钥匙。"中华帝国软弱无能，已经形成权力真空，列强纷纷来到中国，寻找资源、声望和市场，防止这些东西被对手抢走。俄国在中国的北方扩展势力，于 1898 年 3 月获得了辽东半岛的租借权，此举触怒了日本人，因为三年前日本迫于国际压力将辽东半岛归还了中国。德国、法国、英国和其他国家纷纷向清朝提出自己的要求。中国的民族主义者看到中华帝国受到各国列强的侵略，决定揭竿而起，反抗外国势力。西方国家联合干涉，镇压了"义和团起义"。这并不是因为西方势力要联合在一起共同对付中国，而是因为西方国家之间彼此矛盾重重，每一个国家都担心其竞争对手可能会谋求单方面优势。由于列强在中国彼此牵制，因此它们没有能够完全瓜分中国，这与之前很多人的预期并不一样。

在世纪之交，全球性的危机对欧洲各国的内政外交产生了深远的影响。英国一直奉行孤立外交政策，但在英布战争期间，没有国家支持英国，导致英国国内对大战略进行了一场激烈的辩论。外交大臣兰斯多恩勋爵（Lord Landsdowne）认为，“英国不卷入欧洲大陆的纷争”的策略已经过时，这是“落伍的套路”和“老式迷信”。他在1902年写道：“初步看来，只要不会引起其他国家与我们的敌对，我们还是应该有自己的盟友，这可以使我们有更多的机会，占据更有利的地位。”但问题是，英国应该与哪些国家结盟？应该与哪些国家为敌？此时，英国已经逐渐忘记了与法国的恩怨，但在北非问题上，双方仍然存在严重的分歧。俄国仍然是一个巨大的威胁。1902年英国与日本结盟，这是20世纪英国第一次重大的外交行动，目的就是针对俄国。然而，英国的最大忧虑还是德国。德国不加掩饰地支持布尔人，并且确立了巨大的海军野心，它已经成为对英国海上霸权的直接挑战。1903年1月，即将成为外交大臣的爱德华·格雷爵士（Sir Edward Grey）表示，柏林现在是“我们最大的敌人和威胁”。当年4月下旬，格雷在一次发言中总结了这一普遍感受，他说：“有人认为，德国的殖民野心、经济发展以及人口的迅速增长，已经使之成为英国的重要对手和敌人。”总之，到1903年底，德国已经取代俄国成为英国外交政策的最主要顾虑。

德国成为英国最主要的威胁，这对英国的海洋战略和帝国治理产生了深远的影响。在过去的20年中，英国曾以为它的全球地位依赖于其庞大的殖民地。1901年1月，英国驻印度总督寇松勋爵（Lord Curzon）表示：“只要我们统治了印度，我们就是世界上最伟大的国家；如果我们失去了它，我们就会立刻降为三流国家。”但现在英国需要的不再是殖民地，而是要建立一支庞大的军队，以便能够介入欧洲大陆的局势。1901年的军队改革法案是英国朝这个方向迈出的第一步。随后，1902年英国成立了帝国防务委员会，虽然名叫“帝国防务”，但它主要关注的是欧洲的军事形势。同年，英国又建立了“本土舰队”，应对德国海军的挑战。很快，英国海军部非常重视本土舰队，并给予其大量资源。英国派往全世界的殖民者已经意识到：如果英国打算在全球舞台上做得更少，那么英国的各殖民地将不得不做得更多。德国在太平洋扩展势力，以及1895年日本打败了中国——特别是这一点，都使得澳大利亚和新西兰的殖民者感到忧虑。1889年，澳大利亚6个殖民地的领导人已经开始谈判，以组建一个统一的联邦国家。此时，前新南威尔士殖民地政府总理、澳大利亚“联邦之父”亨利·帕克斯（Henry Parkes）

决定加速这一谈判。1900 年，6 块殖民地——新南威尔士、维多利亚、昆士兰、塔斯马尼亚、南澳大利亚和西澳大利亚——的居民进行投票，决定成立联邦。这说明，当时分离民族主义的势头并没有上升，而是正相反。殖民地的人民决心保持与英国的联系，以便最终从英国获得保护。他们也意识到，自己应该平等地分担大英帝国的防卫责任。英国依然是世界的警长，澳大利亚即将成为英国管理南太平洋的助手。

英布战争，以及德国对英国威胁的增强，使得越来越多的人开始关注英国的社会问题。如果军队仅仅是由“农民加步枪”组成，英国怎么可能与配备现代化武器的欧洲对手相抗衡？也有人严重怀疑英国的人口素质是否适合长期作战——许多城市新兵的身体素质很差，说明这个民族的血统已经“退化”。这些情绪引发了“国家效能”运动，旨在使英国变成生产力更强、更理性、更强大的国家。1902 年 2 月，全民兵役制联盟成立，要求国家实行征兵制，从而“将国防负担平均分配给所有的阶级，而不是主要由无产阶级承担”。一年后，殖民大臣约瑟夫 · 张伯伦（Joseph Chamberlain）及其领导的关税改革同盟，倡议实行“帝国特惠制”，以反对不公平的国外进口（即使这会导致竞争减少，以及消费品尤其是农产品价格的上涨）。他的目的是让殖民地更紧密地与英国联系在一起，将大英帝国转变为能与德国和美国平等竞争的强大贸易集团。“帝国特惠制”的观点认为，通过提高进口关税，国家可以获得更多的钱，为必要的社会改革提供资金，以团结人民迎接即将到来的巨大挑战。关税改革很快导致保守党内部出现两种观点：贸易保护主义和自由主义。

德国的全球野心也使得美国非常忧虑。美西战争期间，一支庞大的德国海军中队曾出现在马尼拉湾（Manila Bay），德国在太平洋的野心引发了美国的担忧。从 1901 年开始，德国军舰还开始在加勒比海和南大西洋上巡航。一年后，德国联合其他欧洲国家，向委内瑞拉索债，封锁并炮击委内瑞拉港口，在美国的干预下德国被迫退出。美国要求德国承诺不进行领土扩张，但德国拒绝。美国总统西奥多 · 罗斯福（Theodore Roosevelt）警告德国外交官，他不反对其他国家“斥责”行为不端的南美洲国家，但他坚决反对任何国家在南美洲获取“额外的领土”，而且他也反对美国自己这样做。1904 年德国要求在圣多明各获得一个港口，华盛顿对此感到震惊。此时，罗斯福将德国看成“将来可能与我们发生冲突的唯一国家”，表示“美国极其渴望将德国赶出西半球”。

1866~1871 年中欧发生的地缘政治革命现在最终影响到了美国的海岸。

为应对安全上的挑战，罗斯福不仅采取了外交和军事方面的措施，而且采取了意识形态方面的措施。他告诉国会："如果我们政策错误，或者表现得软弱，就会导致美洲及其他地区的各个文明国家之间越来越疏远。最终，这需要文明国家联合进行干预。"他坚持认为，干预的目标是"促进当地人的发展，使他们能逐渐参与自己的政府"。他还认为，美国价值观的推进——如果可能，就用"柔声的宣传"；如果有必要，则挥舞"大棒"——是国际的长远和平和稳定的最佳保证，因而也是美国安全的最佳保证。例如，1903 年俄国基希纳乌屠杀发生之后，美国总统向圣彼得堡提出抗议。英美之间变得越来越相互理解，一方面是因为两国具有共同的地缘政治基础，即反对俄国，尤其是反对德国；另一方面是因为两国具有相同的价值观，即反对沙皇专制主义和德皇的绝对主义。可以肯定，盎格鲁-撒克逊人对红种人、黄种人和棕种人非常鄙视，他们也害怕斯拉夫人，不过目前他们最恐惧的是条顿人（即德国人）。1898 年，美国国务卿海伊表示："整个德国充满着贪欲和对我们的仇恨。"几年后，西奥多 · 罗斯福告诉英国外交官："现在……已经没有任何美国人会把英国视为敌人，而德国则是美国海军的宿敌。"

罗斯福认为，要想推行积极的外交政策，就必须建立一个强大的政府，"用积极向上的精神，适应不断变化的条件"。他意识到，"目前美国公民的目无法纪、腐败的泛滥，以及暴力的种族歧视……使得美国在国外颜面扫地"。此外，尽管罗斯福赞美大多数美国人所拥有的创业精神，但他担心不受约束的资本主义不仅会导致民众成为"大公司"的奴隶，而且会"破坏工人阶级的活力"。出于这个原因，总统支持工会，"以更好地保护工人的个人权利"。他还发起了基础设施投资计划，并且坚定地推行"反托拉斯运动"，因为他相信，合众国政府完全可以自行"与大公司打交道"。罗斯福鼓励其他国家的民众移民到美国，只要"合适的"外国人均可以成为美国人。他不是以"出生地或信仰"来界定谁为"合适的"，而是根据外国人是否具有"良好的美国精神"，以及是否具有"良好的心灵、道德责任感、崇高的抱负以及健全的常识"，来界定谁为"合适的"。他这样做，不仅因为他认为"只有质量高的人才能成为美国人"，而且因为他认为"有必要通过向国外输出美国的价值观来保护美国人的安全"。

1900 年左右，在全球动荡之际，德国脱颖而出，成为世界大国。但它却并不满足。

威廉二世的“世界政策”，旨在增加德意志帝国的资源、声望以及外交回旋余地，然而实际上却使其变得更加不安全。1900 年 6 月，德国大张旗鼓地向中国派遣一支远征军，以镇压义和团运动，他们故意高喊“德国人走在最前面”，这让俄国和日本大为恼火。德国试图与英国结盟，但困难重重：1898~1902 年两国之间谈判失败，因为伦敦不愿意承诺在欧洲保卫德国，而柏林也拒绝在亚洲为英军提供支持。正如我们已经看到的那样，德国的海军计划不仅难以威慑英国和美国，反而招致了它们的敌意。另一方面，美国打败西班牙、英国打败布尔人，使得德国认识到，没有强大的海军是不行的。因此，柏林决定继续大力发展海军，以免遭到英国的进攻。受到“哥本哈根恐惧症”的启发，德国外交大臣冯 · 比洛伯爵（Count von Bülow）警告说：“我们的海军现在占据劣势，我们必须小心翼翼地发展海军，如同飞蛾在化茧成蝶之前那样。”“哥本哈根恐惧症”这一术语来源于一个历史事件：1807 年英国摧毁了丹麦舰队，以防止其落入拿破仑手中。

1904 年 2 月，日本在中国的旅顺港对沙俄舰队进行了毁灭性的突袭，以阻止沙俄在中国的进一步扩张。在接下来的一年半中，这两个大国在中国东北和公海持续激战。令人惊讶的是，俄军很快处于劣势，被训练有素和装备精良的日军击败。俄国得到的国际支持非常少，只有门的内哥罗以“泛斯拉夫团结”的名义对日本宣战；由于遭受俄国的长期迫害，犹太银行家拒绝为俄国提供资金，使得俄国难以坚持战争。1905 年 2 月下旬，俄军在奉天（今沈阳）遭遇惨败；5 月，波罗的海舰队在对马海战（Battle of Tsushima）中，全军覆没。俄国向日本求和，被迫撤出满洲，将具有重要战略意义的旅顺港交给日本，承认日本在朝鲜半岛的优先权（5 年后日本正式吞并朝鲜半岛）。俄国侥幸免除了对日赔款，总算挽回了最后一点儿尊严。俄国的耻辱几乎是彻头彻尾的，俄国的失败对全球秩序及国际体系产生了重大影响。

对于大多数西方人来说，俄国的失败是政治落后的结果。他们认为，日本是一个立宪政府，而沙俄帝国不是。因此，西方人将日本的胜利看作西方价值观的又一次胜利，这意味着世界文明的进步，越来越多的国家建立了良好的政府。1904 年 7 月，日俄战争进行到高潮时，西奥多 · 罗斯福写道，日本是“一个美好而文明的民族，它应该拥有与其他文明国家完全平等的地位”。同时，他对俄国不抱任何期望，除非“俄国人民能够走上自由、开明、自治的道路”。在俄国国内，也有很多人批评沙皇政权，他们的观点与罗斯福相似。俄国不断向东扩张，民众对此不满；更重要的是，东扩政策导致俄国忽视了在巴尔干地区的“天然”势力范围。日俄战争失败的消息传到俄国国内，民众对政府更加不满。1904年7月，内政大臣普勒维（Plehwe）被暗杀。1904年11月，民众组织了各种“宴会”，组织者有意识地模仿1848年的巴黎革命，号召大家团结起来，反对专制制度。1905年1月，又爆发了规模更大的抗议活动。2月，沙皇最终同意建立一个国家咨询机构——国家杜马。国家杜马只是名义上的议会，并无实权。它通过有限制的、非直接的方式选举产生，无法满足民众对自由权利的诉求，不过这是政治改革的开始。1905年10月，沙皇尼古拉二世发表敕令，称将保证公民享有自由权，包括人身自由、言论自由、宗教自由和结社自由。国家杜马有权批准法律。与此同时，俄国试图实行征兵制，以建立一支更加可靠和有效的军队。这是一种有限的政治现代化改革，其目的是发掘俄国社会的潜力，实施一项宏大的工程——重建俄国的国际地位，维护俄国的战略利益。

日俄战争使得俄国的全球政策遭到了毁灭性打击，此时英国和法国开始警惕国力不断上升的德国。英德海军竞赛不断升级，这并非对抗的根本原因，而是对抗的表现。在伦敦看来，威廉二世试图打破欧洲的均势。英国并不考虑德国在短期内可以建造多少艘军舰。英国长期以来坚持的战略原则是：必须保持欧洲大陆均势，防止任何一个国家控制欧洲大陆的绝大部分资源，否则英国皇家海军将难以对其进行遏制。此外，有人认为，俄国在远东的失败，会使它更加依赖德国，甚至两国可能会组成联盟。因此，1904年4月，英国和法国签订了一系列协定，被称为“诚挚协约”（Entente Cordiale）。这并非是一个军事盟约，而是两国之间达成的谅解。具体而言，两国在殖民地问题上做了交易——摩洛哥归法国，但法国放弃在埃及的殖民地。“诚挚协约”并未涉及两军的任何官方合作。与法俄同盟不同，英法之间没有规定具体的针对德国的作战计划。法国人的聪明之处在于，它起初并不坚持要求英国对法国做出军事承诺，而是试图增加英国人对欧洲大陆的道德责任感，从而将两国更深地联结在一起。英国希望能得到法国的帮助，以便一同对付俄国，这是英国的主要目的。不过，整体上看，信号是明确的：尽管英国和法国并没有承诺将一同遏制德国，但它们建立了新的友谊，这会对欧洲的均势产生深远的影响，特别是有利于约束德国。

英法关系开始接近，这个消息使德国感到惊讶。俾斯麦一直担心其他敌对的国家联合起来对付德国，而现在这个噩梦似乎正在逐渐成为现实。威廉二世写道，现在这种情况让他想起腓特烈大帝在七年战争之前所面临的困境。媒体又一次渲染，称德国已经被"四面包围"，这种描述让人联想起 19 世纪五六十年代流行的大众地缘政治学。德皇担心德国被法俄两国同时夹攻，因此德国领导层开始寻找办法，以避免导致可怕的结果。1905 年，德国总参谋部出台了施利芬计划的最终版本，旨在使德国有效应对敌国的包围。施利芬警告："如果德国失败了，那么大门将被打开，吊桥将被放下，百万军队将穿越孚日山脉（Vosges）、默兹河、涅曼河、布格河（Bug），甚至越过伊松佐河（Isonzo）和阿尔卑斯山，然后进入中欧，最终他们将会摧毁我们的国家。"一些有影响力的人士认为，德国不应坐以待毙，而是应该主动出击。但是，德国外交大臣比洛伯爵并没有接受这些要求，他采取了与俾斯麦相似的政策。在这个包围圈中，法国是最薄弱的一个环节，德国决定向法国施加压力，以打破敌国对自己的包围。1905~1906 年摩洛哥危机爆发，德国反对法国干涉摩洛哥内政，宣称要维护摩洛哥的"独立"。威廉二世要求就北非问题召开国际会议，并准备在会议上分化敌国、孤立法国。德国的目的是打破包围圈，以使得自己获得更多的安全。

起初，德国的计划很顺利。1905 年 3 月，威廉二世访问摩洛哥城市丹吉尔（Tangier），他要求召开一次国际会议，以保卫摩洛哥的领土完整，防止法国逐渐将摩洛哥变成其保护国。此时，法国得不到俄国的有效支持，也无法依靠英国，因此 1905 年 6 月法国公开做出让步，外交部长泰奥菲勒 · 德尔卡塞（Théophile Delcassé）被迫辞职。7 月下旬，德皇通过与沙皇在比约克岛（Björkö）缔结防御同盟，以扩大自己的优势，集中精力应对法国。但日俄战争结束之后，俄国很快重新转向法国；此外，沙皇受到了各大臣的压力，不得不拒绝与德国结盟。在这个时候，英国也做出了激烈的反应。1906 年 1 月，英国外交大臣爱德华 · 格雷爵士首次批准英法两军参谋部之间的会谈。同时，英德之间的海军竞赛也升级了——英国海军正在集中精力建造一种新型的、更高级的战列舰——"无畏舰"（Dreadnought）。英国很多政治家对德国的工业能力有很深的了解。例如，前首相阿瑟 · 贝尔福警告说，英国在船坞、工厂、舰炮和装甲方面将被德国超越，“如果德国认为战舰很重要，那么他们的建造速度将比我们更快”。1906年1月，根据德皇的要求，关于摩洛哥问题的国际会议召开，但此时德国已完全被孤立。会议承认摩洛哥独立，但规定法国依然掌管摩洛哥的内政及警察事务，因此事实上法国是胜利者。德国一直想突破包围圈，但结果是自己被束缚得更紧。

1907年1月，英国外交部德国问题专家艾尔·克劳（Eyre Crowe）在其著名的《英国与法德关系现状备忘录》中总结了英国对德国的新看法。他认为：“尽管英国被深海包围，但它并不安全；事实上，按字面意思理解，凡是沿海的国家，都是英国的邻居，它们都有可能入侵英国。”这意味着，英国的最高利益并不是“自由交往和贸易”，而是确保世界上其他国家不会联合起来反对自己（一旦这种情况出现，英国会迅速丧失其海军优势）。反过来，这意味着，英国必须介入欧洲大陆事务，并维持欧洲国家的力量均势，这“几乎是一项自然法则”。克劳认为，这个法则已经受到了德国的威胁，德国在南非、中国挑衅英国的利益，同时不断扩充海军。他还指出：“德国试图建立一个泛日耳曼主义的帝国，并在荷兰、北欧、瑞士、奥地利、巴尔干建立据点，蚕食其他国家；德国实现上述计划的基础，是对欧洲自由的破坏。”他进行了如下总结：德国试图建立自己的政治霸权与海洋优势，这将威胁其邻国的独立，最终将危及英格兰的生存，因此英国必须制止德国的计划。

对于德国来说，还有更糟糕的事情在发生。俄国在远东的失败使得它不得不重新将自己的注意力集中在欧洲，特别是巴尔干地区。而此时德国也在这里扩展势力，俄国人早已把德国看作实现其野心的主要障碍。威廉二世保护奥斯曼帝国在马其顿的利益，大力推动柏林—巴格达铁路的建设，并为奥斯曼帝国提供保护伞，支持后者维护在近东地区的统治。在这种情况下，俄国又一次想到了英国人。尽管俄国与英国在波斯、中亚地区有尖锐的矛盾，但19世纪70年代以来，英国对巴尔干和地中海东部的兴趣已明显下降。特别是，两国对君士坦丁堡这个重要问题的分歧已经越来越小。因此，1907年8月下旬，两国达成了一系列协定，史称“英俄协约”。两国同意将波斯分成三个部分，北部为俄国的势力范围，南部为英国的势力范围，中部为中立区。对于西藏和阿富汗问题，双方也划分了势力范围。与“英法协约”一样，英俄两国在殖民地问题上达成了一系列共识，以便更好地维护各自在欧洲的利益。一位德国驻俄国外交官讽刺道：“英、法、俄三国越来越接近，这其实是对德国的恭维，尽管这让我们非常苦恼；这三个国家畏惧我们的陆军、海军、商业，以及我们的总体发展能力。”

1904~1907年发生了一场外交革命：日本在远东打败了俄国，同时英、法、俄形成了“三国协约”。这对欧洲国际关系以及各国国内政治产生了深远的影响。奥斯曼帝国内部出现了一场激烈的辩论，很多人要求进行国内改革，以挽救这个垂死的帝国。1908年7月底，青年土耳其党的部分军官发动政变，迫使阿卜杜勒·哈米德二世（Abdul Hamid Ⅱ）恢复1876年宪法，再次召开议会。一年后，哈米德二世被废黜，联合与进步委员会控制了政权，建立君主立宪政体。新政府试图重新整合社会，制定更加有效的对外政策。此时，新政府的最大愿望是恢复对波斯尼亚–黑塞哥维那的控制（该地区自1878年以来一直被奥匈帝国占领，虽然名义上仍是奥斯曼帝国的领土）。巴尔干的斯拉夫人，以土耳其革命为契机，开始有所行动。保加利亚趁机宣布完全独立，塞尔维亚宣称要控制波斯尼亚，导致奥匈帝国突然失去了对其南部势力范围的控制权。哈布斯堡王朝的外交大臣埃伦塔尔男爵（Baron Aerenthal），单方面宣布将派军队进入上述两个地区，以填补那里的真空。对于奥匈帝国的行为，俄国只能生气，但无能为力，因为俄国认为自己已经通过等价交换的方式获得了军舰出入黑海海峡的权利。在德国看来，这个问题是对“英俄协约”的一次检验。1908年10月初，以“灰衣主教”著称的德国外交要员弗里德里希·冯·荷尔斯泰因（Friedrich von Holstein）指出：“奥地利是在为自己的私利而战，不过我们也应该加入这场战斗，我们要打破英国的霸权，打破敌国对我们的包围。”

1904~1910年，欧洲各国签订了一系列协定，领土兼并、军备竞赛愈演愈烈，这极大地影响了欧洲各国的国内政治。在德国，总体上看，民众对国际形势感到焦虑，同时不满意政府的外交与殖民政策。舆论对政府的批评呈现出多种形式，有人批评政府违反人道主义，有人认为政府战略失误，还有人认为政府违反宪法。例如，20世纪初，非洲西南部的赫雷罗族人（Herero）揭竿而起，反对德国的统治，德国对其进行了大屠杀。1906年11月，德国中央党指责军官冯·特罗塔（von Trotha）滥用暴力。1907年，政府在陆军预算问题上受到阻碍，1908年在海军预算问题上也受到了阻碍。总体来说，民众并不是反对军费本身，而是关心军费是如何花费的，以及用在了什么地方。此时，德国正变得越来越孤立，特别是在英俄协约签订之后，议会和媒体逐渐对政府失去了耐心。1908 年 12 月初，德国社会民主党议员菲利普 · 谢德曼（Philip Scheidemann）感叹道，德国四周的“铁链”正在收紧。

俄国也是如此，国内政治的中心议题也是外交政策。新成立的国家杜马开始向政府施压，要求其捍卫俄国的利益。温和的十月党人和立宪民主党要求在外交政策上有发言权。他们认为，如果俄国不进行彻底的社会和政治改革，就永远无法在欧洲舞台上充分发挥自己的潜力。俄国在国际关系中的失利，使得议会成为攻击专制制度的论坛。俄国朝野多数人认为，俄国外交的核心问题是如何对付德国。很多保守派对英法的自由主义表示敌视，他们同情德皇，想回到三皇同盟甚至神圣同盟的时代。然而，主流舆论是强烈反对德国的。十月党人认为，“俄国与日耳曼民族的斗争是不可避免的”；立宪民主党领袖鲍威尔 · 米留科夫（P. N. Miliukov）也坚持反对“日耳曼文明”。形势已经变得很清晰，如果俄国的专制政体不能抵抗德国的扩张，不能保卫俄国的伟大地位，那么沙皇的统治就将被自由政体所取代。

此时，英国人正在讨论如何动员整个民族和帝国的力量来应对德国的挑战。关于这一问题的分歧仍然是英国国内政治的核心。关税改革遭到自由党以及很多保守党人的强力抵制，他们认为改革违反了自由贸易的原则，而且还推高了基本食品的价格。1905 年 12 月，阿瑟 · 贝尔福领导的保守党政府无法解决这一问题，他被迫辞职并解散议会。在 1906 年 1 月的大选中，亨利 · 坎贝尔–班纳曼（Henry Campbell-Bannerman）领导的自由党获得了议会的多数席位，关税改革被搁置。与保守党不同，自由党政府试图用古典自由主义的方法来增强英国的国力。1907 年，陆军大臣霍尔丹勋爵（Lord Haldane）开始进行军事改革，出台预备役法案，规定对学校和大学的学生进行军事训练。这种制度与征兵制和“军国主义”不同，但同样能够提高英国民众的道德意志和身体素质，做好与德国打仗的准备。与此同时，自由党政府试图推行社会福利改革方案，尤其是采用医疗保险和养老金制度，以使工人阶级融入国家生活，减少他们的不满。英国想在外交上推行强硬政策，同时在国内提高公平，二者在概念上是互补的，在财政上似乎是矛盾的。预算强硬派想知道政府到底想要什么：“是要无畏舰还是养老金”，是要枪炮还是黄油？

事情在1909年发展到了顶点，当时有一条重要情报被公开，称德国正在全力发展海军；此外还有传言，称德国派间谍在东盎格利亚（East Anglia）收集情报，并监视英国的南部海岸，从而使得局势变得更糟。当年10月，英国政府成立秘密情报局（后来发展成为军情五处、军情六处），以专门对付德国的渗透活动。海军预算是一个更有争议性的问题。1909年7月下旬，财政大臣大卫·劳合·乔治（David Lloyd George）在莱姆豪斯发表了著名的讲话，他称英国需要更多的无畏舰；他对地主精英进行批评，认为他们拒绝支持新的税收政策，导致政府没有足够的费用来支付军舰的建造。换句话说，激进的自由主义者认为，传统的社会结构不再符合国家利益。劳合·乔治的观点与欧洲大陆的改革者很相似，他认为，“土地所有权不仅是一种享受，也是一种职责，在过去一直是如此。地主阶级应该为国家的安全和防务做出贡献，协助修缮破损的村庄，并且照顾穷困的村民，这都是土地所有者应该承担的责任。如果他们不这样做，那么政府就应该考虑出台新的土地政策”。1909年11月底，劳合·乔治提出的“人民预算”在下议院通过，但在保守党人较多的上议院没有通过。1910年，英国进行大选。这次大选的主要议题包括：是否应该限制上议院的权力，是否应该改革财富分配政策，谁应该为国防与安全埋单，应该如何重塑英国社会以应对新时代的挑战。在这次大选中，自由党和保守党势均力敌，自由党稍稍领先，最终与爱尔兰民族主义者组成了联合政府。大选后，上议院的否决权受到限制，劳合·乔治得以进行社会福利改革，海军也有了极大发展。

国际事件也促使妇女地位发生变化。在中西欧，爱国主义成为一些妇女表达政治参与的诉求的手段。当然，女性更积极地表达爱国主义政治诉求，以及更广泛地参与慈善活动，并非是追求“进步”或女权主义的表现。很多时候，女性做出了更多的自我牺牲，巩固了原本存在的不平等的性别关系。不过，越来越多的女性利用自己对国家事业的贡献来争取更多的权利，甚至要求获得公民权。当时英国是欧洲最发达的国家，英国妇女首先提出上述要求，这并非偶然。英国在过去的数十年内始终处于大战之中，而且战事一直不顺利。1903年英布战争结束后，埃米琳·潘克赫斯特（Emmeline Pankhurst）创办了妇女社会和政治联盟（Women's Social and PoliticalUnion）；两年后，她的女儿克丽丝特贝尔（Christabel）在自由党曼彻斯特会议上表达诉求，要求赋予妇女选举权。1912 年，米莉森特 · 福西特（Millicent Fawcett）创办“争取妇女选举权全国联盟”（National Union of Women's Suffrage Societies）。对于上述现象，各国的政府人士、保守派和大多数自由派都保持警惕。起初，政治人士对妇女权利本身没有什么兴趣，但不少人认识到，女性代表着巨大的能量，因此可以开发这个新的源泉。此外，人们一致认为，女性的健康关系着整个国家的活力与人口的数量，而且关系着国家能否有充足的服兵役的年轻男性。这种情绪在英国尤为强烈，在布尔战争期间表现得非常明显，人们担心生育质量的下滑。不过，人们关注的仅仅是母亲，而不是所有的女性。助产员的培训制度创立于 1902 年，8 年后议会通过了相关的法案。1907 年，首相劳合 · 乔治发起了“国家婴儿周”活动，其口号是“在英国，做婴儿比做军人更加危险”。但就当时而言，欧洲各国政府和男性们还不能拿定主意，到底应该如何界定女性的权利。是应该仅仅让女性生活在家庭中，养育新的士兵，还是应该全面赋予女性以公民权，鼓励其走向社会以迎接未来的挑战？

1907 年英俄协约签订后，德国感到了地缘政治上的危机，从焦虑变为偏执。10 月，德皇感叹道，德国遭遇的外交“围堵”正在“平静地、不可改变地、必然地”进行着。在欧洲五大国中，德国仅仅与一个国家结盟，而另外三个都是德国的敌人。不过，从军事意义上讲，这种状况是否会导致德国遭到包围，还不好说。如何制定战略，柏林内部存在巨大的分歧。德皇和他的新宰相特奥巴登 · 冯 · 贝特曼–霍尔维格（Theobald von Bethmann-Hollweg）都认为，德国需要“打破”合围之势，所有人对此都表示支持，但对于如何实施该战略存在三种不同看法。1907 年 6 月，外交大臣比洛等人指出：“只要我们与奥匈帝国维系在中欧的坚定联盟，我们就能经受住任何风浪。”但德皇等人并不满意于此，他们坚决主张扩大海军开支，相关法案于 1907 年 11 月正式提出，1908 年由国会通过。贝特曼宰相则属于温和派，从 1909 年起他就主张缩减海军计划，收敛殖民野心，以便与伦敦和解。德国本想同时实施上述三种策略，即强化与奥匈帝国的联盟、加强海军力量、设法缓解与英国的关系，但效果不佳，没有任何一种策略使得德国变得更加安全。奥匈帝国国内分裂严重，即使意大利保持中立，德奥两国也无法抗衡三个协约国，而且事实上意大利很难保持中立。德皇扩大海军军费的计划刺激了英国，因此英国于1909年2月开始执行其庞大的无畏舰计划。贝特曼对伦敦的示好没有任何结果，因为英国不打算帮助德国防范法国或俄国，并未制定具体的军事措施。

1911年5月，摩洛哥内部的骚乱不断升级，应摩洛哥苏丹的邀请，法国派出军队占领了非斯（Fez）。法国的举动打破了各国在摩洛哥问题上的脆弱共识。因此，德国决定做最后一搏，它试图打破包围圈，并且认为法国是包围圈中最薄弱的环节。德国反对法国独吞好处，要求法国对它做出“补偿”。并且，7月初，德国装甲巡洋舰“豹号”（Panther）出现在摩洛哥的阿加迪尔（Agadir）港口，直接威胁法国。这种行为让巴黎和伦敦变得更加紧密，劳合·乔治发表强有力的讲话，以支持法国。奥匈帝国仍持观望态度。11月初，德国不得不承认法国为摩洛哥的保护国，但德国要求换取法属刚果的一小块土地以挽回面子。历史再次重演，德国本来试图打破束缚，但结果是自己被束缚得更紧。

第二次摩洛哥危机在欧洲引发了新一轮的国际和国内动荡。1911年11月，意大利把土耳其人赶出了利比亚和多德卡尼斯（Dodecanese）群岛。此时的奥斯曼帝国即将完全崩溃，这引发了巴尔干地缘政治的变化，自1908年以来，这里一直勉强维持着平衡。俄国担心，土耳其海峡会遭到来自南边的威胁，它试图保护海峡，防止意大利的染指。奥匈帝国也觉得意大利正在逐渐威胁其侧翼，因此其陆军元帅弗朗茨·康拉德·冯·赫岑多夫伯爵（Count Franz Conrad von Hötzendorf）要求先发制人，杀杀意大利的威风。欧洲各强国都看到了机会，准备一劳永逸地夺取奥斯曼帝国在欧洲的土地。1911年底，塞尔维亚、保加利亚和希腊开始谈判，搁置分歧，共同反对土耳其。巴尔干半岛正在面临一场空前的危机，这一切都是在全球局势不稳定的背景下发生的。在远东地区，日本最终于1910年吞并了朝鲜半岛，作为其西边的缓冲区。此举引发了中国的愤怒，也加剧了美国的不安，尽管美国还不是非常焦虑，但它认为一场争夺太平洋霸权的战争正在迫近。清朝政府无力阻止自身被瓜分的命运，愤怒的中国人揭竿而起，1911年10月辛亥革命爆发，革命领袖孙中山宣布建立“中华民国”。在世界的另一边，墨西哥人民开始反抗长期在位的总统波菲里奥·迪亚斯（Porfirio Díaz），他是美国支持的傀儡。墨西哥内战爆发后，美国对这个南边的国家感到不安。

对于华盛顿来说，墨西哥革命与摩洛哥危机是有密切联系的，美国人非常担心会有某一个欧洲强国填补墨西哥的权力真空。而很多墨西哥人的确希望能够与某一个欧洲国家联合，以制衡北边的美国。过去墨西哥曾经选择与拿破仑三世的法国结盟，而现在他们决定投入德国的怀抱。1911 年，总统莱昂 · 德 · 拉 · 巴拉（León de la Barra）告诉德国大使："墨西哥的外交政策将着眼于依赖欧洲，尤其是德国。"因此华盛顿意识到，欧洲权力均衡一旦偏向德国，那么德国很快就会插手西半球的事务。出于这个原因，美国对英国维护欧洲均势的努力表示支持。西奥多 · 罗斯福写道："如果英格兰可以保持欧洲的权力均势，那自然很好；如果英国做不到这一点，美国就不得不插手，至少暂时是为了重建欧洲的均势。"因此说，美国并没有陷入孤立主义的无知，其外交官敏锐地意识到了欧洲局势的变化，他们提醒道，德国有可能会先行对美国发动袭击。德国是位于大西洋另一边的新兴强国，它有着巨大的海洋野心，而墨西哥只是美国家门口的一个弱国，但如果二者联合起来，那么将会成为美国的巨大威胁。总之，第二次摩洛哥危机之后，美国人担心"豹号"将会再次跳跃，横渡大西洋。

德意志帝国的领导层暂时放弃了"世界政策"，转而专注于家门口的安全。就像贝特曼 1911 年 11 月对国会所说的："德国只有维持其在欧洲大陆上的强大实力，才能继续执行其强有力的全球政策。"相应地，海军至上主义者提出的"我们的未来在海洋"的口号则被抛弃。马克西米利安 · 哈登（Maximilian Harden）是一位政论作家，长期以来一直批评德皇的政策。他对此评论道："现在我们重新意识到，我们的未来在欧洲大陆。"如此一来，精英和民众更加意识到，德国处于被"包围"状态。1912 年 12 月，总参谋长小毛奇（Helmuth Johannes Ludwig von Moltke）认为，德国仍然"被敌人三面包围"，而且由于俄国的军备增加及铁路建设，德国与俄国的相对军事平衡也在逐渐被打破。面对这种困境，帝国领导层中的部分人以及一些有影响力的公众人物再次呼吁进行预防性战争，以防止敌方联军进一步威胁德国。但是，在 1912 年的一次御前会议上，德皇和他的顾问们拒绝了这个建议，不过他们一致认为，从长远来看，战争是"不可避免的"，而且"越早越好"。

协约国也更加团结、更加紧密。法国民众意识到，真正的敌人就在边界的另一边，因此"民族觉醒"的思潮席卷法国。1911 年 8 月，法国总参谋长约瑟夫 · 霞飞（Joseph Joffre）将军制订了强行攻打德国的"17 号计划"。长期以来被殖民扩张问题掩盖的阿尔萨斯–洛林问题迅速重新成为首要议题。1912 年 1 月，雷蒙 · 普恩加莱（Raymond Poincaré）担任法国总理，他试图制服德国。对英国来说，它再次关注法国和低地国家的安全问题，因为这关系到英国自己的安全。亨利 · 威尔逊爵士（Sir Henry Wilson）是一位高级军官，他具有强烈的反德思想，他公开主张英国承担欧洲大陆的军事义务，当然他在政治上也获得了极大的鼓励。1912 年 6 月，英法在海军问题上达成协议，法国在地中海保持主导地位，这样英国可以专注于北海地区，集中主要力量保护其近海地带。1913 年 4 月，海军大臣温斯顿 · 丘吉尔对澳大利亚人和新西兰人说，欧洲是“暴风雨的发源地”。

日益加剧的战争威胁，支配着各国的国内政治。在德国，第二次摩洛哥危机之耻引发了民众和议会不断攻击政府外交政策的软弱。泛德意志主义者要求发动战争，国家自由党领袖贝瑟曼（Basserman）亦是如此。在 1911 年 11 月一次帝国议会上发生了混乱，宰相被人指责政策不当，导致德国跌出“大国行列”。中左翼当时代表着绝大多数德国人的观点，他们关注的是德国能否顶得住俄国的进攻，以及草率的殖民冒险是否会造成对资源的浪费。在俄国，国家杜马对沙皇的外交政策越来越不耐烦。主要的批评声音来自十月党人领袖——古契科夫（Guchkov）。古契科夫一直批评沙皇效率低下，在国家安全问题上缺乏协调。他呼吁增强陆军力量，以捍卫俄国在巴尔干地区和中欧的利益；不过他反对增强海军力量，因为那样做意味着重新承担对远东的义务。

欧洲大陆的各国政府现在都面临着同一个问题——如何最大限度地扩大本国的军事能力。争论的核心是国防政策问题，以及国防对社会和经济的影响问题。1912 年 6 月，俄国国家杜马批准大幅增加波罗的海舰队的军费开支，主要用于对付德国。一个月后，严峻的国际形势使得奥匈帝国政府 20 多年来第一次打破了马扎尔人的蓄意阻挠，通过了增加军队人数的决议。法国政府试图决定将兵役时间延长到三年，以此抗衡德国的优势。柏林方面试图制定陆军法案，以应对其他国家的威胁，但立刻陷入了困境。军队中保守的贵族希望维持自己的特殊地位，他们不愿让平民子弟获得晋升的机会，也不想让中产阶级担任军官。右派人士还有更广泛的焦虑，军队人数的增加可能意味着国家将对这些人征收直接财产税。更糟糕的是，当时的帝国议会由社会民主党主导——1912 年 1 月，社会民主党在议会选举后成为第一大党。这意味着议会将减少征收间接税，增加直接税，因为间接税对工人阶级来说负担较重。不过，德国社会民主党、中间派和自由派都不反对扩大军备。1913 年社会民主党领袖奥古斯特·倍倍尔（August Bebel）宣称："社会民主党始终认为，德意志帝国的地理和政治情况决定我们要有强有力的国防。"事实上，社会民主党和自由派都把沙皇俄国看作意识形态上的死敌，在许多方面，二者甚至比德国统治者还要强硬。自由派中的左翼人士将旧的军官阶层看作腐朽势力，认为他们痴迷于形式主义，而不务正业。社会民主党希望改革旧有模式，要让战争变得更有效。年轻的自由派人士古斯塔夫·施特雷泽曼（Gustav Stresemann）认为："德意志帝国应该对外强大，对内实行自由政策——这是我们为之奋斗的目标。" 1913 年 6 月，帝国议会通过法案，决定增加直接税，以增加军队人数。德国议会制度的缓慢发展，与战争准备这两个过程正在同时进行。

然而，德国面临着一个致命困难。德意志帝国也许是"多次统一战争"的产物，但它并不是一个单一制国家。德国是一个联邦，各州在文化、教育方面有着广泛的权力，同时可以自行制定财政政策。普鲁士议会代表着帝国人口中的 2/3，它支持通过直接税，以为军队提供足够的经费，这没有什么问题。但是，在巴伐利亚、符腾堡和巴登，情况就不那么乐观了。因此，尽管德国是一个富裕的国家，但由于有些州拒绝配合，国家的军备开支总额一直受到限制。相反，法国、俄国并不如德国富裕，但它们是中央集权的国家，因此其军备开支总额要超过德国（尤其是俄国，军费大大超过德国）。德国政治家和决策者清楚地意识到，正是这个原因，德国在军备竞赛中反而远远比不上法、俄两个相对较穷的国家。上述矛盾使得德国更有可能走向战争，这并不是因为德国的军备开支太多，而恰恰是因为其军备开支太少。

沙皇政府也试图整合俄国社会的各个阶层，使俄国成为一个强国，但并不是很成功。的确，国家杜马一直坚定地支持俄国履行自己的"历史使命"，至少在原则上支持扩大国防开支。但问题是，国家杜马是以财产权为基础选举产生的，因此代表的是富人的利益，它强烈反对征收直接税，这意味着杜马无法为军费扩张提供有效的支持。俄国的税款中，只有 7% 是直接税，而在英国直接税所占比例高达 30%。此外，杜马中的一些议员认为，政府的外交政策即使不能代表农民和工人的利益，也应该努力代表中产阶级的利益。在古契科夫看来，中产阶级关乎俄国的强国地位。1913 年 11 月他表示："我们必须调动那些支持国家发展事业的人，只有得到他们的支持，俄国才能更为强大。”不过，到1914年初，俄国政治已陷入僵局：民众希望政府执行积极的外交政策，但又不愿意让政府扩大军费支出；政府希望增税，以筹集军费，但又不愿意与杜马合作，不愿意启动政治改革。一场成功的战争可能会挽救沙皇政权，但战争一旦失败，就会摧毁沙皇的统治。

英国国内政治也陷入了僵局，但情况与俄国大不相同。1910年的选举之后，自由党政府一直依赖于爱尔兰议会党（Irish Parliamentary Party）才勉强保住了下议院的多数席位。英国政府希望改善与爱尔兰人的关系，这不仅是出于政治机会主义，而且还因为在即将来临的欧洲冲突中爱尔兰人对英国政府采取了合作态度。爱尔兰议会党的领袖约翰·雷德蒙（John Redmond）强烈支持英国的对外扩张，他希望扩大爱尔兰的自治权，同时平等地参与到帝国事务之中。事实上，当时英国的国防和外交政策仍然由威斯敏斯特议会牢牢控制着。1912年，爱尔兰自治的第三个法案在英国下院获得通过，但遭到上院的否决，不过如果英王签署，两年后该法案仍然可以生效。这项措施引起了爱尔兰内部的矛盾，以新教徒为主的联合派（Irish Unionists）强烈反对该法案，1912年北爱尔兰（即厄尔斯特，Ulster）的新教徒签订了《庄严盟约》（Uister Covenant），强调保卫英国的统一，在必要的时候要以武力反击爱尔兰的自治，1913年初他们成立了厄尔斯特志愿军。而爱尔兰民族主义者做出回应，建立自己的准军事化部队，双方都从德国进口武器。在英国高级军官亨利·威尔逊爵士的怂恿下，英国派驻爱尔兰的官员发表声明，表示不会帮助爱尔兰的民间力量执行地方自治法案。到1914年初，英国处于内战的边缘，这对英国有明显的战略影响：爱尔兰的民族主义者在战争期间一直与英国的敌人相勾结，甚至有“保皇派”暗示说英王不值得他们效忠，而应该效忠于德国皇帝。

国家之间的紧张关系给大部分欧洲列强带来了严重威胁，社会主义者希望通过另一种方式来反对欧洲战争。他们希望将各国的无产阶级团结起来，发动“总罢工”，以便瘫痪资本主义的战争机器。对于社会主义者而言，民族主义是一个致命的挑战，因为这阻碍了他们的计划。虽然多数社会主义者将民族主义看成一种“虚假意识”而不屑一顾，但也有一些人看到了它“进步”的潜力，特别是在阶级分化不是很成熟的地方。奥

地利人奥托 · 鲍尔（Otto Bauer）是一位非常了解民族主义的社会主义者。他认为，个体和文化都应该保留其自主权，这是必要的；不过国家也非常重要，国家是一个建立在所有公民平等的基础上的统一组织。此外，当时一位年轻的布尔什维克——后来成为苏联领导人的斯大林，在他的《民族问题与社会民主党》（1913 年）一文中写道，任何一个民族应该有“自决乃至脱离某一个国家的权利”，但是只要一个民族仍然处于某个国家之中，它就不应该要求获得自治或其他特殊权利，否则会导致削弱这个国家。在整个 20 世纪，阶级和国家（民族）之间的张力一直存在于社会主义和共产主义的地缘政治之中。

与此同时，摩洛哥和墨西哥危机的影响依然在大西洋两岸回荡。1912 年 10 月，“巴尔干同盟”对奥斯曼帝国宣战，第一次巴尔干战争爆发，两个月后土耳其被迫求和。1913 年 5 月，各方签订《伦敦条约》，这标志着奥斯曼帝国退出欧洲，仅保留君士坦丁堡周围的一个很小的区域。与此同时，墨西哥的民主改革者弗兰西斯科 · 马德罗（Francisco Madero）于 1913 年 2 月被谋杀。维克托里亚诺 · 韦尔塔（Victoriano Huerta）将军在美国的支持下发动政变上台，但很快他成为军事独裁者，与美国分道扬镳，转而投靠德国。对于美国总统伍德罗 · 威尔逊（Woodrow Wilson）来说，这是一个战略和意识形态上的双重挑战。1913 年 11 月下旬，他向其他列强发出照会：“韦尔塔的篡权将会威胁美洲的和平与发展，使得墨西哥有序的自治发展变得不再可能。”总之，华盛顿方面决心阻止它的南翼受到德国的威胁，坚决反对德国单方面派遣巡洋舰来保护它的侨民。美国对韦尔塔的军队实施武器禁运，英国也加入其中。只有德国拒绝执行禁运，并对墨西哥这位军事独裁者提供外交、道义甚至后勤方面的支持。

如何填补墨西哥共和国和奥斯曼帝国崩溃所产生的权力真空，这在 1914 年初成为棘手的问题。对于土耳其而言，第一次巴尔干战争的失败所带来的创伤是巨大的。它失去了 80% 的欧洲领土和 16% 的人口（400 万），约 40 万难民拥入安纳托利亚半岛。更糟的是，君士坦丁堡的西边已经没有多少领土，国都危险地暴露在他国的攻击之下，而且奥斯曼帝国的中心地带——安纳托利亚半岛——面临着分裂的危险。该地区大约 1/5 的人口是非穆斯林，如果在该地区实行与巴尔干地区相同的原则，那么该帝国很快就会荡然无存。过去，土耳其的安全依赖于欧洲列强，但现在这种机制已经被摧毁。英法两国正在集中精力，联合俄国一起围堵德国，早已放弃了对土耳其的保卫义务。欧洲列强利用国际规则，将奥斯曼帝国玩弄于股掌之间，要求其必须屈从于巴尔干民族主义者的要求。1912 年 10 月中旬，一位土耳其记者写道："现在，我们必须充分认识到，我们的荣誉和人民的尊严无法通过陈旧的国际法来实现，而只能通过战争实现。"土耳其要想重回欧洲，就必须依靠一个新的、更可靠的大国盟友，这个盟友只可能是德国。

巴尔干战争也影响了塞尔维亚的战略定向。塞尔维亚不愿意遭到奥匈帝国的侵略，因此其安全机构与民间秘密组织——"黑手会"（Black Hand）联合起来，计划在俄国的支持下对抗奥匈帝国。沙俄支持塞尔维亚人的民族主义运动，因为俄国将奥匈帝国及其后台德国视为主要战略障碍，它们阻碍了俄国实现其在土耳其海峡的"历史使命"。而且，由于德国不断在土耳其进行渗透，并且土耳其正在备战，俄国必须抢占先机，防止自己陷于被动局面。1913 年底，利曼 · 冯 · 桑德斯（Liman von Sanders）将军率领一个庞大的军事顾问团来到土耳其，负责训练和指挥土耳其在博斯普鲁斯海峡的军队。俄国对此坚决反对，做出强硬表态。俄国外交大臣谢尔盖 · 萨宗诺夫（Sergei Sazonov）要求出台一个"行动方案"以确保"土耳其海峡的历史问题得到合适的解决"，他还起草了通过突袭来夺取海峡的详细计划。此外，他警告说："只有进行一场欧洲大战，我们的海峡行动才能得以进行。"他们需要制服奥地利人和德国人——尤其是德国人。俄国军需总长尤里 · 丹尼洛夫（Yuri Danilov）认为："到君士坦丁堡的最短和最安全的作战路线，就是穿越维也纳……和柏林。"柏林仍是俄国通往君士坦丁堡路上的障碍。

1914 年的春末和夏季，大西洋两岸酝酿已久的危机突然爆发。当威尔逊总统听说墨西哥的韦尔塔政权准备在韦拉克鲁斯提取德国送来的军火时，他下令占领那个港口。4 月下旬，美国占领该港口，这激起了墨西哥民族主义者对美国的强烈反对。事实上，威尔逊并不想永久性地占领墨西哥的任何土地，因为那样做会遭到美国国内反帝主义者和南方白人的坚决反对。不过，他也不能马上就撤军，那样做会导致德国填补墨西哥的权力真空，这是对韦尔塔专制政权的纵容。威尔逊认为，要想解决意识形态和战略上的两难，就要让墨西哥实现民主化。1914 年 5 月，他在一篇报纸上撰文："他们说，韦尔塔等人宣称墨西哥人不适合自治，但我认为，只要正确引导，世界上没有哪个民族不适合自治。”短短几个月后，韦尔塔就被赶下台，立宪派领导人贝努斯蒂亚诺·卡兰萨（Venustiano Carranza）担任总统。不久，美军撤出墨西哥。有趣的是，后来人们才知道，这些武器其实都来自美国的军火商。他们之所以先把武器运送到汉堡，然后再运送到墨西哥，实际上是为了避开美国的禁运政策。不过，这一事件后，美国更加担心德国在自己的南边扩张势力。

1914年6月下旬，奥匈帝国皇储弗朗茨·斐迪南大公在波黑首都萨拉热窝被黑手会的成员刺杀。几乎可以肯定的是，这是一次谋杀，塞尔维亚政府的高级官员事先都知道要发生这件事，而且很可能得到了俄国的支持。对于维也纳方面来说，这次谋杀既是一个挑战，也是一个机会。哈布斯堡王朝的皇储被邻国的安全机构所支持的恐怖分子刺杀，因此它必须做出反击，否则会有更多的人对它发起袭击。正如奥匈帝国外交大臣利奥波德·贝希托尔德伯爵（Count Leopold Berchtold）所说，如果我们不反击，就相当于“我们放弃了大国地位”。奥匈帝国政府认为，必须严惩塞尔维亚，并且要防止它以后再次挑衅，因此对塞尔维亚发出了严厉的最后通牒。一位评论人士称，这份最后通牒是迄今为止一个主权国家讨伐另一个主权国家的最为可怕的文件。毫无疑问，塞尔维亚的独立正面临着严峻的挑战。而且通牒反映了奥地利人这样的看法：过去发生的事件证明，如果塞尔维亚继续维持其主权，那么奥匈帝国的安全与巴尔干地区的稳定就无法得到保障。因此奥匈帝国必须惩罚塞尔维亚，同时它也在执行一项更广泛的计划。贝希托尔德决定，“以萨拉热窝事件为借口，用军事的方式解决奥匈帝国与塞尔维亚之间的无可挽回的关系”。简而言之，对塞尔维亚的进攻将打破过去几年其他国家对奥匈帝国的包围。

德国决定最大限度地支持它的盟友。一旦奥匈帝国崩溃，那么德国就会完全被协约国包围，而且暂时安全的南翼也将会面临威胁。德国认为，可以利用这个危机打破法俄两国对德国的包围。如果俄国没有支持塞尔维亚，或者未能获得英法的支持，那么俄国就会遭受耻辱，而且这比波斯尼亚危机中协约国遭受的耻辱还要大得多。如果俄国援助塞尔维亚，那么德国就会认定战争在所难免，尽管局势不是很有利，但德国也不得不冒险参战。7月初，德皇认为：“机不可失，时不再来……必须迅速解决塞尔维亚问题。”就连一向温和的宰相贝特曼此时也支持发动预防性战争。他当时警告说：“如果我们不果断，那么未来就属于不断壮大的俄国，并将成为我们更可怕的梦魇。”摩洛哥的教训已经证明，在任何情况下，德国都必须联合奥匈帝国，二者必须并肩作战。此外，德国的公众舆论也支持战争，连首鼠两端的社会民主党也表态支持。在这种情况下，德国承诺无条件支持奥匈帝国。德国希望不扩大战争的范围，但对风险进行评估之后，它也知道这是难以控制的。

所有这一切都使得奥匈帝国和塞尔维亚的对抗在所难免，一场欧洲危机也即将爆发。俄国的行动最终使得冲突演变成了世界性的战火。圣彼得堡迈出了第一步，也是不可扭转的一步，这导致了列强之间的军事对抗。部分原因是，俄国无法再次遭受波斯尼亚危机那样的耻辱。萨宗诺夫警告说，如果沙皇向德国让步，就等于“辱没俄国人民的名声”，“俄国人不会原谅沙皇”。出于这个原因，俄国不得不支持塞尔维亚。不过，危机也给俄国带来了机遇，这是俄国实现其在土耳其海峡“历史使命”的一个机会：俄国可以让英、法两国与德国交战，这样英、法就无法顾及土耳其海峡问题，因此等于扫清了俄国前往君士坦丁堡路上的障碍。法国很快表示愿意支持俄国，它别无选择，必须防止自己被孤立；英国的表态则比较含糊，它仍然希望战争能限制在局部范围内。7 月 28 日，哈布斯堡王朝对塞尔维亚宣战。一天后，俄国宣布进行局部性军事动员，但它仅仅想针对奥匈帝国开战；两天后，又宣布全面动员，对德国宣战。

因此，俄国迈出了关键性的第一步，此后，战争按照“计划表”自动上演。俄国的军事动员意味着，施利芬计划执行的前提受到了威胁。因此，德国不得不立即进行军事动员，以避免自己陷入法俄的夹击。德国希望利用它的铁路网优势，争取在另一个对手赶到之前打败其中一个对手。8 月 1 日，德国下令进行军事总动员，对俄宣战；正如俄国所料，很快法国也宣布军事动员，德国被迫向法国进攻。8 月 2 日，德国要求其军队能够自由通行比利时；8 月 3 日，德国对法宣战；8 月 4 日，德国开始执行施利芬计划，入侵比利时。在英国，外交大臣爱德华 · 格雷爵士数周以来都在担心，他私下承诺的向法国提供军事援助的计划能否得到议会的批准，因为这远远超出了英法协约所规定的义务。他警告说：“如果我们牺牲法国的利益，与德国讨价还价，那么我们国家的名誉将彻底败坏。”无论如何，要想解决问题，必须让比利时放弃中立政策，因此英国承诺对比利时提供保护。8 月 5 日，英国宣布与德国进入战争状态。诺曼 · 安吉尔（Norman

Angell）是当时英国著名的自由和平主义者，也是科布登的追随者。他在1913年出版的《大幻觉》（*Great Illusion*）一书中指出，国家之间的商业联系使得战争不再可能，经济上的相互依赖可以保证各国之间的和平。然而，这个论断却没有成为现实，投资者和银行家陷入绝望，欧洲已经处于战争状态。

德国和奥匈帝国发动战争，希望能打破几十年来越来越困扰它们的“包围圈”。贝希托尔德指出了“永久削弱俄国”的必要性。1914年9月，德国在战争初期的良好战绩，毫无疑问导致其野心膨胀。贝特曼指出：“要想保证德意志帝国西边和东边的永久安全，就必须全力削弱法国，使其永远不可能再成为一个大国。同时，必须把俄国的势力赶走，离德国东部边境越远越好，而且要终结俄国人对异族的统治。”而要实现这一目标，德国必须把比利时变成附庸，让荷兰“独立”，将中欧变成德国控制下的单一经济空间。换言之，欧洲的地缘政治秩序应该完全重组，以保证德国永久的、绝对的安全。另一方面，英国、法国和俄国也努力通过战争来遏制德国的扩张。俄国国防大臣弗拉基米尔·苏霍姆利诺夫（Vladimir Sukhomlinov）说道：“我们一开始的目标是摧毁德国国力。”他希望消灭阻碍俄国在君士坦丁堡实现其“历史使命”的最后一个大国集团。根据1915年3月的《伦敦条约》，英国和法国正式支持俄国吞并海峡地区、马尔马拉海以及伊姆罗兹岛（Imbros）和忒涅多斯岛（Tenedos）。这样，俄国就可以将势力扩张到爱琴海，以保护其对达达尼尔海峡的控制。英法之所以支持俄国，是因为它们希望俄国能下决心，尽一切能力与德国作战。英国外交大臣爱德华·格雷爵士把这个问题看作“决定所有其他问题的根本问题”。法国外交部长警告说，如果不这样做，将有可能把沙皇“推向德国的怀抱”。

此时，战争的结果无法预测。1914年各国的国防开支和军备仅仅反映的是战前的军事格局。而各国的潜力是不同的，因此力量平衡的实际情况被掩盖了。1913年，英国、法国和俄国的军费开支总额，比德国和奥匈帝国总额的两倍还要多。就工业潜力而言，协约国比同盟国稍好一点儿，但不是决定性的。就国民生产总值而言，德国并不比英国多太多，而奥匈帝国则远落后于法国和俄国。就人口而言，双方差距更大：三个协约国的总人口几乎是同盟国的两倍。但是在战争开始的时候，德国的军队更为有效。德国迅速横扫比利时，这与施利芬预期的差不多；而法国在南部的攻击则没有这么成功。

如果不是以下两个原因，法国军队将会陷于前后两难困境。首先，俄国军队进入东普鲁士的速度比预期的更快，尽管俄军被德国陆军元帅保罗·冯·兴登堡和埃里希·鲁登道夫（Erich Ludendorff）将军打败，但德国为牵制沙皇调集了西线战区极度需要的军队，这样法国的压力就小了许多。其次，德国的决策者没有充分考虑到英国远征军的力量。德皇可能是认为英国远征军规模小，或者认为其战斗力弱，因此将其看成“微不足道的军队”而不予理会。在这支远征军中，印度分遣队发挥了重要作用，正如英国内阁成员乔治·寇松（George Curzon）所写的那样，印度人在1914年秋天“帮助拯救了协约国和世界文明的事业”。这样，德军的右翼军队没有强大到足以包围英法军队的程度，而且法国在马恩河战役中的反击阻止了德军的前进。经过一系列小规模的战斗后，双方进入堑壕战。

之后的战局不是静态的，也并非发生在地缘政治的真空之中。随着佛兰德、皮卡第（Picardy）和孚日山脉的战线连成了一片，各国决策者试图从侧翼包围敌人，或者通过军事和外交手段打开局面。目前，主战场依然是在西线。在接下来的4年中，双方都发起了一系列代价高昂的进攻，都试图给对方以决定性的一击。在东线，战争基本上表现为运动战。鉴于上述事实，德国采取了两种完全不同的战略。同盟国试图打破包围圈，至少击败其中一个主要的敌人。1914年11月，土耳其加入德国一边作战，试图阻止俄国占领海峡的意图，以重建土耳其在欧洲的地位。1915年10月，保加利亚加入同盟国，希望挽回在第二次巴尔干战争中的损失。此外，德国试图发动无限制潜艇战，迫使英国屈服，但由于中立国（尤其是美国）的强烈抗议，德国不得不放弃这一计划。在东线，奥匈帝国感到塞尔维亚难以对付，很快又陷入了与俄国交战的困境。相比之下，德国的援军表现得很出色：1915年年底，德国基本占领了塞尔维亚，塞尔维亚的残余部队逃往科孚岛（Corfu）。同年，在戈尔利采–塔尔努夫（Gorlice-Tarnów）会战中，俄国遭遇惨败，被迫后撤数百英里。德军统帅部中以鲁登道夫和兴登堡为首的“东部派”认为，应该发动一场决定性的攻势，以逼迫俄国谈判。这样，德国可以把战争资源从东线转移到佛兰德，以进行最后的决战。与前一种战略不同，总参谋长埃里希·冯·法金汉（Erich von Falkenhayn）认为，德国应该把主要精力放在西线，以对付英国和法国。法金汉得到了德皇的支持，德国人发动了一系列大规模攻势，1916年的凡尔登战役是战争的高潮。正如法金汉所说，德国希望“用血的代价让法国屈服”，并强迫法国求和。

协约国起初通过外交手段包围同盟国的战略也同样不成功。战争爆发后不久，日本加入协约国，贝特曼担心日本会向欧洲派兵，但是日本仅仅进攻和占领了德国在太平洋地区的殖民地。意大利则见风使舵，尽管它表面上忠于三国同盟，但它与奥地利在领土问题上的矛盾不可调和。意大利想利用战争的机会，实现其领土安全，正如首相安东尼奥·萨兰德拉（Antonio Salandra）所说，“不能再让其他国家吞并意大利的陆上领土”。意大利要求获得南蒂罗尔（South Tyrol）、的里雅斯特和达尔马提亚，阻止奥地利染指阿尔卑斯山以南的领土，并且尽可能防止俄国将势力扩展到地中海。在部分上述地区，意大利人只占少数。1915 年 4 月，意大利与协约国签订《伦敦条约》，协约国保证支持意大利的上述诉求，不久意大利对德国宣战。理论上，意大利的背叛使得同盟国的“软腹”暴露在外。不过，整体的军事平衡并没有发生转变。在一段很短的时间内，意大利人在其北部边境也陷入了堑壕战的泥潭。协约国通过外交努力，说服罗马尼亚进攻奥匈帝国。罗马尼亚的目的是吞并特兰西瓦尼亚，但这对战局也没有太大影响。1916 年夏天，德国发动闪击战，罗马尼亚军队被打败，整个国家几乎被德国占领。

在军事上，协约国试图收紧对德国和奥匈帝国的包围圈，或者凭借军队人数的优势将其打败，或者通过严密的海上封锁将其饿死和困死。协约国不仅包围了德国和奥匈帝国，还通过其海外殖民地将土耳其包围起来。同时，英国和法国试图加大对西线战场的投入，以摧毁敌人，协约国最高统帅部认为西线是主要战场。1914~1915 年，英国海军大臣丘吉尔试图攻占达达尼尔海峡，但最后行动失败。丘吉尔希望这样做不仅可以迫使土耳其退出战争，开辟通往俄国南部的路径，还可以防止德国在君士坦丁堡建立潜艇基地，阻止德国在中东扩张，同时这也可以作为一场军事演习，为在波罗的海和北海对付德国提供经验。此外，澳大利亚和新西兰军队在加利波利（Gallipoli）战役中伤亡惨重，造成了政府与民众之间的紧张关系。在这期间，英国和法国在西线发动了一系列攻势。1915 年 12 月法国元帅霞飞在《尚蒂伊备忘录》（Chantilly Memorandum）中曾指出，我们的目的是“打垮德奥军队”，但主要目标是德国。自战争伊始，协约国没有盲目发动一系列大规模的袭击，而是在西线的多个战线中发动连续进攻。1916 年 7~9 月英军在索姆河（Somme）沿岸发起了猛烈的进攻，标志着攻势达到了高峰。尽管协约国没有实现预期目标，但德国损耗严重，逐渐不支。

双方还企图削弱对方政府在国内的执政基础，同时在对方的海外殖民地挖墙脚。德皇在战争前夕说道："我们在土耳其和印度的领事，一定要煽动整个伊斯兰世界，共同反对英国这个可恶的、虚伪的、丧尽天良的商业民族。"德国驻君士坦丁堡大使刘易斯·爱因斯坦（Lewis Einstein）支持发展德国与"真主"世界之间的关系，德裔犹太外交官马克斯·冯·奥本海姆（Max von Oppenheim）更加高度称赞这种关系。同时，德国还在印度大搞宣传，煽动印度民族主义情绪，以反对英国殖民者，不过收效甚微。德国还为爱尔兰民族主义者提供支持，为他们输送武器，支持他们在1916年复活节发动起义，反对英国的统治。与此同时，德国和奥匈帝国采取种种策略，支持俄国国内的反政府活动，并煽动民族矛盾与分裂。德国支持乌克兰的解放运动，1916年8月德国支持乌克兰与波兰合并（德国成为其保护国）。一位德国政客认为："如果我们能够及时煽动俄国国内的革命，从而使协约国分裂，那么胜利就是我们的，我们将成为世界上最强大的国家。"在大西洋的另一边，德国试图通过颠覆和渗透的方式来削弱美国。美国有些兵工厂正在为协约国提供武器，德国秘密地在这些工厂和船舶里放置炸弹。实际上，这种破坏行动没有什么效果，但是被发现之后，德美关系严重受损。而德国在墨西哥的计划进展得比较顺利。1914年美国从墨西哥撤军之后，这里很快再次爆发内战。德国试图阻止英国海军从墨西哥获得石油等重要物资。不过，德国最主要的目的是让美国陷入墨西哥的泥潭。德国外交大臣戈特利布·冯·雅戈（Gottlieb von Jagow）认为："这种战略非常值得，如果美国卷入墨西哥战争，它在欧洲就会分心，就无法对英国提供足够的支持。" 1916年3月初，墨西哥军阀庞丘·维拉（PanchoVilla）在美国新墨西哥州哥伦布镇（Columbus）杀害了几名美国人，尽管这不一定是德国直接指使的，但肯定是经德国同意了的。

协约国则向哈布斯堡王朝内部的分裂势力提供支持。1915年5月，英国政府在伦敦发起成立南斯拉夫委员会，旨在笼络斯洛文尼亚人、克罗地亚人和塞尔维亚人，建立一个新的南斯拉夫国家，以削弱奥匈帝国。克罗地亚领导人弗拉诺·苏皮洛（Frano Supilo）解释说，如果没有这样一个组织，"意大利就会像吃通心粉一样吞噬我们"。英国还鼓励捷克和斯洛伐克的民族主义者联合起来，在极富魅力的托马斯·加里格·马萨里克（T. G. Masaryk）的领导下反对德国的统治。在中东，英国与阿拉伯人及其他民族进行磋商，以帮助他们摆脱奥斯曼帝国的统治。英国认为亚美尼亚对自己很有利用价值。因为如果亚美尼亚能够脱离土耳其而独立（比今天的亚美尼亚面积大得多），那么从柏林到巴格达的大铁路就会被切断，俄军可以从北边长驱直入进攻土耳其，英军可以从埃及直接进攻土耳其，这样协约国可以强化围困土耳其及其盟友的包围圈。1916年年初，麦加领导人侯赛因·本·阿里（Hussein bin Ali）与亨利·麦克马洪爵士（Sir Henry McMahon）（英国派驻埃及的高级专员）进行联络，准备建立一个独立的阿拉伯国家。同年晚些时候，英法两国缔结了《赛克斯—皮科协定》（Sykes–Picont agreement），在中东划分势力范围：巴勒斯坦和美索不达米亚属于英国势力范围，而大叙利亚属于法国势力范围。但是，到了1916年年底，上述努力仍然没有对战争结果起到决定作用。

此时美国仍保持中立，但它密切关注欧洲的战况，尤其是德国的行动。华盛顿实际上支持协约国，因为它们在利用美国的金融和工业资源时形成了良好的信誉，华盛顿可以因此而获益。德国发动无限制潜艇战后，美国差点儿和它打起来，豪华客轮“卢西塔尼亚号”（Lusitania）被德国潜艇击沉后，美国险些对德宣战。美国一直非常关注西半球的稳定问题，时刻准备应对挑战。早在1914年11月，威尔逊的心腹、陆军上校爱德华·豪斯（Edward House）就担心“巴西是德国染指的主要目标”，他判断德皇不再认为门罗主义适用于赤道以南地区。但主要的问题依然是墨西哥。1915年10月，国务卿罗伯特·兰辛（Robert Lansing）表示：“华盛顿非常清楚德国的意图，德国想要让墨西哥保持混乱状态，然后美国不得不进行干预。”他强调，美国应该尽可能避免那样做，“我们必须重视与德国的关系，我们与墨西哥的所有交往都必须考虑到与德国的关系”。然而，庞丘·维拉袭击哥伦布镇后，威尔逊不得不予以回击。1916年3月下旬，约翰·潘兴（John Pershing）将军率领军队越过边境，向墨西哥兴师问罪。此次行动没有成功俘获维拉，反而引发广大墨西哥人民的愤怒，最终无功而返。美国曾经承诺，不会吞并拉丁美洲的任何国家，但现在它干预拉丁美洲的行为遭到广泛谴责。在上述所有这些事件中，美国的目标不仅是要减少后院的不稳定性，而且要防止别国在拉丁美洲产生影响，防止有欧洲国家从南边威胁美国的安全。

战争支配着欧洲各国的国内政治。首先，战争有助于愈合各国内部的裂痕。在奥匈帝国，政府干脆利用这个机会让议会休会。爱尔兰支持自治的人与忠于英国的人，并肩与德国作战，而不是互相争斗。英国保守党支持自由党政府的战争努力，英国不仅仅要保护比利时，还要防止法国被德国打垮，防止欧洲的均势被破坏。左翼的独立工党（Independent Labour Party）反对德国的克虏伯主义，批判资本主义，同时支持对德作战。在法国，左派和右派联合起来，组成“神圣联盟”，共同抗击入侵者。俄国民众坚定支持沙皇的政策，此时沙皇集中精力对付日耳曼人，并努力实现俄国在土耳其海峡的“历史使命”。国家杜马表决通过了税收和贷款法案，为战争提供支持。在德国，社会主义者签署了“国内和平”协议，团结对外，不再找政府的麻烦；德皇宣布，“现在已经没有任何政党，只有德国人”。1914 年，议会中所有的政党都支持政府发行战争贷款。如果没有这些国内的共识，战争将无法进行下去，共识破裂的国家将很快被打败。德国的社会主义者之所以支持战争，主要原因并不是出于民族主义的“虚假意识”，而是担心德国落入沙皇之手；同理，法国的社会主义者之所以支持战争，主要原因是他们担心法国落入德皇之手，那样将遭受更残暴的统治。事实上，“第二国际”想要利用工人总罢工将帝国主义战争扼杀在摇篮中并且发动社会主义革命的想法，从未落实过。

1915~1916 年，战争支配了法国和英国的高层政治。两国都在探讨如下问题：军事指挥官的任命、资源的开采以及一些新战略的效果问题（例如发动达达尼尔海峡战役，是否能够缩短战争时间；在西线对德国进行毁灭性打击，是否是战争取得胜利的关键）。1915 年 5 月，英国面临弹药危机，全国缺乏火炮和弹药，战时首相赫伯特 · 阿斯奎斯（Herbert Asquith）感到巨大困难，他不得不团结战争经验丰富的保守党组建联合政府，以便更有效地进行战争。5 个月后，以勒内 · 维维安尼（René Viviani）为首的法国内阁由于战事不利，没有通过国民议会的信任投票。战争期间，法国国民议会一直在关注战争的进展，1916 年 6 月议员安德烈 · 马其诺（在凡尔登战役中不幸残废）在一次秘密会议上拍案而起，痛斥“最高统帅部计划的失败和行动的迟钝”。1916 年 12 月，英国首相阿斯奎斯不得不下台，取而代之的是“能给敌人以决定性打击”的自由党激进派人物——劳合 · 乔治。比较而言，英国在制定战争政策的过程中，仍然能够保持政治的开放性，尤其是坚持“议会至上”的原则。例如，加利波利战役的失败使得丘吉尔中断了其政治生涯，同时在1916年中，议会成立了一个调查委员会。因此，即使是在世界大战最为紧张的时期，英国的政治依然是开放的，民众依然可以批评政府在战略上的失误。

在美国，民众对战争态度存在严重分歧。国际主义者主张介入战争，这些人主要是东部沿海的精英阶层，如共和党重要人物亨利·卡伯特·洛奇（Henry Cabot Lodge）。他们在意识形态上同情协约国，认为德国是欧洲均势的主要威胁。他们经常批评威尔逊的政策导致国家军备废弛，将来会无法抵御德国的侵略。他们要求对国防事务进行调查，还为国家安全联盟——美国一个亲协约国的组织——的工作提供支持。1916年国会通过了海军法案，批准大幅增加海军军费，这反映了美国对德国意图的恐慌。战争的头两年，数千名美国志愿者来到欧洲服役，他们大多数人加入了英国或法国军队。相比之下，德裔美国人也发起了游说活动，他们则倾向于支持同盟国。美国大多数犹太人也支持同盟国，主要原因是俄国曾推行反犹主义。不过，大多数美国人仍然不愿意卷入欧洲的冲突。1916年威尔逊赢得连任，正是因为他承诺美国保持中立。

这场战争对各国的社会和经济也产生了深远的影响。从1914年开始，交战双方面临的主要问题是，如何最大限度地获得人力和经济资源。法国、德国、奥匈帝国和俄国都实行了征兵制度，而英国在战争初期依然采取志愿军制度。这种状况无法长久维持，自由党（其中许多人是激进主义者）和保守党均对此提出了批评。1915年夏天，有人发表了“全民皆兵”的宣言，要求“每一个健康的男子，不管其社会地位如何，在国家需要他的时候，他必须听命”。1916年中期，英国正式实行征兵制度；由于爱尔兰是政治敏感地区，因此那里的人可以暂时免于兵役。劳合·乔治支持该法案，他认为“每一个伟大的民主国家，当它遭遇到挑战时，当它的自由受到威胁时，都会诉诸强制力保卫自己”。

几乎所有的欧洲国家都意识到，这将不会是一场短期战争。但即便如此，各国政府还是很快被补给问题搞得焦头烂额。劳合·乔治领导的军需部成立之后，英国的“弹药危机”才得以缓解。一年后，法国政府成立了国家企业联合会，以便更有效地管理战时经济，最终国家企业联合会不仅负责原材料的供应工作，还设定价格，控制资本流动；其中有一位表现突出的年轻官员叫让·莫内（Jean Monnet），后来成为欧洲著名的政治家。在欧洲各国，自由资本主义原则暂时被国家干预主义和社团主义取代，以适应战争需要。这样，各国的实力都有了巨大提高，连之前实行“自由”制度的英国也是如此。其中，实力增长最快的是德国，在外交大臣瓦尔特·拉特瑙（Walther Rathenau）强有力的领导下，国家潜能被有效地激发了出来。1916年，德国执行兴登堡计划，动员全社会备战；同年12月执行“爱国主义支援前线法”，将17~60岁的非工农业男性都招进了军队。这种“战时政策”保证了德国即使在寡不敌众、被包围、原材料和食品供应被切断的情况下仍然能够继续坚持战斗。

不过，协约国的力量依然领先。法国的整个殖民帝国，一共有5 000万居民，它只需要其中的50万人即可，要么将其部署在西线对抗德国，要么部署在中东对土耳其作战。英国则更成功地利用了其殖民地的人力资源，它将加拿大远征军中的40万人运送到了西线。澳大利亚和新西兰也提供了数十万的兵力，澳大利亚总理承诺，将对母国英国提供支持，“直到最后一个人战死、最后一个先令花完”。此外，还有超过7万南非白人（绝大多数讲英语）和大约4万黑人被运送到了欧洲；约100万印度人是在印度次大陆以外服役，许多人来到了欧洲战场。在佛兰德的战场上，德国人并没有直接与英国人交战，而是与亚洲人以及来自英国其他属国的军队作战。英国的殖民地为英国做出了巨大的经济贡献。到1916年底，仅加拿大就生产了英国总弹药需求的1/4左右；英国的战争开支，都是来自它在各殖民地的财政收入或贷款（只有南非部分地区除外）。因此，全球大部分地区事实上都卷入了战争，各国共同反对德国建立欧洲大陆的霸权。

德意志帝国被世界各国看作敌人，现在它开始调动离本土较近的新资源以自救。德国总参谋长法金汉冷峻地指出，这意味着奥匈帝国将“不得不放弃它的主权”，并成为“德国的一个‘马克’”。此时的奥匈帝国面临着内忧外患，民族主义颠覆活动愈演愈烈，军队在战争中表现不佳，因此它别无选择，只能成为德国的附庸。尽管匈牙利与奥地利一直有矛盾，但马扎尔人中的精英也不得不暂时与奥地利联合。正如匈牙利首席大臣伊斯特万·蒂萨（István Tisza）在1915年4月指出的：“匈牙利只有与奥地利联合，才能阻止斯拉夫主义继续冲击亚得里亚海西海岸……匈牙利的命运与奥匈帝国作为一个大国的存在是联系在一起的。”1916年9月初，奥匈帝国同意与德国组成联合最高统帅部，由兴登堡担任元帅，奥匈帝国军队听从德国的指挥。大约同时，德国自由派政治家弗里德里希·瑙曼（Friedrich Naumann）发表了一本具有巨大影响力的小册子——《中欧》(*Mitteleuropa*)，支持德国占领多瑙河盆地以打破包围圈。换句话说，只有控制了中欧的人口和工业潜力，德国才能保证自己的安全。

战争的压力使得欧洲各国的国内政治变得更加偏执。国家和民众草木皆兵，认为敌人无处不在；即使是在西方民主国家，审查制度和警察监视也成为常态。在英国，暴徒以德国人的名义砸碎了商店的窗户，有近三万名“外国人”被拘禁。爱国的女权主义者将德国人描述为“掠夺成性”的“男子”。英国王室由于具有德国血统，因此被迫改名为“温莎王朝”（House of Windsor），以便与德国脱离干系。德皇听到这个消息之后讽刺说：“英国人现在应该把莎士比亚戏剧的标题改为《萨克森-科堡-哥达的风流娘儿们》(*Merry Wives of Saxe-Coburg-Gotha*)。”为强化监管，英国试图推出身份证制度，但最终由于遭到普遍反对而搁置。法国人普遍对德国间谍感到恐慌，他们认为德国间谍无处不在，导致成千上万人被拘禁。沙皇俄国也出现了类似情况，反对“外国人”的暴乱频繁发生。欧洲各国以更加偏执、更加极端的态度对待犹太人。1916年，德国的反犹主义要求官方进行一次人口普查，以确定是否有大量的犹太人正在前线服役，是否有犹太人在后方搞破坏，以及是否有犹太人大发战争横财。白俄罗斯的帕莱是犹太人聚居区，沙皇当局认为那里的犹太人都是德国间谍。整个战争期间，俄国在乌克兰进行大屠杀，甚至把成千上万的来自西班牙加利西亚的犹太人当作潜在的安全威胁，将其驱逐出境。尽管犹太人被虐待，但是和奥斯曼帝国对待亚美尼亚人的做法比起来，简直是小巫见大巫。土耳其当局确信亚美尼亚人串通俄国军队以帮助其穿过高加索山脉，因此对亚美尼亚人展开了系统性的驱逐和屠杀。

不过，在其他方面，战争则产生了积极作用，尤其是有利于妇女的解放。工人阶级的女性很快在蓬勃发展的军火工厂里找到了工作，而中产阶级和贵族妇女则投入到了各种志愿活动或护理工作中。欧洲各国需要妇女提供后勤工作，因此数百万妇女感受到了自身的强大力量。过去有人认为，国家不应征召妇女入伍，而且国际妇女运动应该以维持和平为宗旨，而不是倡导战争。但现在，欧洲的女性表示反对上述观点。资深的女权主义活动人士埃米琳·潘克赫斯特问道：“当我们的国家被拒服兵役者、消极抵抗者以及逃避责任者把持的时候，情况会非常糟糕，任何一个女性可能会袖手旁观吗？”多数女权主义者认为，女性不仅应该要求获得公民权，也应该承担爱国义务。此外，战争的压力也改善了民众的福利。这种情况在法国最为明显，政府规定，每个工人的工资不仅取决于他的生产贡献，还取决于他要抚养、赡养的家庭人数。政府出台鼓励生育、扶持困难家庭的政策，不仅是为了维持和平，而且是为了在战争导致大量死亡的情况下维持较高的出生率。因此，尽管政府的政策违反了"同工同酬"的原则，但其原因与性别政治无关，而是完全出于国家安全的考量。

在中东欧，战争对社会和政治的挑战最为强烈，人们感受得最为深刻。德国海军元帅蒂尔皮茨在战争爆发后不久预言："旧阶级和种姓制度已经过时了，无论输赢，最终我们都会走向纯粹的民主。"尽管德意志帝国仍然是一个根深蒂固的等级社会，但在战争过程中，许多文化和社会的界限都被打破了。军官团不再那么排斥下层中产阶级，甚至一些贵族军官逝世后，工人阶级的士兵获得晋升并填补了空缺。更紧迫的问题仍然是政治参与。1916 年底，国家自由党、中央党和社会民主党共同组成了宪法和预算委员会。他们的目的是要通过议会来影响外交和战略政策的制定，由于战争关乎性命，因此各党派力图争取控制战争进程的权利。不过，这些人并不是什么和平主义者：如果右翼政党宣称，德国应该兼并某个国家以保卫德国的安全，那么这些人也会予以支持；如果有人认为，只有发动无限制潜艇战才能迫使英国屈服，才能打破德国遭遇的封锁，那么这些人就会说，那就发动吧！和其他国家一样，德国的民众要比精英更加关注地缘政治问题。不过民众也有更深层次的要求，他们要求废除普鲁士的三级选举制度，推行全国普选，以便调动整个国家的力量对付协约国。之所以会产生这种逻辑，就是因为外交政策对一国政策的影响往往居于首要地位。马克斯·韦伯警告普鲁士保守派道："要想成为一个好的政治家，就要重视外交政策，并以外交政策的需要来安排国内政治秩序。当然，这不可避免地将会导致'民主化'的后果，但如果一个政治人物不愿意接受这种后果，他就不应该执行大国外交政策。"

在俄国，立宪派也利用战争，坚持要求获得更多的政治参与权利。1915 年 2 月上旬开始，国家杜马有权参加财政预算秘密会议，有权听取战争大臣的报告。由于俄国频频战败，杜马开始对政府施加更多的压力。1915 年 6 月初，国家杜马要求撤换国防大臣和内政大臣，不久立宪民主党人呼吁"政府应该想办法赢得民众的信心与支持"。战争开始后不久，国防大臣和内政大臣被得到国家杜马支持的人取代。1915年秋天，立宪民主党和十月党联合起来组成“进步阵营”，控制了国家杜马席位的多数，他们再次提出“政府要获得民众的信心”，并且要求改组军队最高指挥部。这次，沙皇没有支持杜马，而是要求杜马休会，拒绝任命新的最高指挥官，他亲自接管了战争指挥的工作。沙皇认为，战争的成败关系到王朝的生存，因此他决定采取冒险的战略，以扭转不利战局。1916年夏天，俄国再次遭遇失败，民众和国家杜马指责专制制度无法捍卫国家利益。11月中旬，俄国又遭遇惨败，立宪民主党领袖米留科夫问国家杜马：“是因为军队愚蠢，还是因为他们叛国？”此时的俄国非常像当年的法国垂死专制王朝，人们集中批判沙皇家族的腐败，指责沙皇被其宠臣格里高利 · 拉斯普京（Grigori Rasputin）严重蒙蔽，甚至认为拉斯普京在战争中秘密支持德国。1916年12月底，一些爱国人士谋杀了拉斯普京。显然，如果下一年前线再次传来战败的消息，那么沙皇专制统治的日子将屈指可数。

美国南北战争与德国统一之后，一场世界大战席卷欧洲乃至整个世界，成为一场巨大的社会变革。直到1916年战争接近尾声时，人们依然不知道，哪个大国将会是赢家，哪个将会是输家。美国南北战争与德国统一这两件大事一直主导着法国、俄国和英国的大战略及其国内政治；鼓舞了民众、媒体和议会对政治的参与，甚至影响了那些专制国家；推动了英国的殖民扩张以及英国内部的帝国重组。经过两年的战争，同盟国与协约国之间看上去势均力敌：同盟国位于欧洲大陆的心脏地带，已经积聚了强大的实力，因此即使英、法、俄联合起来，也无法将其打败；同样，同盟国一时间也无法打败协约国。因此，只有当一种新的欧洲地缘政治出现时，僵局才能被打破。这就是：美国加入与德国的对抗。

第六章

乌托邦：1917~1944年

文明将被布尔什维克主义的烈焰燃烧殆尽。在这场可怕的浩劫之后，会出现一群新的政府……而第一批强大起来的人将是德国人……他们的国家具有高效的组织性，背后还有俄国提供的源源不断的资源，德国会控制俄国。而且一旦德国和日本联合，那亚洲也要服从于它。

——美国国务卿罗伯特·兰辛，1919年

如果我们能估计得长远一些，未来是否会出现这么一种情况，即欧亚大陆成为一个巨大的统一的整体，并且被一个强大的海权国家所征服？一旦这种情况出现，我们应该如何应付？我们是不是应该认识到，从战略的角度来看，一旦上述情况成为事实，将会是对世界自由的巨大威胁？我们应如何用我们新型的政治制度来应对上述情况？

——哈尔福德·麦金德爵士，1919年

谁能控制欧洲，谁就能领导世界。因此，我们奋斗的目标仍然是创造一个统一的欧洲，但是只有德国才能将欧洲联结起来。

——阿道夫·希特勒，1943年

1917 年是欧洲和全球地缘政治的分水岭，这一年先后发生了三件大事：俄国革命、美国加入“一战”、英国政府发表《贝尔福宣言》（该宣言许诺支持犹太人在巴勒斯坦建立自己的国家）。在随后的 30 多年中，这一系列事件对地缘政治及各国的国内政治都有着重要的影响，导致欧洲和全世界进入了一个空前的动荡时代。这场动荡的标志是两大力量——美国与德国之间的冲突，二者都试图统一欧洲。同时，也表现为三大“乌托邦”之间的冲突：民主、共产主义和国家社会主义。德国是这场斗争的焦点，威尔逊提出的国际新秩序就是为了遏制和改变德国。同时，从地缘政治上看，德国承受着来自苏维埃革命的压力。此外，《贝尔福宣言》也将矛头指向德国，而后来的纳粹也产生于德国。德国的实力问题也是欧洲内部政治的焦点：德意志共和国（魏玛共和国）受到《凡尔赛和约》的制约；法国和其他欧洲国家一直在想方设法对德国进行遏制；苏联还希望利用德国，将革命输出到中欧，随后又迫切地要遏制希特勒。德国周围的国家，不论远近，其主要目标依然是阻止德国与自己的敌国联手，同时它们还要确保德国没有称霸的野心。对德国人而言，他们面临的问题是，如何制定自己的大战略和发展国内政治，以防止自己被另外一个全球性大国打败，同时防止出现一个强大的、反对自己的联盟。但是，德国的这两个计划都失败了，因而给自己造成了灾难。

当战争进入第三个年头时，德意志第二帝国动用军事、外交和国内的所有力量，来解决所面临的困难。为了断绝英国的物资，1917 年 2 月，德国重新对英国开展无限制潜艇战。潘乔 · 维拉（Pancho Villa）率军突袭美国新墨西哥州后，美国的反应非常软弱。这让柏林更加胆大，不再担心自己会刺激美国了。尽管如此，为了以防万一，德国外交大臣阿瑟 · 齐默尔曼（Arthur Zimmermann）对墨西哥发出了一封电报，声称“在德国与美国之间爆发战争的情况下，如果墨西哥站在德国一边，那么德国就许诺将得克萨斯、亚利桑那和新墨西哥交还给墨西哥”，帝国海军已经接到命令，会想尽一切办法向墨西哥人提供武器。同时，德国开始调集所有剩余的经济资源，试图击败协约国。但这很难，因为当时德国已经是四面楚歌，它与传统的原材料供应地的联系已经被切断。战时资源局局长拉特瑙通过改善生产流程，使产量最大化，减少经济封锁带来的不利影响，缓解了一部分困境。然而，通过直接榨取工人的汗水来增加产量的效果是有限的。显而易见的是，只有提高民众的政治参与程度，德国才能不被“满世界的敌人”打败。出于这个原因，1917 年德皇发布复活节文告，称在战争结束后拟废除歧视性的“三级选举法”。

在大英帝国，由于伦敦急需动员更多的人力来对付德国，它不得不重新审视与其殖民地的关系。为避免各殖民地民族主义情绪的爆发，英国很早就取消了征兵制度。爱尔兰的复活节起义被英国镇压后，爱尔兰人一直对英国不满，而如今英国准备在爱尔兰恢复征兵制，这等于在爱尔兰人的伤口上撒盐。因此，爱尔兰激进的分离主义势力——新芬运动（Sinn Féin movement）越来越强大，相对温和的党派越来越衰落。相比之下，英国要想在其他殖民地获得持续不断的军事支持，就必须与当地人民进行更多的协商，同时给予殖民地人民更多的政治平等。英军在西线的军事失利，使得各殖民地的领导人非常愤怒，他们要求参与英国大战略的制定。为了响应这些呼吁，1917 年春天，英国政府成立了帝国战争内阁，并承诺“在战争结束后，英国政府将与英联邦中的各自治领进行持续的协商，并耐心地听取它们对大英帝国外交政策的意见”。几个月后，印度事务大臣埃德温·蒙塔古（Edwin Montagu）指出：“战争结束后，南亚次大陆民众的自治意识将逐渐增强，一个自治的政府迟早会出现。”英国与德国的战争使得加拿大、澳大利亚、新西兰和印度的民众在政治上觉醒了，他们越来越要求获得自治权。而爱尔兰民众的自治观念早已出现，战争影响了其内部的政治辩论。

在俄国，独裁的沙皇政府没能实现其诺言，它无法战胜德国，但这让更多的人支持扩大政治参与。立宪民主党与拥护君主立宪制的十月党人认为，只有真正的议会制政府，才能动员整个俄国社会来抵抗德军。当时，社会上广泛流行着一个说法，称俄国皇室及高层官员中存在一个“卖国集团”，他们被犹太人和德国人收买，其中沙皇的宠臣拉斯普廷就是最大的卖国贼。因此，到 1917 年初，罗曼诺夫王朝已经失去其合法性，非常像 1789 年的法国波旁王朝。路易十六的王后玛丽·安托瓦内特曾经被判处死刑，成为丈夫的替罪羊；与路易十六相似，此时的尼古拉二世也无法真正维护俄国的利益，因为一些“为德国利益服务的人”搞了很多阴谋诡计。1917 年 2 月底，在持续不断的罢工抗议和军事叛乱中，沙皇的独裁统治最终被推翻。李沃夫王子（Prince Lvov）领导成立临时政府，任命米留可夫为外长，临时政府决心寻找机会，再同德国决战。换句话说，“第一次”俄国革命并不是反对战争本身，而是反对无能的沙皇，当时俄国人想鼓足勇气再同德国决战。

俄国革命爆发后不久，地球另一端发生的事，也改变了欧洲的局势。由于德国恢复无限制潜艇战，德国和美国之间的关系开始紧张起来。英国情报机构截获并破译了“齐默尔曼电报”，2 月底，英国将这封电报交给美国。电报声称，如果墨西哥与德国结盟，德国就将得克萨斯、新墨西哥和亚利桑那还给墨西哥。美国人看到电报后非常愤怒。不久，美国船只沉没的消息登上了报纸的头条。很多美国人开始警惕起来，他们认为德国人想把欧洲的“中心地带”全部控制起来。威尔逊声称：“德国想要在军事和政治上控制欧洲的中心，之后再穿越地中海，直接控制亚洲的中心。”综上所述，事态的发展使得很多美国人相信，欧洲形势的发展，尤其是德国霸权的威胁，将会对整个西半球的安全产生重大的影响。这不仅有可能威胁到美国的商业利益，还可能会破坏美国的领土完整。因此，只有直接介入欧洲，美国才能遏制敌人，才能减少威胁。威尔逊总统警告，如果美国袖手旁观，那么后果不堪设想，“德国的势力将从汉堡直接延伸到巴格达，控制世界的中心”。1917 年 4 月，美国正式对德宣战。

从威尔逊总统的视角来看，德意志帝国也是对美国的意识形态和政治理念的严重挑战。威尔逊在国会做演讲时，号召议员支持对德战争。他指出：“必须维护世界的安全，以保卫民主，和平必须建立在政治自由的坚实基础之上。”他解释说，德国的侵略政策，就是威廉家族的独裁统治的产物，“德国统治者之所以能够破坏世界的和平，就是因为德国人民无法表达自己的意见”。美国政府坚信，要想保卫美国的民主制度，就必须保卫世界上其他民主国家。威尔逊的目的并非“通过维护世界的安全以保卫民主”，而是要通过扩展民主制度来保卫美国的安全。

因此，到 1917 年夏天，德国面临的战略态势日益严峻。从 5 月底开始，法国和英国持续从西线给德国施加军事压力，进攻阿拉斯（Arras）、伊普尔（Ypres）和苏瓦松（Soissons）等地区。同时，意大利在伊松佐对奥地利发动进攻。6 月底，俄国临时政府授权勃鲁西洛夫（Brusilov）在东线发动一场大规模攻击。奥匈帝国受到俄国和意大利的两面夹击，已经精疲力竭了。在南边，英国重新发动进攻，在巴勒斯坦和美索不达米亚将战线向前推进。由于美国如期派出大量军队来欧洲作战，柏林面临的局势更为严峻了，它很难长期支撑下去。德国中央党领导人马蒂亚斯·艾茨贝格尔（Matthias Erzberger）提出了一项“和平解决方案”，内容是德国放弃已吞并的其他国家的领土。1917年7月，该方案被提交到德意志帝国议会，并得到绝大多数议员的支持而通过，这也反映出了德国政局的新变化。同月，贝特曼·霍尔维格被迫辞职，格奥尔格·米夏埃利斯（Georg Michaelis）担任帝国的新任宰相。但在10月，米夏埃利斯失去了帝国议会的信任，冯·赫特林伯爵（Count von Hertling）取代了他的位置。德意志的立宪过程开始于1914年之前，但一直发展缓慢，而如今在战争的压力之下开始加速发展。

此时，德国最高统帅部很快重新获得了战争主动权。1917年10月底，德国和奥地利联合进攻，将防守在卡波雷托（Caporetto）的意军打得丢盔卸甲，几乎就让罗马被迫求和了。不过，德国真正的致命一击是在东线。德国外交大臣理查德·冯·库尔曼（Richard von Kuhlmann）曾说：“在敌军的战线中，俄国似乎是最脆弱的一环，我们的任务就是要逐渐让俄军放松警惕，然后寻找时机除掉他们。这就是我们在战线后方对俄国进行破坏性活动的目的——首先是激化俄国内部的分裂倾向，支持布尔什维克，离间它与政府的关系；为了执行这一战略，德国还要定期给布尔什维克支付报酬。”布尔什维克的领导人列宁，坐在一列封闭的火车中，从瑞士出发，穿过德国边界，取道瑞典和芬兰，最后回到俄国。1917年7月，勃鲁西洛夫第二次进攻失败以后，列宁这一派终于在争论中占据上风。他们控制了士兵和工人委员会，提出了“面包与和平”的口号。此时，一场关于俄国未来外交政策方向的激烈辩论在圣彼得堡展开。有些人仍然强烈主张将战争进行到底，至少反对仓促讲和，反对在对自己不利的条件下讲和。1917年11月，布尔什维克发动政变、夺取政权，“全俄工农兵代表苏维埃”颁布了《和平法令》。法令“向一切交战国政府和人民建议立即缔结停战协定……立即实现不割地、不赔款的和平”，同时还宣布“废除秘密外交”。12月，苏俄与德国签订停战协定。简言之，列宁所宣扬的意识形态是来源于德国的，列宁将其传播到俄国，而德国最高统帅部则利用这个计划诱使俄国退出战争。

因此，1917年年底，协约国突然发现自己处于劣势，俄国的东线如此，其他战线也是如此。1917年，协约国的力量曾经有所发展，但很快又一次在中东和西线陷入困境。意军需要获得实质性的支持，否则他们的存在也难以为继。在高加索，面对奥斯曼土耳其的进攻，俄军撤退了。在东线，一旦柏林与布尔什维克达成协议，德国就会从东线抽出大量军队，将其投入到西线并与协约国进行最后的决战。如果德军先于美军赶到西线，那么协约国定输无疑。更糟糕的是，现在德军已经控制了中东欧的所有资源，德意志仍在与奥匈帝国进行更紧密的合作。1918 年 4 月，威尔逊在巴尔的摩演讲时曾警告：德国试图控制整个欧亚大陆。与此相似，大英帝国政治家米尔纳勋爵（Lord Milner）担心“德军霸权下的中央集团不仅会控制欧亚大部分地区，还可能控制全世界”。

形势紧迫，现在协约国必须从德军及同盟国手中夺回主动权。1917 年 11 月初，英国外交大臣亚瑟 · 贝尔福发表了一项宣言，支持犹太人在巴勒斯坦地区建立自己的家园。就中东的战场而言，这一招可以先发制人，防止土耳其人破坏苏伊士运河，防止大英帝国被分成两半。当时土耳其的后台是德国，他们正在巴勒斯坦扩张力量。从战略上看，给犹太人划出一块土地，可以保证英国到埃及的通道的畅通。更广义地说，《贝尔福宣言》是一次政治和意识形态赌注，目的是使英国得到全球犹太人的支持。英国外交部常务次官罗伯特 · 塞西尔（Robert Cecil）说：“我们没有夸大其词，全球犹太人的力量非常大。”不过，尽管多数犹太人为了祖国的事业，对英国的倡议表示出了热情的支持，但是他们总体上还是倾向于支持同盟国。这是因为，以前作为协约国的俄国具有强烈的反犹太主义倾向，而且很多犹太人，尤其是中欧和东欧的犹太人，指望德国保护他们的文明价值观。哈伊姆 · 魏茨曼（Chaim Weizmann）等犹太人领袖经常说，如果协约国不能在巴勒斯坦给我们提供一个家园，那么德国皇帝就会出手帮助我们。不管怎样，是英国人有求于犹太复国主义者，而不是犹太人有求于英国人。英国发表《贝尔福宣言》，最初考虑的不是协约国能够为犹太人做些什么，而是犹太人能帮协约国反对德国做些什么。

不久以后，也就是 1918 年 1 月，威尔逊总统提出了“十四点计划”，目的是防止德国控制欧洲，同时以民主、民族自决和地缘政治为基础，建立新的世界秩序。其中，第六点要求“外国军队撤出俄国”；第八点要求“德军撤出法国，将阿尔萨斯和洛林归还法国”；第九点要求“根据民族分布情况，调整意大利疆界”；第十点要求“允许奥匈帝国境内各民族自治”，不过这里并没有提到奥匈帝国是否应该继续保持统一，以协助其他国家制约德国；第十一点要求“罗马尼亚、塞尔维亚和门的内哥罗的领土予以恢复”，当时这三个国家被德、奥两国侵占；第十二点要求“达达尼尔海峡在大国保证下永远开放为自由航道”，除了巴勒斯坦之外的所有阿拉伯民族，都应该被保证拥有自治权，但他们的外交政策还是要由英国来负责；第十三点要求“重建独立的波兰，大国保证波兰拥有出海口，并且这个国家要毫无争议地由波兰人组成”；最后一点——第十四点要求“成立一个国际联合机构以维持世界和平及各国的领土完整”。这十四项要求并不是建立在任何抽象的原则之上的，而是为了削弱德国，以控制德国在欧洲的权势。

此时，苏维埃俄国也需要果断行动起来。尽管协约国强烈反对俄国革命给自由资本主义和民主秩序带来的威胁，但协约国真正面临的问题，是如何恢复其在东线的地位。贝尔福并不认为消灭布尔什维克主义比其他所有事情都重要，1918 年 4 月，他宣布“如果布尔什维克政府能够与英国合作以反对德国，那么英国就有必要将它看作‘事实上’的俄国政府”。两个月后，英国陆军元帅亨利 · 威尔逊爵士警告称：“如果德国控制了俄国，那么它将不需要占领全部欧洲，它可以集中力量，通过陆路来进攻埃及或者印度。”因此，1918 年 7 月初，协约国最高战争委员会决定进行军事干预，对俄国革命者发动进攻，其主要目的是继续加强对德国的攻势。

“十四点计划”激起了俄国革命者之间激烈的辩论，这涉及整个革命的本质问题。列夫 · 托洛茨基警告：“如果欧洲人民不能够揭竿而起推翻帝国主义，那么我们就会被粉碎……这是毋庸置疑的。”根据马克思的理论，反革命的势力会以两种方式被消灭：一种方式是帝国主义之间发生战争，彼此消灭（正如列宁所说，“这样的浪潮最终注定要使帝国主义国家相互毁灭”）；另一种方式是在成熟的资本主义国家，工人阶级通过世界革命的方式，将帝国主义政府消灭。但是，目前的事实是，西欧和中欧国家的工人阶级并没有团结起来，并没有揭竿而起，因此俄国革命者只能暂时依靠自己的力量。此外，根据马克思的预言，共产主义将首先在英国和德国等发达国家取得胜利。但是，事实是，布尔什维克现在在一个落后的国家建立了政权，这个国家的工人阶级人数很少，农民占绝大多数。这次革命发生在了一个本来不应该发生革命的国家。列宁也承认：“当下别无选择，只能在国际工人阶级同盟出现之前，坚守我们的岗位、保卫我们的国家，国际无产阶级同盟一定会出现，尽管比我们希望的要慢一点儿。”

1918年3月，布尔什维克与德国签订了《布列斯特-立陶夫斯克和约》，和约使得苏联付出了巨大代价。托洛茨基后来说："现在要紧咬牙关，我们要意识到自己的虚弱。"在和约中，苏联割让了大片领土，以换取和平。正如列宁所说，和约给苏联一个"喘息的机会"，以巩固国内的革命力量。但是，德国根本没有把和约当作一回事，而是继续攻击苏联。同时，其他同盟国也开始进攻苏俄，乌克兰出现了各种各样的分离主义运动，波罗的海省份以及原属沙俄帝国的地方也是如此。在这种情况下，革命者的国内政策在很大程度上受到了国外政治形势的影响。孟什维克是俄国社会民主工党的少数派，他们反对布尔什维克（即多数派）提出的排外政策。他们认为，保护苏联不受外国侵略的唯一方法，就是恢复立宪会议，用民主制度取代共产主义政权，并动员全国人民与外国侵略者做斗争。而列宁则持完全不同的看法，他认为"要想保卫社会主义祖国，就要进行残酷的战争，以反对我们国家的资产阶级"。列宁发起和亲自批准了大规模的枪决、逮捕和放逐，这样的事情每天都发生，民众对此早已司空见惯。

日益恶化的战局，也影响到了协约国及其相关国家的国内政治，尽管没有苏俄那么激烈。1917~1918年间，法国政坛一直在围绕战争问题展开辩论。1917年3月，一场重要争论开始兴起，争论围绕着议会是否有权利秘密地讨论国家的战略。在这场争论中，阿里斯蒂德·白里安（Aristide Briand）内阁被迫辞职。同年夏天，法军重新发起攻击，但惨遭失败，士兵伤亡惨重，导致法军全体兵变。战事失败与兵变，导致很多人非常恐惧，大家互相猜疑谁是德国的奸细、谁是叛国贼。右翼分子指控内政部长路易-让·马尔维（Louis-Jean Malvy）是间谍，因为他没能在战争初期就逮捕潜在的颠覆分子。1917年7月，激进党的领导人乔治·克里孟梭（Georges Clemenceau）在议会以"叛国罪"为由，要求将马尔维逮捕。一个月后，由于军事上屡战屡败，亚历山大·里博（Alexandre Ribot）内阁被迫辞职。保罗·潘勒韦（Paul Painlevé）组建新一届内阁，但在1917年11月，意大利被德国打垮，同时东线战事不利，因此潘勒韦也很快下台了。之后，克里孟梭担任总理，这一届内阁全部都是强硬派。1918年1月，克里孟梭将前总理约瑟夫·卡约（Joseph Caillaux）以叛国罪逮捕，卡约曾经是激进党领导人，曾支持与德国媾和。3月，克里孟梭向议会表达了要把这场战争进行到底的决心。他宣称："对于国内政策问题，我会发动战争；外交政策问题，我还是会发动战争。"

在英吉利海峡的另一边、大西洋远处的英国，几乎是同样的情况，战争的最后阶段也影响了英国的国内政治。1917 年 7 月，帕斯尚尔战役开始，英国军队伤亡惨重，最终促使工党领袖——阿瑟 · 亨德森（Arthur Henderson）召开国际和平会议。之后他向当时的首相劳合 · 乔治提出辞呈，要求不再担任内阁职务，但乔治不同意他辞职。次年初，两个有权有势的将军公开批评首相的人力管理政策，经历了一番周折，首相终于摆脱了困难。不过，首相仍然担心英军不足以抵挡德军的最后一击。帝国总参谋长威廉 · 罗伯逊爵士（Sir William Robertson）不得不辞职，取而代之的是亨利 · 威尔逊爵士。美国也开始进行全国动员。1916 年，美国的陆军规模排名世界第 17；在很短的时间内，美国通过强行征兵制度增加了 400 万士兵，其中有一半人被派往法国。战争花费远远超过了自宪法颁布以来的所有联邦支出，国库在战争中疯狂发售“自由债券”，用于战争融资。政府还成立了“公共信息委员会”，威尔逊总统提名乔治 · 克里尔（George Creel）负责管理，此人原来是一名记者。该机构招募了 7 万名“临时工”，出席全国各地的市政厅会议，共举办了 750 万场活动，向民众宣传“民主的未来”处于危险之中。德裔美国人遭到流放，德国泡菜也要改名为“胜利卷心菜”。政府 1917 年制定了《反间谍法》，1918 年制定了《惩治叛乱法》，封锁了国内的批评声。警察和治安人员把矛头指向了社会主义者和反战抗议者，很多人直到战争结束以后才被共和党政府释放。另一方面，战争动员使得一些少数族群（如非洲裔美国人）有机会证明自己的爱国情怀，他们能够通过服兵役以要求获得完全的公民权。

1918 年 3 月，德军在西线大举进攻，这拉开了欧洲最后决战的序幕。大约在同时，德国开始使用飞机和齐柏林飞艇来攻击英国的城市，同时也使用了新式的镁铝合金燃烧弹，以造成最大的杀伤力。在东线，德军继续深入乌克兰。在公海，U 型潜艇重创协约国的商船。几个月间，战争胜负难料。不过，德军无法阻止大批美军穿过大西洋，德军的空袭也逐渐失去效力。在西线，英法两国任命元帅福煦（Marshal Foch）元帅为协约国最高司令，这也是两国第一次在军事上的成功合作。到 1918 年夏天，德军在第二次马恩河战役中进退维谷。1918 年 6 月，美军参加贝洛森林之战，并起到了决定性的作用。8 月初，英法两国在亚眠附近取得了决定性的胜利，鲁登道夫将军（Erich Ludendorff）称这次失败为“德军的倒霉日”。

1918年10月初，自由派的马克斯·冯·巴登亲王（Prince Max von Baden）担任德意志帝国宰相，接受了威尔逊提出的民主计划。不久以后，协约国突破了坚不可摧的“兴登堡防线”。与此同时，协约国最终突破了萨洛尼卡战线，迫使保加利亚于9月底投降。英军在巴勒斯坦重创奥斯曼土耳其的防线，10月底，意军在维托里奥·维内托战役中将奥匈帝国的军队打得溃不成军。此时，奥匈帝国正在逐渐瓦解，帝国内部正在掀起一场反抗哈布斯堡王室统治的浪潮。德国新政府希望在“十四点计划”的基础之上与协约国进行谈判，并对协约国进行试探，以实现和平。10月底，基尔港（Kiel）的德国水兵发动兵变，他们公开反对帝国海军当局，骚乱很快扩展到全国。德国爆发革命，德皇被迫宣布退位，11月11日，德国宣布投降，签订停战协定。

“一战”结束了，协约国的胜利有很多原因。一部分原因是，协约国在人力资源和经济实力方面有强大的优势，德国不能与之相比。消耗战消耗了德国的几乎全部兵力，1918年，美国和福煦给了德国以致命一击。另一个事实是，由于遭到封锁，德国国内资源几乎耗尽。不过，军队的数量并不一定决定着战争的结果。例如，尽管俄国有大批军队，但它依然屡战屡败。的确，从1914年战争爆发开始，只有英法两国顶着压力坚持到了最后。虽然法国于1917年发生了兵变，但是国家仍然团结一致，逃兵感到羞愧，也回到了前线。相比之下，同年俄国爆发了革命，因此被迫退出了战争。1918年，德军和奥匈帝国都自行瓦解了。由于协约国的封锁，德国国内的社会不公变得更加严重，这导致民众大量死亡、人口减少；在奥匈帝国，民族对立严重，皇帝无法控制局面。西方民主国家虽然在战争中不断经受挫折，但只有它们完好无损地挺过来了。双方力量相当，协约国是险胜。

反对德国的战争已经结束了，但围绕德国问题，协约国之间展开了斗争。关于如何处置德国的问题，不仅胜利的各国存在着分歧，英、法、美三国国内也存在着分歧。这场辩论最激烈的地方是在巴黎，在那里，人们计算了战争的代价：130万人葬身战场，300万人受伤，许多人终生残疾。超过100万的法国妇女和儿童沦为寡妇或孤儿，只能完全依赖于政府的救济。法国的人口出生率本来就不高，战争期间出生率又骤降，而且很难恢复。法国认为，理想的解决方案就是把德国拆分成一些更小的国家。1918年

10 月，法国就要赢得胜利的时候，其外交备忘录上有这样一句话："为确保持久的和平，必须毁灭俾斯麦的遗产。"即使不这样做，很多法国人也要求，在东部边境建立更大的缓冲区。法军最高司令福煦元帅发起了一次大型的新闻宣传运动，声称法国只有控制莱茵地区，才能建立有效的缓冲区，才能保卫法国的安全。克里孟梭政府对此提出质疑，他认为这样做会毁掉法国与英美两国之间的同盟关系。最终，克里孟梭的意见占据上风。法国强迫德国签订了十分严苛的和约，目的是防止德国寻找机会报复。

然而，英国和美国怀疑法国在中欧地区的野心。两国相信，解决德国问题的最好方法并不是改变它的实力，而是改变它的行为。伦敦和华盛顿持相同观点，它们认为，威廉帝国之所以对外侵略，是因为德国国内缺乏自由主义。因此，显而易见的解决方案是摧毁德国的独裁专制统治，并将自由民主引入德国。英国财政大臣奥斯丁 · 张伯伦在战后曾说："如果德国能变成一个民主国家，那么它就不会再次上演腓特烈大帝、俾斯麦及其追随者那样的荒唐事了，这主要需要德国本国民众的努力，必要的时候还需要外部的压力。"英国历史学家和政治顾问威廉 · 哈尔伯特 · 道森（William Harbutt Dawson）认为："不幸的事实依然存在，要想让德意志民族摆脱政治枷锁，不能仅依赖于其自己的意愿。"与很多英美国家的人的观点相似，道森认为，"只有外国进行干涉，德国原来的制度才能被根除，50 年的时间已经证明，德国的旧制度是欧洲瘟疫的中心"。

此外，布尔什维克问题使得德国问题进一步恶化。德国"十一月革命"爆发之后，俄国的革命者认为，他们在 1917 年期盼的全世界无产阶级革命已经到来。列宁为此欢欣鼓舞，他说："德国的危机才刚刚开始，在德国革命结束时，德国无产阶级一定会夺取政治权力……现在，即使是各国最盲目的工人都能看清楚，布尔什维克以全世界工人的革命作为根基，这么做是非常正确的。"他还说："俄国工人将明白，在不久的将来，他们将为国际主义事业做出伟大的牺牲……客观环境会要求我们为德国人民提供帮助，这一天正在到来。"在《致欧美工人的信》中，列宁解释道："德国是最先进的资本主义国家之一，德国的革命是极其重要而且典型的。"他认为，一旦德国将来爆发无产阶级革命，那么欧洲其他国家也会效仿，但如果反动势力恢复了上风，就连俄国革命都不可能存在多久。因此，当"共产国际"于 1919 年 3 月成立并与"国际资产阶级"分庭抗礼时，这个新组织的官方用语不是俄语，甚至不是英语，而是德语。

而对协约国而言，他们陷入了与俄国布尔什维克的战斗，急于阻止其势力进入中欧新生的真空区。英国和美国很快便认识到，若想阻止苏联势力的扩大，最好的办法就是号召德国加入反对俄国革命的斗争，或者至少避免德国变为布尔什维克国家。1918年10月（甚至在战争还没结束时），美国国务卿兰辛就警告说："一定不能让布尔什维克控制中欧人民，一旦他们得逞，中欧将产生比普鲁士主义还要大的威胁，整个世界就将遭殃。"正是基于这个原因，丘吉尔呼吁"建立一个强大而又和平的德国，不攻击我们的盟国法国，但同时要让德国成为一座道德壁垒来抵御布尔什维克主义……我们要建立一道堤坝，用和平、合法、美德以及忍耐，来反对来自东方的红色洪水猛兽"。

1919年6月，《凡尔赛和约》确认了西欧和中欧国家的命运，该和约签订于弗朗茨·斐迪南大公遇刺5周年纪念日。协约国中，不同的国家有不同的需求与战略关切，条约体现了各国之间的妥协。条约的目的在于抑制德国扩张主义的死灰复燃，同时保持德国作为防止布尔什维克扩张的堡垒。德国放弃了所有殖民地，阿尔萨斯-洛林归还法国，石勒苏益格北部归还丹麦，奥伊彭（Eupen）和马尔默迪（Malmedy）被割让给比利时，而萨尔的未来则由全民投票来决定。在德国东边，德国放弃了西普鲁士和瓦尔塔兰（Wartheland），波兰复国，并且接管这些地区；梅梅尔起初由法国管辖，随后被移交给新独立的国家立陶宛；但泽被确立为一座"自由市"；对于上西里西亚的重要工业区以及东普鲁士的南半部分，波兰人和德国武装分子进行了激烈的争夺，最终决定由全民投票决定其归属。总之，德国失去了13%的领土和10%的人口。此外，德国还受到了其他形式的惩罚，如限制军备、被剥夺殖民地、支付赔款。莱茵兰和普法尔茨将被英国、法国、美国和比利时的军队占领10年左右，一方面是为了保持德国在形式上的完整性，另一方面是为了监督德国。德国被禁止在边境附近修建防御工事；德国新的国防军的人数不能超过10万，并且完全由职业军人担任；德国不准采用征兵制以及其他形式的短期服役；德国不允许拥有飞机和坦克，大部分海军军舰将被移交给战胜国。从此，德国在军事上毫无招架之力，其最重要的河流——莱茵河、多瑙河、奥得河和易北河——都处于国际管控之下。最后，《凡尔赛和约》第231条规定，德国应该赔偿其他国家的战争损失，应以现金或其他方式支付赔款共计2 260亿马克。这样，欧洲的中心就被中立化了，并且由战胜国联合监管。

《凡尔赛和约》还成立了国际联盟，以支持欧洲新的领土划分。《国际联盟盟约》已经被写入了《凡尔赛和约》第一部分的前26条之中。国际联盟总部设在日内瓦，由国联大会和行政院组成。国联大会包括了全体会员国，行政院由5个战胜国组成，即英国、法国、意大利、日本和美国。但德国和苏联都没有被允许加入国际联盟。联盟的初衷是遏制德国，同时也遏制苏联，其方式是保障《凡尔赛和约》的领土安排，同时严格执行削减德国军备的条款。根据《国际联盟盟约》第10条，成员国应“尊重和维护……国际联盟所有国家的领土完整和政治独立，反对外来侵略。一旦发生任何侵略，或出现任何侵略的威胁或危险，行政院应提出相应措施，以保证各国履行上述责任”。总而言之，国际联盟的建立与垮台都与《凡尔赛和约》以及对德国的遏制政策相联系。

威尔逊总统并不想让国际联盟仅仅成为一个以遏制德国为目的的松散的“神圣联盟”。他始终希望，一旦德国表现出了民主政治的迹象，就应接纳其为完全会员国，国际联盟最重要的目的应该是遏制苏联。因此，威尔逊力图将中欧问题的解决看作是改变整个国际关系行为的一部分。威尔逊的核心观点是普遍性的裁军：《凡尔赛和约》清楚地规定了对德国的限制，但其目的是“为所有国家的普遍裁军做准备”。再者，国际联盟不仅是要改变国家之间的关系，而且要改变国内政府的行为，其方式是建立难民委员会、卫生组织、禁奴委员会、女性合法地位研究委员会及其他各种跨国机构。最重要的是，联盟保证了一系列双边的少数族裔条约得以实施，以保护所有居民基本的宗教权、公民权和文化权。由于英国籍犹太人吕西安·沃尔夫（Lucien Wolf）在人权维护方面的努力，如今生活在欧洲的犹太人能够享受到全面的公民权，并且他们的权利得到了国际机构的强制保护。这些权利继而被推广到了所有族裔。在某种程度上，少数族裔的权利是一个自我实现的过程，并不需要外力的支撑。各国保护少数族裔权利的主要目的是缓解国内冲突，防止国际局势的紧张以致演变成战争。

尽管国际联盟创立的初衷是为了维护欧洲的均势，但它对于整个世界来说也具有深刻的意义。德意志帝国和土耳其帝国崩溃了，但战胜国并不想让每一块领土碎片都成为一个独立的国家。因为，那样做会导致有的地方立即陷入无政府状态，而且一旦这种做法成为先例，战胜国内部可能也变得不稳定，各种破坏活动会更加频繁。不过，最主要的原因是，那样做会导致出现权力真空，迅速加剧大国之间的争夺与敌对。同时，这些土地也不能只被战胜国瓜分，因为威尔逊总统出于意识形态的考虑将不会同意这样做。最终的解决方案是建立“托管”制度（或称“委任统治”制度），即国际联盟授权某一个协约国或其他国家来暂时管理原来战败国的殖民地和省份，直到这片土地上的人民完全做好独立的准备。显然法国极力反对这种制度，因为它希望占领新的土地，以扩张自己的人力资源，从而遏制德国。尽管如此，国际法明确规定，禁止托管国家在托管地上修筑防御工事或者训练部队，以防止有的国家借机扩张权力，防止国际均势被破坏。在此基础上，美索不达米亚（即今天的伊拉克）和外约旦成为英国的托管地；巴勒斯坦也成为英国的托管地，英国在那里代表国际联盟执行了《贝尔福宣言》。叙利亚（今天的黎巴嫩和叙利亚）成为法国的托管地。威尔逊和许多阿拉伯人的希望落空了，他们本希望建立一个统一的阿拉伯国家，或者像赛克斯–皮科协定中所设想的邦联国家。德国坚决反对整个托管制度，因为托管制度剥夺了它原来的几乎全部殖民地，并且没有分到任何托管地，德国强烈支持各托管地尽早实现独立。

无论对于战胜国还是战败国，1918 年之后，欧美各国的国内政治都是由《凡尔赛和约》和《国际联盟盟约》主导的。在德国，战争的失败、领土的丧失、巨额的赔款，都给新成立的魏玛共和国带来了难以承受的巨大压力。这是一次民族耻辱，深深地印刻在德国民众的心中，这可以与三十年战争或者拿破仑的侵略相提并论。德国社会民主党领导人弗里德里希 · 埃伯特（Friedrich Ebert）感叹说：“《凡尔赛和约》的内容在政治和经济上都是无法实现的，它是德国民主政治最大的敌人，也是共产主义和民族主义最强大的推手。”德国军需总监威廉 · 格勒纳（Wilhelm Groener）警告说，国际联盟的目的是为了“维持对德国的围堵”。马克斯 · 韦伯劝告德国政府拒绝这个条约，即使德国被某个协约国全部占领也在所不惜，因为《凡尔赛和约》对德国是侮辱性的，使得这个共和国刚一成立就成了残废。然而，德国军队领导人还是放弃了重新开战的念头，因为那样做将导致德国彻底失败，并且德国领土可能会被协约国瓜分。当下，德国人的头等要事是保障国家的完整，这也是社会民主党政府要做的。德国国内示威运动、革命此起彼伏，威胁德国的统一，也可能会为协约国的干预提供借口，政府必须要解决这些问题。德国政府残酷镇压了罗莎 · 卢森堡（Rosa Luxemburg）和卡尔 · 李卜克内西（Karl Liebknecht）领导的左翼起义，同时消灭了库尔特 · 艾斯纳（Kurt Eisner）建立的巴伐利亚共和国。德国政府忍辱负重，勉强签署了《凡尔赛和约》。

然而，如果说战败与革命是对德国的致命威胁，那么它们也代表了一个机会——与联邦传统的决裂。之前很长时间，德国一直具有联邦传统，因此难以真正发挥其财政与军事上的潜能。新政府的首要任务就是将普鲁士、巴伐利亚、符腾堡和萨克森的军队永久统一起来。以前，这几个地区的军队难以统一指挥，只有在战争爆发的时候才能勉强接受统一的指挥。1919 年 10 月，魏玛共和国成立了新的国防部，不仅对柏林、斯图加特、慕尼黑和德累斯顿的战争部门进行了整合，而且承担了以前的普鲁士总参谋部的职能。同样，在《魏玛宪法》通过之前的辩论中，起草了宪法大部分内容的胡戈·普罗伊斯（Hugo Preuss）律师指出："德国人必须团结起来，一致对外，我们要以一个帝国的身份而不是以个人的身份与世界打交道，这样才能维持德国的存在。"《魏玛宪法》缔造了一个更为集权的德国，各地区的权力被大大削弱（尤其是财政权），这与 1871 年时大为不同。德国开始拥有统一的军队、统一的财政权，这将不可避免地影响到欧洲的权力均势。因此，1919 年的德意志共和国要比 1871 年的德意志第二帝国拥有更大的潜力。

此外，对于战胜国来说，《凡尔赛和约》其实并没有带来多少喜悦。法国无法再坚持把莱茵兰地区作为它的边境主张，转而接受将莱茵兰地区非军事化。劳合·乔治对法国承诺，一旦法国无端遭受来自德国的侵略，英国将对法国提供援助，不过这个承诺非常无力。福煦元帅强烈谴责：《凡尔赛和约》对法国来说就是一个"投降协定"，谁签订谁就是"叛徒"。和约在国民议会的通过也不是一帆风顺的。在 1919 年 11 月的选举中，克里孟梭和他的"国家联盟"顺利赢得选举，这说明民众支持他的战争政策以及处理战败国的政策。从此，如何巩固胜利、如何进行国内重建以及如何修复战争的破坏等问题长期影响着法国的国内政治。法国一直强调德国应该支付战争赔款，一方面可以降低法国人的税收，另一方面可以让民众获得安全感，认为德国的威胁已经被遏制。法国政府的另一项工作重点是增加人口数量，人口不足将致使法国未来容易遭受军事进攻，因此政府鼓励来自西班牙、意大利和波兰的移民，以解决劳动力问题。工厂的托儿所、社会住房以及其他国家福利，不再服从社会主义者或女权主义者的要求，而是以提高人口出生率为目的。在经济领域，商务部长艾蒂安·克莱蒙泰尔（Étienne Clémentel）提出将英国与美国的制度混合，从而实现原材料、能源和食品的分配。这项建议旨在提高法国的生产率，使其免受自由市场的摧残。殖民地部长阿尔贝特 · 萨罗（Albert Sarraut）起草了一份有关法国的海外殖民地发展的雄心勃勃的计划，以补偿法国目前在欧洲的损失。

在意大利，一些批评者称，“残缺的胜利”否定了他们在亚得里亚海应有的收益。共和派报纸《意大利人》（*L'Italia del Popolo*）称：“让我们直截了当地说，我们被打败了，被威尔逊的政策打败了，作为意大利人也被打败了。我们赢得了战争，却输掉了和平。”首相维托里奥 · 奥兰多（Vittorio Orlando）领导的政府被迫下台，他的继任者弗朗西斯科 · 尼蒂（Francesco Nitti）面临着来自邓南遮（Gabriele d'Annunzio）的挑战。邓南遮是激进的民族主义诗人和冒险家，1919 年 9 月，他从南斯拉夫人手里夺回了阜姆港（该港口位于今天克罗地亚的里耶卡）。与此同时，意大利民主政府正忙于解决《凡尔赛和约》产生的连带效应，战争结束后整个国家面临着社会上和经济上的分裂。在同年年底的意大利大选中，自由执政联盟的表现并不令人满意，而形形色色的扩张主义者及其政党十分猖獗。所有这一切的最大受益人是本尼托 · 墨索里尼。他曾经是一个社会主义者，主张对经济发展进行干涉，同时也是一名退伍军人。他组织的法西斯政党“黑衫党”运动（成立于 1919 年 3 月）开始获得越来越多的追随者。他承诺将在国内实行激进的政策，以建立一个强势的意大利，提高意大利在国际上的地位。

英国对胜利的庆祝同样没有持续多久。战争结束之后，劳合 · 乔治领导的联盟在大选中获胜，就像一名候选人所说的，战争结束是建立在“榨取德国，直到管子吱吱作响”的基础之上的。然而在爱尔兰，激进的民族主义政党新芬党开始追求自治，开始他们采取较为温和的手段，但很快走上了武装斗争的道路。在英国各地，数百万的退伍军人要重新找工作，他们的未来依然很不确定。此时，英国人已经激情消退，憎恶战争带来的损失。法国人怀恨英国、排斥英国，很多英国人开始觉得这场战争是一个悲剧性的错误，认为德国需要复兴和重建。因此，1919 年约翰 · 梅纳德 · 凯恩斯（John Maynard Keynes）出版了《和平的经济后果》（*The Economic Corsequences of the Peace*）一书时，他只是推开了一扇已经打开了的门。凯恩斯曾经是出席巴黎和会的英国代表团成员，他认为对德国索要的惩罚性赔偿完全是对英国经济的自我惩罚。他指出，世界经济（特别是英国经济）的发展有赖于欧洲经济的普遍复苏，而这一切只能从莱茵河开始。迫使德国人以出口的方式支付赔款，将削弱英国产品的地位。此外，他还警告说："《凡尔赛和约》中没有提到如何实现欧洲经济的复苏，没有提到如何使德国成为其他国家的好邻居，没有提到如何稳定欧洲的新兴国家，也没有提到如何改造苏联。"

在美国，1920年，《凡尔赛和约》和国际联盟成为威尔逊总统所属的民主党能否连续执政的基础。他曾反问道："我怎么可能拒绝《凡尔赛和约》呢？怎么可能打破世界的心脏呢？"《国际联盟盟约》第10条规定，签约国应承诺保卫所有成员国的领土完整。威尔逊对此大加颂扬，他认为美国是"国际联盟的主心骨"，应该承担"世界领导"的责任。威尔逊反对孤立主义，坚决支持加入国际联盟。但共和党对此表示强烈反对，尽管共和党过去一直倡导国际主义。前国务卿伊莱休·鲁特（Elihu Root）等人批评威尔逊的做法，认为《国际联盟盟约》只是一些华丽的辞藻，是一个脆弱和无效的条约。同样，前共和党总统霍华德·塔夫脱（Howard Taft）虽然也非常支持第10条，但他并不同意威尔逊的做法。塔夫脱认为："威尔逊承担的只是一种空泛的道德义务、一种良心上的义务，而不是法律义务；美国应该保护其他国家免受侵略，这是一种绝对的责任。特别是，共和党认为，美国应该为法国提供实实在在的安全保护，防止法国被德国侵略，但威尔逊却对此表示反对。换句话说，共和党并不是批评国际联盟使美国卷入过多的国际事务，而是批评威尔逊政府做得还不够，既不全面也不有效。

最终，《国际联盟盟约》未获2/3以上参议员的支持，因此没有被批准。1920年，威尔逊身患重病，无法参加总统选举，结果民主党失去了执政权。因此，美国既没有加入国际联盟，也没有签署《凡尔赛和约》，因此它不是和约的担保者。美国人可能没有打破世界的心脏，但他们肯定破坏了1919年巴黎和会所设计的地缘政治架构（该架构旨在遏制德国权势的复兴）。

20世纪20年代早期，一切基本上都尘埃落定了，一场根本性的地缘政治革命在欧洲发生，同时也波及全世界其他地区。大英帝国成为中东、中亚、非洲以及大洋洲无可争议的霸主。英国现在处于权力的顶峰，拥有强大的军事机器和巨大的军工经济基础，足以为战争提供保障。在远东地区，日本已经成为新的霸权国家，它要面对的是俄国、中国和美国。其中，俄国是一个欧洲帝国，中国积贫积弱，只有美国是日本的对手。在欧洲，奥斯曼帝国、哈布斯堡帝国、沙皇的俄罗斯帝国已经全部消失。在中欧、东欧和东南欧出现了一系列的新国家：波兰、捷克斯洛伐克、匈牙利和南斯拉夫，它们建立在原来奥斯曼帝国和哈布斯堡帝国的版图之上。最重要的是，虽然德国丧失了大量的领土，并且受到《凡尔赛和约》的严厉限制，但它依然是欧洲除苏联外最大的国家，而且相对而言，它甚至比 1914 年以前更加强大。德国的东边和东南边，已经没有强大的帝国与之抗衡，而且 1921 年德国的钢产量是法国的三倍，人口也越来越多于法国。更糟糕的是，正如麦金德 1919 年在《民主的理想与现实》(*Democratic Ideals and Reality*) 一书中警告的那样，"心脏地带" 包括前德意志帝国、奥匈帝国和沙俄帝国，是一个 "庞大的人力三角基地"，不受 "海权" 的控制，因此这个 "心脏地带" 成了对西方民主政治潜在的致命威胁。

在新的 10 年中，凡尔赛体系面临的挑战不断升级。1920 年 2 月，布尔什维克即将取得俄国内战的胜利，协约国准备撤出其海上干预力量。此时，列宁下令红军进攻其西边的邻国——波兰，波兰国家元首和军队最高指挥官约瑟夫 · 毕苏斯基 (Joseph Pilsudski) 决定先发制人。4 月下旬，波兰军队越过边界，快速推进并深入乌克兰境内，一个月后攻占基辅。弗兰格尔领导的 "白卫军" 从克里米亚向北直插。然而，1920 年夏天，米哈伊尔 · 图哈切夫斯基率领红军发动进攻，将波兰人赶回了华沙。如果红军能突破波兰人的最后防线，就可以在波兰催生一场无产阶级革命，那么布尔什维克就可以把德国牢牢地掌控在自己的视线之内，协约国与布尔什维克之间的分界线就将移动到莱茵和鲁尔地区，而不是乌克兰。7 月下旬，红军越过了布格河 (Bug)，德国工人拒绝为波兰人运送战争物资，就连德国保守派都幸灾乐祸地说，这是毕苏斯基应得的报应。遵照莫斯科的命令，德国共产党人的言辞比之前更具有民族主义的特点。

看到此情此景，协约国受到震撼，它们向波兰派出了一个军事代表团。法国非常担心，一旦波兰战败，德国就可以兵不血刃恢复其 1914 年以前的东部边界。那样的话，德国将自称是对抗布尔什维克的唯一堡垒，并以此为筹码来修改《凡尔赛和约》的军备限制条款。法国的主要目的，不是为了阻止波兰的革命，而是要让革命浪潮远离德国。不过，最终波兰工人并没有起义支持苏联，而是支持毕苏斯基击退红军。1920 年 8 月下旬，在协约国的支持下，波兰军队在维斯瓦河战役中奇迹般地、决定性地击败了红军。1921 年 3 月《里加条约》(Treaty of Riga) 签订，暂时解决了东欧的边界问题。苏联不得不接受芬兰和波罗的海国家的独立，但它重申了对白俄罗斯、乌克兰以及前沙皇帝国在高加索和远东的大部分领土的控制权。波兰从立陶宛那里夺走了维尔纽斯，并继续占领。至此，争夺沙皇帝国遗产的战争宣告结束。

然而，目前最严峻的挑战是德国的修正主义。德意志已经从一个强大的帝国沦为受害者，它自己正在变成殖民地。德意志在海外的殖民地几乎全部被剥夺，很多德意志人生活的土地也不再隶属于德国，德意志本国成了英美"卡特尔"的债务奴隶。在接下来的 10 年左右的时间里，柏林力求减少甚至免除战争赔偿，要求修正其领土，获得重新武装的权利，同时还试图加入国际联盟。同时，它还想参与托管海外领土，以获得与其他大国的平等地位。短期内，德国缺乏军事实力，但它正是利用了这个弱点，宣称自己没有支付赔款的能力。德国宣称自己对世界经济具有关键作用，一旦德国经济瓦解，那么中欧就有陷入战争的危险。逐渐地，德国希望利用自己巨大的经济潜力，迫使其他国家统一修改《凡尔赛和约》。柏林手中的另一张王牌就是苏联——如果德国与苏联合作并对波兰进行包围，那么德国将有可能说服莫斯科减少对德国内政的干预，而且会迫使西方国家更加有求于德国。德国试图同时打出上述两张牌——经济实力以及苏联，不过这样做依然是非常困难的。从经济和意识形态上看，德国应该选择西方；而在战略上，德国应该选择东方。因此，在未来的几年中，德国始终面临着两难，这导致德国在地缘政治上高度矛盾的政策。

此时，苏联依然相信，资本主义世界对自己的包围将导致自己的毁灭。苏联开始采用双轨战略。为了给敌国造成麻烦，1920~1923 年间，莫斯科在中欧地区数次煽动起义，尤其是在德国。同时，苏联试图改善与德国的关系，以分化协约国与德国之间的关系，借此可以向波兰施压。1920 年，苏联与德国开始了秘密的军事合作，以克服《凡尔赛和约》的束缚，到 20 年代中期，效果开始显现。1922 年，苏联与德国在拉巴洛 (Rapallo) 签订了友好条约，这个消息让伦敦、华盛顿尤其是巴黎的脊梁骨发凉。

在那时，在南欧，凡尔赛体系已经越来越难以维持。1922 年 10 月，墨索里尼进军罗马，并且掌握了意大利的政权。他承诺，不仅要解决国家深层次的经济、社会和政治问题，还要使意大利进入世界一流强国之列。他的野心是，通过“驱逐那些寄生虫”和打破“其他国家在地中海对意大利的封锁”，使地中海真正成为“意大利的内湖”。墨索里尼认为，意大利需要开拓出自己的“生存空间”，不仅应该获得一块关键性的领土，还应该获得能够连接大西洋和印度洋的海上通道。墨索里尼的战略会威胁到法国在北非的领地，也会破坏大英帝国的根基，因为此时通往大西洋和印度洋的出口（直布罗陀、马耳他和埃及）都处于英国的控制中，意大利的舰队目前无法自由出入地中海；同时，墨索里尼的战略也对南斯拉夫和希腊的领土完整构成了挑战。意大利独裁者自己也承认，要想实现这样的计划，就必须“与德国站在一起”。

协约国各大国商议如何对付苏联，它们达成了广泛的协议，认为必须遏制布尔什维克主义。在法国的鼓励下，1921 年罗马尼亚、捷克斯洛伐克和南斯拉夫组建了“小协约国”，这样做的初衷主要是为了对付匈牙利的修正主义，但法国希望这个组织也能有助于遏制苏联。同时，协约国还打算在俄国以前的边疆地区建立一个“东欧合众国”，不过该计划难以实现，最后不得不放弃。协约国还有另一个共识，它们认为墨索里尼是另一个威胁，意大利威胁到了英法两国在地中海的利益，也威胁到了非洲和巴尔干的稳定。不久，1923 年，意大利试图占领希腊的科孚岛，英国皇家海军介入并阻止意大利接管该岛，这就是“科孚岛事件”。最后，墨索里尼被迫让步，但这件事给英法两国的领导人带来了头疼的问题，意大利的扩张越来越影响到两国的利益。

德国完全是另一回事。法国认为，苏联、地中海、东欧地区发生的各种动荡事件，背后都有德国的影子，法国认为德国利用各种机会给法国制造麻烦。不过，最主要的威胁还是直接来自莱茵兰地区。法军最高指挥官福煦元帅警告说，只要德国军官的核心力量被保留，德国就可以在很短的时间内重新建立起自己的武装。1920 年，法国与比利时签订军事协议，1921 年又与波兰签订协议，这样可以在德国的东侧制约德国。大约在同一时间，法国军队曾经占领鲁尔的三个城镇，以此警告德国，要求德国不要拖欠战争赔款。而与法国不同，英国和美国则执行了温和的对德政策。1922 年 3 月，美国表示，美军可以在一年之内从莱茵兰撤出。

苏联与资本主义世界之间持续紧张的关系，导致苏联国内发生了一场激进的变革。由于世界革命尚未到来，苏联政府不得不与农民达成和解，以发展经济。这样做的目的是提高内部凝聚力，以抵御外敌的进攻。1921 年，苏联开始执行“新经济政策”，允许农民保存余粮，允许有限度地发展自由市场，同时允许外国在苏联投资，以使苏联获得外国的技术。1922 年 1 月，全俄苏维埃代表大会做出决议：“由于外国势力可能会进一步干涉我们，因此我们有必要重建和恢复经济……努力与其他国家发展最快的、最广泛的贸易往来，吸引外国资本和技术人员，允许他们开发利用俄国的自然财富，并以贷款的形式与其他国家进行合作。”对于苏联的安全来说，这些措施至关重要，苏联表示愿意支付前沙皇政府欠西方资产阶级的债务。正如列宁所说：“资产阶级很乐意把绳子卖给我们，我们以后可以再用绳子勒死他们。”这句话虽然广为流传，但真实性有待考证。

英法两国力图保卫和扩张海外殖民地，以增强在欧洲的影响力。1919 年 1 月，芒然将军（General Mangin）指出：“法国并没有在地中海或撒哈拉地区停止扩张，它正在进军刚果……法国建立了一个比欧洲更广阔的帝国，在半个世纪内其人口一度达到了一亿。”法国拥有如此庞大的殖民地和军队，其真正价值在于以此来反对德国。在法国驻莱茵兰的军队中，有几万人来自西非和北非。对于这种做法，很多前协约国表示批评，种族主义者、和平主义者和女性主义者纷纷表示谴责。H · M · 斯万维克夫人（Mrs. H. M. Swanwick）是“国际妇女争取和平与自由联盟”的一名成员，她曾多次说过：“为了全世界各种族的利益和实现所有妇女的安全，我们在一起集会，要求国际联盟禁止任何国家将原住民带到欧洲作为战争目的而使用，原住民有义务保卫自己的国家、维持自己的治安。”法国对德国的占领，也在德国人心中留下长期的心理创伤。1920 年 4 月，德国总理、社会民主党人赫尔曼 · 穆勒（Hermann Müller）曾对德国议会说：“法国军国主义正在践踏德国的土地，塞内加尔的黑人正在糟蹋法兰克福大学和歌德的故居。”在德国民族主义者看来，法国殖民者对德国最致命的威胁，不仅反映在法国对德国主权的破坏上，更反映在对德国文化与“种族”完整性的破坏上。

到 1923 年年初，法国决定不再等待英美的安全保障，也不再期待德国会改过自新。英美原以为法国会一直保持克制，但现在法国决定采取强硬行动。法国无法接受现状，因为法国国内正面临着一系列问题，它在经济与人口方面正在面临越来越糟糕的形势。因此，1923 年 1 月，法国再一次以德国拖欠赔款为由，出兵占领了德国的重要城市，这一次很可能是蓄意而为。法国与盟国比利时占领了整个鲁尔地区。同月，立陶宛出兵占领了德国东部的梅梅尔，德国的大部分工业以及上百万的居民，都被外国控制了。在莱茵兰和普法尔茨，法国继续支持那里的分离主义运动。维尔海姆 · 古诺（Wilhelm Cuno）领导的政府以“消极抵抗”来回应法国的军事行动。德国政府动员民众拒绝与法国合作，支持民众举行罢工，以此来消磨法国人的斗志，使法国人感受不到军事上的优越感。法国的军事行动，在国际上遭到了公开批评。但德国政府还要向罢工的工人支付工资，同时，德国发生了大规模的经济混乱，这迅速引发了恶性的通货膨胀，很多人陷入贫困，尤其是那些损失毕生积蓄的中产阶级。1923 年 8 月，古诺受到民众的质疑，古斯塔夫 · 施特雷泽曼（Gustav Stresemann）担任总理。到 9 月底，德国政府已经精疲力竭，被迫取消“消极抵抗”，并且承认斗争失败。德国民众认为国家蒙受屈辱，国内经济出现严重困难。德国共产党再一次趁机发动革命，但没有成功。同时，当时还鲜为人知的右翼激进分子——阿道夫 · 希特勒也趁机策划了一场武装政变，即“啤酒馆暴动”事件。但 1923 年 11 月政府镇压了这场暴动，希特勒被逮捕、审判并被关进监狱。

鲁尔危机使得各欧美国家开始反思自己的战略。而德国共产党领导的这次起义的失败，最终使得苏联领导层也转变其战略，不再试图推动世界革命，而是开始努力实现“在一国建成社会主义”。1924 年 1 月，列宁逝世，欧洲局势的变化以及苏联政策的调整，使得斯大林在苏联政坛占据优势地位。当时斯大林有三个竞争对手：托洛茨基、格里戈里 · 季诺维也夫以及尼古拉 · 布哈林。这三个人似乎依然支持推动世界革命，但斯大林可能很早就已经怀疑世界革命的可能性。在短期内，苏联开始采取了与西方和解的政策。因此，1924 年苏联得到了英国的外交承认，1925 年又得到了日本及其他国家的外交承认。在德国，施特雷泽曼已经不再担任总理，但他在威廉 · 马克斯（Wilhelm Marx）的内阁中担任外交部长。施特雷泽曼开始意识到，“修正主义政治”已经难以为继，在政治和经济上已经破产。尽管施特雷泽曼是一个强硬的民族主义者，要求吞并那些原来属于德意志的领土，但他也清楚，现在的德国还过于孱弱，无法通过军事手段或外交斗争来推翻《凡尔赛和约》。基于以上考量，施特雷泽曼打算放弃重新武装和金融欺诈，希望把德国的安全与整个欧洲的安全联系在一起，把德国的经济繁荣与整个欧洲的繁荣联系在一起，他认为这才是摆脱《凡尔赛和约》束缚的最好方式。他计划通过金融上的互相依赖，来推动欧洲的合作，并通过和平方式，实现德国与其他大国的平等地位。几个月后，施特雷泽曼说道："当一个人欠下很多债务的时候，债权人会发现，一旦债务人垮掉了，债权人的生存也会面临危险。"换句话说，德国应该努力说服其他大国，它们需要一个稳定、繁荣的德国，否则它们的利益也会受到损害。

与此同时，对于法国来说，1920~1923年的那种直接的军事干预政策是无法奏效的。法国只能接受现实。用赔款问题来遏制德国，使得法国不得不付出极高的外交和经济代价。庞加莱（Poincaré）等强硬派认为，保持对德国的永久战略优势是非常必要的。鲁尔危机后，这些人的势力逐渐减弱，而阿里斯蒂德·白里安等温和派的影响力正在不断增强。法国开始调整其大战略。之前，法国的战略是向莱茵兰派驻军队，将防线建在德国领土范围内；而现在，法国开始改变战略，准备在境内构筑一条防御工事，以确保本国安全。不过，当时法国更强调通过多边的政策来约束德国，即从法律、经济和政治上对德国进行全方位的限制，以抑制或者稀释德国残留的修正主义。

此时的欧洲，开始有越来越多的人倡导合作精神。1923年，很多德国和法国的精英，开始倡导建立一个"国际泛欧联盟"。1924年，"国际泛欧联盟"的创始人——理查德·康登霍维-凯勒奇伯爵（Count Richard Coudenhove-Kalergi）创办了一份杂志，名为《泛欧论》（*Paneuropa*），他鼓励民众参与到无党派的运动中，以建立一个统一的欧洲。此时还出现了很多其他类似的组织和出版物，它们号召欧洲人淡化分歧、摒弃民族主义、崇尚共同的遗产和价值观，并紧密团结，保护自己免于受到来自无神论的共产主义的威胁，甚至有时还要抵御来自美国物质主义的侵袭。康登霍维-凯勒奇本人的观点是团结欧洲，而不是反对美国：他主张效仿美国的政治和经济模式，同时尽可能多地保留欧洲的文化传统。几年之内，"国际泛欧联盟"在德国拥有了众多的支持者，包括当时的德国议会议长、民主党主席和前经济部长。而在法国，社会党领导人莱昂·布鲁姆（Léon Blum）就是一位热情的支持者，当时的外交部长白里安则出任"国际泛欧联盟"的名誉主席。

对于英美两国来说，1923年的鲁尔危机说明两国有必要重新探讨德国问题。英国首相拉姆齐·麦克唐纳（Ramsay Macdonald）认为，1923年法国占领鲁尔这件事说明法国依然有主导中欧的“历史渴望”。同样，1923 年 10 月初，寇松曾经指责法国“企图主导欧洲大陆”。出于这个原因，伦敦拒绝承认所谓的“普法尔茨自治政府”，认为其仅仅是法国的傀儡。此外，1925 年 1 月，英国外交大臣奥斯丁 · 张伯伦（Austen Chamberlain）曾写道：“无论是法国摧毁德国，还是苏联与德国形成联盟并且主导整个欧洲大陆，抑或是有任何国家主导低地国家，都是对我们的巨大威胁，我们无法承担这样的损失。”因此，我们需要一个更广泛的解决方案，既要体谅法国的安全关切，又要承认德国的平等地位，使这两个国家相互合作、相互制约。此时，美国也在转变其对欧政策，英美两国形成了一致的意见。在美国，农业和工业游说团体逐渐达成共识，正如一位发言人在 1922 年 2 月所说的：“我们的利益与欧洲利益不可分割，只有当欧洲重组完成，并拥有健全的环境的时候，我们才能在国内享受正常健康的时光。”此外，鲁尔危机导致中欧地区出现了权力真空，如果英美两国不去填补，苏联就会去填补。

目前美国的外交是由共和党的国际主义者掌控的，他们希望通过积极的对外经济干预来寻求国际局势的稳定。1924 年 4 月初，政府提出了一项由银行家查尔斯 · 道威斯（Charles Dawes）起草的计划，旨在舒缓德国因赔款而承受的巨大财政压力，并允许德国向美国贷款，希望通过发展德国的经济来刺激整个欧洲的经济繁荣。这项计划终结了各国之间的零和博弈，避免各国再毫无意义地争斗下去，当然美国的目的也并非是要主导欧洲。1924 年 6 月，美国国务卿查尔斯 · 埃文斯 · 休斯（Charles Evans Hughes）多次公开表示，美国没有任何担当“世界警察”的想法。道威斯计划只是为了使德国在经济上能够获得独立，这样对美国有好处。1923 年 9 月底，鲁尔地区的大资本家胡戈 · 斯廷内斯（Hugo Stinnes）邀请美国大使前往柏林，支持一场墨索里尼式的政变，企图颠覆共和制度。当时，华盛顿方面陷入恐慌，却拿不出什么方案来阻止右翼政变的发生。美国政府以为共产主义革命才是最具有危险性的，却从来没有想象过，保守主义者居然也会发动政变。美国共和党的国际主义者们仍然试图维持德国民主政体的稳定，只要德国稳定，中欧就可以稳定，就可以遏制布尔什维克的扩张。此时的美国并不想控制欧洲，而是要阻止欧洲国家再次威胁世界的和平，尤其是要阻止德国军国主义的复兴。

一年后，1925 年 10 月，张伯伦、白里安和施特雷泽曼缔结了《洛迦诺公约》

（Locarno Agreement），旨在实现法国、德国和比利时之间互不侵犯，英国和意大利是这个条约的保障国。德国接受了西边领土的现状，放弃了阿尔萨斯–洛林地区。作为回报，国际联盟接受德国为成员国，各大国承认德国的平等地位，尽管德国依然不被允许参加任何反对苏联的集体军事行动。为了安全起见，1926年4月底，施特雷泽曼还与苏联签订了友好中立条约。这些安排与道威斯计划形成了一个全面的尝试，旨在解决德国的地位问题，为稳固欧洲的稳定奠定基础。一种新的合作精神备受推崇，白里安和施特雷泽曼被认为是两位新的和平精神的缔造者，他们被共同授予诺贝尔和平奖。在洛迦诺，白里安宣称"欧洲大国通过谈判解决了各种问题"。但事实上，只有西部解决了问题，英国拒绝向法国、比利时、东欧和中欧做出安全承诺。张伯伦学着俾斯麦的口吻声称："英国政府不可能会让自己的近卫步兵团冒一丝一毫的危险去保卫波兰。"事实上，德国明确拒绝承认它与波兰和捷克斯洛伐克的边界，这表明德国企图在不远的将来寻找时机改变其边界。只有时间能够证明，欧洲的和平是否如《洛迦诺公约》签订者们所相信的那样不可分割。举个例子，美国驻英国大使不同意这种解决边界问题的方式，他预测这只会"确定下一次战争的起点"，也就是说，下一次战争将在波兰和德国的边界线上爆发。

在接下来几年中，道威斯计划和《洛迦诺公约》主导了欧洲国家的内政和外交。在德国，施特雷泽曼努力使这两项内容在议会通过，但他受到了右翼势力的谴责，这些人说他向协约国——特别是向美国人和犹太金融家们出卖了国家的利益；共产主义者则指责他将把整个德国变成国际资本家的奴隶。在这种背景下，希特勒的宣言书——《我的奋斗》（*Mein Kampf*）开始产生影响力。这本书将国际政治描述成为争夺生存空间的斗争，认为这是"政治权力的……主要支柱"。希特勒认为，德意志帝国正处于危险之中，苏联、中国、美国、法国和英国形成了几个巨大的陆块，它们使德国变成了侏儒。他表示："这些国家在空间范围上都是德国领土面积的十几倍。"的确，希特勒认为："如果仅仅从领土的角度来看，与那些所谓的世界强国相比，德意志帝国的领土好像是完全消失了。"因此，希特勒声称，"恢复1914年的领土边界"是一个政治谬论，因为"1914年德国领土一点都不合乎逻辑，它既不能完整涵盖德意志民族，也不利于地缘军事的权宜之计"。如果德国仅仅想恢复1914年时的领土，只会让德国退回到"一战"之前的那种困难局面，德国的领土将永远被世界大国所包围。

希特勒认为，解决方案是“在增加国家人口与提高土地的数量和质量之间，创造一种健全、可行、自然的关系”。德国应该由国家社会主义工人党（即纳粹党）来领导，“必须努力消灭人口与空间之间的比例失调”。这意味着，德国东边的土地与土壤——俄国及其附庸国应该是德国外交政策的目标”。在那里，德意志人能够获得必要的生存空间，这样可以扩大领土，与其他大国相抗衡。争夺生存空间将是一场世界大战，希特勒为此规划了国内的先决条件：将全体德意志人联合起来，以主张德国的生存权利，去除那些“有害”的元素，以防止人民的堕落与受到迷惑。这里所说的有害元素，主要是指犹太人，希特勒认为犹太人不仅威胁到了德国的种族纯度，还是国际财阀和共产主义阴谋的直接幕后推手。因此，希特勒非常强调外交与内政的不可分割性。

道威斯计划和《洛迦诺公约》使得苏联和波兰深感不安。在莫斯科看来，欧洲主要强国之间的和解就是一项针对苏联和波兰的阴谋。同时，中欧的国际局势变得更加恶化。正如《消息报》在 1925 年 5 月所指出的，苏联害怕“德国明确与西方国家站在一起并加入国际联盟，客观上，这只会引起德国与苏联关系的恶化”。不过，国际形势的变化，增强了斯大林在苏联统治集团中的地位。他的“一国建成社会主义”理论，使得他在党内的地位得以强化，同时也巩固了他个人的权力。《洛迦诺公约》引发了波兰的一场危机，西方强国似乎同情德国修正主义，反而抛弃了波兰。波兰最为担心的是，德国会利用其国际联盟成员国的身份，来修改有关少数民族权利的条款，这将不利于波兰的利益。曾经担任波兰国家元首和军队最高指挥官的毕苏斯基元帅指出：“任何一个诚实的波兰人，在听到‘洛迦诺’这个词语后都会对此嗤之以鼻。”1926 年 4 月，当施特雷泽曼与苏联签署友好中立条约时，波兰人感到危险更近了，因为波兰受到了德国与苏联的包围。一个月后，毕苏斯基元帅发动了政变，他的目的是建立一个强有力的政府，以使波兰在更加险恶的国际环境中生存下来。此时，波兰人对各种少数族裔（包括德意志人、乌克兰人和犹太人）越来越恐惧，波兰人认为这些少数族裔不忠诚于国家。1926 年甚至发生了针对犹太人的屠杀，很多犹太人被迫出逃，其中有一个名叫梅纳赫姆 · 贝京（Menachem Begin）的年轻人逃到了巴勒斯坦，后来他成了以色列的总理。

新的欧洲解决方案彻底改变了大英帝国。1925 年，当帝国防务委员会讨论欧洲安全公约问题时，英国政府迅速意识到，在解决这项问题之前，必须先和各自治领进行商议。如果不这样做，英国的国防政策就很有可能会陷入“瘫痪”。1926 年 1 月，帝国防务委员会秘书莫里斯 · 汉基（Maurice Hankey）起草了一份影响深远的备忘录，认为应该建立一种新型的“泛不列颠”帝国组织，以应对德国力量的复兴、阻止“欧洲的巴尔干化”并且压制日本在远东地区的崛起。因此，1926 年 10~11 月，帝国会议在威斯敏斯特召开，英国、加拿大、纽芬兰、澳大利亚、新西兰、南非及爱尔兰自由邦的政府首脑出席了会议。会议承认，各自治领拥有平等的地位，各自治领有权自由退出大英帝国。作为交换，所有出席会议的政府首脑——除了爱尔兰自由邦的领导人 W · T · 科斯格雷夫（W. T. Cosgrave）——都承诺，一旦发生战争，会对英国提供帮助。不久之后，各自治领开始正式协商与外交政策相关的问题，《威斯敏斯特法案》的制定，正式确认了各自治领与母国之间的平等地位。一个崭新的大英帝国出现了，各自治领同意在国际事务中保持意见统一。

《洛迦诺公约》确立了国际政治的全新合作框架，这缓解了西欧的紧张局势。1926 年，德国获准加入国际联盟，在经历数次争论后，德国成为常任理事国。一年后，驻扎在莱茵兰的国际军事委员会终于撤出。但是，法国人很快就发现，法国的安全顾虑与德国的平等需求是不可调和的。《凡尔赛和约》明确要求，德国应该放弃武装，并且全世界各国应该普遍裁军。尤其是法国，为了实现上述目标，它做了很多努力，希望永远使德国处于战略劣势。法国认为，要想阻止德国这个邻国将巨大的人口和军事工业潜能转化为实际的国力，只能采取这种办法。这种观点认为，只有德国的经济实力被大规模削弱，法国的安全与欧洲的稳定才能得到保障。面对法国的要求，德国显然感到很憎恶，英美两国也觉得很过分。法国一位官员曾说：“我们很难要求克虏伯军工厂停止运营，只去生产犁，因为一旦发生战争，它就可以立即生产枪支。”此外，与法国的预期相反，世界上大多数国家并没有裁军。1927 年夏天，各海军强国——尤其是英国和美国未能在日内瓦会议上达成一致意见。因此，无怪乎德国现在开始更加迫切地要求归还被占领土，并要求其他国家承认自己的军事平等地位。

白里安认为，自己可能会与施特雷泽曼的关系破裂，同时他还担心美国会对欧洲事务不管不顾，因此 1927 年 4 月他造访了华盛顿，建议法、美两国间签署一个互不侵犯条约。法国人确实需要美国来为欧洲的现状提供担保，但华盛顿坚持认为，仅仅与法国签署条约没有什么意义。美国要求签署一项范围更广的条约，希望所有大国都能来签署。最终，1928 年 8 月，白里安与美国国务卿弗兰克 · B · 凯洛格（Frank B. Kellogg）签订了著名的《非战公约》(Kellogg-Briand Pact)，宣布除非是自卫，否则，将战争作为“国家政策的工具”是不合法的。几乎所有欧洲国家都加入了这项公约，这与美国长期倡导的非强制性国际合作理念非常一致。根据凯洛格的要求，这项公约并没有强制执行机制，因此每一个缔约国都非常清楚，自卫权是可以进行十分宽泛的解读的，事实上该公约并没有什么实质性的效力。举个例子，就像法国在 1920 年和 1923 年所做的那样，为了防止德国重新武装而占领了德国的部分地区，这时德国是否应该用武力来保卫自己的主权？显然，法国和德国都可以说自己正在进行自卫。这次，美国又没能解决德国问题。同年，法国国防部长安德烈 · 马其诺（André Maginot）批准了法国东部边境的一系列防御工事建设。仍是同年，法国回到了金本位制，继续扩大黄金储备，到 20 世纪 30 年代初，法国已成为世界第二大黄金储备国。法国试图以此获得更大的经济优势，以更好地对付德国。

克里姆林宫同样十分怀疑《非战公约》能否真的有利于国际和平和国际友好。相反，苏联领导人认为，要想使无产阶级革命长期存在下去，那么苏联就必须调动所有的国内资源，以驱逐一切入侵者。在 1928 年 7 月召开的党代表大会上，布哈林宣称：“战争是我们这个时代的中心问题，而苏联只有很少的时间来为战争做准备。”苏联加强了对青年人的军事训练。1928 年，第一个“五年计划”的指示明确提及了苏联遭受其他国家进攻的可能，因此苏联必须抓紧时间实现工业化。这样，新经济政策以及农业生产中的自由市场都被抛弃了，苏联决定不再依赖外国专家和外国供应商。苏联开始实行农业集体化，以生产出过剩的食物，用以养活工厂中的工人们。这样，工厂就可以不断生产出武器装备，以保障苏联的安全。要建立集体农庄，就需要大量的土地，很多人拒绝加入集体农庄，因而被枪决。农民们将农业集体化称作是“第二次农奴化”，农民成为新的农奴，以满足国家的外部需要。因此，1927 年和 1928 年与 1917 年大不相同。这标志着苏联社会主义改造的开始，而这场转变是为外交政策服务的。“斯大林主义”开始诞生了。

道威斯计划和《非战公约》是希特勒在1928年撰写其第二本书时的背景。这本书直到“二战”结束后才出版，通篇谈论的都是外交政策。这本书展示了希特勒自1923年底写完《我的奋斗》之后，他的战略构想是如何形成的。当时，美国对欧洲的经济进行广泛的介入，随着德国在工业和文化上逐渐强大起来，希特勒开始越来越关注美国的权势。他指出，德国国内的人口已经达到极限，而美国由于具有庞大的领土，“美利坚联盟”还可以继续增长几个世纪。他接着说：“美国是一个年轻的国家，美国人是高质量的种族，它制定了特殊的移民政策，而旧的欧洲在人种上越来越堕落，无法与美国相比，这逐渐导致美国人可以决定世界各国的命运。”有的人希望欧洲模仿美国，建立一个联盟，以使欧洲免受美国霸权的威胁。希特勒对这种“泛欧洲”的理想嗤之以鼻。他认为，如果没有正确的种族“价值观”，一切都会适得其反；如果没有正确的种族政策，那么即使是一个强大的欧洲，也会成为犹太人的势力范围，欧洲各国会成为犹太人的奴隶，永远不可能与“美利坚联盟”相匹敌。这就是希特勒对施特雷泽曼、白里安和康登霍维-凯勒奇的回答。没有其他办法：德意志人几乎不可能与美国人抗衡，除非德意志帝国能够将自己的领土“大规模地向东扩张”。

1928年8月，德国的民族主义者们再次看到了美国对欧洲的影响，当时华盛顿宣布了一项由银行家J·P·摩根（J. P. Morgan）和欧文·杨格（Owen Young）提出的用于解决德国赔款问题的新计划。但是，几个月后，1929年10月底，华尔街股市爆发灾难，摧毁了美国的经济中心。这次经济危机产生的地缘政治影响十分深远：美国在欧洲的利益被彻底削弱；美国被迫收回了很多对欧洲国家的贷款，这些贷款是魏玛共和国经济繁荣的基础，也是保障解决德国领土问题和赔款问题的基础。“杨格计划”中设立的国际结算银行受信贷危机的影响而遭到削弱。美国开始采取贸易保护主义措施，依赖于美国市场和资本的欧洲经济也遭受了一场剧烈的经济衰退。然而，尽管股市崩溃及后来的经济萧条造成了破坏损失，但这还不足以将欧洲和美国拉入深渊。恰恰相反，真正给世界经济带来致命打击的是一场中欧霸权竞争。

到1929年年底，德国的国内政治开始变得右倾化，这并非因为华尔街的崩溃，而是因为一些德国人试图抵制杨格计划。希特勒以及报业巨头、保守派的民族主义政客阿尔弗雷德·胡根贝格（Afred Hugenberg）等人对这项赔款计划进行了猛烈的抨击。他们认为，这是一项“新的巴黎强制命令”，按照这个计划，德国要一直赔款，直到1988年，德国人在整个世纪都要沦为他人的奴隶。尽管右翼分子在大选中得到的支持率还很低，但关于赔款问题的辩论，使得整个国家变得越来越民族主义化。这些人想继续通过选举动员来扩大自己的影响，以最终夺取政权。1930年3月，德国议会通过了杨格计划，但民众依然有不同的意见。希特勒决定以此为契机，扩大自己的势力，竭力提高席位数量。6个月后，在议会选举中，经济问题不再是主导议题，人们关注的主要是赔款问题和重新武装问题。最终，纳粹党获得了将近20%的选票，成为议会第二大党。此时，德国政府已经难以控制局势，总理海因里希·布吕宁（Heinrich Brüning）只能靠颁布法令来勉强维持秩序。

法国对这一切表示警惕。白里安现在做出了最后尝试，试图保持各大国的稳定平衡关系，以阻止德国的野心、保证法国的安全。他建议将欧洲联系起来，法国可以让渡一部分主权，以使欧洲其他国家同意永远一致行动，限制德国的权力。1930年5月，白里安公布了一份“欧洲联邦联盟”的详细计划，这就好像是一个拥有常设执行机构的“欧洲会议”。整个计划的核心是经济合作，但是白里安强调“经济一体化领域取得的任何进展，都要由安全问题严格决定”。但是，英国拒绝参加这项计划。整体上看，德国对此也相当冷淡，仅在一些社会民主党人士那里获得了一些支持。德国国务秘书冯·比洛（Von Bülow）认为，该计划只是法国试图在德国身上施加“新的束缚”的又一次尝试。相反，德国更愿意巩固在中欧的权力，特别是强化与奥地利的合作。1930年7月初，德国政府拒绝了白里安提出的计划。

很快，巴黎和柏林的关系变得紧张起来。1930年8月底，德国外交部部长，朱利叶斯·库尔修斯（Julius Curtius）提出了一项与奥地利之间的关税联盟计划，旨在将更广阔的东欧及东南欧地区纳入德国的势力范围：先是奥地利，然后是匈牙利、捷克斯洛伐克、罗马尼亚、南斯拉夫，甚至可能连波兰也包含其中。这样做的结果是，欧洲的很多地区将在德国的领导下实现经济统一，这是白里安要坚决制止的；同时，德国与奥地利可能会在实质上合并，这是《凡尔赛和约》明令禁止的。到1931年3月中旬，库尔修斯在维也纳签署了协议。一个月后，一位德国高级外交官希望用强制的手段促使捷克斯洛伐克加入联盟；他还说，捷克斯洛伐克加入该联盟，会对波兰形成包围之势，这使得德国能以强势姿态解决东方边界的领土争议问题。作为反击，法国试图大幅提升经济实力（与1929年后的英美相比是增加了），因此在1931年5月击垮了奥地利最大的银行，即维也纳信贷银行。这引发了德国银行业的危机，将整个国家引向了经济崩溃，而这最终又加剧了美国的经济萧条。法国摧毁维也纳信贷银行的前一年，德国的失业人口达到了300万，一年之后，这个数字上升到了500多万，而且还在继续上涨。类似地，美国1930年的失业率高达9%，但在1931年底则上涨到了16%，到1932年则到了24%，形势非常严峻。换句话说，引发经济大萧条的真正原因是20世纪30年代初的欧洲地缘政治危机，而非其他事件。

现在，各国都指望着能在下一轮的日内瓦裁军会议上有所突破。1932年2月，会议召开，很多人都不知道柏林和巴黎双方能否达成一致，使双方都满意。如果得不到满意的安全保障，法国不可能承认德国在军事上的平等地位；而一旦谈判破裂，德国政府就会重整军备，并大规模扩军。两国正在进行一场竞赛，德国力图获得军事平等地位，它正在全力以赴。德国总理布吕宁坦陈，他希望德国能够在外交上获得成功，这样就可以缓解国内各派力量之间的分歧。法国坚决反对德国与奥地利之间建立关税同盟，并且阻止德国在日内瓦会议上实现其诉求，这使得布吕宁受到德国国内右翼势力的猛烈抨击。1932年5月，布吕宁不得不下台，很大程度上是因为他失去了国防军与总统兴登堡的支持。然而，很快，就在他下台后不久，英、法、美三国在7月的日内瓦会议上承认了德国的军事平等地位。这位总理过去曾经说，希望自己不要"功亏一篑"，他所指的就是军备扩充问题，而非经济复苏问题。然而，对于他自己来说，他还是"功亏一篑"了。

1932年7月的选举中，希特勒的国家社会主义工人党成为议会第一大党。他利用了人们对失业率持续增长的不满，以及人们对《凡尔赛和约》的憎恨，使自己成功赢得了选举。不过，这次选举中，并没有任何一个政党在议会中所占的席位数超过半数，因此兴登堡决定任命弗朗茨·冯·巴本（Franz von Papen）为总理。此时，军备扩张是德国的第一要务，因此巴本决定缓和与其他国家的关系。巴本向法国和波兰示好，改变了洛迦诺会议中的立场，表示承认其东部边界，并且愿意提供安全保证。同时，巴本还愿意与两国合作，共同对抗苏联。他还同意与两国建立关税同盟，以换取法国同意彻底取消对德国的赔款索求，并承认德国军备上的完全“平等”地位。在 1932 年 6 月和 7 月的洛桑会议上，各国宣布取消对德国的赔款索求，德国只需再支付最后一次赔款。但是，法国拒绝在军备问题上做出让步，也不允许德国在莱茵兰地区部署军事力量。希特勒领导的民族主义右翼以及共产主义者，都严厉抨击巴本，称他是“投降者”。当时的国防部长库尔特 · 冯 · 施莱谢尔（Kurt von Schleicher）将军甚至对巴本表示蔑视，称这是一次“战败”。1932 年 12 月初，兴登堡免除了巴本的总理职位，但新一次议会选举的结果是政治僵局更加严重了。尽管希特勒的国家社会主义工人党失去了几百万张选票，但它依然是议会第一大党，同时，共产党的得票数明显增加。兴登堡任命施莱谢尔为总理，希望他能勉强维持政府的运作。尽管民族主义者和国防军批评施莱谢尔的政策，但他依然拒绝全面扩充军备；尽管日内瓦会议原则上允许德国这么做，但他依然决定暂缓执行。1933 年 1 月，兴登堡罢免了施莱谢尔，决定任命希特勒为总理。希特勒被很多人给予厚望，政客们希望他能统一国内的各种意见。他把那些自己信任的保守派分子安排到了重要的职位上，目的是让德国复兴，并且成为大国。因此，纳粹党之所以能控制德国，并不完全是因为经济大萧条，更主要的是与重新武装问题相关。同时，由于很多德国人坚持修正主义，使得希特勒成为受益者。

希特勒之所以能掌权，是因为民众和精英希望推翻《凡尔赛和约》，而他响应了大多数德国人的诉求。此时德国人普遍认为，德国是欧洲的中心，它被四周潜在的敌人包围，因此需要更多的领土来抵御外敌。然而，德国 1919 年的领土使其根本无法抵御外敌。很大程度上，希特勒是普鲁士—德意志几百年的战略传统的拥护者。然而，希特勒并不满足于传统的战略思维，而是提出了更加激进的地缘政治思想。他认为，多数民族主义者及右翼分子的要求并不能使德国变得更安全，他们仅仅是要求很小的领土变动。他坚持认为，只有夺取东部的“生存空间”，才能获得大片重要土地，才能使德意志帝国在由法国、大英帝国、苏联、特别是“美利坚联盟”主导的世界中存活下来，而那些国家又都受到犹太人的操控。这似乎是一个遥不可及的目标，不过希特勒的野心并非没有边界。他并不想获得全球霸权，但他坚持认为只有向东扩张领土，才能使德国保持独立，从而避免被其他世界大国所控制。他曾说，德国要么成为世界强国，要么就消失。

事实上，这种说法并非不切实际和傲慢自大。这句话反映了他的信念，即如果德国不能获得足够的土地，它就有被吞噬的风险。他希望德国与美国以及“全世界犹太人”的大决战，将会发生在遥远的未来，很有可能是在他自己死后。

希特勒现在开始改造政府和社会，为战争做准备。他上台后不久，德国议会大厦发生了共产党人的“纵火”案件，希特勒以此制造民众对共产党的仇恨，宣布取缔共产党。同时，他还对其他党派实施一系列高压强制措施，很多人被抓进了集中营。1933年3月初，议会在一片恫吓和恐怖的氛围中重新进行选举。尽管纳粹党获得了更多的席位，但仍未达到议会多数。希特勒相信，他能够得到民族主义右翼的大力支持。尽管天主教中央党不是很支持希特勒，但很快也不得不屈服于希特勒的淫威。1933年3月底，国会投票通过了《授权法案》(Enabling Act)，赋予希特勒非常巨大的权力。他实际上成了最高法律的制定者，可以自行与其他国家签订条约，而无须征求议会的意见。在接下来的几个月中，纳粹党进行了所谓的“一体化”，将所有地区、所有行政机构以及所有社会机构都纳入严格的控制之中。纳粹党还建立了自己的准军事机构，如冲锋队、党卫队，其势力遍及全国，用以镇压反对人士。到1933年年中，尽管希特勒尚未获得绝对权力，但他已经在德国建立了非常稳固的统治。如果没有外来干预，任何人都难以推翻其统治。

早在魏玛共和国晚期，德国就已经开始重整军备，现在更是加快了速度。希特勒扩充德国国防军，大力发展坦克、飞机等武器，这些都是《凡尔赛和约》中禁止德国拥有的。1934年，希特勒下令处死冲锋队领导人恩斯特·罗姆(Ernst Rhm)，因为罗姆试图将冲锋队与国防军合并。希特勒反对用冲锋队代替国防军，主张扩充国防军，并提高其现代化水平。为巩固其统治，他开始了更为广泛的社会动员与改造。希特勒狂热地相信，德国只有实现了内部统一和种族净化，才能在即将发生的斗争中存活下来。他强制要求部分民众参与义务劳动，向民众灌输意识形态，并进行军事动员。他宣扬，只有通过全民动员，才能消灭阶级之间的矛盾，使德国社会成为一个“民族共同体”或者“种族共同体”，这个社会中只有“民族同志”，而没有贵族、资产阶级和工人。他鼓励妇女结婚、居家和抚养下一代德国战士。希特勒声称：“妇女每生一个孩子，都等同于一场战斗，这是一场为了民族生存的战斗。”他要求所有未结婚的男性和女性缴纳“单身税”。希特勒还试图与教皇缔结一个协定，以消除德国天主教与占主导地位的新教之间的矛盾。最为重要的是，希特勒坚决反对犹太人，认为犹太人威胁德国的凝聚力，将其看作德国社会面临的最大挑战。他禁止犹太人在政府中任职，并限制其经济生活。不过，当时他没有立即对犹太人采取更为极端的政策，因为他担心刺激英国和美国的公众舆论，也担心引发“世界犹太人”的报复。

起初，希特勒小心翼翼地参与国际政治。由于德国尚未完成重新武装，因此他担心在此时受到其他国家的进攻。1933 年 2 月初，在一次对军官们的讲话中，希特勒表达了对法国及其“东方盟友”的担忧，他害怕这些国家在德国完成转型之前就发动进攻。年底他又说：“如果这些国家得知德国正在策划一场战争，这将会对我们造成灾难性的后果。”情报部门报告，波兰可能正在筹划对德国的进攻。因此，希特勒采用了多种手段，如蒙骗、安抚、引诱，尽量淡化一些军事色彩，以蒙蔽其他国家。法国和英国受到了蒙骗，他们认为德国空军的实际力量并不怎么强大。1934 年 1 月，希特勒与波兰签订了互不侵犯条约，以此突出法国和波兰对德国的包围。不过，希特勒还是明显暴露了自己的侵略意图。他终止了与莫斯科的秘密军事合作，日内瓦裁军谈判无果而终，不久他宣布德国退出国际联盟。此外，他还授意奥地利纳粹党，令其鼓吹德奥合并。1934 年 7 月，奥地利纳粹党认为自己已经羽翼丰满，决定发动政变，尽管政变失败，但他们成功刺杀了奥地利总理恩格尔伯特 · 陶尔斐斯（Engelbert Dollfuss）。希特勒决心振兴德国，主导欧洲中部，并摧毁凡尔赛体系。此时，他的野心已昭然若揭。

德国的政策引起了其他欧洲大国的恐慌。1934 年，希特勒对奥地利的阴谋遭到了墨索里尼的反对。为阻止希特勒的行动，墨索里尼向奥意边境的布伦纳罗山口（Brenner Pass）派遣军队，希特勒随即后撤。苏联领导人逐渐对纳粹警惕起来，他们读到了《我的奋斗》，尤其是“俄国及其附庸国”那一部分使苏联开始对纳粹的意识形态表示担忧，认为纳粹的侵略矛头直指苏联。1933 年，一位资深的共产主义宣传人士卡尔 · 拉狄克（Karl Radek）警告说，希特勒正在“推翻凡尔赛体系”。斯大林以及苏联外交人民委员（相当于外交部长）马克西姆 · 李维诺夫（Maxim Litvinov）试图建立一个安全相互保障体系，以约束希特勒的行动，必要时可以通过国际集体行动来遏制德国。因此，苏联在 1934 年加入了国际联盟。同年，共产国际决定不再与社会民主党为敌，并呼吁整个欧洲结成一个“反法西斯阵线”，团结各个党派来应对希特勒。同时，苏联也开始试探英国与法国的态度，发展外交关系。然而，苏联依然感到不安，它担心西方各国可能会与希特勒联合起来对付自己，因此它必须小心翼翼地与各帝国主义国家往来，以防止它们走得太近而对苏联不利。

毫无疑问，对巴黎、华沙和伦敦来说，希特勒的德国的确是一个威胁。1933 年 3 月，波兰占领了但泽旁边的维斯特布拉德半岛（Westerplatte），以此表明捍卫领土的强烈决心。波兰甚至曾严肃地考虑，趁德国军备扩充完成之前，与法国联合发起一场先发制人的攻击。不过法国对此却并没有兴趣。1932 年 12 月~1934 年 1 月，约瑟夫 · 保罗–邦库尔（Joseph Paul-Boncour）担任法国外交部部长，他试图让法、英、意、德四国签订一个协定，以保障和平，不过这项努力失败了。之后担任外交部部长的路易 · 巴都（Louis Barthou）也支持类似的计划，他认为要想解决问题，就应与苏联结盟来反对德国。1934 年 9 月中旬，他帮助苏联加入国际联盟，并成为该组织行政院常任理事国。在伦敦，1934 年 2 月，军需部曾做出了一个正确的判断：尽管日本和意大利也是英国的严重威胁，但德国才是英国“最大的潜在敌人”。英国的当务之急是防备德国，而不应将精力分散到大英帝国的每一个角落。1934 年 7 月，英国决定建立一个专门的机构，一旦欧洲大陆发生战争，可以及时调动军事力量进行应对。不过，当时英国内阁与议会中很少有人主张竭尽全力地用武力对抗德国，只有温斯顿 · 丘吉尔等少数有识之士主张这样做。当时丘吉尔所属的政党并没有执政，他从一开始就认为“德意志是一个强大的民族，是西方世界最强有力、最危险的敌人”，现在德国人都心甘情愿地臣服于希特勒，我们更应该全力反对德国，不可延误时机。德国的空军已经强大起来，很多人越来越担心。正因为如此,1934 年 7 月，英国首相斯坦利 · 鲍德温（Stanley Baldwin）在一次关于英国皇家空军是否应该扩大规模的辩论上对议会发出警告：“自空军出现的那一天起，国境就不再有意义。”他继续说，“当你想要保卫英格兰时，你想到的不应该是多佛的白色悬崖，而应该是莱茵河，那里才是我们的国界所在。”

在大西洋彼岸，当时希特勒引起的恐慌相对较小。1933 年 1 月，富兰克林 · 德拉诺 · 罗斯福（Franklin Delano Roosevelt）宣誓就任美国总统，他不希望因为分散注意力而破坏了自己恢复国内经济的计划。此外，他的密友萨姆纳 · 威尔斯（Sumner

Welles）坚定地认为，美国在欧洲的利益基础，都已经处于危险之中。为了制约德国和日本，罗斯福所做的唯一一件事，就是在 1933 年 11 月承认了苏联。无论如何，尽管在 1933~1934 年，希特勒已经表现出了军事侵略的欲望，但当时西方各国并未及时采取预防措施，也没有建立一个统一的战线。它们从未想过要推翻希特勒或者使用武力来恢复德国的民主制度。

同样，纳粹的威胁对欧洲各国的国内政治立即产生了影响。斯大林意识到，如果不能应对侵略，那么他在国内的权威就会受到削弱。他在 1933 年说道："如果人民感受到了遭受战争的危险，而政府又没有做好自卫的准备，那么人民就不可能尊重这样的政府。"因此它进一步强化了对共产党和民众的控制。早在希特勒掌权之前，苏联已经开始了农业集体化。现在斯大林决定加速集体化，但这导致了 1933 年乌克兰的大饥荒。同年，斯大林开始进行"大清洗"，很多人被定为"叛国罪"。其中，曾担任人民委员会第一副主席的列甫 · 加米涅夫（Lev Kamenev）被处决，季诺维也夫则被指控伙同国外法西斯和托派分子反对苏联。与此同时，苏联政府进行了多项运动（尤其是在乌克兰和白俄罗斯），打击那些被怀疑与外部敌人勾结的团体。在莫斯科，针对如何对付希特勒的问题，高层领导人有两种完全不同的意见。苏联人民委员会主席维亚切斯拉夫 · 莫洛托夫（Vyacheslav Molotov）和集体化政策的最高负责人拉扎尔 · 卡冈诺维奇（Lazar Kaganovich）等人，对李维诺夫的政策表示质疑，他们反对与欧洲国家结盟，也反对通过国际联盟来制约希特勒。此时，斯大林支持李维诺夫的政策，但没有人比斯大林自己更清楚：当苏联面对外敌威胁的时候，斯大林在国内的权力是最稳固的，而一旦外敌消失，他的权力可能就会遭到削弱。

希特勒的崛起也明显影响了英法两国在 1933 年之后的国内政治。1933 年 10 月，在竞争激烈的东富勒姆补缺选举中，民众大多支持和平主义，反对英国扩军备战，因此，反对扩大军备开支的候选人赢得了选举。在 1935 年的大选中，两大主要政党都反对大规模扩充军备。工党力量不支，最后获胜的是保守党。新首相斯坦利 · 鲍德温（Stanley Baldwin）后来曾承认，一旦他在选举中稍微改变其立场，他就会失败，甚至变得臭名昭著。民众之所以对战争犹豫，是因为很多人害怕遭受空袭，人们认为空袭会导致数十万人的伤亡。在下议院中，辩论的主要议题是外交政策以及备战策略。媒体、议会以及很多公共利益集团都已经精疲力竭，很少宣传提高对空军的投入；不少人希望可以通过海军封锁来最终打败希特勒，因此不必扩大空军。当时，英国几乎没有什么人关心欧洲的力量均势，也很少有人愿意为维持欧洲均势而投入巨大的精力。在公众看来，上一代海军至上主义者推崇的“蓝水”政策，已经被“蓝天”战略取代，旨在尽可能减少英国对欧洲事务的介入。

在法国，1934 年 2 月，在巴黎的法国众议院（下议院）外面，爆发了数次大规模的右翼骚乱。左翼人士将这些骚乱看作企图建立纳粹或墨索里尼式独裁统治的尝试，因此左翼积极响应莫斯科所提出的建立“人民阵线”以抵御法西斯的号召。1934 年 6 月，共产主义者和社会主义者签署了一项联合协定，一个月后部分激进派也加入其中。与英国不同，法国的左翼政党迅速改变立场，认为必须靠武力才能反对纳粹。问题在于，这时的法国社会无论是在精神上还是在物质上，都处于一种消极状态。和平主义主导了当时的社会舆论。很多人对战壕有着惨痛的回忆，因此普遍具有“对战争的恐惧”。新闻界的很多重要部门都被德国和意大利所用，教师和工会成员们都强烈反对与希特勒发生军事对抗。在法国，有将近 1/3 的入伍男性都被认定不适合服兵役，而德国士兵则身强体壮，不适合服兵役的只有不到 1/6。因此，英法两国都弥漫着一种悲观主义，民众怀疑民主制度是否足够强大到能够战胜独裁者，或者说这样做是否值得。在欧洲，尤其是在法国，不少人支持右翼，他们同情法西斯主义，认为法西斯主义能更好地表达出国家意愿。他们认为如果不能打败希特勒，那么就支持他。

独裁者们的挑战还影响到了英法两国同它们的海外殖民地之间的关系。1930 年年底，英国财政部副大臣沃伦 · 费希尔（Warren Fisher）曾指出，大英帝国的首要任务是“制约几个世纪以来深受野蛮权力哲学的影响的日耳曼部落”。另一方面，英国尤其应该获得各自治领的支持，这对于打败德国至关重要，但这并不容易。在加拿大、澳大利亚、新西兰以及南非的民众中，仍然有很多人怀疑是否有必要与德军对抗，以及这么做是否是明智的。尤其是很多人担心，意大利和日本也是威胁。一些地区的民众（如南非白人和法裔加拿大人）反对英国的战争政策，因此英国无法依靠这些人。魁北克领导人亨利 · 布拉萨（Henri Bourassa）警告说：“绝不允许大英帝国将加拿大拖入任何新的战争。” 1935 年，英国议会通过了《印度政府法案》（India Act），同意国民大会党的要求，允许印度实行省自治。当时的印度次大陆依然是大英帝国的战略储备地，伦敦支付管理印度的部分费用，伦敦依然能够调配印度的军队或劳动力，用于管理其整个东西方的属地。

与英法两国不同，美国在1933年之后的第一年中几乎没有受到地缘政治环境突变的影响。可以确信的是，经济大萧条的痛苦经历意味着美国人已普遍对民主的前景感到焦虑。不过，与欧洲不同，美国只有极小部分人支持纳粹主义或者法西斯主义。不过，美国人也并没有将独裁者看作一种威胁，至少当下不是威胁。此时很少有美国人呼吁与欧洲民主国家保持团结，也很少有人呼吁保护犹太人并使他们不受歧视。罗斯福总统政策忙于“新政”，这是一次国家干预经济的巨大试验，他并没有打算让美国社会为下一次冲突做好准备。他提到的“战争”是用于对抗大萧条的，而不是对抗邻国的。20世纪30年代初期，罗斯福制定了一系列激进的改革措施，如设立了田纳西河流域管理局、公共事业振兴署，并制订了其他旨在帮助美国摆脱萧条，或者至少缓解萧条影响的计划。某些重大工程的建设，并非是为战争做准备的，这在所有大国中可能是第一次出现。

1935年3月，希特勒宣布实行普遍的义务兵役制，宣布建立新的纳粹国防军，将编制从10万人扩充到至少50万人。他还公开宣布扩建空军力量。这些举动都是在公然破坏《凡尔赛和约》对德国的限制。德国完全实现了重新武装，因此这有可能完全改变整个欧洲的力量平衡。这一次，其他大国反应迅速。4月中旬，英国、法国和意大利结成了“斯特雷萨阵线”，表示将捍卫《洛迦诺公约》和《凡尔赛和约》，并遏制德国的进一步扩张行动。5月初，法国与苏联签订了一个相互援助协定，尽管该协定在军事上毫无意义。这样，德国就处在了1917年以来最严峻的包围圈中。此时，希特勒需要迅速做出行动，以防止自己被包围圈收缩得更紧，防止他所推行的军事化转型被扼杀在摇篮里。他必须想办法突破包围，避免德国再次受到压制。

1935年6月底，希特勒的努力有了重大突破，打破了其他国家的反德阵线。他说服英国签署了一项海军协定，在协定中，他宣布放弃收回德国的殖民地。此外，他同意将德国海军规模限制在不超过英国海军的1/3，承诺不会发动无限制潜艇战争，明确承认了英国海军的优势地位。此时的英国海军仍然具有优势，对于英国来说，用军控协议来牵制德国可以算作一次巨大的成功。不过也有人认为，英国这样做是在逃避其对欧洲大陆的义务，这仅仅是防御性的政策，不能有效遏制德国。因此，希特勒用这种办法，破坏了英国在斯特雷萨阵线中所做的承诺。不过，在 1935 年 10 月之前，德国始终处于极其危险的局面之中。10 月，墨索里尼误解了斯特雷萨阵线的精神，他试图通过入侵埃塞俄比亚来实现意大利的强国地位，同时增加其在英法两国面前炫耀的资本。但令他震惊的是，英国和法国的政府遭遇了巨大的民意压力，因此强烈反对意大利对埃塞俄比亚的侵略。尽管如此，两国并未要求国际联盟对墨索里尼实施有效制裁，尤其没有对意大利进行石油禁运，因此墨索里尼得以继续猖獗。与法国不同，希特勒则对意大利在非洲的野心公开表达了同情，同时他还发出信号，表示愿意承认意大利对南波尔扎诺（South Tyrol）的主权，以解决这个棘手的领土问题。这样，斯特雷萨阵线就解体了。本来，欧洲各国可以通过这个广泛的阵线，来遏制德国的复兴，但现在失败了。

1936 年 3 月底，希特勒派兵占领了莱茵兰非军事区，这表示着他已经迅速地突破了包围圈。这是对凡尔赛体系的又一次沉重打击，也是对斯特雷萨阵线国家的一次直接挑战。之后，希特勒宣布："接下来的 48 小时，是我人生中最紧张的时刻。如果法军进入莱茵兰地区，那我们就不得不夹着尾巴撤退了，因为我们能够支配的军事资源，完全不足以支撑我们进行任何一次抵抗。"然而，英法两国竟然没有对德国采取任何行动，因此希特勒得逞了。很快，希特勒加快了德国的经济和社会动员。1936 年 8 月，他构想出了一个"四年计划"——这个用词暗示，他的速度将比斯大林的"五年计划"更快，以此为他在 1940 年或 1941 年发动战争做准备，该计划由赫尔曼·戈林（Hermann Göring）负责。他们制定的口号是"实现经济与原材料的自给自足"，尽管他们清楚，重整军备将会扭曲德国的经济，但他们还是要求民众背负这一沉重负担。1936 年年底，戈林曾经说："我们将面临与他国的冲突，这要求我们拥有强大的力量，因此我们将永远扩充装备、增加武器。现在唯一关键的，就是胜利还是失败。如果我们胜利了，我们的经济就能得到充分的赔偿。如果我们总是计较各种利益得失，我们就不可能取得胜利，因此我们必须考虑政治上的需求。"

德国重新进驻莱茵兰，带来了巨大的地缘政治影响，也影响了各国的国内政治。

其他国家也不得不进行应对。1936 年 10 月，比利时放弃了 1920 年与法国签订的军事协定，以保证比利时的领土完整，让国家保持中立。希特勒突然进军莱茵兰，引发了英法两国国内的激烈争论。英国的一些评论人士认为，希特勒仅仅是回到了他的“后院”。更多的人担心，如果此时与法国商议如何应对德国，就有可能会刺激希特勒，从而将两国拖入一场新的欧洲大陆战争。法国与英国不同，德国的冒险行动极大地影响到了法国 1936 年 4 月的议会选举。布鲁姆领导的人民阵线获得了胜利，新总理承诺团结整个国家，并与国内外的法西斯主义做斗争。他准备启动一项雄心勃勃的社会转型计划，使法国国内更加平等，并提高应对希特勒与墨索里尼的实力。学生接受教育的时间得到了延长，法兰西银行开始由国家部分掌控，小麦的价格被固定，1936 年 8 月，军事工业被国有化。国防部长爱德华 · 达拉第（Édouard Daladier）得到允许，大幅增加军事开支，几乎达到整个国家预算的 1/3。此时，法国正在做最坏的准备。

这样，欧洲出现了两个阵营，一个是法国的人民阵线，另一个是德国、意大利之间正在形成的联盟，其他国家开始选边站。1936 年年初，西班牙左翼人士领导的人民阵线在选举中获胜，并组建政府。7 月，弗朗西斯科 · 佛朗哥（Francisco Franco）将军策动民族主义者发动反叛，整个国家陷入内战。许多人意识到，西班牙内战反映的是整个欧洲的法西斯主义与国际人民阵线之间的冲突，这也是一场独裁与民主之间的意识形态冲突。但是，西班牙在地缘政治上处于关键位置，因此这场内战至关重要，关乎由哪种力量控制整个欧洲的问题。希特勒派遣远征军，前来帮助佛朗哥，以便从法国南侧对法国施压，形成对法国的包围，威胁巴黎政府。这与当年查理五世对法国的包围战略非常相似。更重要的是，希特勒决定先发制人，率先发动对共产主义的战争。一旦德国取得胜利，就会对法国的内政造成重要影响，使得西班牙与法国倒向德国一边，共同对付苏联。墨索里尼则派出了一支规模更大的军队，前来支持西班牙的叛军。斯大林一度犹豫，但最终决定支持西班牙共和党政府。然而，布鲁姆领导的法国人民阵线政府则决定不支持西班牙政府，1936 年 8 月，法国宣布采取不干涉政策。英国也采取了与法国一样的政策。英法两国宣布采取武器禁运政策，而这又等于支持了西班牙叛军，因为他们有较好的武器装备。之后，上千名来自法、英、德、美以及其他国家的志愿者组成了“国际纵队”，来到西班牙与法西斯进行战斗。

当欧洲陷入西班牙内战的漩涡时，地中海彼岸正在酝酿另一场危机。1936年，受耶路撒冷的大穆夫提的鼓动，巴勒斯坦的阿拉伯人发起暴动，并持续了三年，他们反抗英国的委任统治，并企图驱逐犹太定居者。而犹太复国主义者则对阿拉伯人发起了反击，他们建立了“伊尔贡”（Irgun）和“贝塔”（Betar）等秘密组织，这是历史上犹太人第一次武装反抗敌人，结果是出现了惨烈的游击战。最终，20世纪30年代末，伦敦向这里派遣了大量军队（约占整个英国军队的10%），来保卫这块具有重要地缘政治意义的狭小土地。1937年，在骚乱最严重的时候，皮尔委员会提议将这一地区划分为一个阿拉伯国和一个犹太国，并且重新安置人口。阿拉伯领导人害怕自己太弱小，无法战胜英国帝国主义和全世界的犹太复国主义者，因此他们转向纳粹德国，以寻求意识形态鼓舞和实际帮助。然而，当时希特勒对阿拉伯人的兴趣，远不及阿拉伯人对他的兴趣那样浓厚。这位独裁者依然在尝试将德国的犹太人驱逐出欧洲，也许会将其赶到非洲。1938年，他批准将犹太人放逐到马达加斯加。因此，对于希特勒来说，巴勒斯坦的犹太国并非威胁，反而有利于他将更多的犹太人赶到那里。

1936年年底，希特勒重新掌控了事态发展的主动权。他不仅突破了法国与波兰对德国的包围，还打破了斯特雷萨阵线，成功分化了英、法、意三国。他将美国看作他最后的一个敌人，不过此时美国并没有对德国进行干预。希特勒恢复了德国的全部主权，控制了萨尔和莱茵兰，并迅速发展军备。以前，墨索里尼与希特勒都对奥地利有野心，因此二人在这个问题上有很大矛盾。但在阿比西尼亚危机爆发后，墨索里尼开始改变主意，越来越倒向德国一边。1936年7月，墨索里尼任命加莱阿佐 · 齐亚诺（Cialeazzo Ciano）为新任外交部部长，齐亚诺试图让意大利的外交“法西斯化”，并引导国家向着更为“革命”、更为亲德的方向前进。10月，两国正式缔结条约，即“柏林—罗马轴心”。一个月后，希特勒与日本签订《反共产国际协定》（Anti-Comintern Pact），后来意大利也加入。这个协定主要是针对苏联的，苏联现在遭到了轴心国的东西夹击。不过，德国更大的目的是建立一个针对大英帝国的全球“包围圈”，以防止英国对欧洲事务的干涉。这样，一个新的全球地缘政治格局就诞生了，轴心国的独裁者们不仅与苏联共产主义为敌，也与西方民主国家为敌。

斯大林的反应非常激烈。他对于国外势力的颠覆活动越来越惶恐，因此进行了新一轮的“清洗”行动，希望借此巩固他对共产党和国家的控制。最有能力的元帅米哈伊尔·图哈切夫斯基因被指控“勾结德国”并犯有“叛国罪”而遭处决，数万红军军官受到牵连，并一同被杀害。数十万普通民众也被枪决，不计其数的人被送到古拉格劳改营（劳改营遍布西伯利亚，共有100多所）。富农是农民阶级中规模较大的一类群体，他们被指控建立了一个“俄罗斯总军事联盟”并与日本勾结，因此整个富农阶层被消灭。此外，在这场“大清洗”运动中，还有强烈的种族因素，凡是“敌对种族”都被系统地列入“清洗”的目标。朝鲜人被驱逐出远东各省，防止他们与日本勾结。1937~1938年间，有约10万居住在乌克兰和白俄罗斯的波兰人被枪决，当局将其视作潜在的安全威胁。一方面，苏联长期以来不断进行各种大屠杀；另一方面，这也是俄罗斯人长期的、合乎逻辑的传统，当他们面对外部敌人的时候，就不得不进行强制性的现代化，难免会出现大屠杀。这一时期，一共有约80万人被杀害，400万人受到了影响。

在世界的另一边，轴心国的结盟带来的地缘政治演变引发了罗斯福总统的强烈反应。无论是向东看还是向西看，他都认为法西斯国家的勾结将从长远上对美国的安全构成威胁。在欧洲，独裁者们蠢蠢欲动，策划侵略；在亚洲，日本自恃《反共产国际协定》的支持，于1937年7月初对中国发动了一场全面的侵略。那一年，记者利文斯顿·哈特利（Livingston Hartley）发表了《美国害怕吗？》(*Is America Afraid*？）一文，他认为，一旦欧洲由某一个国家（如德国）所控制，并且亚洲也由某一个国家（如日本）所控制，这就会形成对美国的包围，威胁美国的安全，同样这也会导致民主制度被独裁统治所包围。1937年10月初，罗斯福在芝加哥发表了一场演说，被称作“隔离演说”，媒体广泛进行报道。罗斯福说：“不要以为美国会逃避，不要以为美国会祈求对方仁慈，不要以为西半球不会遭到攻击……当流行疾病开始蔓延时，社会会支持对患者实行隔离，不使疾病蔓延，以保护整个社会的健康。”不过，此时罗斯福并没有完全放弃用和平手段解决问题的希望。他认为，如果能够满足希特勒的合理要求，那么欧洲的问题就可以从整体上得到解决，进而或许可以遏制希特勒的野心。因此，他批准副国务卿萨姆纳·威尔斯（Sumner Welles）出访欧洲大陆，在各大国之间进行调停。无论是“威尔斯计划”的“胡萝卜”，还是“隔离演说”的“大棒”，都说明美国已经再次介入了欧洲地缘政治。

在柏林，美国对欧洲政策的转变如同一道闪电，震惊了希特勒。希特勒原来的战略是：先控制中欧，然后摧毁苏联，以确保德意志在欧洲东部的生存空间。如果不这样做，第三帝国就不可能抵御美国的强大力量。但1937年10月初，罗斯福给了希特勒突然一击，使得希特勒不得不改变原来的时间表。此后，希特勒不得不考虑到美国对德国的敌对态度。这意味着，德国国内的转型以及巩固其对中欧的控制这两件事都不得不加速进行。因此，1937年11月初，希特勒在帝国总理府召集了一次会议，各军政领导人都前来参加。此时，这位独裁者感到形势已经非常紧迫。他说："我的决心不会改变，到1943~1945年时，我要解决德国的生存空间问题。" "只有当德国获得更大的生存空间，并且从欧洲其他国家获得足够的原材料时，第三帝国才有能力存活。"因此他下令，为了实现上述目的，德国的第一步就是吞并奥地利和捷克斯洛伐克。

与此同时，希特勒加快了国内转型的步伐。1938年2月，他罢免了国防部部长维尔纳·冯·勃洛姆堡（Werner von Blomberg）和陆军总司令瓦尔纳·冯·弗立契（Freiherr von Fritsch）的职务。之后他任命威廉·凯特尔（Wilhelm Keitel）为国防军最高统帅部总长，任命瓦尔特·冯·布劳希奇（Walther von Brauchitsch）为陆军总司令，这两个人都对希特勒更加忠诚。他还寻找机会免除了保守的民族主义者康斯坦丁·冯·牛赖特（Konstantin von Neurath）的职务，任命激进纳粹分子约阿希姆·冯·里宾特洛甫（Joachim von Ribbentrop）为外交部部长。此时，德国的国家安全机构已经完全被希特勒所掌控。他的下一个目标是奥地利，控制奥地利不仅能大大增加第三帝国的人口，带来经济繁荣，还可以使德国随时能够进攻捷克斯洛伐克。现在，希特勒已经创造出了另一个机会，的确，形势的发展使得他不得不出手。1938年3月初，奥地利总理库尔特·许士尼格（Kurt Schuschnigg）宣布将就是否与德国合并一事举行全民公决。他希望在公投中对相关的表述进行修改，并且重新划分选区，以保证民众否决"合并"。希特勒立即采取行动，利用奥地利亲德分子们的狂热，抢占先机占领了奥地利。这一次，墨索里尼没有插手。4月初，希特勒下令将神圣罗马帝国的徽章从维也纳移至纳粹党的发源地——纽伦堡。这是一个极具象征意义的行为，暗示了神圣罗马帝国与国家社会主义的结合。

现在，距离完全控制中欧，希特勒只有最后一个任务了，就是占领捷克斯洛伐克。

在捷克斯洛伐克的苏台德地区（Sudetenland），有着数量庞大的德意志人，占这一地区人口的 1/3 以上。这里的德意志人一直希望使苏台德地区成为德国的一部分。此时，英法两国都没有意愿保卫捷克斯洛伐克的领土完整。这反映出了一种普遍看法，柏林有权就苏台德地区的德意志少数民族问题对捷克政府表示不满，并且希特勒的目标是有限的，他并不想进一步侵略其他地区。但事实上，英法两个大国拒绝干涉的最主要原因是他们担心得罪德国，此时的德国已经拥有一定的军事力量。德国在“一战”中曾表现出顽强的战斗力，任何一个对此有所记忆的人，都不会想再冒一次发生冲突的风险。尤其是，1938 年时，英法两国总参谋部都强烈反对与德国进行地面战争。同时，他们也反对在中欧与希特勒作战的同时，又在地中海与墨索里尼作战。英国不仅担心德、意两国，还担心日本。无论是意识形态的原因，还是现实层面的原因，两国都不想与斯大林进行合作。此外，英联邦的自治领也都坚决反对为捷克斯洛伐克作战，这样做将会破坏大英帝国的团结，而各自治领又是支撑英国在欧洲地位的基础。罗伯特 · 范西塔特爵士（Sir Robert Vansittart）曾经坚决主张抵制德国的扩张，但此时他的立场也发生了变化，他反对刺激希特勒。因此，“绥靖派”占据了主导地位，反对者很难动摇其立场。当希特勒向奥地利下达最后通牒时，英国外交部常务副大臣亚历山大 · 卡多根爵士（Sir Alexander Cadogan）向范西塔特问道：“在演讲时，你可以表现得很勇敢，但你真的会去打仗吗？”范西塔特回答：“不会。”卡多根反驳道：“那这又有什么用呢？在我看来，最窝囊的事，莫过于你逼一个小个子去和一个大个子打架，但你又不愿意去帮助那个小个子。”

出于这个原因，西方各国的领导人不认为希特勒是欧洲和平的最根本威胁，也不认为纳粹主义与西方其他国家之间有着不可调和的矛盾。1938 年 11 月初，英国首相内维尔 · 张伯伦（Neville Chamberlain）告诉议会：“即使我们参加调停，也不会做太多事情。现在民主国家与极权国家处于两个敌对的阵营，我们无法提供什么有效的帮助。对于英国来说，最好的办法是与其敌国进行合作，以促进国际商品的交换，并通过各种方式对国际关系进行管控，以此促进所有国家的福祉。”当希特勒发动意识形态战争的意图昭然若揭的时候，西方民主国家依然没有进行干预，而是继续坚持与《洛迦诺公约》的精神相一致的战略。斯大林竭力构建一个反对德国的共同外交阵线，但英法表示拒绝，它们认为这将与其目标背道而驰。然而，德意两国的独裁者们并没有与英法进行什么建设性的合作，也没有承诺什么义务，他们得寸进尺，逼迫英法做出让步，但又不断提出更多的新要求。

1938 年秋天，希特勒准备对捷克斯洛伐克动手，他宣称自己代表着苏台德地区少数民族的权利。此时，捷克斯洛伐克只能独自面对德国的进攻。尽管斯大林想提供军事援助，但波兰人和罗马尼亚不同意让苏联军队从自己的领土过境，它们害怕苏联军队来了以后就会拒绝撤离。墨索里尼强烈支持希特勒。英国和法国对布拉格政府发出指示，要求其对希特勒的要求做出让步，因此，尽管拥有一支强大的军队，捷克还是决定停止抗争。9 月底，张伯伦乘坐飞机来到德国，想以和平方式解决捷克问题。他与希特勒签订了《慕尼黑协定》(Munich Agreement)，表示同意希特勒吞并整个苏台德地区——这是一个半圆形地区，环绕着波西米亚，有强大的工业基础，并且具有重要的战略地位。这样，捷克斯洛伐克不仅领土受到侵害，军事上也失去了自卫能力。现在，捷克只剩下波西米亚了，德国人要想占领整个捷克也是非常容易的。张伯伦回到英国后居然宣称："《慕尼黑协定》换来了一代人的和平！"

《慕尼黑协定》对欧洲各国的国内政治和地缘政治产生了深远影响。1938 年，法国的一项民意调查显示，70% 的法国人希望能够抵制德国的进一步扩张。在英国，"绥靖派"和"抵抗派"之间长期存在争论，即如何应对德国的扩张。越来越多的工党成员不再坚持和平主义，而是认为必须阻止希特勒的行动。以《每日镜报》(*Daily Mirror*) 为代表的左翼媒体现在开始竭力批判绥靖政策。保守党内部也存在明显的分歧，丘吉尔、哈罗德 · 麦克米伦 (Harold Macmillan) 以及安东尼 · 艾登 (Anthony Eden) 等人认为，对德国让步只能使其得寸进尺；不过，张伯伦等多数人还是认为，一旦对德国发动战争，那么西方的文明就有可能受到损害，并且将为共产主义占领整个欧洲打开大门。外交大臣哈利法克斯勋爵 (Lord Halifax) 等人甚至将希特勒看作 "西方世界抵御布尔什维克的堡垒"。1938 年 10 月底~11 月初的补选中，一个重要的转折出现了，当时自由党、工党和保守派等不同派别均集结在一起，支持"反绥靖主义"。在牛津，他们的竞选宣传声称："谁给保守党候选人投票，谁就是在给希特勒投票。"不过，保守党候选人还是在得票锐减的情况下勉强胜出。然而，三周后，布里奇沃特 (Bridgwater) 选区所获得的多数票被取消了，很多人认为，这件事说明很多民众反对绥靖主义。这里传达的信息很清楚：张伯伦的绥靖政策现在已经失去了民众的支持。

另一方面，在德国，希特勒在慕尼黑会议上的胜利，有效地阻止了统治阶层中其他人对他的批评。路德维希 · 贝克（Ludwig Beck）将军和其他一些军方人士曾希望推翻希特勒的统治，他们反对希特勒将德国拖入一场毁灭性战争。然而，现在希特勒势头正盛，这些人不得不取消计划。此外，这些人也没有得到其他国家的支持，张伯伦将这些人看作 “雅各宾派”，认为他们在德国国内缺乏合法性。此时，希特勒开始对国内的反对者进行清洗。1938 年 11 月 9 日，希特勒纵容党卫队和暴民，对德国全境的犹太人展开袭击，破坏他们的教堂，掠夺他们的财产，这就是“水晶之夜”事件。一个月后，里宾特洛甫坚持认为，所有具有犹太血统的人，都应从外交接待处清除出去。1939 年 1 月底，希特勒开始说出更加骇人的话。他对国会说：“如果欧洲和其他国家从事国际金融业的犹太人能再一次成功地发动一场世界大战的话，那么赢得胜利的不会是布尔什维克，也不可能是犹太人，恰恰相反，结果会是欧洲犹太种族的灭绝。”换句话说，希特勒将他与犹太人之间的斗争看作一场大战略，而不仅仅是一项国内政策。

1939 年 3 月，捷克和斯洛伐克之间的关系出现了危机，希特勒利用这个机会占领布拉格。英国和法国再一次屈服了，国际联盟没有采取措施，美国也保持沉默。波西米亚和摩拉维亚成了德国的保护地，斯洛伐克宣布独立，成为德国的卫星国，自此，原来的捷克斯洛伐克已经不复存在。捷克的军队归希特勒所有，许多先进的装甲战车以及波西米亚的工业设施都成为德国的囊中之物。德国军事和经济实力大大增加，有利于希特勒为发动战争做准备。1938~1939 年时，各国还曾想联合起来反对德国侵略捷克斯洛伐克，而现在，中小国家纷纷急于与德国媾和，罗马尼亚、南斯拉夫和保加利亚都向德国寻求保护。此外，有的国家也开始了对其他国家的掠夺，它们长期以来就有扩张的野心，同时，它们也相信，对自己的克制只能导致让对手获利、让自己吃亏。1938 年底，波兰占领了捷克斯洛伐克的泰斯辰（Teschen），之前这是两国的争议土地；匈牙利吞并了斯洛伐克南部的一大片狭长地带，那里主要居住着马扎尔人。看到希特勒达到了目的，墨索里尼也眼红了，他希望效仿希特勒，因此，1939 年 4 月，意大利占领了阿尔巴尼亚。无论如何，此时欧洲的版图已经发生了巨大变化，这一方面是希特勒导致的，另一方面是其他国家效仿希特勒而导致的。

然而，谈及英国和法国的国内政治，人们对绥靖政策的看法产生了巨大转变。希特勒对布拉格的占领使得民众和媒体有所警觉，他们开始质疑本国政府对德国的战略，不再对本国政府抱有信心。英法两国的议会更加质疑本国政府的政策。在英国，反对党议员不断地抨击张伯伦的政策；使张伯伦更为头疼的是，保守党内部也有很多人主张抵抗德国，他们要求建立超党派内阁。实际上，这已经使得英国成为反对希特勒的“人民阵线”中的一员。法国的情形也与其类似，以外交部部长乔治斯 · 博内（Georges Bonnet）为代表的绥靖派，力量不如以总理达拉第为首的抵抗派。英法两国的社会已经开始做抵抗德国的准备。

现在，伦敦和巴黎不得不承认，希特勒不仅已经完全主导了中欧——英法对此尽管非常担忧，却还是能够容忍，他还打算依靠德国的优势打破整个欧洲的力量均势。2月底，英国内阁达成共识，一旦德国对荷兰、比利时或瑞士发动攻击，英国就将对德国宣战，同时英国公开表示保证法国的安全。因此，在 1939 年 1 月，整个欧洲大陆都被动员起来了，很快英法两国的官员开始展开密集的会谈，两国真正走到了一起，“英法协约”复活了。不过，仅仅在西边划定界限还是远远不够的，德国在东欧的扩张必须被制止（当时不断有传闻，称德国即将入侵波兰和罗马尼亚）。只有迫使希特勒在东西两线作战，才有可能打败他，至少说可以更容易地阻止他，因此英法必须与波兰结成同盟。于是，1939 年 3 月，英法正式宣布将保障波兰和罗马尼亚的独立，尽管它们并不能完全保障这两个国家的领土现状。这样做的目的是为解决波兰与德国之间的领土问题提供空间，同时也是为阻止希特勒直接吞并这两个国家，防止他利用这两个国家的资源来实现其战争目的。

希特勒的行动也深深地改变了美国人的看法。罗斯福对民事部门和国防部门的负责人说，自 1818 年“神圣同盟”以来，美国首次面临着“来自大西洋对岸的北半球和南半球的”可能的进攻。如果德国能够打败或者控制英国皇家海军，就会导致海上均势的巨大变化，从而对美国产生不利的影响。几乎与此同时，在一场新闻发布会中，罗斯福指出：与之前的几十年相比，科技的进步（尤其是空军的发展）使得我们面临着潜在的攻击，危险离我们更近了。此外，独裁者不仅在战略上威胁美国，也在意识形态上威胁美国，的确，罗斯福正在不断思考这两种威胁。在20世纪30年代末，罗斯福总是有一种忧虑，他担心希特勒和墨索里尼会“在墨西哥做出西班牙所发生的那种事情”，即“组织一场革命，一场法西斯主义的革命”。罗斯福因此认为，反对欧洲独裁者的斗争其实是两种世界观之间的斗争，在这场斗争中，美国要想获得安全，就必须保证西半球及世界其他地区的安全。

然而，斯大林现在确信，西欧国家对共同阵线没有兴趣，恰恰相反，每一种迹象都表明，英法两国希望利用希特勒来遏制苏联。因此，1939年3月，斯大林公开警告“苏联会保持警惕，绝不允许那些挑起战争的人把我们的国家拖入冲突之中”，同时他也宣称自己“不会给他人火中取栗”。他提议，法国、英国、苏联应该建立联盟，以保证东欧的领土问题得到解决。实际上，英法两国已经表示要解决东欧的领土问题，苏联只是加入其中，本来这算不上什么困难的事情，但这却导致苏联与英法之间漫长的协商，甚至持续了一个夏天。之所以难以达成协议，是因为波兰拒绝接受苏联的军事帮助，因为波兰担心那样做会导致波兰政府无法对白俄罗斯裔、乌克兰裔占多数的省份进行有效的控制。此外，英法对波兰的军事力量做出了错误的估计，它们以为波兰能够抵挡德国的进攻。现在，东京和柏林对苏联进行两面夹击，为打破这个局面，苏联必须采取一些激进的行动。同月，苏联与日本在蒙古国的诺门罕交战，苏联粉碎了日本的进攻，取得了决定性的胜利。至少在当下，苏联的东翼已经安全了，现在斯大林可以专心对付希特勒了。

对于希特勒而言，他觉得自己已经陷入困境之中。罗斯福开始使用更加激进的语言，这令希特勒非常担心。他也相信，德国与美国之间的决战将会提前到来。因此，他下令执行“Z计划”，建造一支庞大的远洋舰队，即“帝国海军”，以将德国的空军投送到大西洋，不仅要能对付英国，还要能对付美国。3月，希特勒准备在非洲扩张殖民地，同时他还拉拢西班牙加入《反共产国际协定》，这一举动针对的是大西洋彼岸的美国，而非苏联。1939年4月，他正式废除了英德海军协定，一定程度上，这是对英国承诺保障波兰安全的回应，同时他也承认，德国与盎格鲁–撒克逊人之间的海上冲突马上就要到来。

然而，正是在东欧，希特勒感到时间紧迫，因此决定加紧制定新的侵略计划。德国要想与其他大国抗衡，尤其是美国，唯一的办法就是占领东部的生存空间，以实现这个目的。1938 年 10 月底，苏台德危机刚结束时，希特勒试图拉近与波兰之间的关系，建议与波兰合作，共同进攻苏联。希特勒想收回但泽自由市，并借道波兰以进攻苏联，作为回报，他支持波兰从乌克兰那里收回部分领土。换句话说，如果波兰同意与德国合作，那么就可以成为德国的小伙伴，德国没有必要将其消灭。这样，波兰的地位就可以介于德国的同盟国（如意大利）与卫星国（如斯洛伐克）之间，这同样有利于希特勒的生存空间计划。然而，令希特勒感到吃惊和恼怒的是，波兰人拒绝了他的提议。更糟糕的是，英法为波兰提供安全保障，使得德国再一次陷入包围圈。1939 年 3 月，柏林的每一个人几乎都在谈论这件事，这给希特勒的大战略造成了巨大的障碍。波兰位于德国与苏联之间，希特勒要想征服苏联、获得战略纵深，并实现其生存空间计划，就必须先征服波兰。因此，希特勒进行了一次惊人的冒险，他开始转向接近斯大林，以清除进攻前的最后一道障碍。

1939 年 8 月，莫洛托夫与里宾特洛甫签订了《苏德互不侵犯条约》。德国首先提出签订该条约，而斯大林认为，对于苏联来说，这也是一个机会，有利于获得东欧的大部分土地。如果没有这个条约，希特勒就可能会占领东欧的大部分领土，甚至可能联合英法来对付苏联。斯大林同样在打持久战，8 月中旬，他曾经对苏共中央政治局说，一旦英法集团与德国之间爆发战争，苏联就可以乘虚而入，使得德国变成苏联势力的一部分，获利的将会是苏联。斯大林主要关注的并不是波兰，而是波罗的海沿岸各国，他害怕希特勒会向立陶宛、拉脱维亚和爱沙尼亚进军。《苏德互不侵犯条约》的第一条就是关于立陶宛的，第二条才是与波兰相关的。条约中之所以提及波兰，是为了标出德国向东扩张进入波兰后的最东界限，而非划出明确的苏联占领区。所以，1939 年 9 月 1 日希特勒对波兰的进攻，标志着一场苏联与德国联合反对现有欧洲领土秩序的战争的爆发。然而，这两位独裁者都没能够让战争朝着既定方向发展，他们的合作也没有成功。希特勒本打算联合波兰共同入侵苏联，斯大林则希望加入英法阵线来反对纳粹德国。

9 月 3 日，英法对德宣战，但两国其实非常不愿意卷入战争，它们根本就没有竭尽全力地从西边进攻德国。此时，两国仍然希望让德国妥协，以恢复和平，这样就可以保证德国的完整，使德国成为反对布尔什维克的一道坚实的堡垒。现在，就连斯大林自己也认为，一旦德国失败，就会导致欧洲的均势被打破，并使苏联暴露在西方资本主义国家的进攻之下。德国进攻波兰后，波兰的防线迅速崩溃。9 月 17 日，斯大林派遣红军进入波兰东部地区（也就是在同一天，苏联在诺门罕战役中彻底打败日本）。这可以算是历史上德国人与俄国人第 4 次瓜分波兰。之后，德国与苏联开始紧密合作，斯大林向希特勒输送各种重要的原材料，支持他与英法的战争，苏联内务人民委员部将从德国跑到苏联的共产党员遣送回德国，党卫队也将乌克兰的民族主义者遣送到苏联。两国的情报部门都对波兰的知识分子和军官进行无情的镇压。1939 年 11 月，斯大林进攻芬兰，希望能建立一个安全缓冲带，以保卫彼得格勒。德国与苏联试图对东欧与北欧的各国领土进行全面的重组。

战争给各国的国内政治带来了深远的影响，但影响却各不相同。与 1914 年不同，“二战”爆发后，法国并没有立即成为一个“神圣同盟”，各党派和阶级并没有团结一致，甚至在表面上都不团结。正相反，左翼和右翼、左翼绥靖派和右翼绥靖派以及左翼抵抗派和右翼抵抗派之间的隔阂与分歧不断加深。由于希特勒与斯大林签订《苏德互不侵犯条约》，因而法国的处境变得更加复杂。莫斯科指示法国共产党，不要与政府进行任何合作；法国共产党领导人莫里斯 · 多列士（Maurice Thorez）离开法国军队，逃到了苏联。法国的军备生产非常缓慢，主要是因为政府奉行经济自由原则，将军备生产交给了私营企业。无论是在军事上还是在宣传上，整个国家都没有进入战争状态。军队认为，只要躲在马其诺防线后面，就能保证自己的安全，这种错觉使他们疏于防范，没有积极备战。但与此同时，希特勒和斯大林已经完全改变了东欧的秩序。

在英国，战争爆发后，政府无法遏制希特勒的侵略，这使得张伯伦内阁岌岌可危。最终，首相不得不顺应民众、新闻界和议会的要求，决心采取行动对抗德国。结果，虽然英国人并非慷慨激昂，但至少他们保持了团结。后来，欧洲所有大国都被希特勒的军队占领了，只有英国没有被占领，相反，它一直能够不断地对德国进行直接打击。此外，澳大利亚、加拿大、新西兰和南非等各自治领的议会进行了激烈的辩论，最后各自治领决定加入战争，共同反对纳粹；只有爱尔兰宣布中立，没有加入战争。战争爆发后，英国的战时经济政策执行得很顺利，这主要是因为政府支持工业主与工会之间进行合作，以提升武器生产能力。

极权主义国家则不同，它们采取的是更为激进的内部政策。苏联占领波兰东部领土后，斯大林在这里进行了彻底的改革，消灭了资产阶级。他担心资产阶级会组成“第五纵队”并暗中协助轴心国，因此1940年4~5月，他下令在卡廷森林杀害了数千名被抓捕的波兰官员。希特勒同样强化了对国内以及德国新占领的领土的控制。1939年9月底，他任命海因里希·希姆莱（Heinrich Himmler）为全国警察总长，负责领导所有的安全部门和情报部门，这是一个手段极其残忍的人。一个月后，希特勒批准开始实施一项“安乐死”计划，旨在铲除“无价值的生命”，并且提高德意志民族的生理素质，为未来的战斗做准备。已经在波罗的海和俄国定居的德意志人都被要求回到德国，以增强德国的实力。希特勒再次警告，犹太人会因将欧洲再次拖入战争而遭到惩罚。波兰的犹太人被驱赶到了贫民区，数万犹太人被集体枪决。然而，此时希特勒并没有杀害德国的犹太人，可能是他受到了美国的警告。1940年7月，希特勒直接将犹太人称为德国手中的“人质”。尽管希特勒费了不少口舌，但他并没有对整个社会进行战争总动员。希特勒并没有动员女性参加社会工作，在这方面德国远远落后于英国，他更关心如何维持消费品的供给。德国虽然大力发展各种武器，但武器的质量并不高，一旦德国与英法直接开战，德国可能难以维持长时间的消耗战。在“一战”期间，由于协约国对德国的封锁，德国国内问题严重，最后导致了崩溃，现在希特勒决心不再重蹈“一战”的覆辙。

征服波兰后，希特勒开始焦虑，如何在美国介入前逐步结束西线战争并保护在东部的生存空间。1939年9月底，他展开了“和平攻势”，希望能让英国和法国妥协，换取和平。如果英法答应他，那么他肯定会执行最初的计划，即进攻苏联。但是，伦敦和巴黎反对他控制波兰，所以不可能接受他的要求。更糟糕的是，在德国看来，英法正准备切断德国的铁矿石供给线，一旦挪威与英法站在一起，德国就难以获得铁矿石。所以，1940年4~5月，希特勒被迫做出一项临时的决定。为防止英法占领挪威，他决定先发制人，先后入侵挪威、丹麦，以确保交通线路的安全。很快，希特勒又对荷兰、比利时和法国发动闪电袭击。他原以为这项行动会持续数年，但仅仅在几天内就完成了，速度之快大大超出了他的预期。几星期之内，低地国家完全被占领，法国被打得溃不成军，英国远征军也遭到重创。英法两国唯一幸运的事，就是40万人的敦刻尔克大撤退。

德国在西线的战争取得了重大胜利，这改变了欧洲政治。从1940年6月起，希特勒不仅控制了整个中欧，还占领了波兰的大部分，以及法国北部、低地国家、丹麦和挪威。法国的其他地区则建立起了一个德国扶植的傀儡政府。贝当元帅以及皮埃尔·赖伐尔（Pierre Laval）在法国南部建立了“维希”政权，名义上是一个独立的政权，实际上完全受德国的摆布。这个政权希望与德国进行“合作”，以维持法国在欧洲的地位。传统的欧洲均势已经不复存在，取而代之的是德国的霸权。这引发了一场领土争夺，改变了欧洲的版图。对于那些尚未被德国占领的国家而言，希特勒不仅是一个威胁，也是一个机遇。希特勒占领了很多领土，苏联领导人也决心占领同样多的领土。之所以这样做，是因为苏联要防止德国的势力距离本土太近，防止国境受到德国的威胁。所以，法国沦陷后不久，斯大林就占领了波罗的海沿岸的国家，一个月后，他又迫使罗马尼亚向苏联割让比萨拉比亚（Bessarabia）和北布科维纳（North Bukovina）。他还派军队进入巴尔干半岛，这不仅是为了提防德国，也是为了驱逐英国的势力。他认为英国是资本主义世界中最强大的国家，对苏联的安全而言也是一个长期的威胁。

墨索里尼看到了法国的崩溃，他认为这是一个契机，因此准备抓紧时间，在东南欧和地中海地区建立其法西斯帝国。1940 年 6 月，他在法国南部发动了一场迟来的进攻，但结果却是完全失败，尽管如此，他还是在法国南部获得了一块土地。之后不久，他在北非对英国军队发动进攻，但再一次遭到了可耻的失败。然后，10 月底，墨索里尼入侵希腊，他希望能够建立起在巴尔干的霸权，以此来平衡希特勒在中欧和西欧的主导地位。这一次，意大利军队再次陷入泥潭，希腊人顽强抵抗，墨索里尼难以实现其目的。而更为糟糕的是，1940 年 11 月，英国袭击了意大利在塔兰托（Taranto）的军港，很多军舰被英国飞机炸沉。墨索里尼这下彻底遭到了羞辱，一连串的败仗削弱了他在国内的地位，统治集团中首次出现了分裂。长期以来，外交政策是墨索里尼维持其法西斯统治的工具，现在由于对外政策失败，他的统治开始受到威胁。法国沦陷后，西班牙独裁者也想从中分一杯羹。1940 年 6 月中旬，佛朗哥的军队占领了本来处于“国际共管”区域的自由市丹吉尔，意大利又没有抢占先机。1940 年 10 月，希特勒在昂达伊（Hendaye）与佛朗哥会晤，但他没有能够说服佛朗哥放弃中立。希特勒希望西班牙协助进攻英国，佛朗哥很想这样做，但他并没有答应。真正的问题在于，佛朗哥有很多领土要求，他要求占领直布罗陀海峡、奥兰（阿尔及利亚一座城市）和摩洛哥。希特勒无法答应这些要求，因此如果那样的话，他与贝当合作共同对付英国的计划就会遭到破坏，同时也会触怒墨索里尼。简而言之，西班牙之所以没有参加战争，不是因为佛朗哥没有野心，而是因为希特勒无法答应佛朗哥的要求。

1940年5月，德国入侵低地国家后，英国议会展开辩论，张伯伦在一片反对声中下台（有些人将这次辩论错误地称作“挪威问题辩论”）。丘吉尔担任首相，组建新政府，他决心斗争到底，竭尽全力为夺取胜利做出努力，必要时他宁愿在军事、经济、社会和宪法方面做出任何牺牲。1940年6月中旬，丘吉尔向法国提出建议，要求将英、法两国合并（包括合并国籍，并组成联合政府），其目的是让法国坚持对德作战，同时保护法国军舰的安全。换句话说，现在纳粹的威胁太明显了，法国只有两条路可供选择，一条路是投降德国，另一条路是将自己的主权让给英国。不久之后，法国投降了德国，希特勒建议英国也投降德国，丘吉尔严词拒绝。那年夏天，英国皇家空军粉碎了纳粹空军控制英格兰领空的企图。尽管当时德国在空军上有一定的优势，但它能否打败英国海军，依然存在疑问。希特勒并没有打算与英国作战，如果战争可以避免，他就不会进攻英国。但伦敦拒绝允许德国支配中东欧，希特勒非常不满。最后，希特勒取消了“海狮行动”，放弃了入侵英国南部海岸的计划。

法国的沦陷给大英帝国带来了重大影响，英国现在成了反对希特勒的最后一道防线。丘吉尔打算，如果英国本土也被纳粹征服的话就到加拿大继续斗争，英国还可以依赖其殖民地和自治领的资源，寻找时机进行反攻。因此，此时英国并非孤立的。数百名优秀的“帝国”飞行员参加了不列颠空战，取得出色成绩。从人口比例上来看，在所有参战国中，苏联在战争中的伤亡人数占总人口的比例是最高的，其次是新西兰。加拿大、澳大利亚和印度实际生产的步枪数量要多于英国本土的生产数量，它们还制造了上万架飞机；加拿大的经济实力与意大利相当。在接下来的5年中，数百万加拿大、澳大利亚、新西兰和南非的民众都在努力进行生产，为英国提供各种作战物资。很多印度人也是如此，无论喜欢与否，他们都身处战争之中。1940年5月后，印度军队的人数翻了一倍，达到了200万人，英国系统地调用印度的资源，以支持战争。很快，在几乎所有的方面，整个大英帝国的工业产出就超过了德国及其控制的欧洲领土的工业产出，只有在步枪数量上落后于德国。

然而，希特勒并没有一直专注于与大英帝国的战争。法国沦陷后不久，他就暗示其军事下属，他打算在下一次机遇来临时进攻苏联。在那一年夏天和秋天，他没能征服英国，丘吉尔拒绝与德国建立友好关系，拒绝与德国瓜分世界。希特勒更加下定决心，要在美国介入之前将英国和苏联占领。1940 年 9 月底，他联合意大利和日本签署了《三国同盟条约》(Tripartite Pact)。到年底，他制订了一份进攻苏联的详细计划，即“巴巴罗萨计划”，并且宣布执行。但是，此时还有一些问题尚未解决，他还不能立即进攻苏联。首先，他要巩固在巴尔干半岛的军事力量，保证南翼的安全。墨索里尼进攻希腊的冒险行动失败，促使英国军队前来帮助希腊。更糟的是，意大利在北非的进攻不仅失败了，而且还导致英国在 1941 年初对其发起了毁灭性的反击。使情况进一步恶化的是，南斯拉夫的塞尔维亚民族主义者（这些人反对南斯拉夫政府与德国结盟）发动政变，造成了巨大影响。所以，1941 年 2 月，希特勒派隆美尔率领“非洲军团”来到北非，以求力挽狂澜，其目的是让北非成为德国的一个补给站，以对美国构成威胁。短时间内，北非的英国军队陷入了巨大的困难。两个月后，希特勒吞并了南斯拉夫和希腊，德国与意大利联合占领了这两个国家。南斯拉夫北部是由克罗地亚人安特 · 帕韦利奇（Ante Paveli）建立的傀儡政府，南部是由塞尔维亚人米兰 · 内迪奇（Milan Nedi）建立的傀儡政府。希特勒本不打算在这么短的时间内占领欧洲这么多地方，这些仓促战略决策都带来了意想不到的后果。

意大利的失败和隆美尔的成功迫使希特勒系统地思考中东的局势。他正在筹划一项大的钳形战略，在这项战略中，非洲军团向东进军，穿过埃及和巴勒斯坦前往美索不达米亚平原，与此同时，另一支军队从乌克兰向南推进，穿过高加索山脉并与隆美尔汇合。阿拉伯民族主义者现在将希特勒看作最大的希望，他们想以此将犹太复国主义者和英国人驱逐出巴勒斯坦，甚至驱逐出整个中东。1941 年 1 月，耶路撒冷的大穆夫提——阿明 · 阿尔–侯赛尼（Amin al-Husseini）请求与希特勒结成战略伙伴，共同对抗“英国–犹太人联盟”。一旦他们真的联合起来，英国在这一地区开采和出口石油的权利就会受到损害。大穆夫提全力支持纳粹对犹太人的政策，甚至包括肉体灭绝。纳粹德国的外交部长里宾特洛甫认为，中东局势的进展使德国看到了希望。伊拉克发生了政变，亲德分子拉希德 · 阿里（Rashid Ali）掌握政权，并施行了对犹太人的屠杀，里宾特洛甫受到了鼓舞。然而，阿里很快就被英国打败了。在维希政权和叙利亚当局的协助下，德国向摩苏尔派遣了两只空军中队，但没过几天，两支中队的飞机就被一一击落。不过，对希特勒而言，中东算不上其大战略的重要部分。中东各国领导人对希特勒的兴趣要远远超过希特勒对中东的兴趣。

真正让这位独裁者担心的其实是美国。法国的沦陷使得罗斯福总统感到惊恐。他认为，德国的胜利使欧洲的权力平衡乃至全球的权力平衡发生了根本性的转变。最重要的是，希特勒打算继承法国在南美和加勒比地区的属地。罗斯福担心，希特勒真正的目标是通往大西洋，希特勒很有可能是想在伊比利亚半岛，甚至在亚速尔群岛和佛得角设立据点，以实现这个目标。此时，在美国国内，怀疑论者和孤立主义者的数量依然大大超过干预主义者。因此，尽管罗斯福想阻止德国的行动，但他受制于民意，不得不暂缓执行。现在罗斯福可以做的就是支持英国，以预防德国入侵拉丁美洲。1940 年 9 月初，他与英国达成了“基地租用协议”，即美国向英国皇家海军提供旧的驱逐舰，以换取使用英国在西半球的基地。这项举动显然是直接针对希特勒的，不过罗斯福不必这样公开说，可以说，这是美国在接管英国在西半球的势力范围（当时英国在西半球已经衰落）。同月，国会同意实施义务兵役制度，这是美国历史上第一次在和平时期采用义务兵役制。

1940 年 11 月，罗斯福第三次当选美国总统，现在他已经不必再使用什么策略，而可以开始认真地遏制希特勒了。1940 年 12 月末，他发表了著名的“炉边谈话”（Fireside Chats），他告诉整个国家，美国是“民主世界的兵工厂”，是对抗独裁者的中坚力量。1941 年 3 月，罗斯福制定了《租借法案》并获得通过。根据这项法案，美国将大量的战争物资“租借”（或者直接转移）给缺乏现金的英国和中国。正如战争部长亨利 · 史汀生（Henry Stimson）所指出的，“这实际上是宣告了对纳粹德国和日本的经济战争”。《租借法案》在参议院通过的当天，罗斯福通过广播发表讲话，公开指出“第二次世界大战在一年半之前就已经开始了”。3 月底，总统和各部门负责人认为，一旦美国与轴心国发生冲突，美国将优先解决“德国问题”，所有的战争计划都将针对大西洋、德国以及整个第三帝国。在这一战略的指导下，1941 年 4 月，美国与日本的代表在华盛顿举行了会谈，目的是稳住日本，先集中全力对付德国。美国政策的大方向是以打击德国为优先目标，这一点是没有问题的。当时希特勒并不知道美国的军事计划，他认为华盛顿正在被“世界犹太人”所操纵，他试图援助日本，因为一旦日本战败，他就不得不独自面对美国的全线进攻。希特勒相信，他与罗斯福之间的公开冲突几个月之后就会到来，因此他向东京做出了重要的承诺，一旦未来日本与美国发生战争，他将对日本提供支持。

因此，6月22日，希特勒开始入侵苏联。希特勒的军队阵容强大，除了纳粹德国国防军之外，还有盟国及卫星国的军队，如意大利、芬兰、罗马尼亚、匈牙利、斯洛伐克以及中立的西班牙（佛朗哥派遣“蓝色军团”参战），此外还包括来自法国、低地国家和斯堪的纳维亚半岛国家的“志愿者”。希特勒调动了几乎整个欧洲的资源，来支持其战略。他的目标不仅是铲除布尔什维克主义，或者至少将其驱逐到乌拉尔山脉以东，更是想获得生存空间。他认为，德国被犹太人、英国和美国包围，德国与这些势力的大决战已经越来越近了，没有生存空间，德国就无法存活。为达到这个目的，希特勒疯狂地征服土地，将其作为德意志人的殖民地，同时清除所有的犹太人和共产主义势力。一开始，纳粹军队处死了很多苏联的官员，并且怀疑或认定他们是犹太人的特工。后来，凡是纳粹军队所到之处，就伴随着残酷的大屠杀。党卫队的特别行动队屠杀了数十万的犹太男性，女性和孩子暂时被放过。

斯大林开始对苏联社会进行总体动员。他宣布，这场斗争“并不能看作是两个军队之间的……普通战争”，而是一场“自由制度对抗奴隶制度”的“保卫祖国的战争”。在西部边境，很多重要的工业区面临着被德国人占领的危险，因此斯大林决定把这些工业拆迁到乌拉尔山以东的安全地带。很快，这些新的工业区又生产出了数以万计的坦克、飞机和大炮。数百万士兵被征召入伍，许多在古拉格劳改营受到折磨的军官都被释放，并在前线作战。苏联的全国民众备受鼓舞、斗志高昂。此时，斯大林逐渐开始激发民众的东正教情感。为了抗击侵略，民众自发地流露出了宗教情感，斯大林政府决定恢复东正教莫斯科总主教的职务。斯大林并非要宣传东正教，而是要对民众的宗教热忱进行妥善的利用，一旦政策错误，东正教也可能会成为直接反对共产党政权的工具。不过，即使是在这个时候，异议人士依然被残酷地镇压：战争期间，约250万人被送到古拉格劳改营，数十万德国人和车臣人被流放，防止他们与希特勒相勾结。到1941年底，苏联截获了重要情报，即日本不打算进攻苏联东部，而是打算进攻美国。在这种情况下，斯大林下令，将红军在西伯利亚的强大力量调到莫斯科附近。德军企图占领莫斯科，但遭到了苏联红军的阻击，因此无法达到目的。此时，还没有人能知道战争的结果，但有一点很明确，德军要想迅速打败苏联已经不可能了。

这时，罗斯福进一步向希特勒施加压力。斯大林向美国提出了一个惊人的请求，美国可以在苏联前线的任何地点部署兵力，以帮助苏联抗击德军。不过，罗斯福并没有同意斯大林的请求，因为当时美国民众依然强烈反对美国正式参战。尽管如此，罗斯福还是给斯大林送去了大量的军事援助，解冻了苏联政府的资产，停止将《中立法案》（Neutrality Act）用于苏联，允许苏联船只来美国接受援助。1941 年 8 月中旬，罗斯福与丘吉尔在纽芬兰的普拉森舍湾的一艘军舰上会晤，并签署《大西洋宪章》（Atlantic Charter）。宪章宣布“努力建立一个更加美好的世界”，其基础是“尊重人民自由表达愿望的权利，反对任何不符合人民愿望的领土变更”，并且“两国将在彻底摧毁纳粹暴政之后，恢复世界的和平”，同时“对于那些威胁或可能威胁其他国家安全的国家，将解除其武装”。

《大西洋宪章》的关键词是“彻底摧毁纳粹暴政”。《大西洋宪章》其实就是一项大战略，目的是打败希特勒；同时它也是《凡尔赛和约》的再现，规定将再一次解除德国的武装。这份文件非同寻常，当时美国还没有正式参战，罗斯福签订《大西洋宪章》时，并没有得到国会的授权。接下来的一个月，罗斯福对美国驱逐舰下令，只要看到德国军舰或潜艇，就立即开火。在 1941 年 9 月 11 日的一次“炉边谈话”中，罗斯福警告整个国家：“当你看到一条响尾蛇准备向你攻击时，你不会等它咬了你再去制伏它的。”所有听了这次讲话的人——包括柏林的纳粹领导人都会相信，这是罗斯福对德国独裁者发出的警告。事实上，德国已经准备好要与美国开战。

在这个背景下，交战双方的领导人都做出了重大决定。随着德国军队深入苏联领土，日本已经准备在 1941 年 8 月放弃中立，并从东面攻击苏联。罗斯福担心，这可能会给俄国人带来致命一击，甚至导致希特勒夺取苏联庞大的资源。因此，罗斯福下令对日本执行石油和钢铁的禁运，这在一定程度上帮助了中国，但更主要的作用是阻止了日本对苏联的袭击。此时，战争马上就要进入关键时刻：日本人需要确保其在荷属东印度群岛的安全，以便获得那里的石油，否则他们就不得不屈服于美国的压力之下，并且放弃所有企图支配亚洲的野心。几乎在同时——我们无法得知确切时间，希特勒决定消灭欧洲所有犹太人：无论男人、女人还是孩子，无论他们身处欧洲的东部、南部、西部还是北部。希特勒召集经济、行政、外交和警察等各部门的负责人，为这项政策的制订执行具体的计划。希特勒准备在所有战线上与“世界犹太人”展开决战。之后不久，1941年12月初，希特勒向日本人重申，他将与日本人联合起来，共同对美国作战。

12月7日，日本对位于珍珠港的美国太平洋舰队发动突然袭击。此时，希特勒坚决承诺，支持日本对美国的战争。德国独裁者相信，要想防止日本迅速崩溃，就必须让美国同时在大西洋与太平洋作战。一旦日本失败，那么美国就可以集中其军事力量于欧洲。因此，11月11日，希特勒对美宣战，这让德国最高统帅部——尤其是海军都异常高兴，过去德军只能偷偷摸摸地与美军作战，现在则可以公开作战了。然而，事实上，希特勒以前经常担心的事现在终于发生了。德国已经被全世界所包围，他对犹太人的大屠杀政策，导致犹太人、布尔什维克以及美国的大资本家联合起来共同对付德国。本来，希特勒想先夺取欧洲东部的生存空间，然后再向全世界开战；但现在，他还没有夺取足够的生存空间，就已经遭到了全世界的共同反对。这成了历史上最难以回答的一个问题：假如希特勒没有咬上罗斯福的诱饵，并且美国没有积极地在欧洲参战，那么战争的结果将会如何？

1941年年末，两大对立的集团形成了，它们在全球范围内展开了一场角逐。一个是由英国、苏联和美国组成“大同盟”——这个词是丘吉尔从他的祖先马尔伯勒公爵那里借用来的；另一个则是由德国、意大利、日本及其盟国和卫星国组成的轴心国。1942年1月，反法西斯同盟国发表了《联合国家宣言》，承诺将“动用所有的资源以打败希特勒”。后来这些国家建立了“联合国”。与国际联盟一样，联合国也是为了解决德国问题而设立的。在之后近6个月的时间里，轴心国似乎越来越占据上风。日本肆无忌惮地袭击美国，占领了欧洲国家在亚洲的殖民地，中国香港、新加坡、马来半岛和荷属东印度群岛很快相继沦陷；与此同时，德国的潜艇在美国海岸线向没有受到保护的美国船只肆意发动袭击；德军再次向苏联发动大规模进攻，直抵伏尔加河畔的伏尔加格勒，并向南推进至高加索山脉，企图夺取那里的具有重要战略意义的油田；在北非，隆美尔的非洲军团似乎马上就要占领埃及，并且追近巴勒斯坦。1942年夏天，德国军队从北部和西部向中东地区集结，同时日本空军偷袭斯里兰卡和印度洋，两大轴心国在印度“会师”不是没有可能。

两大联盟均展开了大规模的国内动员，调集各种资源，集中人力。整个美国的经济现在都在为战争服务，并且很快其实力就超过了轴心国。美国经济发展的推动者是总统以及新政的支持者，他们拒绝接受商界领袖的意见，要为更远大的目标而努力。为了保证战争的胜利，政府制订的生产计划远远超过了日常的生活需要。美国的武器不仅可以用于美国的陆军、海军和空军，还可以用于援助英国和苏联。1942 年，希特勒任命阿尔贝特 · 施佩尔（Albert Speer）掌管战时经济。他鼓励创新，改革组织方式，并且使用奴工，使得德国的军备生产能力大大提升。1943 年初，宣传部长约瑟夫 · 戈培尔（Joseph Goebbels）宣布要打一场“总体战”，以此强化对民众的心理动员。很大程度上，苏联的经济也要依赖古拉格劳改营的奴工。很快，在关键的军备领域，苏联的生产能力远远超过了第三帝国。不过，最令人印象深刻应该是英国的战争动员。尽管英国无法从欧洲大陆获得重要的原材料，也无法与欧洲大陆进行贸易，但它生产出的武器数量也远远多于德国，尽管质量不一定比德国好。英国不但能够坚持对德作战，1941 年 6 月之后，它还能向苏联提供大量的物资。数百万人被征召入伍，加入海军。自始至终，议会始终是国家的最高权力机构，最基本的公民自由权利能够得到保障。英国显示出了强大的战争能力，这再一次说明，民主制度完全有利于实现大规模的军事动员，并且其动员能力远远超过独裁国家。

与之相反，德国则依赖于对被征服领土的开采和殖民。这些土地上原来的居民都遭到了镇压、驱逐，甚至经常惨遭杀害。1941 年 1 月，德国制订了“东方总计划”，并且在之后的两年进行过多次修改。根据计划，德国准备将大批德意志人迁移到波兰、波罗的海沿岸、白俄罗斯和乌克兰的大片土地上居住。这些土地上原来的约 3 000 万居民被驱逐到西伯利亚西部，取而代之的是约 1 500 万德国居民。这样，相当于把德国的卫戍部队与战略预备人员的数量提高了一倍。这项计划还准备将乌克兰变成第三帝国的“粮仓”，正如希特勒所说，“这样一来，没有人能够再让我们挨饿了”。在德国内部，纳粹推广“民族共同体”这个概念，准备将德国变成一个单一种族的共同体，将犹太人、吉卜赛人和其他不受欢迎的分子清除。通过这种方式，德国可以变得强大起来，并能能够与犹太人、布尔什维克以及美国的大资本家相抗衡，打破它们的包围。纳粹相信，这将是一个更加平等的社会，将彻底改变企业僵化的生产方式，释放民众的激情与能量。实际上，不平等依然广泛存在于德国社会，但在军队中，之前的等级制已经被消灭了，原来的军官大量战死，使得来自中产阶级下层和工人阶级的士兵晋升为军官。为了动员更多的女性参战，纳粹放宽了对妇女的限制，妇女可以做以前只有男性才能做的事情。还有一种非常明显的政治现象，那些出身卑微的军官们往往更加支持纳粹的意识形态，并且在战争后期更加明显。希特勒希望，在战争结束后，他能够建设一个福利国家，对民众做出一些回报，如建设高速公路、保障就业、提供住房、设立假日等。从这个角度来说，他既想建立一个种族乌托邦，又想建立一个“现代”国家。

与德国不同，在各民主国家，战争加速了福利国家的出现，并且福利制度无所不包。1941 年，在工党的倡议下，英国联合政府批准了一项报告，旨在实现英国社会的一场全面变革。在这个基础上，1942 年，《贝弗里奇报告》（Beveridge Report）正式发表，它建议确立国家卫生服务体系，改善公共住房并全面改善社会福利系统。主要目的是提高社会凝聚力，并增强人口实力，这对于支撑英国的大国地位是非常必要的，战时如此，战后也是如此。报告也清楚地表明了对家庭和妇女健康的态度，强调保障产妇的福利，以此来提高生育率。贝弗里奇写道：“在未来的 30 年中，妇女和母亲承担着重要的责任，她们关乎英国种族能否得以延续，以及英国人的理想能否实现。”目前，报告的主要目的是鼓励前线的士兵，同时鼓励后方的民众，回报他们抗击希特勒的努力。美国也有类似的发展，美国“福利国家”的规模空前扩大。在大西洋的两岸，福利与战争紧密相连，不可分割。其逻辑不言自明：如果英国和美国的政府要动员自己的民众保卫家园，那么就应该让所有的人都拥有自己的家园，这样保卫家园才是有意义的。

战争也有利于美国社会的融合，同时有利于各种族的解放。在美国军队中，来自全国的各种背景的人都在一起服役，整个国家变得更有凝聚力。为了不影响白种人的作战效果，非洲裔美国人（黑人）没有被安排与白人一同作战。因为担心削弱高加索分队的作战效果，非洲裔美国人被分割成了小分队，但这是历史上黑人第一次大规模参加战争，他们展现了爱国情怀，并为战争做出了巨大贡献。数百万的美国妇女来到工厂和农场工作，其中很多妇女都已经成家。美国战时生产委员会的路易斯 · 麦克谢里（Louis McSherry）将军曾说：“这是历史上第一次向参加工作的母亲提供充足的设施，以供她们抚养孩子。”这一切的成本都是非常昂贵的，因为政府要为所有的劳动力提供报酬。很多造船厂均设立了托儿所，这导致造船的成本提高，进而船的价格也提高了。换句话说，这场反对希特勒的斗争，改变了大西洋两岸国家的女性的生活。在 1943 年 5 月的《星期六晚邮报》（*Saturday Evening Post*）中，诺曼 · 洛克威尔（Norman Rockwell）的名画《铆工露斯》（Rosie the Riveter）就反映了当时的景象：一位倔强的女工踩踏着一本《我的奋斗》，同时抓紧时间工作。

另一方面，战争使得各交战国用尽一切力气排除社会中的异己分子。在英国，政府的偏执妄想以及民众的排外心理，使得数千名来自中欧的难民被拘留——其中大多数是犹太人，他们被怀疑有可能是“第五纵队”。与此类似，在珍珠港事件之后，罗斯福下令拘禁了很多有日本血统的美国人。一定程度上，这种做法反映了美国西部沿海地区的民众依然对亚洲人存有偏见，但其主要的动机并非种族歧视，而是为了防止日本人的间谍和破坏行动。斯大林则采取了更为极端的措施，他下令将某些民族“整体流放”，他认为这些民族背叛了政府，或者与敌国合作。大批德意志人、车臣人、卡尔梅克人都受到了怀疑，他们被“整体迁徙”到条件恶劣的西伯利亚，过着艰苦的生活。

希特勒对犹太人的屠杀背后也有其战略动机，否则他也不至于进行如此大规模的种族灭绝。他认为犹太人正在直接操纵着一个庞大的国际集团，这个国际集团直接反对德国。因此，控制犹太人甚至对其进行肉体消灭，是纳粹战争中不可或缺的一个步骤。1941 年底之前，希特勒并没有对西欧的犹太人展开大屠杀，目的是把他们当作人质，来对美国进行要挟。但现在，德国已经开始直接进攻美国。因此，希特勒对美宣战仅几天后，他就向其下属公开了其计划。戈培尔在日记里写道：“元首决心对犹太人进行一次大扫荡。他预言，如果犹太人引发了一场新的世界战争，那么就应该将他们彻底消灭。这不是空谈，世界大战已经迫在眉睫，灭绝犹太人只能是必然的结果。” 1942 年 1 月，纳粹政府在柏林郊外的万湖召开会议，这次会议被推迟了很长时间，会议制定了具体的行动计划。在接下来的三年中，又有 500 万犹太人被杀害或流放。其中，德国的特别行动队在苏联境内杀害了 100 万人，还有很多人在其他地方被杀害，另外一些人被驱逐出中欧、南欧和西欧，或者被关进位于波兰的奥斯维辛集中营、卢布林集中营以及马伊达内克集中营。1943 年 10 月，希姆莱对波森的党卫队领导人说，歼灭犹太人的计划对于维持日耳曼种族的优越性是必要的。他说："这是我们民族的基础，是我们历史存在的前提。我们是位于欧洲中心的民族，四面环绕着敌人……这样的民族能存活下来，是因为它具有很高的质量与价值。"因此，"最终解决方法"只能是对德国经典的"包围"策略以及"中心论"思想的极端阐释。

苏联、美国和英国在战争目的和作战策略上存在着严重的分歧。而对于如何管理战后的欧洲，如何安排战后的国际秩序，三国之间则存在更大的分歧。从一开始，罗斯福就主张由"四架马车"——美国、苏联、英国和中国共同支配战后的世界，四国将组建并主导一个新的国际组织，代替原来的国际联盟。丘吉尔则希望让法国也加入进来，以此来防止两个"超级大国"主宰世界。斯大林则对1815年之后的"欧洲协调"非常感兴趣，但他坚持认为，要确保苏联的安全，就必须吞并周边的大片领土，并且在苏联与德国之间建立一系列受莫斯科控制的缓冲国。罗斯福的观点则是相反的，他坚持认为，欧洲不应被分割，不应成为不同国家的"势力范围"。他认为，很大程度上，"二战"的爆发，就是这种错误的做法所致，美国舆论也非常支持罗斯福。因此，三国决定，建立有三国外长组成的欧洲咨询委员会，以彼此协调立场。

但所有问题的核心依然在于德国。斯大林要求将德国肢解成如下部分：莱茵兰应该独立，巴伐利亚也应该独立，其他地区（包括波美拉尼亚和西里西亚）也共同组成一个独立国家，并且将东普鲁士割让给波兰。正如莫洛托夫所说，"为了保证未来的和平，必须确保德国无法构成威胁"。罗斯福提出了一项更为激进的方案，他认为应该把德国分成6个部分：黑森、汉诺威及德国西北部、萨克森、巴登—符腾堡—巴伐利亚、普鲁士（包括勃兰登堡、波美拉尼亚和西里西亚）以及东普鲁士；两个具有战争潜力的重要地区——鲁尔和萨尔，将执行国际共管。副国务卿威尔斯认为："只有将德国分割，才可能对德国人的心理状态产生影响，并治愈他们的侵略性格。"丘吉尔更加痛恨德国，认为应该采取更为极端的措施：他时常提起，应该把德国"阉割"，或者将其变成一个"肥胖而虚弱"的国家，以防止其以后再发动战争。但另一方面，丘吉尔也认为，这样做会导致让斯大林填补这一地区的真空。因此他警告内阁："不要太过分地削弱德国，我们或许需要它来对抗俄国人。"然而，大多数的英国政治人物都或多或少地支持把德国分割，即使这样可能会让苏联成为中欧的霸主，也应该这样做。

要想遏制战后的德国，并且消除苏联的影响，关键在于实现欧洲的复兴和统一，或者至少实现西欧的复兴和统一。1942年10月，丘吉尔曾说："欧洲在未来将会成为另一个美国……欧洲将建立自己的国际警察，解除普鲁士的武装。"在美国尤其支持欧洲的统一。美国国务院支持欧洲大陆经济的一体化，认为这将有利于世界其他地区的自由贸易的发展，特别是有利于美国的发展。理论上说，这既能符合美国的经济利益，又能将战时经济转变为和平生产，从而有利于保障世界的权力平衡。但美国也担心将来的欧洲会出现另一个希特勒，他将掌控欧洲的关税同盟，并以此来反对美国。

此时，同盟国唯一的共识就是，任何国家都不能与希特勒单独媾和。在1943年1月的卡萨布兰卡会议上，英国和美国宣布将持续对纳粹作战，直到它最后"无条件投降"，几个月后斯大林也对此表示赞成。在美国，民众普遍认为希特勒是最大的敌人，因此要集中力量，先消灭希特勒，再集中全力对付日本。不过，也有一些人不同意这样做，他们主张"亚洲第一"。对于英国来说，希特勒显然是最大的敌人，这没有任何争议。1942年，英美两国发布联合公报，称"德国是首要敌人，打败它是取得胜利的关键。一旦消灭了纳粹德国，意大利和日本也将很快被打败"。不过，在战术上，华盛顿和英国也存在严重的分歧。要打败希特勒，就必须进行渡海作战，而什么时候登陆、在哪里登陆，双方意见有所不同。英国人倾向于在地中海采取军事行动，在欧洲南部"拖垮"希特勒；而美国的指挥官们则认为，应在法国北部登陆，以使德国精疲力竭。

在1943年的卡萨布兰卡会议上，这些分歧更加白热化。最后英国的方案占据了上风，即在地中海采取军事行动，而不是在法国北部采取行动。因此，要想执行这个方案，盟军就需要大量地使用空军，然而伦敦和华盛顿再一次产生了战术分歧。为减少损失，英国皇家空军都是在晚上出动，为了打击德军士气，英国空军试图通过轰炸德国居民区来弥补精准度上的不足。美国空军则相反，他们喜欢针对滚珠轴承厂和合成燃料厂这样的关键工业进行精准轰炸。两种战术相互结合，开创了一条对抗德国的全新阵线。数十万德国军民在轰炸中身亡，德国的军工生产被严重破坏，国内和前线的士气都一落千丈。也许最为重要的是，德军不得不将80万士兵调到空军，以增强其防空能力。德军出动了数千架最新式的战斗机，以及数千名最出色的飞行员。英美的空袭分散了德军的空军力量，因此削弱了纳粹空军对东欧的制空权。

希特勒在欧洲所调动的资源，规模是史无前例的，令人感到畏惧。然而，英国、苏联和美国联合起来则产生了更强大的力量，与德国相比，具有压倒性的优势。在整个1942年，德国越来越失去主动权。隆美尔在尼罗河三角洲遭到拦截，已经难以再向前推进；几个月后，蒙哥马利（Montgomery）的第八集团军在阿拉曼（El Alamein）发起进攻，最终将轴心国军队驱逐出了北非。在太平洋战场上，日本先是在珊瑚海海战中遭到阻击，之后又在1942年5月的中途岛海战中遭受重创，几乎所有的航空母舰都被炸沉。现在，美国逐渐重新控制太平洋的主动权，对日本采取“跳岛战术”，离日本本土越来越近了。希特勒试图夺取高加索的油田，但没有成功，并且在1942年的夏季攻势中进展不利。到1942年年末，德国第六军团被包围在了伏尔加格勒，并且在1943年2月被迫投降。几个月后，希特勒在“突尼斯”遭到惨败，几乎整个北非军团都向盟军投降了。现在，他只能故作友好地向斯大林提议单独媾和，但遭到拒绝。德国想通过潜艇战来饿死英国人，这个计划几乎就要成功了，但在1943年春天的大西洋海战中，德军的潜艇损失惨重，输掉了这次战役。同年夏天，希特勒在库尔斯克发起坦克战，但再次落败。不久之后，盟军攻占西西里岛，并在意大利南部登陆。意大利遭遇惨败，在之后的法西斯党委员会上，墨索里尼的外交政策受到指责。很快，墨索里尼被免除职务，意大利新政府决定改变立场，不再与同盟国为敌。现在，希特勒已经完全处于守势，他所能做的，就是将欧洲变成堡垒，以做最后的挣扎。

此时，德国的战略是动员欧洲大陆的力量，来反对同盟国。1943年5月初，希特勒对各地方的长官们说：“谁控制了欧洲，谁就会掌握世界的领导权。因此，我们必须坚持建立一个统一的欧洲的斗争目标，但是只有德国才能赋予欧洲一个统一的结构。”纳粹党竭尽全力，宣传“欧洲要对布尔什维克进行‘十字军东征’”。现在，希特勒的处境很像当年的拿破仑，他不仅要依赖于对欧洲的占领，还要依赖于各卫星国。不过，各卫星国对希特勒领导的“新秩序”，有各种不同的态度：有的国家积极与德国合作，有的则是有条件地对希特勒表示支持。德国的卫星国有：新克罗地亚、塞尔维亚、斯洛伐克、匈牙利、罗马尼亚、芬兰和保加利亚。德国在这些国家榨取资源的效果非常明显。德国榨取占领区的经济资源，以保证纳粹国防军有足够的装备。其中两个地区对德国最重要，一个是法国和比利时地区，另一个是波西米亚和摩拉维亚地区。这里有良好的经济基础，其生产能力远远超过德国在东欧的占领区。这说明，“生存空间”理论纯属荒谬。此外，德国在其本土使用了数百万的奴工，但并非所有的奴工都是被强迫劳动的。纳粹在整个欧洲大陆招募各种志愿者，他们有的被派去守卫“大西洋长城”，以防止英美军队在欧洲西海岸登陆，有的被派去抵御苏联红军。但是，希特勒从来没有设想过这样的计划，即在德国霸权的领导下，将整个欧洲的民众联合起来，组成一个统一的政治实体。1943 年 9 月，英国外交部提出，在打败德国后，欧洲可以建立一个邦联。希特勒对此嗤之以鼻，他认为这根本就不可能，他认为欧洲其他国家只是他的仆人，而非合作伙伴。

1944 年 6 月初，英国、美国以及加拿大的军队从英吉利海峡向法国北部发动猛攻，发起“诺曼底登陆”。两星期之后，苏联红军对德国中央集团军群发动了毁灭性的进攻，这是“二战”中规模最大的一场陆地战役。没过多久，苏联军队就收复了全部国土，并将战线推进到了寇松线以西。1944 年 8 月，为了阻止斯大林的军队占领波兰，波兰资产阶级领导的“救国军”在华沙发动起义。他们都是反对共产主义的，想在苏联占领波兰之前先把纳粹的势力驱逐出去。斯大林袖手旁观，拒绝提供援助，因此起义被德军镇压了。不久之后，苏联红军继续西进。英美在诺曼底的登陆战持续了 6 个星期，最后盟军攻破德军的防线，并开始进军巴黎。由于德军节节败退，德国内部开始有越来越多的人反对希特勒。其中最著名的一次行动是 1944 年 7 月的炸弹袭击事件，独裁者差一点儿被炸死。1944 年底，希特勒曾打算在阿登高地来一次反扑，但这场赌博还是失败了。希特勒的“生存空间”理想和霸权图谋已经最终破灭。相反，在整个中欧，出现了一系列权力真空地带。反对纳粹德国的大战基本结束，而争夺德国的战争即将开始。

民主主义、共产主义和国家社会主义是三大乌托邦，它们之间的冲突已经遍布全球每一块大陆。然而，最主要的焦点却永远是欧洲，尤其是德国。1917 年以后，德国就是共产主义与民主主义之间争夺的对象。为了摆脱困境，德国领导人试图在其他大国之间纵横捭阖，以抵销其他大国的权力。在“一战”中，德国追求建立“中欧帝国”；

魏玛共和国时期，德国试图确立经济上的主导地位；而希特勒则提出种族灭绝的“生存空间”理论。德国的战略曾经数次几乎成功，却都功亏一篑。在1917~1918年间，以及1937~1942年间，德国曾两次差一点儿就掌握了欧洲大陆的霸权和世界霸权。但最终，在“美利坚联盟”、大英帝国以及其他同盟国的联合打击下，德意志帝国不堪重负。纳粹建立乌托邦的梦想，最终完全破灭。一个新的欧洲地缘政治格局已经形成，民主主义和共产主义两大集团开始对峙。德国已经成为废墟，新的两大集团将在这片废墟上展开一场新的冲突和较量。

第七章

分裂：1945~1973 年

随着德意志帝国的战败和民族主义在亚洲、非洲甚至南美洲人民中的兴起，世界上能够相互对峙的只剩下两个超级大国——美国和苏联。受历史和地理法则驱使，这两个大国会努力在军事、经济以及意识形态等方面增强实力，并相互对抗。同理，两个超级大国会成为欧洲的敌人。但可以肯定的是，两国早晚会发现它们得寻求欧洲唯一的伟大民族——德意志人民——的帮助。

——阿道夫 · 希特勒，1945 年 4 月

假如没有真正的欧洲联邦，德国一旦恢复成为强大的独立国家，就会再次试图统治世界；假如没有真正的欧洲联邦，同时德国不能恢复成独立国家，那么俄国人就会统治世界……这就是实情。显然，德国与西欧其他国家的关系必须做如此安排，以便能够防止任何国家恣意利用德国的人口优势和军事工业潜力。

——乔治 · 凯南（George Kennan），1948 年

德国和柏林使一切黯然失色；当然，德国是位于欧洲中心的历史性平衡者，也是我们的历史性敌人，是两次世界大战的起因，今天它又是冷战的主战场，而柏林就是冷战的前线。

——阿纳托利 · 多勃雷宁（Anatoly Dobrynin），
苏联驻华盛顿大使（1962~1986 年）

1945 年之后，分裂是世界的主要事实。从意识形态来看，全球分为民主国家的西方和社会主义国家的东方。像朝鲜、巴勒斯坦和越南等重要地区也分裂了。欧洲自身也分裂成北大西洋公约组织（NATO）和华沙条约组织。然而，矛盾的核心集中在分裂的德国——一个分裂的国家，它不仅处于一个分裂的大陆的中心，也处于一个分裂的世界的中心。国际政治主要围绕争夺德国而展开。冷战的双方都想争取到德国，至少不让德国倾向于另一方。同时，双方也决心阻止德国强权的再度出现。北大西洋公约组织和欧洲一体化的计划同时进行，二者有相似的目的，那就是让美国的军事力量长期存在于欧洲，使华盛顿成为欧洲国家的保护者。德国问题也影响了法国、英国、苏联的国内政治，当然也包括德国本身，它力图重获主权，重新成为独立国家。

“二战”后期，第三帝国垂死挣扎。从诺曼底、意大利、波兰、波罗的海和乌克兰西部，希特勒的军队节节败退，虽然试图对盟军负隅顽抗，但困难重重。1944 年 8 月，希特勒的军队从法国北部匆忙撤退，盟军在阿尔萨斯–洛林和低地国家的战线得以稳固。9 月，英国、美国和波兰的伞兵试图占领默兹河、瓦尔河和位于阿纳姆（Arnhem）的莱茵河下游的桥梁，结果伤亡惨重，被德军击退。在东部地区，红军行进到维斯瓦河，后暂停前进。然而，不久之后，盟军再次在所有前线大举进攻。德国的东边盟友们一个接一个地背叛德国：罗马尼亚在 8 月底倒戈，保加利亚在 9 月初倒戈，一周后，芬兰人被迫休战。1944 年 12 月，匈牙利也试图倒戈，但被德国察觉，之后遭到德国强行阻止；德国推翻了当时统治匈牙利的霍尔蒂将军（Admiral Horthy），扶植另一个更为圆滑的人物继续担任德国的傀儡。那年年末，盟军部队已经到达德国本土：苏联红军深入东普鲁士，英美联军在亚琛附近取得了立足点。过不了多久，盟军就会将德国剩下的领土全部占领，结束希特勒的统治。

战后秩序的问题迫在眉睫。尽管近 20 年来，斯大林和丘吉尔一直在相互怀疑，但他们最终同意将在东南欧划分彼此的势力范围。在 1944 年 10 月的“百分比协定”中，罗马尼亚和保加利亚划入苏联势力范围，同时希腊划入英美势力范围，并且规定双方在南斯拉夫和匈牙利具有同样的影响力。德军的撤退导致南斯拉夫内部政局混乱。南斯拉夫共产党领导人铁托，领导游击队与各种右翼和中间派人士作战。在希腊方面，1944 年 12 月，英国迅速干涉希腊内政，与希腊共产党发生战争，但斯大林决定遵守承诺，让希腊共产党自生自灭。而在东欧，盟国暂时尚未撕破脸皮。两次世界大战期间，西方国家在苏联西部边界上建立了一条“防疫封锁线”，而现在斯大林下定决心，阻止“防疫封锁线”再次形成。特别是在华沙，对于任何可能与苏联敌对的政府，斯大林都断然拒绝提供任何支持。在1945年的雅尔塔会议上，三大国一致同意，波兰的东部边界定在原来的“寇松线”，因此东部边界与华沙更近了。“寇松线”多少反映了波兰和乌克兰及白俄罗斯之间的语言界线。同时，作为补偿，“波兰在北面和西面获得了大量的领土”，因此波兰整个领土被西移了。

当然，最为重要的问题是如何处置德国。罗斯福认为，德国应当受到惩罚，应该将其分割，要求它支付赔款，以削弱其国力。美国财政部认为，这不仅是最公正的方式，也是管理德国最廉价的方式。“摩根索计划”以财政部长亨利·摩根索（Henry Morgenthau）的名字命名，1944年末，英国和美国采纳了这一计划。该计划认为，应该削弱德国的工业化程度，以摧毁其发动战争的能力。大约同一时期，美国占领军当局下令，德国将被视为战败国，而不是被解放国，要对该国精英进行彻底的“去纳粹化”。美国占领军当局也建议，将德国分割，作为“阻止德国重整军备、防止其再次入侵他国的措施”。在盟军即将最终打败德国之际，西方国家开始阐述其处理德国的政策。

另一方面，美国国务院则有不同的看法，它倾向于支持德国的再生。国务卿科德尔·赫尔（Cordell Hull）认为，美国南北战争之后，美国人民用了75年才逐渐实现国家的复兴，因此盟军有足够的时间对德国进行改造，消除纳粹主义对德国人的影响。他认为阻止新的侵略的最好方式是构建强有力的民主结构，像《凡尔赛条约》那样的惩罚性（或者更恶劣）的和平，只会使情况更糟。此外，与凯恩斯在1919年时指出的一样，国务院认为，总体上欧洲经济的健康运行有赖于德国经济的增长。摩根索提出的德国“农牧化”以及几乎所有人都要承担的巨额赔款，不仅会使德国长期依赖美国的经济援助，而且会让整个欧洲都如此，其后果是减少美国商品的潜在市场。专家警告说，德国的分裂将会是一场“大灾难”，不仅会延缓经济复苏，助长极端主义发展，而且会导致战胜国就战利品问题出现内讧。英国也持大致相同的观点。英国认为，尽管“普鲁士军国主义”的确是欧洲稳定的主要威胁，但丘吉尔反复告诫大家“过分削弱德国”也是危险的。丘吉尔认为，“如果德国被毁灭并就此屈服，那么若俄国人选择从北海和大西洋水路行进的话，他们很快就能进入德国”。因此，阻止俄国威胁欧洲的最佳方式就是重建一个强大的德国。

斯大林尚未做出选择。他认为，无论希特勒式的人物下场如何，德国人民始终存在。1945 年 3 月，他激动地说：“我们正在击溃德国人，很多人认为德国人再也无法威胁我们了，但事实并非如此。我痛恨德国人！……我们不可能永久性地毁灭德国人，他们仍在我们周围，将来依然会是我们的威胁。我们必须记住，我们以前的盟友将会拯救德国人，给他们提供帮助……因此，我们斯拉夫人必须做好准备，防止德国人重新站立起来对我们发动另一次进攻。”一方面，斯大林担心魏玛式复仇主义再次出现。因此，斯大林最初期盼美国长期驻扎在欧洲，至少能与欧洲保持联系。为了安全起见，他设计了一系列联盟，以减少苏联面临的威胁：1943 年末，苏联与捷克流亡政府签订条约；1944 年 12 月，与自由法国领导人戴高乐将军签订了条约；1945 年 4 月，与波兰、南斯拉夫签订条约。另一方面，斯大林很快认为，要想控制住德国，不应削弱而应增强德国的实力。1943 年，他成立了一个“自由德国全国委员会”，这一组织由被俘的德国高级官员组成，包括在斯大林格勒战役中被俘的德国元帅弗里德里希 · 保卢斯（Friedrich Paulus）。这一措施和随后的一系列措施旨在恢复普鲁士与俄罗斯之间的传统友谊，并且使苏联能够利用德国的民族主义势力，来为自身服务。为了尽量影响德国向共产主义转变，斯大林还培养了强大的德国共产党——至少吸收了那些同时经历了希特勒和斯大林两次清洗的人。最后一点，斯大林故意留下一个问题，使其悬而未决，即波兰领土问题。波兰在其西边新获得的土地，是应该确认归属波兰，还是应该归还德国？斯大林没有立即表态，而是看未来哪一种形势会有利于他。

雅尔塔会议力图协调各国关于德国问题的冲突意见。德国被分成四大占领区：苏联占领区、美国占领区、英国占领区和法国占领区。德国还要支付大量赔款，主要以物品形式，如“设备、机床、船舰、全部车辆……移走这些器械主要是为了毁掉德国的战争潜力”。英国人、美国人和俄罗斯人承诺“采取措施，使德国完全裁军、等军事化和保持分裂，因为他们认为这些是确保未来和平和安全的必备条件”。战争胜利后，成立“盟国管制理事会”来管理德国。最后，在实现对德国的控制后，盟军尝试将世界团结起来，并成立一个更大的全球性组织。各国协议宣布召开“联合国家会议”，会议成员由目前所有的反法西斯同盟国以及“1945 年 3 月 1 日宣布对共同敌人开战的联合国家”组成。这一举措将建立一个“为维护国际和平与安全的综合国际组织”。简言之，联合国的前身，就是在“二战”中反对德国的各国联盟，其范围已经超出了国际联盟。

上述所有事件都伴随着一场深刻的，将贯穿整个欧洲大陆的意识形态转变。这一转变体现了美国的信念：阻止另一场战争爆发的唯一途径是确保经济资源的平均分配，保证“所有民族都有权利选择自己国家的政府形式”。美国人在宣言中明确声明了如何做到这一点。一旦各国实现“国内和平”，并且“帮助受害民族的紧急措施”得以落实，各国就要“成立能广泛代表人民、包含所有民主派别的临时政治机构”，接下来“通过自由选举成立能代表人民意愿的正式政府机构”。换言之，雅尔塔会议达成的新秩序，并非是西方国家打算将东欧各国出卖给斯大林，而是要推动一场遍及所有大陆的民主革命。

尽管盟国的团结让人印象深刻，但是希特勒坚信，只要他能坚持战斗到盟国解体，他就能再现腓特烈大帝的伟业。1945 年 4 月，罗斯福逝世后，“元首大人”坚信，正如 1762 年伊丽莎白一世去世后，彼得三世与普鲁士讲和，美国新总统会带领美国退出联盟。然而新总统哈里 · 杜鲁门宣布继续战斗，希特勒的这一希望破灭了。最后一次惨烈的战争发生在柏林，战争的一方是苏联红军，另一方是纳粹德国国防军和冲锋队，还有一些德国的附庸军队——包括部分法国人、佛兰德人、斯堪的纳维亚人和俄罗斯人。结果毫无疑问。4 月 30 日，希特勒自杀，他立下遗嘱，传位给海军司令邓尼茨元帅。5 月 8 日，德国新政府投降。经过美国、苏联、英国和其他联合国家的共同努力，经历了近 6 年，盟国终于迫使第三帝国及其欧洲盟国屈服。正如美国副国务卿迪安 · 艾奇逊（Dean Acheson）在 1945 年所写的，战争表明“德国能与整个世界战斗”。在接下来的几十年中，德国塑造了欧洲的地缘政治，也体现了这一点。

德国投降两个月后，获胜的盟国在波茨坦召开会议，一致同意“采取必要措施，以确保德国以后绝不会再对邻国或世界和平构成威胁”。四大占领区已经划好：苏联占领区包括梅克伦堡、图林根、勃兰登堡周围的普鲁士各省和萨克森；美国占领区是德国西南部；英国占领区是德国西北部；后来英美将莱茵兰南部、普法尔茨、巴登和符腾堡南部划出，作法国占领区。同时，原来的首都柏林也被分成了四个部分，每一块分给一个国家。与德国类似，奥地利作为战败国也被划分成四个占领区：苏联占领区位于“下奥地利”；美国占领区在萨尔斯堡和林茨周围；英国占领区在南部，包括卡林西亚和施蒂利亚；法国占领区在西部，以因斯布鲁克为中心。同柏林一样，位于苏联占领区的首都维也纳，也被分成了四个部分，由四大国占领。此外，曾被德国占领的奥伊彭和马尔梅迪归还比利时，阿尔萨斯和洛林归还法国，德国北边的石勒苏益格归还丹麦。这些决定实际上恢复了 1919 年的对德和约，但德国东边的领土则有巨大的变化。波美拉尼亚和西里西亚割让给了波兰——尽管“波兰西部边界的最终限定，需要进一步和平解决”——而东普鲁士则归属波兰和苏联两国。几百年来，这三个地区都是由德意志的诸侯统治的，其人口几乎全部为德意志人。只有上西里西亚例外，在那里德意志人只勉强超过了总人口的半数。总而言之，德国人失去了约 1/3 的战前领土。

欧洲其他地区国家的边界也有很大变化。斯大林拒绝放弃 1939~1940 年间得到的土地：之前属于芬兰的卡累利阿、之前属于罗马尼亚的比萨拉比亚、波罗的海诸国，当然还有波兰东部。如斯大林在雅尔塔会议上所言，之所以吞并波兰的部分领土，并不仅仅是出于对邻国的担忧。他强调道：“这个问题的实质是更深层的。历史上，波兰一直是敌人入侵俄罗斯的通道……为了侵犯我们国家，德国人曾两次穿过波兰。”换言之，正是德国问题推动了东欧国家重新划定领土。从人种学的角度看，东欧的变化更加惊人。实际上，顿河与比斯开湾之间的整个犹太民族都被杀光了。波美拉尼亚、西里西亚和东普鲁士的全体德国人被向西驱逐到盟国占领区，总人数达 750 万；苏台德的 300 万德国人也是如此。捷克斯洛伐克解放后，总统爱德华 · 贝奈斯（Edvard Benes）表示，德国“在战争中表现得惨无人道，对于我们来说，他们是纯粹的披着人皮的野兽。我们已经决定，我们必须在我们的共和国内永久清算德国问题”。在平斯克、里沃夫和布列斯特–立托夫斯克的波兰人也被向西驱逐，定居在德国人空出来的地区。尽管，有的地方的确还存在一些少数民族——尤其是在罗马尼亚特兰西瓦尼亚的匈牙利人和德国人，以及在斯洛伐克南部的匈牙利人，但是数百年来中东欧地区特有的民族多样化已经基本不复存在了。

这些巨变带来了深远的地缘政治影响。欧洲的中心被破坏了，德国不再是独立的国家，产生的真空由法国、英国、美国、苏联的占领军队填补。从领土来看，俄国的力量向西扩张，几乎与1815年亚历山大一世时期一样。但是在现实中，斯大林伸得更远。大量的红军出现在波兰、德国中部以及奥地利东部。尽管苏联并未直接将势力扩展到捷克斯洛伐克、匈牙利和罗马尼亚，但这三个国家现在都紧紧追随斯大林。从长远角度看，人种变化产生的影响也非常大。此时，德意志人的生存地区主要被限制在奥德-尼斯河与莱茵河之间的区域，原来东易北河地区的德意志精英现在已经基本不复存在，这大大改变了德国社会和政治的构成，因此也可能改变德国的战略方向。纳粹大屠杀也产生了巨大的地缘政治后果，欧洲犹太人的大部分被杀掉了，但是欧洲的反犹主义依然盛行。大屠杀的幸存者被鄙视、驱逐，甚至在极端的情况下惨遭杀害，如战后不久发生在波兰凯尔采的屠杀事件。这一切对受害者来说，只意味着一件事：犹太人在欧洲没有未来，只有建立自己的国家，拿起自己的武器来保卫家园，他们才是安全的。很多犹太难民开始逃离，奔赴新的犹太复国主义者的家乡。“伊尔根”（Irgun）、“哈加纳”（Haganah）和“斯特恩帮”（Stern Gang）等犹太复国主义组织，再次变得活跃起来。这些游击队发动运动，试图驱赶在中东的英国人。

随着德国势力被削弱，在“二战”的最后一年，各盟国开始构想新的国际秩序。1945年5~6月，盟国召开旧金山会议，联合国成立。联合国由大会和安全理事会构成，安全理事会由“二战”中反法西斯的五大盟国组成：英国、法国、美国、苏联和中国。以联合国为中心，还成立了一系列国际组织，以促进经济繁荣，华盛顿认为这样能促进国际和平。美国助理国务卿在1945年表示，“市场上相互敌对的国家，无法在会议桌上保持长久的友谊”。另外，经济上的相互依赖能够防止争端升级为战争。由于斯大林的坚持，安理会采取一票否决制。英国公务员、历史学家查尔斯·韦伯斯特（Charles Webster）曾秘密参与过《联合国宪章》的起草工作。他认为，一票否决制使得联合国“表面上是一个全球性组织，但实际上是大国的联盟”。而在意识形态方面，参加旧金山会议的大多数国家，也有很大的期待。

根据最初的设想，联合国应该是一个民主国家的俱乐部。这一点具体体现在盟国对待西班牙佛朗哥政权的态度上，当时华盛顿和莫斯科都非常厌恶西班牙。因此，美国和苏联都认为，只要西班牙是独裁国家，就应该禁止它加入联合国。1945年8月，丹吉尔问题使得西班牙与联合国成员国的关系紧张起来。5年前，佛朗哥占领了该港口；

现在美国要求西班牙归还该港口，而且告知佛朗哥，只有当西班牙“再次成为民主国家”，它才会被允许加入联合国。斯大林更加反对西班牙加入联合国，他试图动员联合国所有成员国共同反对佛朗哥。尤其是因为，佛朗哥被控庇护纳粹余党，允许德国科学家在西班牙研究原子弹。之后，相关特别委员会向安理会报告，虽然西班牙无疑是法西斯独裁政权，并且曾勾结希特勒和墨索里尼，制造国际摩擦，不过目前并没有证据证明它依然在“从事侵略活动”。同时委员会还通过联合国大会，向佛朗哥下达最后通牒，命令其在 15 个月内放弃政权，否则西班牙就再也没有机会加入联合国了。尽管这一建议没有起到任何作用，但是很明显，这件事说明联合国在成立之初是一个干预性的国际组织。后来，由于越来越多的第三世界国家加入联合国，一些天真的国际法学家又对联合国进行了改造，这个组织便不再是干预性的组织，而盲目坚持主权至上的原则。

在东欧国家及非欧洲国家的民主推广问题上，盟国之间的分歧很大。斯大林在雅尔塔会议上的承诺经不起考验，在波茨坦会议上，他明确表示自己不允许中东欧国家决定自己的命运。他声称：“这些国家中的任何一个，如果建立自由选举的政府，就肯定是反对苏联的，我们不允许。”然而，目前斯大林并没有直接控制中东欧的所有国家。对于波兰和德国东部这样的战略要地，斯大林直接控制；但对于捷克斯洛伐克、匈牙利和罗马尼亚，他允许这些国家举行选举。同样，欧洲主要强国也不急于在其海外殖民地组织选举，因为那些地区的人民“还没有准备好”，他们不知道自己是否应该继续选择成为英联邦或者法兰西联邦的一部分。欧洲人普遍认为，在非洲、中东、亚洲以及印度次大陆地区，宗教与种族问题错综复杂。一旦这些地区的人们广泛地参与政治，便会导致很多负面影响，甚至可能导致历史上的流血冲突重现。

1945 年秋，国际军事和外交的焦点开始转移到远东。在那里，日本人仍在负隅顽抗，拒绝向美国投降。美国军事力量分布在太平洋各岛屿，显得比较分散。英国向远东输送了大量兵力，其中一个目的是表明自己的帝国利益，另一目的是应对澳大利亚和新西兰不断增长的忧虑情绪，但最主要的目的是向华盛顿示好，促使美国参与欧洲战后安全建设。8 月初，美国在日本广岛投下一颗致命的原子弹，又在长崎投下另一颗原子弹，20 万日本人丧命，几乎所有死者都是平民。这一新型致命武器彻底改变了国际政治的本质，至少短期内是如此。不久后，斯大林表示，“广岛震动了整个世界，平衡被打破了”。美国下决心保持核武器的垄断地位：1946年8月，美国国会通过了《原子能法》（Atomic Energy Act），禁止美国行政部门将核能技术转交其他任何国家，包括亲密的盟友。事实上，要想以战略强制为目的使用原子弹，存在很多严重的道德、政治和操作上的障碍。在美国的4年核垄断期间，美国仅使用过一次核武器威胁，目的是加速苏联从伊朗撤军。如斯大林反复所言，关键问题是保持镇静，他授意本国的科学家加速研究原子弹，并且不得耽搁。不仅苏联如此，美国的盟友也是如此，它们也感觉受到了核武器带来的地缘政治威胁。英国相关负责人坚持认为，他们需要“把握一切大局”，并开始训练如何运输和投放原子弹，尽管他们还没有掌握原子弹技术。简言之，原子弹的发展引发了一场极端的军备竞赛，这与数年前的情形非常相似。我们发现，核武器显然与欧洲地缘政治的传统问题相互作用——尤其是德国问题，但是并没有从根本上改变这些地缘政治的传统问题。

“二战”的残酷性及战后的不确定性促使欧洲各国认为，欧洲应集体性地表明自己独特的文化、精神、经济和政治特征。在这场争论中，两名意大利反法西斯者阿尔蒂诺·斯皮内利（Altiero Spinelli）和埃内斯托·罗西（Ernesto Rossi）起草了“为自由、团结的欧洲而奋斗”的宣言。他们谴责“资本帝国主义”和“极权主义国家”的罪恶，认为这样的国家倾向于发动毁灭性战争。斯皮内利和罗西强调，打破这种恶性循环的唯一方法是破除传统的均势观点，使欧洲不再是分裂的各主权国家，而是成立“欧洲联邦”，进而建立全新的欧洲共生体系。他们表示，“欧洲合众国，是由现有的各联邦国家组成的一个更大的共和国”。他们还指出，实现这一蓝图的最佳时机就是德国战败后的混乱时期。“此时，各国遭到严重破坏，迫切等待新信息的民众像正在燃烧熔化的物质一样，他们能轻易被塑造成具有国际主义思想的群体。”欧洲大陆将是一张白板，因此能够形成一个新体系，这个体系不是为了防御外敌，而是为了防止内部的分裂。

“二战”的范围几乎遍及全世界的战争影响以及很多国家被法西斯占领的经历，从根本上影响了“二战”之后各国的国内政治。然而，这些经历并没有引起政治联合或一体化的剧烈运动。相反，在各国战争结束后的首次选举中，人们最关心的问题是，战争的原因是什么，谁应该为战争负责，谁应该为当初遏制德国的失败负责。此外，很多人也关心战后重建问题，以及与士兵复员相关的经济问题。1945年7月的英国大选中，丘吉尔意外落败，令人吃惊。事实上，这并非是由他个人原因导致的，而是因为当时的民粹激进主义势不可挡。实际原因是，民众不满当初英国对德国执行了绥靖政策，结果导致法国沦陷，英国陷入危机。哈罗德 · 麦克米伦后来评论道："不是丘吉尔输掉了 1945 年的选举，而是张伯伦的灵魂导致保守党在选举中落败。"相似地，1945 年 10 月举行的法国议会选举中，焦点问题是谁应该为 1940 年法国的沦陷负责，如何处理维希傀儡政府的官员，以及如何防止德国的复兴。人们对这些问题的关心，远超过对斯大林的担心，而且当时人们对欧洲统一也不是很感兴趣。民众一致摒弃了贝当元帅，认为他是民族的耻辱。选举结果是，法国共产党获得了略高于 1/4 的选票，成为议会最大党；社会党和基督教民主党也获得了几乎同样多的选票，各派力量大致相当。戴高乐以独立候选人身份连任总统，战争期间他是抵抗运动的领导人，因此获得了民众的巨大支持，尽管有一些人认为他过于保守。在英国，由于战争已经结束，美国的《租借法案》不再有效，这导致英国陷入财政危机。此时，战后重建和帝国的防御费用必须由英国独自承担。新的工党政府承诺将执行"新耶路撒冷"计划，同时实现英国远大的战略目标并承担国际责任。但工党如何确保有足够的资源和资金，一切尚不可知。

战争的经历、国际主义志向的延续，以及战后的财政紧缩，对欧洲殖民帝国产生了深远影响。对于英国和法国而言，维护其海外财产、重申对轴心国曾经占领土地的控制权，是其根本要求。这不仅是为了补充两国本土所缺失的资源，也是为了提高二者自身在欧洲和世界舞台上的地位。德国投降后第一天戴高乐就宣布，收回"我们的印度支那"十分重要，这样法国的地位将会"提升"。戴高乐宣称："在拥有海外领地的国家中，法国是大国，没有这些领地，法国将不再是大国。"类似地，工党外交大臣欧内斯特 · 贝文（Erncst Bevin）声称："我们有必要使用非洲的资源来支持欧洲西部的联合……以组成一个集团。这个集团无论在人口还是在生产力方面，都能与西半球和苏联集团平起平坐，这是美国的《租借法案》终止后我们国家最重要的任务。"

刚开始时，美国对于欧洲重建殖民帝国这一企图十分蔑视。由于美国就是通过革命赢得独立的，多数美国政客和政治家最初对于越南人、印尼人和其他民族主义者抱有同情。1945 年，在英国人的帮助下，法国人被当地人赶出了叙利亚和黎巴嫩，这让戴高乐十分愤怒。在调停了犹太人与阿拉伯人之间的矛盾之后，美国也向伦敦方面施压，要求其撤出巴勒斯坦。华盛顿还阻止荷兰从苏加诺（Sukarno）手中夺回其在印度尼西亚的殖民地，苏加诺一直坚决抵抗殖民统治。美国发出警告，如果西欧国家继续浪费本就稀少的资源去追求殖民统治，那么美国将不再给予他们经济支持。总体而言，美国急于展示出一种反对殖民主义的姿态，一方面是为了平息国内舆论，因为国内舆论强烈反对殖民主义；另一方面是为了在联合国中树立自己的正面形象。

同时，在欧洲和中东的边缘地区，斯大林和西方的关系急剧恶化。他无情地压制波兰和德国占领区内所有的政治独立倾向，而这违反了《雅尔塔协定》。另一方面，在匈牙利、罗马尼亚和捷克斯洛伐克，斯大林暂时愿意留一些空间让它们发展民主政治，只要从战略上控制这些国家，使其严格符合苏联的要求即可。苏联允许芬兰选择本国的政治道路，前提是芬兰在外交政策方面严格保持中立，这样它可以作为西北方向的缓冲器。斯大林对新的领土分配也十分满意，他可以使所有的斯拉夫民族团结起来，而他正需要这种团结来防止德国的复兴。然而，对于高加索地区，斯大林表示："我不喜欢我们在这里的边界。"因此，在得到阿塞拜疆和库尔德民族主义者的支持后，苏联决定不遵守战时协议，不但没有在战争结束后按时撤离伊朗，还向土耳其施压，确保其在博斯普鲁斯海峡的联合管理权。同时，1946 年年初，希腊爆发大规模内战，政府损失极大，内战双方是希腊共产党和英国支持的保皇党政府。伦敦和华盛顿方面错误地认为，斯大林是希腊共产党力量壮大的幕后推手。实际上，希腊游击队主要是从铁托那里得到的支持，铁托希望把讲斯拉夫语的马其顿纳入南斯拉夫。

苏联和西方盟国间信任的瓦解越来越多地体现在公共言论和秘密简报之中。1946 年 2 月底，美国驻苏联大使馆的一位年轻代办乔治·凯南，向国务院发送了一份秘密简报，分析苏联的政策。该简报就是后来著名的"长电报"（Long Telegram）。在该简报中，凯南回顾了斯大林近来的举动以及共产主义意识形态。在其他文章中，凯南警告说："我们面对的这个政治力量，盲目地坚信它与美国之间的关系只是临时协议而不会持久。它相信，要想自己站稳脚跟，就必须干扰我们社会内部的和谐，毁掉我们的传统生活方式，破坏我们的国际权威。"换言之，苏联不仅是一个战略威胁，还是意识形态威胁；事实上，正因为它是一种意识形态威胁，才使得它成为战略威胁。3 月初，已不担任首相的丘吉尔，在美国密苏里州的富尔顿学院发表了题为"和平砥柱"的演说。演讲一开始时，他说："自由、不受束缚的选举权以及英美人民享有的其他自由，都具有普遍适用性，这些自由应该存在于每个村舍之中。"他接着说，但事实上，"从波罗的海的什切青到亚得里亚海边的的里雅斯特，一幅横贯欧洲大陆的铁幕已经降落下来"。在丘吉尔看来，捍卫欧洲自由与防止另一场欧洲大战是不可分割的。

此时，苏联领导人也认为，两大集团之间的战略和意识形态对抗正在加剧。1946年9月，苏联外交官尼古拉·诺维科夫（Nikolai Novikov）被外交部长莫洛托夫问及美国的政策。他在简报中警告说："战争结束后，美国的外交政策正在向垄断资本帝国主义发展，其特征是寻求世界霸权。美国有一套广泛的扩张计划，力图在国界之外建立海军和空军基地，而且在不断地研发新式武器，这一切看起来都十分阴险。"简言之，美国的目标是"限制"并"消除苏联对邻国的影响"，更广义地说，就是将自己的意志"强加"给莫斯科。

这一切都反映了盟国关于中欧问题的共识的破裂，同时也在这一共识的破裂中得到了反映。理想情况下，双方都希望占领并拥有整个德国，但是谁也无法实现，苏联和西方盟国都决心尽可能保留德国强大的经济和军事潜力，或者至少不能让德国落入对方手中。其实，斯大林已经提前行动了。就在战争结束时，斯大林表示愿意和德国民族主义者达成协议，尽可能延迟将什切青移交给波兰人。西方要求苏联正式废除普鲁士的建制，斯大林则拖延执行这一要求。斯大林还授意德国共产党强烈反对法国。1946年4月底，在苏联占领区内，斯大林将原来的德国共产党和社会民主党合并，目的是利用新成立的统一社会党，在整个西部占领区扩大苏联的影响力。三个月后，在一次演讲中，莫洛托夫直接呼吁给德国人民一个团结、独立的德国。然而，事情发展并不如意，并没有达到斯大林的预期，部分原因是苏联军队与德国人处于敌对状态——杀戮、大规模强奸时常发生，苏联系统性地破坏了德国的工业；另一部分原因是共产主义本身与大多数德国人甚至工人阶级格格不入。斯大林在德国孤立无援，陷入困境。同时，他好像也没有下定决心，是由苏联直接统治德国，还是先将德国削弱后再使之保持中立，还是将两种方案以某种形式结合起来。

西方国家根据苏联已有的活动，从根本上重新评估了对德政策。华盛顿希望与德国民族主义者合作。1946年5月，美国人在占领区单边废除了赔偿要求。当年秋季，在斯图加特的一次会议中，各方人士进行了广泛的讨论。国务卿詹姆斯·贝尔纳斯（James F. Byrnes）宣布，美国不仅会继续致力于欧洲事务，而且将支持德国人的自决权，甚至认为德国人有权提出修改奥德河—尼斯河的边界。不过，华盛顿坚持认为，新的德国应该是一个民主国家，至少在西方控制下的那部分应该如此。在美军占领区总司令卢修斯·克莱（Lucius D. Clay）将军的指导下，美国、英国、法国三个占领区开始了彻底的改造。克莱与联邦德国精英密切合作，在德国西部重新建立起参与式的政治结构。1946年6月，在美国和英国占领区，当局举行了地方议会选举，科隆前任市长康拉德·阿登纳（Konrad Adenauer）在选举中表现尤其出色。美国和英国占领当局还特别强调对德国人的"再教育"，使他们远离纳粹主义，重归西方价值。当年末，美英两国宣布，他们打算将占领区合并，建立"美英占领区"（Bizonia）。克莱坚信，尽管对德国来说，长期的分裂是一场"灾难"，但是一旦苏联控制全部德国，那么将是"对西方文明乃至世界和平更大的威胁"。

和美国不同，英国和法国对德国民主的前景表示怀疑，非常反对德国的统一。贝文警告，"再次统一的德国会倒向这边或者那边，会不可避免地引发严重的问题"。英国很乐意跟随美国的计划，使德国民主化，将西部各占领区合并，但是这是一种确立德国分裂的方式，而不是阻止德国分裂的方式。而对于法国来说，它强烈反对以任何方式恢复德国的统一。法国控制并开采德国资源，用各种办法压制其邻国。另一方面，法国也担心，德国可能会陷入东方阵营。因此，1946年3月，法国勉强同意不再要求将莱茵—鲁尔区从德国分离出来。但同时也在思考新的遏制德国的方式，即通过某种形式的欧洲一体化，来最终防止德国成为侵略国家。后来，戴高乐将军在他的某一段"退职"时期，甚至写道，法国"由于地理因素的影响，注定要成为欧洲联盟的倡导者"。事实上，欧洲联盟的主要目的就要为了解决德国问题。

在这种背景下，英国在地中海东部所做出的承诺，代价是十分巨大的。1947年2月，伦敦突然宣布希望将保护希腊的昂贵任务转移给美国。指挥棒从伦敦传到了华盛顿手中，这意味着美国不仅有保护地中海东部的责任，也有保卫欧洲整体平衡的使命。1947年6月，乔治·凯南在《外交》（*Foreign Affairs*）杂志上发表了一篇著名的文章，解释了新政策。文章重申了他在机密的"长电报"中的论述，再次强调共产主义意识形态对苏联外交政策的重要性。凯南表示，“意识形态”告诉克里姆林宫里的人，“外部世界对苏联怀有敌意，最终，他们有责任推翻国界外的政治力量”。因此“长期和平共存”是不可能的。然而，凯南同时也宣称，意识形态也是一种阻碍，因为资本主义胜过共产主义不可避免，我们不必刻意使之发生，只需等待即可。因此，克里姆林宫将避免“冒险主义”，“他们不会因为在更强的力量面前退缩而悔恨”。所以，对美国来说，正确的方式不是以“强硬”的方式回击苏联，而是“对俄国人的扩张保持长期的耐心，同时以坚定、警惕的方式对其进行遏制”。

对美国来说，“遏制”斯大林的主要前线是在欧洲。1947 年，美国参谋长联席会议上的一份资料，将美国的盟国按照重要性依次列出：英国、法国、德国排在前面，之后是比利时，再后面是日本、中国、韩国和菲律宾。此时苏联已经控制了欧洲大块地盘，危险的是，苏联还想控制中欧和西欧。因此，在军事、政治、经济、文化和精神方面，华盛顿需要重新团结欧洲大陆（至少是西欧）来对抗斯大林。这是一个艰难的任务，因为欧洲经济恢复速度要比预期慢得多。1947 年年初，整个欧洲大陆还十分萧条；失业现象无处不在，配给制仍在实施，民众对资本主义，甚至民主的信心都很低。美国人担心，这种社会经济真空会被共产主义填补，尤其是在法国、意大利和德国。法国、意大利的民族主义政党有很强的势力，而德国的情况最为糟糕。

因此，1947 年 6 月，美国国务卿乔治 · 马歇尔（George Marshall）公布“欧洲复兴计划”。美国表示愿意向欧洲国家提供大量资金以填补“财政缺口”，这项计划不仅面向法国、英国和德国（主要受益方）、意大利以及其他“铁幕”以西的国家，同时也面向东欧国家和苏联。然而，德国是关键。马歇尔在国会表示：“欧洲复兴包括德国的复兴，因为没有德国经济的复兴，就没有欧洲经济的复兴。”这项计划的主要动机并不是在商业方面，而是在战略方面（当时美国的出口总额占全部GDP的比重不足 5%）。美国的主要目的是，既要削弱德国复仇主义的威胁，又要在中欧抵制苏联的渗透。甚至美国开放市场的承诺，也主要是基于“自由贸易会降低战争风险”的理念。

与苏联的公开对抗，激发美国进一步采取行动，以促进西欧在更大程度上实现统一。1948 年 3 月，英国、法国、比利时、荷兰和卢森堡签署《布鲁塞尔条约》，西欧国家形成一个联盟，这个联盟的目的之一是阻止德国的复兴，但主要是为了遏制苏联。签约国承诺共同反抗外部入侵，1948年9月，它们已经开始计划如何阻止苏联的入侵：建立联合空军，建立联合最高统帅部。然而，对于很多欧洲人来说，这个新的联盟体系还不够。这些国家都经历过战争，坚信某种形式的联邦主义或主权共享制度，对于防止再次发生野蛮的战争是十分必要的，斯大林的威胁不过是强化了这一观点。华盛顿希望遏制德国，使欧洲大陆反对苏联，所以也大力支持上述观点。杜鲁门表示自己“更喜欢欧洲合众国”。1948年5月初，在丘吉尔的主持下，数百名欧洲政治家、工会成员、知识分子和民间团体的代表在海牙开会，这就是“欧洲统一运动”首届大会。参加会议的还有：英国保守党重要人物哈罗德·麦克米伦、时任法国政府部长的弗朗索瓦·密特朗（Francois Mitterrand）、法国前总统爱德华·达拉第（Edouard Daladier）、后来成为联邦德国总理的阿登纳、意大利政治家斯皮内利，等等。1787年，为了防止内部分裂、抵抗外部侵略，北美各殖民地派代表在费城召开制宪会议，建立了美国中央政府，并制定了宪法。而此次海牙大会，似乎就要成为欧洲的“费城制宪会议”。

然而，与美国开国之父们不同，在海牙参加大会的代表们并未能实现建立欧洲政治、经济和货币联盟的目的。他们无法达成共识，欧洲联盟应该是一个高于国家的机构，还是一个主权国家之间的机构？在这一点上，法国和很多其他西欧国家一样，支持建立一个欧洲联邦。英国也认为欧洲之间应该有更紧密的合作，英国希望能借此在世界舞台上获得地位，与美国和苏联平起平坐。不过，伦敦拒绝把自己的主权并入更大的实体，它支持欧洲大陆的统一，但自己并不打算参加。英联邦是原因之一，但主要原因是：英国人认为，欧洲政治统一是一种修复行为，而修复的对象是最初没有被破坏的事物；而英国与欧洲大陆国家不同，它在“二战”中没有被打败和被占领，因此无须参加欧洲的统一。对此，英国外交大臣欧内斯特·贝文表示：欧洲各国进行合作，甚至是“精神联盟”都可以，但完全的政治统一不行。华盛顿希望通过马歇尔计划可以建立起一个联邦制的欧洲，但结果是令人失望的。

美国的政策转变为“遏制”，这对美国的战略利益与民主推广之间的关系产生了深远影响。一方面，美国不再对南欧和拉美的右翼独裁者施加太多的压力，几年之内，美国与佛朗哥进行了多次协商，并开始使用西班牙的海军与空军基地。另一方面，美国决定与苏联对抗，这对于德国西部占领区的未来发展有着深远的影响。美国助理国务卿

帮办奥姆 · 萨金特爵士（Sir Orme Sargent）曾说："毫不夸张地说，如果德国能建立自由制度，那么将会决定整个世界的自由主义的命运。"因此，在德国建立这样一种政治秩序是至关重要的：既能防止苏联的渗透，又能有利于保护西方世界的安全，同时又保证德国不会并且没有兴趣控制欧洲其他国家。事实上，这意味着在德国建立某种形式的联邦民主制度。1947 年，盟国正式废除了普鲁士的建制。盟国宣称"普鲁士的建制始终代表德国的军国主义与反动要素"。在 1948 年 4~6 月历时三个月达成的伦敦协议中，法国勉强同意建立独立的联邦德国。

在欧洲，民主和自决是对付斯大林的有力武器，但是殖民地的人民也可能用这个原则来反对西方强国。在印度，圣雄甘地领导的非暴力不合作运动使得英国殖民政权瘫痪，结果导致了 1947 年印度的分裂和独立。印度分裂成了穆斯林的巴基斯坦（印度西部和孟加拉地区）和印度教徒的印度。印度的独立对英国的打击很大：英国失去了在印度的军事据点，而正是印度的资源支撑了英国在苏伊士运河东部的领地的统治，现在印度已经无法为英国提供人力和财力。如贝文 1948 年年初所言，伦敦希望在"剩下的殖民地开采资源"，并且通过加强与各白人政权之间的合作来弥补损失。例如，澳大利亚同意支持英国在中东的立场，加拿大仍然支持英国维护欧洲的平衡。但是，这些国家也有自己的独立战略。这一点从美国、新西兰和澳大利亚签订的《澳新美安全条约》中便可以看出来。三国成为联盟，而大英帝国却没有加入这个联盟。

1947 年 9 月，迫于犹太复国主义恐怖分子和阿拉伯民族主义者的压力，英国宣布放弃在巴勒斯坦的统治权，将问题移交给联合国并从这一地区撤军。1947 年 11 月底，联合国宣布在巴勒斯坦的土地上建立两个国家，即阿拉伯国和犹太国。犹太居民同意遵守这一决议，而巴勒斯坦的阿拉伯人和其他阿拉伯国家都强烈反对这一决议。1948 年，犹太复国主义者和阿拉伯人之间爆发大规模战争，几个月内阿拉伯国家彻底失败。之后，在 5 月，伊拉克、叙利亚、黎巴嫩、埃及和约旦对以色列发动袭击。尽管美国和所有西方国家都签署了国际武器禁运令，但以色列还是再次获胜。几十万巴勒斯坦的阿拉伯人或是逃跑，或是被犹太复国主义者驱逐，这个经历后来被称为"灾难日"（Nakba）。此外，约旦河西岸地区由约旦王国管理。以色列这个新国家是欧洲在中东核心地区的一个移植，其领导人大多出生于德国或东欧。尽管以色列的人口数量远远不及阿拉伯人，但前者采用的是欧洲的管理方式、征兵制度和选拔制度。因此，尽管以色列的人口数约为巴勒斯坦的一半，但其军队人数要多于巴勒斯坦的军队。以色列不是军国主义国家，但是一个非常军事化的国家。战争结束后不久，以色列劳动部长莫迪凯 · 本托夫（Mordechai Bentov）说道："众所周知的是，战争的胜败不仅取决于前线的胜败，也取决于后方的胜败，在现代的战争条件下，必须采用总体动员的方式。"

西方国家一致想将苏联的势力遏制在欧洲范围之内，斯大林的做法是：加强对中东欧的控制。1947 年夏，当东欧一些国家的政府对马歇尔计划表现出极大兴趣时，斯大林担心它们会被纳入西方阵营，因此强迫它们拒绝美国的援助。1947 年 9 月，斯大林建立了共产党和工人党情报局——以取代共产国际，使东欧各执政党的政策保持一致，确保国际共产主义运动符合莫斯科的利益。情报局的总部设在南斯拉夫首都贝尔格莱德。到 1948 年年末，苏联将共产主义制度赋予所有的中东欧国家。然而，斯大林没有打算在法国和意大利推动共产主义革命。因为目前时机不成熟，那样做会使两国的资产阶级找到借口，以除掉两国的共产党。斯大林尤其认为，在外围地区应该避免不必要的挑衅。他明确表示愿意和丘吉尔一同遵守"百分比协议"，也愿意限制对希腊共产党的支持。这导致他与南斯拉夫领导人铁托元帅矛盾加剧，后者一直奉行相对独立的外交政策。1948 年 6 月，斯大林终于失去了耐心，尤其是因为他不愿意，在正值柏林危机时又陷入巴尔干的泥潭，斯大林担心顾此失彼。铁托受到苏联的公开谴责，南斯拉夫被开除出共产党和工人党情报局，从此这两位领导人成了宿敌。为了防范斯大林，铁托向西方国家靠拢，切断了对希腊共产党的支持，因此希腊共产党的战斗很快就失败了。

当然，德国问题才是真正重要的问题。1947 年 3~4 月，在莫斯科外长会议上，各国未能达成共识。尤其是美国不愿意再支持苏联向西部占领区索要赔偿的要求，正如共和党老党员约翰 · 福斯特 · 杜勒斯（John Foster Dulles）所说的："实际上，这将使苏联成为整个德国的统治者——包括鲁尔区，继而整个欧洲都会被它控制。"斯大林认为，美英占领区的合并、货币改革以及马歇尔计划的实施，都是西方国家在为建立联邦德国做准备，它们最终的目标是在西方国家的支持下实现德国的统一。这严重威胁了斯大林在欧洲的地位，他决心解除这一威胁。1948 年 3 月底，苏联撤回了四国管制委员会中的代表。6 月底，德国西部开始进行货币改革之后，斯大林立即对西柏林（由美国、英国、法国占领）实施封锁，切断水、电和所有进入西柏林的陆路通道。斯大林的主要目的并非要将西方国家赶出柏林，而是要迫使西方国家停止将德国纳入自己的阵营。东西方争夺在中欧的控制权，已经进入了新的更为激烈的阶段。

作为回应，西方国家加大了对苏联的“遏制”，尤其是对苏联在中欧的势力的“遏制”。1948 年至 1949 年冬，西方国家通过空中通道，向西柏林运送物资，斯大林被迫解除封锁，柏林危机结束。1949 年 4 月初，美国、加拿大、英国、法国、比利时、荷兰、卢森堡、挪威、丹麦、冰岛、葡萄牙和意大利共同组成北大西洋公约组织。签约国一致同意，“任何国家对于一个或多个欧洲和北美成员国的武力攻击，应被视为对所有成员国的攻击，所有成员国将联合采取防卫”。北约的建立，重要性不亚于一场和平时期的地缘政治革命：此时，美国和加拿大成为 1945 年后区域秩序的保证者，而且北美和欧洲之间长期的“命运共同体”也有了国际法的依据。北约主要针对的是苏联，但对很多成员国来说，防止德国复兴也是目的之一。正如北约首任秘书长、绰号“哈巴狗”的黑斯廷斯 · 伊斯梅（Hastings Ismay）将军所言：“北约的作用是，请来美国人，赶走俄国人，压制德国人。”

不久之后，西方盟国决定冒一次险，在德国建立民主制度。这被看作最佳策略，既能使德国免于落入斯大林手中，又能将德国纳入反共的统一战线中。1949 年 5 月底，美、英、法占领区合并，组成德意志联邦共和国，即联邦德国。美国在德国的一位联络官员称，“德国宪法的起草，主要是为了国际目的”。这是一个联邦制国家，其每一个组成单位都有较大的自治权。这与历史上的德意志邦联以及第二帝国很相似，而与极权制的魏玛共和国以及第三帝国有很大不同。这说明，德国依然有强大的联邦主义传统；也说明，西方国家，尤其是法国，依然希望阻止德国的复兴。正是因为这个原因，西方国家暂时不允许新的联邦共和国拥有武装力量。为了确保苏联不会秘密控制新政权，联邦德国《基本法》（即宪法）规定了私有财产权，有效地保证了国家不会成为计划经济体制，同时非常有利于保护个人的基本权利。同时，西方国家邀请联邦德国加入新成立的关税及贸易总协定（GATT），这可以确保联邦德国政府不会执行经济保护主义，并融入全球经济体系之中。德国的国内政治，与整个欧洲的平衡有着密切关系。

尽管有很多人对联邦德国的发展前景表示怀疑，但民主制度还是在联邦德国日渐兴盛。联邦德国总理阿登纳以及经济和劳动部长路德维希 · 艾哈德（Ludwig Erhard）努力促成了经济繁荣发展，并稳定了政党体系。在“社会市场经济”的制度下，劳资关系和谐、财富分配合理，社会经济的动荡已经成为过去。之前，魏玛共和国曾饱受动荡的摧残，“二战”后德国也曾一度动荡。无论是左派还是右派，都已经达成了共识，它们共同反对极权主义，打击纳粹主义。然而，这个新生的民主国家所面临的真正严峻的问题是苏联的威胁。苏联与其东欧邻国已经达成和解，共同反对西方国家。因此，阿登纳迫切希望与法国恢复邦交，这场外交革命将长期成为欧洲地缘政治的主要支柱。

斯大林与西方的对抗，是影响欧美各国国内政治的主要因素；对德国复仇主义的持续担忧，是影响各国国内政治的次要因素。1948 年的美国总统大选，主要围绕美国在世界上的地位及其对国内经济社会的影响展开争论。对于杜鲁门来说，这次选战主要是一次民众对其遏制政策的满意度的调查。相反，新成立的进步党领导人亨利 · 华莱士（Henry Wallace）则非常希望缓和与苏联的关系。共和党人分为对立的两派：一派是以罗伯特 · 塔夫托（Robert Taft）为代表的鼓励主义者，他反对马歇尔计划，认为那是一件奢侈的荒唐事；另一派以托马斯 · 杜威（Thomas Dewey）为代表，他拒绝孤立主义，是一个国际主义者，同时也是遏制政策的支持者，最终杜威成为共和党提名的总统候选人。在竞选期间，他们都未能对杜鲁门造成重大打击，也没有将“导致中欧两亿人落入苏联魔爪”的责任归咎于杜鲁门。最后，令所有人吃惊的是，杜鲁门再次赢得选举。这次胜利至少应归功于他在外交政策上的毫不退让，尤其是在柏林危机期间。

另一方面，法国的当务之急是应对德国力量的复兴。1948 年 7 月，法国民众抗议总理乔治 · 皮杜尔（Georges Bidault）同意建立联邦德国，结果导致他下台，由罗伯特 · 舒曼（Robert Schuman）继任。1948 年，意大利大选对共产党十分不利，一方面是因为他们与斯大林的关系，另一方面是因为美国对天主教民主党的直接支持。在英国，执政的工党和在野的保守党，都极力维持英国的影响力。工党的宣传册中有一句著名的话：“保持英国的世界大国地位，是英国实行社会主义外交政策的前提。”英国两党间就大战略问题展开了激烈的辩论，每个党的内部也对此进行了辩论。尤其是执政的工党，一部分人希望与莫斯科缓和关系，另一部分人则支持遏制政策。然而，舆论逐渐转向反对莫斯科。1947 年，工党国际部秘书丹尼斯 · 希利（Denis Healey）发表《桌上的牌》（Cards on the Table）一文，强烈呼吁英国放弃中立态度，遏制苏联在东欧和中欧的发展。相似地，贝文指出："我们不应仅仅从物质基础上蔑视共产主义，还应该从意识形态上确立对共产主义的优势，我们应该大力推广公民权和人权。"或许，英国的社会主义者会与资本主义和共产主义保持同等的距离，但是他们无法在自由和独裁之间保持中立。

冷战也影响了欧洲各国的政府结构。1945 年，英国建立联合情报委员会，以整合各种重要的战略信息，供首相参阅。这样做的目的是，完善国际情报机构，准备反击苏联的颠覆，为英国做好最坏打算。法国也建立或整合了类似的机构。战争结束后，两国都保留了征兵制度。然而，与大西洋另一边的美国相比，英法两国的变化还不算什么。美国政府加强了国内动员能力，以使政府权力最大化，应对各种挑战。这样，遏制政策被强化了。1947 年，美国通过《国家安全法》，建立国家安全委员会，在外交事务和国际安全方面向总统提出建议，还建立了中央情报局、参谋长联席会议和很多其他机构。美国继续采用义务兵役制，规定年轻的美国男子需要服役。这是美国历史上第一次在和平时期进行的军事化。"大政府"始于罗斯福新政时期，"二战"时期迅速扩张，战后被保留了下来。从地缘政治导向、国内政治以及美国人的心态与习惯上看，美国实际上已经成为一个欧洲国家了。

很多人担心西方式的政体无法抵挡住苏联式的集权政体。例如，希利就提醒大家注意，莫斯科在引导公众舆论方面有着"不可估量的优势"。因此，苏联能够制定灵活的政策，从而紧密配合变化中的国家利益。美国通过《国家安全法》，英国建立联合情报委员会，都是在试图弥补两国在这方面的缺失，但是这并不意味着美国和英国正在模仿苏联的体制。尤其在美国，大众和国会依然对政府持敌视态度。国会严格监管政府的财政支出，短期内，这可能会对行政当局有约束作用，并且制约国家安全部门的活动；从长远看，这将使美国更加高效有力地捍卫自己的价值观和国家利益。

在过去，巨大的外部压力会引发深刻的社会变革，从而增强国家的恢复能力。但在冷战前期并非如此，很多西方国家都因为太担心重建问题，而没有考虑为下次战争做准备。然而，在美国，很多人认为，面对苏联的挑战，需要重新审视非洲裔美国人的地位，尤其是在南方，他们在那里受到严重歧视。一方面，这是因为有些人担心，共产党会利用非洲裔美国人的不满来毁掉美国的大后方。另一方面，很多人希望团结社会各方面的力量为下次战争做准备。全美有色人种促进协会执行主席罗伊·威尔金斯（Roy Wilkins）曾指出：“在全球意识形态冲突中，美国的民主体系能否继续存在下去，取决于它能否从全体人民的内心和精神信念中召集力量。”他解释道：“黑人希望改变，不仅是为了保存并强化他们在国内的权利，也是为了使自己在全球反独裁斗争中发挥作用。”苏联常常用种族歧视攻击美国，尤其在德国问题上美国很尴尬，因为在驻德美军中黑人的比例超过 10%，他们原本应该成为反共产主义和纳粹种族主义的民主大使。雅各布·贾维茨（Jacob Javits）是一位主张种族隔离的军人，也是美国参议院外交事务委员会中的一名参议员。他的言论严重妨碍了美国在作为“冷战前线”的德国所做的努力。因此，美国黑人的解放与美国争取对中欧的控制权是紧密相连的。

男性和女性的权利问题也在全球引起激烈争论。1948 年 12 月初，美国大选后不到一个月，联合国大会就通过了《世界人权宣言》。《宣言》序言宣称，“认识到每一个人都有着平等而不可剥夺的权利”是“一个自由、公正与和平的世界”的基础，这是因为“对人权的无视和侮蔑”已发展为“玷污了人类良心的野蛮暴行”——这明显是指被打败的纳粹主义；也是因为，“对人权的无视和侮蔑”，会导致“对暴政和压迫的反抗”。不管怎样，提倡人权不仅被视为善行，还可以避免国际战争和内战的发生。人权的首要权利就是：每个人不受歧视地享有自由权，“不分种族、肤色、性别、语言、宗教、政治或其他见解、财产、出身或其他身份”地享有这些权利。此外，《宣言》规定奴隶制，奴隶买卖，任意逮捕、拘留和流放的行为都将被禁止。《宣言》的国际影响十分复杂。一方面，《宣言》强化了欧美国家对抗斯大林的力度。两年后，欧洲主要国家签署《欧洲人权公约》，这是冷战的产物。另外，正如罗斯福遗孀埃莉诺所言，自由迁徙和移居是一项基本的人权，而苏联尤其破坏了这项人权，因为苏联囚禁了本国和附属国的大量人民。另一方面，《世界人权宣言》尤其强调“自决权”，这样殖民地的人民就可以借此反抗欧洲帝国主义国家。

1947~1948 年，国际形势对苏联的国内政治产生深远影响。这个政权感受到了双重威胁：来自西方的外部攻击，来自国内异议人士的内部威胁。在战争时期，苏联曾勉强给予其人民一些自由权利，但战后再次将其剥夺。铁托对斯大林的背叛引发了斯大林对苏共内部新一轮清洗，他努力清除潜在的异端分子。20 世纪 40 年代末，苏联的“古拉格”集中营规模扩大，囚禁的人数超过以往。然而，苏联国内政策中，最为惊人的一个转变，是对 1948 年巴勒斯坦犹太复国主义胜利的回应。为了使英国难堪，斯大林之前一直支持以色列国的建立，但是接下来的一件事使形势发生逆转。以色列第一任驻苏联大使果尔达 · 梅厄（Golda Meir）夫人到达苏联后，受到了苏联的犹太人的热烈欢迎。由于斯大林的偏执，他开始担心，犹太复国主义正在与美国人联合起来策划反对他。斯大林甚至宣称：“每一个犹太人都是民族主义者，都是美国的情报特工。”接下来的 4 年中，苏联掀起了一股反犹太主义的浪潮：没有任何证据，犹太医生就被指控试图毒杀斯大林；犹太人中的共产党员被谋杀或监禁。东欧也发生了类似的事件，例如，捷克斯洛伐克共产党总书记鲁道夫 · 斯兰斯基（Rudolf Slansky）由于有犹太血统，被指控为“托洛茨基犹太复国主义分子”。很明显，相关罪名或多或少都与他的种族背景有关系。国际反犹太主义确实重新抬头了。这是犹太人的安全困境：他们建立以色列国的目的，是防止反犹太主义；以色列国的建立，反而使得全世界的反犹太主义愈演愈烈。

作为对西方国家建立德意志联邦共和国的回应，1949 年年末斯大林建立了德意志民主共和国。为了与现有政策保持一致，他并没有试图使德国永远保持分裂。恰恰相反，建立民主德国的目的是为了给德国统一提供另一种选择。民主德国的成立宣言中称：“这不是建立了民主德国政权或民主德国政府，而是建立一个所有德国人的政府。”不过，民主德国暂时不允许有自己的武装，至少表面上如此。对斯大林来说，这样做的主要价值在于能够阻止联邦德国再次被军事化。因此，联邦德国和民主德国成了两块试验田，以判断哪种社会模式最能满足德国人民的物质、精神和民族需要。斯大林也在继续推行他的核武器计划。1949 年 8 月，苏联成功爆炸了第一颗原子弹，尽管多年来苏联核武库的规模不如美国，但毕竟美国垄断核武器的时代已经一去不复返了，美国无法再对苏联进行核讹诈。

同时，为了迫使美国放松对欧洲的控制，尤其是对德国的控制，苏联试图在全球范围内向美国施压。直到最近，俄国人一直认为，世界上其他地区发生的各种事情分散了当时苏联对欧洲的注意力，使其疲于应付。1945年3月，纳粹德国即将被打败的时候，斯大林同意支持朝鲜共产党领导人金日成，并提供了大量先进武器。同年，在中国的长期内战中，共产党最终取得了胜利。毛泽东希望恢复中国的国际地位，洗刷一个世纪以来中国被外国势力统治的“耻辱”。这也是中国共产党进行革命斗争的重要动力。然而，同等重要的使命，是对马克思主义教义的践行与输出。毛泽东的目标是，实现中国社会的革命性转变，并将其经验输出到邻国，一方面是为了中国自身的利益，另一方面是因为他认为没有其他方式能保证国内革命的安全。因此，中国选择效仿苏联，毕竟斯大林被视为世界共产主义的领导者。中国继承了欧洲共产主义的概念，如“包围”、应对外部威胁。1950年，中苏之间如期签订条约，中国采取“一边倒”的政策，联合苏联以对抗西方国家。换言之，新成立的中华人民共和国受到了两种力量的推动：中国领导人对本国问题的关心，以及国际共产主义革命的使命感。后者发源于100年前的德国，这场国际革命起源于中欧，但在远东达到了其顶峰。

苏联原子弹爆炸成功，对德政策的调整，以及共产主义在东亚的兴起，推动了西方国家的军事再动员。这场变革的范围更加广泛。1950年1月，杜鲁门命令研制更致命的核武器——氢弹。几个月后，美国政府出台了国家安全委员会第68号文件（NSC 68），文件要求增加对武器的投资，以应对全球共产主义的挑战。该文件警告说，美国绝不能对苏联采取绥靖政策，美国绝不能在苏联的压力下让步，否则会导致苏联最后控制整个欧亚大陆。麦金德的启示言犹在耳。

冷战的主要战场仍是欧洲。但由于对亚洲局势的担忧，以及克里姆林宫的进攻，美国开始与欧洲国家协调立场。正是由于这种担忧，美国制定了一些针对北亚和东亚的政策，如对中国台湾地区的蒋介石国民党、韩国的李承晚独裁统治给以支持，帮助他们抵抗内外共产主义的势力。对于欧洲国家的殖民地印度支那、印度尼西亚和马来西亚，华盛顿非常支持这些地区的反殖民力量，美国认为这些力量是合法的，而帝国主义的殖民政府则不合法。尽管如此，美国还是支持英国、法国和荷兰努力维系其殖民帝国，因为这些国家位于反对苏联的前线，美国需要和欧洲国家合作。美国国务院表示：“荷兰是美国对欧政策的强大支持者……如果荷兰不能保持在印度尼西亚的统治地位，那么荷兰政府的稳定就将遭到严重破坏；一旦荷兰政府出现问题，就会造成严重的政治后果，这可能对美国在西欧的地位非常不利。”对于美国来说，欧洲是最重要的战场，尤其是德国。

1950 年 6 月末，朝鲜战争爆发，局势骤然变得紧张起来。也许这并不是斯大林挑唆的，但斯大林可能预先知道金日成的行动，并默许了。华盛顿对此极为震惊，西欧国家更加感到恐惧。西方认为，金日成对韩国的袭击，意味着下一步将是共产主义世界对西方世界更大规模的袭击。联邦德国总理阿登纳十分赞同这一观点。正因为如此，美国决定立即派军队支持即将崩溃的韩国。法国外交部长、欧洲一体化的支持者舒曼非常支持美国介入朝鲜半岛，他曾说：“谢天谢地，我们没有重蹈历史覆辙。”舒曼所指的是 20 世纪 30 年代西方国家对德国的绥靖政策。不久之后，美国说服联合国多数成员国支持发动反对金日成的战争，这也是这个新成立的国际组织的首次军事行动。英国和澳大利亚派出了大量军队，法国、比利时、荷兰、希腊和土耳其也派了军队。当时联邦德国没有军队，因此无法派兵参战。这些国家并不是要保护韩国的独裁者李承晚，而是要打一场全球战争，阻止共产主义在世界的扩张。

朝鲜战争使得美国将主要军队派往亚洲，因此在欧洲（主要是莱茵河和易北河沿线）需要部署更多的军队，以对苏联进行威慑。为达到这个目的，美国需要某种形式的长期的欧洲防务一体化，以便利用英国、法国、低地国家和意大利的资源。同时，美国也可以通过对联邦德国进行重新武装来达到上述目的。在接下来的约 5 年时间里，欧洲的地缘政治和国内政治都由如下相关的问题所主导。美国是否应该建立一个强大的德国，以对苏联进行威慑？当然这可能会对德国的邻国产生潜在的危险。或者，是否应该通过某种形式的欧洲跨国政治一体化（在一体化中，德国和其他国家都放弃主权）来削弱德国的力量？ 20 世纪 50 年代，德国经历了著名的经济奇迹——1951 年年末以来，德国的经济增长速度超过了英国。多久之后，德国的经济力量会转变成政治和军事力量？德国力量的发展是否有利于西方世界的强大？这些问题都迫切需要给以回答。

华盛顿方面的倾向十分明显。只有欧洲在政治和军事上实现联合（至少是西欧各国之间相互协调）才能调动经济、道德和军事力量，来阻止斯大林的扩张，减轻美国的负担。军事方面，这个计划的核心是重新武装德国，要么是美国单独支持武装德国，要么是将其当作欧洲政治一体化的一部分来实现。国务卿迪安 · 艾奇逊称：“西欧国家如果不借助德国的力量，就根本无法实现自身的安全。”唯一的问题是，德国是“与西欧其他国家融为一体，还是单独成为一个大国”。因此，1950 年 9 月，美国表示，是否向欧洲派遣更多的军队，要依据英法是否接受联邦德国派出大量的士兵参加北约。同时，华盛顿将欧洲一体化的计划视为制约德国权力的关键。1950 年 4 月，前任美国驻德国高级专员约翰 · 麦克洛伊（John McCloy）警告说：“不建立一个有效的欧洲联盟，就不太可能找到解决德国问题的长久之计。”简言之，欧洲的统一旨在对德国和苏联进行“双重遏制”。

为了欧洲一体化，美国不仅提供强有力的外交支持，还在私下提供大量的财政支援。新成立的中央情报局，对大量的政治、文化活动提供资助，以支持欧洲的统一或团结。英国秘密情报局也参与了类似活动。这些活动包括：各国的反苏联的工会、反对共产主义的自由主义者和左翼政党、1950 年由知识分子发起的文化自由大会（Congress of Cultural Freedom）、设在慕尼黑的自由欧洲电台（成立于 1951 年）、成立于 1952 年的秘密组织“彼尔德伯格集团”（Bilderberg Group）。此外，英美两国还支持了一些欧洲的出版物，如梅尔文 · 拉斯基（Melvin Lasky）主编的《月刊》（*Der Monat*，创办于 1948 年），该杂志的编辑部设在标志性的前线城市——西柏林；还有广为阅读的《邂逅》（*Encounte*r）杂志（创办于 1953 年）。英国还对另外一些活动提供资助，英国外交部情报研究部暗中资助《动物庄园》（*Animal Farm*）一书的出版。在这本书中，乔治 · 奥威尔（George Orwell）对苏联展开了毁灭性的批判。保守主义者、左翼人士和自由主义者走到一起，他们所要捍卫的主要并非资本主义，而是“欧洲价值观”，如民主、言论自由和公民权利。他们之中的很多人依然坚持主张走“第三条道路”，即美国与苏联两个极端模式之间的道路。《欧洲人权公约》得到了保守主义者、自由主义者以及温和左派人士的共同支持。1950 年各国签署该条约，西方国家力图在冷战中占领道德高地。一场为欧洲灵魂而战的战争——尤其关乎德国的前途命运开始了。

1950 年 5 月，法国外交部长舒曼提议，法国与德国可以建立一个煤钢资源联合管理机构。表面上看，这是一种经济管理的方式；实际上，这是一种政治手段，目的是将德国发动战争的潜力置于多边控制之下。舒曼宣称：“1939 年之前，我们没有建立统一的欧洲，所以发生了战争。”实际上，法国的目的是：实现德国的欧洲化，从而避免欧洲被德国化。英国对该计划表示高度怀疑——这点是可以预见的，一方面是因为它反对主权让渡，另一方面是因为，当时英国的经济依然主要依靠英联邦及其殖民帝国。1951年，英国对英联邦和殖民地的出口占其总出口额的一半，在与美国和欧洲的贸易中保持出超地位。阿登纳领导的联邦德国政府支持舒曼计划，一方面将其视为使德国重返外交舞台的机遇，另一方面他也的确相信欧洲各国的共同命运。最初华盛顿方面还持保留态度，但是欧洲各国进一步合作的政治和战略优势如此引人注目，华盛顿因此对舒曼计划表示支持。实际上，在法国人起草计划时，舒曼也与美国人进行了密切的合作。1951年，欧洲煤钢共同体成立，这是实现欧洲政治统一的第一个重要步骤。

然而，欧洲一体化的核心始终是共同防务。经济利益上的一致性与共同的欧洲“文明”还远远不够。西欧国家主要担心的是苏联的威胁，其次担心的是德国的复兴，这些担心会促使一些国家放弃主权，或者至少同意共享主权，如法国、比利时、荷兰、意大利，甚至可能包括英国。美国对法国施加压力，要求其同意德国的重新武装。1950年10月底，法国总理勒内·普利文（René Pleven）对此做出回应，提议建立欧洲防务共同体（European Defence Community）。他说，这将是“在欧洲单一的政治和军事权威之下，人和武器装备的完全合并”，德国士兵可以组成较小的单位，在重要的前线参与作战。1952年5月底，在美国的强烈支持下，法国、意大利、联邦德国、荷兰、比利时和卢森堡签署了《欧洲防务共同体条约》。最初，英国对此表示漠视，并拒绝接受这一计划，认为它会削弱自身的主权。1953年3月，欧洲防务共同体的签署国又试图建立另一个欧洲的跨国机构——欧洲政治共同体（European Political Community），以负责管理防务共同体和欧洲煤钢共同体，各国确立了条约的草案。这个机构不仅包括各国政府首脑执行委员会、法院和经济社会委员会，也包括一个两院制的欧洲议会。其中，一个院的议员由共同体成员国的选民直接选举产生，称为“代表”；另一个院的议员由各国政府任命，代表各国全体人民，称为“参议员”。欧洲防务共同体和它衍生出的政治一体化已经具有欧洲政府的特征，是欧洲政府的雏形。很快，联邦德国、比利时、荷兰、卢森堡四国议会批准了该条约，意大利议会稍有推迟，但还是批准了。除英国以外的西欧各国似乎正在建立一个强有力的联盟，以消除彼此之间的不和谐，建立反对苏联共产主义的统一战线。

对于这些进展，莫斯科越来越警惕。自从拿破仑和希特勒发起对俄罗斯的“十字军东征”之后，俄罗斯人就一直将欧洲大陆的政治和军事联盟视为潜在威胁。而且，在欧洲防务共同体这个保护伞之下，德国将重新武装，苏联认为这是巨大的危险。1952 年 4 月初，斯大林警告民主德国的共产主义者，“美国人将会把联邦德国拉入北约，他们会让联邦德国建立自己的军队。阿登纳处于美国人的掌控之中，所有的原法西斯分子和军官还活着。事实上，联邦德国已经形成了一个独立的国家”。此时，苏联竭尽全力阻止西欧防务一体化。苏联试图利用英国和法国对德国重新武装的担忧来阻止西欧防务一体化。此外，苏联还指使法国和意大利的共产党在其本国的议会中阻止相关法案的通过。在外交战线上，莫斯科开展了和平攻势，意在表明苏联不是西欧的威胁，因此西欧防务联合显得没有必要。后来，由于法国在印度支那的军事行动失败，苏联趁机在日内瓦和平谈判中支持法国的撤军计划，并帮助法国人挽回面子。苏联的条件是，要求法国拒绝参加防务共同体。

然而，莫斯科主要针对的目标其实是联邦德国。如果能够离间联邦德国与西方国家的关系，那么将会对欧洲防务共同体造成严重打击。这件事有些紧急，之苏联想把民主德国作为一块磁石，以此吸引德国的民族主义者站在苏联一边。但由于效果不佳，苏联已经对此失望了。相反，民主德国的瓦尔特 · 乌布利希（Walter Ulbricht）政权显然无法满足民主德国人民的物质需求，民主德国人民羡慕联邦德国的“经济奇迹”。同时，乌布利希也无法满足民主德国人民的精神需求，因为民主德国人民越来越发现，乌布利希政权是苏联人用坦克扶植起来的一个独裁政权。因此，数百万民主德国人拥向联邦德国，而只有一小部分联邦德国人来到民主德国。当时，联邦德国和民主德国之间的边界并不严密，人们有办法通过。过去，苏联认为，这有利于向联邦德国进行渗透。而现在，这已经成了苏联和民主德国的伤口，民主德国人大量拥入联邦德国，用不了多久民主德国就可能没有人了。此外，为了避免授人以柄，防止阿登纳和美国人找到借口使联邦德国重新武装，苏联只许乌布利希拥有少数秘密的、准军事的警察，而没有正规的军队。这些警察全部忙于对内镇压，没有什么战斗力，对红军用处不大。乌布利希越来越满足于统治一个小小的德意志民主共和国，而不是实现德国的统一，他不愿民主德国成为一个中立的民主国家。简言之，乌布利希已经成为苏联的负资产。“二战”后期以来斯大林对德国政策的基础正在被迅速摧毁。

因此，1952 年 3 月初，斯大林最后一次尝试打破僵局。在一系列的公报中——史称“斯大林笔记”——他向西方提出了一个建议，希望与西方达成协议。苏联愿意从占领区撤军，而且允许德国再次统一，以换取德国的非军事化和保持中立。和 1945 年那个时候相比，斯大林可选的方案已经少得多了。不过，对他来说，目前这个方案也有其优点，就是可以丢掉乌布利希政权这个负资产，同时可以迫使西方盟国牺牲联邦德国，延缓联邦德国的发展。从表面上看，“斯大林笔记”是针对美、英、法三个国家的，但是斯大林实际上是做给波恩政府和广大的联邦德国民众看的，他仍在试图兜售自己的民族主义理念，使联邦德国支持他的主张。然而，阿登纳不为所动，没有上钩。相反，他加快了德国重新武装的步伐，强化联邦德国与西方国家之间的联盟关系——这就是通常所说的“西方纽带”。阿登纳试图说服西方盟国：德国军国主义已经与希特勒和普鲁士容克阶级一同灭亡了，因此德国的军事传统将不再是威胁，而是能够服务于西方国家的事业。例如，1951 年 4 月，阿登纳宣布，德国国防军里面很多军人与纳粹并无关系，这些人是清白的，他们“光荣”地从战争中幸存，并且在德国人民对纳粹的抵抗运动中发挥了重要作用。在阿登纳看来，尽管德国犯了很多历史错误，但他也许能从政治上予以挽救。同时，他尝试修复德国在世界上的形象，尤其是尽力修复在犹太人心中的形象。德国总理努力与以色列建立友好关系，1952 年两国达成赔偿协议，德国以此弥补纳粹对犹太人犯下的罪过。在这种情形下，阿登纳拒绝了苏联提出的建议，以此表明他拒绝在两大阵营间摇摆不定，而是坚定地与西方站在一起，全力支持西方一体化的事业。

此时，斯大林十分沮丧，走向了另一个极端。之前，斯大林强迫东欧卫星国迅速进行工业化，建立国有制经济和一党专制统治。但对于民主德国，斯大林则并没有这么做，而是进行阻止。斯大林的用意是安抚联邦德国的民族主义情绪，而现在斯大林则完全改变了政策。1952 年 7 月，他命令乌布利希大力开展“社会主义建设”。民主德国执政党德国统一社会党进行了夸张的宣传，称准备建立更多的工厂、没收更多的“资本主义”企业、镇压教会，并建立自己的正规军队（尽管军队事实上并不是独立的，而是由苏联控制的）。然而，这些政策的效果与斯大林的期望恰恰相反。乌布利希的统治没有得到加强，相反又有大量的民主德国人因经济和政治原因逃到联邦德国，逃亡者数量翻了一番，逃兵现象也非常普遍。苏联本想扶植乌布利希政权，以展示社会主义制度的优越性，吸引联邦德国民众，但这已经不可能了。苏联情报机构坦言："对于联邦德国的民众来说，民主德国政权已经不再有一丝吸引力了。"

朝鲜战争、欧洲军事一体化以及德国局势的发展使得国际关系骤然紧张起来，并且对欧美各国的国内政治产生了深远影响。这些问题成为 1952 年美国大选的焦点。德怀特·艾森豪威尔决定参加竞选总统。他是"二战"时期的盟军欧洲最高司令，也曾担任过北约武装部队最高司令。当时，共和党内部呼声最高的人选是参议员罗伯特·塔夫托，他以主张"亚洲政策优先"而著名。艾森豪威尔则不同意塔夫托的观点，认为那样做会对集体安全和德国的重新武装造成不利影响。艾森豪威尔宣称，只有他自己才能拯救北约。1952 年 3 月，他曾说："德国是国际关系中各国博弈的关键，而德国正在被美国忽视。"艾森豪威尔承诺，将会结束朝鲜战争。参谋长联席会议主席奥马尔·布拉德利（Omar Bradley）曾经把这场战争形容为"在错误的地点、错误的时间，与错误的敌人展开的一场错误的战争"。而在欧洲，艾森豪威尔则努力对苏联采取"推回"政策。最终，他轻松赢了大选。1953 年 3 月初，斯大林逝世后，如何应对德国不断恶化的局势，成为苏联的主要政治问题。苏联的"三驾马车"——格奥尔基·马林科夫（Georgi Malenkov）、拉夫连季·贝利亚（Lavrenti Beria）和尼基塔·赫鲁晓夫——突然要求民主德国改变路线，迫使乌布利希放松压迫政策，这是一次巨大的政策转变。他们要求民主德国立即停止"社会主义建设项目"，同时在农村取消集体化政策。这是由苏联内务部长贝利亚最先提出的，目的是减少逃向联邦德国的人数。然而几个月后，效果事与愿违。莫斯科采取的新政策使得民主德国统一社会党分成两部分：一部分支持与联邦德国统一，代表人物是鲁道夫·赫恩施塔特（Rudolf Herrnstadt）；还有一部分人担心自己成为苏联战略的牺牲品，如乌布利希。1953 年 6 月 17 日，民主德国工人利用新获得的自由权发起了一场示威，要求获得更好的工作条件，甚至要求德国统一。最终，乌布利希被迫请求苏联介入，以平息局势，在这个过程中苏联死了很多士兵，苏联的名声也受到了损害。苏联的德国政策再一次破产。6 月底，贝利亚被他的同僚逮捕，并被以某种罪名处死。他倒台的原因很多，尤其是有人担心他会策划谋杀同僚。不过正是因为贝利亚的德国政策失败，他的政敌才找到了借口，才能如此轻易地联合起来对付他。贝利亚被处死的两年后，赫鲁晓夫在政坛上击败了主要对手马林科夫，后者辞去部长会议主席的职务。苏共中央委员会给马林科夫定的主要罪名是，他过去曾经支持过贝利亚在民主德国的政策，而其过于自由化的政策造成了严重后果。换言之，赫鲁晓夫之所以能成为苏联最高领导人，是因为他标榜自己是苏联关键利益的维护者，尤其是他宣称维护了苏联在德国的利益。

在联邦德国，外交政策也是其国内政治议题的核心。由温和而保守的基督教民主联盟和自由民主党组成的执政联盟支持德国重新武装，并希望加强与西方国家的联系。然而，也有一些持不同看法的官员。例如，阿登纳政府中的内务部长古斯塔夫 · 海涅曼（Gustav Heinemann），就反对德国重新武装，他因此于 1950 年辞职。他既担心引发另一场战争，又认为这会毁掉德国统一的希望。而联邦德国另一个重要的党派——社会民主党，则强烈反对阿登纳的外交政策，他们认为这种外交政策会导致德国进一步分裂。社会民主党仍然以马克思主义为其理论基础，但与共产党有很大不同。社会民主党主席库尔特 · 舒马赫（Kurt Schumacher）是一位参加过“一战”的老兵，他严厉指责阿登纳，称其为“西方联盟的总理”。不少德国民众支持舒马赫的观点。同时，对于斯大林提出的方案，越来越多人认为至少应当考虑一下，因为这有可能会实现德国的统一。还有很多人对重新武装表示怀疑，他们的态度是，可以接受重新武装，但“别算上我”。不过，最终大多数人还是支持了总理的外交政策，接受了这样一个事实：只有拥有自己的武装力量，才能实现德国的安全。1953 年 9 月初，阿登纳在大选中以压倒性多数取得胜利。当然，他之所以获胜，主要原因是民众支持他的经济政策，其次是支持他坚定不移地倒向西方的政策。

1950 年之后，英国政治也深受新的国际危机的影响。国防开支不断上升（约占国民生产总值的 12%），这与维护海外殖民帝国、进行朝鲜战争、研发原子弹（1950 年试验成功）和防范苏联对欧洲的入侵有关，为此政府忍痛削减国内开支。1951 年春，财政大臣休 · 盖茨克（Hugh Gaitskell）提议增加对奢侈品的征税，甚至要求人们在治疗眼睛、牙齿时多纳税。他的目的是，使政府有更多的钱来制造武器。劳工大臣安奈林 · 贝文（Aneurin Bevan）对此提出抗议并辞职，他反对因重整军备而缩减社会开支。

一些左派人士也支持贝文的做法，如迈克尔 · 富特（Michael Foot）和哈罗德 · 威尔逊（Harold Wilson），因此工党内部出现严重分歧。事实上，盖茨克削减社会开支的政策根本起不到作用，因为1951年9月英国遭受的收支平衡危机主要是由巨额国防支出引起的，尤其是英国驻莱茵河军队的大量开支。大约同一时期，在经济发展方面，官方数据显示英国落后于联邦德国。在1951年10月的大选中，工党失败，保守党以微弱多数险胜。在这次大选中，外交政策是核心问题，人们并不支持英国参加朝鲜战争，也反对允许德国重新武装，同时英国在中东的地位摇摇欲坠。工党曾经自诩为“和平的政党”，宣称要把国家从托利党好战分子的手里救出来。而保守党则指责工党要为英国国际地位的下滑负责任，并谴责工党对苏联的绥靖政策。媒体曾经问过这样一个问题：“现在谁拿着核按钮？”1951年末，核按钮不再由工党控制，而是交给了保守党，丘吉尔再次上台并成为首相。

20世纪50年代，围绕外交和国防政策，英国国内政治迅速出现了两大对立阵营。工党内部就德国问题展开全面的争论。工党多数人反对共产主义，如希利和盖茨克，他们强烈支持北约的发展，他们同意联邦德国重新武装，并在多边框架内对联邦德国进行限制。他们指出，欧洲防务共同体超越了狭隘的国界，有助于应对当务之急，同时也与工党坚持的社会主义原则是一致的。因此，1952年，盖茨克警告一部分工会组织，面对斯大林的威胁，如果西方民主国家“分裂”了，那么各国就会“像希特勒的受害者那样，一个接一个地倒下”。盖茨克及其支持者和美国站在同一战线，并不是因为他们被中央情报局收买了，而是因为他们认为美国依然是“自由世界”最好的保卫者。当然，工党内部也有一小部分人非常怀疑美国的可靠性，认为美国人是好战分子和物质至上主义者。这些人也极力反对联邦德国在欧洲防务共同体或其他组织的庇护下实现重新武装。具有不同意识形态的人对美国持不同的看法，但英国对德政策的分歧则与意识形态关系不大，对于这个问题的辩论已经超越了左和右的界限。有两个人最为坚决地反对德国重新武装，即安奈林 · 贝文和休 · 道尔顿（Hugh Dalton），前者属于左翼，后者则是坚定的右翼。1954年，工党大会勉强同意联邦德国重新武装，但很多老百姓依然对德国表示怀疑，工党只能用集团投票的办法否决了一些人的反对意见。

艾森豪威尔在大选中获胜，美国宣布新的外交和防御政策。1953年艾森豪威尔上台后不久，国务卿约翰 · 福斯特 · 杜勒斯在一次电视讲话中激动地指着地图称：“从德国到东亚这个辽阔的区域，包括苏联和中国，苏联共产党完全控制了这些地方。”他警告大家，莫斯科对西方采取的是“包围”战略，而且“二战”之后，共产主义世界的人口从 2 亿增长到了 8 亿，是以前的 4 倍。欧亚大陆的大多数资源都掌握在共产主义手中。实际上，这是麦金德“心脏地带”理论的另一种形式。因此，对共产主义仅仅采取遏制政策是不够的，有必要对苏联采取积极的“推回”政策，以防止苏联势力扩张。意识形态与战略是紧密相连的。国家安全委员会认为，苏联长期控制东欧，“将构成对西欧和美国安全的严重威胁”。正因为如此，华盛顿重申了其“传统政策”，承认“所有人都有独立的权利和自由选择政府的权利”。因此，“让东欧国家摆脱苏联的控制，是美国的基本利益需要”。接着，美国政要发表了大量演说，加强广播和心理战来反对东方集团。美国甚至将这个办法用到了伊斯兰世界，美国将中亚和高加索地区看作反对苏联的杠杆。中央情报局开始培养激进主义分子，如赛义德 · 拉马丹（Said Ramadan），他是“穆斯林兄弟会”中的重要人物。同时，中央情报局也资助慕尼黑的清真寺建设，各国穆斯林来到慕尼黑，在这里他们一起讨论如何反对无神论的共产主义。

另一方面，在“第三世界”，艾森豪威尔政府和西欧各国政府可能面临着意识形态和现实政治二者之间的巨大矛盾。西方国家支持第三世界国家的民族自决权和人权，一方面西方国家的政府可以此获得本国国内舆论的支持，另一方面也可以此打击苏联在东欧的势力。但是，这也是双刃剑，有其不利的一面。在亚洲和非洲，一些民族主义者以民族自决权为武器，反对欧洲帝国主义者。此外，美国政府与拉美、中东和亚洲的很多威权政府合作，打击这些国家的平民运动。美国认为，这些平民运动有共产主义的特征，它们得到了苏联或中国的支持。美国与威权政府的合作，被认为是违反人权的行为。过去，殖民地是欧洲国家的正资产，现在却成了负资产。华盛顿则对世界上很多国家做出了承诺，声称要保护所有盟国，但这样做太分散，以至于削弱了对欧洲的军事承诺，也让自己在道义上处于不利地位。

艾森豪威尔的大战略的另一项内容就是通过减少财政赤字实现美国经济长期健康发展，因为美国的安全依赖于经济上的强大。和其他许多共和党人和自由主义者一样，艾森豪威尔也担心，“军事—工业复合体”（这是他后来在离任演说中使用的术语）不仅不能保卫自由，而且会逐渐吞没自由。为此，1953 年 7 月底，艾森豪威尔刚刚上任就迅速决定结束朝鲜战争，这场战争使美国遭受了重大损失。他还削减常规军事力量的开支，建立强大的核军备，这样既能省钱，又能弥补常规军事的不足。这一战略反映在了国家安全委员会第 162/2 号文件中，又称“新视野”（New Look）计划，后来北约的MC48 文件与此一致，即用“大规模报复”的方式来回击苏联的进攻。同时，他还提出了各种裁军建议，当然这些都是话语上的策略，目的是使苏联自乱阵脚。上述两个政策——依赖核武器和削减财政开支，其重心在欧洲，尤其是德国。因为只有北约或者欧洲防务共同体能够有效地发挥作用（无论是在常规武器方面还是在核武器方面），美国的负担才能有所减轻，否则美国将背上沉重的军事与财政包袱。因此，艾森豪威尔政府坚决支持欧洲一体化，尤其是军事合作。法国外长让 · 莫内（Jean Monnet）曾担任欧洲煤钢共同体高级机构的首任主席，也是战后欧洲统一运动的“总设计师”，而美国国务卿杜勒斯正是莫内的强大支持者。欧洲防务共同体似乎既能防止苏联的威胁，又能消除美国总统“一直以来对德国重新武装的种种顾虑，包括联邦德国国防军的建立，以及总参谋部的成立”。因此，1953 年 12 月，艾森豪威尔对英国和法国领导人说：“欧洲防务共同体是最合适的机构，只有在这个机构中，德国才能为西方军事力量的发展做出贡献，没有这个机构北约将会瓦解。”

然而，法国国内强烈反对德国重新武装，这最终使艾森豪威尔的努力付诸东流。1954 年 6 月，胡志明的军队在奠边府战役中击败了法国。胡志明是越南北部民族主义者和共产党领导人。法国请求美国直接给以军事支援，但艾森豪威尔拒绝了。皮埃尔 · 孟戴斯 · 弗朗斯（Pierre Mendès France）担任总理后不久，宣布结束在越南的战争。7 月底，各主要国家签订《日内瓦协议》，印度支那的冲突暂告结束，法国放弃了在那里的殖民地。根据协议，老挝和柬埔寨成为独立国家，越南则分成南北两部分，北方由共产党控制，并得到了苏联和中国的支持，南方是美国支持的右翼政权——越南共和国。

然而，法国的政治对整个欧洲造成了很大影响。法国从印度支那撤军，使得法国民众不再希望美国来领导欧洲。尤其是在德国重新武装以及欧洲军事一体化的问题上，法国人也不愿意再听从美国的意见。此外，斯大林去世，法国人不再觉得苏联那么可怕。法国国民议会中发生了激烈的争论，有的议员强烈批评欧洲防务共同体，认为它未能充分保证德国军国主义不再复苏。还有的人认为，英国拒绝加入使得该组织的作用大打折扣。紧接着，在1954年8月底的国民议会投票中，《欧洲防务共同体条约》被多数人否决，尽管不是压倒性多数。这是决定性的“反对票”。欧洲防务共同体以及与之伴随的欧洲军事一体化，受到了巨大挫折，从此夭折。无论如何，“欧洲”即使联合起来，也不可能像18世纪80年代末的美国那样形成一个强大的联盟，欧洲各国不是当时美国的13个州。

在20世纪50年代余下的几年中，欧洲防务共同体的夭折一直影响着欧洲的地缘政治。欧洲形成了政治真空，英国趁机掌握了欧洲一体化发展的主导权。1954年10月底，在英国外交大臣安东尼·艾登的领导下，英国、法国、联邦德国、希腊、意大利、卢森堡、荷兰、葡萄牙和西班牙的领导人聚在一起签署了《巴黎协定》，他们一致同意“促进欧洲团结，鼓励欧洲逐步实现一体化”。1955年5月，《巴黎协定》生效，西欧联盟正式成立。不过，西欧联盟与欧洲防务共同体及欧洲政治共同体大不相同，它不是一个超国家的组织，只是一个政府间的组织，没有超越国家的权力，因此英国觉得可以接受。尽管欧洲防务共同体夭折，但欧洲国家还是因西欧联盟而感到慰藉。联邦德国再次站到了欧洲舞台之上，但由于法国的要求，德国的主权仍然受到极大的限制。阿登纳不得不发表单边声明，表示在得不到西欧联盟允许的情况下，德国不会拥有原子武器和化学武器，不会发展导弹，不会建立大型海军和空军。德国军队的规模将受到限制，盟军军队将继续长期驻扎德国，不仅是为了防止苏联的侵略，也是为了防止德国以后再侵略其他国家。同时，欧美国家有权介入德国事务，以保护联邦德国的民主制度，阻止德国擅自发展核武器或化学武器，同时避免联邦德国试图以武力实现德国统一。换言之，联邦德国未来在政治上获得的自由，对于西欧未来的安全是必不可少的。

法国议会否决欧洲防务共同体，莫内受到了很大挫折。他开始认为，欧洲的联合必须首先从经济领域开始，欧洲各大国政府之间的合作非常重要。1955年，他建立了一个组织，名为欧洲合众国行动委员会——主要由基督教民主党人、社会主义者、自由主义者和工会领导人组成。同年6月初，欧洲煤钢共同体国家在西西里岛的墨西拿开会，以加强跨国经济联系。法国、联邦德国、意大利、荷兰、比利时和卢森堡的外交大臣一致同意建立一个海关联盟—— 一般称为“共同市场”，目的是将各国的交通与民用核能联合起来。英国不是煤钢共同体成员国，它试图推动各国建立更加宽松的自由贸易联系，但是徒劳无功。英国认为，进一步推动经济联合会导致西欧分裂，不仅难以牵制德国，反而会“提供一种方式使得德国再次确立霸权”。历史上，欧美很多地方曾经出现过各种国家联合，如英格兰和苏格兰的联合、美国的联合、德意志第二帝国的联合。但欧美国家尚未形成更大规模的联合。现在，更大规模的联合正在出现，一方面是经济联盟，另一方面是防务一体化。

美国开始推动联邦德国在北约的框架内进行重新武装。1955 年 5 月初，《德国基本法》被废除，德国被允许建立自己的武装力量。不久后，杜勒斯对德国的民族主义者做出了极大让步，并且他强烈指责法国，重申美国对德国的援助是以实现德国统一为目标的。杜勒斯也为德国提出了条件，即“统一后的德国既不中立化，也不解除武装，也不能脱离北约”。同时，联邦德国负责分担一部分美国占领军的开支，将其部分财政收入转移给美国，以抵消部分战争赔款。大约同一时期，欧洲原子能共同体（EURATOM）成立，以将欧洲各国的核技术人员集中起来，同时防止联邦德国单独研制原子武器。不管怎样，提供军事安全的主要角色是北约，而不是任何欧洲组织。这在一定程度上减缓了西欧人民对进一步发展政治军事一体化的需求。

20 世纪 50 年代中期，关于欧洲防务共同体的争论减弱了，但是在欧洲双重危机中尚未解决的潜在问题突然爆发出来。莫斯科、伦敦、巴黎、开罗、特拉维夫的发展相互重叠，构成连锁反应，欧洲大陆面临着一场大的危机。冲突首先在莫斯科爆发，联邦德国重新武装彻底震动了苏联决策者。1955 年 5 月中旬，联邦德国加入北约仅仅一周之后，赫鲁晓夫就做出回应。他决定建立一个与北约针锋相对的组织，即华沙条约组织（简称“华约”）。这是一个以苏联为首的正式的军事联盟，东方集团的全部国家（包括民主德国）均加入该组织。第二天，苏联领导人批准了《奥地利国家条约》。根据该条约，四大国同意结束对奥地利的分区占领，同时确保奥地利成为中立国家。事实上，这一协定并不是针对奥地利的，而是做给德国人看的，苏联意在向德国人表明，德国也可以在中立的前提下实现国家统一。然而，阿登纳依然没上钩，还是坚决进行重新武装。

同时，联邦德国领导人变得更加强势起来，1955 年 12 月，联邦德国外交部长瓦尔特 · 哈尔斯坦（Walter Hallstein）宣布："德意志联邦共和国代表整个德国，其他任何国家只要承认德意志民主共和国，联邦德国就不会与之建立外交关系，只有苏联是例外。"这就是著名的"哈尔斯坦主义"。

这一切使莫斯科方面深感震惊。赫鲁晓夫对他儿子说："只有联邦德国人有可能在欧洲掀起一场新的战争。"联邦德国重新武装，使苏联不得不采取应对措施，这又影响了华约各成员国的国内政治：所有成员国最终确立一党制，以国有制作为主要的生产方式，社会各阶层全面军事化，执政党对政府进行全面控制。这些变化导致各国执政党内部出现了新的权贵阶层，他们为共产主义事业服务，听从莫斯科的安排，莫斯科也给了他们很多奖励，使他们获得很多经济特权。与北约一样，华约的战略操作中心也是在德国，特别是在莱茵河地区。但两大组织又有很大不同：北约是由美国领导的，但它是一个真正的联盟，各国有很大的自主性；而华约则完全由莫斯科控制。1955 年 5 月底，赫鲁晓夫和苏联部长会议主席布尔加宁元帅（Marshal Bulganin）访问贝尔格莱德，试图修复与铁托的关系。两个月后，在日内瓦峰会上，赫鲁晓夫试图与艾森豪威尔达成谅解，两人主要讨论了德国未来的地位问题。然而，美国并不同意苏联的计划，美国认为，解决德国问题的唯一方法是举行全国性的自由选举，否则美国不会支持德国的统一。而自由选举将导致民主德国政权立刻瓦解，这是苏联无法接受的。同时，美国也不允许德国成为中立国家，艾森豪威尔发出警告："德国在欧洲的中心，这个由 8 000 万勤劳的人民组成的国家，不可能是一个中立的国家。"

苏联在德国的影响力突然下降，使赫鲁晓夫开始积极干预第三世界国家事务，不再像以前那样漠不关心。1956 年年初，苏联领导人发表了著名的演讲，表示"期盼世界历史迎来一个新的时期，这是列宁曾经预言过的时期，东方世界的人民将发挥积极作用，决定世界命运，他们将成为国际关系中新的、强大的力量"。这意味着，苏联有必要修改其意识形态。过去，苏联仅仅是社会主义国家的领导者，而现在苏联则试图团结世界上所有对西方不满的国家，与这些国家合作来反对帝国主义。尤其是，莫斯科努力与埃及领导人贾迈勒 · 纳赛尔（Gamal Nasser）建立友好关系，以牵制英法两国，同时打破美国从南部对苏联的包围。同时，埃及的共产党支持纳赛尔的统治，因此受到了埃及秘密警察的庇护。

与此同时，赫鲁晓夫试图提高其欧洲卫星国的生存能力，同时重新唤起苏联国内曾经被斯大林恐怖统治压抑多年的活力，这样做可以巩固苏维埃政权。1956年2月底，苏联共产党第二十次全国代表大会在莫斯科召开，赫鲁晓夫做了著名的“秘密报告”，并宣布苏联将实施新政策，进行去斯大林化。古拉格劳改营中的几百万囚犯被释放，共产党重新掌握对劳改营的控制权，官僚系统不再负责这一事务。赫鲁晓夫还下令把斯大林的遗体移出红场。几个月后，苏联领导人批准免去匈牙利强硬派领导人马加什·拉科西（Mátyás Rákosi）的职务，由温和派领导人取而代之。不久之后，赫鲁晓夫同意结束瓦迪斯瓦夫·哥穆尔卡（Wladylsaw Gomulka）的流放生活，哥穆尔卡重新担任波兰领导人，之前他一直对管理国家有自己独立的看法，而不是对苏联唯命是从。然而，这些措施的效果并不理想，正如通常会发生的情况一样，这些改革只是刺激东欧各国人民要求获得更多的自由。1956年10月底，有两个东欧国家爆发了大规模的危机。在波兰，暴乱的主要原因是物资短缺，当然波兰人一直以来也对苏联非常不满。而在匈牙利，暴乱则迅速恶化，匈牙利执政党和苏联驻军难以控制局势。当时，匈牙利改革派领导人伊姆雷·纳吉（Imre Nagy）试图学习奥地利的经验，使匈牙利摆脱莫斯科的直接控制，同时也摆脱华约的控制。匈牙利的工人和学生准备与苏联红军一决胜负，美国则不断地为这些人打气，向他们进行反苏宣传。联邦德国宣布重新武装的一年后，苏联在中东欧陷入困局，处境越来越艰难。

就在此时，英国和法国正努力对付埃及总统纳赛尔。纳赛尔上校从捷克斯洛伐克那里获得了大量的武器——实际上这些武器来自苏联——同时他宣布将苏伊士运河国有化。英法两国认为，一旦失去对苏伊士运河的控制权，两国在埃及甚至整个中东的地位就会动摇，甚至在欧洲的地位也会下降。1954年，阿尔及利亚的民族主义者开始反对法国殖民当局，巴黎深感震惊，并且这次反抗运动对法国的核试验基地构成了威胁。此外，希腊裔塞浦路斯人开始反抗英国当局，英国格外紧张，因为这威胁了英国在地中海东部的主要基地。另外，应对埃及的挑战有着至关重要的意义，有利于欧洲国家调动非洲大陆的资源来支撑自己的权力和地位。因此，联邦德国总理阿登纳强烈支持英法以“欧洲利益”为名义进行军事干预。9月初，法国总理居伊·摩勒（Guy Mollet）秘密提议建立英法联合国——这是1940年丘吉尔计划的再现，目的是为了向世界展示两个国家之间的团结，展示它们将协调行动。伦敦拒绝这些提议，认为这样做会削弱国家主权，但又确实同意同特拉维夫方面协调联合行动，以对抗纳赛尔。以色列没有从美国那里买到武器来对付阿拉伯人，因此它愿意接受法国的建议，这样它就可以从法国得到大量武器。10月底，英国、法国和以色列在巴黎近郊的塞夫勒（Sèvres）签订秘密协议，以色列同意对埃及发动进攻，之后英法两国介入战争，名义上是使战斗双方“脱离接触”，实际上则是趁机恢复对苏伊士运河的国际控制权。

形势瞬息万变，东欧和中东的危机很快达到了高潮。10月29日，以色列对埃及发动突袭。一天后，由于担心新的匈牙利政府退出华约（不久后匈牙利的确这么做了），赫鲁晓夫命令将坦克开进布达佩斯。波兰则不同，它并没有打算摆脱苏联的直接控制，因此苏联没有进行干涉，允许波兰政府拥有自主权。同一天，英法两国开始执行“火枪手行动”，这是在塞夫勒秘密会议上制订的军事干预计划。西欧联盟成员国——比利时、荷兰、联邦德国、意大利（它是坚定的旁观者），都在口头上明确表示向英法提供支持。埃及迅速被以色列军队击溃，同时匈牙利人正在自己的首都殊死抵抗苏联的入侵。在联合国，英法两国受到了多国的无情嘲笑，全世界人都认为他们在冒“殖民主义”的风险。而匈牙利人民的斗争却没怎么受到世界的关注。本来美国希望可以发动一场针对苏联的冷战，但现在它不得不先解决埃及的战争。

艾森豪威尔对英法感到愤怒，一方面是因为这场危机打断了他与阿拉伯各国民族主义者合作的计划，另一方面是因为他也讨厌英法的“帝国主义”，还有一方面的原因是他下个月将再次参加总统选举。不过，最主要的原因是，埃及的危机使得美国和其他国家不再关注匈牙利的局势，这导致赫鲁晓夫借此恢复了苏联在东欧的控制权。匈牙利人遭到苏联的镇压，而美国无暇顾及，只能袖手旁观。艾森豪威尔立即在安理会发起决议草案，要求英国、法国、以色列三国立即停火，停止进攻埃及。但是决议草案没有通过，因为英法在安理会动用了否决权。之后艾森豪威尔转向更强硬的措施，对英法两国施加巨大的经济压力，一方面在国际货币基金组织中排挤两国，另一方面抛售英镑公债。法国其实已经在财政上做了一些准备，因此没有受到什么影响；英国很快就屈服了，因为英镑难以支撑。最终，英法还是对美国让步了，当年年底它们彻底从苏伊士运河区域撤离。英法在中东的失败严重打击了它们在中东的地位，并且对于两国在欧洲的主导权也是致命一击。

美国介入埃及战争，并且支持纳赛尔，使得法国认为华盛顿永远不再值得信任。因此，法国更加努力地发展核武器，紧紧控制其在阿尔及利亚的核设施和试验基地。与法国不同，英国在苏伊士运河战争中得到的深刻教训是，以后不能再得罪美国，不能再站在错误的立场。另外，伦敦方面也深刻意识到，它的殖民帝国曾经是维护英国在欧洲地位的支柱，但现在殖民地已经成了它的负资产，不利于英国团结世界上其他国家反对共产主义。捍卫欧洲民主与维护海外殖民地，已经成了矛盾，英国不能兼得二者，尽管前者的实现似乎要依赖于后者。1957年，英国结束了在塞浦路斯的战争，释放了塞浦路斯的希腊族领导人马卡里奥斯三世大主教（Makarios Ⅲ）。三年后，尽管塞浦路斯的土耳其族与占多数的希腊族之间依然有很大矛盾，但伦敦还是决定允许塞浦路斯独立，条件是英国能够继续使用在这里的军事基地。此外，英国也放弃了它在亚非两洲的大部分殖民地，以便更好地关注它在欧洲的命运。同时，这样做也有利于减少大西洋两岸的国家对英国的怀疑。当初英国建立其殖民帝国，主要是为了实现其战略目标，同样的原因使得英国放弃了殖民帝国。现在，英国的战略目标是：（1）服从美国的愿望，保持与美国的特殊友好关系；（2）指责苏联对人权的侵犯行为；（3）为英国回归“欧洲”铺平道路。

苏伊士运河危机还打破了西欧各国的力量均衡。正如1957年1月初英国财政大臣所言，苏伊士运河战争对英国的最大打击是使得英国“在战后经济疲软”。当年夏天，伦敦再次遭遇英镑危机：尽管工资很高，但通货膨胀加剧，针对英镑的汇率投机再次出现。政府的公共支出很高，因此政府必须放弃某些东西以减少其财政压力：要么是大炮，要么是黄油。英国选择了黄油，放弃了大炮，预算困难暂时得到缓解，民众稍微平静了下来。1957年，麦克米伦告诉公众“现在是最好的时代”。尽管民众的生活水平改善了，但英国也付出了代价，它在欧洲的地位下降了。20世纪50年代末，政府面临着极大的财政压力，因此被迫削减英国皇家空军和英国驻莱茵军队的规模。由于成本原因，兵役制度被取消，因此英国更加依赖独立的核威慑力量。英国地位下降，而联邦德国开始崛起，它的经济飞速发展。这种情况下，联邦德国开始要求在军事上与其他欧洲国家享有平等地位，尤其是核武器方面。

最重要的是，1956 年发生的一系列事件为欧洲一体化带来了新的巨大动力。苏伊士运河战争时，在美国对英法下达最后通牒后，阿登纳对法国总理居伊 · 摩勒说：“你可以通过欧洲来报复美国。”英国外交大臣塞尔温 · 劳埃德（Selwyn Lloyd）同样认为，为了平衡苏联和美国，欧洲必须在经济上团结起来。然而，此时，英国仍不愿意为了加入经济联盟而削弱自己的主权，也不愿与英联邦其他国家产生矛盾，它还担心德国会通过经济联盟谋求恢复大国地位。麦克米伦发出警告，这将导致“西欧实际上被德国控制，德国在经济上壮大后，这个联盟将成为德国恢复其权力的工具。我们之前已经打了两次世界大战，如果政策失误，可能难以防止历史的重演”。巴黎也有这样的担忧，不过态度有所松动，此时它坚信德法两国的政治和经济一体化（不是军事一体化）是防止德国入侵的最好办法。

1957 年 3 月底，在美国的强烈支持下，两年前参加墨西拿会议的 6 个国家签署了《罗马条约》。法国、联邦德国、意大利、荷兰、比利时和卢森堡一致同意，在第二年年初建立一个共同经济市场。在 1958 年 7 月的斯特雷萨会议上，六国决定制定共同农业政策，以解决生产过剩、稳定农产品市场并使其免遭外部廉价农产品的竞争。这样，欧洲经济共同体就初步形成了，这是一个海关和经济联盟，与 19 世纪的德意志关税同盟有很多相似之处，目的是实现欧洲“更紧密”的政治联盟。不过，英国依然没有参加欧洲经济共同体，它通过西欧联盟和欧洲经济共同体保持联系。不过，《罗马条约》开创的欧洲一体化，与之前的欧洲防务共同体和欧洲政治共同体有所不同，主要表现在两个重要方面：第一，欧洲经济共同体不涉及军事问题（军事合作由北约来承担），也不直接承担保护成员国民众的民主权利的责任；第二，与联合王国（英格兰、苏格兰之间的联盟）和美利坚合众国不同，欧洲一体化不是一个简单的行动，而是一个长期的过程。法国外交部长罗伯特 · 舒曼指出：“欧洲一体化不是一蹴而就的，也不是一次性联合而成的，它是由实实在在的每一步积累而成的，欧洲的团结将逐步实现。”

匈牙利事件和苏伊士运河危机从根本上改变了莫斯科和其他共产主义国家之间的关系。苏联对匈牙利的干涉，以及处死曾在南斯拉夫大使馆避难的纳吉，彻底破坏了苏联和南斯拉夫两国刚刚修复的关系。同时，苏联领导人与毛泽东的关系也有明显的恶化。问题出在意识形态上：推动世界革命的最好方式是什么？由谁来领导？赫鲁晓夫发表“秘密报告”并否定斯大林之后，中国严厉指责苏联是“修正主义”，认为苏联违反了共产主义的原则。中苏争论的核心，是共产主义政权在中东欧的命运。中国认为波兰、匈牙利发生的动乱要归咎于赫鲁晓夫的政策，认为这两个事件都是“去斯大林化”导致的直接后果。苏联对波兰的政策反映了赫鲁晓夫的“大国沙文主义”；此外，苏联在平定匈牙利局势的过程中，应该避免引起更多的混乱。东欧领导人对此感到高兴，他们迅速求助于中国，因为这样可以摆脱对苏联的依赖，尽可能地获得一些独立权。例如，1955 年 11 月，民主德国执政党高调宣布，将采取中国的方法对现存的私营企业进行改造，他们没有采取苏联的方法。另一位中共领导人周恩来曾说：“我们绝不害怕核战争。”1957 年 1 月，在莫斯科国际共产主义国家领导人峰会上，毛泽东成为会议的主角。中共领导人所做的这些事，限制了赫鲁晓夫摆布中东欧国家的能力。

20 世纪 50 年代末，一系列新的事件的发生导致了欧洲和国际局势的新一轮冲突。法国总统戴高乐准备放弃部分殖民地以减轻国家的负担，同时他坚定地发展核能力，在欧洲其他国家面前摆出独立的姿态。这些政策的目的是为了恢复法国昔日的“荣耀”。1958 年，戴高乐要求北约内部设立一个由英、法、美组成的“三方委员会”，一方面是为了控制德国，另一方面是谋求在军事问题上获得与美国平等的地位。然而，华盛顿拒绝了这一要求，为表达不满，戴高乐于 1959 年宣布法国地中海舰队撤出北约指挥序列。同年，古巴的菲德尔·卡斯特罗发动革命推翻了亲美的独裁者。一年后，法国第一颗原子弹试爆成功，极大地增强了其战略自信。1961 年，阿尔及利亚发生暴乱，当地的白人殖民者和军官宣布不再效忠法国，戴高乐宣布承认阿尔及利亚的独立。这些措施使得法国政府能有更多的精力专注于欧洲事务。

此时的赫鲁晓夫正在努力应对联邦德国的崛起。1957 年春，波恩政府正式通知莫斯科，它将开始发展军事核武器。苏联预计，几年之内联邦德国国防军将会发展到约 50 万人，而且会配有原子弹装备。因此，西方国家驻莫斯科的外交官和记者报道说，赫鲁晓夫的偏执日趋增强，不断提起德国 1941 年发动的突然袭击，并且谈及德国的“复仇主义”，他还说阿登纳是兴登堡式人物，可能会再次掀起纳粹主义。不过，以上还都不足为奇，使赫鲁晓夫完全绝望的是民主德国政权的摇摇欲坠。1949 年以来，已经有超过 200 万难民逃离民主德国，并且这种情况正在加剧。然而赫鲁晓夫不敢撤掉乌布利希，甚至不敢太强烈地谴责他，因为毛泽东曾告诉苏联不要侵犯其他社会主义国家。民主德国领导人实际上是苏联的摇尾狗，不过在 1959~1960 年，受中国的支持，乌布利希开始推动农业集体化。他们已经估计到，农业集体化肯定会导致食品供应的减少。当时中国缺少食品，尽管如此，毛泽东还是给民主德国提供了大量的食品，以表示对德国共产主义者的支持，使他们更有能力对抗西方。简言之，20 世纪 60 年代末，苏联领导人面临着严峻的形势：一旦民主德国人口流失严重，并且发生经济崩溃，那么联邦德国就会吞并民主德国；此外，假如德国真的实现统一，那么它一定会加入北约，并且两个德国的所有核武器都要归北约所有，那样苏联将遭受巨大的战略损失。

赫鲁晓夫还有一张王牌：柏林。他有句名言，称“柏林是西方的睾丸，每一次我想让西方尖叫，就从柏林入手”。1958 年 11 月，苏联领导人向美、英、法三国发出最后通牒，要求就德国问题达成最终解决方案，否则苏联就要和民主德国单独签订和约，将柏林完全交给乌布利希掌管。这明确暗示，民主德国将关闭西方国家通往西柏林的通道，西柏林将再次被封锁。在接下来的两年，赫鲁晓夫与西方的关系暂时缓和。1959 年 1 月，他绕过波恩直接向华盛顿方面提出建议，不过没有立即得到华盛顿的回应。之后，赫鲁晓夫向阿登纳提出建议：两个德国可以组成一个邦联，或者召开一次会议以讨论统一事宜。阿登纳对此予以拒绝，他表示拒绝承认民主德国政权，也拒绝承认与波兰的边界现状（即奥德河–尼斯河一线）。赫鲁晓夫又转向戴高乐求助，不过，1960 年 3~4 月期间，两人在巴黎会面时，戴高乐很明显希望保持德国分裂的状态，他并不同意苏联的计划，不同意让德国成为一个中立的邦联。同时，赫鲁晓夫决心扩大苏联的核武库，以尽快达到与美国平等的地位。他认为，只有这样，才能使华盛顿以平等的方式对待苏联。这样，如果再发生一次柏林危机，苏联会比 1948 年的时候有更充分的准备，当时美国保持着对原子弹的垄断地位。苏联对战略导弹的重视程度要超过陆军、海军和空军，投入了大量的资源。1959 年，战略导弹获得了独立的编制。

在第二次柏林危机初期，伦敦持观望态度，并不想与莫斯科直接发生对抗。而杜勒斯则准备奉行“战争边缘政策”。1958 年 11 月，麦克米伦警告艾森豪威尔：“英国不打算为了柏林的200万德国人而让自己毁灭，那样做不值得，毕竟德国曾经是英国的敌人。”此时，英国也在不断地反思自己的基本战略。20世纪50年代末，英国在财政和技术方面越来越显得落后，令其倍感痛苦。1957年，英国在百慕大与美国签订双边协议，尽管双方开始了核武器的合作，但英国处于劣势。1960年，劣势再次显露，由于技术问题，英国不得不取消其独立导弹体系“蓝光火箭”，该体系曾是英国人的骄傲。此外，维持对“殖民帝国”的管理，消耗了大量的成本，威胁到英国继续履行其欧洲责任的能力，而此时欧洲对于英国更加重要。麦克米伦感到，只有加入欧洲经济共同体，才有希望提高英国的国际地位。1961年7月，英国正式申请加入欧洲经济共同体。不过，英国将欧洲置于其外交政策的首位，也使得它与澳大利亚和新西兰的关系更加疏远了。

20世纪50年代末、60年代初，国际关系的动荡也影响了各国的国内政治。1957年10月，苏联将第一颗人造卫星送入太空轨道。苏联在太空和核武器领域的进展，大大增加了美国对自身创新能力的危机感。1958年7月底，美国成立“国家航空航天局”（NASA），同年通过《国防教育法》，这些都旨在提高美国人的自信心。很多精英也感到，美国政府对于越南共和国的支持不够，当时越南共和国面临着共产主义在内部和外部的双重压力。所有这些因素——人造卫星危机、越南，尤其是“导弹差距”——都被民主党总统候选人约翰·肯尼迪在竞选中所利用。1960年11月，肯尼迪以微弱多数当选总统，他已过世的父亲在芝加哥的朋友为他提供了一些帮助，他们组建了一个外交政策平台，主张推行强硬政策。

肯尼迪将“导弹差距”归咎于共和党候选人理查德·尼克松。不过事实证明，他的指责并不符合事实。肯尼迪打算逐渐推进新的“前沿部署”计划，其核心是国家安全。他认为，美国国防的关键在于全世界按照西方的标准实现政治经济现代化。新任国家安全顾问沃尔特·罗斯托（Walt Rostow）是一位学院派经济学家。他坚信，通过美国的援助，尤其是明智的国家基础设施投资，可以刺激发展中国家的资本主义“崛起”，并且可以通过削减贫困使发展中国家逐渐进入西方轨道。艾森豪威尔将德国视为“欧洲的中心堡垒”，肯尼迪则对德国不怎么感兴趣，他努力绕过波恩，以实现冷战的解冻。肯尼迪是“新边疆”政策的倡导者。据颇具影响力的副国务卿乔治·保尔（George

Ball）回忆，肯尼迪最初将德国看作一个容易导致更大冲突的麻烦。美国领导人似乎有了全新的看法。

如果说社会和经济“现代化”是肯尼迪新的大战略的一部分，那么对“大规模报复战略”的摒弃就是另一部分。艾森豪威尔认为，一旦发生重大危机，美国就应立即使用核武器。但是随着苏联的核力量逐渐与美国相当，“大规模报复战略”越来越不现实，这导致美国可能不得不使用核报复的方式来处理常规的冲突，因此决策陷入两难。肯尼迪准备以“灵活反应战略”取而代之。肯尼迪的首席军事顾问麦克斯威尔·泰勒（Maxwell Taylor）将军指出，这一战略包括“应对所有可能挑战的能力、处理任何危机的能力，无论是核战争还是一般的渗透或侵略”。这意味着，美国必须在欧洲提升北约的常规力量，及时牵制苏联，防止最后发生核战争。在世界其他地方，“灵活反应战略”不仅要求美国部署更多的常规地面部队，也要求美国提升情报收集和“反暴乱”的能力。美国选择将印度支那作为试验场，以推行“灵活反应战略”，美国向那里派遣了大量的文职人员和军事顾问，后来还包括很多野战部队。华盛顿方面担心，一旦共产主义占领西贡，那么会导致“多米诺骨牌效应”，苏联煽动的革命会一直蔓延到泰国和马来西亚，与印度尼西亚的苏加诺激进政权连在一起。

不过，肯尼迪政府很快就陷入困境。大规模的经济援助没有让越南南部的人民更加支持美国，也没有削弱越共（越南南方民族解放阵线）的影响力。有很多人认为，尽管越南共和国军队一直在努力提高战斗力，但始终无法平息暴乱。而在华盛顿方面，越来越多的人呼吁美国推翻不受欢迎的吴庭艳政权，同时直接向越南派军解决问题。然而，总统暂时不愿意在越南进一步扩大战争，也没有应老挝政府的要求而介入。与乔治·保尔的观点不同，肯尼迪认为德国才是主要的前线，印度支那会让他分心。

此时，柏林危机已经到达高潮。正如美国黑人民权领袖马丁·路德·金对美国人所说的，柏林这个城市已经成了“历史潮流的中心”。此时，苏联领导人认为，民主德国有可能会立即瓦解并被联邦德国迅速吞并。赫鲁晓夫担心，“如果这种情况发生的话，联邦德国国防军将抵达波兰与捷克斯洛伐克的边界，也就离我们的边界更近了”。1961年6月，赫鲁晓夫在政治局会议上指出，德国是“问题的关键”。他要求美国承认苏联卫星国的边界，尤其是民主德国的边界，但遭到了美国的拒绝。更糟糕的是，肯尼迪发誓要保卫西柏林，甚至不惜一战。与此同时，毛泽东则站在赫鲁晓夫一边，敦促他采取更强硬的行动。因此，1961 年 8 月中旬，莫斯科最终允许乌布利希沿着东、西柏林的边界建立更大的隔离墙，防止更多的民主德国人逃到联邦德国，凡是试图逃脱的人，一律在没有警告的情况下击毙。正如一位历史学家所言，民主德国领导人“惹恼了”苏联。这样，越南人民军和民主德国军队的主要功能不再是保护本国和抵御资本主义国家的入侵，而是监禁本国人民。“铁幕”下的最后一条缝隙也被填补了，但代价是共产主义承认了自己在战略和意识形态冲突中的弱势。

赫鲁晓夫在柏林问题上没有达到目的，而是受到羞辱，之后他开始寻找各种办法来报复。1962 年 4 月，他对国防部长说，要“将一只刺猬塞进山姆大叔的裤子里”。因此，一个月后，他下令将中程核导弹运至卡斯特罗统治下的古巴。赫鲁晓夫的目的是，从美国的南边向其施压，以此削弱和分散其在德国的力量，他至少希望能迫使美国撤出部署在土耳其的导弹部队（位于苏联、土耳其的边界处）。然而，1962 年 10 月中旬，苏联的导弹尚未在古巴部署完成，就已经被美国的侦察机发现。肯尼迪要求苏联立即撤出导弹，因为这些导弹能够轻易地打到美国城市，美国无法对此有所防备。美国认为，这是对美国门罗主义的公然挑战，因此下令海军对古巴实施封锁。肯尼迪立即发现，这件事与德国问题联系在一起。在古巴导弹危机达到顶点时，他对英国首相表示：“我不需要对你说明，赫鲁晓夫这一秘密的危险行动可能与柏林问题有某种联系。”此时，一场核对抗正迅速地向全世界袭来。另外，华盛顿尚不知道苏联在古巴的“顾问”已经获得批准，可以自行决定在岛上使用战术导弹。只要苏联对美国发动袭击（甚至只是一次纯粹的常规性袭击），就可能立即导致核报复。卡斯特罗与切 · 格瓦拉希望能出现这样一场战争，他们迫切需要用战争来揭露美国的软弱，使美国暴露其“纸老虎”的本质，这样可以将自由战争推广到整个拉美。然而，赫鲁晓夫拒绝了他们的要求，没有先发动袭击。他告诉卡斯特罗：“如果莫斯科首先向敌人领土发起核打击，这就将导致一场热核战争，殃及全世界。”他提醒古巴领导人，“反对帝国主义的目的，不是让自己死亡”。几天后，赫鲁晓夫对美国让步了，宣布从古巴撤回导弹部队。作为交换，美国承诺悄悄撤出部署在土耳其的“木星”导弹，这样战争得以避免。

在接下来的三年里，柏林危机和古巴导弹危机改变了世界的地缘政治。对于苏联来说，幸运的是，欧洲的对抗是可以控制的，局面没有一发不可收拾。1961 年年底，阿尔巴尼亚与苏联翻脸，使得莫斯科失去了亚得里亚海的几个港口，不过这只是一个孤立事件，其他东欧国家并没有与苏联交恶。然而，在远东，中苏关系恶化使得苏联面临更严峻的挑战。中苏关系破裂，苏联宣布撤回所有来中国的专家，并拒绝与中国在核项目上继续合作。此外，毛泽东还批评苏联对越南胡志明的支持远远不够。1962 年 10~11 月，赫鲁晓夫在古巴导弹危机中焦头烂额，在中印边界争端中支持印度。1949 年以来，美国决策者一直梦想着中苏破裂，而此时中苏破裂已经公开化了，毛泽东不会再“一边倒”。两年后，中国在罗布泊沙漠成功试爆了第一颗原子弹，苏联此时被中美两国的核力量从东西两侧包围。20 世纪 40 年代以来，两极体系一直主导地缘政治，而现在变成了三极体系。

柏林危机和古巴导弹危机对西欧（尤其是德国）也产生了持续影响。一方面，肯尼迪在导弹问题上的坚定立场，增加了西方国家民众和政治家的信心，尤其鼓舞了西柏林的民众。西柏林的民众感到，赫鲁晓夫企图再次对西柏林施压，因此他们认为：“尽管古巴导弹危机发生在大西洋的另一头，但其实苏联是针对我们的。”另一方面，很多德国人（包括总理阿登纳）对美国感到非常失望，认为美国总统没有对柏林墙的建立采取更强硬的措施。他们开始怀疑肯尼迪和英国人，认为他们实际上希望德国保持分裂。德国人弄不清楚“灵活反应战略”的军事含义，因此感到不安。他们认为，“灵活反应战略”剥夺了美国对德国的核保护，同时又使他们面临着北约和华约之间常规战争的威胁。更糟糕的是，华盛顿没有就古巴问题咨询盟国，因此联邦德国、英国、法国都感到愤怒。在遥远的加勒比海群岛上，一场危机使得他们与核毁灭如此接近。

在欧洲，一场激烈的外交争夺战拉开帷幕。联邦德国努力摆脱在军事上的劣势，而西方国家努力把联邦德国拉入自己阵营，至少不能让联邦德国为苏联阵营效力。1961 年年末、1962 年年初，法国高级外交官克里斯蒂安 · 富歇（Christian Fouchet）发起欧洲政治联盟（European Political Union）的计划，该计划的意图是，在法国领导下加强西欧各国间的外交合作，补偿法国在阿尔及利亚的损失和弥补美国在欧洲的核威慑力量的逐渐减弱。1962 年 4 月，富歇计划最终破产，因为一些国家（如意大利和荷兰）拒绝法国提出的政府间合作方式，它们认为这远远不够，应该建立超国家联盟。而且，戴高乐对美国抱有敌意，也反对英国参与欧洲事务，欧洲经济共同体的其他成员国对法国的这种做法十分警惕。这一切使华盛顿方面对西方联盟的总体状况极为担忧，尤其是德国的未来。肯尼迪给出回应，提出“大西洋计划”以更新北约组织，将联邦德国与西方更紧密地连在一起，同时满足联邦德国的一部分要求，调动更多的欧洲力量以共同对抗苏联。此外，肯尼迪开始实施“多边核力量”计划，这是艾森豪威尔在其任期的最后几个月构思的计划。该计划包括共享海上核威慑力，这将由北约组织来控制，而不是由美国来控制，肯尼迪认为联邦德国会全面加入。他希望，这一切能再次带来欧洲政治一体化的大潮，他认为超国家的一体化要比法国提出的政府间一体化更好。他也希望英国能在这一进程中发挥重要作用，因此1962年年末，华盛顿强烈支持伦敦第二次申请加入欧洲经济共同体。此外，在拿骚峰会上，肯尼迪向麦克米伦承诺，年末将向英国提供北极星核导弹，并且这些导弹将在多边核力量的保护下送达英国。然而，1963年1月中旬，戴高乐单边否决了英国加入欧洲经济共同体的请求。他宣布：“如果英国加入，欧洲最终会成为庞大的大西洋共同体的一部分，那样欧洲会依赖美国，受美国的控制，这是法国不能接受的。”

接下来的两年中，多边核力量计划和相关的政治一体化进程主导了欧洲的地缘政治。法国一直对联邦德国非常警惕，不希望联邦德国以任何方式控制核武器。因此在一次记者会上，戴高乐宣布法国不会参加多边核力量计划，同时也拒绝英国加入欧洲经济共同体。1963年1月底，在拒绝英国加入欧洲经济共同体一周后，法德两国签订了《爱丽舍条约》，这非常明显地体现了其主张。戴高乐是想以此在美国与联邦德国之间制造分歧，使得美国支持下的两个一体化（欧洲防务和政治一体化）分离，从而形成法国领导下的欧洲联盟。戴高乐似乎计划将这个协议扩大为更深层的双重联盟，建立共同的机构，协调外交政策，确立可能的联合公民权。不过，很短时间内，由于美国的施压以及阿登纳政府内部的反对，联邦德国联邦议会并没有完全按照法国的意志行事。联邦德国依然对跨大西洋联盟和多边核力量表示支持，赞同英国加入欧洲经济共同体，并支持欧洲超国家一体化。一定程度上，这使得《爱丽舍条约》的内容缺乏实质内容，仅仅成为法德友好关系的象征性表达。此时美国开始矛盾地看待欧洲一体化，因为欧洲一体化既可以用来反对苏联，也可以用来反对美国。但是戴高乐的计划并没有达到预期目的，又回到了原点。

大体上，此时的肯尼迪依然专注于德国问题，尤其是柏林问题。他需要派遣大规模的常规部队来保卫西柏林，这就是“灵活反应战略”这一概念的基础。1963年6月底，肯尼迪来到西柏林，发表了一场著名的演说，在演说中称自己是“柏林人”。他呼吁柏林市民看看柏林外面的世界，看看“全世界自由的发展趋势”。他还要求外面的人来到柏林，了解一下柏林所面临的危机，同时亲身感受一下两个柏林的巨大差异：一个是自由和繁荣的西柏林，另一个是落后与充满压迫的东柏林。和艾森豪威尔一样，肯尼迪尽一切努力鼓舞西欧人民（尤其是联邦德国人民）在冷战对峙的前线投入更多的军事力量。当然，与前任一样，肯尼迪也非常警惕德国力量的复兴。为此，1963年夏，肯尼迪政府迫使波恩签署《部分禁止核试验条约》(Nuclear Partial Test Ban Treaty)，这阻止了联邦德国独立发展核威慑力的可能。联邦德国政府则担心，条约会使得德国永远不能独立发展核武器，永远使自己处于劣势地位；弗朗兹·约瑟夫·施特劳斯（Franz Josef Strauss）是一位资深的保守派政治家，曾担任过联邦德国国防部长，他称这是“核武器的《凡尔赛条约》”。因此，联邦德国签订《部分禁止核试验条约》之后，美国与联邦德国还达成了另一项协定：“只要德国政府和人民相信美国会保护德国，德国就不需要有自己的核武器。”简言之，和其他很多国际组织、条约与机构一样，《部分禁止核试验条约》的目的是遏制德国。

这一切使多边核力量的推进更为迫切。1963年11月肯尼迪遇刺之后，继任总统林登·约翰逊（Lyndon Johnson）继续推进这项战略，部分原因是越南战争的军费越来越高，他急于让欧洲来平分防务负担。然而，他的主要担忧还是德国。他表示：“该计划的目的是使德国人民和我们站在一边，不要让他们给我们找麻烦。”另外，在约翰逊政府看来，欧洲问题，尤其是德国问题，是与越南战争紧密相关的。如果美国不能控制西贡，联邦德国就会怀疑美国保卫西柏林的能力，进而联邦德国就不得不与莫斯科建立友好关系。从这个意义上讲，负责政治事务的副国务卿尤金·罗斯托（Eugene Rostow）表示：“对越南民主共和国的轰炸，可以极大地增强我们的联盟体系。”联邦德国政府也对这个观点表示赞同。1965年6月，联邦德国新任总理路德维希·艾哈德要求美国继续在越南作战，否则“德国人就会告诉自己，正如美国没有能力控制越南共和国一样，如果德国受到严重威胁，美国也无法保护西柏林”。

1963~1964年，美国和“欧洲之父”莫内一起努力，恢复欧洲一体化进程。1964年11月初，联邦德国政府最终邀请欧洲伙伴国共同研究莫内提出的方案：建立更高层次上的政治联盟，并且与华盛顿合作，通过多边核力量来建立共同防务体系。同时，波恩希望巴黎能在农业问题上做出让步，使得双方能就此达成共识。11月底，欧洲议会召集欧洲经济共同体成员国开会，各国达成一致，准备启动共同的外交和防务政策，并建立一个欧洲联邦，并与美国确立平等的伙伴关系。欧洲大陆又一次充满活力，一个民主的欧洲超级国家再次被各国提上议程。

此时，戴高乐再次想尽一切办法要控制波恩。他努力限制联邦德国发展核武器，减少美国对欧洲大陆的控制。对于欧洲的政治合作，戴高乐要求必须限制政府间的合作形式，或者至少要由法国来领导，否则法国会一概拒绝。1964年7月，戴高乐在访问波恩时，与其产生了很大的摩擦，他严厉指责波恩政府要求波恩必须在巴黎或华盛顿之间做出明确的选择。戴高乐还表示，如果联邦德国无法与法国以政府间的方式进行安全合作——如《爱丽舍条约》所设想的那样——那么法国将退出所有的经济合作。由此可见，戴高乐没有选择搁置安全目标，在农业问题上让步，而是要利用经济合作来达到战略目的。为了使自己的话更有力，戴高乐从1964年年中开始与莫斯科进一步发展关系。法国之所以奉行这种“东方政策”，主要是为了保持对德国的震慑力，并不是说真的希望东西方之间实现缓和。德国的一些观察人士——包括阿登纳——认为法国是在重新采取“包围”德国的政策。

在莫斯科，多边核力量使得苏联再次经历噩梦。20世纪50年代末，前一次噩梦曾经导致第二次柏林危机。1964年夏，赫鲁晓夫派女婿前往联邦德国，劝说联邦德国不要继续发展核武器。同时，他授权向民主德国军队提供战术核武器。当然，如果能与波恩达成协议，他就会将战术核武器从民主德国撤回。1965年4月底，法、苏发表联合公报，声明德国必须永久放弃核武器。不久之后，戴高乐开始对欧洲经济共同体进行威胁：1965年7月起，他要求法国代表抵制参加欧洲经济共同体部长理事会，导致共同体瘫痪，这就是“空椅子政策”。表面上，法国是在抗议欧洲经济共同体的财政和农业政策，但真正的目的是迫使波恩屈服，阻止共同体部长理事会在经济问题上采取多数投票制，防止法国的主权被削弱。英国也十分担心，多边核力量计划会使德国在核武器上与英国处于平等地位。约翰逊总统被法国弄得精疲力竭。同时，由于美国担心激怒苏联，以及在越南战争中陷入泥潭，最终美国同意取消多边核力量计划。1961~1962年，东西关系最为紧张，但之后有所缓和，因此西方国家在安全合作上的压力也有所减少。不久，联邦德国废除了原子事务部。随着多边核力量计划的取消，联邦德国追求核武器的野心破灭了，它建立超国家的欧洲防务一体化的目标也失败了，建立全面的政治联盟更是不可能的了。

国际形势的巨大变化深刻影响了欧美各国的国内政治。防务问题是联邦德国国内政治的主题，典型例子是关于星际战斗机的争议，以及1962年的“明镜事件”。星际战斗机是一种昂贵却明显不可靠的喷气机，它在首次使用时就出现了撞机事件，导致几位德国飞行员的殒命。1962年，《明镜》周刊记者批评联邦德国国防军战备低劣，政府恼羞成怒，国防部长弗朗兹 · 约瑟夫 · 施特劳斯下令逮捕相关记者。此外，经验丰富的德国总理阿登纳，因为外交政策的失败而付出了代价。他将波恩和华盛顿、伦敦的关系写进了《爱丽舍条约》，导致其政府中的很多阁僚感到愤怒。他的政府中，多数人是“大西洋主义者”，尤其是外交部长格哈德 · 施罗德（Gerhard Schröder）、经济部长艾哈德和国防部长冯 · 哈塞尔（von Hassel）。阿登纳的地位被大大削弱，不久后就被迫辞职了，继任总理艾哈德是一位坚定的大西洋主义者。

20世纪60年代，苏联外交政策的失败致使赫鲁晓夫下台。1964年10月中旬，苏共召开中央全会对赫鲁晓夫进行了全面的批判，包括他在农业方面荒谬的改革，混乱的官僚制度“改革”以及他个人粗暴的、不体面的行为作风。然而，批判的重点是赫鲁晓夫的国家安全政策。有的高级领导人批评赫鲁晓夫痴迷于发展核武器，却未能让苏联在柏林危机和古巴导弹危机中挽回颜面。不过，也有很多人认为，无论如何，苏联不值得为古巴一战。还有不少人指责赫鲁晓夫没有处理好与毛泽东的关系，毛泽东不仅打败了苏联的朋友——印度，还刚刚在苏联的东部边界成功地执行了核计划。然而，真正导致赫鲁晓夫下台的是德国问题。赫鲁晓夫派女婿阿列克谢 · 阿朱别伊（Alexei Adzhubei）去波恩后，表达了与波恩做交易的想法。赫鲁晓夫打算牺牲乌布利希，以使联邦德国放弃多边核力量计划。这使得中国和苏联的很多政要非常警惕，他们将民主德国看作避免德国复仇主义的最好保证。当有德国媒体报道说“阿朱别伊想要和岳父谈谈拆掉柏林墙的事”，这些政要十分愤怒。面对大量的猛烈批判，赫鲁晓夫被迫辞职。苏联外交部长安德烈 · 葛罗米柯（Andrei Gromyko）说：“为什么赫鲁晓夫被免职了？当然是因为他把阿朱别伊派到了波恩，把事情搞砸了。”正是苏联的德国政策使得赫鲁晓夫得以上台，又是德国政策的失败导致了赫鲁晓夫的下台。

在1964年的美国大选中，外交政策也起到了关键作用。共和党候选人巴里 · 戈德华特（Barry Goldwater）失去了很多人的支持，包括很多温和的保守派，原因是他反对将民权法案强加给每一个州。不过，导致他没有赢得总统选举的真正原因是人们认为他的外交政策复杂多变。戈德华特支持在越南使用战术核武器，并开玩笑说“我要把核炸弹扔到克里姆林宫的房间里”。民主党的电视商业广告多次警告，他的好斗性格可能会导致核战争，媒体经常批评他不明智。相反，民主党候选人、现任总统约翰逊，在外交政策方面给人的印象是稳健而有效。1964年11月，绝大多数美国人选择了约翰逊，因为人们相信约翰逊不仅能给民众提供足够的黄油，而且有能力用武器来捍卫美国的价值观和繁荣。

20世纪60年代中期的国际压力也影响了冷战双方的社会经济发展。在美国，约翰逊总统努力创造一个“伟大社会”，以最终支持美国的超级大国梦想。他制定了各种各样的法案，涉及健康、福利、教育，也尝试处理美国社会的核心不治之症：种族问题。长期以来美国人一直在以暴力方式对待南方的黑人，这违反了自由原则和道德原则。冷战开始时，种族歧视导致全世界对美国进行非议——它使得美国的朋友们感到尴尬，让苏联有了抨击美国的借口。此时，国际局势要求美国解决种族问题、消弭种族差距。美国只有使国内实情与对外宣传保持一致才能调动各个群体，在国际上与敌对势力做斗争，并奖励那些在前线战斗的人。为此，1964年7月，约翰逊总统推动国会通过《民权法案》，法案规定所有种族享有平等的民权，确认种族隔离是违法行为，要求不得歧视黑人和随意剥夺其民权。简言之，约翰逊政府进行了一场彻底的国内改革，这不仅是要让美国人自己能和平相处，也是为了实现美国领导世界的“天定命运”。

列昂尼德 · 勃列日涅夫（Leonid Brezhnev）担任苏共中央第一书记后，执行了与赫鲁晓夫相反的政策。他不再削减军事开支，而是开始新一轮的军备竞赛，目的是与美国平起平坐。苏联的国内结构不同于别的国家，似乎能够支持勃列日涅夫的政策。根据传统的观点，计划经济体制允许莫斯科将大量的资源用于国家安全建设，而不会受到市场因素的影响，这样军事开支占苏联经济的比重就会很大。西方国家则不同，市场会引起竞争，同时人们对商品有自己的需求。简言之，苏联没有美国那样的军事—工业复合体，它本身其实就是一个军事—工业复合体。的确，法国、英国、联邦德国以及欧洲其他国家的人民依然愿意投入巨大的力量来保卫自己不受侵略，多数国家在和平时期依然实行征兵制。不过这些国家并不想成为大国，因此也不需要国内社会服务于国家的外交，西欧的国家与社会不再处于备战状态。过去几个世纪无休无止的战争对欧洲社会造成了影响，同理，现在的“长期和平”也会影响各国国内的政治结构。欧洲国家一般不再将外交事务置于首位，只有超级大国苏联和美国依然如此。

多边核力量计划的争议刚平息，国际局势就又因三件事而再次陷入动荡。这三件事看似彼此孤立，实则相互紧密联系。危机是从欧洲开始的。当时国际局势发生了两大变化，戴高乐借此表达看法，他希望在法国的领导下推动“欧洲”制定更加独立的外交政策。此时不仅联邦德国的核野心最终被遏制，也使得俄罗斯人不会立即成为欧洲的威胁。1966 年 3 月，戴高乐决定，法国退出北约军事一体化机构。原来北约军事一体化机构的总部是巴黎郊外的枫丹白露，现在不得不转移到了布鲁塞尔附近的蒙斯。三个月后，戴高乐高调访问莫斯科，接下来的几年中还访问了波兰和罗马尼亚。尽管法国依然是北约的成员国，如果俄罗斯人进攻欧洲，法国应该还会与其盟友站在一起，然而，戴高乐退出北约军事一体化机构的举动，还是极大地动摇了北约的政治和战略团结。人们都不知道，法国部署在巴登-符腾堡和巴勒斯坦的军队将会采取怎样的行动。西方国家的防御体系已经出现了漏洞，而漏洞就在最前线——德国。

很明显，这些事件将引起美国的极大反应，但是恰逢此时，逐渐升级的越南战争意味着约翰逊总统无法在欧洲集中精力。事实证明，西贡的新政权还不如吴庭艳，新政权更加软弱无力，无法阻止共产主义的扩散，而共产主义的发展极大地受到了河内和中苏两国的支持。约翰逊总统此时决定升级美国的行动。

就在东南亚战火不断时，中东地区再一次动荡起来。20 世纪 60 年代中期以来，以色列人感到在边界上的压力越来越大，包括北部、东部和南部边界。1964年巴勒斯坦解放组织成立，在魅力超凡的亚西尔·阿拉法特（Yassir Arafat）的领导下，游击队活动不断升级。约旦忙于派遣军队，埃及则更为积极，准备最终和以色列开展一场决战。1967年5月，纳赛尔命令驻扎在西奈半岛缓冲区的联合国部队撤离，并再一次关闭了蒂朗海峡。一个月后，以色列先发制人，出其不意地向埃及、约旦、叙利亚发动袭击。不到一周，阿拉伯军队就在闪电战中被摧毁了。德裔犹太金融家西格蒙德·沃伯格（Siegmund Warburg）称赞说，以色列就是18世纪的普鲁士，有着非凡的攻击力和先发制人的震慑力。以色列占领了加沙地带、西奈半岛、约旦河西岸和本属于叙利亚的戈兰高地。战争不仅改变了中东自身，也改变了中东在世界地缘政治中的地位：一方面，以色列主要通过自身的努力成为地区霸主，并借此成为美国制约苏联的重要伙伴；另一方面，以色列占领了很多阿拉伯国家的领土，遭受了越来越多的来自联合国和欧洲国家的国际调查。

直到20世纪70年代初，法国退出北约军事一体化机构、越南战争、中东的“第三次中东战争”（影响较小，但仍很重要）等事件，一直主导着全球地缘政治和各国国内政治。美国努力寻求盟国支持其在越南的战争，例如国务卿迪安·腊斯克（Dean Rusk）建议“把一些德国人拉入战场”。这场“更多旗帜”运动获得了澳大利亚、韩国和台湾地区国民党政府的支持，但是约翰逊在欧洲一无所获，他完全没有劝动或吓住英国首相哈罗德·威尔逊。1965年，德国总理艾哈德拒绝派出联邦国防军以支持美国的军事行动。对此，华盛顿开始减少在欧洲的投入。1966年3月，三万美军在没有事先跟波恩方面打招呼的情况下从德国撤出。美国国会的一些议员，如民主党的参议院多数党领袖麦克·曼斯菲尔德（Mike Mansfield），甚至呼吁美国军队完全从德国撤离。

当美国在东南亚的泥潭中越陷越深时，英国再次转向欧洲以实现其在欧洲的使命，它尤其关注德国事务和英国驻莱茵地区的军队。1966年的英镑危机和国防开支削减表明，英国在世界的地位已经变得岌岌可危。1967年5月，基于战略考虑，英国再次申请加入欧洲经济共同体。这次伦敦充满了希望，因为这次英国得到了美国和联邦德国的支持，而且戴高乐因北约问题在欧洲被孤立，法国的“空椅子”策略也对伦敦有利。当时英国急于让自身经济趋于平稳，这种迫切心情在6个月后凸显出来，当时持续的投机倒把行动再次导致了英镑危机。然而，仅一周后，第二次申请就被戴高乐否决了。法国总统再次表示，英国的加入只会成为美国控制欧洲经济共同体的特洛伊木马。不过，英国还是没有放弃，又做了更大的努力。1968 年 1 月，英国宣布从“苏伊士运河东岸”撤离，暗示白人享有的特惠关税将被取消。此时的英联邦已经不再有多少战略和经济意义，英国和加拿大防御关系的确立是通过布鲁塞尔的北约总部，而不是伦敦。

联邦德国也非常关心国际形势的变化。波恩方面认为，戴高乐正在努力与苏联接近，因此自己是吃亏者，它开始对历史上德国在欧洲的“中心地带”有更加清醒的认识。波恩也发现，自己在《不扩散核武器条约》中受到了歧视，条约规定联邦德国永远无法拥有核武器。而且当时“多边核力量”计划已经瓦解，很多人认为在核武器问题上联邦德国与有核国家串通一气。此时，波恩担心英国会减少驻莱茵地区的军队，也担心美国将部署在德国的军队逐渐转移到越南，还为要给外国驻军支付更多费用感到忧虑。1966 年 11 月初，在如何支付美国驻军的开支——通过增加税收还是削减政府开支——这个问题上的分歧，导致艾哈德政府垮台。库尔特 · 基辛格（Kurt Kiesinger）担任新总理，新基督教民主党人组成的“大联盟”执政。新政府开始探讨能否结束东西方对峙，以及能否解决德国分裂带来的问题。1967 年 6 月，新总理表示：“德国，一个再次统一的德国，如果太强大，就无法在力量均衡中发挥作用；如果太弱小，则无法独立地将各种力量平衡在自己周围。因为如果德国实现统一，那么它无法简单地加入一边或另一边。我们能看到的，只能是两个分裂的德国变得越来越团结，这将成为克服欧洲东西方冲突的一部分。”德国新政府调整政策的第一步，就是放弃哈尔斯坦主义，因为这一信条导致联邦德国拒绝和任何承认德意志民主共和国的国家建立外交关系（苏联除外）。

简言之，除了中国之外，所有的大国都因某种原因渴望缓解紧张关系，起码在欧洲是这样的。1967 年 6 月底，约翰逊总统和苏联部长会议主席阿列克谢 · 柯西金（Alexei Kosygin）在新泽西州的葛拉斯堡罗会面，舆论普遍认为这次会谈充满着友好气氛。半年后，北约国家采纳了《哈默尔报告》（Harmel Report），即在不削弱军事安全前提下，尽全力实现与苏联的缓和，并制定相关政策，从而降低战争的可能。多边核力量计划的失败使得各国迫切需要展开谈判以防止核扩散。已经具有核武器的国家，无论是东方的还是西方的，都绝不希望自己的垄断地位受到挑战。尤其是，各国认为阻止德国发展独立的核能力十分重要。另一方面，主要的无核国家——其中德国是最重要的——都迫切避免出现某种不利于自己的国际机制，它们不愿意永远处于核劣势。1968年达成的《不扩散核武器条约》是两种立场之间的妥协。各签约国承诺，无核国家不应再发展核武器，但各国有权和平使用原子能。

越南战争、中苏分裂和第三次中东战争导致欧洲各国国内政治和世界政治发生大震动。1968~1969年，西欧和美国的一些城市突然爆发骚乱，学生奋起对抗警察，抨击政治和教育制度，逐渐地，他们开始与整个社会进行对抗。其中比较著名的是“六十八斗士”联盟，它由多种力量组成，包括女权主义者、民权工人、学生激进分子和毛泽东主义者，他们普遍对西方现代性感到厌恶，联盟超越了阶级与种族的界限。他们试图建立一种“反文化”的生活方式，主张性体验、摇滚音乐和娱乐麻醉，以对抗占主导地位的西方资本主义民主，反对“男权”和“剥削”性的社会规则。然而，这场全球运动的核心是对美国帝国主义及其支持者的愤怒，这些人反对美国在印度支那和全球的战争。这些人将美国的军工复合体看作魔鬼，也将美国在西欧、拉美和亚洲的走狗看作魔鬼，同时也反对以色列，要求以色列从它占领的阿拉伯土地上撤出。1967年，很多事情几乎同时发生，包括越南战争的升级，接着电视中出现了大屠杀的画面，中情局还在玻利维亚策划了对切 · 格瓦拉的谋杀，此外以色列在大败埃及、约旦和叙利亚后显示出非常不可一世的姿态。

这次革命的先锋队并不是北美和西欧的无产阶级。激进主义者认为，西方国家的工人不仅软化了，而且陷入了各种错误的意识之中，工人被“压抑的宽容”所欺骗，他们误以为自己在享受真正的民主。“压抑的宽容”这一术语是由“法兰克福学派”的赫伯特 · 马尔库塞（Herbert Marcuse）教授于1965年首次提出的。这场大批判不是由工人发起的，而是由一些学生激进分子发起的，他们受过教育，认为自己已经“觉醒”。他们的策略是，想办法激怒政府，使后者采取“应对措施”，这样就会有更多的人不满意政府的做法，从而就会有更多的人成为激进分子。同时，这些革命者非常愿意与第三世界的“民族解放运动”合作，一方面是为了阻止帝国主义者掠夺第三世界的资源来为其统治服务，另一方面是为了将切 · 格瓦拉式的革命引入欧洲。同时，他们也愿意与

作家弗朗茨 · 法农（Frantz Fanon）所说的“地球上受苦受难的人们”合作。与马克思的理论相反，他们希望伟大的转变从南半球的贫民窟开始，再逐渐扩散到工业发达的西方国家。这就是“国际主义的”“六十八斗士”公开支持巴勒斯坦、爱尔兰以及越南的民族解放斗争的原因。

1968~1969 年，一波接一波的民粹运动和骚乱冲击着西方国家的政府。在 1968 年美国的芝加哥民主党大会上，暴乱者和警察大打出手，大会变成了战场。在纽约的哈得逊河沿岸，爱国的码头工人（通常是东欧移民者的后代）袭击了抗议的学生，工人怀疑学生将祖国出卖给了共产主义。这个刚刚遭受民权运动的暴乱摧残的国家现在几乎陷入了战争。在巴黎，1968 年的“五月风暴”震撼力极大，连戴高乐总统都不得不秘密逃往法国在巴登的驻军那里，当然他也有可能是去与那里的军官商讨如何进行军事干预。在北爱尔兰，大批的天主教徒揭竿而起。他们借用了美国民权运动和学生抗议的用语，将自己的社区变成了街垒。分离主义者爱尔兰共和军则抓住机会，重新与英国政府进行武装对抗，以建立一个统一的爱尔兰。这些事件对西方有重大的战略意义：美国国内正陷入分裂，美国军队却被派到越南的小块土地上战斗；法国似乎将要爆发另一场革命；而受北爱尔兰独立运动的影响，英国可能会失去战略地位重要的阿尔斯特海军基地。

然而，关键是德国。正如戴高乐冷静观察到的那样，很多最著名的革命人士都是德国人。尤其是法国学生领袖丹尼尔 · 科恩–本迪特（Daniel Cohn-Bendit）——被称为“红色丹尼”——和联邦德国学生领袖鲁迪 · 杜奇克（Rudi Dutschke）。后者从民主德国逃到联邦德国，但从没屈服于德国分裂的现状。后来，有一位法国的抗议者称：“就是在柏林，我们学会了如何上街游行。”杜奇克认为，德国民众的抗争是反抗帝国主义发动越南战争的“第二条战线”，同时它本身也是一项伟大的事业。在联邦德国，有一些抗议者甚至认为自己生活在殖民地。1967 年夏天，杜奇克在一篇匿名文章里做出如下推测：如果能够建立一个“柏林自由市”，那么它将成为“未来德国重新统一的战略传动带”；他将这座城市看作撬动世界的阿基米德支点，是世界的中心。按照法国革命理论家雷吉斯 · 德布雷（Régis Debray）的说法，这将引起“焦点”效应。通过“焦点”，“武装的先锋队能够通过主观行动为革命创造客观条件”。杜奇克还认为，他们应该努力推翻波恩政府，迫使北约势力撤出，这样德国就不会再永久分裂，德国也不会再成为“欧洲列强镇压革命的工具”。一旦上述计划得以实施，那么整个欧洲的资本主义体系就可能会崩溃，苏联就会同意德国的统一，并且同意从德国撤出军队。因此，外交政策就是德国革命的核心，比其他更为重要。1966 年以来，这些人举办各种展览，发表文章，或者组织游行，目的是让学生们相信，美国正在印度支那进行一场“殖民战争”；“社会主义学生联盟”的成员说，美国正在发动“一场为了政治和经济利益的种族屠杀”。危机过后，德国的示威者更加努力揭露美国的真实面目，他们与美国的黑人民权运动有着共同的奋斗目标。他们唱着“美国就是冲锋队，美国就是党卫队”，他们将美国政府比作上一代的德国人，认为美国政府正在做伤天害理的事。一年后，印度支那的战争达到高潮，中东的冲突进一步刺激了德国学生。他们认为，犹太复国主义只是西方帝国主义在中东的桥头堡。

国际形势也引起了苏联集团内部的动乱。1948 年以色列建国后，苏联的犹太人热情洋溢地给予支持，他们的大规模活动吓坏了斯大林。同样，1967 年以色列打败了苏联的盟友——阿拉伯国家，苏联的犹太人欢欣鼓舞，他们再一次激怒了俄罗斯人。随后，苏联开始了新一轮的反犹太宣传，反对国内外的“犹太复国主义者”，苏联的犹太人受到了越来越多的系统性歧视。同时，莫斯科非常焦虑地盯着捷克斯洛伐克局势的发展，此时捷克斯洛伐克共产党中的自由派分子利用新的缓和精神挑战强硬派。1968 年 1 月，捷克共产党第一书记、保守派领袖安东宁 · 诺沃提尼（Antonín Novotny）下台，取而代之的是改革派的亚历山大 · 杜布切克（Alexander Dubček）。在接下来的几个月，他提出了一系列自由化措施，如废除新闻审查制，承认民众有批评政府的权利，这就是著名的“布拉格之春”。那年整个夏天，杜布切克担心匈牙利事件在捷克斯洛伐克重演，因此反复向苏联保证，捷克斯洛伐克不会脱离华约。但是，莫斯科依然十分担忧，因为和西方的骚乱一样，颠覆性运动的火花会跨越国界，迅速导致大规模冲突，政府无法进行控制。

最终，没有一个国家的抗议运动成功推翻政府。1968 年 8 月，苏联武力粉碎了“布拉格之春”；经过所谓的“友好协商”之后，捷共宣布停止改革。三个月后，苏联炮制了所谓的“勃列日涅夫主义”，宣布苏联永远不允许任何“社会主义”国家放弃社会主义。当然，“勃列日涅夫主义”主要是一种战略，但也反映了深层次的意识形态信念，即社会主义的胜利是必然的，因此应该是不可逆转的。在西方，抗议者也没有取得预期的成果。在法国的“五月风暴”中，工人也参加了运动，但他们并没有与学生合作。而在之后的大选中，戴高乐轻松地实现了连任。联邦德国政府也受到了冲击，但是幸存了下来。北爱尔兰受到强烈震动，但是英国军队成功地控制了局势。在西方，投票箱使得抗议者停止了活动；在东方，在苏联的武力威胁下，抗议者也停止了活动。只有极少数的抗议者——尤其是意大利“红色旅”（Red Brigades）和德国“赤军”（Rote Armee Fraktion）——继续武装反抗本国政府。

国际形势的确立即引起了西方各国的国内变化，反过来后者又导致了重要的地缘政治变革。这些变化是通过选举而非革命暴力实现的。1968 年 11 月，共和党赢得了美国大选，重要的原因是民主党政府在印度支那战争上丧失了民心，民众不相信民主党政府能够处理好外交事务。新总统理查德 · 尼克松和他的国家安全顾问亨利 · 基辛格上台执政，他们非常清楚美国该如何重建自己的国际地位。1969 年 4 月底，全民公决失败后，戴高乐辞职，这次事件可能不是由外交政策引起的，但是它产生了极大的战略影响，法国正在逐步放弃戴高乐将军的“宏伟”政策。6 个月后，德国社会民主党领导人维利 · 勃兰特（Willy Brandt）当选联邦德国总理。一方面是因为他承诺“将冒险为民众争取更多民主”，另一方面是因为他似乎制定了一套连贯的政策，以减轻冷战的紧张状态。尽管他目前不能结束德国的分裂，但至少能让民众更好地忍受分裂状态。

1969 年，即将就任的尼克松为自己设定的目标很宏大：“体面地”从越南撤军，并使西贡政府能够抵挡住共产党发起的新的进攻；与欧洲伙伴重建被破坏的联盟；在莫斯科和北京之间找到新的平衡，尽管在一个美国已经失去绝对优势的世界里，这个平衡将是不稳定的。要想保持“公信力”，军事大棒或军事威胁是战略的核心。然而，美国新政策的核心还是外交。尼克松试图与苏联在很多问题上建立合作关系，一些合作对苏联来说比对美国更加重要。尼克松、基辛格努力与苏联建立“联动关系”，可以用来实现美国的利益，尤其是从印度支那脱身。另外，通过利用中苏破裂，基辛格希望在莫斯科和北京之间建立“三角关系”。1969 年春夏，中苏边界极度紧张，中国越来越担心苏联会先发制人采取核打击。此时美国明确对苏联表示，任何对中国的攻击都是对全球力量平衡的威胁，是不可接受的。

基辛格的榜样是俾斯麦，他称赞俾斯麦是一位“白色革命者”。基辛格为了确保美国总能成为世界三大超级大国（美国、苏联和中国）之一而采取的方式也无疑带有俾斯麦的风格。和联邦德国总理一样，这位新任美国国家安全顾问，与国会之间有一些摩擦。在他看来，国内政策需要符合美国在国际事务中的需要，美国要保持自身的“权威意志”。但事实上，基辛格与梅特涅更为相似，因为他一直在努力延缓美国的衰落（他自己认为美国正在衰落），而不是尝试建立新的动态权力结构。无论如何，基辛格对“地缘政治”一词有灵活的理解。他更加重视“现实政治”，而不是意识形态（例如美国承诺在全球推广民主和人权），他认为外交不应该受意识形态的影响。很多区域性的霸权国，其实都是美国的潜在盟友，华盛顿与它们建立了很广泛的联系，这有利于美国的现实利益。1969年7月底，尼克松总统在关岛的一次著名演讲中宣布了这一新的理念，后来被称作“尼克松主义”。一年后他提醒国会，这次讲话的核心观点是，“美国将参与盟国和友好国家的防御与发展，但是美国不能，也不会构思所有的计划，不会规划所有的项目，不会执行所有的决定，也无法承担保卫世界上所有自由国家的义务”。

对于联邦德国新总理勃兰特来说，美国驻军的减少既是威胁也是机会。由于美国在越南的困境、跨大西洋关系的紧张，以及北约军队士气的低落，显然北约已经没有能力保证联邦德国的安全。因此，联邦德国和莫斯科的和解十分必要。此外，勃兰特希望利用美国陷入越南之际，确立联邦德国独立的外交政策，目的是使两个德国更加紧密，同时使整个东西方更加紧密。这就是“新东方政策”，其长期目标当然是实现德国统一，但是目前勃兰特的目标是，通过放宽旅游限制和其他“小措施”使普通德国人生活得更好。联邦德国外交家提出“接受分裂，然后才能克服分裂”理念。在这一过程中，勃兰特希望两个体系——资本主义和共产主义——能够变得越来越相似。然而，“新东方政策”的核心是新的地缘政治。所有东欧国家领导人，尤其是苏联领导人，都对此给予了响应。同时，波恩方面需要保证北约盟国不会贸然行动，特别是法国和美国。为此，联邦德国在欧洲经济共同体农业政策上做出极大让步，这使法国农民获利极大。最初，美国担心联邦德国会脱离北约，与莫斯科达成单边交易，就像1922年德国与苏俄签订的《拉巴洛条约》一样。然而，后来尼克松和基辛格相信，“新东方政策”可以作为美国政策的补充，有利于美国与苏联达成和解。

莫斯科十分警惕地看待美国和德国间的缓和政策，并且在战略上进行应付。中苏两国的军队在乌苏里江两岸相互对峙，毛泽东加强核武器和常规军建设。苏联领导人发现，苏联在西面被北约包围，在东面被中国包围，他们越来越觉得陷入困境。因此，对苏联而言，与美国、德国恢复友好关系十分重要，这也是防止尼克松和毛泽东走到一起而导致苏联利益受损的重要手段。莫斯科越来越担心，勃兰特的新东方政策会冲垮民主德国的防御，早晚有一天导致德国的统一。苏联克格勃主席尤里·安德罗波夫（Yuri Andropov）曾说，在这种环境下，最好的做法就是，试着利用莫斯科目前的实力地位让波恩接受德国的领土现状；另一种方式是，苏联直接兼并民主德国，以使越发嚣张的联邦德国“理解”苏联的需要。

与此同时，勃兰特继续推行“新东方政策”。1970年8月中旬，联邦德国与苏联达成《莫斯科条约》，条约里勃兰特实际上承认了民主德国与波兰之间的奥德河—尼斯河边界，而之前联邦德国一直拒绝承认；德国明确表示放弃通过武力来改变边界现状的意图。12月初，联邦德国又和波兰签署了《华沙条约》，内容与《莫斯科条约》相似。几天后，勃兰特在华沙犹太区的纪念碑前下跪，这代表一种姿态——德国忏悔纳粹犯下的罪行。1971年9月初，四大国最终解决了柏林地位问题。1972年年底，在地缘政治基础已经形成的情况下，两个德国签订了《关于两国关系基础的条约》，确立了关于“一个民族、两个国家”关系的原则。然而，尽管苏联和民主德国对联邦德国施加了很大压力，联邦德国依然拒绝承认民主德国政权，也不派遣全权大使。相反，波恩只同意设立“永久代表”，并建立一个单独的政府部门，只处理“两个德国之间的事务”。作为回报，民主德国政权允许两国之间的一些旅游活动，尤其是在东西柏林之间。不过，民主德国对旅游进行了严格的管控和限制，仅指定了少数的边界区域。一年后，联邦德国与捷克斯洛伐克签署条约，同意不再支持苏台德的德意志人谋求独立。两个德国获准同时加入联合国。联邦德国没有改变任何领土现状，而是确认了领土现状，它改变了东西方的动态，因此引发了欧洲核心地区的一场根本的地缘政治变化。

此时，苏联对这些事情非常满意。1972年6月，葛罗米柯在最高苏维埃做报告称：“战后首次，一个大的资本主义国家——希特勒德国的合法继承者——在条约里承认了波兰人民共和国的西部边界以及民主德国和联邦德国之间的秩序。”他继续说道，这意味着“社会主义国家阵营的西部边界更加稳固了”，莫斯科可以更自信地面对东边的北京了。同时，苏联政府能够通过利用西方的投资、低价收购剩余农产品获利，这是尼克松用来安抚苏联的“甜味剂”（当然，美国国内的农业利益集团的游说也起到了一定的作用）。然而，苏联首要关注的不是毛泽东或经济因素，而是德国。苏联的美国事务专家格奥尔基·阿尔巴托夫（Georgy Arbatov）回忆：“我们感到需要保持和美国之间的关系，基辛格认为这是毛泽东起到了决定性的作用，但是实际上柏林的影响更大，几乎是决定性影响。稳住民主德国局面对我们来说最重要，我们不希望危及这一点。”简言之，苏联支持与美国的缓和，是因为他们认为这有助于苏联解决德国问题。

“二战”结束以来，如果说国际对抗从根本上改变了各国国内政治，那么1969~1970年的缓和则使各国国内发生了新的、复杂的变化。在民主德国，乌布利希被迫辞去领导人的职务，埃里希·昂纳克（Erich Honecker）继任，东西方之间的缓和导致高层领导人的更迭。尽管新旧两位领导人在缓和政策上存在分歧，但昂纳克对莫斯科表现得更加奉承，因此莫斯科更喜欢他。与民主德国类似，东方政策主导了联邦德国的党派政治。在联邦德国宣布放弃对西里西亚、波美拉尼亚和东普鲁士的领土要求，以及放弃苏台德的德意志人重返祖国的要求后，很多民族主义者表示反对，因此这引起了极大的争议。特别是生活在波兰和捷克斯洛伐克的数百万德意志人，更加表示反对。弗朗兹·约瑟夫·施特劳斯领导的保守政党，猛烈地批评联邦德国与东方国家签订的一系列条约。1970~1971年，德国社会民主党中有几位高层人物宣布退党，它的执政伙伴自由民主党也是如此。但是，最终，东方条约在议会通过。1972年11月，勃兰特在大选中轻松赢得胜利，这不仅是民众对他的国内政策的支持，也是对其东方政策的支持，因为东方政策在这次竞选中是主要议题。1973年7月底，在联邦宪法法院，勃兰特经历了一系列严峻的法律挑战，最终东方条约获得了法院的承认。

对巴勒斯坦人而言，1967年的失败以及阿拉伯国家在“第三次中东战争”中的失败，促使巴勒斯坦解放组织不得不更加依赖自己的努力，而且他们试图通过恐怖手段使中东冲突“全球化”。同时，欧洲（尤其是德国）的激进分子稳步转向暴力行动。巴勒斯坦逐渐取代越南成为欧洲的最主要担忧，这在德国表现得尤其明显。1969年夏天，一个德国学生代表团访问巴勒斯坦在约旦的训练营。同年9月9日，就在“水晶之夜”

（Kristallnacht）的周年纪念日，德国激进分子试图炸掉西柏林的犹太社区中心，同时犹太墓地遭到亵渎。接下来，激进分子宣布对此事件负责，他们声称“这种行为不是极右主义的过分行为，而是国际社会主义团结的重要部分”。声明人还强调“以色列的历史不合法性”，宣布他们“将与阿拉伯游击队员合作，建立明确而简单的团结关系”。换言之，国际反犹太主义在欧洲回归了。

在美国，抗议活动逐渐从街道、大学校园转向了国会。为了阻止共产主义势力在东南亚的蔓延，美国已经付出了巨大代价和人员伤亡，但依然没有能够有效阻止。对此，国会极为不满，很多议员不再支持政府的军事行动，要求撤军。1970 年 9 月，参议员乔治 · 麦戈文（George McGovern）和马克 · 哈特菲尔德（Mark Hatfield）试图迫使所有美国军队在年底前从印度支那撤出，但尼克松没有理会。然而，1971 年 1 月，国会废除了北部湾决议案，该决议案曾授权约翰逊对越南采取进一步行动。半年后，前海军战士、国防分析家、曾经支持过越南战争的丹尼尔 · 埃尔斯伯格（Daniel Ellsberg）最终成功劝说《纽约时报》刊登“五角大楼文件”，这份文件直接记录了美国是如何输掉印度支那战争的。此时，尼克松需要保持在国际上的信誉，这促使其政府采取越来越极端的手段来对付国内的反对者，甚至经常会使用违法的手段，包括入室行窃、窃听和其他“卑鄙手段”。不过，他这样做主要并非出于党派政治的考虑，其实是为了国家安全。为了减少埃尔斯伯格造成的负面影响，阻止他在中美谈判的关键时刻使美国政府丢脸，1971 年白宫下令盗取他的精神病治疗记录。一年后，还是同一团伙，破门闯入了华盛顿水门大厦的民主党全国委员会办公室，这次却遭到逮捕。尼克松顿时大惊失色，他被迫用各种办法来掩饰自己，最初，这种掩饰是成功的。他并不是要掩饰进入民主党办公室行窃的行为，因为他的确事先并不知情。他真正担忧的是，调查线索可能会追踪到他最初为了自己的外交政策所犯的罪行。

基辛格数年来一直谨慎地通过“秘密渠道”来拓展外交。1972 年 1 月，尼克松通过“秘密渠道”来到北京，并与毛泽东见面，这是一个突破性的成果。毛泽东担心，欧洲关系的缓和，会增加苏联对中国西部边界的压力，所以急于与华盛顿实现关系正常化。4 个月后，尼克松和勃列日涅夫在莫斯科会晤，并轰动一时。两国领导人签署了《关于限制进攻性战略武器的某些措施的临时协定》。同时还签订了《关于限制反弹道导弹系统条约》，这样就限制了两国使用防御性武器，以使得“相互确保摧毁”战略依然有效。尼克松取得了出色的外交成果，不亚于民主党提名的总统候选人、左翼代表人物乔治·麦戈文。正因为如此，在1972年11月的总统大选中，尼克松取得了压倒性的胜利。

1969年戴高乐辞职以后，法国在国际上一直处于劣势。东西方关系的缓和，使法国担心美苏共同统治全球，尤其是在欧洲。作为应对，巴黎开始动员欧洲其他国家与法国合作，尤其是联邦德国，以相互协调政策，建立更加紧密的关系，平衡莫斯科和华盛顿的力量。但法国没能如愿，“欧洲”没有填补衰落的美国留下的真空。欧洲国家似乎不必再对德国进行遏制，苏联的威胁也减小了，法国很难动员其他国家一致行动。此外，美国的政策改变了。经济衰退摧毁了美国的经济信心，美国担心在与欧洲的经济竞争中处于不利地位。从心理上说，尼克松十分警惕盟国会“联合起来”对付他。基辛格支持欧洲国家之间进行“协调”，甚至支持建立一个权力更大的“执行委员会”，但是反对欧洲国家对美国的骑墙态度。美国政府此时重新强调发展与各个盟国间的双边关系，而不是多边关系。简言之，东西方关系的缓和推迟了欧洲一体化进程。

这个时期唯一的重大进展就是英国加入了欧洲共同体。1969年，伦敦第三次申请加入欧洲共同体。可能是因为英国经济低迷，因此对这次申请一直很担心。不过，英国主要还是基于政治和战略考量，目的是恢复历史上英国在欧洲的重要地位。对此，英国国内爆发了激烈的争论。争论之初，民意调查显示，约70%的人反对加入欧共体，只有不到1/5的人积极支持。由于1967年英国申请失败，民众对工党仍有广泛不满。1970年的大选，竞争异常激烈。欧洲问题是影响这次大选的重要因素，尽管不是决定性因素。最终，英国人选择了爱德华·希思（Edward Heath）担任首相。此外，由于英国国内支持加入欧洲共同体的力量越来越强大，加上外交部信息研究部、议会议员以及英国广播公司等各种因素的影响，大多数英国人在接下来的两年中改变了看法。1973年的第一天，英国终于被接纳为欧洲共同体成员国，爱尔兰也同时加入。然而，由于伦敦强烈支持“政府间”的合作方式，而不是“超国家”的合作方式，欧洲共同体并没有被“深化”，而是被“拓宽”了。无论如何，“角色定位”的问题依然主导着英国的国内政治和外交政策。

1973年开始了，尼克松和基辛格好像能够使美国从越南战争中挣脱出来，以便投入更多精力维护自己在欧洲摇摇欲坠的地位。1月底，基辛格和越南民主共和国最终签订《巴黎协定》。美国同意撤军，以实现越南的和平统一。

美国曾经一度忽视欧洲，而现在尼克松和基辛格开始重返欧洲舞台。1966年以后，美国在欧洲越来越像一个配角。1973年，基辛格的“欧洲年”政策是为了改革北约，通过一系列的仪式以实现新的“大西洋宪章”的共同目标。1974年年初，北约与苏联在维也纳举行对话，目的是实现“相互均衡裁军”，以限制中欧的军备竞赛。然而，与预期不同，联系美国与欧洲各国之间的纽带并没有被更新。失败的原因很多，尤其是因为西欧国家憎恨基辛格的“马基雅维利主义”，它们不愿意对美国唯唯诺诺。但是，欧美之间分歧的核心在于新的中东冲突，这场冲突是由时任埃及总统安瓦尔·萨达特（Anwar al Sadat）挑起的。1970年年初，基辛格决心诱使开罗进入西方阵营，这更令欧洲人感到不安；1971年，基辛格开辟了另一个争取埃及的“秘密渠道”。不过，当时萨达特没有与美国走到一起。1973年10月，利用犹太人的赎罪日，埃及对苏伊士运河发起突然袭击，而叙利亚进攻以色列的北侧。

萨达特和哈菲兹·阿萨德（Hafez al-Assad）的突然进攻使以色列猝不及防。然而，几天之内，美国迅速向以色列输入大量武器，局势得以逆转。以色列在军事上转败为胜，在戈兰高地粉碎了叙利亚的进攻，并把大部分埃及军队困在苏伊士运河。很快，地区危机转变成了欧洲危机和全球危机。苏联竭尽全力想避免损坏与盟友的关系，因此开始对以色列进行核威胁。作为回应，美国也对苏联进行核警告。石油输出国组织（OPEC）报复美国向以色列供应武器，宣布减少石油生产总量，对美国以及所有向以色列供应武器的欧洲国家实行石油禁运，这导致油价增加到4倍，各地加油站排起了长队。欧洲各国政府惊慌失措，努力和以色列、美国撇清关系。比利时的机场拒绝为美国提供服务；谣传英国暂时禁止美国使用塞浦路斯军事基地，甚至一向对美国友好的联邦德国也抱怨美国使用他们的港口向以色列运输战争物资。美欧关系直线下滑。基辛格有句广为引用的话：“我不关心北约发生了什么，我觉得太恶心了。”无论如何，中东、欧洲和美国的地缘政治，是相互影响的。在接下来的30年中，这一点变得更为清晰。

1945年之后的30年间，东西方之间的冷战成为国际政治的主导因素。在某些地区，这种冲突导致直接的军事对抗。美国在东亚发动了两场战争（即对苏联的盟国——朝鲜和越南——的战争），同时在古巴导弹危机中还差点儿卷入一场核冲突。然而，真正的问题一直是在德国。正是在德国，尤其是在柏林，核大战离得最近，同时这里也是美苏最有可能打起常规战争的地方。对这个地区及其资源的控制情况，将决定冲突发生与否，以及冲突的程度。因此，美苏在其他所有地区的对峙，都要放到以日耳曼为中心的框架中进行诠释。这次争夺尚未决出赢家和输家。英国和法国失去了大部分海外殖民地，在欧洲的地位也一落千丈，但是它们依然是核武器国家，依然是联合国安理会的常任理事国，是联邦德国领土的保卫者。战争结束以来，联邦德国的发展突飞猛进，东方条约的签订标志着它回归国际体系，但是这个国家仍是“半主权”国家，距离东西统一的实现还是很远。当然，美国和苏联以不同的方式主导着各自的阵营，但是这两个体系谁将最终在欧洲获得胜利，目前还不清楚。

第八章

民主：1974~2011年

德国人必须谨慎，因为我们在过去10~15年间变得相当强大……我们必须谨小慎微，以免别国觉得我们的国家太强大、太重要而招致危险。

——赫尔穆特 · 施密特（Helmut Schmidt），联邦德国总理，1979年2月在党内会议上的讲话

当今世上，民主革命正集聚着新的力量……从波罗的海的什切青到黑海的瓦尔纳，极权政府用了30多年建立起了政权合法性。但是它们中没有一个国家敢施行自由选举，诞生于刺刀下的政权是无本之木。我们必须坚定信念，相信自由不是少数幸运者的特权，而是全人类普遍的、不可剥夺的权利。

——罗纳德 · 里根（Ronald Reagan），1982年6月

对世界历史而言，什么更重要？是塔利班，还是苏联垮台？是受到煽动的穆斯林，还是中欧的解放、冷战的终结？

——兹比格涅夫 · 布热津斯基（Zbigniew Brzezinski），美国前国家安全顾问，1998年1月

通过缓和政策来解决德国问题的策略并没有持续多久。短短几年，苏联利用其在全球获得的收益，企图攫取在欧洲的优势，这让欧洲各国惴惴不安。尤其是德国，它成为全心痛苦的“第二冷战”的战场。新型跨大西洋民主地缘政治主导了这场“战争”，它最终打破了华沙条约，分裂了苏联，并促成了两德统一。与普遍的预言不同，欧洲心脏地区的政权更迭并未破坏权力均势，一是因为德国没有表现出霸权野心，二是因为欧洲加快了一体化的步伐以制约新崛起的大国。只有当俄罗斯的权力在东方复兴，欧洲出现主权债务危机，以及“阿拉伯之春”运动兴起时，德国才有机会展示其权力。

20世纪70年代中期，苏联有足够的理由感到满足。美国在越南受挫，国内分歧严重，西欧大国也是如此。在1974年11月签署的《符拉迪沃斯托克协议》(Vladivostok Agreement)中，莫斯科在保持常规军力的优势下，获得了与美国核均势的地位。最重要的是，德国问题通过缓和政策似乎得以解决。苏联的当务之急是促使北约通过一项协议，确保《波茨坦协定》不被破坏。为了这一目的，苏联外交官敦促各方尽快成立欧洲安全与合作会议(CSCE)，以保证现有领土边界不受侵犯，并为和平解决两大集团之间的利益冲突提供平台。为了达成这一目标并分化西方联盟，苏联寻求机会在中欧地区亮剑，将大量的常规武装部队驻扎在民主德国的领土上。此外，1974年年末，莫斯科成功试验了SS–20型导弹——一种移动式中程武器，这让北约在前沿防御体系上的优势大打折扣。苏联在接下来的几年内进行了秘密部署，旨在迫使美国停止在联邦德国构筑前沿防御体系，并加强对波恩的军事压力。当时联邦德国是西方体系中最薄弱的一环。苏联的丹尼洛维奇将军如此回忆：“有了SS–20，我们就能着手更深层次的‘常规’行动，我们能立刻挟持整个欧洲。”正如联邦德国一份国防文件所说：“在苏联任何针对中欧的军事打击中，波恩都将首当其冲，并遭受毁灭性的打击。”

同时，苏联加大了对欧洲反政府团体的支持，尤其是联邦德国的团体。美国从印度支那撤兵极大地鼓舞了苏联，苏联开始加紧对第三世界的干预。由于受到莫斯科的刺激，美国盟国的独立倾向增强，再加上地区动荡，缓和政策下脆弱的均势难以为继。在阿富汗，穆罕默德·查希尔·沙阿(King Zahir Shah)的亲西方政府被左翼军官颠覆，这些军官试图倒向莫斯科，并对美国的亲密盟友巴基斯坦重提边境要求。1974年4月，葡萄牙右翼独裁政权被一群军官推翻——他们决心终结成本巨大的非洲殖民战争。此时，苏联急切希望这一地区的共产党赢得大选或者发动政变，以削弱西方在地中海地区的势力，并使北约在亚速尔群岛的重要军事部署陷入困境。不久后，土耳其先发制人，入侵塞浦路斯，以防止该国激进的希腊民族主义者对土耳其族人进行种族清洗。这使得雅典军政府立即垮台，并在希腊国内引发了广泛的反美情绪。希腊退出北约军事指挥部，以此抗议北约未能约束其另一个成员国土耳其的行为。让西方国家更为担忧的是，意大利共产党赢得不少选票，很有可能会在不久后加入联合政府。当时流传，“欧洲共产主义”的选票箱不仅会出现在意大利，更会遍布整个欧洲。1975年11月，西班牙独裁者佛朗哥去世，其继任者西班牙国王胡安·卡洛斯（Juan Carlos）决定举行选举，新成立的政府似乎对美国持敌视态度。当时，直布罗陀海峡成为西方孤立的据点，同时西班牙撤出了西撒哈拉，使得该地区出现了权力真空。截至1975年底，北约的南部侧翼已经岌岌可危。

由于苏联实力在全球范围空前崛起，各国产生了极大的战略不稳定感，华盛顿、西欧各国和美国国会对此反应不一。时任国务卿亨利·基辛格确信，美国的全球实力正在衰落。他决心提高美国的信誉，以全面对抗苏联的优势，并以美国的地区优势为“杠杆”迫使莫斯科尊重华盛顿在其他地区的利益。美国在全球大力扩展盟友，拉拢以色列、南非、印度尼西亚、摩洛哥等国家。此时，南非对美国的重要性已经超过了安哥拉；1974年印尼进攻东帝汶，美国表示容忍；摩洛哥被允许控制西撒哈拉。1973年4月，基辛格“穿梭”于中东各国，在阿拉伯人和以色列人之间积极斡旋。事实上，上述所有问题都属于地区力量平衡问题，在美国人看来，它们都不及美国的全球“声誉”来得重要。基辛格担心，欧洲人会觉得，如果美国连安哥拉首都罗安达都保护不了，那凭什么保护欧洲?

然而，美国面临的最大挑战依然在德国，德国的中部前线正被苏联步步逼近。由于美国从印度支那撤兵，20世纪70年代初美国在欧洲的驻军增加了10%。但是，与苏联雄厚的常规军事装备相比，这还远远不够。另外，美国那些在越南作战的军队，素质很差。“酗酒和吸毒问题严重，泛滥成灾。”曾于1974年就任北约盟军最高司令的亚历山大·黑格（General Al Haig）将军回忆道，“我们的国家还远远没有准备好。”雪上加霜的是，大西洋两岸的关系处于严重的危机之中，一方面是因为西欧人决意不允许超级大国在非洲和中东进行对抗，因为这会破坏欧洲来之不易的缓和；另一方面是因为他们担心美国不再全力捍卫欧洲的安全。为了向欧洲盟友表明捍卫中欧地区边界的决心，美国在汉堡地区增加了上千人的兵力。

在这期间，美国饱受国内危机之苦，国内行政体系受到严重影响。水门事件的调查最终使白宫易主，尼克松总统受到弹劾与指控，最终于1974年8月引咎辞职。副总统杰拉尔德·福特（Gerald Ford）继任总统，并沿袭了缓和政策，基辛格则继续担任国务卿。同时，立法机关加强了对外交决策机制的控制。1974年11月，要求减少美国干预海外事务的鸽派——民主党——在中期选举中获胜，取得国会的控制权。次年年初，国会表决停止对越南共和国西贡政府的所有资助，导致其无力抵抗越南民主共和国的新一轮攻势。

如果这些事件都被纳入经典的“均势”传统中，那么新的地缘政治即将诞生，并超越均势。20世纪70年代初，“人权运动”的影响蔓延到西方政坛，成为新地缘政治的一股智力支持。反殖民运动结束后，以及美国从越南撤军后，苏联开始大量地清算国内的反对者，受到国际关注。西方游说集团，如大赦国际和议会委员会，借此广泛宣传和推广它们所推崇的全球道德观。那些苏联的异见人士，如作家亚历山大·索尔仁尼琴（Alexander Solzhenitsyn），被西方世界奉为座上宾。这种反苏情绪是由民主党议员、国防专家亨利·杰克逊（Henry Jackson）挑起的，他对基辛格的政策十分不满，认为苏联利用了缓和政策，使得美国人吃了亏。杰克逊引用索尔仁尼琴的观点，告诉国会，“人类唯一的救赎，在于每个人把每件事当作自己的职责，在于东方密切关心西方的思想，西方密切关注东方的时事”。自20世纪70年代中期，这段话开始对国际体系产生深远的影响。

1974年，杰克逊说服国会通过《杰克逊–瓦尼克修正案》（Jackson-Vanik Amendment），这是国会通过的《贸易改革法案》的附案。《修正案》要求美国“继续为基本的人权而奋斗”，反对给予“剥夺公民的移民的权利和自由”的非市场经济国家以最惠国待遇。这一举措直接打击了基辛格与苏联建立经济联系的努力。作为一名坚定的“现实主义者”，基辛格反对一切把人权追求奉为美国国家利益的观点。他告诉尼克松：“即使苏联人把犹太人放进毒气室，这也不是美国需要关心的，而是人道主义者才要关心的。”实际上，该法案并未特别针对某个宗教团体，但是在莫斯科禁止犹太人出境的背景下出台的。不久后，在国会的压力下，福特政府在国务院设立人权署。换言之，美国立法机构打破了不干涉他国内政的原则。

杰克逊强力支持以色列并坚持捍卫苏联犹太人的移民权，但中东问题并非该《修正案》的核心。杰克逊企图利用该《修正案》对苏联暴政进行大规模的舆论攻击，并借此削弱缓和政策，因为他认为该政策违背了美国的价值观和国家利益。莫斯科的致命要害——最直观的表现就是修筑柏林墙——是禁止公民自由流动。如果将这一点公之于众，就可以在全球范围内损害苏联政权的名誉，并鼓舞苏联国内的反对者从内部侵蚀苏联政权。简而言之，杰克逊确信，那些对内压迫人民的政权，对外必定有侵略的野心，而宣扬人权与民主能促进世界和平。也就是说，《杰克逊-瓦尼克修正案》不是要国会为苏联的犹太人做些什么，而是让苏联的犹太人为美国的大战略做些什么。

苏联日益成为欧洲国家的威胁，这促成了新的地缘政治格局。西欧开始关注一件事：如何让世界听到他们共同的声音，至少让全欧洲能听到。1974年，欧洲理事会（European Council）成立，由各成员国元首或政府首脑组成。实际上，理事会是由巴黎、波恩和伦敦主导的，并为欧洲各国制定共同的战略提供平台。很多人认为，这一政府间的组织并未真正发挥作用。到1974年年末，欧洲经济共同体委派比利时首相莱奥·廷德曼斯（Leo Tindemans）调查如何提前实现组建“欧洲联盟”的承诺。首相的结论是，欧洲人普遍感到“脆弱与无力”，所以，他们必须“组成一致战线以御外敌”，并利用欧洲“集体的力量”来捍卫国际争端中的公平和法理。他提出“只有欧洲建立起共同的防御政策，欧洲联盟才算是真正建立”。廷德曼斯提议，为了达到这一目标，欧洲需要加强制度建设，统一采取政策，合作生产武器，并扩大欧洲委员会（European Commission）的权力。廷德曼斯还特别强调了民主，认为它既是与其他欧洲国家合作的标准，也是联盟内部运转的模式。欧洲委员会主席应由欧洲理事会委任，但关键需要征得欧洲议会的同意。这就意味着，欧洲议会将由普选产生，而不再仅仅是一个咨询机构，同时第一次全欧洲的选举将在20世纪70年代末举行。换言之，欧洲要想捍卫自身的利益，就应先获得民主合法性。

很快，当欧洲在赫尔辛基和日内瓦同苏联就边界问题和欧洲安全与合作会议的成立问题进行谈判时，欧洲的新声音很快得到了关注。尤其是英国，按照英国年轻外交官

乔治 · 沃尔登（George Walden）的说法，英国正在利用这个论坛继续着“另一种更为微妙的冷战”，而要完成这项任务就必须“确保真正地减少欧洲内部的壁垒”，并“确保普遍地传播自由”。然而，基辛格拒绝这么做，他认为国家利益与人民利益之间应划清界限。不过，正因为基辛格拒绝加入讨论，欧洲人才能够放手对苏联提出明确的要求，至少让它正式承诺尊重人权和宗教自由。这样，签订新的“威斯特伐利亚式的协定”就成为可能了。

1975 年 6 月，《赫尔辛基最后议定书》（Helsinki Final Act）问世，随后美国、苏联以及北约、华约的所有成员国均签署了它，这能反映出新旧地缘政治的全貌。该议定书要求各方尊重现有边界不可侵犯，并在新的欧洲安全与合作会议下合作。这使苏联自 1945 年以来占领的领土得到承认，并确认它与美国的平等地位，对苏联而言，这是一大胜利。“不干涉他国内政”的条款对苏联也是一大利好。不过该条款与欧洲提倡的缔约国应尊重“人权与基本自由，包括思想、道德和信仰自由”的条款相悖。议定书确认保障人员与思想的自由流动，表明了它保障移民权利的立场。尽管苏联被迫同意了这些条款，却并不打算真正去遵守。尽管如此，苏联还是勉强做了公开的国际承诺，引发了一定的反响。当时，这一点并没有什么大问题，因为国际上还没有能够强制执行上述条款的机制。但随着时间的推移，莫斯科意识到，正是为了确保苏联 1945 年后占领的领土的合法性而推动的进程，反而拆散了整个苏联阵营。

不过，基辛格并不怎么重视《赫尔辛基最后议定书》，称其可能是由“斯瓦希里语”写成的。他更关心共产主义在全球的快速蔓延。1975 年 4 月，在日益强大的越南民主共和国军队的进攻下，西贡沦陷，美国大使馆陷入羞辱与混乱。基辛格从加强外交着手，抢先阻止共产主义在地中海的传播。土耳其人和希腊人被迫在塞浦路斯问题上搁置争端，至少停止了战争。至于意大利，福特总统警告说，美国会“极力阻止共产主义参与组建政府”。另外，美国决定让民主进程在各国自由发展。在希腊，军政府没有被左翼取代，而是被温和的亲欧派取代。1975 年，葡萄牙共产党只得到了 1/5 选票，共产党企图推翻现政权的计划破产，葡萄牙仍是大西洋联盟的忠实成员。在西班牙，民主转型催生了温和的社会党政府，打开了其加入北约的大门。简而言之，南欧的民主化巩固而非损害了西方联盟。

1974~1976 年间，发生了一系列对全球民主政治产生深远影响的国际事件。英国国内爆发了一场激烈的辩论，主要讨论欧洲一体化问题，以及经济危机的恶化对其外交政策的影响问题。1975 年 6 月初，英国工党政府就是否继续保留欧共体成员资格进行了全民公决。由此产生的大辩论不仅使国家分裂，政党分裂，甚至导致很多家庭也分裂了。最后，只有 2/3 的选民支持留在欧共体。英格兰的民众更加支持留在欧共体，比例大幅超过苏格兰和北爱尔兰。严峻的国际形势——西贡沦陷以及共产主义在全球的迅速蔓延——在很大程度上影响了投票的结果。一年后，英镑危机发生，国际货币基金组织紧急出手救援，这标志着经济危机达到高潮、震动全国。这对英国战略地位产生了意义深远的影响，英国计划削减驻德部队并从塞浦路斯撤军，以缓解公共财政危机。在这一背景下，玛格丽特 · 撒切尔出任新的保守党领袖，以英国的衰弱为借口对执政党进行了有力的批评。1976 年 1 月中旬，她警告工党首相詹姆斯 · 卡拉汉（Jim Callaghan）说："政府的第一要务是保护人民，抵御外患，维护我们的生活方式。"她指责工党，"当英国及其盟友遭受来自扩张主义大国最大的战略威胁时，你们却解散了我们的防御体系"。由于这一番强烈的反共演说，苏联媒体为撒切尔冠上了"铁娘子"的绰号。

在联邦德国，对外政策依然是国内政治的核心。1974 年，维利 · 勃兰特总理被迫辞职，因其私人助理君特 · 纪尧姆（Günter Guillaume）被曝是苏联间谍。赫尔穆特 · 施密特继任总理，汉斯–迪特里希 · 根舍（Hans-Dietrich Genscher）任外交部长。两人都致力于延续缓和政策和东方政策，但更加注重国家稳定而不是"人权"。同时，德国左翼恐怖主义组织"赤军"不断发动袭击，改组后又称"巴德尔—迈因霍夫组织"（Baader-Meinhof Group）。1975 年，部分"赤军"头目被逮捕、审判及处决。1976 年，几个巴勒斯坦人和"赤军"分子劫持了一架法航客机，令飞机转航至乌干达恩德培市，并要求以色列政府释放监狱中的数名囚犯。恐怖分子拘禁了犹太人乘客（包括那些没有以色列护照的犹太人），释放了其他人。一年后，联邦德国境内的暴力冲突越演越烈，"德意志之秋"是恐怖事件的顶峰。在这次事件中，巴勒斯坦解放组织（PLO）的一名成员在没有得到其组织允许的情况下擅自行动，劫持了乘坐汉莎航空飞机的联邦德国著名实业家汉斯–马丁 · 施莱尔（Hanns-Martin Schleyer）。恐怖分子要求德国和土耳其政府释放关押在监狱中的巴勒斯坦囚犯。不久后，德国特种部队对飞机进行猛攻，试图解救被劫持者，但这导致施莱尔被杀，同时恐怖分子也被打死。1976~1977 年间的一系列事件说明，联邦德国面临的威胁同全球激进的反西方势力紧密相连。

20 世纪 70 年代中期的国际形势对苏联集团内政产生了重大影响。由于每个签署国都必须公开宣布遵守《赫尔辛基最后议定书》，这在克里姆林宫、东欧各国首都以及整个社会掀起激烈的争论。“克格勃”主席尤里 · 安德罗波夫说，虽然“边界不可侵犯的原则的确很好”，但他担心 “信息流通”与“扩大交流”会使边界形同虚设。就如安德罗波夫所害怕的那样，异议集团很快就援引《赫尔辛基最后议定书》要求获得政治、宗教和公民的权利。自 20 世纪 70 年代中期开始，东方集团的内政逐渐被国际化，这令苏联十分难堪，镇压工作也更加艰难。1975 年，著名异见人士安德烈 · 萨哈罗夫（Andrei Sakharov）获诺贝尔和平奖，无疑是给苏联的当头一棒。同年，美国议员代表团访苏，会见了苏联的另一名异见者——尤里 · 奥尔洛夫（Yuri Orlov）。1976 年 5 月，萨哈罗夫与奥尔洛夫建立公共组织，以协助《赫尔辛基最后议定书》在苏联实施。一年后，捷克斯洛伐克的异议人士要求将议定书加入《宪法》第 77 条的“传播自由”中。

缓和政策的式微与《赫尔辛基最后议定书》实施进程改变了美国的政治。1976 年大选中，对外政策成为初选的主导因素。两党的批评家们哀悼美国在全球的撤退，要求以核武器打造更强战线，并废除《赫尔辛基最后议定书》，因为苏联背信弃义，它为了自身的目的根本不打算尊重人权。1976 年，亨利 · 杰克逊及其心腹理查德 · 珀尔（Richard Perle），还有 1974 年因反对第二阶段限制战略武器谈判（SALT II）而辞职的军备控制专家保罗 · 尼采（Paul Nitze），创立“当前危险委员会”，以防御猖狂的苏联。杰克逊为获得民主党的总统候选人提名，开展了一场声势浩大的宣传活动，但还是被吉米 · 卡特（Jimmy Carter）击败。卡特坚定地承诺保障人权，同时乐观地认为美苏之间可以达成共识。共和党也对美国的对外政策进行了攻击。在共和党党内初选中，福特总统艰难地抵挡住了来自加州州长罗纳德 · 里根的挑战。里根是一个坚定的反共分子，他指责福特对西贡沦陷负有不可推卸的责任，面对苏联的攻势妥协退却。在电视辩论中，福特犯下致命错误，称“不相信波兰人觉得自己受苏联控制”，这令他丧失了波兰裔选民的支持，也失去了工业核心区其他族裔的选票，从而输掉了选举。1977 年 1 月，卡特就任美国总统。

卡特新政府采用双向战略，但很快变得无所适从。一方面，卡特承诺，让美国对外政策“恢复道德与人权”，这标志着既与共产主义对抗，又与右翼统治抗争。确实，“人权”是他任期内的主要口号。另一方面，卡特力争减少国际冲突，试图与苏联在军备控制上达成理解，并调解各地的宗教冲突，尤其是中东地区。

卡特强调人权的重要性，对于与苏联的核平衡并不感兴趣，这与西欧之间产生了严重分歧。联邦德国对此尤其感到不安，当时美国与苏联间的暧昧话语越来越多，并且东欧政府对待异见人士的手法日趋强硬。赫尔穆特·施密特总理并不掩饰自己对卡特的看法，认为他十分“天真”。施密特担心，卡特会破坏联邦德国与苏联之间来之不易的“实质性”合作，包括旅游、移民和贸易。然而，真正加深美欧分歧的是，施密特担心卡特在核威慑问题上不够坚定，无法承诺保护联邦德国的防御中线。众所皆知，卡特想废除所有原子武器，这将使欧洲受到苏联先进常规武器的威胁。更直接的是，有传言说，美国正在考虑，一旦苏联发动进攻，就将放弃德国前线，这激怒了波恩政府。而且1977年苏联部署SS–20导弹时，美国就已觉察却并未充分采取行动，德国对此尤为不安。

当时的欧洲人需要物质和道德的双重武装，而那时的华盛顿却显然能力有限，这使得西欧人民更加团结。1979年6月上旬，欧洲议会进行了第一次选举，投票率超过60%。同年，欧洲货币体系诞生。该体系由联邦德国与法国主导，英国不参与其内。然而，最重要的发展还是在政治方面：欧洲向“前所未有的团结”更进一步。而此时的施密特十分忧虑，担心德国的“无意识的、危险的崛起，会被其他国家（尤其是苏联）看作西方的第二大力量”。他甚至害怕，“苏联领导与西欧其他国家的合作会损害联邦德国利益”。因此，施密特试图把德国置于更广阔的欧洲体系中。换言之，欧洲的一体化进程，一方面可以增强欧洲的力量，另一方面也可以使德国进行自我约束。

在1979年的瓜德罗普岛峰会上，欧洲人终于促成卡特进行“双轨决策”。北约宣称，愿与苏联进一步商讨削减核武器，但又决定在1983年前部署百余中程巡航导弹和潘兴II导弹，以防谈判无法达到满意的预期。“挥舞大棒”是对缓和政策的补充，比这更重要的是，美国改变了对加入大西洋联盟的看法。同时，1979年7月，在布热津斯基的建议下，卡特政府向阿富汗派兵，支援当地人对抗喀布尔的共产党政权。布热津斯基的计划是，刺激苏联介入，然后制造越南式的混乱，引发苏联边界冲突，这样莫斯科就会放松对中欧与东欧的控制。

1979年，各国爆发了一系列危机，重塑了世界和欧洲的地缘政治格局，并一直延续到冷战之后。1979年1月中旬，伊朗国王逃亡国外。此前几个月，示威者一直抗议他的专制统治，反对他与美国、以色列的外交结盟。新成立的伊朗伊斯兰共和国是伊斯兰革命的成果，其宪法承诺“不断努力，直到实现伊斯兰世界的政治、经济和文化的统一”。不久后，一群学生袭击美国使馆，劫持了60多名外交官作为人质。一个月后，中国发动对越自卫反击战，以对河内和莫斯科给予警告。此外，中苏边界的冲突也不断加剧。7月，萨达姆·侯赛因担任伊拉克总统，获得了绝对权力。他试图获得在中东地区的主导权，因此一年后对伊朗发动进攻。1979年11月中旬，一个国际瓦哈比派（Wahabis）组织占领麦加的大清真寺，对沙特阿拉伯国王表示抗议，反对其屈从美国。沙特阿拉伯是美国的盟友，也是产油富国，其政府对这起事件深感震惊，因此招来法国雇佣兵（据说这些人已经改信伊斯兰教）咨询对策，并下令进攻清真寺，将幸存的恐怖分子斩首。同时，在几个产油国，什叶派开始公开反对政府的统治，但遭到了镇压。

这一系列事件对中东地缘政治和全球均势产生的渐进性影响十分重大。德黑兰开始支持其邻国伊拉克和阿富汗的伊斯兰武装，同时也支持黎巴嫩的伊斯兰武装。在沙特阿拉伯，很多人反对国王用雇佣兵镇压清真寺的暴乱，有一部分人，比如年轻的奥萨马·本·拉登，主张用武力来反抗美国及其在中东的盟友。为应对威胁，沙特阿拉伯政府支持本国及其他国家的宗教极端主义者，以显示自己对伊斯兰教义的遵守。这些都给莫斯科敲响了警钟：伊朗的伊斯兰革命和沙特阿拉伯瓦哈比教义的传播开始对中亚国家产生影响。然而，最令苏联人忧心的是，阿富汗的亲苏共产主义政权可能受到伊朗、巴基斯坦和美国中央情报局特工的渗透，而巴基斯坦是进行渗透工作的基地。布热津斯基在1979年3月中旬说道：“我们极为重视伊斯兰主义的复兴，这标志着阿拉伯力量的重生，也是抵抗共产主义的最佳堡垒。”1979年3月，阿富汗西部城市赫拉特发生了一起短暂的血腥叛乱，苏联和阿富汗政府认为这是伊朗和巴基斯坦干预的结果。一年内，情势逐步升温。到11月，苏联担心，哈菲佐拉·阿明（Hafizullah Amin）政权会在几个月内垮台，甚至有可能会投靠美国。因此，该年年末，苏联入侵阿富汗，将阿明暗杀，扶植更为亲苏的巴布拉克 · 卡尔迈勒（Babrak Karmal）。事实上，苏联的目的更像是一场仅仅针对阿富汗的先发制人的行动，保证其社会主义政权不垮掉，这一行动并非是苏联向印度洋扩张的前奏曲。但是，莫斯科不偏不倚地掉进了布热津斯基的圈套。苏联正式越过边界的那一天，布热津斯基就写信给卡特，说美国可以让苏联陷入另一场“越南战争”了。

1980 年 1 月，总统宣布了“卡特主义”。卡特把“阿富汗等如今被苏联军队威胁的地区”定义为“具有极重要战略意义的地区”，因为它“拥有世界上 2/3 的可出口石油”。因此，他宣称，“如果有外部力量意图控制波斯湾地区，那将是对美国切身利益的攻击”，将会遭到“任何形式的抵制，包括武装力量的抵抗”。同时，他要求参议院搁置批准《关于限制战略性进攻武器条约》，从而使该条约流产。大规模的常规军力扩张计划已经展开，并开始加速。美国至少增派了 3 万兵力在欧洲长期部署。当时，北约成员国在增加国防开支问题上，承受着巨大的压力。北约成员国商讨之后，决定发起“旋风行动”，通过巴基斯坦三军情报局（ISI）来全面支持阿富汗的“圣战者”组织①抵抗苏联。其真正目的，不是将苏联挡在阿富汗之外，也不是挡在海湾之外，而是在全球范围内损耗其兵力，尤其是在欧洲战场。

1979 年的动荡令美国与西欧分歧加深。西欧希望美国专注苏联对德国的威胁，并尽可能在全球延续缓和政策。当美国连同中国、埃及、伊朗、伊拉克、土耳其、沙特阿拉伯等国抵制 1980 年莫斯科奥运会，抗议苏联入侵阿富汗时，只有联邦德国政府勉强跟随，而其他北约成员国（挪威除外）则没有真正抵制。中东分裂也日益严重，1979 年，伊朗革命使得石油价格猛增，第二次石油危机爆发，这使得欧洲开始重视他们脆弱的能源前线。1980 年 6 月，欧共体呼吁建立“巴勒斯坦家园”（Palestinian homeland），并建议让巴勒斯坦解放组织参加以后的阿以和谈。

缓和政策的破产与中东的新局势重塑了英国国内政治。1979 年 5 月，保守党领袖

① “圣战者”组织，（尤指阿富汗或伊朗的）穆斯林游击队。——编者注

玛格丽特·撒切尔轻松赢下选举。她在经济问题上下了很多功夫，但她的胜利也要归功于她对苏联强硬的态度。这两件事息息相关：撒切尔对外采用丘吉尔式的立场，对内信奉自由市场经济政策，以缓解英国的经济下滑。1979年年末苏联入侵阿富汗之后，东西冲突升级，欧洲政治严重分化。右派和中间派主张向华盛顿靠拢，而左派分成两个阵营：有人主张忠实于北约，有人主张中立地反美。部署巡航导弹和潘兴II导弹的计划，仍需欧洲各国议会的批准，这影响了各国的国内政治。在联邦德国，施密特受到来自社会民主党左翼的日益增加的压力。1980年1月，德国绿党成立，它是一个支持环保的政党，致力于推动德国建立无核区，这说明旧的共识已支离破碎。1980年年底，在英国工党的党内选举中，提倡单方面裁军的迈克尔·富特，以微弱优势击败坚定支持北约的丹尼士·希利（Denis Healey），成为工党领袖。

事实上，整个西欧的政党活动分子与民间团体都试图发动人们反对与日俱增的核战争威胁。1980年4月，在英国，一些国会议员、知识分子、艺术家、教会领袖和工会领导者集体呼吁欧洲核裁军。虽然两个超级大国都在理论上赞成停止部署SS–20和潘兴II导弹，但苏联没有任何实际行动，这意味着北约只可能进行单方面约束。莫斯科察觉到，这是让西欧（至少是部分国家）脱离北约的机会，便着手进行系统化的渗透，并秘密资助那些倡导核裁军的团体。

在美国，对外政策依然主导着国内政治。民主党的“勺子”杰克逊自己并非参议员，他这一派的民主党正和共和党结盟，他们认为共和党在国家安全问题上“更有见地”。缓和政策的破产以及经济的崩溃是1980年选举中最大的话题。卡特试图把里根刻画成危险的、缺乏经验的极端分子，却没有成功。他的挑战者里根具有极富感染力的乐观主义精神，并表明决心，要重建美国经济与军事力量。共和党最后以压倒性优势获得了巨大胜利——获得了绝对多数的选民票，也获得了绝对多数的选举人票。

如果说缓和政策破产对苏联集团并无太大影响，那么《赫尔辛基最后议定书》则不同。1980年7月和8月，波兰的格但斯克造船厂发生动乱，震惊全国。9月，在魅力超群的造船厂工人莱赫·瓦文萨（Lech Walesa）的带领下，波兰团结工会成立。团结工会受到了美国和梵蒂冈的秘密支持——美国的国家安全顾问布热津斯基是波兰人出身，梵蒂冈的教皇也是波兰人。接下来的几年，波兰一直笼罩在宗教暴乱的阴影下，暴乱分子的目的是抵制共产党领导及其苏联支持者。这对莫斯科无疑是致命的威胁。波兰是苏联至关重要的战略缓冲区，是华约的第一战略梯队，地缘意义重大，而且波兰国内部署有大量的战术核导弹，是苏联军事集团连接民主德国的关键枢纽。没有波兰，苏联在德国的影响力将会尽失。1981 年 12 月中，在苏联的支持下，波兰最高领导人雅鲁泽尔斯基（Jaruzelski）将军宣布军事戒严，暂时控制住了事态。

1979~1980 年，英美两国政府各自换届后，采取了新的战略政策。1981 年 1 月，在美国新政府的第一次新闻发布会上，新任总统宣布废除缓和政策，认为“苏联利用这条单行道大肆扩充军备”。里根相信，越战后美国的虚弱给了苏联人可乘之机，他将采取强硬姿态与之谈判。事实上，总统决心利用美国的长期经济优势向苏联施压，迫使莫斯科接受“现实主义”的军控协议。因此，总统大幅增加了常规武器与核武器的支出。1981 年 11 月，里根正是抱着这种态度参加了在日内瓦举行的限制战略核武器和中短程导弹谈判。18 个月后，他宣布发展太空导弹防御系统，即“战略防御计划”，也被称为“星球大战计划”，目的是防止苏联的核弹头射向美国。

然而，比军事和经济压力更重要的，是里根对共产主义集团发起的意识形态进攻。他谴责苏联是彻头彻尾的“邪恶帝国”。此外，里根支持苏联国内的宗教与政治不同政见者，把民主作为他大战略的核心。美国政府认为，民主是抵御苏联扩张的可靠堡垒，并且相信拥有民主政治文化的国家不会兵戎相见。在政治学中，这被称为“民主和平论”。里根说：“自由的人民在协商一致的基础上组建政府进行统治，他们不会对邻国发动战争。自由的人民享有经济良机，他们受法律保护，法律尊重个人尊严，所以他们不会去寻求控制别国。”他在另一个场合说道：“自由与民主是和平的最佳保障，历史证明，民主国家不会发起战争。”

里根不仅有豪言壮语，而且积极采取措施来促进民主。1982 年，美国恢复纪念“国家沦陷日”，该节日是纪念被共产主义统治的东欧人民的。大约在同一时期，在里根增进“民主基础设施”（即自由出版、结社、加入政党、接受高等教育等权利）建设的要求下，1983 年美国政府监督成立了国家民主基金会（National Endowment for Democracy），以鼓励全球各国建立代议制政府。里根决心用民主和人权击垮整个苏联阵营。1981 年 4 月，中央情报局秘密与以色列情报机关商定，由其在东欧建立广泛的颠覆网络——尤其是在波兰，以服务于美国的新战略。当雅鲁泽尔斯基将军宣布军事戒严时，里根看到了机会。到1982年6月上旬，里根会见了教皇，商议秘密为团结工会提供帮助。他还争取与美国强烈反共的劳工联合会—产业工会联合会（AFL-CIO）进行合作。因此，苏联在阿富汗遭到军事挫折的同时，也被迫在东欧采取防御措施。

1982年，两起地区危机震惊了欧洲各国，也更加坚定了它们团结一致的决心。1982年4月初，阿根廷军政府急欲稳固其岌岌可危的政治地位，因此坚决支持国内长期存在的对收回马尔维纳斯群岛（英国称福克兰群岛）的呼吁，宣布进攻该岛，驱逐了岛上英国薄弱的卫戍部队。伦敦认为，对独裁者入侵的让步是对英国声誉的严重损害，并很可能引发国内政局动荡。武装部队国务大臣布莱克勋爵说："在南大西洋坚决捍卫自由，是与捍卫欧洲自由直接相关的。我们的行为将鼓舞北约盟国，为了自由，在关键时刻，英国会做好准备为信念而战。"因此，当首相玛格丽特·撒切尔决定派出海军驱逐阿根廷人时，议会和群众对她非常支持，甚至包括工党领袖迈克尔·富特。另一次危机发生在中东。1982年6月上旬，为回应巴勒斯坦人在中东及其他地区对以色列人的袭击，以色列入侵黎巴嫩，捣毁驻扎在此的巴勒斯坦解放组织，并在南部建立缓冲区。以军迅速挺进贝鲁特外围之后，开始炮轰城内疑似巴解组织的据点，造成大量平民伤亡。在贝卡谷地，以色列空军与叙利亚空军展开对垒，坦克出动，炮兵交火。黎巴嫩首都内，发生了血腥残忍的事件，以色列支持的基督徒民兵和亲以民兵大规模地残杀巴勒斯坦妇女和儿童。巴解组织领导人亚西尔·阿拉法特最终决定撤往突尼斯，但以色列并没有得到期望的安全。黎巴嫩南部和东北部的什叶派教徒群聚而来，在伊朗的帮助下成立了"真主党"，它宣誓要将所有以色列人驱出黎巴嫩，并支持巴勒斯坦的解放。

两场战争都对超级大国有重大影响。阿根廷进攻马尔维纳斯群岛，以及英国重夺该岛的决心，令华盛顿十分尴尬。阿根廷是美国在拉丁美洲的盟友，是反苏的重要力量，它协助训练尼加拉瓜的反政府游击队，这些武装分子反对当时的尼加拉瓜执政党"桑地诺民族解放阵线"，后者是一个亲苏政党。里根的一些智囊，尤其是驻英大使吉恩·柯克帕特里克（Jeane Kirkpatrick），建议他不要与英国"帝国主义"走得太近。不过，最终美国还是选择支持英国，因为对美国来说，英国比阿根廷更加亲近，是更重要的盟友，英国在欧洲问题上的支持对美国至关重要。因此，里根总统很快与撒切尔建立统一战线，批准了关键的军事援助，帮助英国在 1982 年夏重新夺回岛屿。此外，法国也为英国提供了重要的情报支援。同样，美国支持以色列入侵黎巴嫩，因为以色列是防御地中海东部的关键盟国。在这里起决定作用的，不是任何中东事态，而是美国的欧洲战略。1983 年，美国建立了新的中东联合军事指挥部——中央司令部，其覆盖辖区包括以色列、埃及、土耳其、叙利亚、黎巴嫩和部分原欧洲司令部。另外，美国对以色列的支援，仅为冷战期间支援联邦德国的 1/10，这足以说明美国优先考虑的是什么。

正如葛罗米柯在 1983 年警告华约国家外长们时所说的那样，莫斯科已经意识到，自己被欧洲、远东和印度洋的敌人包围。而最让苏联担心的还是联邦德国国防军。因此，1983 年 10 月中旬的柏林会议上，华约同意“采取一切可能的手段，防止北约取得军事优势”。莫斯科在中线部署了有史以来最多的中程核导弹。在西欧各国，尤其是严以待阵的施密特政府面前，苏联开始寻求加强同他们的经济联系，并重新采用缓和政策。苏联为任何可能削弱西方凝聚力的力量提供秘密资助，如英国矿工工会，工党，某些左翼政客，核裁军活动者以及彼得拉 · 凯利（Petra Kelly）、格特 · 巴斯蒂安（Gert Bastian）等德国绿党杰出人物。然而，战略防御计划让苏联领导人十分绝望，如果该计划成功，美苏核战争将会提前爆发。苏联所害怕的袭击，“一纳秒之内就会来临，所以苏军总参谋部没有多少时间来做关键决策”。苏联本土已被北约和中国包围，这下还要面临来自太空的封锁威胁。

所有这些都使西方盟国之间的嫌隙加深。和卡特一样，里根常遭到西方领导人或私下或公开的鄙夷，他们认为里根太“天真”。然而这一次，重要的不是美国总统被苏联愚弄，而是他强硬的反共立场会引发全球性的对抗。最后，很多欧洲人，尤其是德国人，担心里根的道德专制会损害缓和政策的“实际”收益。里根对欧洲事务的无知让施密特极为震惊，他害怕里根早前在削减新式武器谈判上的傲慢态度会使自己受到国内反核人士的责难。此外，修建从苏联到西欧的输油管线也加重了美欧之间紧张的局势。美国认为，这项工程将造成西欧对苏联的能源依赖，有战略危险，必须停止，而它自己正向苏联廉价销售剩余的小麦。更重要的是，波恩和华盛顿在美国支持波兰团结工会的问题上发生了严重的争执，联邦德国认为此举会破坏缓和。战略防御计划进一步震惊了欧洲：该计划并未事先征得欧洲的同意，也没有提到将导弹防御网延伸至欧洲。尤其是德国人，他们担心战略防御计划只保护美国本土，并造成美国安全与欧洲安全的分离，从而使欧洲更易遭受袭击。

美欧在“第二次冷战”及应对策略上各执一词，这促成了西欧各国间新一轮的融和与合作。1981 年，希腊加入欧洲共同体，把整个欧共体向东地中海延伸。5 年之后，西班牙和葡萄牙也加入。同时，苏联的威胁推动法德两国政治军事合作进入新的阶段。1983 年，巴黎推动建立了欧洲防御计划（EDI），命名为“尤里卡计划”（EUREKA），意欲与里根的战略防御计划抗衡。1984 年，欧洲议会批准通过《欧洲联盟条约草案》，计划改革欧共体，“组建一个更紧密的联盟来维护和平与自由”。4 个月后，法国发起提案，为西欧联盟注入了新活力，推动了欧洲军事一体化的发展。至于玛格丽特 · 撒切尔，她试图利用欧共体来扩大欧洲的自由市场。1985 年 6 月，在米兰的欧洲理事会上，撒切尔支持“政治合作”计划，即外交政策合作计划，因为“西方需要团结一致，抵御东方集团”，尤其是要保卫德国。1985 年年底，各国就《单一欧洲法案》（*Single European Act*）达成一致，次年 2 月签署生效，这是对英国建议的回应。它简化了欧共体的经济决策，并按照巴黎和波恩的意愿加强了欧洲政治合作。

事实证明，对内采用新自由主义经济政策，对外表现出捍卫自由的强硬态度，是撒切尔和里根的制胜法门。在国防问题上的分歧，让工党内部出现了分裂。在马尔维纳斯群岛问题上，工党领袖迈克尔 · 富特对阿根廷军政府的强硬态度受到质疑，有些人认为他并非出于爱国的赤诚，而是因为他深谙欧洲安全局势。在 1983 年的选举宣言中，工党承诺进行单边核裁军，并退出欧洲经济共同体。工党议员杰拉尔德 · 考夫曼（Gerald Kaufman）把这一宣言描述成“世上最长的绝命书”。但最后撒切尔以一场大胜赢下选举。在美国，里根 1984 年成功连任，防御问题是其竞选的核心议题。这样，英美民主地缘政治联盟的良好关系又延续了 4 年。

此时，在联邦德国国内正上演着一场真正的关于大战略的辩论之战。在联邦德国联邦议院批准双轨决策之前，巡航导弹和潘兴II导弹将无法在联邦德国部署，整个北约战略也会悬而不定。施密特一直为说服本党和群众而努力，但越来越多的人反对部署导弹。1981 年 10 月，大约 30 万抗议者会聚波恩；1982 年“复活节游行”期间，约有 50 万人上街参加示威活动。施密特渐渐失去对本党的控制，社会民主党中越来越多的人倾向于无条件地恢复缓和政策和单边核裁军。年轻一辈的社会民主党人，如奥斯卡 · 拉方丹（Oskar Lafontaine），反对整个威慑概念。他们认为，出于历史原因，德国有责任继续坚持和平政策。1982 年，施密特的自由主义盟友自由民主党对政府的左倾路线表示担忧，尤其不支持其防御政策，因而它背弃了施密特，加入了反对势力。基督教民主联盟（简称“基民盟”）主席赫尔穆特 · 科尔（Helmut Kohl）则坚决支持部署导弹，基民盟内大多数人持同样态度。自由民主党领导人汉斯–迪特里希 · 根舍在社会民主党政府中曾担任部长，在科尔的基民盟政府中依然担任部长，他支持科尔的政策。1983 年 3 月，基民盟和自由民主党合作，轻松赢下选举，尽管当时整个国家在防御问题上依然有较明显的两极看法。1983 年 11 月之前，联邦议院同意，如果谈判双方无法达成共识，就着手部署巡航导弹和潘兴II导弹。这样，苏联欲将波恩从北约分离的意图失败了。

在苏联，20 世纪 80 年代初的国际动荡使“鹰派人物”大受裨益。勃列日涅夫死后，1982 年 11 月，克格勃前主席、强硬派人士尤里 · 安德罗波夫继任苏联最高领导人。1984 年 2 月，安德罗波夫突然逝世，他的继任者康斯坦丁 · 契尔年科（Konstantin Chernenko）延续了他的强硬战略。一年后，契尔年科也突然逝世，米哈伊尔 · 戈尔巴乔夫上台执政。事实上，在华约国家，从精英到民众都忧心忡忡。此外，在乐观的公共生产数据背后，苏联经济其实已停滞了 10 年。共产主义国家与资本主义国家的差距在 20 世纪 60 年代曾经缩小，如今却又开始扩大。谁也不知道，苏联政府需要多久才能补上巨额经费开销。20 世纪 80 年代初，苏联同西方的关系不断恶化，苏联人民一直生活在战争的恐惧之中，这更损害了苏联国民的斗志。

20 世纪 80 年代中期，勃列日涅夫的大战略陷入泥沼。苏联红军在阿富汗陷入困境，1986 年 2 月，新任最高领导人戈尔巴乔夫形容阿富汗战争是“一个流血的伤口”。不满情绪在应征入伍的士兵以及士兵家属中普遍蔓延。宗教极端主义在苏联的中亚加盟共和国内回流。在欧洲，西方的科技优势愈加明显，如北约常规武器中的“智能武器”，以及“战略防御计划”“芯片革命”等，这反过来又促进了其先进的工业经济的繁荣。苏联分化欧洲与华盛顿联盟的努力也告失败。破坏力极大的巡航导弹和潘兴II导弹已经部署完毕，1985 年联邦德国甚至加入了战略防御计划。东欧国家政府的眼中钉——团结工会和其他异见团体——也渐渐成为苏联的烦恼。此外，低效的中央计划机制、低油价（沙特造成的）、政府的腐败和无能都严重阻碍了苏联经济的发展。因此，苏联在经济上再也无力支持苏联红军，也无法资助中东和第三世界的一系列盟友。因此，苏联领导人必须要寻找新出路。

与同其竞争的欧洲国家一样，苏联打算通过国内改革来应对战略颓势。戈尔巴乔夫在就任最高领导人后的第一次讲话中，宣布“将与好战的北约达成军事—战略平等”。和沙皇时代的旧式改革者一样，戈尔巴乔夫首先考虑的不是实现经济自由化、提高人民生活水平或民主程度，而是如何改变落后的科技和低经济增长率。他改革的创新之处在于，国内改革不仅仅是要提高军事动员能力，也不仅仅是要对外增强国家实力，更重要的是，他试图揭露并改革他所认为的基本体制的弊端。他还希望对不同政见者采取更加宽容的态度，以改善苏联自20世纪70年代因人权问题而被损坏的国际形象。如今，戈尔巴乔夫宣布进行“改革”（“加速苏联社会经济与文化发展”）和推动“公开性”。他相信，更大程度的言论自由能够动员知识界，并减少政府的无能和腐败。异见者被释放，警察控制放松，民权组织开始出现，俄罗斯东正教会逐渐复苏，许多公共活动从秘密状态变得公开并且生气勃勃。政府结构简化、效率提高。长期僵化、贪污腐败的政党领导人被开除，取而代之的是具有活力的改革者。然而，这种改革依然没有涉及民主。与列宁的新经济政策相似，戈尔巴乔夫希望通过经济现代化来增强国力，但并未提高人们的政治参与程度。

在国际问题上，戈尔巴乔夫不是在重复缓和，而是采取了一套新的话语体系，即相互依存。这位苏联新领导人邀请西方国家重启军控谈判，条件是美国搁置战略防御计划，并从第三世界撤军。然而，在一些关键问题上，戈尔巴乔夫的最初战略是苏联传统的地缘政治观念的反映。他加紧同西方争夺阿富汗，并在欧洲加强战略核武器的部署。1985年10月，戈尔巴乔夫以苏共总书记的身份第一次出国就访问了巴黎，试图以此分化西方联盟。然而，他的战略重点关注的是民主德国问题，并且当时几乎所有的经济互助委员会国家都处于经济崩溃的边缘。所以，当务之急是把“改革”政策推向东方集团，尤其是民主德国，以提高其抵御国内压力的能力。同时，莫斯科必须努力与地位越来越重要的波恩政府打交道。戈尔巴乔夫说：“不管我们喜不喜欢，也不管它的北约盟友喜不喜欢，联邦德国都是世界权力平衡中的重要筹码，而且它在国际事务中的重要性还会增加。”他一遍又一遍地重复：“没有德国，我们就没有真正的欧洲政策。”因此，莫斯科有必要与波恩重新交好，德国有可能重新统一，苏联应该准备好这张“王牌”。

同时，戈尔巴乔夫相信，欧洲合作式的政治文化使各国对德国的恐惧日益减少。1989 年 4 月，苏联改革家、对外政策专家维亚切斯拉夫 · 达希切夫（Vyacheslav Dashichev）撰写了一份纪要，题为“‘欧洲共同的家园’与德国问题”，承认民主德国政权坚持不了太久了，苏联期望联邦德国能够帮助民主德国进行基本的经济和政治改革，以防止发生大规模动乱。在苏联政治局中，改革者的强力支持者亚历山大 · 雅科夫列夫（Aleksandr Yakovlev）几个月后声称：“有一件事是明确的：在欧洲核心地区，即德国的领土上，必须建立一个民主和平的国家，而不是一个崇尚武力的国家。欧洲一体化，至少是欧洲合作，是这一进程的关键。” 雅科夫列夫还预言：“欧洲国家将会有一个共同的议会，处理共同的事务和贸易关系，各国的边界将会开放。”他还说：“如果‘欧洲共同的家园’能够建立，并且能够成功开创功能性的经济联合，如果这一联盟能够保障劳工的社会利益，那么它就值得我们关注，我们就要准备与欧洲合作。”事实上，苏联正在静候良机，以重新加入欧洲——一个解决了德国问题的欧洲。

在中欧，“公开性”催生了新的地缘政治。德国大众中迅速出现一股“戈尔巴乔夫热”，他们相信，救世主似的苏联领导人有能力终结冷战，让他们不再生活在冷战的阴影下。戈尔巴乔夫“欧洲共同的家园”的概念引起广泛共鸣。德国历史学家开始公开地谈论“欧洲中心”的重要性，以及德国的中心地位，以理解惨痛的历史教训。匈牙利、波兰、捷克、罗马尼亚、斯洛文尼亚、克罗地亚甚至立陶宛的知识分子，开始与奥地利和德国的知识分子相互交流，讨论“欧洲心脏地带”的概念。相比之下，在东欧和东南欧，共产主义衰落，成为一种综合性的意识形态，民族主义开始复兴。爱沙尼亚人、拉脱维亚人、立陶宛人、格鲁吉亚人、阿塞拜疆人、亚美尼亚人、中亚人甚至乌克兰人都开始躁动不安。同时，“公开性”也把俄国民族主义的幽灵从瓶子里放了出来。巴尔干半岛的共产主义政权，甚至把民族主义奉为新的正统意识形态。在罗马尼亚，尼古拉 · 齐奥塞斯库（Nicholae Ceauşescu）试图镇压人数众多的匈牙利少数民族，匈牙利人口较多的特兰西瓦尼亚和巴纳特一直是农村“体制化”运动中被宣传的典型。1984

年末，保加利亚政府突然将矛头转向当地土耳其人，强迫他们改名，限制他们使用土耳其语，关闭清真寺，声称是为了消灭被称为“第五纵队”的“恐怖主义”和“分裂主义”势力。在南斯拉夫，塞尔维亚领导人斯洛博丹·米洛舍维奇（Slobodan Milošević）上台，他一直倡导塞尔维亚的民族主义。

形势很快明朗起来，即苏联改革的第一阶段并没有达成其目标，不论是国内还是国外。经济改革不够彻底，没有达到提高生产力的目的。另外，由于实施了“公开性”，改革的失败被揭露出来，人民议论纷纷。苏联本指望华约盟友——尤其是民主德国领导人昂纳克——支持改革，最后这一希望也破灭了。在国际阵线上，戈尔巴乔夫与法国总统弗朗索瓦·密特朗（FranÇois Mitterrand）以及英国首相撒切尔夫人建立了良好的工作关系，撒切尔此前也声明，戈尔巴乔夫是值得合作的人。然而，与他的主要目标——联邦德国总理科尔——之间的关系发展则不是很顺利。科尔起初轻视这位苏联领导人，认为他是“像戈培尔一样的政治宣传者”。同样，里根一开始也很怀疑戈尔巴乔夫的初衷，主要因为对方加剧了阿富汗战争。1986 年，美国国会授权华盛顿向阿富汗“圣战者”组织提供高级的“毒刺”便携式防空导弹。此外，里根坚决反对将搁置战略防御计划作为达成武器限制协议的前提。苏联领导人不得不承认，苏联即将输掉这场军备竞赛。更糟糕的是，联邦德国已经发现自己拥有非常充分的军事能力。1986 年 10 月，戈尔巴乔夫警告政治局：“苏联将被拉入一场超出我们能力的军备竞赛，并且我们可能会输掉，因为我们的能力已达到极限。更糟糕的是，我们知道日本和联邦德国将会很快加入其中，成为美国的筹码……如果新一轮军备竞赛开始，我们的经济将不堪重负。”

因此，戈尔巴乔夫开始着手进行更彻底的国内改革，对外改善同别国的外交关系。他开始提到，共产党和苏联需要彻底的民主化改革。他反复说：“我们需要民主，就如需要空气。”眼下，戈尔巴乔夫所提出的民主，并非西方意义上的民主，而是通过复兴苏维埃和在苏联共产党内引入选举机制，回归布尔什维克的基本原则。和从前一样，他试图扩大国内政治参与，把国家从持续停滞中拯救出来，并获得国际认可。在对外政策问题上，戈尔巴乔夫试图在北约新一轮武器部署前与其达成军控协议，他不再坚持要求里根放弃战略防御计划。在 1987 年 12 月的华盛顿峰会上，苏联和美国迅速达成协议，即《彻底销毁两国中程核导弹条约》，也即《中导条约》，双方同意销毁几乎所有的中短程和中程导弹。戈尔巴乔夫还决定撤出阿富汗，此决定早已做出，但直到第二年初才公开宣布。然而，这一切都没有解决真正的问题：苏联在东欧的地位正逐步崩溃，这一趋势在波兰尤为明显，但在民主德国形势最为险峻。自1987年起，苏联专家就开始预言，苏联的东欧集团即将破裂。

然而，德国问题的重新出现引起了多国的忧虑，不只是莫斯科。玛格丽特·撒切尔在"二战"的阴影中长大，她与她的同胞都密切关注着德国，尤其关注联邦德国的发展。科尔和密特朗倡议重建"巴黎—波恩轴心"，共同组建"欧洲军团"，但这些并未使撒切尔安心。这种焦虑与她对欧洲委员会主席雅克·德洛尔（Jacques Dejors）的敌意融合在一起。在撒切尔看来，德洛尔是个激进派，他对成员国干涉太多。撒切尔重新提及几十年前的说法，强调英国的"岛屿地位"，将英吉利海峡比作莎士比亚戏剧中所说的"护城河"。撒切尔担心英国主权会受损，担心德国直接控制英国，或者通过欧洲代理人来控制英国。因此，直到20世纪80年代末，撒切尔一直把苏联当作平衡欧洲各国力量的砝码。她告诉戈尔巴乔夫："我们不想要德国统一，统一将改变战后边界，我们不能允许这样的事发生，因为这会破坏国际形势，危及我们的安全。"

联邦德国同苏联关系的缓和，加剧了其同北约盟国的紧张关系。《中导条约》签署前，里根并未事先同联邦德国商讨，这让波恩大为光火，因为波恩担心中程导弹销毁后，短程导弹（如"长毛"）却能被大量保留。"分离"的幽灵又回来了。在这件事上，左派和右派高度统一。保守派中坚分子阿尔弗雷德·德雷格尔（Alfred Dregger）做出过深刻的评论："射程越短，对德国越危险。"看起来，德国似乎无法逃脱"欧洲中心"的影响。可以说"戈尔巴乔夫热"在公众中的流行，使得联邦德国社会的军事化更加难以为继。人民怨声载道，抱怨训练中低空飞行的北约飞机、军事演习对居民生活的影响，以及坦克训练在北德平原上留下的巨大刈痕。北约已成功完成其使命，将华约和社产主义政府推入岌岌可危的境地。这也暗示北约的存在已经显得多余。

1988年夏，发生了一系列连锁性的国内改革与地缘政治变化，彻底改变了欧洲的地理与意识形态的格局。苏联刚开始从阿富汗撤军，"圣战"分子就开始商讨下一步的行动了。1988年8月，国际上最具影响力的恐怖主义分子联合起来，组成了后来所说的“基地”组织（al- Qaeda），致力于建立一个纯正的伊斯兰国家，打击犹太复国主义和美国的联盟。“基地”组织的一些成员如阿卜杜拉·阿扎姆（Abdullah Azzam）宣称，和以色列决一死战的时刻已经来临，阿富汗是“圣战”行动的“坚实堡垒”。而以艾曼·扎瓦赫里（Ayman al-Zawahiri）为首的主流派坚持认为，当务之急是巩固他们在阿富汗的地位。“基地”组织主流派不打算与犹太人正面交锋，而是帮助穆斯林游击队抗击阿富汗的共产主义政权，以此创造一个“基地”，袭击美国的中东盟友，并最终攻击“遥远的敌人”——美国。在巴勒斯坦解放组织释放出要与以色列和解的信号后，巴勒斯坦伊斯兰抵抗运动“哈马斯”（Hamas）宣布成立，它是“穆斯林兄弟会”的分支之一。1988 年 8 月中旬，哈马斯组织公布了其宪章，其宪章由多种理念综合而成：传统的对犹太人的敌视思想、恢复巴勒斯坦领土完整的决心，以及近代欧洲式的反犹主义。宪章宣言中写道：“我们与犹太人的斗争是伟大而严肃的，这是十分重要、十分严肃的。”尤其是，哈马斯经常援引《锡安长老会纪要》（Protocol of the Elders of Zion），声称犹太人是一个危险的秘密组织，法国大革命、俄国革命、《贝尔福宣言》、“一战”后哈里发帝国的毁灭，犹太人都是主要推手。他们还声称，国际联盟是犹太人统治世界的工具，犹太人还是发动“二战”的幕后黑手。哈马斯的宪章暗示：“如果不是犹太人染指世界，世界上就不会有战争。”

然而目前，戈尔巴乔夫依然是世人关注的焦点。这位苏联领导人知道，他已完全无法继续维持符合苏联意愿的全球军事形势。军费开支必须削减，尤其是在中东欧，那里的单项开支数额最大。为了紧跟里根的军备计划，莫斯科付出了惨重的代价，如今只得作罢。因此，1988 年 12 月，戈尔巴乔夫宣布苏联将单方面裁军 50 万人，主要削减在东欧的驻军，并撤回所有短程核导弹。他还公开表示，允许华约成员国自由探索本国的发展道路，勃列日涅夫主义不复存在了。同月，戈尔巴乔夫着手进行更激进的改革，为了争得民众支持，他还成立了“人民代表大会”，大会中 2/3 的代表以不记名的方式投票选出。允许独立候选人参选，前提是他们的政纲“不与苏联宪法或法律冲突”。但事实证明，这一规定在实际中并没有被强制执行，一些反对苏联体制的人也当选了。在波兰，因为新一轮的骚乱，政府与团结工会不得不进行“圆桌谈判”，并在不久后同意举行自由选举。

中东欧的意识形态与地缘政治真空迅速被民主革命填满，并在1989年一年之内席卷了整个华约集团。1989年3月下旬，在苏联人民代表大会的选举中，一大批激进的代表当选，他们决心继续改革。民族主义者在波罗的海国家大获全胜，甚至这些国家的共产党领导人也发现他们已经与莫斯科处于敌对位置了。大约在同时，匈牙利共产党也同意举行选举。1989年6月，团结工会在波兰选举中彻底击败共产党，波兰国内开始协商移交政权的事宜。在民主德国、捷克斯洛伐克、罗马尼亚和保加利亚，各国共产党领袖们不敢肯定，莫斯科新的政治风气所代表的是永久的政策转型，还是又一次的短暂“偏离”（之前曾多次发生过政策偏离）。昂纳克宣称，柏林墙还将耸立50年，甚至100年。齐奥塞斯库一直是个我行我素的人，如今也开始未雨绸缪。现在的问题是：苏联红军已经无法再给他们帮忙了，波兰也完全“丢失”了，东欧领导人是该让步，还是该采取强力的解决方法?

1989年6月下旬，匈牙利当局开放了与奥地利的边界，导致局势陷入危机。由于华约国家的公民在节假日可以自由进入匈牙利旅游，数千名民主德国游客借此机会途经奥地利拥向联邦德国，其他人在联邦德国驻布拉格大使馆寻求避难。当昂纳克政府允许这些人离开民主德国时，成百上千的绝望男女试图登上西去的火车。1989年10月，大批人占领了莱比锡、东柏林和其他城市的街道，他们要求改革。最后关头，民主德国共产党领导层宣布改组，埃贡·克伦茨（Egon Krenz）取代昂纳克，却并未能平息局势。11月初，民主德国政府打开柏林墙，引来大片欢呼，很快政府开始同反对派进行协商。几十万民主德国人拥入联邦德国。不久，捷克斯洛伐克和保加利亚的共产党政权也坚持不住了。此外，在那年年末，罗马尼亚人占领首都，齐奥塞斯库在逃亡过程中被逮捕，并被迅速处死，共产党在罗马尼亚的统治崩溃。这样，《杰克逊–瓦尼克修正案》的逻辑终于在苏维埃帝国发挥了作用。一旦自由移民的原则在一国被承认，专制体系则自然会瓦解。事实也证明布热津斯基的论断是正确的：对阿富汗的入侵削弱了苏联对华约国家的控制力。俄国民主活动人士、战略分析家安德烈·皮翁特科夫斯基（Andrei Piontkovsky）写道：“东欧的真正的解放者，与其说是克里姆林宫走廊里的智囊，还不如说是阿富汗山区里的‘圣战者’组织。”

现在，民主—民族主义的病毒在共产主义国家里发生了变异。1990年3月，在民主德国的选举中，保守的基督教民主党压倒性地赢得选举，事实上民主德国已经没有独立存在的可能了。民众举行大规模游行示威，支持德国统一，人们反复呼喊："我们是一个民族。"大约在同时，立陶宛单方面宣布独立，不久后，拉脱维亚和爱沙尼亚也宣布独立。苏联的军事介入暂时遏制了分裂的势头。但红军已经身陷意识形态的认同危机，靠它来维持苏联在国内外的权威是极其不稳固的。同年 6 月，苏联共产党不再是政府中唯一的执政党了。一个月后，鲍里斯 · 叶利钦（Boris Yeltsin）、阿纳托利 · 索布恰克（Anatoly Sobchak）等主要激进分子宣布退出苏共。1990 年 6 月中旬，乌克兰和俄罗斯也宣布成为主权国家，苏联事实上已不复存在。同时，南斯拉夫共产党分裂为几个部分。4 月，斯洛文尼亚和克罗地亚举行第一次自由选举，民族主义者赢得选举，宣布脱离南斯拉夫联邦。1990 年 12 月，在塞尔维亚，民族主义者米洛舍维奇赢得大选。只有在波斯尼亚和马其顿，其主要政治力量还宣称要维护南斯拉夫联邦的完整。

1989~1990 年的民主革命很快引发了欧洲国际体系的危机。首当其冲的是德国。1989 年 11 月下旬，科尔总理把握先机，宣布"十点计划"以"结束欧洲和德国的分裂"。他设想，民主德国和联邦德国先组成一个邦联，然后再"逐渐成为一个联邦"，最终实现德国的统一。这个进程，是与两德之间的对话以及整个欧洲一体化的进程相统一的。科尔说："欧洲共同体不能止步于易北河，它必须向东边延伸，为一个真正全面的欧洲联盟打下基础。"两个因素致使科尔如此急迫：第一，大批来自民主德国的难民需要安置，如果所有德国人都集中在联邦德国的领土上，会十分危险；第二，他敏锐地察觉到，戈尔巴乔夫在苏联的地位摇摇欲坠，他的改革可能随时被颠覆，就像之苏联的那些改革者一样。这次机会非常难得，稍纵即逝，科尔试图把握住这次机会，推动德国统一。

民主德国政权的垮台和科尔积极推动统一，引发了欧洲各国的恐慌。柏林墙倒塌一天后，戈尔巴乔夫警告美国总统乔治 · 布什："联邦德国政府带有情绪化的声明，是对战后既成事实的否定，这是令人难以接受的；不仅仅是中欧，更大范围内都将发生动荡。"英国和法国也坚决反对德国统一，他们认为，这将破坏欧洲的均势。波兰和捷克斯洛伐克新产生的民主政府也反对两德统一，它们担心德国会要求改变边界现状和遣返难民。接下来的一个月中，这些国家试图阻止德国统一，至少是延缓其统一的进程。戈尔巴乔夫不断重复，他不能接受两德统一。法国总统甚至单独访问了民主德国，希望加强汉斯·莫德罗（Hans Modrow）政权的力量，阻止民主德国并入联邦德国。波兰人坚持认为，无论德国人想以什么方式解决问题，都必须找波兰商议。最坚定的反对者或许是撒切尔，她认为“德国将再一次主导整个欧洲”。她在首相乡间别墅召集了专家特别会议，讨论统一后的德国是否可以“信任”。

而美国的态度则很坚决。华盛顿很早就明确表示，支持德国统一，期待与新政府建立良好合作关系。美国政府最关心的是，保证德国的统一不会破坏大西洋联盟的团结，否则就会让苏联有机可乘。因此，在 11 月中旬，美国国务院表示：“美国应该支持德国的自决权，而非某个特定的结果。”并明确指出，“统一必须是和平的、渐进的，德国要尊重现有边界，并且维持德国在北约和欧共体中的成员身份”。

1990 年 5 月，苏联领导人最终在德国统一的问题上让步。然而，莫斯科依旧渴望“解决”德国问题，把新兴崛起的德国封存在欧洲体系的约束之下。戈尔巴乔夫对布什强调：“对克里姆林宫而言，‘欧洲’问题和德国问题是一回事，它们之间有斩不断的联系。”布什私下向戈尔巴乔夫保证，北约不会再进一步向东扩张。法国也改变了立场。最终，撒切尔也不再坚持已见。6 月初，联邦德国与民主德国宣布组建货币联盟。当月，在著名的高加索峰会（Caucasus Summit）上，科尔与戈尔巴乔夫讨论了统一的细节，尤其是联邦德国对苏联的经济援助问题。德国与波兰在奥德河—尼斯河（Oder-Neisse）的边界问题最终确定下来，德国表示接受现状，尽管科尔曾因故一度踌躇过。1990 年 10 月初，德国统一，统一后的德国保留了北约成员国身份。一个月后，苏联、美国和欧洲各国同意在欧洲安全与合作会议的框架下达成《欧洲常规武装力量条约》（CFE）。条约规定大量削减美国和苏联在欧洲的驻兵数量，并规定苏联军队将在 1994 年前全部撤出德国。经历了 40 多年的分裂，欧洲中心获得了重建，实现了和平。

德国统一、中东欧政权的重组以及随之而来的欧洲一体化浪潮，对欧洲国家的国内政治产生了深远影响。撒切尔因其在国内不受欢迎的政策（尤其是人头税）而遭到批评。不过，保守党内部之所以有人反对她，是因为不支持她的对欧政策，尤其是她坚决不加入欧洲汇率机制。外交大臣杰弗里·豪（Geoffrey Howe）是汇率机制的坚定支持者，1989 年 11 月他在巨大争议中辞职。几周后，撒切尔下台，约翰·梅杰（John

Major）接替了首相职务。戈尔巴乔夫在国内也因其外交政策而饱受诟病，人们批评他默许德国统一，让苏联在欧洲的利益受损。叶戈尔·利加乔夫（Yegor Ligachev）当时是苏联党内的高官，他提醒政治局提防“新慕尼黑阴谋”。8月，愤怒的保守派发动“八一九政变”，试图罢免戈尔巴乔夫，以此作为重振苏联力量的第一步。很快政变便遭到最高苏维埃常务委员会主席、改革派领导人叶利钦的阻挠，军队没有站在政变者这一边，以防止国内出现内战。毫无疑问，德国统一最主要的受益者是总理科尔。1990年12月，他第三次当选德国总理。

1989~1990年是欧洲地缘政治的分水岭。德国的统一对欧洲汇率机制产生巨大影响。该机制的作用是限制欧共体成员国货币的汇率波动，确保其稳定在一定幅度之内，为建立欧洲货币联盟做准备。些许犹豫后，1990年10月德国统一时，英国终于加入了欧洲汇率机制。但问题也随之而来，德国被迫提高利率以应对两德统一造成的巨大通胀威胁。这也给欧洲其他经济体带来了不小压力，尤其是英国。英国不得不力挺英镑以应对马克的冲击，为此英国财政一度损失巨大，当时国家经济陷入衰退，国家亟须更低水平的汇率以增加出口。事实上，不到两年，在英镑经历了血腥的“黑色星期三”之后，英国不得不羞愤地退出欧洲汇率机制。英德关系急剧恶化，两国甚至开始了相互攻讦的“谴责游戏”。1992年9月中旬，伦敦从德国央行行长赫尔穆特·施莱辛格（Helmut Schlesinger）那里得知，英镑估价过高，导致大批投机分子闻风而动。对某些人而言，这是个征兆，原本计划用来削弱和约束德国的欧洲联合体系反而增强了德国的实力。

不过，德国国内却并未表现出激进化、战略冒进主义或领导欧洲的野心。统一之后，民众对移民者爆发了短暂的排外情绪，不久便逐渐平息。与之前相比，极右翼党派在统一后的选举中并未得到比之前更多的选票，国内也没有出现反犹主义浪潮。德国民主恢复了活力。另外，统一的经济成本远远高于之前的预期，统一后的德国政府开始重视这一问题。德国政治家对核武器毫无兴趣，联邦德国的政治文化也排斥外交激进主义和军事干涉，它以“平民国家”自居。同时德国政治精英们始终希望加强同北约和欧盟的多边合作。德国要求成为联合国安全理事会常任理事国，得到了美国、英国和法国的支持，它们认为这能使新兴强国更紧密地参与到全球问题的管理中来。然而在遭到意大利的强烈反对之后，此事便不了了之。一位历史学家曾经说，整个德国都“畏惧权力”，更惧怕军事冲突。“我们把战争留给美国人”——这是接下来的10年里在德国最盛行的观点。

1990年8月初，伊拉克总统萨达姆·侯赛因入侵并宣布吞并科威特。在西方国家看来，更糟糕的是，萨达姆似乎要继续向南行动，入侵沙特阿拉伯，这样的话他就可以控制全球大部分的石油供应。沙特王室拒绝了本·拉登和其他阿富汗“圣战”老兵的援助，转而向美国求援。大约在同时，南斯拉夫联邦分裂了。1990年夏秋之交时，贝尔格莱德政府支持的塞尔维亚准军事部队与克罗地亚警察发生冲突。次年6月，斯洛文尼亚和克罗地亚宣布独立，导致南斯拉夫人民军与斯洛文尼亚地方武装力量发生战争。1991年夏末秋初，数十万克罗地亚人被南斯拉夫人民军和塞尔维亚准军事部队逐出家园。1992年4月，塞尔维亚开始进攻波斯尼亚的穆斯林和克罗地亚人聚居区，很快战火蔓延至整个南斯拉夫联邦。到秋天时，他们杀害了数万名穆斯林和克罗地亚人，并驱逐了数十万人，包围了萨拉热窝，控制了波斯尼亚和黑塞哥维那的大部分领土。然而，在所有的事件中，最让人震惊的莫过于苏联的解体。“八一九政变”被平息后，戈尔巴乔夫威严扫地，他发现鲍里斯·叶利钦不仅在智谋上胜过自己，而且还决心统治独立的俄罗斯。1991年12月初，乌克兰全民公决支持独立。一周后，苏联的各个加盟共和国首脑同意解散苏联。俄罗斯、白俄罗斯、乌克兰、立陶宛、拉脱维亚、爱沙尼亚、中亚各共和国、高加索各共和国，都成为独立的主权国家。大局已定，戈尔巴乔夫在当月末宣布辞职。

接下来的10年里，如何处理这三项危机的争论支配着欧洲地缘政治。迟疑之后，布什总统决定，必须让萨达姆撤出科威特。在戈尔巴乔夫的支持下，联合国安理会对伊拉克发出最后通牒，要求其在1991年1月中旬前撤出科威特，否则将采取“一切必要手段”。法国和英国派出大量部队，土耳其提供军事基地。而德国以宪法为由没有出兵。多国部队发起“沙漠风暴”行动，从空中和地面发动迅速进攻，萨达姆很快就被打败。苏联撤离之后，如何填补中东欧的权力真空，各国一直未能达成共识。对许多欧洲国家来说，冷战结束是打破旧联盟体系的最佳时机，它们可以同苏联或者它的继承者——俄罗斯建立合作关系。它们希望，欧洲一体化的加速发展将会取代旧的大西洋联盟的很多功能，并逐渐使欧洲人从美国的保护伞中解放出来。

因此，欧洲共同体的大多数成员国最初反对北约东扩。很多人甚至认为北约已经没有继续存在的必要了。尤其是法国，它试图用“双重”北约体系取代现有的美国主导的体系。“双重”北约意味着欧洲面临的所有严重威胁都将由欧洲人自己来解决。事实上，这意味着欧洲人不再将俄罗斯看作最主要的威胁，而将其降到了第二位。伦敦也反对北约扩张，国防大臣马尔科姆·里夫金德（Malcolm Rifkind）认为，那样做并不能给东欧带来安全。不同的是，德国人主张北约东扩，因为这样能保障德国的侧翼，并使其从“二战”后的对抗前线的位置中解放出来。他们还坚持保留外国驻军，特别是美国驻军，以保证国家安全，确保其是西方阵营的一部分。中欧的安全依然和整个欧洲的安全密不可分。

在欧洲一体化的进程中，最主要的争论是：一派希望收纳新成员国，“拓宽”联盟，以应对共产主义的崩溃和德国统一；另一派希望“深化”联盟，加强现有成员国之间的纽带联系。英国人害怕被德国控制，决心保卫国家主权，他们是热烈的“拓宽者”，希望减缓一体化扩大的进程。法国人也希望制约统一后的德国，他们是坚定的“深化者”，尤其在政治与军事方面。法国总统密特朗反对东扩，并指出这要在“好几十年后”才会发生。他提议建立一个临时的“欧洲联邦”来取代“拓宽”政策。德国人则既支持拓宽也支持深化，一方面是出于妥协，另一方面是因为更强大、更紧密的“欧洲”能更好地保障他们的安全与未来。此外，德国人知道，德国的统一只有成为整个欧洲一体化进程的一部分，才可能被其他国家接受。因此，1989 年 12 月初，柏林墙倒塌仅一个月后，欧洲理事会在斯特拉斯堡讨论中东欧的变局，尤其是德国力量的崛起。他们同意在欧洲货币联盟的框架下建立一个政府间会议，加快欧洲单一货币体系的建立。该会议于 1990 年 6 月底在都柏林理事会召开后正式运行。其结果是牺牲德国马克来结束德国的分裂。

现在，欧洲大陆国家加紧推动欧洲政治、经济的一体化。1991 年 10 月，巴黎说服波恩组建跨国军队——即“欧洲军团”，以“尽到对欧盟的责任”。几个月后，1992 年欧共体在马斯特里赫特进行高级别会谈，欧洲联盟正式成立，其核心内容是发行统一货币，实行共同的对外与防务政策。成员国同意“积极地、无条件地支持欧盟的对外政策和安全政策，忠诚对待，互相扶持”。共识一旦达成，成员国须承诺“使其国家政策符合欧洲的共同立场"。欧盟采用有效多数制的投票方式，但任何一个国家均有否决权。这种达成共识的方式催生了"自由否决权"，这导致欧盟在国际上的行为缺乏连贯性。很多欧洲人希望欧盟摆脱比利时外长马克·伊斯更斯（Mark Eyskens）在海湾战争时形容的形象——欧洲是"经济上的巨人，政治上的侏儒，军事上的蠕虫"。

南斯拉夫是欧盟面临的第一场考验。卢森堡外长雅克·普斯（Jacques Poos）称之为"欧洲时刻"。欧盟"三驾马车"的部长们在克罗地亚人和塞尔维亚人之间积极斡旋，希望双方尽快停火。但他们所有的努力和倡议都因欧盟成员国难以完全达成共识而功亏一篑。最初，所有人都认同，最好保留南斯拉夫联邦，让其为了最终加入欧盟做好准备；有人几乎把米洛舍维奇当作巴尔干的林肯，因为他执意阻止国家分裂。然而，在他建立"大塞尔维亚"（Greater Serbia）的野心昭然若揭后，欧盟成员国的战略出现了巨大的分歧。英国政府认为，巴尔干半岛的种族清洗并未对英国的"国家利益"造成紧迫威胁，他们害怕被卷入无止境的游击战中，并认为对种族冲突进行干涉的效果，要比实用主义的政策更加糟糕。法国决心抢先阻止德国向南扩大势力范围，防止整个中欧被德国人主导。1991年年末，德国迫使欧洲共同体承认斯洛文尼亚和克罗地亚独立，克罗地亚战争就此结束，而德国的做法并未对未来波斯尼亚的局势产生多大的影响。不过这让巴黎相信，德国对该地区有秘密的野心。希腊公开表达了对塞尔维亚的同情。因此，1992年春波斯尼亚战争爆发之前，欧洲国家只在一件事上达成一致，即防止冲突扩大，尤其防止冲突向南扩展到马其顿共和国。因为马其顿刚刚独立，它和希腊关系紧张，这种紧张关系可能会导致土耳其等地区强国的介入。

欧洲共同政策的致命缺陷还在于，其几乎没有任何集体执行力。众所周知，英国和法国有军事实力，但拒绝干涉米洛舍维奇政权。德国以宪法为由，拒绝介入北约以外的地区，并以"科尔主义"为借口，拒不对在"二战"中受到纳粹迫害的国家采取任何军事行动。奥斯维辛便成为种族清洗的一大证据。事实证明，"欧洲"毫无影响力可言。由于集体军事上的无能，欧共体的调停者成了米洛舍维奇和塞尔维亚民兵的羞辱对象。斯拉沃尼亚东部的巴洛克小镇武科瓦尔被夷为平地，拥有非凡建筑成就的港口城市杜布罗夫尼克不断被炮轰、围攻。1991年秋，联合国的一项贸易禁令在该地区强制执行——最初由西欧联盟监督实施，加剧了交战双方实力的不平衡，且明显有利于塞尔维亚一方，因为他们可以直接从南斯拉夫人民军处获得武器。到1992年年初，欧盟被迫承认调停失败。联合国接手工作，监督分配人道主义援助物资，并进行调停，但这也未取得进展。波斯尼亚依旧战火纷飞、民不聊生。

与此同时，欧盟正在向东扩张。1991~1992年间，欧盟同中东欧一些国家达成了联系国协议，1993年，欧洲理事会宣布，欢迎“联系国”加入欧盟，只要它们满足入盟的政治和经济要求即可。苏联阵营里的国家十分热切地渴望加入欧盟，从而终结它们与主流世界隔绝的状态。1994年，捷克、匈牙利、波兰、斯洛文尼亚和斯洛伐克的总统在布拉格会集，在德国的大力支持下，他们正式请求加入欧盟。一年后，奥地利、瑞典和芬兰加入欧盟，为苏东国家入盟打开了希望之门。德国对周围出现的一系列友好的民主国家极为满意，同时它还希望通过让渡部分主权和扩大联盟来稀释本国的实力，让自己看起来不那么具有威胁性。

美国政府欣然接受欧盟扩张到原华约国家，并对《马斯特里赫特条约》赞赏有加，因为欧洲强大了，就能分担更多维护世界新秩序的责任。布什与欧洲国家的看法一致，认为欧洲应尽可能久地存在下去。然而，华盛顿坚决反对削弱北约力量，它厌恶欧洲军团，认为这会削弱大西洋联盟。欧盟军事指挥部的建立对美国来说无疑是当头一棒。因为这意味着美国和北约将被排除出西欧联盟的海军部队，而该部队正在负责监控前南斯拉夫地区的武器禁运。到1991年年末，美欧联盟间的关系跌至最低谷。

1993年1月，美国新任总统比尔·克林顿就职时，就面临着国会和民众要求削减欧洲安全开支的压力。与此同时，亚洲的商业和战略重要性不断上升，“四小龙”引领经济发展。中国经济的极速发展威胁到了东亚，甚至全球的力量均衡。事实上，新任总统不仅立即重申了欧洲在美国大战略中的首要性，还把它作为新民主地缘政治的重头戏。根据国家安全顾问托尼·莱克（Tony Lake）构想的“扩展民主”政策，西方式的民主最能保障美国安全。扩展民主是美国的全球构想，但主要运用于中东欧地区。为了这个目的，克林顿赞成欧盟东扩，他在1994年1月说道，这对于“把苏联阵营里的国家锁在民主和市场改革的进程中”十分重要。此外，他还决心把北约的扩张作为补充，在1994年年初的北约峰会中，克林顿说：“将北约扩展到东方的新民主国家，是一个渐进的过程。”北约东扩的第一步是与中东欧国家建立“和平伙伴关系”计划，其重点不只在于军事合作，还包括民主改革、经济自由化以及尊重少数族裔的权利以防止另一场欧洲战争的爆发。克林顿警告说："如果民主在东方失败，那么东方的暴力与动荡将再一次伤及我们，以及其他民主国家。"

同样，俄罗斯也正在全力应对如何填补西侧权力真空的问题。在首席对外政策智囊根纳季 · 布尔布利斯（Gennady Burbulis）的建议下，1991 年 2 月，叶利钦也曾经考虑过要加入欧盟甚至北约，不过俄罗斯并不想真正这样做。惨淡的经济状况、极低的石油价格使俄罗斯的国际影响力下降，有人甚至称其为"伏尔加河上的魏玛共和国"。20 世纪 90 年代中期，克里姆林宫和俄罗斯国家安全机构越来越感觉到西方正利用俄罗斯的衰弱挤压其战略空间，以及苏联解体给国家造成的巨大损失，认为自己正被排斥在戈尔巴乔夫设想的"欧洲共同家园"之外。莫斯科尤其反对北约扩张。失去对东欧的控制权是一回事，现在眼看着潜在的敌方联盟在东部边界安营扎寨又是另一回事。叶利钦最初接受北约扩张，至少同意扩展到波兰，但很快改变了想法。他警告说："那些坚持北约扩张的人，犯了严重的政治错误，战火可能席卷整个欧洲。"此后，叶利钦开始采用更积极的对外政策。在波斯尼亚问题上，俄罗斯越来越支持塞尔维亚人，倒不是出于对他们民族事业的同情，而是为了加强莫斯科在国际事务中的话语权。同时，莫斯科开始大规模地介入它所说的"邻近"国家或"内部"地区。1995 年 12 月，叶利钦决定对车臣武装发动进攻，以夺取控制权。但这一行动以彻底的惨败告终，俄军陷入痛苦的游击战。

此时，克林顿的扩展民主战略在波斯尼亚搁浅，先是欧盟，后是联合国，都无力阻止塞族人建立纯粹血统的"大塞尔维亚"国家。美国国务卿沃伦 · 克里斯托弗（Warren Christopher）警告说："大胆的暴君和一个可怕的民族正在观望世界能否容忍其'种族清洗'政策。"1994 年 12 月，在布达佩斯举行的欧洲安全与合作会议上出现了激烈的争吵，瓦茨拉夫 · 哈韦尔（Václav Havel）提醒与会者："欧洲人将继续在前南斯拉夫地区受苦并死去，和他们一同死去的还有欧洲可以终结这一恐惧的希望。"北约不得不加入人道主义救援并提供空中支援，但北约受到了纽约联合国总部的微观管理的束缚，而英法政府则只保护本国军队的安全和援助地面上的工人。北约秘书长曼弗雷德 · 韦尔纳（Manfred W?rner）遗憾地说道："我是世界历史上最强的军事组织的首脑，但我也无能为力。"

1993年，华盛顿开始要求北约军事介入，以支持波斯尼亚政府。然而，英国和法国当场拒绝了美国的提议，它们认为，无依据地干涉他国内战，不仅不能达到军事作用，并且只会使冲突加剧。1993年春，美国国务卿沃伦 · 克里斯托弗劝说欧洲解除对波斯尼亚政府的军备禁令，并劝说北约对波斯尼亚的塞尔维亚军队展开空袭，即“解除与空袭”计划，但该计划遭到拒绝。同时，塞尔维亚的种族清洗持续进行，以1995年6月的“斯雷布雷尼察大屠杀”为高潮。在联合国的眼皮底下，斯雷布雷尼察的东部聚居区里，成千上万穆斯林男人和孩子被杀。此时，克林顿政府决定在波斯尼亚和北约问题上迫使欧洲人采取行动。美国外交官从中调解，促使萨拉热窝政府和波斯尼亚的克罗地亚分离主义者停战，并秘密向波斯尼亚的穆斯林提供军事支援，同时派美国退伍军人训练弗拉尼奥 · 图季曼（Franjo Tudjman）总统领导的克罗地亚正规军。1994年12月，华盛顿终于迫使北约外长们开始着手东扩。自此，问题不再是“是否”吸收苏联集团的国家，而是“何时”开始东扩。1995年9~10月，北约对塞尔维亚进行了大规模的空中打击，以回击其此前在萨拉热窝的轰炸行动。同时，波斯尼亚军队和克罗地亚正规军发展壮大。几周内，塞尔维亚防线崩溃，米洛舍维奇总统不得不强迫波斯尼亚的塞尔维亚人接受停火，各方在美国代顿谈判并达成了和平协议。这是北约在“非”美国领导下打的第一次欧洲战争，并获得了胜利。

大部分欧洲社会很少留意这类事件，他们希望获得“和平红利”，却不愿承担额外的防务负担。当然，还是有很多人进行了游行示威，反对用武力将萨达姆驱逐出科威特，尤其在德国，还有少部分人抗议在波斯尼亚发生的屠杀事件。在英国，梅杰的保守党政府也常受到保守党内“疑欧派”的抨击，他们决心保卫英国主权“不受布鲁塞尔人和德国人的支配”。1995年夏，梅杰的权威受到极大挑战，最终他保住了首相的官位，却威严扫地。1991~1995年间的国际剧变丝毫没有影响到德国1994年的大选，科尔第4次也是最后一次成功连任总理。剧变也未影响到梅杰，他于1992年4月意外获胜。然而5年后，工党领袖托尼 · 布莱尔战胜梅杰，出任英国首相。决定选举结果的主要因素通常是领导人的经济管理能力，或者是政府的廉洁程度以及治理能力。长期以来，对外政策支配着欧洲国内政治，但现在这种模式不复存在。在大西洋彼岸，对外政策同样失去了主导地位。乔治 · 布什尽管赢得了伊拉克战争，却输掉了总统选举。克林顿曾说过一句著名的话："别傻了，这是经济问题。"20 世纪 90 年代，美国选民不再那么看重美国的世界地位，也可能是因为美国已经是无可争议的世界霸主。

在俄罗斯，20 世纪 90 年代中期的对外政策对国内政治有巨大的影响。绝大部分俄罗斯公民认为，苏联解体削弱了他们的国际地位。西方介入南斯拉夫，北约东扩，以及很多俄罗斯民众对国家的耻辱感，引发了群众和精英分子对克里姆林宫的不满。只会向西方点头说"是"的外交部长安德烈 · 科济列夫（Andrei Kozyrev）成了众矢之的，因为 1991 年 8 月保守派政变失败之后，他一直在采取亲西方政策。在精英分子和知识界中，欧亚主义和泛斯拉夫主义的思想相继复兴，一小部分志愿者开始支持波斯尼亚的塞尔维亚人。1993 年 12 月的议会选举中，由于很多人对叶利钦的经济政策不满，尤其是对俄罗斯国力衰弱不满，共产党和一些民族主义政党在选举中大获全胜。在俄罗斯，提高国际影响力和重建"强势政府"的渴望被称为"强国主义"。1993 年 9 月底、10 月初，鲁斯兰 · 哈斯布拉托夫（Ruslan Khasbulatov）领导的议会反抗叶利钦，迫使总统派出坦克镇压他们。两个月后，叶利钦通过新宪法，加强总统的行政权力。20 世纪 90 年代中期以前，俄罗斯处于西方话语的支配之下，俄罗斯人考虑的是如何维护自己的主权，而现在俄罗斯人则开始强调不可分割的"大俄罗斯"。这样，1996 年叶利钦再次赢得选举胜利，也就不足为奇。

在西欧，波斯尼亚战争留下了巨大的战略遗产。尽管解决南斯拉夫危机的希望，本来可以被称作 "欧洲时刻"，但欧盟和欧洲国家集体表现无能，它们无法给出解决问题的方案，更不用说有解决问题的能力了。联合国也显得无能，在西方和穆斯林国家中，它信誉扫地。相反，冷战后，美国最初本来希望减少在欧洲的军事承诺，而现在却当之无愧地成了欧洲大陆的主导力量。新任美国国务卿马德琳 · 奥尔布赖特（Madeleine Albright）是狂热的干涉主义者，她作为克林顿在联合国的代表，屡次在波斯尼亚的问题上与英国和法国发生冲突，甚至强调说美国才是该问题上"不可缺少的国家"。最后，华盛顿对欧洲国家软硬皆施。如今，大西洋两岸都已广泛接受了"人道主义干涉"的概念。这不仅是为了缓解民众的苦难，更是为了捍卫西方安全的根基——西方价值观。现实主义者在波斯尼亚问题上坚持国家利益，其观点不同于人道主义者，二者有巨大分歧。现实主义的观点已经难以为继，换言之，“现实主义”不够用了，甚至不再是现实的了。

1995 年 2 月，美国发布新的《国家安全战略》，反映出对这些问题的忧虑。基于“和非民主国家相比，民主国家威胁我们利益的可能性更小，并更倾向于同美国合作”的假定，克林顿总统承诺重视应对相关威胁，以保卫民主理念与民主习惯，他表示要“扩大民主市场共同体”，“尤其是在具有重大战略利益的地区，比如苏联和共产主义集团地区”。克林顿也支持远东各国建立参与性的民主政府，他尤其反对“民主不适合亚洲、非洲和拉美”的论调。扩展民主战略的唯一例外，就是中东。在这里，《国家安全战略》只提到，要对伊朗和伊拉克实行“双重遏制”，并且“支持和平进程，同时保障以色列和阿拉伯盟友的安全，让石油价格在合理的区间内自由浮动”。这里对促进民主只字未提，因为美国决策者担心那样做会激起中东民众的反西方和反以色列浪潮。

欧盟成员国内，波斯尼亚问题导致了英国和德国的战略转向。新任英国首相布莱尔在 1997 年的选举中，曾抨击梅杰政府在南斯拉夫问题上的失败，强调道德与对外政策的联系，重申英国例外主义的概念。他在曼彻斯特的布里奇沃特大厅发表了著名的演讲：“几个世纪以来，领导其他国家是英国的使命；如今，欧洲是英国发挥权力和影响力的唯一途径；如果英国想继续保持其全球地位，发挥举足轻重的作用，那么英国就必须成为欧洲政治的核心。”然而，布莱尔拒绝加入欧洲单一货币体系。事实很快证明，这种做法削弱了英国在欧洲的领导地位。1997 年 10 月，新政府宣布，所有加入欧元区的决策，都要通过财政大臣戈登 · 布朗（Gordon Brown）的 5 项经济“测试”，以检验英国经济与已启动的欧元区的长期兼容性。这种做法尤其给欧洲军事一体化增加了困难，而军事一体化是英国影响欧洲的主要途径。在这一时期，越来越多的英国人热衷于积极参与欧洲与世界事务。

德国则经历了更为惊人的转变。在克罗地亚问题上，前期持激进立场的波恩政府，后来变得沉默无能，不愿采取军事手段，它为此感到羞愧。当时，战争正在继续，人民伤亡在增加，德国民众和精英分子愈加一致，希望派出军队进行人道主义干涉。德国政府也急欲参与，以减少南侧的威胁，恢复大西洋联盟的信誉，表明德国争取成为联合国安理会常任理事国的决心。1994 年，北约要求德国空军人员在侦察机空中警报与控制系统（AWACS）技术上同它合作，支持其维持波斯尼亚禁飞区的行动，于是这不可避免地引发了德国政坛的一场辩论，即是否应该参与北约的军事行动。这导致一场政治分裂，该问题具有爆炸性：科尔的执政盟友——自由民主党——同意进行军事部署，但政府的这一决策面临着联邦宪法法院的合法性审查。如此一来，决策受到了宪法的制约。一年后，德国飞机参与北约空中舰队，协助结束了战争。在接下来的议会辩论中，绿党和社会民主党强烈反对干涉行为，但这两个党内部的一些具有影响力的人支持介入，绿党的约施卡·菲舍尔（Joschka Fischer）是其中之一。1998 年，社会民主党和绿党组成的"红绿联盟"赢得选举胜利，他在新政府中担任外交部长。换言之，波斯尼亚战争开启了德国对外政策的再军事化。

波斯尼亚问题解决之后，北约在美国、英国和德国的大力支持下迅速扩张。1995 年 9 月，北约公布了扩大计划。其重点在于，通过促进和保卫民主，提高欧洲—大西洋地区的安全。在中东欧国家，代议制政府的建立，会有利于西方安全。因此，所有想加入北约的国家必须证明，它们拥有建立在市场经济基础之上的有效的民主政治体系，并且能够公平对待少数民族，承诺和平解决争端，有能力为北约的军事行动做出贡献，必要时还要在北约区域之外做出贡献。1997 年 7 月初，在马德里峰会上，北约邀请波兰、捷克共和国与匈牙利加入联盟，并计划在 2000 年前处理它们的申请。

这一切的最大受益者是统一后的德国。1994 年起，德国将柏林确定为新的首都。1997 年 11 月，外交部秘书长汉斯–弗里德里希·冯·普勒茨（Hans-Friedrich von Ploetz）指出："这是德国自存在以来，第一次被盟友而非敌人包围，它们不再视我们为威胁。"然而，这并未使柏林在战略上得到满足。普勒茨引用了一句古老的德国谚语："政治是历史的女儿，历史是地理的女儿。"他还指出，德国人需要推动欧洲一体化的进一步发展，从而将自己的安全置于欧洲"不可逆转的和平秩序"中。德国总统罗曼·赫尔佐克（Roman Herzog）曾警告说："不论我们喜欢与否，德国都是民主大家庭中的一员。这个大家庭中的任何一员如果遭遇危险，其他国家都不应袖手旁观，否则很多国家都会不可避免地受到波及。我们从未如此清晰地看到：长远来说，为了规避风险而不采取行动，会比有潜在的危险的行动更加危险。如果我们不敢直面危险，那么危险就会找上门来。"

欧盟在前南斯拉夫集体行动的失败和对美国力量的轻微焦虑，促成了欧洲一体化的重要飞跃。1995 年前南斯拉夫事件中，欧盟求助美国出面干预，让欧洲各国领导人颜面尽失，欧盟首脑们决心不在欧洲大陆重蹈这种覆辙，于是他们大力加强彼此间的政治凝聚力和欧盟的军事实力。他们再也不必害怕德国或俄罗斯，或者其他任何外部敌人，也没有“他者”这一共同敌人需要应对。取而代之的是，他们担心历史的重演，害怕旧的梦魇复活，将联合中的欧洲撕得粉碎。波斯尼亚就是前车之鉴，欧盟首脑们决心让这种事不再发生。为此，他们特别强调“能力与期望的差距”：欧洲人希望解决家门口的问题，却缺少解决的办法。也是出于此原因，在 1997 年的《阿姆斯特丹条约》（Treaty of Amsterdam）中，欧盟曾试图讨论过自身的核心弱点：在部长理事会中，决议需要一致通过，导致欧盟工作效率不高；轮值主席国制度，导致欧盟缺乏政策连续性。根据《阿姆斯特丹条约》，欧盟新设了“外交和安全政策高级代表”，开启了与波兰、捷克、匈牙利、斯洛文尼亚、爱沙尼亚和塞浦路斯的入盟谈判。欧盟的扩大将提升欧洲的国际地位，欧盟将会有新的邻居，使欧洲更和平、更团结、更安定。1996 年 6 月，荷兰人维姆 · 德伊森贝赫（Wim Duisenberg）担任轮值主席期间，欧洲中央银行成立了。

发生在波斯尼亚的穆斯林大屠杀，使伊斯兰世界意识到，在对外政策上须协同一致。国际上很多人认为，当时穆斯林在国际政治中处于守势，在巴勒斯坦、波斯尼亚、克什米尔、车臣等地他们都处于劣势。阿富汗战争之后，大批阿拉伯人、土耳其人、高加索人、中亚人和其他穆斯林游击队战士来到波斯尼亚，继续参加“圣战”。波斯尼亚人的遭遇在欧洲穆斯林中也引起了强烈的共鸣。1994 年 5 月，波黑的大穆夫提（Grand Mufti）①说道：“我们是生是死并不重要，教训就摆在这里，显而易见——穆斯林集团必须永远保持警惕，永远掌握自己的命运，我们永远不能指望任何人解决我们自己的问题或者给我们提供援助。”在西欧的穆斯林移民中，上述口号得到了响应，这在英国最为明显。有一次，在伦敦东部的游行中，有的标语上写着“今天的波斯尼亚就是明天的布里克巷”。一些后来成名的英国“圣战”主义者，如策划绑架并谋杀记者丹尼尔 · 珀尔（Daniel Pearl）的奥玛 · 谢赫（Omar Sheikh）、被关押在关塔那摩军事基地的穆阿

① 穆夫提，伊斯兰教职称谓，即教法说明官。大穆夫提为最高教法说明官。——编者注

扎姆·贝格（Moazzam Begg），都是在波斯尼亚事件后变得更为激进的。换言之，20世纪90年代中期，新穆斯林地缘政治的兴起并不是对西方干涉的回应，而是对西方国家不干涉种族屠杀和种族清洗行为的回应。

同时，全球的伊斯兰主义也正经历着战略转型。苏联撤出阿富汗后，很多外国“圣战者”也相继离开：本·拉登回到沙特阿拉伯，其他人去了埃及、北非或波斯尼亚，他们要寻找更富饶的沃土，以发展自己的力量。1994年，一群阿富汗宗教学生组建了“塔利班”组织，该组织致力于消灭那些导致国家分裂的军阀。两年后，巴基斯坦希望扩大在阿富汗的战略纵深，以抵御印度，因此它开始支持塔利班。在巴基斯坦的支持下，塔利班迅速横扫整个喀布尔地区。本·拉登也重回阿富汗，帮助塔利班“解放”其他地区。他欲借阿富汗为基地，给美国、犹太人及其盟友以致命一击。1996年8月下旬，在兴都库什山，他发表了《抗击美国占领两个圣殿的“圣战”宣言》。

上述种种事实，导致了从欧洲到中东，再到中亚和南亚的新的地缘宗教断层。不过，断层并未经过巴尔干地区，这与部分人所想象的不一样。因此，“基地”组织并未在巴尔干地区的穆斯林中产生很大影响。另一方面，在西欧的穆斯林移民社区中，渐渐产生了伊斯兰和西方新的交战前线。伊斯兰世界的宗教极端主义分子与英国本地的伊斯兰主义者，在英国首都汇集，并彼此影响。

1998年，塞尔维亚的米洛舍维奇与科索沃的解放军公开爆发了战争，西方的扩展民主战略受到了考验。在美国和欧洲各国看来，这次冲突是对北约和欧盟的考验。如果不阻止米洛舍维奇而是放纵其行为，那么巴尔干地区将再次发生种族清洗，不仅会给这个地区造成灾难，还会对西方制度的信誉造成难以估量的损害。大批难民拥入马其顿，严重威胁了当地的斯拉夫人和阿尔巴尼亚人之间脆弱的平衡。如果马其顿爆发内战，那么外部势力将会插手，而希腊和土耳其的卷入将会导致冲突升级。塞尔维亚领导人无视不要伤害平民的最后通牒，1999年北约（德国也参与其中）发动了大规模空中打击，意在逼其就范。最终，在残酷的空袭、北约后期开始准备的地面作战以及莫斯科调停的多重作用下，1999年6月，米洛舍维奇被迫让步，同意从科索沃撤走军队，并接受联合国维和部队的监督，北约可在联合国旗帜下参与。后来，欧盟与塞尔维亚签订了《稳定与联系协定》(*Stability Pact*)，旨在促进该地区的整体转型，即发展自由市场、保护人权与完善代议制政府。

世纪之交，似乎新的时代即将来临。有一点似乎已成事实：民主的扩展有利于稳定国家、保护少数民族，并减少武装冲突。到 2000 年，世界上有 60% 的人口生活在民主制度之下，比 1974 年增长了不少。在中东欧，独裁统治已成为过去。历史似乎到了终结的时刻，尽管弗朗西斯 · 福山（Francis Fukuyama）10 年前就这么说过。1999 年 4 月，布莱尔在他的“芝加哥演讲”中，总结出了乐观的新共识。他大力宣扬“国际共同体”的概念，即全球各国的相互依赖和通信技术的发展，使得国家彼此成为邻里。布莱尔已经不再认同威斯特伐利亚式的主权至上的规范，他认为侵犯人权的行径是对道德的凌辱，而且这种行径会导致不稳定的扩散，以致威胁发达国家的安全。他还说道：“价值观是可以与利益融为一体的。如果我们能建立并宣扬自由、法治、人权和开放社会的价值观，那么这也将有利于我们的国家，传播我们的价值观会令我们更加安全。”

在德国，“人道主义干涉”的概念，使得这个国家开始努力承担大国责任。在科索沃战争正酣之际，社会民主党人、国防部长鲁道夫 · 沙尔平（Rudolf Scharping）在日记中写道：“我们终于不再表现得像个侵略者——就像 1945 年之前那样，而是捍卫人权的斗士。”正是沙尔平所坚持的“不要袖手旁观”的决心，说服了德国政府开始调整政策，不再固执地坚持国际法中所说的主权神圣不可侵犯的原则。科尔主义规定禁止德国军队进入纳粹国防军曾侵略过的地区；而新的“菲舍尔主义”（Fischer Doctrine）则不同，它主张，恰恰是因为纳粹在那些地区犯下罪行，德国人才更有责任在该地区防止罪行重演。新政府力图调整德国的战略，使其更加积极、更加具有能动性。1999 年 9 月中旬，德国总理格哈德 · 施罗德宣称：“如今，德国已是欧洲大国。”议会从波恩搬到柏林更是对这一转变的最好阐释。施罗德强调，德意志联邦共和国“源于欧洲，为了欧洲，并属于欧洲”。很明显，德国正准备以欧洲大陆的中心为立足点。

巴尔干半岛危机对欧洲一体化产生了巨大影响。欧盟前外交事务专员彭定康（Chris Patten）指出，巴尔干危机是“战后欧洲的最低谷，它暴露出我们作为欧洲人的虚荣和我们的合作能力之间的巨大差距”。首任欧盟共同外交与安全政策高级代表把巴尔干地区称为“欧盟对外政策的滥觞”。欧盟不愿再重蹈在波斯尼亚的覆辙。尽管相比之下科索沃战争的经历要比波斯尼亚好得多，但很多欧洲领导人依然对他们在战役中过于依赖美国的军事力量而感到震惊。因此，在21世纪到来之际，欧洲政治军事一体化开始加速发展，同时德国主导了北约东扩的进程。在斯特拉斯堡召开的欧盟议会会议中，德国外交部长菲舍尔指出，为了深化一体化，保持扩张的动力，加强抵御危机的能力，可能需要建立一个“核心欧洲”。菲舍尔说道：“这就需要欧盟更加透明和民主，大国应该努力保障欧洲议会的运行，各国应对欧盟机制有极大的信任，同时我们应尝试直接选举欧盟理事会主席。”菲舍尔希望，一体化的加深能够“战胜那些内生于德国和欧洲中心地区的危险和诱惑”。换言之，欧盟应超越欧洲中心地带。

对于联合的欧洲将会变成什么样，各国产生了严重的分歧。许多人认为，欧洲是新形式的“人民”力量的先锋，超越了传统地缘政治，因此欧洲不该成为美国那样的超级大国。他们更希望欧洲成为一个新的“神圣罗马帝国”，代表了一种法律秩序，而非超级大国，因此没有必要使欧洲有强大的军事能力。欧洲一体化是为了解决战争问题，尤其是防止德国的侵略。欧洲应当利用经济、政治和文化优势，来防止冲突、重建战后社会，欧盟可以和平地扩大以传播其价值观。德国人尤其为这种一体化所吸引，因为如此一来，他们就不必为了保障欧洲的利益而被迫向外派遣军队了。同时，前南斯拉夫的惨痛教训和大规模杀伤性武器扩散带来的恐惧，让大部分欧洲人意识到：他们需要更有效的手段，以防止危险发生。

1999年6月，科索沃战争刚刚结束，欧盟首脑会议在科隆召开，欧盟的一体化进一步加深。这次会议将欧盟的发展目标确定为：制定一个欧洲安全与防御政策。接下来的9个月，欧盟设立了政治安全委员会、欧洲军事委员会和欧洲军队。同年，欧盟任命哈维尔·索拉纳（Javier Solana）为共同外交与安全政策高级代表。两个月后，在欧盟委员会赫尔辛基会议上，欧盟确定了其“首要目标”，并承诺组建一个6万人的快速反应部队，以在必要的时候进行人道主义干涉，解决相关国家的国内冲突。同时，欧盟的政治一体化不断加深拓宽。欧盟与巴尔干国家签订了《稳定与联系协定》，一旦它们满足布鲁塞尔的入盟条件，就有机会加入欧盟。1999年12月，欧盟在尼斯会议上决定，于2000年开始启动与马耳他、罗马尼亚、斯洛伐克、拉脱维亚、立陶宛和保加利亚的入盟谈判。上述协定的签署，以及欧盟的扩大，都需要得到各成员国的批准。

欧盟的扩大和北约的扩大是同步进行的。1999 年 3 月，捷克、匈牙利与波兰加入北约，加强了北约对中欧的控制。一个月后的华盛顿峰会上，北约宣布了针对罗马尼亚、保加利亚、斯洛伐克、斯洛文尼亚、爱沙尼亚、拉脱维亚和立陶宛的扩大计划，北约的意图不仅是要填满中欧地区的权力真空，更是想将边界拓展到波罗的海与黑海。对于东欧国家来说，成为北约成员或潜在成员，是巩固其脆弱的民主的有效方式，“加入欧洲”也是如此。2001 年秋，在德国领导下，欧洲人成功开展了第一次军事行动，他们指挥一支北约军队进入马其顿，在阿尔巴尼亚少数民族与斯拉夫民族为主体的政府之间进行维和行动。同年，奥地利极右翼政党“自由党”在大选中获得选票数排名第二，得以参与组建政府，这时欧盟似乎准备要大显身手了。次年年初，其他 14 个欧盟成员国对奥地利进行外交与文化制裁，包括中止双边关系、取消联合军演、孤立奥地利使节，以及拒绝给予奥地利国际邮政组织的候选国资格。无奈之下，自由党领导人约尔格 · 海德尔（Jörg Haider）感到羞辱，他宣布自己支持欧洲的价值观，最终被迫辞去了自由党领导人的职务，并退出联合政府。

然而，在欧洲一体化的计划中，有很多“定时炸弹”，在一定时间可能会发生爆炸。欧盟创立了货币联盟，并打算建立共同外交与安全政策，而不是首先建立平行的、单一的政治权威。1999 年 1 月，货币联盟成立，各国达成共识，如果有国家遭遇财政危机，欧盟或者其成员国并没有义务自动帮它们脱离困境。在法兰克福新成立的欧洲中央银行仅仅有权调整利率、控制货币供应。它无权干涉成员国的经济政策或财政预算，欧洲议会以及其他类似机构同样无权插手。

总而言之，菲舍尔曾经指出的欧洲“民主赤字”问题，现在仍未解决。当然，各国的民选政府同意让渡与共享主权，但民众并未直接参与其中，而是对一体化表示质疑。21 世纪之初，整个一体化进程都遭遇了一系列的民主与选举障碍。2000 年 9 月，丹麦人在全民公决中拒绝加入欧元区。和英国一样，丹麦将继续使用本国货币。9 个月后，也就是 2001 年 6 月，欧盟最意想不到的事发生了，爱尔兰全民公投否决了《尼斯条约》（Nice Treaty）。条约在爱尔兰这样一个低投票率的国家都遭遇了挫折，这似乎在逼着欧洲成为一个拥有大量军队却得不到军费的超级组织。由于欧盟扩大需要所有成员国的同意，因此布鲁塞尔开始向都柏林施压，要求爱尔兰重新投票。由于现在的欧洲人已经忘记了“二战”的创伤和苏联的威胁，越来越多的人怀疑欧盟是“官僚政治”，并且质疑牺牲国家主权的必要性。没有证据表明，使用共同的货币就一定能建成不可动摇的共同体，就好比关税联盟没能给19世纪的德意志带来政治统一。

因此，哪怕20世纪90年代的外部挑战要求“加强欧洲化”，欧洲民众也不会因此参与共同防御或经济管理事务，各国民众也并不会联合要求参与欧洲事务。1999年的欧洲议会选举只是虚张之事。欧洲几乎从未出现过“公共领域”，更别说针对安全问题的泛欧洲公众辩论了，即使有那么一点儿讨论，也是闭塞的、小范围的、零碎的，并高度精英化的。有迹象显示，未来的欧洲会遇到一些麻烦，尤其是在北约扩张的问题上。20世纪90年代的大规模扩张和未来10年的扩张计划，预示北约可能建立双重体系，因为旧体系里中欧、东南欧和东欧地区获得的安全保障，要比位于“核心”的西欧国家少得多。民主德国地区以前并没有部署过盟国的核武器或常规军队，也没有制订过保卫新防线的积极作战计划。此外，波罗的海沿岸的苏联国家加入北约，导致另一些从苏联独立出来的国家的不安全感激增，最典型的就是白俄罗斯和乌克兰。莫斯科十分担心这些国家会加入北约，因此对它们进行威胁，要求其不要加入北约。而这样做，又再次增加了这些国家的不安全感，使它们更加希望加入北约。简而言之，这一切说明北约必须继续东扩，直到与俄罗斯接壤，或者将其吸收。

这正是克里姆林宫所惧怕的。十多年发展下来，俄罗斯战略家越发担心会被“包围”：东面被中国包围，南面被宗教极端主义国家阿富汗、中亚、伊朗和高加索（尤其是车臣地区）包围，更可怕的是西面被北约包围。现在，俄罗斯知识分子开始重新重视哈尔福德·麦金德的“心脏地带”理论。他们认为，西方试图主导欧亚“世界岛”，继而主宰世界。科索沃战争中，北约绕过联合国安理会，无视俄罗斯的反对，这让俄罗斯更加焦虑。克里姆林宫想知道，什么可以阻止大西洋联盟将“人道主义干涉”和“国际共同体”这类新概念用于车臣地区乃至俄罗斯全国，以及如何才能抵御西方的干涉？

科索沃战争对各国国内政治与对外政策的影响，在欧洲和大西洋彼岸迥然不同。在2000年11月的美国大选中，对外政策不是主要议题。在美国两党进行了10年的战略性合作之后，已经明显可以看出，民主党候选人阿尔·戈尔与共和党候选

人乔治 · W · 布什之间的观点有巨大差别。前副总统戈尔是波斯尼亚军事行动的主要支持者，他打算继续推行克林顿政府的干预政策；相反，获胜的共和党候选人乔治 · W · 布什则非常怀疑和反对美国参与其他国家的建设，他希望美国成为“更谦逊的国家”。同样，2001 年 6 月，科索沃战争对托尼 · 布莱尔的连任也未能起什么实质性的作用，尽管布莱尔对人道主义干涉的强烈支持为他赢得了许多支持。另一方面，科索沃战争使俄罗斯政府承受了很大压力，北约不顾俄罗斯的反对而执意东扩，使俄罗斯面临更大的不安全感。因此，俄罗斯的领导人交接不得不提前进行。1999 年 8 月，战争结束两个月后，疲惫不堪的叶利钦指定默默无名的弗拉基米尔 · 普京（Vladimir Putin）为他的继任者。新总统曾在德国当过中层情报员，1989 年苏联解体让他印象深刻。他被尊称为德国通，能说一口流利的德语，并深信柏林的中心地位在地缘政治上十分重要。2000 年 3 月末，俄罗斯举行总统选举，由于普京是“代总统”，并且有能力操控安全部门和地方政府为自己服务，因此在第一轮投票中就赢得了超过半数选票，无须第二轮投票就轻松赢得选举。他的目标很明确：杜绝国内腐败，阻止北约入侵，试图通过德国和法国瓦解大西洋联盟，以及解决车臣问题，最终实现俄罗斯的复兴。

接下来的 10 年里，俄罗斯政府开始着手进行彻底的国内改革，使俄罗斯成为国际舞台上举足轻重的一员。在国内政治改革过程中，“西罗维基”（Siloviki）的权力有所扩大，“西罗维基”泛指俄罗斯的安全部门，主要是内政部门和联邦安全局（其前身是克格勃）。俄罗斯变成了“主权民主”国家，这个概念无关政治参与，更多的是强调国家的统一。普京上台后，政府重新控制了自然资源，从外国公司手中收回所有权，地方寡头受到法律的清算，这些人麻烦不断，甚至锒铛入狱。总而言之，俄罗斯重新进行国有化，或者说是加强了国家对所有与外交相关的国内部门的掌控，包括交通、通信、财政和国防工业。进行上述改革的部分原因，是应对车臣问题引起的国内宗教极端主义，而恐怖威胁常常是政府限制公民自由、加强媒体审查的借口。许多著名记者因为批评克里姆林宫而遭到了神秘暗杀。更重要的是，莫斯科试图阻止西方通过民主革命操纵俄罗斯。民主革命是西方惯用的手段，它推翻了米洛舍维奇，并吞噬着俄罗斯的邻邦。然而，普京的主要目标是重申俄罗斯的大国地位尤其是向美国展示其国力，并提高俄罗斯的国际影响力。

2001 年 9 月 11 日清晨，“基地”组织劫持了 4 架美国民航客机，将它们当作人肉炸弹，撞向纽约世界贸易中心“双子”大厦和五角大楼。行凶者全部来自中东，主要是沙特阿拉伯人，袭击的主使者是本 · 拉登，由其领导的阿富汗“基地”组织策划。这次袭击，不仅是对美国的政治、军事和经济的标志性建筑的攻击，也是对整个西方世界的攻击。布什总统宣布展开“全球反恐战争”。英国首相布莱尔立即表示支持，德国总理施罗德也承诺 “无条件地与美国合作”。法国的《世界报》甚至宣称：“如今我们都是美国人。”北约宣布“基地”组织袭击了它的防区范围，这触发了其宪章的第五条原则，即成员集体自卫原则。在柏林，德国国防部长称：德国将“在兴都库什山布防，并派遣军队”。施罗德说：“通过这些努力，德国将作为一个统一的主权国家履行其不断增加的责任。”从地缘政治的角度看，中东、宗教极端主义、阿富汗和欧洲被置于同一场战争之中。宗教极端主义最早始于 1683 年的维也纳之战，这场战役阻止了奥斯曼帝国攻入欧洲的行动；到了 20 世纪 80 年代，华盛顿为了保卫中东免受苏联入侵，鼓励并支持伊斯兰宗教极端主义的发展。现在宗教极端主义绕了一圈，又重新将目标对准西方。

“9 · 11”事件推动了欧洲的政治与军事一体化进程。“全球反恐战争”并不像以前那样是以统一欧洲为目的的战争，但它依然包含了欧洲人的自我身份界定，以将自己与穆斯林和阿拉伯人区分开。人们普遍相信，不论外部宗教极端主义的威胁，还是西方世界内部的激进的穆斯林移民团体的威胁，都需要欧洲加强统一与合作来共同应对。一些人希望在新的危险面前，国家为了集体安全能够和别国让渡与分享主权。2001 年 12 月，德国外长菲舍尔说道：“欧洲是因危机与压力发展起来的，而非信念。”这里用了俾斯麦的典故，他认为德国统一靠的是“血与铁”，而非“演讲和决议”。如今，菲舍尔宣称：“显而易见的是，欧洲主要大国的实力已不够。”正是在 2001 年年末，欧盟国家齐聚拉肯，通过了一项“欧洲能力行动计划”（European Capabilities Action Plan）。该计划采用了一个宽泛的对欧洲的定义，其序言称，“欧盟的唯一边界是民主和人权”。2002 年 2 月，欧盟制宪筹委会在布鲁塞尔召开，会议讨论了未来起草《欧盟宪法草案》的问题。

在和谐的外表之下，巨大的战略差异已经撕裂了联盟。对于事件的优先次序，各国无法达成共识。西班牙、法国和意大利坚持认为，焦点应该放在地中海，因为地中海南部是北非，那里是一个不安定地区，可能是大量的经济或政治移民的来源，马格里布国家也是大部分伊斯兰恐怖主义的发源地。相反，东欧人主要担心俄罗斯，他们希望欧盟，尤其是大西洋联盟能够牵制俄罗斯。根据北约战略“新概念”，在 2002 年 11 月的布拉格峰会上，北约与保加利亚、爱沙尼亚、拉脱维亚、立陶宛、罗马尼亚、斯洛伐克和斯洛文尼亚开始进行入盟谈判，这些国家将于 2004 年 3 月末加入北约。大约同时，乌克兰总统列昂尼德 · 库奇马（Leonid Kuchma）也希望乌克兰加入北约。另一方面，巴黎和柏林越来越怀疑北约东扩的必要性，因为东扩不再是保障德国安全的必要手段，相反会招致莫斯科的反感。

各国对“全球反恐战争”的下一步行动看法不一，这是导致欧盟瘫痪的真正原因。对于一些美国人和大部分欧洲人来说，解决“基地”组织和宗教极端主义最好的方法是组织全球警察联合行动。他们呼吁用小心谨慎的“现实主义”外交来对付恐怖主义，这里的“现实主义”外交，常常包括民主国家利用专制国家来镇压“恐怖主义”。在他们看来，对于埃及、叙利亚和沙特阿拉伯等国有必要进行让步，同时对以色列采取一些强硬的手段来缓和这些国家民众对西方的不满。西方的政治家、战略家和民众普遍认为，巴勒斯坦问题是“基地”组织的核心战略目标，也是西方（尤其是美国）在该地区不受欢迎的根源。颇具影响力的新保守主义者、美国国防部副部长保罗 · 沃尔福威茨（Paul Wolfowitz）则认为：“9 · 11”事件最惨重的代价，就是“现实主义”范式在中东的失败。他认为，几十年来，西方国家尤其是美国，同中东那些“温和的”专制政府保持着浮士德式的交易：美国保障其安全，这些国家可以肆意践踏人权；作为交换，这些国家保证国际石油供应，同时镇压其人民。他指出，这一趋势可能发展成为宗教极端主义或者无政府状态，就如 1992 年阿尔及利亚取消选举结果后产生的混乱。9 月 12 日，新保守主义者宣称：“现实主义”已经不起作用了。他们认为，现实主义的外交政策不仅没有缓和中东的反西方情绪，反而助长了这一趋势。毕竟，“9 · 11”事件的劫机者大部分来自美国的两个“盟国”——沙特阿拉伯和埃及，而非巴勒斯坦。新保守主义者建议：现代美国不应再依赖那些专制政权了，美国应该在中东推行民主化，必要时采取军事手段推翻那些压迫民众的政权。

布什总统听取了这一建议。“民主和平”的思想再次成为美国战略的支柱。布什总统的“国家安全战略”将民主扩张推广到中东，取消了该地区的特殊待遇和特殊地位。这表明，美国不再坐以待毙，而是未雨绸缪，消除潜在的威胁。美国政府宣布，针对“基地”组织、“圣战者”以及拥有大规模杀伤性武器的国家，将采取“先发制人”的行动。此时，华盛顿将目标对准了伊拉克的萨达姆政权，他是中东最专横的统治者，长期对外侵略扩张，并试图发展生化武器和核武器。在美国看来，以色列是中东唯一一个民主国家，不应向以色列施加压力，美国应该将矛头对准中东地区最不民主的国家。

欧洲精英赞同美国新战略中的大部分内容。2003 年，欧盟发布了第一份《欧洲安全战略》报告，反映出欧洲的共识。该报告告诫说：“冷战前和冷战时期，我们传统概念中的自我防御，针对的是侵略者造成的威胁。而新的威胁则不同，我们的第一条防御战线，不是在国内，而应该是在国外。”换言之，袖手旁观或者在欧盟的边界线上进行巡逻都是远远不够的。为了保障欧盟的安全，我们需要在危险进入我们的边界之前，就介入并建立缓冲地带。报告中还写道：“即便是在全球化时代，地缘依然是重要因素。欧盟周边的国家，对于欧盟有重要意义，这些国家能否治理得好，关乎欧盟的利益。”正因为如此，欧盟不仅希望扩张边界，还宣布了新的欧洲睦邻政策（European Neighbourhood Policy），创造一个诸如欧盟委员会前主席罗马诺 · 普罗迪（Romano Prodi）所说的“朋友圈”，为欧盟内部核心筑起堡垒。简而言之，欧盟不仅要扩大其领土，更要扩大其观念。也就是说，价值观的传播，会使联盟更加安全。

然而，铲除萨达姆的决定严重分化了欧洲与美国，也使欧洲内部产生了重大分歧。英国首相布莱尔支持这一决定，主要因为他在 1999 年芝加哥演讲中大篇幅谈论萨达姆 · 侯赛因，那时小布什还仅仅是共和党提名的总统候选人。可以说，布莱尔看到，“9 · 11”事件是一个机遇，尽管它引发了全球震动，但我们可以利用这次事件创造一个更公平、更安全的世界。他说：“万花筒已被摇动，世界形势发生了重大变化，这给了我们重建世界秩序的机会。”在他看来，诸如萨达姆这样的统治者，不仅压迫国内人民，而且激发了这些国家内部民众对西方的广泛敌意，这才是引发恐怖主义的根源。意大利总理西尔维奥 · 贝卢斯科尼（Silvio Berlusconi）、西班牙首相何塞 · 马里亚 · 阿斯纳尔（José María Aznar）、波罗的海国家以及被美国国防部长唐纳德 · 拉姆斯菲尔德（Donald Rumsfeld）称为“新欧洲”的大部分苏联集团国家，都赞同英美对伊拉克的立场。另一方面，巴黎与柏林并不相信萨达姆是西方的严重威胁，它们担心，为了消灭他而发起的战争将会代价高昂，并分散西方国家对付恐怖主义的精力。同时，它们还决心同伦敦争夺欧洲领导权，动员欧盟的资源，使欧盟成为制衡美国单边主义的一极。法国威胁使用否决权以阻止英美的企图，不允许安理会通过一个授权对伊动武的新决议。

德国总理施罗德的态度更为坚决，他在2002年的大选中向民众保证，就算联合国授权，德国也不会支持攻打伊拉克。这一决定是德国发展独立于美国的"德国道路"的一部分。在汉诺威市的广场上，施罗德向民众宣告："美国为其他国家做榜样的时代已经过去。在美国，人们常常破产，受到剥削，不得不担心年老后谁来照顾他们；但我向你们保证，这不是德国政府对待人民的方式。"在伊拉克问题上，他告诫说："不要拿战争和军事干涉当儿戏，我们绝不会同流合污。"跨大西洋联盟建立以来，这是德国第一次在国际政治敏感问题上公开地、强烈地与美国决裂。

2003年3月，美英联军开始攻打伊拉克，萨达姆的统治很快被推翻，独裁者和逊尼派的统治在伊拉克终结。这让大部分什叶派迎来了短暂的美好时光。然而，与波斯尼亚和科索沃战争不同，主要战役结束之后，美国国内反对军事行动的呼声并没有减弱。一部分原因是，美军没有在伊拉克发现任何大规模杀伤性武器。曾流亡叙利亚的前伊拉克复兴党人、受伊朗支持的什叶派武装分子、一部分担心失去特权的逊尼派人士，以及国际"圣战者"，纷纷联合起来，反对西方军队的占领。因此伊拉克爆发了旷日持久的暴乱，激化了国内各种力量之间的争论与矛盾。从2003年年末到2004年，美国艰难地控制着伊拉克的事态。伊拉克和其他国家的民主前景十分渺茫。同时，欧洲东部边缘也陷入混乱。事实很快清楚地说明，普京总统的"主权民主"不仅意味着要让俄罗斯的邻国获得真正的主权，还意味着俄罗斯的做法会限制这些国家的民主的发展。2003年9月，俄罗斯发起"单一经济区域"（Single Economic Space）计划，即与白俄罗斯、哈萨克斯坦以及乌克兰开展广泛的合作，代替名存实亡的独立国家联合体。乌克兰民族主义者以及维克多·尤先科（Viktor Yuschenko）领导的反对派强烈反对该计划，因此基辅政府要想通过该计划，已经变得非常困难。莫斯科开始公开干涉乌克兰内政，支持亲俄的总统候选人维克多·亚努科维奇（Viktor Yanukovich），他的权力根基在乌克兰东部的俄语区。2005年，白俄罗斯国内也出现了紧张局势。白俄罗斯国内的一些波兰裔人，希望得到波兰政府的保护，他们与莫斯科支持的总统卢卡申科（Lukashenko）之间的矛盾越来越激化。

伊拉克危机和俄罗斯想重新成为超级大国的野心，逐渐对欧洲地缘政治产生了巨大影响。在外交方面，巴黎和柏林希望与莫斯科更加密切地合作，制衡他们眼中的美国霸权，并且确保来自俄罗斯的能源供应，尤其是天然气，因为很多欧洲国家的能源进口都依赖于俄罗斯。2003 年 3 月，三国发表联合声明，正如德国总理所说，如果三国能够联合起来，他们就有可能与美国相抗衡。伊拉克战争刚刚结束后，在法国与德国的带领下，反对美英联盟的欧盟国家在卢森堡聚集。年末，施罗德访问中国，他此行的主要目的是为德国工业争取更多的贸易机会，当时德国经济刚刚走出萧条时期。他对所谓的人权问题几乎不感兴趣，并提议放松欧盟对北京的武器禁运。法国与德国同意暂时搁置《马斯特里赫特条约》中设定的部分标准，暂时对联盟内部的各种违规行为不管不问。之前的历代德国领导人都重视大西洋联盟，而施罗德则不同，他反复强调德国的欧洲任务，以及其独特的“德国道路”。如今，他和他的法国盟友决心继续推动一体化，提升欧洲的实力，以便与美国抗衡。欧洲的发展进入到了新的阶段：精英们普遍希望，欧洲能在世界舞台上起到决定性的作用。

2003 年 4 月中旬，捷克、爱沙尼亚、塞浦路斯、拉脱维亚、立陶宛、匈牙利、马耳他、波兰、斯洛文尼亚、斯洛伐克签署了入盟草案。这意味着，一年之内，又将有一亿人加入欧盟。2004 年 6 月，克罗地亚成为候选国。6 个月后，欧盟开始与保加利亚和罗马尼亚进行谈判，两国被准许在 2005 年 4 月加入欧盟。同时，联盟开始加强政治融合与军事实力。2003 年，在那不勒斯峰会上，欧盟拟在布鲁塞尔建立军事总部。伊拉克战争结束后不久，欧盟制宪会议制定的《欧盟宪法》草案就开始在民间流传。到 2004 年 10 月末，欧盟成员国政府签署了《欧盟宪法》。这不仅是一个量变，也是一个质变，标志着国家层面的权力将逐渐转移到联盟层面。服从有效多数制投票的国家，其数量几乎增长了一倍，这稀释了各国的主权，尤其是在司法与民政方面。欧洲议会被赋予了更多权力，希望它能够帮助促进欧盟的民主合法性。然而，欧盟最大的创新还在于国防和对外政策。《欧盟宪法》规定将设立两个新的职务：欧洲理事会常任主席和欧盟外交部长。但这些还不是欧盟发展的最后步骤。《欧盟宪法》的序文重申建立“史上最紧密的联盟”的承诺。现在，《欧盟宪法》的实施只差正式批准了。

在欧盟大多数国家，《欧盟宪法》只需政府决定是否批准，如德国、英国等国家，《欧盟宪法》在这些国家的通过并未受到太大的阻碍。然而，在需要多数投票通过的国家，批准条约的进程并不顺利。与美国不同，欧盟是由各国政府组成，而非人民，更非大众。2005年5月末，法国民众否决了宪法条约，不久荷兰民众也否决了它。一体化计划之下的“民主赤字”暴露无遗：欧盟试图对外输出民主，而自己却没有民主。当民众被问及为何不支持《欧盟宪法》时，他们说没有任何必要放弃本国的主权，无论是从经济还是从战略的角度都是如此。这种“欧洲”理想事实上缺少推动力。短期来看，法国和荷兰对《欧盟宪法》的否决，迫使欧盟需重新调整《欧盟宪法》的框架，重新设定议程，以再次尝试。但是深层问题依然没有解决。欧洲中心的这几个大国，如何才能对全欧洲的人民负责？反过来说，目前欧洲民众的力量还没有发挥出来，那么各国民众如何才能参与欧盟发展的大政方针，创造出更加强大的力量？

对于欧洲应该扩展到什么地步，各国一直分歧不断。欧盟的东扩已经满足了德国的需要，因此北约东扩对德国的意义已经不大。德国外交部长如此评价巴尔干国家、保加利亚、罗马尼亚、斯洛伐克和斯洛文尼亚加入欧盟：“这是一个历史时刻，这将是德国在现代史上第一次处于欧洲核心，周边没有直接的威胁，我们也没有威胁别人。”对于许多德国人而言，如今的“欧洲”是为德国服务的，比起向南或向东扩展，他们更希望拉起吊桥，在堡垒中以逸待劳。这种情绪也影响到北约的进一步东扩。巴黎与柏林在军事方面已经安全，它们希望安抚克里姆林宫，确保获得俄罗斯的能源供应。而英国、波兰、波罗的海等其他处于前线的国家，希望有大国力量来填补它们与俄罗斯之间的权力真空地带。而乌克兰的入盟问题，则导致西方与俄罗斯矛盾的尖锐化。2005年4月末，基辅终于与北约开始入盟谈判。就在前一年的年末，由于大选引发的争议，使得整个国家曾经陷入危机。当时执政党被指控试图以舞弊的方式操纵选举，而莫斯科竟然公开对其表示支持。在之后的“橙色革命”中，支持民主的反对派示威者占据上风，亲西方的尤先科上台执政，他决心让乌克兰向欧盟靠拢。

伊拉克冲突和“全球反恐战争”对美国国内政治产生了深远的影响。从2001年开始，美国不断卷入各种战争。在国内，人们处于高度焦虑之中，积极为战争提供准备，同时战争也为领导人带来了明显的政治收益。2004 年 1 月，民主党总统候选人、老兵约翰 · 克里（John Kerry）未能说服美国群众，未能证明自己更有能力应对恐怖主义威胁。人们普遍相信，国家安全问题决定着选举的结果。因此，小布什获得连任，他宣称将继续推动“全球反恐战争”和中东的民主化进程。另一方面，在欧洲，伊拉克战争使民众变得越发激进，那些支持发动战争的政府大多陷入尴尬，而反对发动战争的政府则获得了民众的支持。施罗德意外地赢得德国 2002 年大选，一部分原因是他在处理东部洪灾时显示出超凡的领导力，但主要是因为他曾警告选民——德国人可能卷入中东战争。在伦敦，党派政治常常被外交事务左右，甚至有人试图弹劾布莱尔，说他“在入侵伊拉克问题上犯下重罪、行为不端”。不过这些事件的政治后果十分有限。在 2005 年 5 月的选举中，布莱尔史无前例地第三次赢得议会选举的胜利，使工党连续执政长达三届。尽管英国人对伊拉克战争有所抱怨，对他奉承美国的行为有所不满，支持他的人减少了许多，但他还是赢得了大选。与之相反的是，尽管施罗德反对小布什攻打伊拉克，但在之后的大选中，他还是没能赢得大选。2005 年，安吉拉 · 默克尔担任德国总理，与社会民主党组成联合政府。在法国，尼古拉 · 萨科奇一向支持美国，2007 年他赢得大选，成为总统。

欧洲穆斯林普遍认为，“全球反恐战争”的主要目标并不是伊拉克，而是针对伊斯兰世界本身。如今，在一个多元文化的社会中，外交政策的制定已经成了敏感问题。在这样的国家，移民者的后代非常关注其所在国家的对外战略。2005 年左右，一连串的伊斯兰恐怖事件震惊了欧洲社会，这些事件受到某种伊斯兰战略和意识形态思潮的影响。“全球反恐战争”推动了这种思潮的泛滥，但这种思潮早于“全球反恐战争”。长期以来，宗教极端组织的领导人都宣称，伊斯兰的所有昔日领土，包括西班牙南部和巴尔干半岛大部，都应该被收复。许多成长在英国的激进主义者甚至认为，英国也应是他们的领地。2004 年 3 月，宗教极端主义分子在马德里地铁安置炸弹，造成大量民众伤亡；2005 年 6 月初，生于英国的宗教极端主义分子袭击伦敦，导致许多人丧命；类似的悲剧也曾在欧洲其他国家上演。在伊斯兰世界与西方世界之间，一个新的战场被开辟了。在“收复失地运动”（Reconquista）结束的 500 多年后，以及奥斯曼人在维也纳被击退的 400 多年后，宗教极端主义分子又一次在欧洲挑起战火。而这一次，战争不仅仅是发生在欧洲之外，更多的是在欧洲内部。

一些宗教极端主义分子将反犹太主义作为其核心思想。反犹太主义被重新引入欧洲，并演变成了反西方的一部分，因为它认为美国和欧盟是犹太复国主义的联盟或棋子。在穆斯林和许多西方人看来，“全球反恐战争”、进攻伊拉克，以及装模作样的民主推广，其实都是阴谋，其幕后的主使者是信奉新保守主义的美国犹太人和在背后操纵他们的以色列。2003 年，马来西亚首相马哈蒂尔 · 穆罕默德（Mahathir Mohamad）对伊斯兰会议组织说：“如今，犹太人在幕后主宰世界，他们让别人为他们征战和送死。”《锡安长老会纪要》是沙皇的秘密警察唆使伪造的一份文件，此时它重新被人提起，很多人再次否认存在“二战”时期德国对犹太人的大屠杀。在许多西欧国家，尤其是东正教地区，犹太人遭到越来越多的身体和言语攻击。许多攻击是由“传统的”极右派实施的，但大部分攻击来自穆斯林移民社区。这一浪潮滋养了以色列政治、法律和文化的“去合法化”，欧洲很多人并不反对犹太教，这些人对以色列表示同情与支持。

“全球反恐战争”有一种重塑欧洲国内政治的潜力，就如过去的内忧外患一样。在各国争相抑制恐怖主义威胁和反西方的移民社区的挑战时，它们的政治体制不得不面对一个经典问题——如何保持自由与安全之间的平衡。然而，欧洲大多国家并未采取任何系统性措施以改造社会和经济。在俄罗斯，普京把对外政策放在首位，试图改变社会经济关系，保护国家主权不受西方侵蚀。这一努力在 20 世纪末一度失败，至今也未能成功。与 2001 年后的美国不同，新世纪的欧洲社会依旧是和平的，尽管在“二战”之后，曾经有无数年轻男女在伊拉克、阿富汗和其他地方拼死搏斗甚至丧生。

同时，北约和欧盟也加速扩张。2007 年 1 月，保加利亚与罗马尼亚加入欧盟，乌克兰努力进行经济改革，建立公民社会，为入盟做准备。当年年末，在里斯本，欧盟成员国同意对《欧盟宪法》进行微调，重申将欧盟发展为军事联盟的目标。批准新宪法的进程重新开始。2006 年 9 月末，北约与高加索地区国家格鲁吉亚进行了“密切谈话”。巴黎和柏林极力反对北约的这种行为，在这一点上，默克尔继续坚持施罗德的立场，因为上述做法可能会激怒俄罗斯，并导致北约的过度扩张。两个月后，阿尔巴尼亚与克罗地亚被邀请加入入盟谈判，两年后正式加入北约。2008 年 4 月，北约在布加勒斯特进行了一场争论激烈的峰会，北约向马其顿保证，在其解决了与希腊的争端之后，就将受邀加入北约；北约还呼吁同波黑开启密切谈话。最有争议的是，北约不顾法、德两国反对，告知乌克兰和格鲁吉亚，如果它们能解决好国内的少数民族问题，那么它们以后就将有机会加入北约。

2008 年，不断升级的危机震动了整个欧洲。2 月，科索沃议会单边宣布将脱离塞尔维亚而独立，这个事件暴露了联盟内部深刻的分裂。包括英国、法国和德国在内的 22 个欧盟国家承认了这个新诞生的国家，但希腊、塞浦路斯、西班牙、罗马尼亚和斯洛文尼亚均拒绝给予承认。因为，这些国家的内部都存在类似的少数民族问题：希腊国内有马其顿人和斯拉夫人，塞浦路斯国内有土耳其人，西班牙国内有巴斯克人和加泰隆人，罗马尼亚和斯洛文尼亚两国内部有很多匈牙利少数民族。欧洲议会本来拟通过决议，承认科索沃独立，但后来不了了之，一直没有承认。不久之后，即 2008 年 6 月，爱尔兰在全民公决中否决了《里斯本条约》。投票结果受到很多因素影响：低投票率，有些人害怕爱尔兰中立的传统被打破而被卷入“欧洲战争”，有些人担心新加入的东欧国家会动摇欧盟的根基，有些人对布鲁塞尔的“官僚主义”和“不民主”感到不满，还有些人认为《里斯本条约》威胁到了国家主权，等等。由于欧盟采取“全体一致”的原则，并且欧盟不能轻易将某一个国家开除，因此在爱尔兰人改变主意之前，进一步一体化的计划将被搁置下来。

两个月后，欧洲受到另一场危机的打击。在北约宣布乌克兰与格鲁吉亚原则上可以入盟之后，俄罗斯开始向高加索国家增加压力，其方式是支持阿布哈兹和南奥塞梯两个地区从格鲁吉亚独立。这两个地区既有俄罗斯人，也有格鲁吉亚人。而格鲁吉亚总统米哈伊尔 · 萨卡什维利（Mikhail Saakashvili）决心坚定，一直想加入北约。在是否加入北约的全民公决中，有 3/4 以上的民众表示支持。根据北约的规定，其他国家入盟的条件之一是，必须已经解决好与邻国的领土争端。为了解决这个问题，萨卡什维利做出了一项不顾后果的决定。2008 年 8 月，萨卡什维利大举进攻妄图分裂的南奥塞梯。莫斯科迅速做出反应，以“人道主义干涉”为由，派兵保护当地的俄罗斯人。俄罗斯坦克向格鲁吉亚南部进发，不仅危及格鲁吉亚领土完整，还威胁到了东—西输油管道的安全。2008 年 9 月，西方金融体系突然崩溃，欧洲开始退缩。危机始于美国华尔街，以投资银行“雷曼兄弟”（Lehman Brothers）的破产为标志，进而席卷了整个美国，并蔓延到大西洋彼岸。在欧洲，银行开始破产，尤其是英国、爱尔兰、西班牙、德国最为明显。金融危机后，巨大的经济衰落随之而来。美国和许多欧洲国家陷入萧条，英国相对缓和，爱尔兰、希腊和西班牙则较为严重，房地产、零售业和许多其他行业陷入急剧衰退之中。

华盛顿和欧洲各国政府争相回应俄罗斯对格鲁吉亚的武装干涉。在布什总统任期的最后时刻，美国仍深陷于伊拉克和阿富汗，他失去了人民支持，缺乏对俄罗斯采取行动的能力。在伦敦，工党政府和保守党新领袖大卫 · 卡梅隆达成共识，决定对俄罗斯采取强硬手段。保加利亚人、捷克人、丹麦人、波罗的海人和波兰人都惧怕俄罗斯，但他们也支持对俄强硬。拉脱维亚提议抵制在俄罗斯旅游胜地索契举办的 2014 年冬奥会，并向格鲁吉亚提供军事援助。然而，除了表面功夫，欧洲国家并未对莫斯科采取任何措施，这主要是因为法国和德国的反对。法国总统萨科奇匆忙来到俄罗斯进行调停，试图使双方停火，但效果不佳，不仅没有恢复格鲁吉亚对争议地区的主权，反而使得俄罗斯军队对格鲁吉亚土地的占领变得合理化。

欧洲国家难以就如何应对经济危机达成共识。在任期最后几个月，小布什和英国首相布朗采用了一揽子计划来稳定金融体系，刺激经济。该计划主要是通过“量化宽松”政策，印发更多的纸币。在欧元区，因为成员国政府把货币主权交给了欧洲中央银行，所以它们能采取的对策十分有限。德国经济亟须低通胀率，它强烈反对承担额外债务来弥补财政赤字的开销。欧洲央行需要遵从德国的利益，因此没有采取过激的行动。德国确实持续保持了高出口和较高的收支顺差。在过去的 15 年间，德国经济默默无闻，如今又再次成为欧洲工业和金融强国。在柏林墙倒塌、南斯拉夫战争 20 年之后，科索沃战争、欧元区建立 10 年之后，“世界反恐战争”8 年之后，欧盟各国在外交、安全和经济政策上依旧难以达成共识。

日积月累，这些危机对各国产生了深远的影响。由于惨淡的经济状况，对外政策不再是 2008 年美国大选中的支配性因素，不过在外交方面，美国人依然面临着两项截然不同的战略选择。共和党候选人约翰 · 麦凯恩（John McCain）承诺继续推动民主扩张，呼吁“民主国家团结一致”和“建立世界民主国家的联盟”，他谴责俄罗斯在高加索的“残忍行径”。而民主党总统候选人巴拉克·奥巴马则指责共和党把美国拖入了一场不必要的、非法的伊拉克战争。奥巴马认为，共和党忽略了在阿富汗的“必要”战争，没有注意到巴基斯坦与塔利班的勾结行为，这些导致了美国国际地位的迅速下降。很明显，奥巴马并未针对俄罗斯入侵格鲁吉亚做出批评。他还从道德、谋略和可行性方面，质疑将民主输出看作保证国家安全的手段。2008 年 11 月初，奥巴马轻松赢得选举，成为美国历史上第一位混血总统，他的父亲是肯尼亚人，母亲是白人。

奥巴马新政府采用了和前任政府截然不同的对外政策。2009 年，国务卿希拉里·克林顿在第一次访问中国时刻意回避了人权问题。达赖喇嘛访问华盛顿时，奥巴马拒绝接见他。同时，美国还“重启”与俄罗斯的关系，放弃在中东欧的地面导弹拦截系统。宏观层面，新政府表示不再推行民主演变政策，而是依靠其盟友即各国的独裁政权来镇压反美势力，同时在伊斯兰世界改善美国形象。在欧洲，新总统主要关注的是德国。小布什政府重点关注与英国的“特殊关系”，而奥巴马却不以为然，他把柏林作为其欧洲之行的重点。早在竞选期间，奥巴马就曾在勃兰登堡门前发表了激情澎湃的演讲。在奥巴马竞选期间，克林顿时代的助理国务卿詹姆斯·鲁宾（James Rubin）曾强调新时期德国的重要性。他说：“德国而非美国，才是北约的权力掮客，至少在东扩进程中是这样的，如果要重建北约联盟，美国必须把德国作为首要关注点。”美国政府对柏林寄予厚望，希望其能在阿富汗的“反恐浪潮”中派遣更多兵力。

不久，美国的大战略陷入了困境。美国放弃针对莫斯科的导弹防御系统，这在东欧尤其是波兰引起了轩然大波。除了英国，欧洲各国都拒绝支持奥巴马，这些国家在布什政府时期就已拒绝向阿富汗增兵。跨大西洋的短暂蜜月期是基于一个误解之上的：奥巴马想当然地认为欧洲会多派兵力，欧洲却希望奥巴马少做这样的要求。尤其是德国，阿富汗战争后政府受到民众的严格监督。公众舆论以及许多政治家，都要求撤回德国国防军。尽管他们驻扎在相对安全的地区，目的是重建而非战斗，但德国部队还是略有伤亡。诚然，德军伤亡人数远不如美国和英国，但是对一个和平国家来说，这已是天文数字。在 20 世纪 90 年代，德国绿党领袖菲舍尔、法国绿党领袖龚本第（Cohn-Bendit），都支持本国政府进行人道主义干涉。而现在他们却改变了看法，现在他们反对向阿富汗增派旋风式战斗机。默克尔总理一再拒绝华盛顿的增兵请求，也拒绝同意更粗暴的干涉规则。显然，德国在阿富汗问题上不想再出力。

同时，欧洲精力充沛地重新回到批准《里斯本条约》的工作上来，各国说服爱尔兰在2009年再次举行公投。由于要应对严峻的经济形势和高投票率，这次条约通过了。《里斯本条约》如期生效，设立了欧盟理事会常任主席，并设立了新的欧盟外交与安全政策高级代表。然而，这并没有提高欧盟的权力和权威，甚至恰恰相反。当选欧洲理事会主席的，并不是高知名度的人物，如托尼·布莱尔，很多人曾看好他，但他在伊拉克战争之后备受争议；也非约施卡·菲舍尔；而是名不见经传的比利时首相赫尔曼·范龙佩（Herman van Rompuy）。外交和安全政策高级代表则由毫无名气的凯瑟琳·阿什顿（Catherine Ashton）出任，她曾任英国贸易专员。另外，2009年欧盟选举的最大特点既非欧洲怀疑主义者的胜利（那些反对欧盟的政党都发展得极为不顺），也非欧洲民众的广泛参与（尽管他们的国家面临巨大经济、战略危机），而是一种普遍的冷漠。不仅那些支持一体化的精英没有向民众展示他们该如何做，而且在经济危机的关头，欧洲民众自己也没有去争取他们参与保卫共同繁荣与安全的权利。不管怎样，“民主赤字”都将继续侵蚀整个欧洲一体化的计划。欧盟依然是一个“民主混合体”，是代议制国家的联盟，但其本身并不具备民主性。它并不能调动力量，而只会分散力量。

因此，在2010~2011年间的一系列新的危机面前，欧盟显得无力回天。金融危机造成的后果越来越严重，如政府无作为、低税收收入、严重的偷税漏税、欧元区债务危机，等等。这些都要归咎于货币联盟的低利率政策。同时，被戏称为“欧猪五国”（PIIGS）的葡萄牙、爱尔兰、意大利、希腊与西班牙，纷纷陷入巨大的财政困境。当年春天，希腊政府试图减少开支以平衡债务的举措引发了雅典民众的骚乱。一年后，希腊人再次游行，反对新一轮的紧缩政策。在爱尔兰，国家承收了银行的巨额债务，使整个财政体系处于崩溃边缘。那里的人民更愿意接受财政削减政策，希望“欧洲”能向自己施以援手。同时，葡萄牙、意大利和西班牙的公共财政也处于崩溃边缘，甚至连比利时这种“核心”国家的前途也不明朗。在爱尔兰和地中海地区，许多国际投资者严重受制于政府公债，他们考虑是否要“抛售”所持有的债券，换取更稳定的债券如德国的债券。到2011年年初，欧洲多国的财政系统几乎面临灭顶之灾。

与此同时，中东突然发生混乱。2011年1月，突尼斯独裁者扎因·阿比丁·本·阿里（Zine El Abidine Ben Ali）被反对者赶下台——他们要求结束腐败与独裁统治。一个月后，在一场类似的政治运动中，统治埃及多年的独裁者胡斯尼·穆巴拉克（Hosni Mubarak）被推翻。不久之后，利比亚东部发生武装起义，民众反对在位已久的独裁者穆阿迈尔·卡扎菲，但卡扎菲的军队逐渐控制住了西部的局面，并试图收复东部的失地，进攻反政府军的大本营。2011年3月，叙利亚也爆发了抗议活动。在这个春天，中东几乎没有哪个国家安宁无事，动荡甚至波及海湾国家巴林，在那里占人口大多数的什叶派要求逊尼派的王室给予他们更多的权利。中东国家文化传统多种多样，政治传统各异，教派林立，各种思潮交汇在此，而将它们团结在一起的是对西方式的政治参与和政治责任的追求。与推翻伊朗国王的伊斯兰革命完全不同，在"阿拉伯之春"中，中东国家的外交政策对一系列革命事件的发生没有起到任何作用。抗议者广泛批评美欧支持中东独裁者的行为，但他们丝毫不愿看到本国同以色列或西方发生任何冲突。总而言之，与1979年的伊朗伊斯兰革命相比，"阿拉伯之春"与1989年的中东欧民主运动更为相似，但是直到2011年中期，中东地区的前景仍不明朗。

欧洲和美国不知不觉地卷入其中。它们一直认为，中东独裁者尤其是穆巴拉克，是维护当地稳定的力量，是"全球反恐战争"的盟友。卡扎菲是布莱尔不久前好不容易才拉入西方阵营的，一些人甚至更看好叙利亚总统巴沙尔·阿萨德（Bashar al-Assad）。但是，"阿拉伯之春"简直是一场梦魇，它驱逐了西方在埃及、突尼斯、利比亚的新旧朋友，威胁也门、巴林、沙特阿拉伯等美国盟国的稳定。现在，西方领导人担心，大众政治的崛起会让伊斯兰主义在中东取得优势，尤其是"穆斯林兄弟会"，这将导致中东国家对西方与以色列采取更激进的政策，进而引发大批的经济移民和极端分子北进，穿越地中海并来到欧洲。出于以上考虑，美国和欧洲各国起初并不欢迎突尼斯和埃及的转型。但是转型一旦开始就无法阻止，而且势如破竹。人们便普遍认为，这些地区的民主转变会让西方国家更安全。布什总统当年费尽心机想要实现的事，如今轻轻松松地落到了奥巴马的手中。

然而真正的转变开始于利比亚。2011年3月，卡扎菲几乎要将反对派的军队消灭了，并威胁说"要像追兔子一样追赶他们"。起初奥巴马总统拒绝干预，任由法国和英国进行空袭，以保卫反对派首都班加西的安全。不过，由于美国国家安全机构在内部不断向总统施压，华盛顿才转而在二线采取行动，为英法的空袭提供支持，阿拉伯联盟也是如此。另一方面，德国出人意料地在联合国安理会投票中弃权，德国认为军事干涉违背了国际法，而且会使突尼斯、埃及等国的民众更加敌视西方，这会使得该地区的民主转型成为一种危险。许多欧洲人同意这一观点，却鲜有人愿意公开表明立场。空袭迅速打击了利比亚政府军，使其损失惨重，最终卡扎菲政权被推翻。这次军事干涉以"人道主义"自居，而根本的原因是，西方担心卡扎菲重新控制这个国家，担心当地的民主运动失去动力。欧盟担心利比亚会上演一场波斯尼亚式的旷日持久的危机，不利于欧盟南部边缘的稳定。因此，"人道主义干涉"、对外推广捍卫民主和现实主义政治三者之间的关系将被重新定义。

欧债危机才是欧洲领导人最关心的问题。如果希腊与爱尔兰真的陷入主权债务违约，那么这将令神圣的政府债券信誉扫地。同时，大批投资者逃离国债市场，会加速西班牙、葡萄牙和意大利的经济崩溃，甚至还可能摧毁整个欧元体系，使整个欧洲乃至全世界陷入萧条。因此，欧盟和国际货币基金组织试图通过一系列紧急救助措施（大部分由德国资助），即通过高利率的贷款以弥补财政亏空，来维持爱尔兰和希腊的财政。作为回报，两国要采取更加严厉的紧缩政策，以早日将国家财政拉回正常的轨道。德国是这一事件的主角，德国国内曾就此问题引发了一场论战：支持者认为希腊或者爱尔兰中的任何一国破产都会摧毁德国的银行系统，因为德国银行购买了大量的相关债券；而反对者则厌倦了一次又一次的紧急救援，认为这是毫无远见并且无关紧要的经济投入，很多选民在地区选举中表达了这种观点。2011 年中期，为了避免丧失更多的选票，默克尔总理不再与巴黎并肩保护债券持有人，并坚持认为国际投资者也应当分担部分损失。这一立场固然有其合理的地方，但也有负面影响：一方面这种做法激怒了法国人，因为法国的银行受希腊债务的影响更大；另一方面这会增加欧洲其他地区的主权债务危机的可能性。

这一切俨然成了欧洲一体化计划面临的最严峻挑战或者说可能是极限的挑战。在笔者撰写本书时，欧洲正处于"二战"以来最严重的危机之中。欧洲在利比亚问题上的分歧表明，所谓"共同外交与安全政策"只是徒有虚名。没有美国的后勤保障，欧洲就无法进行干涉。美国前国防部长用幽默的语言，一语道破了美欧之间的依赖关系。许多人质疑道，如果欧洲对付一个实力相对弱小的对手都如此战战兢兢，它如何同大国匹敌？如何能对付正在复兴中的俄罗斯？关键是欧洲国家未能解决欧债危机。事实证明，所谓全能的欧洲央行，最终还是要依靠各国政府的支持，尤其是德国的支持，而且它还缺乏挑战国际货币市场的金融实力。欧洲急需团结、机制和能力。不管怎样，2010 年和 2011 年的事实证明，在历史的转折点上，欧洲再一次毅然拒绝走向政治统一。外部挑战持续分裂着欧洲，而非使它更加团结。

事无巨细是欧洲一体化计划的核心的最大缺陷。德国是一体化的中流砥柱与最后的“救火队长”，但它正在逐渐背离欧盟。2009 年，备受尊崇的德国联邦宪法法院裁决：如果没有人民的首肯，德国不会继续参与一体化。同时，德国人厌倦了“拨款联盟”，认为这是在替那些长期管理不善的国家埋单。可以说，随着历史的包袱被抛之脑后，德国正逐渐成为独立而“自信”的“正常”国家。然而与 20 世纪初不同，这一进程并未使德国在欧洲或是世界舞台更加活跃，结果恰恰相反。正是德国军队的节制而非野心使得欧盟在战略上显得瘫痪。如今，德国在民主市场经济的泡沫中平安无事，并准备从世界舞台上隐退，它将更多地关注自身的发展。而正是这种做法，在不经意间大幅提升了德国的经济实力，而它强大的经济实力让欧洲大陆的其他国家惴惴不安。德国领导人越来越不愿意支持对中东的军事干涉，因为这样违背民意。德国政府也不愿意因为北约东扩的问题得罪俄罗斯，因为德国担心俄罗斯的能源报复行动。德国的地区选举对欧洲来说越来越重要，就像几个世纪之前，神圣罗马帝国的皇位继承问题对周边小诸侯国的影响巨大一样。德国“脱离欧盟核心”，不过问欧盟事务，重新启用马克并非绝对不可能发生的事。这会引发欧盟其他成员国的恐慌，重新引发欧洲其他国家人民的反德情绪。本来，这种反德情绪在 20 世纪 80 年代已经销声匿迹了，但现在又开始出现了。简而言之，从新世纪的第二个 10 年开始，欧洲人依然在不断地专注怎样把欧洲核心地区整合好。统一后，沉寂了十几年的德国问题又回来了。

结 语

历史……不是一本提供了既定配方的食谱。它用类比而非格言来教育人们。通过可比较的不同情境，它阐明行为的不同结果，然而每一代人都必须自己探索哪些事情是有可比性的。

——亨利 · 基辛格，1979 年 1 月

这本书涵盖了 500 多年的欧洲历史，讨论了历史上的很多战争、干涉、革命以及与之相关的争论。我们了解了历史上很多不同的政体、不同的民族性格以及不同的文化，我们从神圣罗马帝国一直讲到第三帝国，谈论了各种专制王权、代议制政府，最后讲到了欧盟。尽管时间、地点各有不同，但我们可以看到，在欧洲国家历史上，地缘政治的主题总是不断上演。我们现在关注的是一些模式和问题，它们指引我们未来的路途。

最根本的问题一直都是，欧洲能否统一为单一的力量，或者由某一个强大的力量所主导。历史上，查理五世、路易十四等人曾试图打造“世界帝国”，腓力二世认为统治整个世界都“不够”，苏莱曼大帝及其后继者野心勃勃，拿破仑差点儿征服整个欧洲大陆，德意志帝国曾追求欧洲中心主义，希特勒妄想建立其“千秋”帝国，苏联渴望建立社会主义，以及今天北约和欧盟希望建立民主地缘政治体系。在以上所有的事件中，德国都是各种力量争夺的中心地区，因为它位于欧洲心脏部位，战略地位重要，并且它在近代早期表现出了巨大的经济与军事潜力，而且神圣罗马帝国的头衔赋予了它政治合法性。19 世纪末，俾斯麦将这种潜在的能力激发起来，德国一直主导着欧洲政治，直

到希特勒倒台。在后来的冷战中，争夺对德国的控制权，是苏联和西方两大对立政治集团的首要目标。柏林墙倒塌，统一后的德国重新回到实力的巅峰，尽管这一过程比人们预期的要慢。如今，德国主导着欧盟。一次又一次，从《威斯特伐利亚条约》到《维也纳会议最后议定书》，再到西欧联盟的建立，柏林墙倒塌后欧洲一体化达到新高潮，德国内部秩序和欧洲和平的联系越发明显。许多最重要的国际机制，如国际联盟、联合国、欧洲一体化计划、《核不扩散条约》、北约（在某种程度上），它们建立的初衷，无非是想限制德国或者调动它的力量。

德国也是欧洲各种思想斗争的战场。神圣罗马帝国的东南翼是抵抗伊斯兰的最重要的前哨阵地，土耳其人曾两次试图入侵维也纳。它也是天主教和新教交战的战场，这在三十年战争时达到高潮，并且在此后的很长一段时间里，教派之争依然存在于各国内部与各国之间。在 19 世纪的德国，保守的专制君主与自由派及立宪主义者之间有长期的激烈交锋。德国是马克思主义的发源地，在“一战”之前，在各国的社会党中，德国社会党的力量是最强大的。德国人还创造了纳粹主义。最后，民主力量与共产主义力量，也在德国爆发了最激烈的冲突。尤其是柏林，这个拥有重要象征意义的城市，曾经被一分为二，柏林的分裂标志着德国的分裂、欧洲的分裂乃至世界的分裂。冷战在这里开始，也在这里终结。如今，欧洲是将发展成为一个更紧密的联盟，还是将保持为一个邦联，决定权在德国。

欧洲的均势尤其是德国的未来，受到欧洲大陆以外的大国——美国的特别关注。北美曾经是英国、法国和西班牙争夺的地方，三国的争抢鼓舞了殖民者寻求独立的信念，并帮助他们实现了独立。尽管美国曾周期性地试图奉行孤立政策，但这个新共和国的安全在很大程度上取决于欧洲国家的政治局势。在西半球，欧洲与美国相互竞争影响力，而当欧洲国家试图在美国侧翼地区建立殖民堡垒的时候，它们给美国埋下了致命的隐患。华盛顿逐渐学会了与控制加拿大的英国和平相处，却奋力抵制欧洲对拉丁美洲的渗透。美国反对英国在古巴推行奴隶制，反对拿破仑三世试图在墨西哥建立附属帝国，反对德意志帝国与墨西哥强化联系，也反对苏联把古巴作为反对美国的桥头堡。美国战略家担心，一旦其中一国在欧洲成为主导力量，那么该国随即会将其专制统治和思想观念强加于其他国家。所以，美国人密切关注拿破仑战争、19 世纪初专制主义与自由主义的斗争以及德意志帝国与第三帝国的野心。“二战”后，华盛顿也是出于同样的原因，决定不让欧洲大陆的中心地区落入敌人手中。美国是欧洲国家体系的产物，如今它对欧洲的影响力空前强大。

如果以一串预言和劝告作为本书的结尾，那就太哗众取宠了。所以，我以一串疑问作为本书的结尾。

本书出版之际，欧洲正经历着巨大的不确定性。没有人知道，当欧洲市场遭受重大挫折的时候，法德领导的欧元区能否继续存活下来。没有人知道，欧元区是否会被外部力量碾碎，是否会像大陆封锁体系、中欧帝国和“欧洲堡垒”一样崩塌。欧洲各国能否在“阿拉伯之春”、东边俄罗斯膨胀的野心以及中国崛起的挑战与机遇中，找到共同的立足点，抑或是分崩离析？欧洲人是否会坚持把欧盟当作现代的神圣罗马帝国（尽管欧盟能帮助各国更好地共存，但它缺乏有效的集体行动）？也许也有人会总结出，只有仿照18世纪北美各殖民地建立的宪政制度，才能解决所有的问题，即各殖民地之间建立基于共同债务的强大联盟，议会直接选举产生，并且建立强大的、对议会负责的中央机构，同时建立共同的军队来抵抗共同的敌人。

只有两个国家可以打开深化一体化的门锁：一是英国，因为它拥有当今欧洲最可靠的军事力量；二是德国，因为它的经济实力对单一市场和欧元的运作十分重要。它们会不会一起转动锁匙？英国会不会成为欧洲一体化计划中的“普鲁士”，推进安全一体化，提供欧洲迫切所需的可靠的军事力量？英国人自亨利八世、马尔堡和卡斯尔雷或者更早就开始努力融入欧洲，现在的英国是否会欣然接受成为欧洲一员的宿命？它是否会支持欧洲统一的探索，即使只是像局外人一样提供外部支撑？还是说，为了替国内价值观及其对外输出辩护，英国会背弃欧洲，从而毁灭一切建立强大联盟的希望？而德国一方，是否会回归“拉帕洛”（Rapallo）传统，永久地阻止北约扩张，脱离共同货币联盟而追逐狭隘的财政收益？或者，柏林是否会以放弃民主控制下的欧盟货币作为实现德国经济霸权的手段，长久来看这将摧毁欧盟，从而大幅提升德国的经济和战略安全？因此，德国会不会承认，在追求建立民主联盟的过程中，俾斯麦与希特勒都徒然无功，德国却成为一种“对于世界太小，对于欧洲又太大”的临界重量？

本书开头提到，在15世纪中叶，当欧洲人面临奥斯曼人的挑战的时候，他们呼吁建立一个统一的“基督教国家”。本书认为，只有面临内忧外患的时候，欧洲才能联合，例如当欧洲各国应对路易十四、拿破仑、希特勒和斯大林的时候。所以，只有重大的外部威胁才能使今天的欧洲统一起来。那么，威胁将以什么形式出现呢？是与普京统治下的俄罗斯相对抗（即波罗的海三国、白俄罗斯和乌克兰问题引发的欧俄之间的矛盾），还是在中东与伊斯兰势力进行决战，还是在西方社会内部与敌对的力量做斗争？当然欧洲也有可能会与中国发生冲突，因为中国已经发展壮大到欧洲的核心利益区，发展成为对西方前所未有的意识形态挑战。欧洲将怎样面对这些威胁？是向东、向南扩张，一直到达到自然地理边界，还是不可渗透的政治边界？“中间地带”——乌克兰和白俄罗斯——是否会被吸收进欧洲，以终结不稳定的隐患和消除被俄罗斯占领的危险？欧洲是否会成为更加统一的国际力量，尤其是在军事方面？它的陆军和海军，能否成为联盟的一部分？或者，欧洲是否会躲避挑战，偃旗息鼓，甚至分崩离析？如果真的是这样，历史将把欧盟评价为一场恶作剧，这个组织代价极高，但又非常幼稚；同时，欧洲成为强大力量的计划也会宣告终结，整个大陆将进入垂垂暮年。

致谢

在本书编写过程中，许多人曾给予我帮助，请恕我不能一一言谢。但我还是要借本书出版的机会，一并感谢这些帮助过我的人：安东焕（Doohwan Ahn）、伊利亚·别尔科维奇（Ilya Berkovich）、蒂姆·布兰宁（Tim Blanning）、阿恩特·布兰德克（Arndt Brendecke）、克里斯托弗·克拉克（Christopher Clark）、戴维·库珀（David Cooper）、尼古拉·克雷格（Nicola Craig）、杰弗里·邓伯克（Geoffrey Dumbreck）、黑兹尔·邓恩（Hazel Dunn）、利亚姆·菲茨杰拉德（Liam Fitzgerald）、尼克·盖亚特（Nick Guyatt）、比尔·汉密尔顿（Bill Hamilton）、乔纳森·哈斯拉姆（Jonathan Haslam）、拉腊·海默特·克里斯多夫·希尔（Lara Heimert Christopher Hill）、雷切尔·霍夫曼（Rachel Hoffman）、查理·拉德曼（Charlie Laderman）、米兰达·朗（Miranda Long）、罗杰·拉瓦特（Roger Lovatt）、斯科特·曼德布洛特（Scott Mandelbrote）、海因里希·迈耶（Heinrich Meier）、帕克里特·米尔顿（Patrick Milton）、威廉·马利根（William Mulligan）、詹姆斯·卡尔顿·佩吉特（James Carleton Paget）、马泰亚·彼得（Mateja Peter）、安德鲁·普雷斯顿（Andrew Preston）、丹尼尔·罗宾逊（Daniel Robinson）、詹姆斯·罗杰斯（James Rogers）、克里斯多夫·罗斯（Christopher Ross）、莉莎·索塔切克（Liza Soutchek）、简·韦尔梅朗（Jan Vermeiren）、鲍勃·威尔金森（Bob Wilkinson）、乔基姆·惠利（Joachim Whaley）以及西蒙·温德尔（Simon Winder）。感谢剑桥大学政治与国际关系学院的教师与学生，感谢彼得学院的阿德里

安 · 狄克逊（Adrian Dixon），以及学院的其他工作人员。我还要特别感谢我的家人，尤其是我的妻子安妮塔 · 布尼安（Anita Bunyan），以及我的父母戴维 · 西姆斯（David Simms）与安格丽特 · 西姆斯（Anngret Simms）。最后，感谢我的孩子们：休（Hugh）、凯瑟琳（Katherine），还有最年长的康斯坦丝（Constance），我把此书献给你们。